W0020015

Fjodor Michailowitsch Dostojewski, geboren am 11. Oktober 1821 in Moskau, ist am 9. Februar 1881 in Petersburg gestorben.

Julius Meier-Graefe, geboren am 10. Juni 1867 in Resitza/Banat, ist am 5. Juni 1935 in Vevey gestorben.

Was wäre die Welt ohne Dostojewski? Dostojewski, »vor allem Russe, dann erst Dichter. Die vollendete Dichtung ist vollendetes Russentum. In jedem Augenblick ist er bereit, den Roman hinzuwerfen, nicht um das Schreiben aufzugeben, sondern um eine andere Schriftstellerei, die schneller zum Volke führt, Journalistentum, Zeitungsmache, Korrespondenz zu treiben. Nicht ästhetische Einsicht kämpft gegen die Schlacken der Romantik, sondern die Inbrunst der Selbstentäußerung. An Stelle des überwundenen Gefühls tritt nicht kalte Sachlichkeit, sondern größeres Gefühl, das der letzten Formulierung immer wieder entgeht. Je weiter Dostojewski fortschreitet, desto mehr Tendenz nimmt er auf. Ganze Romane werden der Tendenz geopfert. Immer, selbst in den reifsten, bleibt ein volkstümliches Stück Handlung, dieses Gerippe aus Hintertreppe und Film, das jeden Leser, ob hoch oder niedrig, umklammert. Und erst, wenn der Leser gepackt ist, füllt er ihn mit unerhörter Dichtung. Die Tendenz erlangt schließlich solchen Umfang, daß sie in das Allmenschliche, das Allkünstlerische übergeht.« In hohem Maße enthusiasmiert, schreibt Julius Meier-Graefe, der musisch begabte Autor, über den wohl bedeutendsten Vertreter der russischen Literatur. Und was er schreibt, liegt an der Grenze zwischen einer interpretatorischen Aussage und der eigenen dichterischen Sprachgestaltung.

insel taschenbuch 1099
Meier-Graefe
Dostojewski

Dostojewski

Der Dichter

Von Julius Meier-Graefe
Mit zahlreichen Abbildungen
Insel Verlag

Andy von Zsolnay
gewidmet

insel taschenbuch 1099
Erste Auflage 1988

Hinweise zu dieser Ausgabe am Schluß des Bandes
Vertrieb durch den Suhrkamp Taschenbuch Verlag
Umschlag nach Entwürfen von Willy Fleckhaus
Satz: Satz-Offizin Hümmer GmbH, Waldbüttelbrunn
Druck: Nomos Verlagsgesellschaft, Baden-Baden
Printed in Germany

1 2 3 4 5 6 – 93 92 91 90 89 88

Dostojewski

Der Dichter

Erstes Kapitel

Wenn man Dostojewski liest, tun sich viele Kammern auf. Er dringt in Gelasse, die sonst der Dichtung verschlossen sind, und richtet Unordnung an. Die Welt des Gegenwart-Menschen ist verworren und der Platz begrenzt. Längst hat man den geräumigen Saal, der zu Zeiten Dantes den Festen der Musen diente, in viele Räume zerlegt. Da klappern heute die Schreibmaschinen. Von der ursprünglichen Architektur sind nur noch störende Fragmente erhalten, Schäfte antiker Säulen aus Marmor, die durch höchst bürgerliche Stuckdecken hindurchgehen. Hier und da hat man sie im Ton der Zimmer gestrichen. Da sehen sie wie dicke Wasserrohre oder dergleichen aus. Manchmal hat man sie auch mit Holzverschlägen verkleidet, wodurch der Raum noch winkliger geworden ist. Der Kubikinhalt bleibt nicht etwa derselbe, sondern erleidet durch die vielen eingebauten Wände empfindliche Einbuße, und niemand findet sich mehr zurecht. Als man mit den Einbauten nicht mehr auskam, setzte man Etagen auf, und heute ist ein Wolkenkratzer von kompliziertem Grundriß entstanden. So ist das Leben. Sehr selten vermag ein Eindruck durch alle die zahllosen Gelasse hindurchzudringen, am wenigsten einer von den Eindrücken, die man künstlerisch nennt. Diese Sorte wird gewöhnlich im zwanzigsten Stock abgemacht oder noch lieber in dem künstlichen Garten auf dem Dach des Wolkenkratzers. Hier findet das statt, was früher in dem Festsaal mit den hohen Fenstern und den Marmorsäulen vor sich ging. Hier, in der Nähe des Himmels, ergehen sich Gedanken und Gefühle, und da sie die äußerste Höhe des Gebäudes behaupten, bilden sie sich ein, die Krönung des Ganzen zu sein. Doch dringt selbst ihr lautestes Pathos nicht durch die nächste Betonschicht hindurch, geschweige bis in die der Straße näher gelegenen Stockwerke, wo sich die Menschen mit ernsten Dingen beschäftigen. Es hat sich da oben auf dem Dache ein ganzes Künstlervölkchen niedergelassen und führt ein munteres Dasein. Man hält Reden an das Volk und an den lieben Gott und schlenkert mit den Gliedern. Bei klarem Wetter kann man's von der Straße sehen. Nächstens aber wird wieder aufgestockt, und dann mag Gott wissen, wo das Völkchen bleibt.

Dostojewski öffnet viele Kammern. Wohl trifft auch er immer noch am stärksten den Dachgarten Europas, aber seine Wirkung bleibt nicht auf das Künstlervölkchen beschränkt. Schon lange sickert seine Dichtung vom Dache in das Haus bis in tiefgelegene Räume hinab. Das ist seit unseren Klassikern nicht dagewesen, und vergessen wir nicht, damals gab es noch den Saal im Zentrum des Hauses, und man hatte Platz in Fülle. Man hatte, so scheint es uns heute, kaum etwas anderes zu tun, als Dichtern zuzuhören, und wenn einer Werthers Leiden schrieb, litten alle jungen Leute mit. Es ist kaum übertrieben, der Kraft Dostojewskis in naher Zukunft den Einfluß der Goethe und Schiller zuzutrauen, wenn er ihn noch nicht erreicht haben sollte. Man kann auch Shakespeare zitieren, und wir werden die Gültigkeit dieses Gedankens zu untersuchen haben. Was bleibt von den anderen? Die französische Literatur hindert schon der Reichtum und die Dichtigkeit ihres Genius, einem einzelnen ähnliche Machtfülle anzuvertrauen, und die kollektive Schöpfung versagt die unentbehrliche Eindringlichkeit der Wirkung. Die welthistorische Aufgabe der Enzyklopädisten im 18. Jahrhundert trug zuviel wissenschaftliches und politisches Gepäck. Selbst Voltaires Einfluß erscheint neben dem Russen spezifisch und entbehrt aller Volkstümlichkeit. In unseren Zeiten fehlt jegliche Möglichkeit, sich ähnliche Wirkung eines anderen Dichters auf seine Volksgenossen, geschweige auf Europa auch nur vorzustellen. Zumal auf Europa. Diese Wirkung fiel einem Menschen zu, der sich einer nichteuropäischen Sprache bediente. Keiner von uns vermag ihn im Urtext zu lesen. Und nur ein Russe vermochte diesen Einfluß, diesen alleuropäischen Einfluß zu erlangen, und nur unsere Zeit, die keine Volkstümlichkeit hoher Werte duldet, hat die Bedingungen für seine Popularität geschaffen.

Woher die Wirkung? Ich glaube, sie beruht teilweise auf Fiktionen, die zu improvisierten Brücken werden und, nachdem der Übergang vollzogen ist, verschwinden, und halte für die mächtigste Hilfe den mehr oder weniger bewußten Aberglauben, es handle sich bei den Schöpfungen Dostojewskis gar nicht um Literatur und es gehe nicht an, ihn zu den Dichtern zu rechnen. Diese Fiktion stützt sich nicht etwa auf die vermeintliche Handgreiflichkeit der Begebenheiten, auf die sogenannte naturalistische Wahrheit, durchaus nicht. Die Wahrscheinlichkeit wird im Gegenteil von dem naiven Leser oft bezweifelt werden. Auch bietet die Anschauung Dostojewskis gar keinen Anhalt für den klassifizierten Naturalismus. Die eingehende Schilderung von Äußerlichkeiten scheidet vollkommen aus. Es gibt keine Milieumalerei im Sinne der modernen Literatur. Das Milieu entsteht mit der Handlung, eher nach der Handlung. Nie wird auch nur der Versuch gemacht, es vorher zu geben. Wo Dostojewski ins einzelne geht, steht jede Äußerlichkeit im Dienste eines ohne weiteres erkennbaren Zwecks, und dieser Zweck, unverhohlene Spannung oder Tendenz, wird von der Schule des Naturalismus abgelehnt. Zum Teil beruht darauf der Gegensatz zu dem landläufigen Begriff der modernen Dichtung. So spannende Geschichten gelten dem gebildeten Leser für unkünstlerisch, zumal wenn in der Spannung derbe Stofflichkeit mitspielt. Diese Derbheit scheint bevorzugt. Es handelt sich fast immer um Verbrechen oder um Möglichkeiten kapitaler Verbrechen. Die auf das einfachste Schema zurückgeführte Fabel des »Raskolnikow« ist das gefundene Fressen für die Liebhaber Sherlock Holmes'. Von dem greifbaren Zentralmotiv der »Karamasow« gilt dasselbe. Im »Jüngling« heftet sich die Spannung an die kaum erträgliche Unwahrscheinlichkeit eines Filmtricks, den berühmten Brief, der nie ausgehändigt und schließlich gestohlen wird. Im »Idioten«, im »Ewigen Gatten«, in den »Dämonen« wird gemordet oder

Mord versucht. Diese Geschichten unterscheiden sich von den niedrigsten Machwerken der Gattung keineswegs durch eine Verhüllung des grausigen Motivs. Das Blut fließt nicht hinter der Szene, sondern im vollen Rampenlicht.

Trotzdem lesen wir, verschlingen wir jede Zeile des Dichters. Reife Menschen, gebildete Menschen, die ihren Goethe, ihren Hölderlin, ihren Molière, ihren Baudelaire und Verlaine besitzen, geben sich der Spannung hin wie kleine Jungen ihren Indianergeschichten, und der Mord stößt uns nicht ab. Wir verachten die Menschen, die sich abstoßen lassen, als Schwächlinge, die nicht wissen, auf was es ankommt. Das Blut verliert auf einmal den Dunst, und dies nicht etwa, weil wir das Blut für ein entbehrliches Stück der Handlung halten, nicht wie im Hamlet, wo es zu einem historischen Gerümpel wird. An dem Hamlet unserer Vorstellung hat das Reinemachen im letzten Akt gar keinen Anteil. Es wirkt eher langweilig, und in Gedanken gehen wir vorher nach Hause. In Romanen Dostojewskis ist das Blut entweder Fundament der Pyramide, in deren dunkles Innere wir mit allen Kräften einzudringen versuchen, oder die funkelnde Pyramidenspitze, die unsern Blick magnetisch bannt; immer unentbehrlicher Bestandteil. Durch ihn gewinnt die Handlung den Schwung und das berückende Spiel von Licht und Schatten und zuweilen, man denke an den Schluß des »Idioten«, die Weihe. Wenn wir diese blutige Atmosphäre ertragen, wenn der Mord unsere seelischen Organe nicht nur nicht abstumpft, sondern verfeinert, so verfeinert, daß sie für die verschwiegensten, zartesten Dinge, von einer bis dahin nicht darstellbaren Kompliziertheit, empfänglich werden, muß das grausige Motiv anders verwendet werden, als es in den üblichen Mordgeschichten geschieht, müssen nicht trotz, sondern mittels dieses Motivs bedeutende Komplexe enthüllt werden, deren Anblick unsere Kräfte über jenen Zustand hinaus steigert, wo der Anblick des Bluts hinderlich wird.

Damit wird schon eine Gruppe von Mitteln angedeutet, mit denen die Mordgeschichten erhöht werden. Man kann diese

Mittel unter der Rubrik Psychologie zusammenfassen. Mit ihrer Hilfe werden die Mordgeschichten von gemeinen Erzeugnissen getrennt, deshalb aber noch keineswegs der Dichtung zugeführt. Nietzsche behauptet, allein von Dostojewski habe er Psychologie gelernt. Sehen wir von der Prätention des Wortes ab. Das Zitat läßt sich verallgemeinern. Kommt es auf Seelenkunde an, so könnte man sagen, ein einziges Buch Dostojewskis stehe höher als die ganze europäische Romanliteratur seit Diderot. Warum ein Buch? Ein Kapitel, ein paar Seiten genügen. – Die Seite mit dem Dialog zwischen Iwan Karamasow und Smerdjakow, bevor der Bastard hingeht und sich aufhängt; eins der Gespräche Wersilows mit seinem Sohn oder wenn im »Idioten« der Fürst sein Herz entdeckt, wenn im »Doppelgänger« der unglückliche Bureaumensch in die Gesellschaft kommt; wenn in der »Dummen Geschichte« der Staatsrat gegen seine Betrunkenheit kämpft. Ich nenne Kleinigkeiten, nicht die Schlager.

Ja, wenn Dichtung sich mit Psychologie erschöpfte, gäbe es nur diesen einen. Zum Glück für die Menschheit ist dies nicht der Fall. Zum Glück für Dostojewski. Denn weil dies zutrifft und wir dies alle wissen oder wenigstens im Instinkt haben, kann Dostojewski seine Persönlichkeit unter Psychologie verstecken, in das Gewand eines Seelenforschers, dem nur daran liegt, Zusammenhänge aufzudecken, die dunklen Fäden zwischen Gedanken und Handlung, zwischen Herz und Gesicht, zwischen Menschen, die sich lieben, während ihr Herz von Haß überläuft, zwischen Feinden, die sich lächelnd zerfleischen, zwischen zwei engbenachbarten Kammern im Herzen eines und desselben Menschen. Hielte man es für Dichtung, käme man nicht über die Willkür hinweg, verziehe ihm nicht die verwegenen Sprünge, nicht den scheinbaren Mangel an Ökonomie, an Sachlichkeit, nicht die Verstöße gegen die guten Sitten westeuropäischer Prosa. Und noch eines, das Wichtigste: Weil man diese Psychologie nicht für Dichtung hält, hört man sie sich an. Wohl nimmt man auch »richtige Dichtungen« entgegen, gewiß; sogar, da man sich zu den Gebildeten zählt, mit Begeisterung, mindestens mit Würde; mit einer Erhobenheit des Geistes, die uns nicht abhält, an den Börsenzettel zu denken. Nie gelingt die vollständige Narkotisierung des Bewußtseins, daß man sich auf dem Dachgarten unter dem Künstlervölkchen befindet, wo man eigentlich nichts zu suchen hat. Das Anhören Dostojewskis ist eine andere Funktion. Dieser Romanschreiber rückt in die Nähe des Konkurrenten in der Verbandsitzung. Man muß hinter seine Absichten kommen, um richtig disponieren zu können. Oder er wird zu dem gefürchteten Bankier, von dessen Laune der Kredit für das ganze Gcschäft abhängt. Man redet nicht viel darüber, begeistert sich durchaus nicht, aber macht die Löffel auf. Wer weiß, wie man das brauchen kann.

Das ist es: Hier wittert der Instinkt praktische Ergebnisse für das eigene Wohl, und dies wiegt schwerer als die schönste Spannung. Natürlich wird man nicht die Gemeinheit Stawrogins begehen und aus purer Langeweile ein Kind von zwölf Jahren zu Tode quälen. Wem fiele ein, mit dem Beil gegen ein altes Weib loszugehen und gleich noch ein zweites zu erschlagen? Und man wird doch nicht so wahnsinnig sein, die angebetete Frau im Hochzeitskleid zu erstechen. Dergleichen kommt höchstens in Rußland vor, außerhalb Europas. Die Feststellung bereitet eine gewisse Genugtuung, eine Erhebung, aber dieses Gefühl unserer Unschuld hat mit der Würde, mit der wir im Dachgarten die Darbietung des Künstlervölkchens entgegennehmen, gar nichts zu tun. Wir konstatieren unser Alibi zu krampfhaft, mit einem zu hörbaren Seufzer der Erleichterung. Unsere Unschuld hat theoretische Bedeutung, und die Praxis stimmt nicht ganz. Unter gewissen Umständen, gestehen wir uns, Umständen, die gottlob noch nicht eingetreten sind und wohl schwerlich jemals eintreten werden, könnten wir vielleicht ähnlich handeln, und Teile dieser Handlungen begingen wir schon. Wir sagen das nicht zu diesem oder jenem, aber wenn wir ganz mit uns allein sind, gestehen wir es uns. Dieses geflüsterte Selbstbekenntnis wiegt schwerer als die Tiraden im Dachgarten. Gerade wurde dort wieder ein Meisterwerk vorgetragen, und die Begeisterung hob sich in die Wolken. Im Innern aber lachte ein zynischer Witzbold über die Begeisterung und behauptete, das Meisterwerk gehe ihn nicht das mindeste an.

Wenn wir den Witzbold in unserem Innern, der sich heute zynischer als je gebärdet, gewähren ließen, würde sich eine sonderbare Verschiebung ergeben. Der Impuls, der den begeisterten Tiraden über das Meisterwerk zustimmt, scheint aus verhältnismäßig oberflächlichen Teilen unseres Wesens zu stammen. Man könnte glauben, aus unserer Epidermis. Unsere letzten Kammern bleiben zu. Wohl verhalten wir uns nicht gleichgültig, wohl erinnern wir uns bei diesem Meisterwerk an andere Meisterwerke, aber dieses ganze Netz von Beziehungen ist loses Spinnengewebe. Ob wir so niedrig sind, Dostojewski keinen legitimen Widerstand entgegensetzen zu können, ob er so brutal ist: seine Geschichten haben ein Vorrecht. Während unser Äußeres, das den anderen gehört, verhältnismäßig unbeteiligt bleibt, besetzt er das Innere. Enthalten wir uns aller Kritik! Vielleicht wollen, vielleicht müssen die anderen Dichter an der Oberfläche bleiben, weil nur auf diese Weise ihr Wesen offenbart wird. An jener Oberfläche, die der Adel einer Iphigenie berührt, müssen wunderbare Organe liegen, zartere, gepflegtere Organe als die gereckten Hände, mit denen wir die Karamasow an uns reißen; Organe, die uns erlauben, still zu sein und unserem zerfurchten Antlitz ein Lächeln, unserem belasteten Gang eine Würde zu geben. Ob die Unabhängigkeit dieser Organe von unserem zerrissenen Innern als Lüge zu verdammen ist, ob wir in ihrer Funktion, in der Fähigkeit, Werke zu genießen, die mit den treibenden Kräften unseres Daseins in keinem greifbaren Zusammenhang stehen, eine unwesentliche Gabe zu erkennen haben, bleibe zunächst dahingestellt. An der Existenz der Organe können wir nicht zweifeln.

Man kann diese Differenz nicht schwer genug nehmen, um sich über ihr Wesen klarzuwerden. Man könnte so weit gehen, zu behaupten, die »Iphigenie« wende sich an andere Sinne, z.B. an das musikalische Gehör, während Dostojewski auf Gesicht oder Tastsinn zielt. Doch würde damit nicht die verschiedene Reaktion unseres Geistes erklärt. Zweifellos weckt die »Iphigenie« in dem geeigneten Zuhörer sofort rhythmische Klänge, die dem Leser Dostojewskis versagt bleiben. Findet dieser gültigen Ersatz? Über diese große Frage wird im Dachgarten mit Leidenschaft diskutiert. Die einen bejahen, die anderen verneinen ebenso stürmisch und schließen aus der vermißten Klangwelt auf den Mangel Dostojewskis an jeglicher Form. Sie behaupten, der Geist, der sich an schönen Formen labe, empfange von ihm keine Nahrung. Dies trifft bis zu einem gewissen Grade zu, bis zu dem Grade nämlich, wo die Form als Selbstzweck erscheint. Läßt man die Form als Mittel zum Zweck gelten, und wir werden zu untersuchen haben, wie weit dies möglich ist, so wird die Beziehung des Mittels zum Zweck mit Notwendigkeit Veränderungen der Form bedingen, die wir hinzunehmen haben, auch wenn sich der ganze Dachgarten auf den Kopf stellt.

Die klingende Form wird von Dostojewski scheinbar oder tatsächlich vernachlässigt. Das gehört zu seiner Wirkung, ja, ist ein unentbehrlicher Bestandteil der Wirkung. Er läßt die Oberfläche liegen wie ein Mensch, der Dringenderes zu tun hat, als sich um den Klang seiner Worte zu kümmern. Deshalb scheidet der Klang nicht aus, denn das ist ja nicht möglich, wird nur anderen Bedingungen untergeordnet. Wenn überhaupt eine Beziehung zum Leser besteht, wird sie so eng, daß die überlieferten Begriffe Erzähler, Begebenheit, Zuhörer ganz neue Bedeutung annehmen oder in neue Begriffe übergehen. In dem Roman Dostojewskis geht es um Tod und Leben, und zwar steht nicht nur die Existenz des Romanhelden auf dem Spiel, sondern auch die unsere. Der Erzähler, dieser Mensch aus einem fernen Lande, hinterbringt Heimlichkeiten unseres eigenen Lebens, kennt unsere verschwiegensten Gedanken, scheint mit uns gelebt zu haben, womöglich schon mit unsern Eltern. Daraus erwächst eine Heimatlichkeit besonderer Art, die das, was sonst nur gewissen sprachlichen Formen gegeben scheint, mit andern Mitteln zu äußern vermag. Das Hinterbrachte ist zum Teil gar nicht neu, sondern schlummerte irgendwo in unserm Unterbewußtsein. Neu ist das Licht, das die Dinge jetzt plötzlich aus dem Chaos heraushebt; ein Licht, dessen Helligkeit zuerst unseren Augen weh tut, das wir vielleicht auch selbst hätten entzünden können, wenn unsere Widerstandsfähigkeit groß genug gewesen wäre, und dem wir entflohen, weil uns keiner zurückhielt. Das Licht wird zuletzt zu einer ungeheuren Wohltat, weil wir mit seiner Hilfe den Zusammenhang mit allen, auch den beunruhigendsten Teilen unseres Wesens finden. Dieses Licht mögen wir uns an Stelle der Klangwellen denken. Es ist eine unverhältnismäßig größere rhythmische Kraft.

So teilt sich also die Wirkung in drei aufeinanderfolgende Aktionen: zuerst die brutale Spannung eines Detektivromans, die mit größtem Raffinement auf die Spitze getrieben wird; zum zweiten die rätselhaft intime Beziehung der Geschichten zu latenten Teilen unseres Daseins, die plötzlich geweckt werden und uns peinigen; zum dritten die Auflösung der Spannung in höhere und beglückende Einsicht. Wohlverstanden ist der dritte Teil der Handlung der wesentlichste des Dichters. Mit den beiden ersten verwundet er uns; ein Chirurg, der, um nachsehen zu können, was in uns steckt, genötigt ist, unseren Körper zu öffnen. Die Wunde würde sich sehr bald wieder schließen, wenn nun nicht der eigentliche Eingriff käme, die Freilegung kranker oder verwachsener Organe. Endlich die neue Verbindung zwischen ihnen, die ein gesunderes Dasein verspricht.

Die schmerzhafte Operation findet fast ohne Narkose statt. Wir leiden zuweilen so mörderisch, daß man dem Menschen, der da in unserem Inneren herumwirtschaftet, in den Arm fallen, ihn umbringen möchte. Der Haß auf ihn ist die letzte Möglichkeit unseres geschundenen Körpers. Manchmal scheint er uns unnütz zu quälen und die Schinderei nur, weil es seine Virtuosität letzt, in die Länge zu ziehen. Nicht unser Wohl ist, was ihn leitet, sondern seine höllische Wissenschaft, zu deren Probiertier wir mißbraucht werden. Aber jedesmal, wenn wir nahe daran sind, diese Dichtung für verbrecherisch zu halten, durchrieselt uns neue Aussicht auf Erlösung, und noch einmal geben wir uns ihm hin. Die Zuversicht, daß seine Behandlung gut für uns ist und daß wir uns, koste es, was es wolle, dem Eingriff nicht entziehen dürfen, wächst. Am Schluß segnen wir den Chirurgen.

Diese dunkel geahnte und zuletzt mit aller Klarheit erkannte Wohltat entfernt die Seelenkunde Dostojewskis von den gewohnten Zwecken der Psychologie und nähert sie unserem überlieferten Begriff der Dichtung. Sie ist eine edle Frucht des Kunstwerks, aber, allein genommen, keineswegs eine nur der Kunst zukommende Eigenschaft. Man kann sie auch aus Schriften großer Moralisten, aus der Bibel, aus Darstellungen der Historiker gewinnen. Eine bewußte moralische Förderung könnte sogar zum Ausschluß dichterischer Wirkung führen.

Diese Tendenz wird von Dostojewski so wenig versteckt wie der Mord und der Filmtrick. Nie hätte eins seiner Bücher der Verteidigung des Advokaten der »Madame Bovary« bedurft, der in dem berühmten Prozeß alles aufbot, um die Moral Flauberts nachzuweisen. Er rettete den Autor und betrog sein Werk. Flaubert dachte nicht im Traum an die »Excitation à la vertue par l'horreur du vice«, wie Mr. Sénard behauptete. Jede Belehrung lag ihm fern. Sachlich zeigen, was ist, ohne dazuzutun, ohne wegzunehmen, ohne Schlüsse zu ziehen; eine höchst entwickelte Prosa zum Träger äußerster Sachlichkeit zu machen: dies war seine Doktrin. Wäre sie die einzig gültige, könnte man Dostojewski nicht für einen Dichter halten. Der deutsche Untertitel des ersten großen Romans heißt »Schuld und Sühne«. Der französische Haupttitel »Crime et Chatiment« übersetzt genauer. Verbrechen und Strafe müßte es bei uns heißen. Raskolnikow klingt besser und ist weniger banal. Nach den Titeln anderer Bücher zu schließen, muß angenommen werden, daß das an Jahrmarktsdramen erinnernde Etikett dem Dichter etwas wert war.

Alle Ideen Dostojewskis steigen aus moralischen Anlässen in die Höhen der Dichtung; nicht etwa umgekehrt aus der Dichtung in die Moral. Alle seine Hauptwerke sind Tendenzdichtung. Er hat belehren und bessern wollen. Nur ist die Lehre kein Kodex, sondern ein lebender Organismus, ein in ständiger Bewegung begriffener Instinkt, der die Formulierung fürchtet, weil sie ihn schwächen würde. Ein durchaus russischer Instinkt. Im Anfang steht nicht das von unsichtbaren Mächten geprägte Wort, sondern die Gemeinschaft mit anderen, mit dem ganzen Volke; da dieses Volk groß und von Natur mit besonderen assoziativen Organen versehen ist, mit der ganzen Welt. Die Sorge um die Gemeinschaft läßt ihn reden, ohne ihn hinauszustellen. Er erhöht sich nicht zum Vorredner der Gemeinde, sondern bleibt so tief in ihr drin, daß er nur zu sich selbst zu sprechen braucht, um zu ihr zu reden. Wenn Dostojewski Wir sagt, ist das nicht die dichterische Lizenz des Westlers, der nur sich selbst meint, sondern Bezeichnung einer greifbaren Masse. Das lebt und webt und regt sich. Der Mensch, der sündigt, ist nicht nur Sonderfall, sondern gehört dazu. Wir sündigen alle. Selbst wenn einer ganz heillos sündigt, immer ist eine Bande um ihn herum, die irgendwie mittut, mitsündigt, ihm zuruft. Der größte Sünder ist Dostojewski selbst; wenigstens übernimmt er die Verantwortung dafür. Er begreift alles und steht zu dem Sünder wie ein Älterer, der das alles früher auch einmal gemacht hat und daher gar nicht daran denken kann, es dem Jüngeren vorzuwerfen. Wir müssen zusammenhalten, sagt er, müssen zusammen überlegen, wie wir aus der Geschichte herauskommen. Ich kann dir nicht sagen, tu es nicht, denn darauf würdest du pfeifen. Ich verstehe sogar, daß du es tun mußt, denn ich habe es auch tun müssen. Wenn du es tust, sollst du wenigstens wissen, daß ich bei dir bleibe. Nachher werden wir weiter sehen.

Diese Unvoreingenommenheit mildert die Tendenz. Sie hebt sie keineswegs auf, sondern verbreitert und vertieft sie, nimmt ihr die Spitze einseitiger Sittenlehre. Die Tendenz wirkt wie ein organischer Teil des Erlebnisses.

Soviel zunächst über den sogenannten Inhalt. Begebenheiten von größter Spannung, die den russischen Menschen nach allen Seiten hin darstellen und die gleichzeitig uns Europäer unmittelbar angehen, werden zu ethischen Problemen, an denen sich unsere Sittlichkeit aufzurichten vermag.

Zweites Kapitel

Nun zu der sogenannten Form. Ich theoretisiere nicht, will nur sagen, was jedem auf den ersten Blick einfällt, um eine Basis der Verständigung zu gewinnen. Die Einheit von Inhalt und Form, die wir der Darstellung wegen einen Augenblick aufgehoben haben, geht schon aus dem Umstand hervor, daß wir in unserer soeben angedeuteten Überlegung statt Moral nur Form zu setzen brauchen, um uns über das wesentlichste Moment der künstlerischen Gestaltung Dostojewskis klarzuwerden. Die Form entwickelt sich genauso wie die sittliche Tendenz. Sie richtet sich nicht nach einer bestimmt formulierbaren Doktrin, sondern entsteht spontan aus den Bedürfnissen der Materie. Diese sind vielseitig, folgen aus den ungemein komplizierten Situationen, die alle Mittel darstellender Psychologie beanspruchen, und vor allem aus dem russischen Instinkt der Gemeinschaft, der zu einer durchaus volkstümlichen, gesprochenen Prosa zwingt. Daran muß man sich gewöhnen.[1] Lessing und Goethe würden sich über die Nachlässigkeit des Vortrags entsetzen. Die meisten Franzosen entsetzen sich heute noch. Als de Vogüé Ende der achtziger Jahre in einem Buch über den russischen Roman Dostojewski zum erstenmal öffentlich in Frankreich nannte, entschuldigte er sich wegen seiner Zumutung, einen so unklaren, nebelhaften Autor vorzuführen, dessen zweifelhafter Aufstieg mit dem Raskolnikow beendet gewesen sei. Von den Karamasow behauptete er, selbst nur wenige Russen hätten diese endlose Geschichte fertig gelesen. Es gibt kaum etwas, das dem gallischen Instinkt mehr entgegen wäre als Dostojewski, es sei denn der zweite Teil des Faust. In dem schönen Fragment »Njetoschka Neswanowa«, der Geschichte des Waisenmädchens, ist einmal von Erziehungsmethoden die Rede. Die sehr gütige französische Lehrerin hat die bewährte klassische Methode, alles hübsch geordnet und verteilt, nicht zuwenig, nicht zuviel, langsam aufbauend, konsequent. Alexandra Michailowna, die Adoptivmutter, will der Kleinen auf einmal alles zusammen beibringen und überschüttet sie mit Wissen wie mit Liebesgeschenken. Das Kind weiß zunächst gar nichts damit anzufangen und verwirrt sich. Die französische Lehrerin lächelt siegreich, aber man kapituliert nicht. Die neue mütterliche Lehrerin bleibt bei ihrer Ablehnung jeglichen Systems, das den Kopf mit »toten Regeln« vollstopfe, und meint, man würde nach einigen Versuchen schon ganz von selbst den rechten Weg für die Entwicklung der natürlichen Fähigkeiten der Schülerin finden. Und nach ein paar verkehrten Ansätzen wird es auch so. Das Kind und die reife Frau lernen wie zwei Freundinnen zusammen. Oft stellt sich die Ältere so, als würde sie von der Kleinen belehrt. Man nimmt andere Lehrer dazu. Jeder bringt sein ordentliches Pensum, aber das wirkliche Lernen geht erst an, wenn die Herren Magister wieder weg sind und man sich allein über die Dinge hermacht. Bei dem Geographielehrer hätte man sich mit dem ewigen Suchen der Städte und Flüsse auf den Karten fast die Augen verdorben. Nachher aber reiste man durch die märchenhaften Länder und kam um die ganze Welt. Man mußte sich neue Bücher kommen lassen. Bald konnte die Kleine den Geographielehrer belehren. Freilich behielt dieser, wie man ihm gerechterweise lassen mußte, insofern seine Überlegenheit, als er die Lage jedes Städtchens in Längen und Breiten nebst Einwohnern anzugeben wußte.

Die Methode ist, wenn es sich um westliche Bedürfnisse handelt, unpädagogisch bis zum äußersten, und die einzige vernünftige Methode für Rußland und Russen. Hier wird die Zeitverschwendung Gewinn und die Unordnung organisch. Was nützt das Wissen von den Städten und Städtchen, wenn ich nicht die Welt dazu habe? Was hilft der kristallklare Aufbau europäischer Dichtung, wenn die dunkle Vielseitigkeit der Menschheit draußen bleibt? Was die sauberen Maschen des Netzes, das der behagliche Fischer in das Gewässer taucht, wenn man mit dem Netz nicht lohnende Fische fangen kann? Dostojewski sah Lebewesen in den dunklen Fluten, die unbedingt ans Licht gebracht werden mußten, nicht nur weil sie seine Objekte waren, für seine Möglichkeiten geeignet, sondern weil es für jeden Menschen der Gegenwart größten Vorteil bringen mußte, dieses Wild kennenzulernen. Also nicht etwa ein russischer Fisch. Der Fang erschöpft sich so wenig mit einem exotischen Akzent wie das Drama Shakespeares mit dem englischen, und die Entdeckung Dostojewskis unterscheidet sich von der Dichtung, die vor ihm da war, nicht weniger als Shakespeare von der griechischen Tragödie. Die Zwischenglieder, deren sich der Brite bediente oder bedienen konnte, entsprechen ungefähr den Entwicklungsstufen, auf die sich der Russe zu stützen vermochte. Hatte Shakespeare bessere Ordnung? Man erinnere sich an alle Einwände des 18. Jahrhunderts, Vorwürfe, die mit anderem Scharfsinn formuliert, mit tieferen Gründen gestützt wurden, als die meist gedankenlosen Beschwerden unserer Zeitgenossen gegen Dostojewski, und doch im Grunde derselben Fehlerquelle entstammten. Selbst die universelle Anerkennung hindert nicht, daß sich immer wieder neue Einwände gegen den Eroberer erheben. Dostojewski selbst macht es nicht anders. Er, der bescheidenste und dankbarste aller Dichter, hat in einem seiner Aufsätze gewagt, Shakespeare Mangel an Fleiß und Geschmack vorzuwerfen. Nach seiner Meinung hätte der Schöpfer des Hamlet sein Genie noch vollkommener ausbauen können. Diese Kritik klärt uns auf. Wenn Dostojewski, der Russe ohne Form und Ordnung, bei Shakespeare von Flüchtigkeit und dergleichen redet, muß er darunter etwas anderes verstehen als z. B. Voltaire, der den Briten wegen ähnlich bezeichneter Mängel tadelte, ohne sich bekanntlich abhalten zu lassen, ihn zu bewundern und für seine eigenen Tragödien zu benutzen. Auch Dostojewski hat sich nicht abhalten lassen, und dieser Umstand entscheidet. Sein Tadel drückt nur die schöpferischen Möglichkeiten aus, die der Vorgänger dem Nachfolger übrigließ. So hat jeder Nachfolger den Vorgänger getadelt, und so macht es heute eine ganze Welt mit Dostojewski, denn wir alle, nicht nur die Begeisterten im Dachgarten, schaffen ihm nach. Jeder Schöpfer bleibt unter seiner Schöpfung. Das und nichts anderes ist seine Unsterblichkeit. Das Werk geht weiter. Der neue Gedanke steht immer schief zu der Welt; ein rohes Gerüst, das andere lockt, zu seiner Festigung heranzueilen. Je berechtigter der Tadel der mangelhaften Ordnung scheint, desto größer die Anerkennung des Reichtums, den man für eigne Tragödien zu benutzen vermag. Die Unordnung ist ungewohnter Ausdruck einer neuen Ordnung, neue, noch nicht eingeordnete Materie. Der Russe, der die Form einer neuen Menschheit brachte, forderte die ganze alte Welt heraus, daß sie sich wehre und bekehre.

Die Abwehr nimmt die Argumente, wo sie sie findet. Shakespeare galt als leichtfertiger Geselle. Dostojewski war Russe, mehr Russe als alle dichtenden Landsleute unter seinen Zeitgenossen, und wollte es noch viel mehr sein. Biographische Momente bedenklichster Art kommen dazu. Man weiß, daß ihn oft die äußerste Not zur Eile trieb. Er war Schnellschreiber. »Oft befand sich«, gesteht er selbst, »der Anfang eines Romankapitels bereits im Satz in der Druckerei, während das Ende noch in meinem Kopf saß und unbedingt bis morgen geschrieben werden mußte.«[2] Es liegt nahe, aus der schnellen Niederschrift auf übereilte Konzeption zu schließen. Man kennt seine epileptischen Anfälle. Gleich wird seine ganze Literatur epileptisch.

Sie ist es möglicherweise, aber muß wohl auch noch etwas anderes sein. Sie ist Schnellschreiberei, aber greift nichtsdestoweniger in unser Inneres und läßt uns nicht los. Sie wirft ungeordnete Vorstellungen hin, streut wahllos Details aus, aber es muß wohl doch irgendeine Ordnung dahinterstecken, sonst wären wir nicht imstande, zu folgen. Wir folgen aber bis in kleinste Einzelheiten und reimen uns Ungereimtes zusammen. Folglich muß doch wohl ein System uns treiben. Ja, vermutlich hat gerade der scheinbare Widerstand gegen Systematik die uns treibende Ordnung ergeben. Es bleibt nur die Annahme übrig, daß nur auf dem Wege, den Dostojewski zu gehen sich genötigt sah, sein

Werk zustande kommen konnte. Die Krankheit und viele andere mißliche Umstände, unter denen er sein ganzes Leben lang litt, die Not, die ihn bis wenige Jahre vor seinem Tode nicht verließ, alles das gehörte zu den Momenten, die ihn schöpferisch machten und seine Form bestimmten; eine höchst zeitgenössische Form, die einzige, die geeignet war, seine Geschichten uns mitzuteilen. Man muß darüber im einzelnen reden. Es kann interessant und nützlich sein. Man kann auch untersuchen, wo tatsächlich oder vermutlich Not und Krankheit die Dichtung gehindert haben, aber dies ist immer erst möglich, nachdem festgestellt wurde, wie sie ihn gefördert haben.

Wir müssen uns einen Menschen vorstellen, dem das Dasein in einer chaotischen Welt keine Qual war. Er mag das Chaos zur Kontrolle der Ordnung, die er zu gestalten suchte, immer wieder gebraucht haben. Natürlich hat er die Epilepsie gefürchtet, denn sie unterbrach die Arbeit. Immer wieder drohte der Anfall, der gewöhnlich alle vier oder sechs Wochen, oft auch häufiger kam und ihm jedesmal für mehrere Tage das Gedächtnis raubte, die Ernte zu zerstören. Er hat sich damit abgefunden, mag sogar die Anfälle geliebt haben, denn die sekundenlangen Erleuchtungen, die ihnen voran gingen, reinigten den Genius und stellten immer neue Kontakte mit dem Chaos her, aus dem die Energie das Werk ans Licht riß. Dichtung war Dostojewski keineswegs Reflex einer inneren Harmonie, noch wollte er Harmonie damit geben. Er kämpfte und suchte die Menschen zu Mitkämpfern zu machen. Die Unruhe, der andere entfliehen, war Ziel seiner Schöpfung. Und er wußte, was er tat. Keinem der großen Erbauer der Menschheit ist die Aufgabe klarer gewesen. Das einzelne entging oft seinem Bewußtsein; sogar dies und jenes Werk ist ihm entglitten; nie der Sinn seines Berufs. Keinem ist Dichten, das Verdichten der Unruhe, eine natürlichere Handlung gewesen, frei von allem nebelhaften Nimbus; ja, eine bürgerliche Funktion. Trotzdem hat ihn die Unruhe getrieben, das Ziel in unerreichbare Höhen zu tragen.

Die meisten Kritiker vermissen in den Werken Dostojewskis

Begrenzungen, die mit einer bestimmten Aufnahmefähigkeit des Lesers rechnen. Der Vorwurf trifft zu. Man hat daraus auf Mangel in jeglichem Maß geschlossen, und diese Folgerung trifft nicht zu. Wohl war Dostojewski in vieler Hinsicht maßlos, nur nicht in seinen Ansprüchen an die anderen, und daher ist alles, was auf das Konto einer egozentrischen Gebarung zu setzen wäre, auszuschließen. Der behauptete Mangel entspringt nicht einem Kult der Persönlichkeit, sondern der grenzenlosen Achtung vor dem Reich der Erscheinung. Dieser natürliche Respekt ging über alles Artistentum hinaus. Dostojewski fand alles was er sah, interessanter als sich selbst und ließ sich nur von seiner Idee, die er für Allgemeingut ansah, zu Begrenzungen bestimmen. Die Grenzen, die man vermißt, würden sehr oft den Umfang der Idee empfindlich verengen, wie man wiederholt konstatiert hat.[3] Es bleiben bis zum Schluß Maßlosigkeiten übrig. Dostojewski trachtet stets nach intensiverer Verdichtung, aber diese führt keineswegs zu der Vereinfachung, die ein Ideologe zur bequemeren Einsicht in die Idee wünschen möchte, noch zu einer Reduktion der Unruhe. Die »Karamasow«, die Höhe Dostojewskis, sind sein kompliziertestes Werk und das unruhigste von allen.

Jedem Roman Dostojewskis liegt eine durchaus erkennbare Idee zugrunde, und in jedem Roman treten ein paar plastisch durchgebildete Hauptpersonen auf. Um die grundlegende Idee ranken sich andere Ideen, und um die Hauptpersonen gruppiert sich ein Kreis von Nebenfiguren. Die Zusammenhänge dieser Nebenideen und Personen sind sehr oft willkürlich oder undurchsichtig, niemals banal. Nie langweilen uns die fatalen Eigenschaften bekannter Hilfsfiguren aus anderen Romanen, die etwas tun oder sagen, was eigentlich die Hauptakteure besorgen müßten. Das Beiwerk hat immer nur, ähnlich wie bei Shakespeare, die Aufgabe, die Handlung zu vervielfachen, zu retardieren oder auszudehnen, und trägt zu der Bindung des Spiritus loci bei. Sind die unmittelbaren Beziehungen zu den Vorgängen zuweilen dürftig, so sind die mittelbaren zu dem Dichter um so überzeugender. Sie beruhen auf der Dynamik Dostojewskis, die von der Idee des Werkes nie vollkommen gebunden wird. Wir wollen uns an dieser Stelle weder mit der Deutung seiner Ideen noch mit seiner Dynamik aufhalten. Es genüge, anzudeuten, daß er immer über die dargestellten Dinge hinausgreift. Er packt nicht nur sie, sondern immer noch etwas dazu, verleitet von der Heftigkeit seines Griffs, von seinem Temperament, das die Erscheinung nicht umkreist, bevor es sie darstellt, sondern spontan erfaßt, bewogen von der Art der Erscheinung, die keine andre Methode zu erlauben scheint. Die Art entfernt sich ebensoweit von den gewohnten Formen der Dichtung wie die Zeichnung Rembrandts von der Kalligraphie der Primitiven oder Klassizisten, und es ist im Grunde dasselbe Argument, das die im Gegensatz zum Zeichnerischen malerische Gestaltung Rembrandts und seiner Nachfolger und die den Umriß fliehende Prosa des Russen berechtigt. Dostojewskis Objekt war eine Dunkelheit von riesigem Umfang, die man erhellen mußte, ohne sie zu verkleinern. Dazu trieb ihn nicht der Beruf des Dichters, sondern besondere Mission des Russen, des Christen, des Dieners und Bruders der Menschheit. In der Dunkelheit lagen unbegrenzte Möglichkeiten des Heils, und Dostojewski besaß ein Erkenntnisvermögen, das in der Dämmerung sehend wurde.

Für Rembrandt sind Malerei, Zeichnung, Radierung nur Wege aus dem Dunkel. Sein Griff zieht die Erscheinung ins Lichte, und mit unserer Erbauung an dem gewonnenen Resultat verbindet sich die Ahnung von dem noch größeren Heil, das er im Dunkel zurückließ. Dies nennen wir Atmosphäre. Dostojewski wird erst Dichter, wenn er die Begebenheit ins Licht gerissen hat. Dann richtet er sie zu, spielt auch mit ihr, vergißt solange das Dunkel. Das dauert immer nur eine Zeit. Die Verliebtheit des Künstlers weicht der Sehnsucht nach der mysteriösen Kammer, wo noch mehr zu holen ist, und immer wieder stürzt er sich in das Dunkel. Dies sein Arbeitsfanatismus. Wir haben keinen Maniak, keinen Vielfraß der Arbeit, keinen Balzac vor uns, sondern einen hellsichtigen Erkenner, der wußte, was die Schätze des

Dunkels eines Tages für sein Volk und für die Menschheit bedeuten würden.

Freilich, wenn die Forderung, daß man einem Kunstwerk nichts hinzufügen noch von ihm wegnehmen könne, zutrifft, hat Dostojewski nichts Vollkommenes geschrieben, wenigstens nicht bis zu den »Karamasow«, und vielleicht wäre auch ihnen hier und da etwas wegzunehmen. Aber wenn wir uns vorstellen, nicht wie der Roman Dostojewskis ist, sondern wie er mit gereinigten Mitteln Dostojewskis verbessert werden könnte, wie ein idealer Dostojewski ihn geschrieben hätte, wird unser Instinkt sehr bald dahinterkommen, daß die Vollkommenheit dieses Ideals nie jener shylockhaften Forderung entsprechen könnte. Nicht die Art Dostojewskis, sondern das Formenprinzip solcher Romane, das die Beteiligung kollektiver Empfindung in sich schließt, widersetzt sich, und es hieße, das Meer in eine Wasserkaraffe füllen, wollte man sich mit jenem Maß begnügen. Der Atmosphäre Rembrandts wurde längst die Freiheit einer Ausdehnung zugestanden, deren die Kunst eines Frühitalieners nicht bedarf, und man ist sogar übereingekommen, das, was eine rembrandthafte Malerei verschweigt, für wichtiger zu halten als das, was frühere Künstler mit dem Mittel des Malers zu sagen wußten. Dagegen begegnet die Form Dostojewskis noch immer gewichtigen Vorbehalten. Diese sind theoretisch nicht zu beschwichtigen. Nicht die Bemühung der Kunstgelehrten hat dem Revolutionär Rembrandt Anerkennung verschafft, sondern die Pionierarbeit moderner Künstler, die in seinen Bahnen wandelten und die Tragbarkeit seiner Formen praktisch nachwiesen. Mit Dostojewski kann es nicht anders gehen, und es hat schon längst angefangen. Sein Einfluß auf die schöpferischen Menschen wächst stündlich. Man wird bald nicht mehr ohne ihn fertig werden. Dagegen erscheinen theoretische Erläuterungen der Vorbehalte zu dehnbar und abstrakt, um zu überzeugen, und höchstens vermag man die Beschwerden mit geläufigen, instinktmäßigen Argumenten zu entkräften.

Viele Vorbehalte gegen die Form Dostojewskis enthalten Widersprüche und wenden sich mehr gegen den Leser als gegen den Autor. Die meisten beanstanden eine Eigenschaft, die wir schon berührt haben. Immer wieder hört man selbst von Menschen, die Dostojewski hoch stellen, den Seufzer: zu lang. Nicht immer wird dabei dem Opportunismus eines Strachow entsprochen, der die Verschwendung tadelte[3], sondern man glaubt ein unbedingtes Manko festzustellen. Die einen Unzufriedenen stehen mehr oder weniger offen noch bei de Vogüé, der den Umfang einer Dichtung für ebenso gegeben ansah wie die Höhe eines Hutes und schließlich einfach zu faul war, die »Karamasow« zu lesen. Die anderen beanstanden die relative Ausdehnung und meinen etwas Wesentliches. Das hindert sie nicht, Dostojewski alle möglichen Besitztümer, Psychologie, Takt, Gefühl für differenzierten Dialog zuzugeben, ja, diese Vorzüge womöglich unvergleichlich zu nennen. Der Mangel an Proportion muß den Kunstwert eines Werkes wesentlich verringern, kann ihn zerstören, und aller Reichtum, den man Dostojewski nachsagt, wäre nicht imstande, den Mangel aufzuheben. Es fragt sich, ob die gerühmten Vorzüge zusammen mit jenem ebenso bestimmt gerügten Mangel überhaupt denkbar sind.

Mangel an Proportion kann immer nur ungerades Verhältnis zwischen Inhalt und Ausdehnung bedeuten, unzureichende Konzentration. Statt zu handeln, betrachtet der Autor, beklagt, bedauert oder freut sich oder erzählt in zehn Sätzen, was in einem einzigen gegeben werden müßte. Dostojewski hat Längen. Wir werden sie bei der Betrachtung der Werke mit der Gewissenhaftigkeit deutscher Schulmeister ankreiden. Es gibt sogar viele Längen, aber sie gehören durchaus nicht zu der soeben festgestellten Art. Es ist nicht möglich, den Inhalt Dostojewskis kürzer zu geben; wohl Teile des Inhalts, selbstverständlich. Man mag diese Teile für die wesentlichen halten und behaupten, ihretwegen hätte Dostojewski auf das Beiwerk verzichten müssen. Das kann schon sein.

Eins muß man den Längen lassen: Mögen sie uns ärgern und quälen, mag ihre Bestimmung zuweilen unverständlich bleiben, nie entspringen sie der Redseligkeit des Erzählers, am wenigsten wenn er es darauf anzulegen scheint. Dann steckt immer etwas ganz anderes dahinter, und man merkt es früh genug. Dostojewskis Einfall ist Schuld. Seine Nervosität widersteht nicht dem Fluß seiner Phantasie, und er scheint zuweilen geradezu von einem Abscheu auf alle Systematik besessen, als verstecke sich in ihr Lüge und Verstellung und alles, was er an den Organisationen Europas verderblich und lächerlich fand. Nie gleichen seine Entgleisungen den Längen westlicher Romanciers, z.B. den weitschweifenden Einleitungen Balzacs, die Marcel Proust in seinen »Pastiches« persifliert hat. Von dieser Art, der man im Dachgarten mit Duldung begegnet, findet sich nichts in dem ganzen Œuvre; nie das bequeme Versatzstück, das der Virtuose stets bei der Hand hat. Dostojewski erleichtert sich nicht das Geschäft mit seinen Längen, sondern bereichert es. Die Länge ist kein Schmuckstück, obwohl man sie sich wegdenken kann oder wenigstens glaubt, wegdenken zu können, sondern ein Organ, eins der tausend Organe der Unruhe. Daraus erwächst eine Eigentümlichkeit. Je öfter man Balzac liest, desto länger wird er. Wenn er uns die Geschichte der Papierindustrie erzählt, um einem Liebespaar Hintergründe zu schaffen, fühlt man sich nicht selten versucht, die Schere zu nehmen. Der Dachgarten entsetzt sich, aber was hilft es! Das zweitemal nimmt man sie sicher. Jedesmal kommt ein Stückchen weg. Erstaunlich, wie die Schnitzel wachsen und das andere abnimmt.

Dostojewski scheint auf den ersten Blick an Stellen reich, die zu gleicher Behandlung locken. Nur, wenn man darangeht, entziehen sie sich, und man müßte sehr roh sein und ein Gemetzel beginnen, Lebendiges zerstören. Selbst ein zufälliges, alleinstehendes Stück Vegetation an unwahrscheinlicher Stelle ist ein verlockender Anblick.

Man nimmt allemal beim ersten Lesen Dostojewskis die Schere. Jeder hat es getan. Jeder frißt anfangs und will so schnell wie möglich in die Mordgeschichte hinein. Es gibt Fresser, die nie zu dem Dichter kommen, weil ihnen der Weg zu dem Detektiv zu lang ist. Diese sehr notwendige fleischliche Lust muß erst einmal konsumiert werden. Alsdann kann unter Umständen, oh, unter keineswegs stets gegebenen Umständen, das andere kommen. Die Menschen unterscheiden sich in solche, die Dostojewski einmal, und solche, die ihn zum zweitenmal lesen. Nehmen wir die zweite Lektüre an. Wäre die Ausdehnung, die den Leser vorher ungeduldig machte, ein Mißverhältnis, so würde sie beim wiederholten Lesen unerträglich. Das Gegenteil tritt ein. Selbst gegen bedenkliche Längen verliert man den unbestechlichen Widerstand. Die anderen Stellen aber, die lang sind wie die Nase Jupiters oder wie Heilige Grecos, ziehen sich zusammen. Je öfter man die Karamasow vornimmt, desto dichter werden sie. Mit allen guten Dingen geht es so. Jedes Meisterwerk liefert uns zuerst einen Kampf mit gemeinen Instinkten. Mit Grauen erinnert man sich der ersten Berührung, mit dem Grauen über das brutale erste Begehren eines Mädchens, das nachher unsere Frau wurde. Die vermeintlichen Längen Dostojewskis könnten Abwehrmittel sein, um niedrige Gier abzuschrecken, wenn er je an dergleichen gedacht hätte. Er dachte ganz sicher nicht daran, brauchte die Ausdehnung, um den Raum für seine Handlung zu sichern, um sich und uns Anlauf zu geben. Nie wird dafür ein Sprungbrett bereitet. Nie kommt es zu vermittelnden Schilderungen der Natur. Alle Hilfen für die Übergänge fallen fort. Blickt man zurück, so grünt das beim ersten Anblick kahle Gelände, und wir sehen es von denselben Wesen bewohnt, die uns später hinreißen. Also war die Handlung längst im Gange, als wir uns noch in einer entbehrlichen Einleitung zu befinden glaubten. Mit der ersten Seite, ja, mit dem ersten Wort begann die unterirdische Wühlarbeit, die unser Inneres umpflügt, damit wir empfangen können.

Der Vorwurf gegen die Längen Dostojewskis beruht sehr oft auf Gedankenträgheit. Geradesogut kann man ihm oft übertriebene Knappheit der Darstellung vorwerfen, und zwar in besonders wichtigen Teilen, wo die Wucht der Handlung den Psychologen mitreißt und der Dramatiker den Romancier verdrängt.

Schon das klassische System der Einheit des Orts und der Zeit, einzig in der Weltliteratur bei diesem unklassischen Romanschreiber, das übereifrige Kritiker zum Nachdenken zwingen müßte, nötigt ihn zu gedrängter Handlung. Die Knappheit gefährdet zumal Stellen, die sich ohnehin einer vollkommenen Realisierung entziehen müssen. Irgendwo in jedem Werk ist der Punkt, wo der Faden abreißen muß, wo sich die Endlichkeit des Werkes von der Unendlichkeit seiner Idee trennt und wir verwunderten und verwundeten Auges dem Vogel nachblicken, der sich in den Äther verliert. Der Romancier kann leichter den Beginn seiner Dichtung bestimmen als ihr Ende, und das gilt bei keinem so wie bei Dostojewski. Wir werden sehen warum. Die Teile, die lückenhaft erscheinen können, liegen zumal da, wo die aus vielen Kanälen gespeiste Handlung schließlich zum letzten Austrag gelangt. Dostojewski hat diese Lücken mit aller Empfindlichkeit gespürt. Man denke an die hinter den Abschluß gesetzten Kapitel im »Idioten« oder im »Jüngling«. Auch im Verlauf der Romane gibt es solche Stellen, wo der Dichter seine Technik abschütteln und mit einer altmodischen Gebärde travestieren möchte, gleich einem Menschen, den die Zartheit treibt, dem unentrinnbaren Ernst seiner Worte eine Banalität hinzuzufügen, damit der Zuhörer sich fassen kann.

Man fände sich leichter mit den Längen Dostojewskis ab – erträgt man doch mit Engelsgeduld ganze Werke, die dem Bürger nur eine Dimension bedeuten –, wenn nicht mit den Längen eine fatale Eigenschaft verbunden wäre, die zu dem allgemeinsten Vorwurf geführt hat: seine Unklarheit. Dies Kapitel ist lang wie die Geschichte des Bürgers. Es gibt Längen und Unklarheiten, die dem auf Bildung und guten Schlaf haltenden Europäer durchaus willkommen sind. Die Konvention der westlichen Literatur befriedigt dieses zwiefache Bedürfnis leichter, da sie von dem konkreten Gehalt der Begebenheiten möglichst zu abstrahieren sucht und Symbole hinstellt, die zwar alle Rätsel des Daseins enthalten, aber dem Leser nicht auf den Leib rücken. Die Form mildert den Stachel. Man kann zwar im zweiten Teil des Faust ein erstes Beben jenes Europas erkennen, aus dessen Zusammenbruch die Unklarheit Dostojewskis hervorgeht, aber ist nicht unbedingt dazu genötigt, kann sich an schönen Bildern genug sein lassen und die Seele mit dem Rhythmus der Worte schmeicheln. Die ganze westliche Literatur läßt sich so verwenden. Manche Unklarheiten stehen heute hoch im Preise. Jeder Gruß aus dem dunklen Reich der Metaphysik, dessen geheimnisvolle Kräfte die Realität abzubiegen vermögen, ist willkommen. Zwischen Telefon und Rechenmaschine blüht der Aberglaube. Je mehr sich das winzige Gebiet der Spezialisten erhellt, desto dunkler wird das Ganze, und jedem Deus ex machina wachsen Altäre.

Diese Unklarheit, die Farbe vortäuscht und nur ein Schummern mit summarischem Schwarz ist, gehört nicht zu den Mitteln des Russen. Seine Dunkelheit erschreckt den eingelullten Instinkt mit wilder Bewegung. Was sich bewegt, sind nicht Falten eines gefälligen Vorhangs. Wir erleben die Vorzüge einer sonoren Koloristik. Die Unklarheit besteht zumal für das schläfrige Auge, das sich hütet, die Lider zu heben. Die Skala wurde nicht mutwillig dunkel gewählt, sondern folgte dem Objekt, das nun einmal kein Himmelblau zuläßt. Aber die Bewegung bereichert die Palette, und wem die Gewöhnung gelingt, der sieht sie reicher als irgendeine, weil sie aus der Tiefe kommt und dem Hellen zustrebt, aus seiner penetranten Tiefe, neben der die lichteren Töne um so heller erscheinen. Der Bewegung gelingt, die Wirkung bis nach Gold, ja, bis nach Himmelblau zu steigern. Nur müssen die Augen des Betrachters einwilligen, mitzugehen.

Drittes Kapitel

Dostojewski, der Dichter, ist neu, soweit eine Dichtung neu sein kann, ohne wesenlos zu werden; neu, weil er vorhandene Werkzeuge tiefer, als bisher geschah, einsetzt, um eine stärkere Konzentration gegebener Eigenschaften des werdenden neuen Menschentyps zu erreichen. Er besaß die Fähigkeit, die der Vater im »Jüngling« den Russen zuspricht, »den zukünftigen Menschen zu ahnen«; besaß sie in einem ans Mystische grenzenden Ausmaß. Dadurch wurden andere, vorher wirksame Eigenschaften geschwächt oder ganz in Frage gestellt.

Noch heute, fast ein halbes Jahrhundert nach seinem Tode, nachdem Europa seinen Einfluß erfahren hat und der Mensch, mit dem er zu rechnen glaubte, erwachsen ist, steht seine Aktualität beklemmend vor uns, und nicht die geringste historische Bedingtheit greift sie an. Man überlege, was inzwischen aus anderen Revolutionären geworden ist. Anfangs wirkte seine Neuheit so unvermittelt, daß man den Unterschied zwischen ihm und anderen Dichtern mit der Entfernung zwischen Europa und Asien verwechselte und ihn als ethnographisches Phänomen behandeln zu können glaubte. Er erscheint heute noch in einem Grade unliterarisch, wie es kein Dichter eines anderen Kulturvolks zu sein vermag; nicht nur keine Romane, auch wir formlosen Deutschen nicht; ja, die Differenz zwischen französischer Form und deutscher Formlosigkeit verschwindet fast neben den tastenden Griffen dieses Autodidakten. Wohl spricht das nicht für ihn allein, sondern auch für die Russen, sein Volk, dem er gern alles zusprach, doch muß man diese Hilfe vorsichtig prüfen.

Dostojewski ist alles in einem ungewöhnlichen Umfang, auch Russe. Dieser Russe ist russischer als alles Russentum. Das läßt sich mit hundert Belegen nachweisen. Er repräsentiert

Rußland in ganz anderem Umfang als Dante Italien, Homer Griechenland. Dieses Phänomen kann natürlich nicht im mindesten als Kriterium für eine Wertung des Dichters benutzt noch von der tragikomischen Tatsache begrenzt werden, daß der Repräsentant heute zu den bestgehaßten Menschen der intellektuellen Kreise seines Landes gehört. Das Phänomen steigert sich, wenn man bedenkt, zu wie wenigen Volksgenossen diese Sprache zu dringen vermochte, und daß der Sprecher in unserer Zeit, der Epoche des zügellosen Individualismus, lebte, steigert sich noch mehr, wenn wir in dieser Volkstümlichkeit die Psychologie des modernen Europäers erkennen, steigert sich ins Unbegreifliche, wenn wir als Ziel dieser Psychologie eine Ideenwelt wiederfinden, die dem modernen Europäer als vergangen gilt.

Eben diese Überlegungen aber, die das Phänomen vergrößern, enthalten auch Möglichkeiten einer Erklärung. Er war kein Literat, kein Beobachter mit den uns geläufigen Mitteln. Wenn man in seinem Land auf Schritt und Tritt seine Spuren findet, wenn russischer Schnee zu seinem Schnee, die sibirische Steppe zu seiner Steppe wird, wenn jeder Bauer und jeder Lenin seine Sprache sprechen, verdankt er das nicht der Schärfe seiner Augen oder der Feinheit seines Gehörs. Er hat sich nie mit der russischen Steppe oder mit dem russischen Schnee aufgehalten, und in keinem seiner Romane kommt ein Bauer vor. Gewiß war seine Beobachtungsgabe groß, das läßt sich annehmen, und auch alles andere, das zum Dichten gehört, muß er in Fülle besessen haben. Doch würden alle Versuche, seine Dichtung als Entwicklungsstufe der Literatur zu erklären, ihn oder die anderen ungebührlich verkleinern. Zumal die anderen. Was er mit den Zeitgenossen gemein hat, ist schnell aufgezählt. Man wird, abgesehen von Rußland, Beziehungen zuerst in Frankreich, dem Lande des Romans, zu suchen haben und kann deren, wenn man sich mit der Oberfläche begnügen will, viele finden, z. B. zu Balzac. Welche zeitgenössische Prosa hinge nicht irgendwie mit diesem Riesenfundus zusammen! Balzac sammelte mit unersättlicher Energie die Eigentümlichkeiten einer bestimmten Epoche, eines bestimmten Landes, bestimmter sozialer Schichten. Es fehlte ihm nicht an Phantasie, denn viele Stücke hat er erfunden; aber er entnahm seiner Phantasie nur das, was er unter Umständen draußen hätte finden können, und etwas anderes bot sich ihr nicht dar. Sein Interesse galt zumal den Menschen, ihren Handlungen und ihren Beweggründen, aber auch Sitten und Bräuche, Handel und Wandel fesselten ihn. Seine Sammlung enthält ein ungeheures Material, das mit Fleiß und Umsicht geordnet wurde; nur entgeht uns wie in einem Museum unbekannter Dinge der Sinn der Ordnung. Ein Dichter fände hier zu tun. Er gab einen glänzend konstruierten Kosmos, in dem es ungefähr so zugeht, wie in der wirklichen Welt, ein Wunder der Technik. Aber infolge der weitgetriebenen Übereinstimmung enthält der kleine Kosmos auch die zahllosen Wiederholungen des großen. Wohl mußte die Zahl der Dinge auf soundso viel Bände reduziert werden. Diese Reduktion bedeutet lediglich einen Ausschnitt. Die Menschen erhalten Zettelchen und kommen in einen riesigen Zettelkasten. Ein Wunder moderner Organisation. Balzac hat das Chaos handlicher gemacht, aber nach keinem Bau gesucht. Er hat für den Historiker Material gebracht. Die Verdichtung des Stoffs war nicht seine Sache. Und schließlich hat er das Chaos um die Größe betrogen. Er war zu hell, zu wenig besessen, um das Spiel seiner Leute dahin zu treiben, wo die Wirklichkeit zu einer abgestreiften Schlangenhaut wird und die befreite Idee den Turm zum Himmel errichtet. Dostojewski war einer der vielen, die diese Sammlung besuchten und bewunderten. Er hat für »Eugénie Grandet« geschwärmt und das Werk, so scheint es, ins Russische übertragen. Es steckt eine Dichtung in dieser Geschichte von dem geizigen Vater und der verlassenen Erbin. Sie steckt in allen Geschichten Balzacs zwischen den Zeilen. Dostojewski brauchte nur das zu schreiben, was Balzac vergaß, und das, was Balzac geschrieben hat, zwischen die Zeilen zu legen. Dann wäre der Vater, der alles mögliche tut, um seinen Geiz zu betätigen, und schließlich trotz fabelhafter Details unmöglich wird, weil nun einmal Sammlerkategorien nicht die Menschheit bestimmen, zu einem Menschen geworden, und Eugénie wäre nicht ein Name ohne Inhalt geblieben.

Die Bewunderung der George Sand beruht auf ähnlichen Gründen. Das Verhältnis zu Flaubert erscheint nach Dostojewskis spärlichen Äußerungen durchaus negativ und konnte gar nicht anders sein, denn in Flaubert hat der Westen das allen Vorstellungen und Absichten des Russen mathematisch entgegengesetzte Vorzeichen geformt. Wie Balzac steht er, wenigstens in seinem wesentlichen Ziel, jenseits der Dichtung. Nur weiß er, wo er steht. Während sich Balzac nie über das Mischlinghafte seiner Schöpfung klar war, versuchte der Verfasser der »Madame Bovary« ganz bewußt seinen Bau mit Unterdrückung der gegebenen, auch ihm im höchsten Maße gegebenen Möglichkeiten der Subjektivierung zu errichten. Er will alles andere eher als Dichter sein. Dichten ist Hochstapelei gegen die Wahrheit. Die »Probité« verlangt Verzicht auf jede nicht belegte Behauptung. Lieber Gelehrter, wenn anders die objektive Wahrheit nicht erkannt werden kann. Die Sammlermanie Balzacs steigert sich zu der Forderung einer »unpersönlichen Kunst«. – »Il ne faut pas conclure!« – Die Konsequenz muß zu dem Spleen führen, dem schließlich Frankreichs stolzeste Hoffnung unterlag.

Wäre man diesem Selbstzerstörer mit dem Appell an die seinem Volke schuldigen Pflichten gekommen, hätte er den Barbaren keiner Antwort gewürdigt, und der Stolz, mit dem er seine qualvolle Laufbahn ging, gab ihm recht. Der Gegensatz zwischen Dostojewski und Flaubert entbehrt nicht der Würde. Und die Extreme berühren sich. Flauberts Irrtum, dessen verbohrte Generosität fast russisch anmutet, ist immer vergeblich. Seine Psychologie, ein wunderbares Instrument, richtet ihre Schneiden gegen sich selbst und tötet die Handlung, die sie beleben müßte. Um nicht etwas, das nicht von der zufälligen Situation geboten erscheint, sagen zu müssen, sagt man lieber gar nichts. Der Zufall ist nicht Mittel des aufbauenden Realisten, der mit dieser Hilfe seine Kombination wahrscheinlich zu machen weiß, sondern Zweck der Handlung, der Gott, das Gesetz. Dostojewskis wuchtigste Rede beginnt da, wo sich Flaubert zum Schweigen verdammt sieht. An Stelle Flauberts könnte man mit einigem Recht die ganze westliche Romanliteratur setzen, zumal die, die sich nicht wie Flaubert freiwillige Fesseln anlegt, sondern gar nicht spürt, wo das von Dostojewski entdeckte psychologische Moment der Rede zu suchen ist. Man muß sich zuweilen zwingen, Dostojewski zu vergessen, um die Geduld für die Romane anderer Dichter, selbst der größten, zu behalten. Der von Dostojewski erzogene Mensch kann gegen die »Wahlverwandtschaften« einwenden, sie endeten da, wo sie anfangen müßten. Dies bedeutet nicht Anwendung einer unbilligen Aktualität. Derselbe Mensch muß begeisterter Verehrer des »Werther« sein, dem alle Einwände gegen die »Wahlverwandtschaften« kein Haar zu krümmen vermögen. Immerhin muß sich der Verleugner der »Wahlverwandtschaften« gegen den Vorwurf verteidigen, die in dem Roman mitschwingende Welt Goethes zu gering zu werten. Eben diese Begrenzung fällt bei Flaubert fort, und zwar gerade weil sein Irrtum wunderbar organisiert ist. Er verschweigt genau das, was wir hören müßten, um von dem Mechanismus eines Räderwerks erlöst zu werden. Sein Stil ist rundgeschliffener Kristall.

Doch gibt es einen Punkt, in dem sich die Kreise getroffen haben, und dieser ist für die Erkenntnis beider von Wichtigkeit. Flaubert erreicht einmal den Russen. Einmal berühren sie sich, und zwar nicht mit Beziehungen zwischen Situationen, die uns psychologisch anmuten, hinter denen jeder der beiden sein glühendes Herz versteckte, sondern, fast scheint es, mit den Herzen selbst. Die Intensität der Berührung gleicht der grenzenlosen Innigkeit, mit der St. Julian am Schluß den pestkranken Wanderer umarmt. Das Meisterwerk Flauberts, Meisterwerk des zeitgenössischen Europas, entspringt einer dem Russen entgegengesetzten Konzeption. An die Stelle des Zufalls rückt das dem Russen ebenso ungelegene ästhetische Erlebnis, das farbige Kirchenfenster, von dem Flaubert die Legende abzulesen meinte;

natürlich eine Fiktion, im Grunde von derselben Belanglosigkeit wie die Göttlichkeit des Zufalls nur mit dem Vorteil behaftet, Flauberts Flügel zu lösen, ohne ihn zur Verleugnung des Unpersönlichen zu zwingen. Tatsächlich hat er sich über das Glasfenster, das er als »Document historique« der Novelle voranstellen wollte, lustig gemacht. Immerhin verscheuchte die Legende den Spleen und trieb zur Konklusion. Einmal wurde dem kristallenen Räderwerk eine würdige Aufgabe. Die Wirkung reicht in das Zentrum der teuersten Gedanken Dostojewskis und berührt seinen letzten Zauber, den nicht seine Psychologie, sondern seine legendenhafte Mystik erschließt, ein von seiner Inbrunst erhelltes Kirchenfenster. Die Verwandtschaft geht in diesem einzigen Augenblick sehr weit. Das französische Mittelalter des einen, das moderne Russentum des anderen sind belanglose Draperien. Wenn sich in den Werken Frankreichs etwas einem Aljoscha, einem »Idioten«, einem »Jüngling«, Gestalten, deren Triebhaftigkeit nur die Reinheit ihres Wesens steigert, vergleichen läßt, ist es St. Julian. Der Umweg entzückt uns wie in dem Gespräch Iwan Karamasows mit dem Gentleman die phosphoreszierende Parallele mit Faust und Mephisto, oder wie die versteckte Verwandtschaft eines Foma Fomitsch mit Gestalten aus der Sphäre des Tartuffe, wie die sehr tiefliegende Beziehung Dostojewskis zu Shakespeare, oder wie es uns entzückt, aller Wahrscheinlichkeit zum Trotz in dem Mörder Raskolnikow einen Werther wiederzufinden. Übrigens hat Dostojewski die Legende vom gastfreundlichen Julian gekannt. Im fünften Buch der »Karamasow« zitiert Iwan Karamasow die Geschichte von »Iwan, dem Barmherzigen«, der sich mit dem pestkranken Bettler zu Bett legt. Es gehört zu dem Paradox der Beziehung, daß Iwan Karamasow in der Tat des Heiligen »eine sich selbst vergewaltigende Lüge« erblickt.

Dostojewski las, wie nur junge Menschen in seinem Lande lesen können, besaß alle bedeutenden Dichter Europas und verschlang von jedem Russen jede Zeile. Es ging ihm wie dem Kirschenesser, der auf eine dünne Sorte gefallen ist. Je weniger sie ihm gaben, desto leidenschaftlicher stürzte er sich über sie. Nur die nicht ausschließlich nach Westen gerichteten Landsleute hätten ihm geben können, und welcher Russe in der Zeit Dostojewskis war nicht vom Westen bestochen? Dieser Hang gehörte zu den russischen Literaten wie zu dem deutschen Künstler der ersten Hälfte des Jahrhunderts der Zug nach Rom, zu dem der zweiten Hälfte der Zug nach Paris. Man schrieb, wie der besser situierte Russe lebte. Das lohnende Dasein fing jenseits der Grenze an, und Rußland war Sommeraufenthalt auf den Gütern. Turgenjew und der junge Tolstoj schilderten die Heimat mit dem Esprit vornehmer Touristen und ließen sich das Russische zur Bereitung einer angenehmen Atmosphäre dienen. Das Juchtenparfüm machte überall Furore. Dostojewski hat dafür den treffenden und durchaus nicht gehässig gemeinten Ausdruck »Gutsbesitzerliteratur« gefunden. Turgenjew nannte ihn dafür den russischen Marquis de Sade und glaubte vermutlich, ebenso sachlich zu sein.[4] Der Freund Flauberts hatte die Notion für elementare Dinge eingebüßt. Tolstoj aber blieb auch nach Entdeckung des russischen Bauern ein entsprungener Deutscher, dem protestantische Ethik das Konzept verdarb; überdies ein entsprungener Aristokrat. Thomas Mann, der ihn verehrt und in seine Verehrung Goethes einschließt, nennt ohne Arg Tolstojs Traum eine noble Passion und rechnet sie zum 18. Jahrhundert.[5] Das scheint mir sehr scharfsinnig und zutreffend, und es erweist gleichzeitig die wesentlichste Differenz gegen Dostojewski. Unbegreiflich wie Mereschkowski in den beiden Russen sich ergänzende Wesen, so etwas wie Fleisch und Geist eines Körpers zu sehen vermochte.[6] Als Tolstoj die Nachricht vom Tode Dostojewskis erhielt, schrieb er an Strachow, der Verstorbene sei ihm der teuerste und notwendigste Mensch gewesen, beklagte, ihn nie gesehen zu haben, und las mit Rührung den einzigen ganz verfehlten Roman des Dichters.[7] Ende 1883 schrieb er demselben Strachow, Dostojewski leide an Exzentrizität, und deshalb werde ihn Turgenjew überleben.[8] Später erleichterte er zu Gorki sein Herz und meinte, es sei doch alles in Wirklichkeit viel einfacher in Rußland, als es Dostojewski gesehen habe. Man glaubt, Serenissimus zu hören.

Von gleichzeitigen Landsleuten hat wohl nur Gontscharow eine verwandte Note gebracht, freilich winziger Art. Der Oblomow könnte in der Beletage über dem Keller des Memoirenmenschen »im Dunkel der Großstadt« wohnen.[9] Aber von dem neuen Menschen hat er nichts geahnt.

Gogol und Puschkin gelten als Vorgänger, wohl beide mit Recht. Gogol soll das zarte Erstlingswerk »Arme Leute« angeregt haben. Auch Dostojewski selbst sagt das, freilich kein einwandfreier Zeuge, denn wenn es nach ihm ginge, wäre die ganze Literatur, nur nicht er selbst an seinen Werken beteiligt. Einmal hat er Tolstoj seinen Lehrer genannt.

Auch wir fühlen zwischen Gogol und Dostojewski einen Konnex, und wenn wir ihn feststellen wollen, fällt uns nichts Besseres als eine Blutsverwandtschaft ein. Nur die Verwandtschaft zwischen einzelnen Werken entgeht uns. Liest man die Dinge zu diesem Zweck hintereinander, bleibt fast gar nichts. Zufällig stößt man irgendwo und wann auf eine Familienähnlichkeit. Es steckt in den gebückten Schultern im Bau der Stirn, um die Augen herum. Solche Züge erhalten sich zwischen entfernten Generationen. Man wundert sich, zu erfahren, daß Dostojewski schon mancherlei geschrieben hatte, als Gogols Umnachtung zum Ende führte. Wie man aber auch die Spanne vergrößern möchte, sie ist anderer Art wie die zwischen den Zeitgenossen Tolstoj und Dostojewski. Die Vergangenheit mit Gogol verlief im Hause des Dichters. Er hat einmal gesagt: »Wir kommen alle aus dem ›Mantel‹.« Dem läßt sich schwer widersprechen, denn Gogols »Mantel« hat weitmaschiges Gewebe, und Dostojewskis Humor kann wohl als diesem Gewebe verhaftet gelten. Die anderen alle? Mir scheint, Turgenjew und Tolstoj kamen nicht aus dem »Mantel«, hatten keinen Anteil an dem wesentlichen Familienzug. Gogol hat keine Gutsbesitzerliteratur geschrieben. Rudolf Kaßner nennt ihn den Überwinder des Menschen des 18. Jahrhunderts. Er meint, Gogols Novelle bedeutet für die großen russischen Erzähler dasselbe wie die Fresken Masaccios für die Renaissance.[10] Der Vergleich übersieht den Abstand zwischen Dostojewski und den anderen Meistern Rußlands. Dostojewski ist nicht Primus inter pares, sondern müßte an die Stelle Michelangelos gerückt werden.

In noch weiterer Ferne erblicken nicht russische Augen den von den Russen vergötterten Begründer ihrer neuen Literatur. Puschkins unübersetzbare Lyrik, für die Russen der Gipfel ihrer Dichtung, entgeht uns, und wir kommen kaum über die historische Bedeutung hinaus. Wenn Mereschkowski und andere die Beziehung des Raskolnikow zu »Pique Dame«, der Meisternovelle Puschkins, für grundlegend ansehen, treiben sie interne Geschichte. Dostojewski durfte in Herrmann, dem Helden der Novelle, »eine kolossale Gestalt« sehen, weil er mit Dankbarkeit seine höchst subjektive Interpretation in Rechnung stellte. Wir können es nicht. Seine Hymnen auf Puschkin, Gogol, Tolstoj und selbst Turgenjew sind Ausflüsse seines einzigartigen Familiensinns, der sich auch auf persönliche Verwandte bis ins letzte Glied erstreckte und zuweilen ins Absurde ging. So hat sich nur wieder van Gogh begeistert. Die Kritik begann für Dostojewski erst, wenn er die Wirksamkeit eines Schriftstellers für eine Schädigung Rußlands hielt. Nur dann hatte sein Köcher Pfeile. Seine zuweilen grimmigen Ausfälle gegen Bjelinski, Turgenjew, Gradowski und andere, die er für Abtrünnige hielt, richteten sich immer gegen die Anschauung, nie gegen die Person. Die Schärfe der Angriffe der Auslandsrussen seiner Zeit gegen die Heimat, die maßlose Verachtung, mit der z. B. Turgenjew in dem Roman »Rausch« über sein Land herzog, machen erklärlich, warum Dostojewski zuweilen die literarische Kritik der politischen Verteidigung unterwarf.[11] Unangefochten konnte er das scharfsinnigste literarische Urteil aufbringen und Vorzüge und Mängel mit einem Wort bezeichnen. Zu seiner Erbitterung trug auch der oft grob unterstrichene Atheismus der kosmopolitischen Russen bei. Nicht anders erklären sich Dostojewskis heftige Ausfälle gegen Deutsche und Franzosen. Sie waren die Antwort auf Anpöbelungen der Dinge, die ihm heilig waren, durch seine vom Ausland geblendeten Landsleute.[12] Nie hat eins seiner erbitterten Worte die geistigen Schätze anderer Völker getroffen. Vor denen kniete er und forderte die Seinen auf, ihm zu folgen. Wersilows Traum vom Goldenen Zeitalter heftet sich an die unsterblichen Werte des Westens.

Puschkin und Gogol sind Landsleute. Sie haben russische Bärte, tragen sich russisch, reden den Akzent ihres Landes, und die Literarhistoriker Rußlands leiden an der mangelhaften Differenzierung westlicher Kunsthistoriker vor Greco und Velasquez.

Man wird oft versucht, Äquivalente in der bildenden Kunst zu suchen. Grecos Spanien ist ein verwandter Fall. Das Outsidertum Theotocopulis, der nicht einmal geborener Spanier war, sondern als der über Italien eingewanderte Grieche sein Wahlland entdeckte, hebt den Vergleich nicht auf, erleichtert uns vielmehr die Einsicht in die russische Mitgift des Dichters. Dostojewskis Tochter hat uns über die normannisch-litauische Abstammung der Dostojewskis aufgeklärt, die den Preußen erlaubt, sich als halbe Vettern der Familie zu fühlen, und hat diese Herkunft zu dem Leitmotiv ihrer Lebensbeschreibung gemacht.[13] Übertreibt sie das Motiv, das den Einfluß der urrussischen Mutter außer acht läßt, möchten wir uns die Übertreibung dienen lassen. Es wäre in der Tat, um der Verführung ethnographischer Tatsachen zu entgehen, ganz angebracht, sich vorzustellen, Dostojewski sei nicht in Moskau, sondern in irgendeinem Kreta geboren und erst von da zugewandert, womöglich über Weimar. Man sollte sich immer ein möglichst entferntes Kreta denken, ein Kreta in der Mongolei oder in einem noch ferneren hieratischen Asien, wo nicht nur letzte Reflexe eines christlichen Byzanz, sondern erste Keime religiöser Empfindung aufgehoben wurden, die bei der Berührung mit einem unberührten Boden strotzend ausschlagen konnten. Man muß sich Dostojewski mit der Gabe des Griechen denken, dem besser als einem Einheimischen gelang, das Spanische zu treffen, spanische Gesichter, spanische Landschaft, spanische Mystik, weil es sein Wahlland war, das seinem Instinkt besonders angepaßte Terrain. Und wie nur ein Kurzschluß unseres Denkens uns treibt, Grecos Funde spanisch zu nennen, d. h. zu einer Gattung gehörend, die vor ihm da war, so ist das, was wir an Dostojewskis Schöpfung russisch nennen, im Grunde fast nichts anderes als sein Odem, sein Menschentum, seine Dichtung. Das Kreta des Griechen ist klein und leichter bestimmbar als die Herkunft Dostojewskis, und Grecos Spanien, so üppig seine Farben singen, ein winziges Gelände neben dem Rußland des Dichters. Selbst das rätselhafte Vorläufertum Grecos, das sich dreihundert Jahre vor Renoir und Cézanne entscheidende Wesenheiten moderner Formenwelt erschloß, überbietet kaum die seherhafte Gegenwärtigkeit des Russen und seine Mitteilbarkeit.

Ich glaube, es war André Gide, der in einer seiner Studien Dostojewskis Roman mit dem Gemälde, den Roman früherer Dichter mit dem Panorama verglich. Das enthält sehr viel Wahres, aber klingt ein wenig hart für die anderen. Ich glaube, der Unterschied wird gerechter mit der großen Kluft zwischen der Kunst des 15. bis 16. und der des 17. Jahrhunderts bezeichnet, mit der endgültigen Lösung der Malerei aus den Banden der Architektur, als sich die Greco, Rubens, Rembrandt von dem strengen Auftrag befreiten und die schmückende Dienerin der Kirche und großer Herren zur Trägerin persönlicher Bekenntnisse erhoben. Diese Kluft, die ihre ganze Tiefe entfaltet, wenn wir in Florenz von dem Fresko eines Quattrocentisten kommen und vor ein Bildnis Rembrandts treten, ist kaum größer als der Schritt von Balzac oder Puschkin zu Dostojewski, und die verschwindende Zeitdifferenz macht den Fall nur noch erstaunlicher. Neue Zwecke erheischten ein neues Bild, trieben zur Erfindung neuer Mittel. Es gab eine neue Malerei. Der Rhythmus verlegte sein Zentrum, vervielfachte seine Gefäße, befruchtete früher brachliegende Flächen, zog neue Materien heran, veränderte gründlich Objekt und Subjekt. Betrachten wurde Tätigkeit. Nun stand kein Strich am alten Platz. In jeden Winkel drängte sich die Handlung. Ehrwürdige Begriffe zersprangen. Das abgemalte Ding zersetzte sich. Das Antlitz des Menschen war nicht mehr das puppenhafte Rund mit eingesetzten Augen, Nase, Mund, von glatter Haut bekleidet, ertasteter Abklatsch einer Plastik, sondern Gewirr unbändiger Striche, Chaos. Es war nicht Gesicht, sondern wuchs zum Gesicht, blieb immer in Bewegung, drängte über den Rahmen hinaus. Diese Unruhe bedurfte wacher Augen, um erkannt und gebändigt zu werden, forderte gebietend oder wies zurück. Gelang die Hingabe, entstand erschütterndes erhöhendes, nie zu vergessendes Erlebnis.

Der Romanschreiber vor Dostojewski handelte mit begriffhaften Figuren. Die Unterschiede zwischen den Begriffen brachten die Unterschiede zwischen den Darstellern hervor, und daraus entstand die Handlung. Die Unterschiede waren nicht immer schwarz und weiß, aber doch so, daß sich jeder Leser im Schlaf zurechtfand. Wenn einer geizig war, war er es gründlich. Balzac stopfte alles, was es an geldgierigen Menschen gab, in seinen Grandet und kombinierte mit Scharfsinn und ausschließlich unter dem Gesichtspunkt der Geldgier sämtliche Handlungen des Repräsentanten. Da er sich nichts vormachen ließ und sich selbst nichts vormachte, da alle Einzelheiten belegt werden konnten, wirkte jedes Kapitel echt und menschlich. Das Unmenschliche ging erst aus dem Ganzen hervor.

Dostojewski teilt die Begriffe und verzichtet auf die übliche Trennung der Begriffe. Der Böse ist auch gut, der Schmutzige ist auch sauber, der Dumme auch klug, und der Geiz bringt Erscheinungen hervor, die man einem Geizigen nicht zutrauen sollte. Diese Einsicht ergibt sich nicht aus der summarischen Betrachtung eines Schönfärbers, noch viel weniger aus einer Umwertung jenseits von Gut und Böse. Nichts liegt Dostojewski ferner. Schwarz bleibt Schwarz, Weiß bleibt Weiß, aber Schwarz und Weiß finden sich nie rein in der Natur, sondern entstehen aus Mischungen, und die Möglichkeiten der Mischung sind für ein empfindliches Auge unbegrenzt. Daher trifft es sich, daß eine einzige Gestalt sämtliche Eigenschaften, mit denen früher ein kopfreiches Personal bestritten wurde, vereint. Viele Eigenschaften, an die früher keiner dachte, obwohl jeder darunter litt oder sich dran freute, kommen dazu. Die Handlung trennt nicht mehr. Vielleicht könnte Iwan auch morden so gut wie Smerdjakow, desgleichen Dimitri. Vielleicht war Smerdjakow am wenigsten Mörder und handelte als Instrument anderer Willenskräfte. Doch geht die Handlung atemlos weiter, eine Handlung von huschenden Schatten und zuckenden Lichtern, und trotz des Gewimmels stehen die Gestalten, jede einzelne, erzgegossen vor uns, nein, wie Gesichte Rembrandts.

Alles, was man gestern gegen das Dunkel und die Unklarheit Dostojewskis sagte und morgen nicht mehr zu sagen wagen wird, hat man mit gleicher Erbitterung vor ein paar Jahrhunderten über Rembrandt gesagt und noch vor weniger als hundert Jahren mit Eifer wiederholt. Und der Glanz um Rembrandt, der keines anderen Künstlers Haupt ziert, mögen noch so viele andere Zierden die anderen schmücken, umstrahlt die Gestalt des Dichters und hebt sie vor allen anderen hervor.

Es gibt Bilder Rembrandts, deren Verwandtschaft mit Dostojewski gleich einer Flamme aus dem Dunkel bricht. Es gibt Sätze des Russen, hingeworfene, willkürliche, gekrümmte, sich spitzwinklig aufreckende Sätze, gleich Zeichnungen Rembrandts. Nicht die Gleichartigkeit der Motive ist es allein, nicht diese in immer gewaltigeren Varianten wiederholten Selbstbildnisse bei beiden, nicht diese immer tiefer gefaßten Legenden, sondern die Gleichartigkeit der Bühnen, auf denen gespielt wird, dieses durchaus theaterhafte und mitten ins Leben gerückte Spiel mit der unverkennbaren zentralen Beleuchtung; alles das, was wir mit unserem Untertanenverstand Form und Technik nennen. Sie helfen sich. Der eine sagt die Moral der Stücke des anderen. Dies wirkt noch wunderbarer als die Beziehung zu Shakespeare. Da bahnen sich plötzlich mit Leibhaftigkeit rätselhafte Verbindungen zwischen zwei Planeten der Menschheit, deren Größe wir uns sonst nur als einsame Komplexe von undurchdringlichen

Bahnen vorstellen. Rembrandt hat mehr von Dostojewski als von irgendeinem Maler, und Dostojewskis Russentum ist das Judenviertel von Amsterdam, wo die Geschichten Armer Leute spielen. Von dieser Verwandtschaft hat jeder das Unzünftige erhalten; der eine das Unliterarische, der andere das Übersinnliche. Die Einheit steigert die Mittel jedes der beiden. Die Malerei beginnt zu reden und befreit sich von der Last ihrer in einem Raum, auf einen Fleck gehäuften Begebenheiten. Die Dichtung überwindet das Hintereinander der Worte und wird wogende Fläche. Nun mengt sich das Gefolge. Der Russe taucht aus der Dämmerung um den verlorenen Sohn und segnet die segnenden Hände auf der Schulter des Heimgekehrten. Im Mahl des Claudius sitzt er mit an der unheimlichen Tafelrunde. Ist der polnische Offizier zu Pferde nicht ein Karamasow? Läuft nicht da im Gewande der Hendrickje Stoffels eine muntere Katje? Potiphars Frau könnte wie die Gruschenka lachen, und hinter jenen schweren Vorhängen lauert Mord. Man betet in Bildern Rembrandts, wie nur Russen Dostojewskis beten können. Es ergibt sich, was der unbegreifliche Orient in den biblischen Bildern bedeutet; der Weihrauch der orthodoxen Kirche, der die Bolschewikis ärgert, das glitzernde Märchen.

Rembrandt aber, wenn irgendeiner, gehört zu den »Erniedrigten und Beleidigten«. Nur bei ihnen wird ihm die Gemeinde, und er hätte nicht schlecht in die Katorga gepaßt, wo die Menschen mit Fesseln an den Gliedern lachen und Komödie spielen und manch einer das gebrandmarkte Gesicht zu dem Grinsen des alten Säufers verzerrt. Er liebte den Schmutz und die Unordnung wie ein richtiger moskowitischer Russe und wußte warum, kannte den goldenen Lüster, wenn das Licht auf die Krusten fällt, und verstand, ihn zu münzen. In seiner Jugend log er und betrog, machte Orgien, warf mit dem Geld herum. Als er an Jahren zunahm, machte er sich noch älter und häßlicher, als er schon war, und labte sich daran. Er erniedrigte sich so tief, daß er zu Christus gelangte, und lebte mit ihm. Er hatte Demut und Stolz und war ein großer Quäler. Sein Genie war, aus seiner Qual

Augen wachsen zu lassen. Als alles an ihm verlotterte und verkam, wurden die Augen größer. Er sah und lachte. Sein Lachen klang wie Schluchzen. Er hatte den Witz des Trunkenbolds, der auch zuletzt noch besser als der beste Geiger von Petersburg zu fiedeln wußte und die unmündige Tochter anhielt, der Mutter den letzten Groschen für ein Glas Schnaps zu mausen.

Wir kennen heute die schöpferische Tat Rembrandts. Es wurde schon gesagt, wem wir die Wissenschaft verdanken: den Malern des 19. Jahrhunderts. Die Kunst ohne Gott, ohne Fürst, ohne Gilde, Kunst der Bürger und schließlich der Parias, mit einem Wort die Reihe von Corot, Delacroix zu Marées, Cézanne und van Gogh, sie hat Stein für Stein zu dem Monument zusammengetragen. Mit jedem bedeutenden Werk eines Meisters unserer Zeit löste sich ein Schleier von dem Werke Rembrandts.

Von dieser Geschichte aus gewinnt man Abstand für das Wirken Dostojewskis. Er ist der Rembrandt und die ganze Reihe der Maler des 19. Jahrhunderts in einer Person. Die Reihe, so selbständig jeder einzelne kämpfte, teilte die Arbeit. Der eine hat dem anderen das Stück gereicht, und mögen die Stücke noch so ungleich sein, sie haben sich geholfen. Dostojewski war als Dichter allein in der Gegenwart, und wenn man nicht eine Entwicklung auf schattenhafte Zeichen aufbauen will, ohne Vorgänger. Für seine wesentlichsten Realitäten brachte ihm die ganze europäische Prosa so gut wie keine Hilfen. Allein Shakespeare hat ihm Wege gezeigt. Übertragen wir das Verhältnis auf die Malerei, müßte man sich vorstellen, ein van Gogh habe nur einen Michelangelo als Vorgänger besessen.

Viertes Kapitel

Der Künstler hat es bei seinem Publikum insofern leichter als der Dichter, als sein persönliches Erlebnis im Werke nie so durchsichtig werden kann. Auch kümmert man sich nicht darum. Wer will der Herkunft gemalter Dinge nachlaufen? – Es wäre vielleicht ganz gut, wenn man es täte, selbst auf die Gefahr hin, einmal auf falsche Fährte zu geraten, um von dem rein sensuellen Teil der Betrachtung, der heute alles ist, ein wenig loszukommen. Fraglos haben van Gogh, dem Enkel Rembrandts und Neffen Dostojewskis, die schriftlichen Bekenntnisse geholfen, aus denen man genaueren Einblick in seine Beziehung zu der Kunst gewann. Dem ungestümen Schwung der Pinselstriche fügte man das Tempo der Briefe hinzu. Das anspruchslose Motiv der Bilder wurde von dem tragischen Erlebnis gerahmt und gewann an Inhalt. Heute bleibt das Werk des Malers hinter vielen anderen Meistern zurück, aber die Welt hat die Gestalt eines Kämpfers gewonnen, und das ist mehr wert. Vielleicht würde es uns nützen, wüßten wir mehr von den dramatischen Erlebnissen Rembrandts, an denen es schwerlich gefehlt hat. Gewiß würde dadurch die Farbe auf dem Braunschweiger Familienbild nicht anders, und ob wir der dunklen Legende des Stockholmer Fragments näherkämen, bleibt dahingestellt; aber möglicherweise gewännen wir einen weiteren Hinweis auf die Selbsthilfe eines bedrängten Menschen.

Dem Dichter schaut man auf die Finger und gerät aus Überfluß an persönlichem Detail in das entgegengesetzte Extrem. Einer der Biographen Dostojewskis behauptet zwar, sein Leben sei neben seinem Werk bedeutungslos. Es ist schwer, etwas Verkehrteres zu sagen. Vielleicht will man damit das Werk in eine möglichst hohe Sphäre versetzen, aber läuft Gefahr, den Dachgarten zu überschätzen. Meint man aber gar, das Leben Dostojewskis habe für sein Werk keine virtuelle Bedeutung gehabt, so leugnet man offensichtliche Tatsachen und könnte ebensogut das Neue Testament betrachten, ohne an das Leben Christi zu denken. Hätte Dostojewski auf einer Datscha bei Petersburg das Dasein eines stillen Bürgers geführt, wären seine Romane ungeschrieben geblieben. Er hat außerordentliche Dinge erlebt, nicht nur Dinge, die ein Mensch mit seinem Herzen und seinem Hirn allein erleben konnte, sondern objektiv ungeheuerliche Dinge, und er hat diese Erlebnisse nicht links liegengelassen und sich mit der gewonnenen Reife und Spannkraft begnügt, um dann Romane mit Gegenständen aus dem Mond zu dichten, sondern hat die objektiven Ungeheuerlichkeiten zu Teilen seines Œuvre verdichtet. Alles, was er geschrieben hat, geht mittelbar oder unmittelbar auf tatsächliche Begebenheiten zurück, mit denen er verwickelt war. Dadurch nützt er uns doppelt oder kann uns wenigstens doppelt nützen, wenn normale Voraussetzungen erfüllt werden.

Dies geschieht heute nicht und kann vielleicht auch noch nicht geschehen. Die Intensität seiner Darstellung treibt in unsern Tagen manchen Betrachter Dostojewskis, die Beziehungen des Menschen zu seiner Schöpfung noch enger zu nehmen, als sie sind, und in das der Dachgartenschwärmerei entgegengesetzte Extrem zu verfallen. Dieser Irrtum ist um vieles gefährlicher. Man hat unter dem Druck der Suggestionen Dostojewskis versucht, ihm Verbrechen anzudichten, die er seine Helden begehen läßt. Eine dieser Legenden ist neuerdings wieder in Paris aufgefrischt worden und hat auch Deutsche verlockt.[14] Diese Versuche wären zu verdammen, selbst wenn sie auf wissenschaftlicher Forschung beruhten. Tatsächlich fehlt aber bis heute der geringste Funke von Wahrscheinlichkeit, geschweige ein sicherer Beleg. Es handelt sich vielmehr um grobe Materialisierungen dichterischer Wirkungen, die nichts über Dostojewski und um so mehr über unsere Zeit besagen. Sie gleichen den Spürversuchen zweifelhafter Verehrer Flauberts, die dem Dichter der Education sentimentale alle möglichen Liebhabereien anzuhängen suchen, wohl um die den Proleten abschreckende Kühle seines Künstlertums zu mildern.

Die wichtigsten Begebenheiten seines Lebens, die sein Dasein von dem anderer Menschen unterscheiden, tragen ausschließlich dunkle Färbung. Die Quelle, die ihn immer gespeist, ihn groß und stark gemacht und nie ganz versiegte, ist das Leiden. Man übertreibt kaum, wenn man die Bürde Dostojewskis die schwerste nennt, die je einem Menschen, von dem wir wissen, auf die Schulter gelegt wurde. Leiden jeglicher Art peinigen ihn, vom kleinsten bis zum größten: körperliches Elend, soziales Elend, seelisches Elend, alles im Exzeß. Er wird als Kranker geboren. Der trunksüchtige Vater hat ihm die Epilepsie in die Wiege gelegt, die Geißel, die dem geistigen Arbeiter die furchtbarste sein muß, da sie ihn mit Umnachtung bedroht. Sie schenkt ihm blitzartige Gesichte und beschert ihm den »Idioten«. Er wird (1821) in bescheidene, aber erträgliche Verhältnisse hineingeboren, verlebt in Moskau, wo sein Vater als Arzt am Armen-Hospital angestellt ist, eine strenge, aber glückliche Kindheit, wird in Petersburg auf der Ingenieurschule zur militärischen Laufbahn vorbereitet und hat schon hier dank dem krankhaften Geiz des Vaters mit der Armut zu kämpfen. Er wird die Not fünfzig Jahre lang nicht los. Seine Not ist nicht die stille Kümmerlichkeit des Dichters im Dachstübchen, sondern hat kolossale, ins Mystische reichende Züge, ist auch eine Art Fallsucht, die zu ihm gehört, der er nicht entgehen kann und, so scheint es zuweilen, nicht einmal entgehen möchte. Natürlich verschwendet er, weiß zu genießen. Der Hungerleider auf fünfzig Jahre war ein Bonvivant auf Minuten. Er verschenkt wie ein Fürst, gewinnt und verspielt große Summen, ist stets auf der Flucht vor den Gläubigern und nimmt ungenötigt noch die riesige Schuldenlast von Verwandten dazu. Er versteht, sich aus allem eine Mahlzeit zu machen, auch aus der Not. Er ißt seine Armut, mästet sich mit ihr, macht sie schmackhaft, gestaltet sie, entnimmt ihr Haupt- und Nebenmotive vieler Romane, weint und lacht über sie. Finanzielle Operationen bestimmen sein Leben. Das Geld erlangte für ihn die Wesenheit einer Person, von der er sich quälen ließ, die unmittelbar und mittelbar in seine Schöpfung eingriff und ihn zu Gestaltungen trieb. Die Dostojewskis sind eine alte adlige Familie. Man spürt nichts davon in ihm, auch nicht in seinem Äußeren. Er ist der erste moderne Proletarier der Feder. Mereschkowski kommt zu einem amüsanten Vergleich mit Tolstoj. »Dostojewski liebte das Geld oder bildete sich ein, es zu lieben, doch das Geld liebte ihn nicht. Tolstoj haßte das Geld oder glaubte es zu hassen, doch das Geld liebte ihn und kam von selbst in seine Hände.«[15]

Das Kapitalverbrechen hat er aus nächster Nähe kennengelernt. Nach dem Tode der Mutter überläßt sich der Vater hemmungslos seinem Geiz und seiner Trunksucht und wird das Vorbild des alten Karamasow. Nur hat ihn keine erotische Sinnlichkeit belastet. Als der Junge kaum erwachsen ist, wird der Vater von mißhandelten Leibeigenen ermordet. Das Hauptwerk geht darauf zurück.

Die Gebärden der Justiz erfährt er am eigenen Leibe. Den jungen Dichter, der sich in eine anscheinend nihilistische Verschwörung eingelassen hat, verurteilt (1849) das Militärgericht zum Tode. Die Meinungen über die Petraschewski-Verschwörung und die Art der Teilnahme Dostojewskis sind geteilt.[16] Aus den Akten entsteht der Eindruck, es habe sich um die Gesellschaft jugendlicher und recht harmloser Schwätzer gehandelt, deren Unreife groß war. Unter diesem Eindruck hat Dostojewski offenbar seine Erlebnisse als Verschworener in den Sitzungen der Revolutionäre, die in den »Dämonen« vorkommen, verwendet. Dostojewskis revolutionäre Forderung war die Aufhebung der Leibeigenschaft, die ohnehin bald darauf verfügt wurde. Die erste Gerichtskommission hat anscheinend kein Belastungsmaterial gefunden. Erst das daraufhin vom Zaren eingesetzte General-Auditoriat hat das drakonische Urteil erlassen. In der letzten Minute vor der Vollstreckung werden die Verurteilten zur Zwangsarbeit in Sibirien begnadigt. Dostojewski erhält vier Jahre und hat dann die gleiche Zeit als gemeiner Soldat in Sibirien zu dienen. – Die harte Strafe bricht ihn nicht, sondern erhebt ihn. Das Zuchthaus wird der Nährboden für die Werke der Reife.

Nach seiner Entlassung aus dem »Totenhaus« zwei bewegte Liebesaffären. Die erste beginnt noch in Sibirien und führt zu einer schattenreichen Ehe. Wir wissen Näheres darüber nur aus der Biographie der Tochter aus zweiter Ehe, die selbst auf Berichte angewiesen war und deren Sachlichkeit sicher auf eine harte Probe gestellt wurde. Der einzige überlebende Zeuge, Baron Wrangel, der die Beziehung von Anfang an beobachten konnte, hat sich in seinen »Erinnerungen« über Maria Dmitrijewna merkbar zurückhaltend geäußert. Immerhin vermag man zwischen seinen Zeilen keinen Widerspruch gegen die Darstellung der Tochter zu finden. Dostojewski selbst enthält sich jeder Anklage und führt das Unglück der Ehe auf mangelhafte Übereinstimmung der Charaktere und die »phantastische« Anlage der Gattin zurück. Dabei hätten sich beide leidenschaftlich geliebt, und die Liebe habe mit wachsendem Unglück sogar zugenommen. Eine echt Dostojewskische Auslegung. Offenbar lag ihm daran, der Toten ein gutes Andenken zu sichern. Daß die Pietät seine Liebe überwog, geht aus dem Verhalten Dostojewskis während der letzten Zeit der Ehe klar hervor.

Fest stehen nur die Umrisse der Beziehung. Er liebte Maria Dmitrijewna bereits, als sie noch mit einem schwindsüchtigen Hauptmann in Semipalatinsk, der Zwanggarnison Dostojewskis nach seiner Entlassung aus Omsk, verheiratet war. Der Hauptmann wird zur Verzweiflung Dostojewskis nach Kusnezk, einer anderen sibirischen Garnison, versetzt, stirbt dort, und seine Witwe verlobt sich bald darauf mit einem anderen. Dostojewski muß schwer darunter gelitten haben, widersetzt sich aber nicht der Verbindung, sucht vielmehr dem glücklichen Nebenbuhler zu helfen und bringt große Opfer, damit das Paar heiraten kann. Das Verlöbnis geht aber auseinander, und nun nähert sich die Witwe wieder dem Dichter, läßt ihn nach Kusnezk kommen und heiratet ihn. Sie bringt einen Sohn mit, einen Taugenichts, der Dostojewski viele Sorgen bereitet und dem er bis zuletzt ein liebevoller Vater bleibt. Nach dem Bericht der Tochter unterhält Maria Dmitrijewna während ihrer ganzen Ehe mit Dostojewski ein schon vorher begonnenes Verhältnis mit einem, wie behauptet wird, hübschen und unbedeutenden Lehrer namens Wergunow. Nach Äußerungen Dostojewskis hat er ihn geschätzt »wie einen eigenen Bruder«. Wergunow folgt dem Paar auf der Reise nach Petersburg. Es kommt zu sehr krassen Details, die vielleicht übertrieben wurden. An der Tatsache ist kaum zu zweifeln. Die Treulose erkrankt an Tuberkulose, und das Paar trennt sich, anscheinend weil die Gattin das Petersburger Klima nicht verträgt. Sie geht nach Twer. Dort verschlimmert sich ihr Zustand, und Wergunow verläßt sie. Dostojewski eilt zu der hoffnungslosen Kranken. In einem Paroxysmus, den man verschieden deuten kann und den Dostojewski sicher nicht wie seine Biographin ausgelegt hat, beichtet Maria Dmitrijewna dem Ahnungslosen den Betrug mit dem Lehrer und erspart ihm nichts. Dostojewski pflegt sie mit größter Aufopferung bis zum Ende.

Die zweite Liebe, über die wir noch weniger wissen, aber demnächst eingehende Aufschlüsse erhalten werden, spielte zum Teil noch während der unglücklichen Ehe, ging harmloser aus, aber ist dem liebebedürftigen Herzen Dostojewskis nicht gnädiger gewesen. Polina Suslowa, eine hübsche Studentin, soll, wie die Tochter Dostojewskis sagt, ein oberflächlicher Ehrgeiz zu dem berühmten Dichter getrieben haben (?). Sie veranlaßt ihn, ihr nach Paris zu folgen, und nimmt sich dort einen anderen. Dostojewski findet sich ab, wird aber, sobald Polina ihr Intermezzo, eins von vielen, beendet hat, wieder gekapert, diesmal mit schwerem Geschütz, Drohung mit Selbstmord usw. Alle diese Details sind mit Fragezeichen zu versehen. Da die Polina im »Spieler« (Vorgängerin der Nastasja im »Idiot«) wesentliche Züge der Geliebten trägt, wie auch die Tochter zugibt, kann sie kein banales Geschöpf gewesen sein.[17] Das Paar reist nach Wiesbaden, wo sich Dostojewski dem Roulette ergibt. Offenbar ist auch diese Liebe dem Dichter sehr nahegegangen. Die Behauptung der Tochter, nur die Erotik habe den Vater zu der Suslowa getrieben, ist mehr als unwahrscheinlich. Russische Kenner des Materials behaupten das Gegenteil. Nach ihnen ist das Verhältnis, ob mit oder ohne Einverständnis Dostojewskis, platonisch verlaufen. Jedenfalls führten die unberechenbaren Launen der Geliebten zu schweren Kämpfen. Polina Suslowa soll bis zu ihrem Tode dem Dichter die Anhänglichkeit bewahrt haben.

Nachher hat Dostojewski noch einmal als Brautwerber danebengegriffen, bis er dann endlich (Frühjahr 1867), nicht weit von den Fünfzig, in Anna Grigorjewna, seiner neunzehnjährigen Stenographin, die würdige Gattin und Genossin fand.

Die Irrfahrten bis zu dem glücklichen Hafen sind für den Dichter nicht vergeblich gewesen. »Der Ewige Gatte«, Einzelheiten in den »Erniedrigten und Beleidigten« und im »Spieler«, die Doppelliebe des Fürsten im »Idioten« und einige Frauenrollen in den »Karamasow« sind unverkennbare Niederschläge. Übrigens gilt bis zu einem gewissen Grade auch das Umgekehrte. Manches Erlebnis scheint Niederschlag der Dichtung. Bevor er das Schicksal, das ihm die erste Gattin bereiten sollte, kannte, hat er in der frühen Novelle »Helle Nächte« seinen Helden so handeln lassen, wie er selbst ein halbes Dutzend Jahre später gehandelt hat.

Ein Kelch, der von Bitterkeit überfloß, so erscheint sein Leben, und solange Begebenheiten, wie sie ihm widerfuhren, uns die Haare sträuben lassen, muß es dafür gelten. Kein Wunder, daß sich viele Menschen den Träger solcher Schicksale wie einen Geschlagenen vorstellen, dessen Blick unstet, dessen Denken düster, dessen Rede Gift war. Und wenn sie persönliche Äußerungen von ihm vernehmen, die das Gegenteil dartun, z. B. die wiederholten Beteuerungen seiner Dankbarkeit für den Zaren, der ihn in der denkbar härtesten Weise strafte, nehmen sie solche Worte für Verstellung oder offenen Schwindel und rechnen sie erst recht zu den Zeichen seines Unglücks. Infolgedessen treten sie an seine Werke mit vorgefaßter Meinung heran und verschließen sich dem Leuchten im Dunkel, sehen nur höllische Dämonen, mit denen er rang, nicht den Gott, der ihn zum Siege führte.

Dieser Mensch war nicht unglücklich. Manche seiner Helden, im Grunde nur sehr wenige, waren es, er nicht. Er wäre unfähig gewesen, ihr Leiden zu dichten, wenn er nicht darübergestanden hätte. Kann ein Mensch von so stürmischem Schöpfervermögen überhaupt unglücklich sein? – Aber diese Deduktion mag man beiseite lassen. Nicht nur als Schöpfer, nicht nur in den besonders ekstatischen Augenblicken, die er mit epileptischen Niederbrüchen bezahlte, hat er Wonnen des Himmels genossen; auch in der Norm seines Tages fand er mehr als hinreichenden Schutz gegen Leid und Gebrechen. Seine Stirn furchte sich früh, er alterte schnell, und der Nacken krümmte sich, aber nur der Körper gab nach, vielleicht um die Last zu überlisten, weil man so die Schläge besser auffing. Der kräftigere Rembrandt machte es nicht anders und lachte hinter seiner Kruste, die von Schweiß und Seufzern schwer war. Dostojewski hatte stärkere und hellere Widerstände, und wer ihn für schwermütig hält, bleibt am Kleide haften. Er war reizbar und launisch und hatte am Morgen, der für die andern Mittag war, zuweilen Mühe, die Wehen der Nachtschicht zu vertreiben, aber so hätte auch einer mit anderer Arbeit sein können, und bei dem geringsten Anlaß wechselte er und lachte. Lachen und Weinen wohnten bei ihm nahe zusammen. Seine Frau nennt ihn ein ewiges Kind im Guten und im Bösen. Sie hat zuweilen unter seinen unberechenbaren Einfällen und seiner Heftigkeit, unter den Ventilen, deren seine Erregung bedurfte, gelitten, zumal als sie noch sehr jung war und nicht gleich verstand, daß ein Mensch dieses Empfindungsvermögens auf Reizbarkeit wie auf ein unentbehrliches Werkzeug angewiesen war. Sie ist in einer kritischen Zeit zu ihm gekommen, als seine wirtschaftlichen Verhältnisse zu einer Katastrophe drängten und seine schöpferischen Fähigkeiten aufs äußerste angespannt wurden. Trotzdem wird kein einsichtiger Leser aus den beiden Zeugnissen der Gattin, den »Lebenserinnerungen« und dem in schlimmster Zeit geführten »Tagebuch«[18] den Eindruck gewinnen, daß der Gegenstand dieser mit handgreiflicher Aufrichtigkeit von einem ganz unkomplizierten Menschen verfaßten Niederschriften ein Unglücklicher war, verurteilt, sich und andere nur mit Finsternis zu speisen. Die zwanzigjährige Anna Grigorjewna war sichtlich ungeeignet, manche Schatten Dostojewskis zu begreifen, die gerade auf das erste Jahr der Ehe fielen, und ebenso dürfte dem Dichter anfangs die weitgehende Einfalt der Gefährtin fremd geblieben sein. Trotzdem hat Anna Grigorjewna auch damals nie ernstlich an ihrem Glück gezweifelt, noch Grund gehabt, zu zweifeln. Ihr frauenhafter Instinkt erkannte in dem kindlichen Sinn ihres Fedja den elementaren Schutz gegen alle von ihm selbst und von anderen bereiteten Gefahren und die sichere Bürgschaft für das Gelingen der Ehe. Sie hat sich nicht getäuscht. Wenn je die Bezeichnung ideale Ehe angewendet werden kann, gebührt es sich hier.[18]

Das zentrale Erlebnis, abgesehen von seiner mit ihm verwachsenen Krankheit, ist die sibirische Katorga. Ohne das »Totenhaus« gäbe es keinen Dostojewski. Man kann sogar von dem grausigsten Moment seiner Geschichte, der Schafottszene, absehen. Sie ist im Œuvre kein unentbehrliches Detail geworden und hat, was merkwürdiger erscheinen mag, den Menschen nicht sonderlich belastet.[19] Dagegen haben die Jahre Zwangsarbeit des Zuchthäuslers in Omsk, diese vier vollen Jahre, von denen jeder Tag ein Niederreißen und ein Aufbauen war, diese aufs Mark gehende Massage des Leibes und der Seele, den Menschen gekräftigt und den Dichter verzehnfacht.

Die Milieustudien unter solchen Umständen prägen sich ein. Ihr dokumentarischer Wert ist nicht ungehoben geblieben. Die Eisenfesseln haben den Schriftsteller nicht gehindert, sich gewisse Eigentümlichkeiten der Sprache seiner Kameraden zu notieren, und die Notizen wurden in dem Buch vom Totenhaus benutzt. Diese Memoiren haben biographischen und kulturhistorischen Wert, aber zählen nicht entscheidend für das Werk des

Dichters. In die Romane ist von diesem Lokal nichts oder nur sehr wenig gelangt.

Dagegen rückt die ganze, mit dem Hammer geschmiedete Erfahrung in den Menschen ein, nicht wie eine sonderbare Kulisse, sondern gleich einer ganzen Bühne, auf der nichts oder fast nichts von dem früheren Menschen bleibt; nichts von den Ideen der Petersburger Schriftstellerzunft, die man annahm oder verwarf, nichts von dem sozialen Niveau der Vergangenheit, nichts von dem früheren Politiker. Selbst sein Körper, der früher viel geringeren Anstrengungen unterlag, gewinnt. Seine Nerven bessern sich, die Pausen zwischen den epileptischen Anfällen werden länger. Die erzwungene Berührung mit neuen Menschen, die finsteren Stationen des Ostrogg erneuern das ganze Individuum. Die Erneuerung wird ihm bewußt und bringt ihn zuletzt dazu, den Zwang zu segnen.

Dies ist eine produktive Angelegenheit ersten Ranges, eine Aktion des Menschen und des Dichters: die Verwandlung einer Lage, die allgemein als tiefste Stufe menschlicher Existenz angesprochen wird, in eine nicht nur erträgliche, sondern förderliche, schließlich willkommene. Die Aktion produziert einen neuen Besitz, den für diesen Dichter unentbehrlichen Begriff der Gemeinschaft.

Es kommt dabei zunächst nicht auf die soziale Qualität des Besitztums und die Umstände, unter denen es erworben wurde, an. Daß überhaupt ein Mensch von seiner Art, ein Künstler, also Individualist unserer Zeit, zu einer Gemeinschaft kommt, daß er die Gemeinschaft aus dem erzwungenen ständigen Zusammensein mit einer Masse wildfremder Menschen gewinnt, entscheidet. Die Zusammensetzung der Katorga aus Sträflingen, die nicht wie Dostojewski und sehr wenige andere wegen politischer Vergehen, sondern wegen gemeiner Verbrechen, meistens wegen Mord, deportiert waren, kommt erschwerend hinzu, mag aber, da dieses Moment die Aufgabe teilte und Dostojewski zu einer systematischen Aufbietung seiner Kräfte zwang, eher geholfen haben.

Freilich, welches Aufgebot! Beim Abschied in Petersburg hat er dem Bruder gesagt, er komme doch nicht zu wilden Tieren. Das wurde natürlich zum Trost des Bruders gesagt, weil der Bruder Tränen in den Augen hatte und weil man immer etwas dergleichen sagt. Tatsächlich kommt er in einen Zwinger. Im Ostrogg haust alles mögliche wilde Viehzeug in Menschengestalt. Es sind geifernde Wölfe darunter, die einen dauernd umkreisen und denen es Spaß macht, wenn man doch einmal bei einer nicht ganz zufälligen Berührung zusammenzuckt. Schlimmer sind die dunklen Schweigsamen in der Ecke, die sich nicht rühren und keinen Blick von einem lassen, Bestien, denen der Mord ein Zeitvertreib ist. Die Milieustudien beginnen mit der Frage, wie man sich zu verhalten hat, um nicht gelegentlich totgeschlagen zu werden. So erscheint dem Neuling die Situation, muß so erscheinen. Sie ist tatsächlich so. Der Feind ist nicht die Wache haltende Behörde, nicht der Sadismus des wüsten Majors; das alles zählt gar nicht, und die berühmte Sehnsucht hinter den Palisaden, turmhohen gespitzten Bleistiften, die den Platz einfassen, ist sentimentale Mimik. Der wahre Feind ist die undurchsichtige Masse, in die man hineingeworfen wird, der man als früherer Adliger, als Gebildeter, als gewesener Herr nicht zugehört und die keineswegs gesonnen ist, den Neuling ohne weiteres aufzunehmen. Der Bauer, den der Mord an dem Vater hierhergebracht hat, wird in der ersten Stunde gut Freund mit der ganzen Gesellschaft, hat sofort ihren Ton, fühlt sich an seinem Platz, als hätte er hier schon jahrelang gelebt. Der sechsfache Mörder wird mit Beifall empfangen. Dieser »Politische« aber, der sich keines Verbrechens rühmen kann, ist höchstens lächerlich und verächtlich, und die halbe Scherung des Schädels, die Ketten, die zweifarbige Hose kommen ihm nicht zu, sind eine dumme Maskerade, auf die kein richtiger Ostrogginsasse hineinfällt. Es fehlt nicht viel und sie nähmen es für Verhöhnung.

Die Frage, wie man sich zu verhalten hat, quält ärger als alle Strapazen. Diese Rohlinge haben für gewisse Dinge, z. B. für Anbändelungsversuche, hinter denen sich Schwäche verbirgt, einen erstaunlich feinen Instinkt. Sie haben überhaupt, das stellt sich sehr bald heraus, erstaunliche Instinkte. Also muß man zurückhalten, ganz abgesehen von der physischen Unfähigkeit, sofort wie jeder andere mitzutun und seinen Anteil an der Zwangsarbeit und an den übrigen Rationen der Katorga zu übernehmen. Wollte er aber auf jede Fühlung mit den anderen verzichten, hieße das für einen Menschen wie ihn nichts anderes, als sich in einem Dunst von Haß langsam sterben zu lassen.

Diese Zwangslage übt den Menschen auf seine Natur ein, denn nur mit ganz natürlicher Handhabung seiner nächsten Mittel kann er die Form für sein Verhalten treffen. Lassen sich doch auch seine Partner nur von ihrer Natur leiten, einer in Freiheit aufgewachsenen rohen und keineswegs sparsamen Natur. Das gibt eine Schule der Selbstzucht und der Beobachtung von besondrer Gymnastik, eine Erziehung des Takts von nicht gewöhnlicher Art. Ja, des Takts, genau der gleichen Eigenschaft, die den Verkehr mit den Menschen draußen möglich oder erträglich macht, nur ist der Anspruch an diese Eigenschaft hier ungewöhnlich gesteigert. Dostojewski gibt sich in die Schule. Der kleine Kreis verurteilter polnischer Adliger, der sich nie mit der Menge vermischt, ist für ihn nur eine der vielen Sonderheiten des Zwingers, und er geht ihm eher aus dem Wege. Nur bei den anderen ist zu lernen.

Eins merkt er sehr bald. Wohl lassen sich die Menschen hier nur von Trieben bestimmen, die in der Welt, aus der er kommt, gezähmt sind und gegen die zu kämpfen dort für selbstverständliche Sitte gilt. Es sind durchaus niedrige Triebe, aber die Art, wie man sich ihnen hier überläßt, steht keineswegs auf einem und demselben Niveau, sonst würde es nicht so viele Variationen geben. Die Vielheit überrascht. Nicht zwei Sträflinge sehen sich gleich, obwohl sie eine homogene Masse bilden. Die Masse aber ist bei näherer Betrachtung harmloser als der einzelne. Ihr Instinkt unterscheidet sich nicht besonders von bekannten Masseninstinkten, steht sogar relativ höher. Wenn die Katorga in corpore auftritt, scheint sie neugierig wie eine Schule von Backfischen, auf jede Albernheit erpicht, redselig, romantisch, generös und ein bißchen feige und, versteht sich, dumm wie dumme Jungen: eine Herde Schuljungens in der Pause verhält sich nicht anders wie diese Verbrecher bei dem Ankauf des neuen Pferdes, bei dem Besuch des Generals, bei der Flucht Kulikows und seines Kameraden. Die Masse ist berechenbar wie jede Masse und unglaublicherweise leichter zu beeinflussen und zu führen als jede andere. Für den Oberstleutnant, der nur halbwegs menschlich ist, ließen sich alle vierteilen. Eine sehr bescheidene Gebärde genügt, um sie zu begeistern und die irrsinnige Qual der Rutenpeitscherei vergessen zu lassen. Also steckt Kindlichkeit in diesen Bestien, sobald sie in der Masse sind.

Langsam gewöhnen sich die Augen an die Finsternis und beginnen, Schattierungen zu sehen. Das Schwarz ist keine isolierte Farbe, sondern Skala. Der Zwinger enthält tatsächlich nicht nur Bestien. Und wie sollte es anders sein? Die Natur duldet keine Farbe aus einer Tube, sondern bildet immer Töne, ob in der Katorga oder im Schatten des Waldes. Diese Verbrecher sind immer noch irgendwie Menschen. Ja, wer weiß, ob sie das nicht in einer ganz unerschütterlichen Art sind, da ihr Menschentum solchen Verbrechen widersteht. Jedenfalls muß das Menschliche in diesem Dunkel besondere Kraft haben. Das Leben muß ein besonderes Leben sein.

Hier bildet sich Dostojewskis Erfahrung, und sie gibt ihm Fingerzeige für seine Technik. Wenn man schon mit den Katorgamenschen menschlich reden kann, bleibt die Art, wie er bisher zu reden pflegte, ausgeschlossen. Es würde nichts helfen, wenn er ihnen mit Fourier oder Alexander Herzen käme oder mit Schiller und Balzac. Man muß viel tiefer, als solche Gespräche gestatten, in die Dinge hineingehen und sich an die Anfänge stellen. Er hat mit Verschickten aus allen möglichen Teilen des riesigen Reiches zu tun, sogar mit Angehörigen fremder Rassen, die nicht einmal russisch reden. Was sie zusammenhält, ist keine Zivilisation, auch nicht ein Schein der Zivilisation, sondern der Ostrogg, die Kette, und nicht zuletzt der Stolz auf die Kette. Dieser Stolz erschöpft sich nicht mit Zynismus, sondern entspringt einem natürlichen und notwendigen Standesbewußtsein. Die meisten sind erst hier zu Verbrechern geworden, haben erst im Ostrogg die Tat, die ihnen draußen zufällig in die Hand geriet, mit Vorbedacht ausgeführt und würden sie heute wachen Auges wiederholen. Keiner denkt, das steht ausdrücklich in den Memoiren, an Reue. Auch auf dem Schafott in Petersburg hat keiner der Verschworenen an Reue gedacht. Das hat gar nichts mit der Tat, sondern nur mit Selbsterhaltungstrieb zu tun. Ebensowenig denkt Dostojewski an Bekehrungsversuche, auch nicht bei seinen Intimen. Solcher Protestantismus käme schlecht bei ihnen an, und er würde ihn für unberechtigten Eingriff in den Besitz eines anderen halten. Nähme man ihnen das Verbrechen, wäre ihr Dasein noch ärmer. Was geändert werden kann, ist nicht der Mensch, sondern der Ostrogg. Nicht die Instinkte der Menschen tragen allein die Schuld, sondern die Ketten an den Gliedern. Als sie vorher in vermeintlicher Freiheit lebten, trieb ein anderer Ostrogg mit weniger klirrenden Ketten zum Totschlag.

Dies die große grundlegende Erfahrung. Sie kristallisiert sich nicht zu der geläufigen Doktrin, die den Täter von der Verantwortung befreit. Er ist schuldig, aber die anderen sind auch schuldig; alle sind für jeden schuldig. Es gibt keinen Gegensatz zwischen den Menschen, und Dostojewski steht bei den Erniedrigten und Beleidigten.

Die Annäherung beginnt mit Blicken. Augen sagen zuweilen etwas ganz anderes als der Mund, zumal Augen von Katorgamenschen, die den Unflat im Munde führen wie wir Guten Tag und Guten Abend. Man kann diese Blicksprache ausbilden. Man gewinnt die Sprache nur aus überwundener Stummheit. Gelingt es, wird diese Sprache der üblichen überlegen sein, wenigstens für Zwecke, die einem Dichter in den Sinn kommen.

Dostojewski erfindet das für seine Zwecke notwendige Idiom. Es ist unmittelbarer Niederschlag seines Erlebens, seiner Erkenntnis, ohne Verallgemeinerungen und Metapher. Die Sprache erweitert sich mit der Ausdehnung seiner Beziehungen.

Womöglich steckt das Kindliche nicht nur in der Masse der Verbrecher, vielleicht, unter Umständen, die gesucht werden müssen, auch in dem einzelnen. Hier und da und gewöhnlich, wenn man am wenigsten darauf gefaßt ist, tritt es hervor. Manchmal vergißt so einer sein Verbrechertum, auf das er stolz ist, und man könnte glauben, der Stolz sei nur Notbehelf für das Bewußtsein einer dämonischen Kraft von großer Spannweite. Sie reicht von einem heißen generösen Gefühl, das keinen Namen besitzt, bis zur Tat, die zu leicht genannt wird und an der die Gesellschaft zumal den Namen straft. Hier im Ostrogg, wo der Begriff der Gesellschaft weniger feststeht, weitet sich der Blick für die Einheitlichkeit jener Kraft, bevor sie sich in gut und schlecht genannte Taten spaltet. Hier kann es geschehen, daß auf einmal das Furchtbare des Verbrechers weggewischt wird. Man entdeckt in dem Unhold naive Bewegtheiten von einer kaum faßbaren Keuschheit und könnte zuweilen auf den sonderbaren Gedanken geraten, er schütze mit seinem Verbrechertum die verborgene Keuschheit.

Diese Nähe von anscheinend höchst entgegengesetzten Empfindungen, so nahe wie ein Finger dem anderen, war in so reichen und zahllosen Beispielen nur im Ostrogg zu finden. An ihnen übte sich der Denker und gewann die von keiner sozialen Rücksicht gebundene Sachlichkeit. An ihnen übte sich der Russe und der russische Christ. Man war Christ im Ostrogg. Jede Untat gegen den Menschen wurde gefeiert, aber es hätte sich keiner einfallen lassen dürfen, etwas gegen Gott zu tun. Den Atheisten, der sich mit der draußen üblichen Offenheit zu dem Abfall von Christus bekennen würde, erschlüge man ohne weiteres. Übrigens kommt keinem solcher Gedanke. Ungeheuerliche Vertierung wird alltäglich. Zum Heiland aber betet man mit kindlicher Frömmigkeit. Und mag es das letzte Band mit der Welt draußen sein, ein Flitter, eine versehentlich stehengebliebene Gewohnheit, sie würden sich dafür kreuzigen lassen.

Hätte sich dem Dichter gleiche Übung irgendwo draußen geboten? Wären die vier Jahre in Gemeinschaft mit einer bürgerlicheren Sorte von Verurteilten leichter vorübergegangen? Nimmermehr. Die rauhe Seite der Katorgamenschen hatte unersetzliche Vorteile. Ihre Stacheln wurden zu Stufen. Nur mußte man Dostojewski sein, um sie zu nutzen. Ein Geringerer hätte nur den Ton des Milieus davongetragen, eine malerische Angelegenheit, ein Sujet. Dostojewski begründet in Sibirien seine geistige und moralische Existenz, und diese erst entwickelt nach und nach den Dichter. Ein Robinson entdeckt im Ostrogg seine Insel. Nicht das Problem ist neu, nur die Realisierung. Diese ist einzig. In einem frühen Jugendwerk, den »Kosaken«, hat Tolstoj einen von der Kultur geschwächten Petersburger Aristokraten geschildert, der sich in kaukasische Wildnis flüchtet und sich unter dem primitiven Bergvolk zu einem reinen Menschentum zu bekehren sucht. Die Liebe zu Marjanka, der Braut des Kosaken Lukaschka, wird Träger der Handlung. Die Dichtung gelangt nicht über die Naturschwärmerei eines Menschen, der Rousseau gelesen hat, hinaus. Olenin, der Robinson dieser Wildnis, reist nur mit den Beinen, und der Kopf bleibt in der vermaledeiten Zivilisation zurück. Das hat Tolstoj vielleicht zeigen wollen. Was ihm entging, war die zweifelhafte Realität seiner Insel. Dieser Kaukasus, den er mit ethnographischen Details behängt, gleich Fußnoten, die einem Text Gewicht geben sollen, existiert nicht. Seine Kosakenmädchen flirten nicht anders wie die jungen Damen in Petersburg, und Lukaschka ist ein verkleideter Leutnant von der Garde.

Tolstoj hat bessere Romane geschrieben, mit wirksameren Lukaschkas und Marjankas. Er hat, solange er Dichter blieb, nie die Verkleidung überwunden, und als er sie ablegte, hätte man ihn in seinem und aller Interesse bitten mögen, sie schnell wieder umzutun. Er hat keinen Ostrogg gefunden und bestanden.

Viele haben Robinson gespielt. Heute macht die ganze europäische Kultur nichts anderes. Einen Gauguin trieb die Europaflucht nach entlegenen Zonen. Er glaubte mit der Entfernung der Vergangenheit abschwören zu können, verbarrikadierte sich die

Rückkehr mit finsteren Götzen und blieb doch bis zum letzten Atemzug am Boulevard hängen.

Man schwört nicht ab. Keine Gewaltsamkeit verwandelt die natürliche Struktur der Atome. Man kann nur reifen, was man mitbringt. Van Gogh konnte als Maler vollenden, was er als Lehrer und Geistlicher begonnen hatte, und wechselte keinen Beruf. Dostojewski trug den Keim seines Ostroggerlebnisses, als der noch unverdächtige Literat die Geschichte des »Doppelgängers« schrieb. Nur dieser fanatische Liebhaber des zweiten Gesichtes konnte die Einheit des dämonischen Menschen entdecken. Aus dieser Entdeckung folgt alles für den Denker und Dichter. Was in dem Zwinger vorgeht, geschieht überall. Überall sind hohe und niedrige Instinkte die Finger einer und derselben Hand; nur pflegt man sie draußen in Handschuhe zu stecken, und die Gesellschaft hält auf den Handschuh. Nur im Volk, das noch nicht von der Zerrüttung, die der Maske bedarf, erreicht ist, regen sich die Finger noch halbwegs frei. In der Katorga tanzen sie Cancan. Wer durch diesen Höllensabbat hindurchkommt, ohne den Glauben an die Menschheit einzubüßen, für den gibt es keine ethnographischen Mätzchen noch andere vorgefaßte Grenzen mehr, mit denen sich die Dichter am grünen Tisch herumschlagen, und er hat die Klaviatur vom tiefsten Schwarz bis zum hellsten Himmelblau.

Von Sibirien aus entdeckt Dostojewski Rußland. Die Katorga war das Venedig, wo dieser Greco in die Schule ging, bevor er sich nach seinem Spanien einschiffte. Die entdeckte Einheit mußte schließlich zu dem Begriff des russischen Allmenschen führen, dem Vermächtnis Dostojewskis in seiner Puschkinrede, seinem Schwanengesang.

Da für den schöpferischen Menschen der Besitz der Möglichkeiten für die Realisierung seines Genius alles bedeutet, kann an dem Glück, das Dostojewski in Sibirien gefunden zu haben glaubte und gefunden hat, nicht gezweifelt werden. Seine Dankbarkeit für Sibirien ist also durchaus legitim, und der Umstand, daß er sie aussprach, kann niemanden in Erstaunen setzen. Der

Zar, der ihn verschickte, ist sein Wohltäter geworden. Das russische Christentum schließt die Verehrung des Zarentums als religiösen Bestandteil ein. Um den russischen Glauben beginnt Dostojewski von jetzt an, mit sich und andren, am stärksten mit sich selbst, zu kämpfen. Die Einsicht in die ihm erwiesene Wohltat hat dem Glaubensartikel nicht geringe persönliche Überzeugungskräfte zugefügt.

Noch ein Erlebnis, das sich lange nach Sibirien zutrug, hat das Werden stark beeinflußt: die persönliche Berührung mit dem Ausland. Zuerst die kurzen Reisen in der ersten Hälfte der sechziger Jahre nach Paris, London, Deutschland und Italien, und dann der Aufenthalt draußen, vom Frühjahr 1867 bis Sommer 1871. Diese vier Jahre entbehren großer dramatischer Effekte und verliefen neben den bisher geschilderten Ereignissen anscheinend harmlos. Nichtsdestoweniger haben wir Grund, in ihnen eine wesentliche Ergänzung der zurückliegenden vier Katorgajahre zu erblicken. Nicht etwa eine Nachoperation, wenn man die Bekehrung des Menschen und die Einführung des gewaltigen dichterischen Stimulans durch die Katorga Operation nennen darf; eher eine praktische Lehrzeit des neuen Menschen, eine Art Studienreise, die vielerlei Gelegenheit gibt, die neue Anschauung zu prüfen. Die Entfernung von dem Lokal, für das er zu schaffen hat, erweitert seine Vorstellung und macht ihm nach manchen Irrtümern die letzte und höchste Entwicklungsstufe, die zu erklimmen bleibt, deutlich. Mit dieser Reise sind sehr schwere Erschütterungen verbunden, die ihm in der Heimat erspart geblieben wären, und sie hat ihm sein hellstes Werk geschenkt. Den »Idioten« hat er unter dem Himmel Italiens geschaffen.

In seiner großen Biographie[16] findet Karl Noetzel als Resultat der vier Jahre im Westen »eine innere Sammlung, wie er sie noch niemals erlebt hatte und wie sie ihm nur das ihm innerlich fremde und ihn darum weit weniger von der eignen Person ablenkende Ausland geben konnte«. Das sei überhaupt, fügt er hinzu, für viele Russen damals der Grund ihrer Auslandsreisen gewesen: sich von Rußland auszuruhen und darüber nachdenken zu können, was ihnen in der Heimat die lebendige Teilnahme an der russischen Wirklichkeit nicht recht erlaubte. – Das trifft auf Dostojewski in einer besonderen Weise zu, allerdings zumal auf eine vorhergehende und damals bereits überwundene Zeit. In den ersten Jahren nach Sibirien scheint Dostojewski in der Tat Rußland zu nahe gewesen zu sein, um die in der Katorga gewonnene Spannung entladen zu können. Es ging ihm wie einem leidenschaftlichen Liebhaber, der lange Zeit von der Geliebten getrennt war und sich in der Ferne ein phantastisches Bild von ihr gemacht hat. Seine zum Teil haltlosen, zum Teil durchaus skeptisch gerichteten ersten Arbeiten nach Sibirien bezeugen eine Enttäuschung, sei es auch nur die Reaktion auf übertriebene Vorstellungen von der Freiheit, die er nach seiner Rückkehr erhofft hat. Die ersten Reisen haben etwas von der Unbändigkeit aufgespeicherter Gelüste. Aber den zerfahrenen und überstiegenen Arbeiten ist bereits der erste große Roman gefolgt. Raskolnikow wurde kurz vor der großen Reise veröffentlicht und brachte beispiellosen Erfolg. Mit diesem ersten erschöpfenden Werk des Katorgadichters ist das breite Fundament für alles Folgende gegeben. Das muß man festhalten, um die folgenden biographischen Momente, die zweite Ehe und die große Reise richtig einzuschätzen.

Die Reise war der jungen Gattin sehr willkommen, weil sie auf diese Weise ihren Mann den Intrigen der Verwandten zu entziehen hoffte. Das Paar ging zuerst nach Dresden, dann in die Schweiz. Den ersten Winter verbrachte es in Genf, wo Sonja geboren wurde und nach ein paar Monaten zur Verzweiflung der Eltern starb; den zweiten in Florenz; die letzten Jahre in Dresden, und hier kam die zweite Tochter zur Welt.

Der Aufenthalt in der Fremde war nicht ganz freiwillig. Nicht nur die unerquicklichen Reibereien mit der Familie legten ihn nahe; noch viel dringender, wenigstens dem Gatten, wirtschaftliche Erwägungen. Der Erfolg des Raskolnikow war in materieller Hinsicht nur ein Tropfen auf den heißen Stein, so groß war seit dem Tode des Bruders Michail und dem Zusammenbruch seiner Zeitschrift »Epocha«, die Dostojewski weiterzuführen als Pflicht angesehen hatte, die kollektive Schuldenlast geworden. Die Furcht vor den Gläubigern, die ständig mit Schuldgefängnis drohten, verhinderten die Rückkehr nach Rußland. Dieser Zwang wurde allmählich zu einer kaum erträglichen Last. Nach Dostojewskis Äußerung ist ihm die Verbannung in den letzten Jahren kaum leichter geworden als die Katorga.

Er war dabei keineswegs unempfänglich für die Freuden des Touristen, genoß Musik, wo sich Gelegenheit bot, liebte die Kunst. Nach seinen Manuskripten, auf denen sich zuweilen zwischen dem Text sonderbare Zeichnungen gotischer Spitzbögen finden, könnte auf eine Neigung zur Architektur geschlossen werden. Das trifft nicht zu. Bauten früherer Epochen stießen ihn eher ab. Alles, was er für Antiquität nehmen zu können glaubte, ließ ihn kalt. Grenzenlos war sein Interesse für Literatur. Er liebte Musik und scheint die Malerei geschätzt zu haben. Er besuchte überall, wenn auch flüchtig, die Museen und begleitete während des ersten Dresdner Aufenthalts seine junge Frau oft in die Galerie, wo Anna Grigorjewna Stammgast war. Die Sixtinische Madonna, Symbol des leidenschaftlich gehaßten römischen Katholizismus, hat er vergöttert. Immer fällt er auf Bilder, die seiner geistigen Konstitution entgegengesetzt scheinen. Rembrandt wird nicht erwähnt. Dagegen sind ihm die kühlen Idyllen von Claude Lorrain nahegekommen. Die Küstenlandschaft der Dresdner Galerie, das schimmernde Meer und vorn unter dem Zelt das Liebespaar, war sein Lieblingsbild. Es spielt in Wersilows Traum vom Goldenen Zeitalter eine bedeutsame Rolle.

Doch ersetzten ihm diese Anregungen nicht die fehlenden Menschen. Die Not war drückender als zu Hause. Die Fallsucht verschlimmerte sich und erschwerte die Arbeit, und zumal zu Beginn dieser Periode hat ihn die Spielwut in den Klauen gehabt. Immerhin kam es zur Ernte. In den vier Jahren sind außer Kleinigkeiten »Der Idiot«, »Der ewige Gatte« und der größte Teil der »Dämonen« entstanden. Die Arbeit häufte sich zumal in der zweiten Hälfte der Reise.

Schmerzhafter als Krankheit, Not, Kummer um die kleine Sonja und die Terminarbeit hat ihn das Heimweh geplagt. Es muß zuweilen für ihn eine wahre Marter gewesen sein. Der strahlende See lachte ihm nicht, und die Berge bedrückten seine Seele. Er ging allen Ernstes soweit, das Genfer Klima für schädlich zu halten. Für ein Nest in irgendeinem fernen russischen Gouvernement hätte er Rom und die beiden Sizilien gegeben. Er verschlang jede russische Zeitung. Die Briefe an die Petersburger drehen sich immer nur um zwei Dinge: Geld und Nachrichten. Die Frage, ob man ihm eine Zeitschrift mit einem slavophilen Aufsatz geschickt hat, entscheidet über seine Gesundheit. Er macht keine Redensarten. Die Intensität dieses Bedarfs spürt man in jeder Zeile. Er hätte auch ohne Terminzwang fanatisch gearbeitet, lediglich um sich eine russische Atmosphäre zu schaffen. Seine Romane waren ihm Lappen um seine Blößen. Die Ferne von der Heimat hat diese typische Einstellung des modernen Schriftstellers vollendet. Kunst und Kultur sind ihm nicht Forderungen eines Bildungsideals, sondern letzte Hilfen des Individuums, um der Vereinsamung zu entgehen. Nur soweit die Wissenschaft dafür zu brauchen ist, läßt er sie gelten. Man erkennt die schöpferischen Förderungen. Immer fürchtet er Verlust des Kontakts mit Rußland. In der Furcht spricht nicht der Ehrgeiz des Literaten mit, der um seine Position besorgt ist, sondern die Angst um die seelische Nahrung, die ihm nur die russische Erde und das russische Volk zu geben vermögen. Da er das Volk in der Katorga hatte, war die Katorga besser. Er scheint es weniger in Italien vermißt zu haben. Deutsche Ordnung ging ihm auf die Nerven. Mit Leuten, die ihm bessere Begriffe von Deutschland beibringen konnten, kam er nicht zusammen. Der dürre Ton der Schweizer war ihm unerträglich. Er fand die Menschen arm und verkümmert und Masseninstinkten ohne Belang unterworfen. Zuletzt hat er in Dresden wie ein Gefangener gelebt.

Die Sehnsucht verzehrte den Menschen, aber steigerte die Dynamik, und während ihm die Realität versagt blieb, stählte sich der Traum. Den Zartheiten um die Gestalt des »Idioten« kann die Ferne von Rußland geholfen haben. Den »Dämonen« hat sie offenbar geschadet.

In der Fremde wurde seine Liebe zum Slaventum das Gefäß aller ungebrochenen Kräfte und sättigte sich mit der Frucht von täglich dargebotenen Vergleichen. Schon auf den ersten Reisen hatte sich seiner Intuition der stärkste Unterschied zwischen Ost und West erschlossen, den man allen Grund hatte, bestehen zu lassen und zu vertiefen. Das Allmenschentum widerspricht nicht, denn gerade von ihm geht die Begründung aus. Der Westen besaß allerlei von früher her, das man in Rußland nicht fand, aber war nicht imstande, es fortzusetzen. Seine Kultur war ein historisches Überbleibsel wie Dome und Tempel, in denen nicht gebetet wurde, und die Schwärmerei für die Üppigkeit einer nicht mehr geübten Form verleitete zum Schwindel und entfernte den Menschen vom Menschentum. Das gleiche aber vollbrachte die berühmte Zivilisation des Westens. Wohl entging Dostojewski nicht die Beweglichkeit ihrer Triebe. So tot die Ästhetik war, so lebendig rührte sich der Drang, die Bedingungen der physischen Existenz zu bessern. Was damit verglichen im Osten vorging, war träge Gleichgültigkeit. Was aber kam dabei heraus? Vergrößerte der Westen mit seinem Betrieb nicht die Kluft zwischen den Menschen? Hielt der schmutzige Osten nicht unvergleichlich besser zusammen? Was man hier und dort unter Leben verstand, war nicht dasselbe. Vor dem Blick des Russen verlor das komplizierte Räderwerk Europas seinen Nimbus. Die Kultur des Westens wurde zur Antiquität, und ihre Zivilisation zur Industrie im Dienste des Geldes. Was sie Bildung nannten, war ein Möbel in der guten Stube, und auf das Polster der Religion setzte man sich. Der Mechanismus drohte die Menschheit schlimmer zu fesseln, als je die kulturfeindlichen Kräfte Rußlands vermocht hatten.

Diese Einsicht hat den Politiker Dostojewski zu manchen

zweifelhaften Folgerungen verführt, und er hat, zumal im Anfang, Kleinigkeiten für Hauptsachen genommen. Seine Aufsätze nach der ersten Auslandsreise – »Winternotizen über Sommereindrücke« – treiben gegen Frankreich eine recht naive Polemik, und später hat auch Deutschland manchen Hieb abbekommen. Der gültige Instinkt hinter dieser Einfalt stärkte dem Dichter die Lust zum Bau, und der Dichter hat die Einseitigkeit gründlich überwunden.

Fünftes Kapitel

Wir sahen schon: In dem Komplex Dostojewski scheint der Dichter keineswegs die einzige Rolle zu spielen. Diesen Schein unterstreicht Dostojewski geflissentlich. Je reifer er wird, desto geringer schätzt er die Bedeutung seiner poetischen Sendung, wenn so ein Wort überhaupt auf ihn angewendet werden kann. Man könnte in seiner Lage eine gewisse Ähnlichkeit mit Goethe finden, der auch nicht dem ausschließlichen Dienst der vornehmsten Muse mit seiner Auffassung menschlicher Pflichten vereinen zu können glaubte, doch wurde Dostojewski von einer den Idealen Goethes durchaus unzugänglichen Auffassung bestimmt. Der Wille, seinen Genius auf vielen Gebieten zu üben, um sich zu vervollkommnen und auf diese Weise anderen Vorbild zu werden, Erzieher, womöglich wissenschaftlicher Lehrer seiner selbst und seines Volkes zu sein, dieser Drang des Enzyklopädisten Goethe war den Vorstellungen Dostojewskis durchaus entgegengesetzt. Auch er dachte an anderes als Dichten, aber fühlte sich keineswegs zur Betätigung in anderen Berufen hingezogen, und jede Wissenschaftlichkeit lag ihm fern. Seine der Dichtung entzogene Kraft gehörte ausschließlich der Erforschung und Kultivierung der Beziehungen zu dem Nächsten, diente also seelischer Übung und blieb als solche dem Hauptberuf in stets erreichbarer und dienlicher Nähe. Der Nebenweg führte immer wieder in die Hauptstraße zurück und trug der Dichtung neue Nahrung zu.

Diese Organisation hatte Vorzüge. Nur dem Bewußtsein stellte sich seine Tätigkeit als dezentralisierte Funktion dar, und der Verzicht auf alle formale Ästhetik kam dieser gesunden Selbsttäuschung zu Hilfe. In Wirklichkeit hat es nie einen zentraler gerichteten Dichter gegeben. Seine scheinbare Verschwendung ist Ökonomie.

Die Früchte der Belehrung, zu der sich Goethe verstand, seine Beiträge zu den Wissenschaften, sein Wirken als Staatsmann und Höfling, alle diese mannigfaltigen Betätigungen mangelten der fruchtbaren Fiktion, die der Dichter unmittelbar auszunutzen vermochte. Ihre anspruchsvolle Realität verbarrikadierte die Entwicklung des Genius. Was er auf den Nebenwegen geschaffen hat, ist vergänglich, wäre auch ohne ihn gekommen. Der Scharfsinn des Forschers bleibt bewundernswert, erweist aber eine Ausdehnung, die keines Nachweises bedurfte, und kann immer nur als matter Reflex der unvergleichlichen dichterischen Kräfte gelten, die auf den Nebenwegen ins Endliche gerieten, anstatt das Einzige zu schaffen. Die Bewunderung des von Goethe verwirklichten Universalismus verkleinert den idealen Kosmos seiner Vision. Der Universalismus diente dem Bildungsideal eines Standes, der, solange er kämpfte, aller Ehren wert war und dessen Zersetzung begann, sobald ihm die Bildung bewußt wurde. Heute ist gerade dieser Stand der Feind aller Ideale.

Dostojewski ging zum Volk und dachte nicht daran, es bürgerlich zu machen. Die Verwahrlosung des bürgerlichen Europas lockte ihn nicht. So wie das Volk, die einfachen Leute, die von ihrer Hände Arbeit lebten, war, mußte es bleiben. Man ging nicht hin, um es zu bessern, sondern um selbst besser zu werden und möglichst viel von ihm anzunehmen. Trotzdem konnte man ein geistiger Mensch bleiben und brauchte sich nicht auf primitive Bedürfnisse einzustellen, ja, wurde erst recht geistiger Mensch und lernte höhere Bedürfnisse schätzen. Daß das Volk nicht lesen und schreiben konnte, war durchaus kein Vorteil, aber der Mangel hinderte es nicht, zu fühlen, zu denken, zu lieben, zu leiden und mit dem Leben fertig zu werden. Und das gelang ihm besser als dem zivilisierten Menschen, der sich mit tausend Kleinigkeiten den Ausblick verbaute und den Ursprung verlor. Das Volk hatte Ursprung. Es brachte sich nicht mit Grübeln um natürliche Empfindung, aber dachte ernsthaft und über ernsthafte Dinge. Sein Gefühl band den einen an den anderen und zersplitterte nicht. Über allen gegebenen Verschiedenheiten stand die Gemeinsamkeit des Instinkts, des Gefühls, der Erfahrung, und nie war einer allein. Diesen Besitz fand Dostojewski allen Besitztümern anderer Klassen und Stände weit überlegen. Wohl hielt er für gut, die Zahl der Analphabeten zu verringern, tat selbst das Seinige dazu, lehrte im Ostrogg Lesen und Schreiben und empfahl solchen Unterricht, wo er Gelegenheit hatte. »Geh und bringe auch nur einem russischen Jungen Lesen und Schreiben bei!« sagte er manchem Besucher, der ihm mit Problemen kam, dachte aber dabei nicht nur an das, was der Lehrende gab, sondern auch an das, was dabei zu empfangen war. Lehren hieß in dem weiten Rußland etwas anderes als in Dresden oder Genf. Wer das wollte, mußte hinaus in die Steppe mit den winzigen, meilenweit voneinander entfernten Dörfern, und Lesen und Schreiben hieß nicht, dem Menschen im Kampf ums Dasein eine Waffe zu geben, auch nicht ein Mittel, um sich über draußen vorgehende Dinge zu unterrichten, sondern Verringerung der Entfernungen von Dorf zu Dorf und Stadt zur Steppe, um näher zusammenzusein.

Zusammen! Darin steckt das ganze Programm des Menschen und des Dichters. Man soll gut sein, möglichst gut, und das Böse möglichst vermeiden, aber vor allem zusammensein. Darin ist alle Sittlichkeit und Schönheit beschlossen. Zusammen gilt mehr als alles Trachten und Wissen, und jeder gedachte Kosmos ist schillernder Dunst, wenn er nicht aus engstem Verein mit dem Volke hervorgeht. Ein Gedanke, den ich nur allein zu fassen vermag, ist kein richtiger Gedanke. Dichtung ist Volksdichtung oder ist überhaupt nicht. Wohl soll soviel wie möglich in den Kreis, und Russen sind fähig, die ganze Welt zu umarmen, haben die Demut und schmiegen sich an. Der Kreis aber muß russisch sein. Das Zusammen ist von Russen nur auf russische Art zu denken. Was russische Art ist und bedeutet, das läßt sich nicht in zwei Worten sagen. Man wird es wissen, wenn man Dostojewski gelesen hat.

Allein dieser Nationalismus konnte einen Universalismus tragen, der kein Bildungsbegriff, sondern Allmenschentum war. Er führte Dostojewski zu einer Tätigkeit, die man bei uns politisch nennen und als Sonderberuf abtrennen würde und die sich bei einem Russen von selbst verstand, ganz gleich, ob er Dichter oder Zahnarzt war. Da Dostojewski schreiben konnte, äußerte er sich nicht nur mündlich über seinen Nationalismus. Das Besondere war die Intensität dieser politischen Schriftstellerei. Er hat sich schon ganz früh mit Journalismus abgegeben und wollte sich in den allerersten Jahren an der Gründung einer satirischen Zeitschrift beteiligen. Nach seiner Rückkehr aus Sibirien wurde er Journalist. 1861 gründete er mit dem Bruder Michail die Zeitschrift »Wremja« und widmete sich ihr mit Energie. Die Zeitschrift wird nach zwei Jahren erfolgreichen Bestehens infolge eines Irrtums der Zensur verboten. 1864 folgt ihr die »Epocha«. Dostojewski überlastet sich mit redaktioneller Arbeit, und nach dem Tode des Bruders opfert er vergeblich ein Vermögen, um die Zeitschrift zu halten. Nach seiner Rückkehr aus dem Ausland beginnt er wieder und tritt 1873 in die Redaktion des »Graschdanin«. 1876 gibt er das erste »Tagebuch eines Schriftstellers« mit nur eigenen literarischen und politischen Beiträgen heraus, das in freier Folge erscheint. Das letzte Heft wird am Tage vor seinem Tode korrigiert und erschien am 31. Januar 1881, dem Begräbnistage. Es behandelte das Verhältnis der Intellektuellen zum Volke, ein Leitmotiv, das auch schon der Ankündigung der »Wremja« zugrunde gelegen hat.

Der Journalismus war für den reifen Dostojewski der Mutterboden der Dichtung. Er hat einmal ganz unverhohlen ausgesprochen, er halte den Journalisten für wichtiger als den Dichter. Der Nutzen des aus dem Alltag gewonnenen Beispiels galt ihm unter Umständen, die er zu beurteilen wußte, mehr als die der Zeit entrückte Abstraktion. Natürlich ließ sich vieles dagegen sagen, sobald man die Umstände übersah, zumal den wesentlichsten, den Menschen, der das aussprach. Die westlich gerichteten Ästheten Petersburgs sagten es mit Entrüstung. Er antwortete mit seinem Beispiel von dem menschenmordenden Erdbeben in Lissabon, das einen Lyriker nicht abhält, eine wohlgereimte

Hymne »ohne Zeitworte« an die Morgenröte zu dichten und am Tag nach dem Unglück in die Zeitung zu setzen. Darauf wird der Dichter auf offenem Marktplatz gelyncht. »Keineswegs weil er ein Poem ohne Zeitwort geschrieben, sondern weil man gestern statt der Nachtigallentriller unter der Erde ganz andere Triller vernommen hatte und das träumerische Wiegen der Wellen in diesem Augenblick, wo die ganze Stadt wogte, als Beleidigung des Literaten empfand.« Nun könne man ruhig die vollendete Schönheit des Gedichtes annehmen. Womöglich habe es sogar später den Lissabonern großen Nutzen gebracht, da es ihr Gefühl für Schönheit vertiefte. Ja, die nächste Generation habe dem Gelynchten auf demselben Marktplatz ein Denkmal errichtet. Und diese Generation hatte genauso recht wie die vorige. »Nicht die Kunst war schuldig, sondern der Dichter, der sie in einem Augenblick anwandte, wo sie zum Mißbrauch werden mußte.« Diese klassische Auseinandersetzung Dostojewskis mit dem Dachgarten zeigt das Wesen seines Journalismus, eine experimentelle Pädagogik, die von lichtem Verstand aus dem Stegreif gewonnen wird und ohne alle Voraussetzungen zu weitreichenden Einsichten zwingt. Kein Hauch einer engherzigen Voreingenommenheit trübt die Demonstration, und der auch hier mitbestimmende Nationalismus hat das Volk im Auge, nicht nur das russische Volk, und die Ästheten im allgemeinen, nicht nur die russischen. Noch heute kann sich jeder bei uns und irgendwo das Beispiel dienen lassen. Seine Beweiskraft hat nur noch zugenommen.

Die Zeitschriften Dostojewskis sind voll solcher Fingerzeige des gesunden Menschenverstands, aber enthalten auch Banalitäten. Es kam dem Journalisten nicht auf Feinheiten an. Unzweideutiger Ausdruck der Meinung war wichtiger als Esprit. Er lachte über die allzu Gewissenhaften, die bei jedem Feuilleton an die gesammelten Werke dachten. Versetzte man dem Leser eine dicke Pille, mußte man sie mit zwei oder drei leichten verdaulich machen. Dostojewski gestand solche Richtlinien mit größter Offenheit. Für Fernerstehende, die nicht das letzte Ziel des Redakteurs kannten – und wie hätten das Mitlebende vermocht! – näherte sich die Leitung der Wremja zuweilen bedenklich der üblichen Zeitungsroutine, die im Abonnentenfang das Ziel aller Wünsche erblickt.

Er zuckte ungeduldig, wenn man ihm dergleichen vorwarf, und ging weiter. Das veröffentlichte Material gibt nur einen Teil des Umfangs seines Journalismus. Er hätte zehn Redaktionen mit Ideen ausstatten können. In den Notizbüchern wimmelt es von aktuellen Themen, mit denen er sich trug oder die er anderen suggerierte. Zu jeder Äußerung der Tagespresse, die seine Kreise berührte, nahm er Stellung. Er hat in Petersburg wenig freie Minuten gehabt.

Dieser Journalist hat die Romane gedichtet, und auch der Romancier hat keineswegs das Ansehen seiner gegenwärtigen oder zukünftigen Persönlichkeit, sondern seine Aufgabe vor Augen gehabt. Auch im Roman blieb ein Plauderton, den man feuilletonistisch nennen kann und der nach üblicher Auffassung nicht der Würde des Dichters entspricht. Dieser Ton ist Dostojewskis Neuheit, sein Geheimnis, seine Technik, das natürliche Kleid des Volksdichters. Mit diesem banalen Ton gelang es ihm, seinen Lesern die sublimsten Dinge einzuflößen. Plaudernd bleibt er ihnen nahe, und sie merken gar nicht, wie die Gewichte zunehmen, wie die Gedanken immer tiefer dringen und die Umrisse wachsen. Ein Pfuschen ist sein Verfahren. Es nimmt vom zeichnenden Kinde die spielerische Strichelei und tastet sich allmählich zu geschlossener Erscheinung hin. »Sich zur Wahrheit durchlügen!« Das tiefe Wort des Philosophen Dostojewski schließt auch seine Dichtung auf und erweist immer wieder, daß zwischen Mensch und Dichter, zwischen seiner Ethik und Ästhetik keine Mauern sind. Ein Mensch unserer Zeit ohne Locken und Barett, ein Demütiger, der sich zu der ewig tastenden und pfuschenden Menschheit bekennt, ein Weiser dichtet so. Er konnte seinen Journalismus nicht mit Vorgängern im eigenen Beruf geltend machen, aber wie wir sahen, wohl mit Berufung auf die ihm unbekannten großen Pfuscher in der bildenden

Kunst, die mit diesem Journalistentum neue Wege der Beseelung fanden und eine blütenreiche Geschichte begannen. Und sein Instinkt hätte sich auf den größten, von ihm über alles verehrten Menschen unserer Welt berufen können. Mit einem artverwandten Journalismus hat Christus seine Kirche gebaut.

Doch, schallt es aus dem Dachgarten, bleibt das Gesetz und steht über den veränderlichen Strukturen der Menschheit, und mit der Tiefe des Gemüts und aller Demut wird Journalismus nicht in Dichtung verwandelt. Dostojewski kann ein tiefer Denker, Christ und Wohltäter der Menschheit sein und braucht deshalb keine Dichtung hervorzubringen. Die Berufung auf die Entwicklung der Malerei ist gewiß verführerisch, aber läßt Umstände außer Betracht, die ebensogut gegen Dostojewski anzuführen wären. Die Malerei ist im Absterben, und die gleichen Faktoren, denen sie im 19. Jahrhundert die Blüte verdankt, haben im weiteren Verlauf den Verfall begleitet. Deshalb, so philosophiert der Dachgarten, kann es mit der Dichtung, wenn das Verfahren Dostojewskis maßgebend wird, ebenso gehen.

Das kann schon sein und ist sogar wahrscheinlich, und vielleicht wird man einmal mit Dostojewski den Zusammenbruch der europäischen Dichtung datieren, aber wird damit eine mehr oder weniger zutreffende zeitliche Bestimmung aussprechen, nicht die Verantwortung. Die Zersetzung der Künste ist ein soziales, individuellen Einflüssen entrücktes Phänomen, und die Zunft kann es nicht nach Gebühr beurteilen. Unverkennbare Zeichen zwangen erleuchtete Geister schon vor Dostojewski, mit diesem Verfall zu rechnen. Wie ihn kein einzelner hervorbringen konnte, so vermochte und vermag kein einzelner ihn aufzuhalten, und ebensowenig ist dazu eine nach dem Prinzip der Trägheit fortlaufende Überzeugung imstande, die eine menschliche, auf höchst produktive Kräfte angewiesene Gebarung mit dem Dasein der Lilien auf dem Felde verwechselt. Der Verlust zwingt zum Ersatz und kann, wenn der Ersatz gelingt, mit demselben Gleichmut geduldet werden, mit dem wir den Verzicht auf die Kostüme vergangener Epochen tragen. Bedroht werden wir erst, wenn die von Kunst und Dichtung vollbrachte menschliche Sammlung mit anderen Mitteln nicht zustande kommt, wenn wir uns ohne Wehr und nackt dem Chaos gegenüber finden.

Dostojewski liebte die Dichter aller Zeiten und Zonen, aber hielt die überlieferte Form allein nicht für fähig, die Menschen, deren Seelen er schlafen sah, zu wecken. Er erkannte schärfer als andere die Gefahr und fühlte tiefer die Verantwortung, nicht für die Dichtung, sondern für die Menschheit. Es kam ihm nicht darauf an, Formen zu retten, die nicht mehr tragfähig waren und zu Maskeraden verführten, sondern neue zu finden, geeignet, die Menschheit zu beseelen und zu sammeln. Um Finden handelte es sich, nicht um Erfinden. Je individueller der Eingriff war, um so geringer seine Aussicht auf Erfolg. Je näher die künstlerische Form den Umgangsformen blieb, desto besser eignete sie sich. Erst Inhalt und Zusammenhang, dann Ästhetik. Es fragt sich, ob auf diesem Wege Kunst oder Ersatz für Kunst entstehen konnte, gültige Fortsetzung der Literatur, die vorher war, oder ob wir Dostojewskis Schöpfung anders einzustellen haben. Dabei bleibt die Benennung irrelevant. Wir halten Dichtung deshalb für die höchste menschliche Leistung, weil sie des geringsten Apparats bedarf und am leichtesten zugänglich ist. Auch ihre Entwicklungsmöglichkeiten übertreffen die der anderen Künste, und ihre Ästhetik ist am wenigsten an feste Normen gebunden. So lose die Normen aber auch sein mögen, immer muß Dostojewskis Schöpfung, wenn sie in irgendeine, sei es auch nur ersatzmäßige Beziehung zur Kunst gebracht werden soll, ästhetischer Betrachtung zugänglich sein. Die Kühle, die Dostojewski selbst solchem Standpunkt entgegenbrachte, ändert daran nichts.

Jeder Versuch zu dieser Betrachtung wird immer wieder den Faden aufzunehmen haben, den wir bereits zu spinnen begonnen haben und der uns zu einer improvisierten Trennung von Idee und Form führte. Wenn die Möglichkeit, mit Dostojewskis Mitteln beseelend zu wirken, nachgewiesen würde, folgte daraus noch nichts für den bleibenden Wert seiner Dichtung, denn wir könnten aktuellen Suggestionen unterliegen, die neben der Allmacht dichterischer Wirkung als unzureichend zu gelten haben. Was Dostojewski als Wohltäter oder Verführer der gegenwärtigen Menschheit bedeutet, könnte begrenzte Idee sein. Was bleibt von dem Schöpfer übrig?

Und da man die Idee vernünftigerweise nicht von dem Werk trennen kann, stellt sich die Frage so: Was hat Dostojewski für die Gestaltung der Idee getan? Das führt uns zu seiner Entwicklungsgeschichte. A priori besteht die Möglichkeit, mit der Einsicht in die Entwicklung Dostojewskis eins jener unserem Instinkt geläufigen Argumente zu erlangen, die wir für die Legitimierung seiner Kunst für notwendig hielten. Wenn einer die in seinen Romanen enthaltene Gedankenwelt als untaugliche, ungeformte Materie ansehen wollte, würde er doch stutzig werden, gelänge der Nachweis eines organischen Wachstums dieser dunklen Materie, vermöchte man ihm zu zeigen, wie sich in Verbindung mit ihr Komposition, Ausdruck und alles, was wir dichterische Mittel nennen, im Verlauf der Zeit steigern; entdeckte er in der Reihe zahlreicher Werke eine Erhöhung und Verallgemeinerung der Vision. Und er würde nicht umhinkönnen, sich zu erinnern, daß solche Erhöhung und Verallgemeinerung von großen Meistern Europas zu Kriterien gestaltet worden sind. Dann müßte unter Umständen in der Darstellungsart des Russen eine zulässige, vielleicht sogar notwendige Form erkannt werden, von der Gesetzmäßigkeit uns geläufigerer Formen, und die Angst vor dem Journalismus wäre überwunden. Deshalb könnte doch das Datum der zerrütteten Literatur stehenbleiben. Das wäre alsdann eine Sache für sich, mit der wir uns abzufinden hätten.

Die Kurve Dostojewskis ist mühelos zu zeichnen, leichter als bei irgendeinem anderen Dichter. Ohne weiteres ergeben sich zwei deutlich getrennte ungleiche Teile. In dem ersten vollzieht sich das Heranschaffen und die Vorbereitung und die Zerkleinerung des Materials. Innerhalb dieses Teils liegt die Katorga. Sie treibt zum Abschluß der Vorbereitung, aber begrenzt sie nicht.

Im Frühjahr 1854 wurde Dostojewski aus dem Zuchthaus entlassen, im Frühjahr 1859 aus dem sibirischen Zwangsdienst. Der erste Abschnitt findet aber erst 1864 mit dem Werk »Aus dem Dunkel der Großstadt« seinen natürlichen Abschluß. Der zweite beginnt mit dem »Raskolnikow«, geschrieben 1865 bis 1866, endet mit den »Karamasow«, die 1880, kurz vor dem Tode herauskamen. Die Bedeutung des vierjährigen Aufenthalts im Ausland für diesen Abschnitt entspricht dem gehobenen Niveau des ganzen Teils. Die Kongruenz mit der Katorga gilt insofern, als die freiwillige Verbannung für die treibenden Faktoren der folgenden Entwicklung, für das, was man summarisch mit Synthese bezeichnen kann, von ähnlicher Bedeutung gewesen sein mag wie Sibirien für die mehr analytische Tendenz der ersten Hälfte.

Der junge Dostojewski war ein Schwärmer. Viele Äußerungen erinnern an Dichter der deutschen Romantik, und jeder Freund der Franzosen derselben Zeit findet vertraute Töne. Allen diesen Dichtern wäre er gern ähnlich gewesen. Alle liebte er. Manche frühen Briefe klingen wie die Jugendergüsse Delacroix'. Im mündlichen Verkehr dagegen gab er sich verschlossen, von der widerhaarigen Verstocktheit, über die alle Freunde Vincents van Gogh zu klagen hatten. Mißverstand man ihn, so machte es ihm womöglich noch Freude, den Anlaß zum Irrtum zu vergrößern. Die Unfähigkeit, sein Gefühl zu äußern und, wenn es ausbrach, zu mäßigen, bedrückte ihn. Van Gogh muß ihm in mancher Hinsicht ähnlich gewesen sein, und diese Ähnlichkeit, deren Grenzen leicht zu erkennen sind, kann unserer Vorstellung von Dostojewskis Anfängen zu Hilfe kommen.[20] Wer das Schicksal Vincents, sein vergebliches Bemühen, genügende Resonanz zu finden, seine Unruhe, die ihn von Beruf zu Beruf und zuletzt in den Tod trieb, kennt, mag sich vorstellen, daß unter vielen Schicksalen auch dieses Dostojewski bedrohte und von ihm überwunden wurde. Nur noch verworrener wogte in dem russischen Offiziers-Praktikanten die Sehnsucht, und keins der Vincentschen Ziele, die kamen und gingen, aber doch wenigstens kurze Zeit Geltung erlangten, richteten sie. Die Überwindung gelang nicht mit einem das Gefühl verringernden Kompromiß, sondern mit einer Vergrößerung der Wallung, die den Menschen noch viel tiefer in das Chaos hineinzog, und sie bedeutete nicht Kampf mit den Trieben der Persönlichkeit, sondern Kampf mit dem Chaos.

Das erforderte ganz andere Tragkraft. Selbst Dostojewskis Ehrgeiz, den Vincent nicht kennt, ist größere Widerstandsfähigkeit, größerer Reichtum, denn er drängte ihn, dem Gefühl eine Mitteilbarkeit größten Umfangs abzugewinnen. Schreiben ist für Dostojewski nicht wie das Malen für van Gogh letzte Möglichkeit, sondern von vornherein die einzige, nie zu ersetzende Äußerung. Vincents Fahrten vom Kunsthändler zum Lehrer, vom Lehrer zum Theologen, zum Laienpriester, zum Maler macht Dostojewski mit der Feder ab. Wer in den Fahrten Vincents nicht die Willkür eines Dilettanten, sondern notwendige Fluchtversuche eines Menschen, der sich vor dem Schwindel des Berufs retten will, sieht, Fahrten, von der Erschütterung der Welt und ihrer drohenden Erkaltung geboten, Fluchten, die eigentlich jedes Gewissen wagen müßte, anstatt Freilichtstudien zu treiben, der wird in der taumelhaften Produktion mancher Perioden Dostojewskis nicht Zügellosigkeit, sondern eine ähnliche Notwendigkeit erkennen. Nur so wurde das Ausharren in der Problemwelt Dostojewskis möglich.

Der Anfänger war ein Bündel von Empfindungen, die zunächst kein sicheres Ziel hatten. Zwar bezeichnen die beiden Erstlingswerke »Arme Leute« und »Der Doppelgänger« mit großer Bestimmtheit wesentliche Motive des Genius und können geradezu als zwei voneinander höchst verschiedene Ouvertüren des gesamten Werkes gelten. Beschränkt man aber die Beziehung beider Werke auf den ersten Abschnitt, so schwächt sich ihre programmatische Bedeutung sehr wesentlich, und dem flüchtigen Auge mögen sie wie Leuchttürme mitten in einem Meer erscheinen. Das feste Land kommt erst viel später in Sicht. Überdies sind sie wohl die ersten gedruckten, nicht aber die ersten geschriebenen Arbeiten, und ihnen geht eine kurze, ganz anders gerichtete Phase voraus, in der sich Dostojewski als Dramatiker versucht hat. Dieser Ursprung, über den wir leider kein Dokument besitzen, ist in der ganzen Entwicklung der Technik deutlich zu spüren.

Der Anfänger hat alles, was sich ihm bot, russische und westliche, zumal westliche Literatur mit übertriebener Wallung umschlungen und wie ein echter Romantiker in Menschen und Menschenwerk vor allem das Gefühl gesucht. Wir müssen uns den Jüngling als Anbeter Schillers denken. Er hat für alles, was er las, geschwärmt und darüber mit knabenhafter Geschwindigkeit geurteilt. Die Liebe zu Schiller, und zwar zu dem Schiller des Don Carlos und der Maria Stuart, hat tiefer gesessen und ist eine Zeitlang bis zum Fanatismus gegangen. Er spricht selbst von »Besessenheit«. Schiller muß das früheste und stärkste Erlebnis der Jugend gewesen sein und hat einen höchst paradoxen, mit nichts vergleichbaren Einfluß auf ihn ausgeübt. Seine Reflexe reichen bis in die allerletzte Zeit und werden zum Richtscheit des Menschen und des Dichters.

Gegen diese Sentimentalität erhebt das Russentum Dostojewskis Widerstände verschiedenen Grades, die mit der Zeit immer stärker werden und schließlich die westliche Mitgift überwinden. Dies der Inhalt der ersten Hälfte der Entwicklung. Aber die Sieger werden die Erben der Besiegten und erhöhen die eroberten Trophäen mit neuem Glanz. Die Widerstände strömen aus dem hellsichtigen Realismus einer jungen Rasse, die von keiner bürgerlichen Übereinkunft geknebelt wird, greifen aber nicht zu dem späten Hilfsmittel des Westens, einer materialistischen Skepsis, die zuletzt jedes Gefühl als unnützen Ballast über Bord wirft, sondern ersetzen das schwache Gefühl durch ein stärkeres. Auch wenn Dostojewski zeitweise von Bitterkeit überläuft, gerät er nicht in Versuchung, seinen schöpferischen Instinkt zu neutralisieren, obwohl gerade ihn die spezifische Anlage zur Psychologie versuchen konnte. Lieber vergiftet er ihn. Und auch in seinem Gift brodelt gestrandetes Gefühl. Alle Etappen der Entwicklung werden von der oft ruckweise zunehmenden Anschauung bestimmt. Immer größere Komplexe werden zergliedert. Mit der Psychologie wächst die umfassende Gewalt des Gefühls, denn in dem Russen wird der psychologische Spürsinn von der Empfindung gespeist. Das Gefühl benutzt die analytischen Ergebnisse, »die in der Tiefe aufgespürten Atome«,[21] als Baumaterial für die Synthese. Zuletzt haben wir den reinsten Ausdruck menschlicher Größe vor uns.

Sechstes Kapitel

Wir wollen den Entwicklungsgang darzustellen versuchen. Das öffentliche Debüt fällt in den Winter 1845 bis 1846 und ist der Roman »Arme Leute«. Das Werk sichert sofort die Stellung zu Dostojewski; nicht nur die der Zeitgenossen, die den Anfänger mit beispiellosem Beifall überschütteten, auch die jedes Menschen, der heute das Buch in die Hand nimmt. Wäre es angängig, das Erstlingswerk als maßgebende Probe anzusehen, so gäbe es keine Diskussion über die Gattung der Dostojewskischen Schöpfung. Dies Werk, ob gut oder schlecht, verdankt ausschließlich dichterischem Impuls sein Dasein und ist nichts wie Dichtung, frei von allen beunruhigenden oder auch nur überraschenden psychologischen Effekten, nahezu ohne Handlung. Nur die Darstellung, der Ton der Briefe zwischen dem armen Mann und dem armen Mädchen, enthält den außerordentlichen Reiz. Ich kenne kein Debüt eines anderen Dichters von gleich innerlichem, gleich äußerem Erfolg. Das Buch riß Publikum und Kritik mit derselben Gewalt hin. Es gab ein paar hübsche, echt russische Szenen. Die eine, als Nekrasow und Grigorowitsch, die in der Nacht das Manuskript gelesen haben, morgens um vier zu dem Autor, den sie kaum kennen, hinstürzen, ihn wecken und ihm mitteilen, was sie von der Sache halten. Die zweite Szene bei Bjelinski, dem gefürchteten Meister der Kritik, der außer Rand und Band gerät und schreiend erklärt, Dostojewski ahne gar nicht, was er da geschrieben habe.

Sonderbar, wie selten uns bei Dostojewski andere Dichter und wie oft uns Künstler einfallen. Der Erfolg der »Armen Leute« bei der Menge erinnert an den Sieg der »Dantebarke«, des Erstlingswerks Delacroix', das zwanzig Jahre vorher ein anderes Publikum ähnlich erschütterte. Im Augenblick steht ein neues Niveau fest. Die Menschen wissen auf einmal, was Kunst ist, und möchten am liebsten alles andere für dummes Zeug erklären. Auf einmal hatten die Russen, auch Russen, die sich nie um Literatur bekümmert hatten, einen Dichter. Sie schätzten das Werk nicht artistisch, ahnten nicht die minutiöse Struktur, an der Dostojewski ein Jahr herumprobiert hatte; das einzige Werk, das mit Sorgfalt ausgearbeitet wurde. Sie dachten gar nicht daran. Was sie begeisterte, war die Hauptsache, der Zauber, die kristallene Durchsichtigkeit der Gefühlswelt, die Hingabe des Dichters. Er überließ sich, tat anscheinend nichts hinzu. Dieses Sichüberlassen, das nicht betrogen wurde, berauschte. Jeder wollte sich so überlassen und hatte teil an der Zuversicht, nicht betrogen zu werden. Wie einst die »Dantebarke« weckte der Roman längst vorhandene, unbewußt gebliebene Vorstellungen und stellte zwischen Geber und Empfänger ganz ungewohnte Verbindungen her. In dem Betrachter der »Dantebarke« entfesselte das Bild einen Rausch von tatenlustiger Romantik. Jeder erhob sich zu der Erhabenheit der Handlung, zumal jeder Franzose, und jeder hatte sich diesen abgelegenen Vorgang ebenso gedacht. Die Malerei, sonst eine Schranke, hemmte nicht. Den Leser des Romans aber brachte gerade die Nähe dieser armen Leute, die er nie der Darstellung für würdig gehalten hätte, in ähnliche Wallung. Jeder kannte den kuschenden Gehorsam dieses zermürbten Kanzlisten und dieses ebenso belanglosen Mädchens. Jeder wurde Dichter, denn jeder glaubte, auch solche Briefe schreiben zu können. Jeder fühlte die Zärtlichkeit dieses verdrillten Beamten, der vor lauter Beamtenhaftigkeit nicht einmal seine Liebe zu gestehen wagt. Jeder durchschaute den pflichtmäßigen Selbsterhaltungstrieb des Mädchens, das sich regt, so gut es geht, und schließlich so handelt, wie es jede tun würde. Das war Wirklichkeit. Über den Realismus aber, den man nachprüfen konnte, erhob sich ein gar nicht geschriebenes, sondern vom Leser produziertes, vom Autor nur gebändigtes Mitgefühl, ergoß sich über die beiden Harmlosen, machte ihre Schmerzen, ihre Sehnsucht leuchtend und blieb still, weil der Dichter still war. Dostojewski hat später, in den »Erniedrigten und Beleidigten«, diese psychologische Wirkung des Romans angedeutet. Erst die Verwunderung über das Alltägliche des Gegenstands, dann das Mitleid und schließlich eine Mitfreude mit dem stillen Dichter, der das Mitleid zu erhellen wußte. Oh, der Russe fühlte schon diese aus nichts entstehende Erhebung, und sie wurde für ebenso heimatlich empfunden wie die Gebärde der »Dantebarke«. Das Leuchten umhüllte Dichter und Leser. Man rückte zusammen und lächelte, obwohl das Schicksal der »Armen Leute« eigentlich traurig war.

Der Enthusiasmus der zeitgenössischen Kritik war nicht so naiv. Bjelinski, der Vater, Nekrasow, der Dichter des Nihilismus, meinten die Armut der »Armen Leute« und entzückten sich an der vermeintlichen Propaganda. Bjelinski verfuhr mit Dostojewski wie zu gleicher Zeit in Paris der Sozialist Proudhon mit Gustave Courbet, dessen wahlloser Ehrgeiz das Mißverständnis einsteckte, was seiner Malerei nicht zum Vorteil geraten sollte. Bjelinski gewann für kurze Zeit begrenzten Einfluß auf Dostojewskis politisches Denken und mag ihn auf Petraschewski vorbereitet haben. Er war feiner besaitet als Proudhon und entzog sich nicht dem künstlerischen Reiz der Dichtung, nahm sie aber für eine angenehme Zutat und sah in dem Roman einen neuartigen Protest. Gerade der Protest lag nicht im Wesen der »Armen Leute«. Es kam Dostojewski auf die Intimität zwischen den beiden an, auf den nicht zu entwurzelnden Reichtum der Empfindsamkeit innerhalb enger intellektueller Grenzen. Dagegen war die gemeinsame Beziehung der beiden zu der Außenwelt eine gegebene Kulisse.

Die literarische Welt sprach von einem neuen Gogol. Fast ebenso zutreffend hätte man Delacroix einen neuen Gros nennen können. Man übersah die vollkommen neue Lichtquelle. Nie hatte Gogol das Leuchten. Mag er den Kern der Handlung geliefert haben. Das bedeutet nicht viel bei diesem gegenstandslosen Gespinst. Der verborgene Träger der Wirkung steht westlicher Dichtung näher. Man kann keine Namen nennen. Deutsche glauben, das leise Echo heimatlicher Klänge zu vernehmen. Französischen Lesern kann es ebenso gehen.

Dies die eine Seite. Man würde sie Fundament nennen, wenn schwebendes Leuchten zum Baugrund werden könnte. Freilich besteht die ganze Schöpfung Dostojewskis nur aus solchen Materien.

Der zweite Roman wirkte wie ein Widerruf der »Armen Leute«. Das stille Leuchten verschwand, und an die Stelle trat unstetes Flackern der Straßenlaternen bei Regenwetter und Wind. Es ging dem Werke wie dem zweiten Salonbilde Delacroix'. Es fiel mit derselben Entschiedenheit durch, mit der man das Debüt gefeiert hatte, und ein Teil der Gründe stimmte mit den Argumenten gegen das »Massacre de Chios« des Franzosen überein. Man sprach in Paris von dem Massacre der Malerei. In Petersburg verwies man den »Doppelgänger« aus dem Bereich der Literatur.

Mit den »Armen Leuten« hatte Dostojewski eine neue, zarte und dabei ganz geschlossene Linie gegeben, jedermann zugänglich, jedem sympathisch; eine empfindsame Linie. Man konnte an alle Dichter des Westens denken und noch dazu an Gogol und Puschkin. Diese angenehmen Gedanken zerstoben. Der Psychologe trat auf, ein unheimlicher Geselle. Dieser Mensch teilte die Empfindsamkeit durch Widerstände, so wie Delacroix im »Massacre« seine Flächen mit Kontrasten teilte. Delacroix tat das, um die Leuchtkraft zu vergrößern, weil er Maler war und das Farbige liebte. Wirklich leuchteten die Farben ganz anders als in der »Dantebarke«, aber die Komposition verlor die Geschlossenheit, durchlöcherte sich, wurde problematisch. Es gab Menschen, die das Notwendige dieser Entwicklung ahnten und dem Maler ihr Vertrauen ließen. In Petersburg stellten sich selbst die Aufgeklärten gegen das neue Werk. Die wenigsten lasen es zu Ende, und schließlich brachte man selbst Dostojewski dazu, es für verfehlt zu halten. Schwer enttäuscht war die politisch eingestellte Kritik, die in den »Armen Leuten« eine Propaganda des Sozialismus gesehen hatte. Sie wußte mit dieser Geschichte nichts anzufangen und fand den Autor ebenso verrückt wie den Helden. Jedem wäre eine Variante der »Armen Leute«, wenn möglich mit etwas lebhafteren Akzenten, willkommen gewesen, und Dostojewski hätte es sich bequem machen können. Jedem entging, daß diese unerwartete Wendung eine ungleich stärkere Bürgschaft für die Zukunft bedeutete als das Erstlingswerk, selbst wenn dieses in der Form vollendeter war. Die »Armen Leute« konnten ein Maximum sein, mit dem sich der Autor erschöpfte. Gerade die Vorzüge des Werkes, die Haltung des Tons und die Ziselierung der Details, hätten Skeptiker auf einen Artisten raten lassen können, der sich mit dieser Note genugtat. Mit dem »Doppelgänger« schlug das Genie den Pfad ins Irrationale ein, unbekümmert, ob eine gangbare Straße daraus wurde. Das kühne Experiment war das gebäumte Roß in dem Menschenknäuel, das man in einer göttlichen Sekunde gesehen und das man unbedingt malen mußte, auch wenn das Motiv keinen Sinn gab. Die Generosität des jungen Gefühls kennt kein Maß, darf es nicht kennen. Das Vertrauen auf sich und die Welt ist unendlich.

Daran muß man denken, an das sich bäumende Roß Delacroix', nicht an die Psychologie des Doppelgängers, das Sprungbrett.

Aber der Sinn besteht nichtsdestoweniger. Das Roß springt auf festen Boden, könnte sonst nicht realisiert werden. Nur der Raum schwankt, und die Dimensionen stimmen nicht. Das sind Kleinigkeiten.

Ganz organisch folgt der »Doppelgänger« aus den »Armen Leuten«, sobald man in dem Erstlingswerk nicht den Glücksgriff eines Literaten, sondern lebende Wesen, arme Leute sieht, die verschiedene Aspekte haben müssen und deren Welt sich nicht um den Umfang einer Technik bekümmert. Goljadkin ist auch ein Beamter von der Art des Djewuschkin der »Armen Leute«, auch so ein Empfindsamer, auch so ein Bescheidener, der mit dem Druck wie mit einer Kulisse rechnet, aber immerhin darüber nachdenkt und damit zu seinem Unheil etwas tut, was dem Djewuschkin nie eingefallen wäre; also ein reicherer Typ, reicher an Mitteln und Widerständen und infolgedessen ärmer an Harmonie, noch nicht im Besitz jener sicheren Resignation, die dem Leser der »Armen Leute« gefiel, obwohl seine Gutmütigkeit jeden Augenblick zu jedem Verzicht bereit ist. Jedes Opfer wäre ihm recht, vorausgesetzt eine Kleinigkeit, und diese Kleinigkeit bringt ihn ins Irrenhaus.

Der Kampf mit der Kleinigkeit führt zu einer Tragödie von ungeheuerlicher Phantastik. Goljadkin hat die beiden Seelen in seiner Brust, die von Cervantes mit den Kostümen seines Zeitalters gestaltet wurden. Dostojewski versucht es für die russische Gegenwart. Die Verhältnisse haben sich seitdem ungemein kompliziert, und statt der Windmühlen, gegen die der Ritter seine Lanze anlegte, klappern andere Apparate. Der Dualismus läßt sich nicht mehr mit einem dürren Don und einem feisten Sancho bezeichnen. Die eine Seele Goljadkins duldet mit dem gedrillten Beamtengehorsam Djewuschkins, befindet sich ständig in Angst, irgendwo anzustoßen, ist feige und kriecht. Die andere möchte nicht gerade die Welt, aber einen Schimmer davon, ein bißchen Anerkennung, ohne zu streben und zu kriechen, Anerkennung nicht nur des bißchen Tüchtigkeit, sondern ihres verborgenen Seelenadels, ihrer Herzensgüte. Goljadkin möchte eine Rolle spielen, wenn auch nur eine ganz kleine. Er möchte das sehr dringend, denkt aber gar nicht ernsthaft daran, beileibe nicht, würde nie etwas dafür tun, bleibt ruhig an seinem Pult im Bureau des Ministeriums, Abteilung soundso, bis der Doppelgänger auftritt. Ein zweiter Goljadkin, dem ersten haargenau ähnlich, wird ebenfalls Beamter in der gleichen Abteilung und sitzt dem ersten Goljadkin gegenüber. Der Doppelgänger verwirklicht alle geheimen und geheimsten Gelüste des Helden und hat bei den Kollegen und Vorgesetzten, sogar in der Gesellschaft durchschlagenden Erfolg. Goljadkin I sucht sich mit Goljadkin II zu verständigen, möchte sein Freund, sein Bruder werden, möchte ihn lieben und ihn umbringen, aber wird unversehens von dem niederträchtigen Kerl aus allen wirklichen und gedachten Positionen verdrängt.

Man hat dem Dichter nicht verziehen, seine Begriffsteilung

mit einem kecken Experiment begonnen zu haben. Er setzte sich über naheliegende Bedenken hinweg und unterließ, Goljadkin II mit einem Fragezeichen zu versehen. Der Kunstfehler rückt die stolze Ungebundenheit des Dichters ins Licht und hindert nicht eine einzigartige künstlerische Leistung. Die Nüchternheit, mit der das Trugbild den wirklichen Goljadkin quält, und die Einfalt, mit der dieser sich quälen läßt, um immer tiefer in das Netz zu geraten, pflegt man Gespinsten der Autosuggestion nicht zuzutrauen, doch müssen Trugbilder, die zum Wahnsinn führen, solche Realität besitzen. Schon hier begegnet man der unheimlichen Vertrautheit Dostojewskis mit pathologischen Zuständen. Seine Hellsichtigkeit war der Forschung seiner Zeit weit voraus und gilt heute noch bei allen Fachleuten als Phänomen. Er nimmt große Gebiete der Psychoanalyse vorweg und ist mit dem modernen Begriff des Unterbewußtseins aufs intimste vertraut.

Die rein psychologische Wirkung hätte sich das Publikum, das jeder Verwischung von Kunstgrenzen gern zustimmt, wohl gefallen lassen, nicht die Psychologie im Dienste der Dichtung. Der Kunstfehler Dostojewskis war der ihm selbstverständliche Verzicht auf die Terminologie des Wissenschaftlers und der Versuch, den pathologischen Fall zu verallgemeinern. Er steht nicht als Arzt neben seinem Helden, sondern teilt sein Schicksal, glaubt selbst an die Leiblichkeit des Doppelgängers und löst sich von dem Trugbild erst auf der Schwelle des Irrenasyls. Der Kunstfehler ist just die Kunst, der Bruch mit der Analyse zugunsten der Synthese. Dostojewski hat durchaus keinen Krankheitsfall nachweisen, sondern, wie er selbst dreißig Jahre später im »Tagebuch eines Schriftstellers« sagte, »einen Typus von großer sozialer Wichtigkeit« feststellen wollen. Das ist recht bescheiden gesagt. Es handelt sich um mehr. Dostojewski wollte nach den »Armen Leuten« die tragische Form des erniedrigten Menschen schaffen, und die bis zum Doppelgängertum reichende Wahnvorstellung, obwohl nachträglich zwingend motiviert, ist nur die dichterische Lizenz des übertreibenden Gestalters. Ob man in dem Wahnsinn Goljadkins, wie Nötzel meint, eine Anklage gegen den Staat Nikolaus' I., in dessen Dienst die Beamten nicht nur zur Bestechung getrieben, sondern verrückt gemacht wurden, annehmen kann, bleibt dahingestellt.[22] Man sollte meinen, diese Anklage wäre dem Spürsinn der zeitgenössischen revolutionären Kritik nicht entgangen und hätte ihr Urteil gemildert. Der Doppelgänger spiegelt mit konvexem Vexierglas das Drama des einsamen Menschen unserer Zeit. Das Pikante, daß kein Held, kein großes Individuum die Kosten seiner vergeblichen Emanzipation zu zahlen hat, sondern daß ein ganz kleines, komisches Heldchen, einer von den armen Leuten, die Geschichte seiner Geschichte erlebt. Ein Vorspiel. Noch oft wird der Doppelgänger, und mit besserem Hirn gewappnet, auf der Bühne erscheinen.

Das Werk spielt in zwiefacher Hinsicht vor. Einmal die bekannte »Grausamkeit« der Psychologie Dostojewskis, die jede Maske vornimmt, sich an jeden Tisch setzt, in jeden Winkel kriecht, um Geständnisse zu erhaschen. Der Dichter braucht die Grausamkeit genauso wie die Liebe zu seinen Menschen, und fraglos wurde er zu Beginn seiner Laufbahn nicht nur von seinem Mitgefühl mit den Erniedrigten und Beleidigten, auch und zumal von dem Interesse des Diagnostikers getrieben. Wie sich diese beiden Tendenzen, das Menschliche des Dichters und das Sachliche des Psychologen, in dem Roman vereinen, hat Nötzel überzeugend dargelegt. Er behauptet mit Recht, in der Darstellung Goljadkins den Begriff des »Rührenden« erweisen zu können.[23] Außerdem ist der Roman für die Gewohnheit Dostojewskis, die Spannung bis zum Schluß zu steigern und erst dem zurückblickenden Leser wesentliche Zusammenhänge zu enthüllen, bezeichnend.

Der Sprung von den »Armen Leuten« zu dem »Doppelgänger« ist gewaltig. Der Goljadkin enthält bereits Elemente des unterirdischen Grüblers, der in den Memoiren aus einem Kellerloch (»Aus dem Dunkel der Großstadt«) seine maßlose Herausforderung in die Mitwelt richtet. Diese wesentliche Fortsetzung ist erst fast zwanzig Jahre später erfolgt. Bis dahin schwankt die Entwicklung, geht in die Breite, bringt eine ganze Anzahl mehr oder weniger reizvoller, aber nicht entscheidender Werke hervor. Der »Doppelgänger« bleibt auf einsamer Höhe.

Dieses Auslassen bezeugt die Unreife des Menschen. Die »Armen Leute« entsprachen seinem Niveau, und ein seltener Fleiß brachte sie zur Vollkommenheit. Mit dem »Doppelgänger« griff seine Vision über seine Erfahrung hinweg. Bjelinski hätte mit mehr Recht von diesem Werk sagen können, der junge Mensch ahne nicht, was er da geschrieben habe. Dazu traf den Ehrgeizigen Erfolg und Mißerfolg gleich schwer. Die über Nacht gekommene Berühmtheit stieg ihm zu Kopf, und schlecht begründete Widersprüche konnten ihn nicht fördern. Die Briefe an den Bruder aus diesen Jahren zeigen einen oft erstaunlich unreifen, rauschlustigen Menschen, der von allen Forderungen der Jugend hin und her gezerrt wird und anscheinend nur ein Ziel kennt: Befriedigung einer maßlosen Ehrlust. Dabei sympathisch wie jeder junge Leichtsinn. Die Geständnisse seiner Eitelkeit gehen ins Subalterne, aber haben Grazie. Er sonnt sich in gesellschaftlichen Erfolgen, freut sich, wenn ihn vornehme Leute suchen, und verzehrt mit Appetit jede Schmeichelei. Der Bruder kann sich gar nicht vorstellen, wie sich die Leute um ihn reißen. Es gibt in Petersburg nichts anderes. Dostojewski hier, Dostojewski da. In den Salons ist nur von dem, was er sagt, was er denkt, was er nächstens schreiben wird, die Rede. Neulich ist ihm während eines Gesprächs mit Nekrasow die Idee eines Romans in neun Briefen gekommen. In derselben Nacht hat er ihn in einem Zuge niedergeschrieben, am nächsten Morgen in die Redaktion gebracht und sofort ein gehöriges Honorar erhalten. Er schwimmt in Geld und wirft es zum Fenster hinaus. »Alle die Minchen, Klärchen, Marianchen sind unglaublich hübsch, aber kosten ein Heidengeld.« Was tut es? Die Verleger bitten ihn geradezu um die Ehre, ihm Vorschüsse zahlen zu dürfen. Alles liebt ihn. Der junge Turgenjew, der soeben aus Paris zurück ist, hat sich ihm gleich am ersten Tag in inniger Freundschaft angeschlossen, ein ganz herrlicher Mensch. Der Bruder muß unbedingt die Novelle des herrlichen Menschen lesen, ein Genie. Es gibt auch andere Genies, die gerade anfangen, z. B. Gontscharow und Herzen. Es wimmelt von Genies in Petersburg, aber Dostojewski ist allen überlegen.

Übrigens findet er seine Eitelkeit und Ruhmsucht entsetzlich und weiß ganz genau, daß eitle Menschen vor die Hunde gehen. Im Handumdrehen ist Geld und Liebe und Genie zum Teufel, und er jammert über seine bodenlose Unfähigkeit. Alles, was er bisher geschrieben hat, ekelt ihn. Man kann sich nichts Gemeineres denken. Aber jetzt wird eine Novelle geschrieben, die sich gewaschen hat. Er ist schon dabei. Diese Novelle wird alles je Dagewesene umwerfen. Die Leute sollen auf dem Kopf stehen.

Nie würde man diesem knabenhaften Taumel den »Doppelgänger« mit allen Perspektiven zutrauen. Was ging den durstigen Genießer das dunkle Unterbewußtsein eines verdrillten Beamten an? Er selbst, muß man annehmen, hatte damals einen Doppelgänger und womöglich sogar mehrere. Der eine trug die Maske Schillers und setzte ihm am ärgsten zu, trieb ihn zu Überschwenglichkeiten und hetzte ihn dann in das entgegengesetzte Extrem. Um sich ein Bild von der Geistesverfassung Dostojewskis in jener Zeit zu machen, genügt die Tatsache, daß er während der Arbeit an dem Goljadkin allen Ernstes das Projekt betrieb, zusammen mit dem Bruder die Werke Schillers herauszugeben.[24]

Mit den »Armen Leuten« begann ein begabter Mensch seine Karriere. Es war ein Festtag für den Dachgarten und für das Volk. Mit dem »Doppelgänger« pocht ein Visionär an einen mürben Felsen, und was er dabei gewinnt, kommt dem Wunder nahe und erschreckt ihn selbst und die anderen. Wenn irgendwo im Werk der förderliche Einfluß der epileptischen Anfälle, wie sie Dostojewski beschreibt, auf seine Schöpfung angenommen werden kann, so hier bei dieser Ouvertüre.

»Arme Leute« und der »Doppelgänger« gehören zusammen.

Man ist, da man heute dunkle Töne vorzieht, geneigt, den zweiten Teil des Debüts für allein richtunggebend zu halten. Das wäre verkehrt. In dem ersten Werk stecken ebensoviel Keime, die von der Entwicklung großgezogen werden, nur fällt ihre Pflege mehr den Episoden zu, an denen das Œuvre überreich ist. Die Partnerin und Korrespondentin Djewuschkins erzählt in ihrer Lebensgeschichte von einem alten Trinker namens Pokrowski, dem Vater ihres Jugendgeliebten, der an Schwindsucht starb. Sie tut sich mit dem alten Pokrowski zusammen, um ihrem geliebten Peter, der in schöne Bücher vernarrt ist, die Werke Puschkins zum Geburtstag zu schenken, und gibt ihre ganzen Ersparnisse, dreißig Rubel, dafür her. Der Alte kratzt drei Rubel zusammen und sucht auf seine Art mit der unbilligen Differenz fertig zu werden. Gehauchte Malerei. Den Vater, der, mit Büchern bepackt, dem Sarge des Sohnes nachläuft, vergißt man nicht. Auch Dostojewski hat ihn nicht vergessen. Die kleine Geschichte ist die Mutter von hundert ähnlichen Episoden, die das Werk von Anfang bis zu Ende mit Blumen bedecken.

Siebentes Kapitel

In den Jahren 1846-1849, zwischen Debüt und Katastrophe, entstehen neun Novellen oder kleinere Erzählungen, alle unwiderlegliche Talentproben, nicht ein überzeugender Hinweis auf die weltgeschichtliche Rolle Dostojewskis. Der Literat nutzt mit wechselndem Erfolg seine Begabung. Die meisten dieser Kleinwerke werden von einer Eigenschaft getragen, deren geheime Werbekraft man schon in den Erstlingsarbeiten spürt, seiner glücklichsten Mitgift. Dostojewski war nicht nur geborener Psychologe. Die Beschäftigung mit psychologischen Problemen muß ihm so nahegelegen haben wie manchen Leuten, die schon in der Kindheit rechnen und basteln, die Mathematik, und er hat sich dieser Neigung hingegeben, bevor er selbst ihre volle Bedeutung erkannte. Und er war geborener Humorist. Es lag ihm, den Dingen, auch tragischen Situationen, die komische Seite abzusehen, und es hinderte ihn nicht, in die Tiefe zu blicken. Die Gabe, die eigentlich Gegenstand einer sehr eingehenden Betrachtung werden müßte, kann weder für noch gegen meine Ansicht von der positiv gerichteten Grundtendenz Dostojewskis sprechen, bedeutet aber in ihrer Art und in Verbindung mit seinen übrigen Gaben einen seltenen Besitz, den er mit der Zeit immer mehr in den Dienst der Verallgemeinerung seiner Probleme zu stellen suchte. Der Humor verschaffte ihm Widerstände gegen seine Empfindsamkeit, dämpfte und erweiterte zugleich seine Ironie und trug dazu bei, das, was auf die Leute grausam wirkte, zu steigern; war aber gleichzeitig auch ein nicht zu unterschätzender Ablenker seiner bohrenden Quälerei. Die Gabe allein hätte ihm eine Laufbahn sichern können. Man würde an einen russischen Dickens denken, wenn die russische Atmosphäre diese Repräsentation erlaubte; ein Dickens mehr nach der Groteske hin, tiefer geschnitten und nicht von der duldsamen Bürgerlichkeit des Engländers. Aber eben die Prämisse versagt. Wie Stephan Zweig in seinem den drei großen Romanciers gewidmeten Buch dargelegt hat,[25] konnte nur in dem saturierten England ein Dickens mit seinen Hemmungen der Heros des Volkes werden. Das Rußland der gleichen Epoche war für diesen Humor zu groß, zu voll von tragischen Stoffen, und ein Dichter wäre auf diesem Wege immer nur ein Spaßmacher von einem dem Engländer durchaus untergeordneten Range geworden. Diese Gefahr hat den jungen Dostojewski zuweilen bedroht. Es gehört zu seinem Journalismus, zu seiner Unvoreingenommenheit und seinem erdgeborenen Ursprung, daß sein Humor, der später zum Bindemittel größter Gaben werden und die letzten Höhen seiner Dichtung bekränzen sollte, sich einmal mit leichter Satire und einer bescheidenen Situationskomik begnügt hat. Wieder denkt man an Anfänge Delacroix'.

Ein paar Stücke lassen den Meister ahnen. »Herr Prochartschin«, der geizige Maniak in der Schlafstelle, auch ein Mensch mit Doppelgänger, wirkt am drastischsten als Leiche auf seinem mit Rubeln gespickten Strohsack, den die anderen Schlafbrüder mit offenen Mäulern umstehen. Ein unterweltliches Lachen betrügt den Tod um seine Schrecken und fügt ihm neue hinzu. Solche Szenen haben den Akzent burlesker Einzelheiten in Tragödien Shakespeares. Das tragische Moment wird in einer Tiefe verankert, wo es sich der Tränendrüse entzieht. – »Der ehrliche Dieb« erweist die Ausdehnung des Humors nach einer anderen Seite, die in zartester Tönung schon die »Armen Leute« schmückte. Der brave Hosendieb, der an seinem Ehrgefühl stirbt, und der noch bravere Bestohlene würden uns vor lauter Rührung umbringen, stände nicht der Schalk hinter der Zärtlichkeit. Die russische Atmosphäre allein wäre nicht imstande, die hier recht fühlbare Lockung Schillers zu überwinden.

Die merkwürdigste dieser Geschichten, »Die Wirtin«, fällt ganz aus dem Rahmen der anderen, ja, aus dem ganzen Œuvre heraus. Jeder Aufbau fehlt. Dostojewski verzichtet auf den

Realismus mit oder ohne Humor und ersetzt die Psychologie durch wildeste Romantik. Eine seeräuberartige Phantastik im Ton, selbst im Dialog und zumal in der ganz sprunghaften, kinohaften Handlung. Die Menschen fallen willkürlich von einer Stimmung, von einer Ohnmacht in die andere. Alles, was Dostojewski besaß, ist weggewischt. Ordynow, der verrückt verliebte Jüngling, handelt in Trance und bleibt gestaltlos. Katharina, die Geliebte, möchte am liebsten in Versen sprechen, die schottischen Barden, von Schiller übersetzt, entnommen wären. Hier spürt man am deutlichsten den Fremdkörper eines Einflusses. Die uferlose Sinnlichkeit des Liebespaars führt zu Bildern, aber zu keinem Organismus von Gedanken. Auch die Beziehung des alten Murin zu der von ihm beherrschten Katharina und Murin selbst bleiben schemenhaft, und Dostojewski scheint sich geradezu in dieser Oberflächenmystik zu gefallen. Ein Maler hätte diese Geschichte schreiben können. Erst am Schluß, wenn Murin seinem Untermieter den unerbetenen Abschied gibt, in dieser Mischung von Unterwürfigkeit und Spott, kommt der echte Dostojewski zum Vorschein. Man glaubt Smerdjakow zu hören. Rätselhaft, daß Dostojewski, als er diese Geschichte schrieb, den Verlust nicht ahnte und sie für besser als die »Armen Leute« hielt.[26]

Aus den Wirren dieser Zeit, die an Sturm und Drang keinem unserer Romantiker etwas nachgibt, sucht sich Dostojewski mit einer größeren Arbeit zu retten. »Netotschka Neswanowa« sollte der erste große Roman werden. Das Fragment hat zwei bezaubernde Kinderbildnisse übriggelassen; Netotschka, das Stiefkind des Trunkenbolds, in Moll; Katja, die strahlende Prinzessin, in Dur. Der Kampf der beiden Kinder umeinander ist eine Melodie von unnachahmlicher Süße. Die Schilderung ihrer Liebe streift die Erotik mit der Einfalt griechischer Hirtengedichte. (Das hat die Anhänger der Psychoanalyse nicht abgehalten, weitgehende Folgerungen auf die Sexualität Dostojewskis zu gewinnen.) Chopin hat solche schwermütige Süße. Der Roman versprach viel, wenn auch nicht die Größe der

Hauptwerke. Gerade ein Roman im Sinne Dostojewskis konnte nicht daraus werden. Dafür fehlte der Komplex. Die Verhaftung des Dichters soll die Arbeit unterbrochen haben. In der Peter-Paul-Festung während der langen und drückenden Untersuchungshaft schreibt er die sonnigste Novelle seines ganzen Werkes, »Der kleine Held«, die Geschichte eines elfjährigen Knaben, der zwischen schönen, eleganten Frauen eine verwegene Reitertat vollbringt und die erste Offenbarung seines Herzens erlebt.

Netotschka, Prinzessin Katja und der kleine Held beginnen die lange Reihe von Kindergestalten, die das Werk bis zum Schluß bevölkern. Wenn leicht geschürzte Denker meinen, Dostojewski habe nur bedrückt und gequält, um zu drücken und zu quälen, sollten sie sich an seine Kinder halten, die eine kleine und keineswegs abgesonderte Welt in seiner Schöpfung bilden. Sie könnten ihnen genug von seinem alles Dunkel durchdringenden Willen zum Leben erzählen. Nötzel hat den Einfall gehabt, aus den späteren Romanen einige Kinderepisoden herauszunehmen und zusammenzustellen. Sie haben einen von Leben strotzenden Band ergeben.[27] Das Verfahren ist nicht ganz einwandfrei, da man Werke nie zerschneiden soll, aber immerhin in diesem Fall, da es mit Takt geübt wurde, harmloser, weniger willkürlich und um vieles ersprießlicher als der heute mit Passion betriebene Unfug, Stellen spezifischer Art, die nicht isoliert werden dürfen, gewaltsam aus dem Zusammenhang zu reißen und sie alsdann als Belege für Perversitäten und andere, die Anschauung verwirrende und fälschende Sonderheiten des Dichters zu benutzen.

Dostojewski hat das Kind in die Literatur eingeführt. Vorher mußte es sich mit Statistenrollen begnügen und trug das stereotype Lächeln der Putten Donatellos und der Della Robbias, ein angenehmes Ornament. Dostojewski ließ dem kleinen Menschen seine Atmosphäre, die nicht nur aus Puppe und Märchen besteht, und zeigte seinen Anteil an der Welt der Großen. Auch hier löste er überlieferte Begriffe auf, entdeckte zahllose lebendige Typen in dem Schema und die Vielseitigkeit in demselben Typ. Dostojewskis Kinder leben durch das Auge. Sie sehen alle Details ihres Gesichtsfelds schärfer als Erwachsene und verbinden sie zu bildhaften Reliefs von der Einfalt der Primitiven. Als Bindemittel dient ein Ahnungsvermögen, das noch nicht die Folgerungen einer von praktischem Nutzen geschulten Psychologie besitzt und nicht von dem Ballast der Sonderinteressen beschwert wird. Die geringe Auswahl von Möglichkeiten der Spekulation zwingt zu um so schärferer Entscheidung und disponiert das Kind zum Heldentum. Dostojewskis Kind ist viel weniger der junge als der primitive Mensch, der nicht des Lesens und Schreibens bedarf, um das, was ihn angeht, im Kopf zu behalten und den Weg zur Handlung zu finden. Dostojewski liebte das Kind. Seine Menschenliebe hat hier den natürlichen Anfang genommen, und dieser fällt in seine Jugend und ist in der Sturm- und Drangzeit der erste ganz eindeutig positive und gesicherte Fund. Das Kind wurde nicht dem Verfahren ausgesetzt, das eine vergangene Epoche mit Idealisieren bezeichnete. Er gab ihm das, was seine Unvoreingenommenheit ihm zustehen zu müssen glaubte, indem er den sozialen Unterschied zwischen Kind und Erwachsenem aufhob und sich von keiner unangebrachten Pädagogik hemmen ließ. Er sah den kleinen Menschen mit denselben Augen wie den großen, nur vermochte er ihn schon damals gründlicher zu sehen und die gegebenen einfacheren Umrisse genauer darzustellen. Diese Sachlichkeit ist im Grunde das wesentlichste Zeichen seiner Liebe.

Dostojewski erfaßte das Unberechnende und Unberechenbare des Kindes und seine Unbestechlichkeit. Er sah es wild und gelegentlich grausam, der Phrase abhold, verschlossen und stolz und immer wachsam, mißtrauisch und generös. Er glich in seiner Vorstellung dem Volke, wie er es sah. Wenn nicht jedem von uns sein Begriff des Volkes geläufig werden kann, denn dazu gehören Bedingungen, die sich seinem Einfluß entziehen, seine Kinder sehen wir immer mit seinen Augen. Sie können tun, was sie wollen. Da der Instinkt, der sie treibt, richtig, in sich richtig ist, gesundes Organ, das, auch wenn es Verdorbenes anfaßt, die Unverdorbenheit bewahrt, muß man sie lieben. Man liebt sie wie Blumen Renoirs, bezwungen von strahlender Natur, und liebt sie noch anders. Die Kinder von Renoir sind weniger behend. Das strahlende Fleisch macht zutrauliche Stilleben aus ihnen. Wenn sie heranwachsen, werden sie immer zu Frauen, deren Beruf ist, sich von uns lieben zu lassen. Die von Dostojewski haben Jungenhaftes, auch wenn sie Mädchen sind. Die Knaben, hurtige Knappen, heben sich heimlich auf die Fußspitzen, um größer zu sein. Die tiefsinnigen Backfische schlagen Purzelbäume. Aus beiden bricht unversehens leuchtendes Denken und Fabulieren, und der Gedanke belastet sie nicht. Renoir malte sie wie blühende Vegetation, und das beglückt uns. Die von Dostojewski haben das, was den Menschen vom Vegetativen trennt, und sind trotzdem Kinder, sind gerade deshalb Kinder, und das beglückt uns nicht weniger. Sie haben das Menschliche in reiner Form. Der Gedanke, der später gedrückt, geschoben, in Uniform gesteckt und zum Packesel abgerichtet wird, lebt ungezähmt in ihnen, gleich einem Füllen auf üppiger Weide, und immer wieder meint man, es müsse doch ein Mittel geben, ihnen diese Beweglichkeit des Denkens zu erhalten. Und mag auch was immer aus ihnen werden, es steckt so viel davon in dieser Jugend, daß etwas übrigbleiben muß. Das war Dostojewskis Zuversicht. Nicht umsonst schließt sein letztes und bedeutendstes Werk mit einem Chor der Jugend an die Zukunft. Der Mensch ist verloren, der seine Kindheit verliert. Die Welt ohne Kindheit geht unter.

Das Kind hat der Palette Dostojewskis die zartesten Töne entlockt. Es sind immer Töne der Farben, in denen die Großen gemalt werden, aher in diesen zarten Derivaten dringen sie leichter zu uns, und noch fehlen die verwirrenden Kontraste. Wohl verdunkelt schon die ganze Schwere des Schicksals den Horizont der kleinen Netotschka, in der sich tragische Frauenrollen späterer Werke ankündigen, aber die Schwere vertieft nur die farbenreiche Mystik ihrer Kindheit und vergrößert den Zauber. In der Prinzessin steckt das Kätzchen, das ihr Spiel nicht nach den

Menschen richtet und, wenn wir zärtlich zu ihnen sein wollen, Krallen zeigt. Das Aristokratische, unverkennbar als Gegensatz zu der Gespielin, betont nur die dem männlichen Instinkt rätselhafte Entrücktheit der zukünftigen Frau, und wenn das dumme Eis zwischen den Kindern gebrochen ist und sie sich lachend, weinend endlich in den Armen liegen, stehen wir erst recht draußen und fühlen die Mauer unserer Männlichkeit, durch die keine Blume dringt. Die Plumpheit der Schnüffler nach dem Sexuellen dieser Kinderliebe bestätigt nur die normale Unfähigkeit des Mannes, im Weibe, selbst wenn es erst zwölf Jahre ist, etwas anderes als sein gefügiges Komplement zu sehen. Dieselben Organe, die Dostojewski erlaubten, die eigene Welt des Kindes zu erfassen, haben ihm das dem Männchen unzugängliche Mysterium der Frau erschlossen. Deshalb haben ihn moderne Doktoren für impotent erklärt.

»Der kleine Held« enthält in zierlichsten Kristallen die keimende Welt des Mannes. Die Kristalle sind in ein halb französisches, halb den Balladen Schillers verwandtes, recht banales Gemenge eingebettet, und man könnte ohne sie das Opus getrost der »Gutsbesitzerliteratur« zurechnen. In den glücklichen Stellen wird die Handlung des Knaben nicht geschrieben, nicht gedeutet, sondern quillt still vor sich hin und zwingt uns, mit den Augen des kleinen Helden zu blinzeln. Wie er der Dame seines Herzens den verlorenen Brief ihres Geliebten, dessen Entdekkung sie vernichten würde, wieder in die Hand spielt, die Erfindung, die er dabei aufwendet, um seine Rolle zu verhüllen, diese Episode mit dem Blumenstrauß und die Szene in der Sonne, wo er sich schlafend stellt und sie ihren Retter belohnt – welche Prosa hat je diese Lyrik gedichtet? – Wir sind hier sehr weit von dem dunklen Osten. Die Kunst, solche Sträuße zu binden, ist Pariser Spezialität, aber man würde Mühe haben, den Floristen zu nennen, dem die Nuancen dieses Buketts zuzutrauen wären.

Solche Kinder laufen nicht auf der Straße herum. Die Natur versagt die Konsistenz. Sie sind kindlicher als Kinder der Wirklichkeit, so wie Renoirs Babys die Natur überstrahlen. Auch der kleine Held ist nicht etwa summierte Natur – dafür hatte Dostojewski noch zu wenig gesehen –, sondern überstrahlte Natur. Zu dieser Intuition befähigte den Dichter nicht Erfahrung, sondern das Kindhafte seines eigenen Wesens, von dem uns berichtet wird. Es ist kein Zufall, daß wir es in diesen frühen Dichtungen als Träger der Handlung finden. Es dürfte wohl der eigentliche Kern seiner Begabung gewesen sein, noch wesentlicher als seine Psychologie und sein Humor. Auch an den »Armen Leuten« hat ein Kind mitgeschrieben.

Man muß diesen ohne weiteres sichtbaren Ursprung des Dichters festhalten, um sich vor aktuellen Irrtümern der Dostojewskiliteratur zu sichern. Die große Komplikation liegt weniger in der Anlage des Menschen, die man heute zu einer Ungeheuerlichkeit machen möchte, als in den ungeheuren Erlebnissen, mit denen die Anlage fertig zu werden hatte und mit denen sie tatsächlich fertig geworden ist.

Nichts Wesentliches dieser Anfänge geht verloren. Selbst ein relativ so belangloses Werkchen wie »Der kleine Held« ist eine Vorstufe. In kaum sichtbaren Konturen wird in der Hingabe des Knaben an die Geliebte eines anderen und zumal in der Art, wie er den Besitz eines anderen zu schützen sucht, ein Problem angedeutet, das Dostojewski schon kurz vorher in den »Hellen Nächten« gestreift und später wiederholt zum Gegenstand von Dichtungen gemacht, zwischendurch aber auch persönlich erlebt hat. Die Einsicht in den Werdegang dieses Motivs, das vielen Variationen, von zartester Lyrik bis zur grellsten Groteske und Tragödie, unterworfen wird und alle Tempi bis zum tollsten Fortissimo durchläuft, führt zu einem reichgegliederten Organismus. Solche Stufungen lassen sich auch mit »Netotschka Neswanowa«, mit dem »Prochartschin« und anderen Frühwerken feststellen. Die Entwicklungsgeschichte der Motive, die sich hoffentlich eine heute noch kaum begonnene wesentliche Dostojewskiforschung einmal zur Aufgabe machen wird, würde eine Ökonomie von einziger Großzügigkeit und Intensität ergeben und könnte nicht wenig zur Klärung der Vorstellungen von Dostojewskis Künstlertum beitragen.

Wenn auf diesem Wege auch das wilde Durcheinander in den Jahren nach dem Debüt bis zum gewissen Grade gerechtfertigt wird und wir es für fruchtbares Gelände nehmen können, in dem viele Ströme der Entwicklung entspringen, darf nicht verkannt werden, daß wir diese Möglichkeit nur dem späteren Dostojewski verdanken und daß seiner Sturm- und Drangzeit selbst die aufbauende Tendenz durchaus abgeht. Er wirft wahllos hin, was ihm einfällt, und scheint nur darauf aus, sein Talent in möglichst verschiedenartigen Farben schillern zu lassen. Noch war der Mensch ein Schriftsteller von Begabung, heißblütig, empfindsam und von schweifenden Gelüsten. Noch fehlte die zentrale Idee. Keinem war das große, zur Sammlung zwingende Erlebnis nötiger. In einem Brief voller Selbstanklagen an Bruder Michail von 1847 heißt es: »Ich kann mich nur dann als Mensch von Herz und Gemüt zeigen, wenn äußere Umstände mich gewaltsam aus dem ewigen Alltag herausreißen. Geschieht das nicht, bin ich immer abstoßend. Ich erkläre diesen Mangel an Maß mit meiner Krankheit.«

Mehr als seine in jener Zeit noch nicht geweckten und zum mindesten ganz ungeklärten politischen Instinkte, von denen die Jugendbriefe nichts verlauten lassen, hat jene Disposition des Romantikers den Dichter zu Petraschewski getrieben. Nicht die unreifen Ideen des Verschwörerkreises, dem der Intellekt Dostojewskis weit voraus war, verlockten ihn, sondern die Schauer des Geheimnisses. Die Katastrophe kam im psychologischen Moment. Wenn ohne den rauhen Eingriff Dostojewski nicht zu der großen Synthese gelangt wäre, steht ebenso fest, daß nur der glückliche Verein hoher menschlicher Eigenschaften ihn zu der Tat befähigte, die dem umstürzenden und zunächst auf viele Jahre lähmenden Ereignis den Segen entriß. Nicht ein Schatten der Kasematte, in der das letzte Werk des Dichters vor einem Jahrzehnt des Schweigens entstand, trübt die Stimmung des »Kleinen Helden«. Ist das kleine Ding Ende oder Anfang? So leichte Kränze hat er nicht wieder gewunden, aber den Leichtsinn des Schriftstellers schließt die Novelle keineswegs ab. Dagegen strahlt sie auffallend hell neben allen vorhergehenden Werken. Der Beginn des Leidens scheint bereits einen Kontakt gelöst und ein neues Licht entzündet zu haben.

Achtes Kapitel

Die außerordentlich große Verspätung der positiven Folgen Sibiriens für die Erhöhung des Künstlers läßt entweder darauf schließen, daß Sibirien nicht allein für den Antrieb in die Höhe genügte, oder erweist die Tiefe der Erschütterung. Er hat als schlimmsten Zwang der Katorga den Ausschluß jeder Schriftstellerei bezeichnet und in einem Brief von der »kochenden inneren Arbeit« an einer sehr bedeutsamen Novelle gesprochen, die er (wohl in der ersten Zuchthauszeit) im Kopf geschaffen habe.[28] Die Qual solcher Gedankenarbeit wird zum Training des Gedächtnisses geführt haben, ohne das die Entstehungsart späterer Hauptwerke nicht denkbar wäre. In den letzten Zuchthausjahren hat der Zwang das schöpferische Kochen im Innern sicher verboten, und der Zwang muß noch lange nachgewirkt haben, auch nachdem er aufgehoben war. Das Erlebnis hat offenbar nach und nach Tiefen des Menschen ergriffen, die vor dem Griff der Dichtung zurückschreckten und künstliche Widerstände um sich zogen, als die wirklichen nicht mehr existierten. Fast alles in Sibirien nach Verlassen der Katorga Entstandene steht unter Zwang. Die als Dichtung gemeinten Werke verraten nicht das mindeste von dem Zuchthaus und unterscheiden sich durchaus nicht vorteilhaft von den bescheidensten Werken der Vorzeit. Sie bewegen sich zum Teil auf sehr niedrigem Niveau. Wenn er sich in Semipalatinsk bereits mit dem »Raskolnikow« beschäftigt haben sollte, wäre das nur ein Spiel mit dem materiellen Hauptmotiv gewesen, das ihm eine der vielen Zuchthausgeschichten zugeführt haben könnte.[29]

»Die Memoiren aus dem Totenhaus«, an denen er in Semipalatinsk gearbeitet hat, stehen auffallend höher als die gleichzeitigen Dichtungen. Sie berichten erschöpfend über das Leben und Treiben im Omsker Zuchthaus, haben hohen literarischen Wert, höchstes kulturhistorisches und kriminologisches Interesse, aber waren weder als Dichtung gemeint, noch sind sie als Dichtung zu schätzen. Ein Zeuge von seltenster Sachlichkeit, vertraut mit allen Winkeln des Käfigs, der für jede Gattung der Insassen und für alles, was sie taten, sagten, dachten, geeignete Organe und ein Herz bereit hatte und seine Beobachtungen musterhaft zu fixieren wußte, hat den Bericht geschrieben; einen Bericht, der nicht zum geringsten gerade aus der Beschränkung auf die Grenzen seiner Gattung die Bedeutung gewinnt. Die Bezeichnung »Memoiren«, die Dostojewski später einmal für ein rein dichterisches Werk benutzt hat, muß in diesem Fall trotz der irreführenden Einleitung wörtlich genommen werden. Ein sehr begreiflicher Instinkt verbot Dostojewski das Zwischending zwischen Wahrheit und Dichtung. Er legte übrigens dem Werk geringe Bedeutung bei. Es stecke nur wenig Persönliches in diesen »Aufzeichnungen«, schreibt er während der Arbeit an einen seiner Petersburger Freunde.

Semipalatinsk war kein gutes Terrain, denn es gönnte Dostojewski nicht den Genuß, wieder einmal für sich allein zu sein. Das Militärleben hinderte weniger als das Glück, das er in dem Nest fand oder zu finden glaubte, die Liebe zu Maria Dmitrijewna. Der Rausch ließ ihn nicht an die Arbeit, und erst als die Trennung kam und der drohende Verlust ihn peinigte, begann er zu schreiben. Das äußerste Gegenteil dessen, was man von seiner Situation erwarten könnte, kam heraus: eine Humoreske und ein humoristischer Roman. Das erste Opus, »Onkelchens Traum«, schildert den mißglückten Versuch einer ehrgeizigen Mutter, ihre Tochter einem vertrottelten alten Fürsten anzuhängen. Der Fürst, eine künstliche Puppe, an der nicht einmal das mit Monokel bewehrte Auge echt ist, ausgestopft bis auf das Hirn, vergißt alles und läßt sich von den Feinden der Provinz-Löwin einreden, die aufgezwungene Verlobung nur geträumt zu haben. Man lacht. Die Übertreibungen sind auf das Zirkuspublikum einer sibirischen Gouvernementsstadt berechnet. Schlimm wirken die ernstgemeinten Töne der Tochter; unerträglich der sentimentale Schluß am Totenbett des früheren Geliebten. Schiller hat die Katorga überlebt.

Wir nähern uns der untersten Stelle der Kurve und können die Reaktion, die das Zuchthaus zunächst gebracht hat, ermessen. Der Dichter will vor allem wieder dichten, sucht Anschluß an den Literaten von früher, irgendeinen, selbst den banalsten Anlaß. Konnte alles das, was früher sein Leben ausmachte, nicht einfach vorbei sein? Lag das nach den Jahren in so einem Käfig nicht ungemein nahe? – Schreiben, schreiben! zitterte es in ihm. Und wie er die ersten Bilderfolgen wieder auf dem Papier hatte, muß er sich wie ein Kind gefreut haben. Wie ein Kind hat er mit ihnen gespielt.

»Onkelchens Traum« schließt sich an frühe Novellen wie »Die Krokodil-Geschichte«, »Der Ehemann unter dem Bett« und dergleichen an und war ursprünglich als Komödie gedacht und sogar angefangen. (Daher ist in diesem einen Fall die Findigkeit der Theaterleute unserer Zeit, die sich skrupellos an Dostojewskis Romanen vergreifen, verzeihlich.) Dostojewskis Stimmung geht deutlich aus dem Brief an Maikow hervor. »Ich begann im Scherz eine Komödie zu schreiben. Mir fielen so viele komische Personen und komische Handlung ein und mein Held machte mir so viel Spaß, daß ich die Form der Komödie, obwohl sie mir gut gefiel, aufgab, eigentlich nur um möglichst lange das Vergnügen zu haben, die Erlebnisse meines neuen Helden zu verfolgen und über ihn zu lachen.«

Kindlicher kann man nicht zu seiner Kunst stehen. Die Form der Komödie weist auf die frühste Zeit. Kurz vor den »Armen Leuten« hat Dostojewski ein Theaterstück, das anscheinend verlorengegangen ist, geschrieben. Weiter heißt es in dem Brief: »Dieser Held ist mir in manchen Beziehungen verwandt.« –

Liest man diesen Satz zum ersten Male, wird man schwer mit der Vorstellung fertig, Dostojewski könne sich mit dem Trottel von Fürst gemeint haben. Der tragische, düstere, im Innern kochende Dostojewski und diese Puppe! Doch bleibt gar keine andere Auslegung übrig, und dieser Zusammenhang gibt dem belanglosen Debüt nach Sibirien besondere Bedeutung. So weit konnte seine Verkleidung gehen. Das Werk ist eine dumme Humoreske. In der Maskierung aber steckt ein Humor ungewöhnlichen Umfangs. In welcher Richtung er gedeutet werden muß, das hat uns die zweite Frau Dostojewskis mitgeteilt. In ihren »Lebenserinnerungen« erwähnt sie aus der Zeit ihrer Verlobung seine Vorliebe, die Rolle des jung-sein-wollenden Greises zu mimen. »Stundenlang konnte er wie sein Held, der alte Fürst aus ›Onkelchens Traum‹, sprechen und denken und dabei alle möglichen überaus drolligen und unerwarteten, lustigen und tiefsinnigen Gedanken herausbringen.« Ihr sei das, fügt sie hinzu, immer unangenehm gewesen. Die Bemerkung, auch der Zusatz, erzählt Bücher über die Intimität zwischen Künstler und Mensch. Er hat also solche Selbstpersiflage schon zur Zeit seiner ersten Ehe getrieben. Damals war sie ihm nötiger, um sich gegen Enttäuschungen des Liebhabers zu panzern.

Viel höher steht das wesentlich umfangreichere zweite sibirische Werk. »Das Dorf Stepantschikowo« kann als erster wirklicher Roman gelten; jedenfalls mit mehr Recht als »Netotschka Neswanowa«. Damit soll kein Vergleich mit der zarten Geschichte gezogen werden. Den Pinsel aus Seidenhaar gab es in Sibirien nicht. Zum ersten Male wird ein figurenreiches, kompliziertes Gebilde zentral gestaltet. Während sich vorher Episode an Episode, wie es der Laune einfiel, reihte oder, wie er von »Onkelchens Traum« sagte, aneinandergenäht wurde, beherrscht den Roman eine mit Sorgfalt durchgeführte Idee. Im Mittelpunkt steht der gelungene Foma Fomitch, verunglückter Literat mit uferloser Einbildung. Seine gesalbte Rede tritt nach altem Rezept für das Gute, Wahre und Schöne ein und verhüllt mit verhimmelnden Bildern die Regungen eines krassen Egoismus. Seine Rhetorik beherrscht die Umgebung. Das ganze Haus des wohlhabenden »Onkels«, eines Gutsbesitzers auf dem Lande, der Foma menschenfreundlich aufgenommen hat, gehorcht ihm blind. Die Frauen fliegen auf ihn; an der Spitze die Generalin, Mutter des »Onkels«, für die Foma Riechsalz und Gebetbuch bedeutet. Der Onkel, das Hauptopfer, verehrt in dem Tartüff das höhere, seiner Unbildung unzugängliche Prinzip. Wohl durchschaut er zuweilen die mehr als bedenklichen Schwächen des Apostels, aber wagt in seiner Einfalt und phantastischen Gutmütigkeit nicht zu mucksen. Manche Motive, die in rohster Form in »Onkelchens Traum« angeschnitten werden, finden hier eine um mehrere Grade erhöhte Realisierung. Auch der Onkel soll auf Wunsch der Generalin eine gute Partie machen und eine mannstolle alte Jungfer heiraten, die ebenfalls im Hause wohnt. Auch diese ausgefallene Figur ist mit drei Strichen glänzend getroffen. Der Onkel mag nicht, liebt heimlich die Gesellschafterin der Generalin, so heimlich, daß er sich nicht einmal selbst seine Neigung einzugestehen wagt, und deshalb läßt er seinen Neffen kommen, den er für würdiger hält, die Geliebte heimzuführen. Wieder das bekannte Motiv. Der Neffe ist der Erzähler. Diesmal gelingt Dostojewski seine in vielen Werken oft störende Schwäche, die falsche Situation des »Ichs«, das teils berichtet, teils in die Handlung eingreift, eine am Ursprung haftende Ungeschicklichkeit des Primitiven, einigermaßen zu überwinden und das Improvisierte der Hilfsfigur möglichst zu verwischen. Da die alte Jungfer mit einem Mitgiftjäger durchgeht, scheitert die Verkuppelung, und der Onkel strebt in die Arme der stillen Gesellschafterin. Foma Fomitch erwischt das Paar bei einem nächtlichen Rendezvous, gürtet sich mit dem Schwert verletzter Sittlichkeit und versucht, das Mädchen unmöglich zu machen. Diese Untat treibt endlich den Onkel in die Hitze. Foma wird unter Donner und Blitz durch die Glastür an die Luft gesetzt und beschließt, als Heimatloser ans Ende der Welt zu pilgern. Die alte Generalin wirft sich dem erbosten Sohn zu Füßen, damit er Foma zurückhole. Mit ihr kniet alles, was Beine hat. Da der Platzregen wütet, gibt der Onkel nach unter der Bedingung, daß Foma der gekränkten Unschuld Abbitte leistet. Er braucht nicht lange zu suchen. Fomas Pilgergelüste wurden vom Regen weggeschwemmt, und der Onkel findet ihn drei Schritte vom Gutshof. Die beste Pointe: Foma mit Hilfe einer meisterhaften Verdrehung seiner Ethik stellt sich um und erklimmt vor den verzückten Augen der Gemeinde einen ungeahnten Gipfel der Großmut. Er ist es, der den Onkel und die zitternde Gesellschafterin zusammenführt und das ganze Haus beglückt. Selbst seine früheren Widersacher beugen sich seiner Weisheit und erklären ihn für den lieben Gott.

Es wurde schon gesagt: Dieser überlegene Humor, der den angeschlagenen Ton über alle Klippen der Realität hinwegführt und den Tartüff bis zum unerschütterlichen Glauben an den eigenen Schwindel steigert, reicht an Molière. »Das Dorf Stepantschikowo« kann als Fortsetzung des größten europäischen Komödiendichters gelten; die einzige, die Rußland hervorgebracht hat, und man wird auch in der westlichen Literatur nicht viele Beispiele für eine so traditionelle und geistvolle Fortführung jenes struktiven Humors finden, der den »Avare« und den »Tartüff« geschaffen hat. Die Nähe Molières ist keine geringe Gewähr für die traditionellen Kräfte in dem Chaos, und bedenkt man, daß derselbe Mensch, als er reifer wurde, Shakespeare fortzusetzen vermochte und also in seinem Werk die beiden größten Dramatiker Europas vereinte, wächst vollends die Bürgschaft für seine Kunst. Nur erreichte sein Verhältnis zu dem Briten höhere Sphären. Es steht dahin, ob er den Franzosen geliebt hat. Unter den vielen Dichtern, die er als junger Mensch verschlang und in seinen Briefen nennt, neben Corneille und Racine, die er in den Himmel erhob, fehlt der Name Molières. Natürlich ein Zufall. Gelesen hat er ihn sicher, aber anders wie Shakespeare. Mit Molière drang die ganze Appretur der Franzosen in ihn ein, und ihr Virtuosentum schmälerte den Umriß des Gestalters und entzog ihm das Elementare. Viele Hände vermittelten den Franzosen, während er zu Shakespeare als Entdecker vordrang und sich mit ihm in befruchtender Einsamkeit fühlte. Als Nachfolger Molières war Dostojewski versucht, auch Komödien von der Struktur Molières, von gesellschaftlicher Übereinkunft zu schreiben. »Das Dorf Stepantschikowo« ist eine übertragene Komödie wie »Onkelchens Traum«, nur viel besser geformt, reicher an Geist und von vornehmerer Haltung. Der reife Dostojewski hat uns gewöhnt, solche Kriterien für unzureichend zu erachten. Von der schlagenden Neuheit seiner Vision werden nur Anfänge oder Nebensätze gespürt. Er steht im wesentlichen hier noch in einer alten Welt, aus deren Zusammenbruch die seine hervorgehen sollte.

Um sie beginnt das Ringen, sobald er wieder Petersburger Boden unter den Sohlen spürt. Der Journalismus, der schon 1860 mit großer Energie einsetzt, erschwert und erleichtert den Kampf. Die Arbeit an der »Wremja« beginnt im Sommer. Sie war keine Kleinigkeit. Die Monatsschrift umfaßte neben ausgedehnter Belletristik Politik und alle Gebiete geistigen Interesses. Jedes Heft war ein Wälzer von vierhundert bis fünfhundert Druckseiten. Die ganze wesentliche Leitung besorgte Dostojewski und hatte außerdem noch viele Beiträge zu schreiben. Der Bruder stand dem Geschäftlichen vor. Die innerpolitische Situation in diesem Augenblick, unmittelbar vor der Aufhebung der Leibeigenschaft, der entscheidende Augenblick in der Geschichte des neuen Rußlands, interessierte Dostojewski mehr als alle Literatur.[30] Seiner unbedingt positiven Stellung zum Zarentum, die er aus Sibirien mitgebracht hatte, wuchsen hier neue Stützen. Er fand in Petersburg die zwei großen alten Parteien wieder: die Westler, zu denen er selbst vor Sibirien gehört oder zu gehören geglaubt hatte, die alles Heil von Europa erwarteten und die russische Zivilisation für entwürdigend ansahen, und die Slavophilen, die auf alles Russische schworen, auch wenn es der Kultur und der Vernunft ins Gesicht schlug. Die Blasiertheit der einen galt Dostojewski für künstliche Maske, die man abnehmen konnte, wenn man den großen Augenblick zu nutzen verstand, und dann mußten die anderen, die nur die Opposition zu der Starrheit trieb, von selbst zur Vernunft kommen. Also galt es, eine dritte Partei zu schaffen. Sie sollte unbedingt russisch sein, also den Baugrund von den Slavophilen nehmen, aber der kulturfeindlichen Einseitigkeit entsagen und Rußland dem Allmenschentum zuführen. Dafür wurde die »Wremja« geschaffen, das

Organ der Intellektuellen, das alle brauchbaren Kräfte dem Vaterlande zuführen sollte. Dostojewski kam also nicht von ungefähr zu der Gründung einer Zeitschrift, die ihm unter andern Pflichten auch eine politische Haltung auferlegte, sondern aus der Erkenntnis, was an diesem Wendepunkt Rußlands auf dem Spiele stand. Die Partei, zu der er sich bekannte, war das wesentlichste Ziel. Wir besitzen dafür hinlänglich aufklärende Zeugnisse.[31] Von der Partei ahnte er wohl die Umrisse und vermochte das Programm gefühlsmäßig anzudeuten, und er hat das in der Ankündigung der »Wremja«, die im September 1860 erschien, mit großer Ausführlichkeit getan; dagegen war er von der Formulierung klarer Forderungen weit entfernt, und sie wäre auch einem auf exaktes Denken gerichteten Praktiker nicht leichtgefallen, weil sie mit einer Zwischenstellung zwischen den Parteien zu rechnen hatte. Diese Details konnten sich erst aus einer Klärung der Situation und einem weiteren Eindringen Dostojewskis in seine politische Sendung ergeben. Seine zum Teil recht unreifen Aufsätze in der »Wremja« zeigen, wie weit er vom Ziel war.

Die Inanspruchnahme hatte große Vorteile allgemeiner Art. Sie trieb den Menschen voran, erhöhte seinen Ernst, erweiterte seine Aufgabe. Das alles kam mittelbar dem Dichter zustatten, der jeden Gewinn des Menschen zur Geltung bringen mußte. Vorübergehend aber vermehrte die Unklarheit des Politikers die Gefahren des Dichters. Die vielseitige Tätigkeit bedrohte ihn mit Zersplitterung, zwang ihn zu übereilter Produktion und trug zunächst durchaus nicht dazu bei, sein improvisiertes Künstlertum zu befestigen.

Die politische Situation bringt auch dem Dichter die Auseinandersetzung mit dem Westen näher. Diese Tendenz, den Aufsätzen entnommen, mit denen er die Leser und sich selbst zu klären sucht, soll einen Roman tragen, und zwar einen ernsten Roman. Humoristische Behandlung entspräche nicht der Aufgabe, brächte nicht eindeutig genug sein Gefühl zum Ausdruck. Das Gefühl treibt ihn, den Gegensatz zwischen Ost und West ausschließlich im Ethischen zu suchen. Er gerät dabei tiefer als je zuvor ins Sentimentale. Daran scheitert der Roman »Die Erniedrigten und Beleidigten«.

Ein Hintertreppenroman in des Worts verwegenster Bedeutung. Man staunt über die Harmlosigkeit der Zumutung. Die Hintertreppe ist keine Maske, kein Sprungbrett für die Dichtung, sondern eigentliches Wesen. So fetzt irgendein Winkelskribent seine Geschichte herunter, nur darauf bedacht, sich und seinen Lesern die Gedankenarbeit zu erleichtern. Der Unterschied gegen die Konfektion beschränkt sich auf die Ungeniertheit des Verfassers, der die Genügsamkeit seiner Schnellschreiberei nicht beschönigt, und auf ein paar unvermutete Nebenfiguren.

Das alte begriffliche Schema, mit dem keiner so gründlich wie Dostojewski aufgeräumt hat, erscheint hier in Paradestellung. Der Fürst, der Bösewicht, Repräsentant des schlimmen Prinzips, nur dazu da, um zu erniedrigen und zu beleidigen, kann nicht schwärzer sein. Wenn er auftritt, riecht es nach Schwefel. Eigentlich soll er über die Geschicklichkeit eines modernen Gesellschaftsbriganten verfügen und mit vollendeten Formen das Verbrechen undurchsichtig machen. Der Intrigant hat den Horizont eines Börsenjobbers und arbeitet mit den Tricks allerkleinster Diebe, auf die nur Menschen von verbotener Einfalt hereinfallen können. Sein Sohn Alexei behauptet, Natalja zu lieben, Tochter eines Gutspächters, den der Fürst durch einen möglichst unverhüllten Betrug ruiniert, um die Verbindung mit dem Sohn unmöglich zu machen. Natalja und ihre Eltern sind nur dazu da, sich erniedrigen und beleidigen zu lassen, obwohl Natalja ein tüchtiger Mensch mit offenen Augen sein soll. Alexei ist ein Strohhalm mit Grazie, ebenso summarisch schwach wie der Vater summarisch schlecht. Er soll ein reiner Tor sein, mit einer Anmut des Herzens ausgestattet, die alle bereitwillig eingestandenen Schwächen auszulöschen vermag, nähert sich aber, ohne daß es einer der Beteiligten, den Dichter inbegriffen, ahnt, der Infamie des Vaters. Aus diesem Parallelismus, der dem Schnellschreiber entging, hätte der reife Dostojewski das tragende Motiv des Werkes gewonnen. Jetzt bleibt die schwerste Belastung Alexeis, die Duldung aller Untaten des Vaters auf Kosten der Geliebten, ungeformt und wird fast wie eine Naturnotwendigkeit hingenommen. Natürlich läuft Natalja aus dem Elternhaus fort zu dem Schwächling und wird dafür von dem Vater verflucht. Um Alexei zu kapern, willigt der Fürst in die Heirat, besucht sogar die zukünftige Schwiegertochter und hält eine Rede. Gleichzeitig führt er dem Sohn eine reiche und vornehme Erbin zu, ebenso schön wie edel. Natürlich verliebt sich Alexei sofort in die neue Katharina, und natürlich erwidert die edle Katharina augenblicks seine Liebe, duldet alle Gemeinheiten des Prinzen gegen seine Braut und schließt noch dazu mit der unglücklichen Rivalin schwesterliche Freundschaft. Es kommt zu Unterhaltungen, die nur zwischen Leuten mit zugestopften Ohren und verbundenen Augen möglich sind. Schließlich rafft sich Natalja auf, weist dem rabenschwarzen Fürsten die Tür und entläßt den Prinzen mit ihren Segenswünschen. Dies der melodramatische Höhepunkt. Darauf möchte das stolze Mädchen reumütig in das Elternhaus zurück. Zu Hause aber sitzt der erniedrigte Vater mit dem Fluch und will lieber vor Gram vergehen als das einzig Vernünftige tun. Da erscheint Nelly. Nelly ist die brustkranke Enkelin eines starrköpfigen Mannes, der einen Pudel hatte und nebst dem Pudel bereits vor Gram vergangen und gestorben ist, weil er die Verfluchung seiner Tochter, der Mutter Nellys, nicht widerrufen wollte. Eines Abends, kurz bevor sie stirbt, erzählt Nelly diese Geschichte von dem Fluch des Großvaters und bringt mit ihrer höchst undurchsichtigen Erzählung den Gutspächter dazu, Fluch und Gram abzutun und die büßende Tochter in seine Arme zu schließen.

Diese Nebengeschichte mit Nelly, die nicht das geringste mit dem eigentlichen Roman zu tun hat, wird von dem Erzähler, dem Ich namens Iwan, eingeführt, der von allen fatalen Rollen bei weitem die fatalste spielt. Er hat Natalja zuerst geliebt und liebt sie noch, zieht sich aber edelmütig vor dem schwachköpfigen und schwachbeherzten Prinzen zurück. Natürlich tut er alles, um die Liebe zwischen dem Rivalen und Natalja zu fördern. Er ist der einzige, der den Fürsten zu durchschauen vermag. In einer unendlich unwahrscheinlichen Szene zwischen Iwan und dem Fürsten im Chambre séparée eines Restaurants gibt sich der Bösewicht, wie er ist, und gesteht alles, was man will. Der Schwefeldunst nimmt den intelligenten Iwan so gefangen, daß er das Nächstliegende vergißt und den Hochstapler nicht einsperren läßt. Übrigens brauchte dieser Ausweg nur irgendeinem der Akteure bei irgendeiner Gelegenheit einzufallen, und der Roman wäre kurz nach dem Anfang zu Ende.

Diese Schwäche der Hauptrolle der verwickelten Geschichte scheint mir noch bedenklicher als der von der russischen Kritik oft beanstandete Iwan, dem man nicht das mangelhaft begründete Dasein in der Dichtung, sondern den für übertrieben erachteten Altruismus in Liebessachen, Dostojewskis altes Motiv, vorwirft.

Wir sind am tiefsten Punkt der Kurve angelangt. Die Humoresken entschuldigt die lose Gebärde, die uns anhält, das Produkt nicht ernst zu nehmen, und ein Spaßmacher hat immer die Lacher auf seiner Seite und gibt sich nicht. Hier dagegen gibt sich Dostojewski oder tut so, nennt einen Titel, der uns aufhorchen läßt, einen sehr eindringlichen Titel, eine der Wortverbindungen, die zu Signalen werden. Die Worte könnten über sehr vielen Werken Dostojewskis stehen, angefangen bei den »Armen Leuten«, nur nicht über dieser Hintertreppengeschichte. Der einzige Erniedrigte bei dieser Gelegenheit ist Dostojewski selbst, und die Beleidigten sind wir, seine Leser.

Aber da es so ist und da daraufhin Dostojewski nicht sank, sondern stieg, hat es wohl so sein müssen. Der große Dichter Dostojewski, mag der Abstand noch so unüberwindlich erscheinen, kommt aus dieser Richtung. Nicht die Humoresken, auch nicht das unverhältnismäßig höherstehende, unmittelbar vorhergehende »Dorf Stepantschikowo« enthielten die Möglichkeiten des »Raskolnikow«, des »Idioten«, des »Jüngling«. Viel eher stecken sie in dieser morastartigen Geschichte mit einem tönenden Titel. Und wenn wir näher an das trübe Gebilde herantreten, ergibt sich sehr bald Art und Lage der Keime.

In der nächtlichen Unterhaltung zwischen Iwan und dem Fürsten, der zu Kaviar und Sekt seinen Satanismus auftischt, kommt wiederholt der Name Schiller vor. Der Bösewicht fühlt sich zur Explosion gedrängt, weil ihm »das Schillerhafte« seiner Umgebung unausstehlich geworden ist. Diese Regung wirkt nach den Normen gewohnter Intrige, auf die uns die Hintertreppe eingestellt hat, ungemein unwahrscheinlich, aber hat einen geheimen Reiz, der aus der Geschichte herauslockt. Wir horchen plötzlich hin, nicht sehr gespannt, nur mit halbem Ohr, aber immerhin mit ganz anderer Aufmerksamkeit als der flaue Iwan, die Hilfsfigur, die hier vollends ihre ganze Überflüssigkeit offenbart. Dem Fürsten geht es wie uns. Nach all dem faulen Zauber von bewußten und unbewußten Schwächen, von Unwirklichkeit, will er etwas anderes sagen. Er sagt es nicht gut. Wie sollte er? Auch den Bösewicht hat die Atmosphäre angesteckt, und er kann gar nicht so böse sein, wie er möchte, wie der flaue Iwan nötig hätte, wie wir nötig hätten, um erschüttert zu werden. Zu viel dummes Zeug ging vorher, und wir halten kaum noch die Augen auf, aber wenn irgend etwas von der Geschichte übrigbleibt, ist es dies: der Hohn auf das Schillerhafte.

Das kommt nicht zufällig zur Sprache, gelangt nur zufällig auf die Lippen des Fürsten, der im Grunde auch nur eine Hilfsfigur ist, wenn nicht in der Hintertreppengeschichte, so in dem Haushalt Dostojewskis, für den der ganze Roman nur eine improvisierte Hilfe war. Schiller ist der wirkliche Held, um den es sich hier handelt, der Schiller, der den jungen Dostojewski besessen machte. Das Milieu bei den Eltern Nataljas hat die Muffigkeit der bürgerlichen Stube in »Kabale und Liebe«. Der Fürst tut, was er kann, um dem Präsidenten nahezukommen. Luise und Lady Milford haben sich ein bißchen verkleidet, und der Gutspächter flucht wie der Stadtmusikant. Nur Alexei wagt im Zeitalter Balzacs nicht die Rolle Ferdinands und muß sich deshalb mit seiner schemenhaften Existenz begnügen. – Die Ähnlichkeit des Stofflichen ist greifbar; noch überzeugender die ungreifbare Kongruenz. Wir schwimmen in der gleichen Sentimentalität. Nur hat es Schiller besser gemacht. Seine Empfindsamkeit läuft bis zum allerletzten Schluß wie auf Rollen, und er kommt nie auf den Einfall des Fürsten im Chambre séparée. Wie sollte er? Er organisiert das Wesenlose zu einem kompakten Theaterstück, in dem keine Schraube los ist und jede Ritze, durch die der gesunde Menschenverstand eine Störung hineintragen könnte, sorgfältig verschlossen wurde.

Das macht Dostojewski anders. Er berauscht sich gründlicher als Schiller, der immer noch das Bewußtsein behält, seine Leute in der richtigen Stelle auftreten und abtreten zu lassen. Ein Betrunkener taumelt herum, stößt an, macht Scherben und trinkt auch dann noch weiter. Die Wahl des Rauschmittels, die auf den ersten Blick nach allem, was Dostojewski bereits geschaffen hatte, ans Absurde grenzt, bezeichnet seine Einfalt, lag im Bereich seiner Kindheit, seines Ursprungs, auf den er sich in diesem Augenblick gewaltsam zu besinnen suchte, und entsprach dem gefühlsmäßigen und rhetorischen Bedürfnis des politischen Augenblicks. Überdies stand Schiller bei den Russen um 1860 in ganz anderem Licht als im Frankreich der Balzac und Flaubert, deren Realismus sein Ansehen bereits arg erschüttert, wenn auch noch lange nicht gebrochen hatte. Die Skepsis der französischen Realisten aber galt Dostojewski durchaus nicht für maßgebend und in diesem Augenblick weniger als je. Sie war das Gift des Westens und forderte alle Widersprüche heraus. Das kam Schiller zugute und trieb zum zweiten Male zu einer Besessenheit. Sie war heilsam. Dostojewski wurde mit Schillers Schwächen fertig, weil er nicht, wie mancher Deutsche, nur die Nase, sondern den ganzen Kopf in die Limonade steckte und sich so gründlich satt trank, daß er unbedingt auf das Bedürfnis geraten mußte, etwas ganz anderes zu sagen. Er übertrieb womöglich noch die Schillersche Sentimentalität und führte um so leichter das Vorbild ad absurdum. Das hat natürlich durchaus nicht in seiner Absicht gelegen, eher das Gegenteil: Die unbewußte Abfertigung beendet nur den negativen Teil des Schiller-Kapitels. Ein Epigone hätte sich damit begnügt oder von jetzt an den Verführer mit seinem Haß verfolgt. Nun beginnt der positive Teil des Schillerhaften.

Die Zeitgenossen entschuldigten die Entgleisung mit der Rücksicht auf die »Wremja«, in der ohnehin manche Sünde Dostojewskis geschrieben stand. Grigorjew, sein Mitarbeiter an der Zeitschrift, machte öffentlich den Bruder Michail verantwortlich, der den Dichter zum Postgaul erniedrigt habe. Dieser Meinung ist Dostojewski 1864, nach dem Tode Michails, in der Zeitschrift »Epocha« energisch entgegengetreten, hat den geliebten Bruder mit großer Wärme verteidigt und die Schuld an dem »Feuilletonroman« ausschließlich auf sich genommen. Er begründet die bereitwillig zugegebenen Schwächen des Werkes (»Gliederpuppen und wandelnde Bücher statt Menschen«) mit seiner gewohnheitsmäßigen Schnellschreiberei. Niemand, nur sein eigener Wille habe ihn bei der Arbeit gedrängt. Aus seiner Darlegung geht hervor, daß der Erfolg der »Wremja« ihm näherstand als der Wert des Romans. Man kann aber die »Wremja« ruhig aus dem Spiel lassen. Sie hat höchstens wohltätig gewirkt, indem sie einen Prozeß beschleunigte, der durchgemacht werden mußte. Im Unterbewußtsein des Dichters mag diese Eile beschlossen gewesen sein. Darauf läßt die unfreiwillige Selbstkarikatur Dostojewskis schließen, und zwar weniger der noch zaghafte Spott durch den Mund des Fürsten auf das Schillerhafte, der bald ganz andere Töne finden sollte, als der in der Eile verzerrte karikaturenhafte Hinweis auf die Zukunft. Gestalten und Situationen viel späterer Werke erscheinen in den »Erniedrigten und Beleidigten« als erste Entwürfe von erstaunlicher Banalität. Das Gespräch Iwans mit dem Fürsten ist das rohe Gerüst der Dialoge, die in den Hauptwerken die großen Auseinandersetzungen tragen, wo Beleidigungen wie Messer schneiden und Erniedrigungen mit Zentnergewichten beschwert werden. Prinz Alexei ist eine verwaschene Arabeske des Fürsten Myschkin. Auch einige Grundzüge der Frauenrollen deuten auf den »Idioten«. Der Fürst möchte wie Stawrogin, der Held der »Dämonen«, gebieten. Seinen Zynismus werden wir, zu gewaltiger Realität gesteigert, im Stammhalter der »Karamasow« wiederfinden. Nelly, eine Verwandte der Titelrolle in »Netotschka Neswanowa«, streift Umrisse der Sonja, der Geliebten Raskolnikows.

Im Morast wuchern die Keime. Dostojewski hat den Morast gebraucht und ist zum Glück nicht zu früh abberufen worden. Wie Rembrandt den gefährlichen Augenblick seiner Jugend brauchte, als er in eitler Positur, als Geck verkleidet, Saskia auf dem Schoß hatte und Wein, Weib, Gesang leben ließ. Solche Menschen werden immer alt genug, und daher gönnt das Schicksal ihrer Laufbahn die weiteste Spanne und verlangt sie. Die allmenschliche Wirkung ihrer Gipfel bedingt die Erniedrigung ihres Genius bis zur Hefe hinab. Um alles begreifen zu können, müssen sie einmal auch den niedrigen Gelüsten zugänglich gewesen sein. Die Banalität solcher Augenblicke sichert ihre Höhen vor der Gefahr, in wesenlose Abstraktion zu verschwinden.

Von jetzt an steigt die Kurve. Der Knick durch den Eingriff Sibiriens ist endlich überwunden. Wir sind an einem neuen Anfang. Die »Erniedrigten und Beleidigten« haben die formlose Jugendlichkeit eines ersten Gedichts. Nach ihrer Unreife müßte man sie früher als die »Armen Leute« datieren. Sie erschienen 1861. Im gleichen Jahr beginnen in der gleichen Zeitschrift die »Memoiren aus dem Totenhaus«, und gegen 1862 bringt die »Wremja« eine kleine, aber vollkommen runde, wundervoll gefaßte Perle, »Die dumme Geschichte«, das Meisterwerk des Humoristen. Ein Würdenträger kommt auf dem Heimweg nach einem mit Alkohol genetzten, unbefriedigenden Salongespräch über soziale Pflichten auf den Einfall, seine väterliche Volksbeglückung in die Praxis zu übertragen und die Hochzeit eines kleinen Unterbeamten, die gerade am gleichen Abend stattfindet, mit seiner Gegenwart zu beehren. Natürlich vermag er das

Volksbeglückertum, das nur auf seinem Handschuh sitzt, nicht durchzuhalten, und sein Erfolg ist maßlose Verwirrung des Festes. Der Wolf im Schafstall. Was auch Väterchen an Väterlichkeit aufbieten mag, er bleibt für die anderen der Wolf. In den Respekt der vielartigen Schafe mischt sich Entsetzen, und diese unbeabsichtigte Abwehr zieht dem Beglücker das Mark aus den Knochen. Er sieht sich zur Beute der Geängstigten werden, die er beglücken wollte. Um ihnen und sich selbst Mut zu machen, trinkt er sich einen Bärenrausch an, dessen umnachtende Lähmung er wie eine unausbleibliche Hinrichtung spürt. Langsam gleitet er hin zum Entsetzen des jungen Ehemanns, der nur zu gut die Folgen dieses unverschuldeten Unglücks voraussieht. Noch als regungsloses Opfer des Alkohols ist der Körper des Ehrengastes Gegenstand abergläubischer Ängste. Schließlich packt man den Staatsrat in das keusche Brautbett, und die rührende Schwiegermutter bietet ihre Hausmittel auf, um Väterchen dem Leben zurückzugeben.

Diese Travestie der »Erniedrigten und Beleidigten« wird mit den Mitteln eines unbestechlichen Realismus vollzogen. Selbst wenn Wolf und Herde durcheinanderpurzeln und wir vor Lachen nicht wissen wohin, zuckt im Gesicht des Dichters kein Muskel, und mit Umsicht wird die Besoffenheit zu Ende geführt. Keine der das Zwerchfell erschütternden Situationen wird übertrieben. Die wunderbare Pointe, Väterchen im Brautbett, ist natürlichstes Ergebnis. Die Übertreibung findet hinter der Szene statt, und nicht der Dichter, sondern die Epoche solcher Wolf-und-Schaf-Spiele verübt sie. Der groteske Schatten staatsrätlicher Menschenliebe reicht über die stickige Kleinbürgerwohnung, über den Petersburger Beamtenklüngel, über jenes Rußland, wie es weint und lacht, hinaus. Es kann so gewesen sein, ist hundertmal so gewesen, ist heute noch so, wird überall, in China, in Rouen, in Kieferstädtl so sein, überall wo die Prätention schillerhafter Klassenmenschen in die andere soziale Schicht hinabzulangen sucht. Diese universelle Perspektive eines unwiderstehlich echten Lokalkolorits erhöht den Humor über die Humoreske. »Onkelchens Traum« war ein witziger Einfall, und dem Tartüff von Stepantschikowo kam die Verallgemeinerung Molières, die uns heute viel zu allgemein geworden ist, zu Hilfe. Schließlich, was ging uns Foma Fomitsch mit seiner Herde an? Seine Schafe entfernten sich nicht weit genug von gemalten Schäfchen, und Foma hatte auch etwas von einem gemalten Wolf. Erst jetzt spürt man die Ornamentik. Diese dumme und ungemein kluge Geschichte stellt uns unversehens mitten in unsere problematische Zeit. Der in den Flammeri hineintappende Volksbeglücker könnte tragisch sein. Wir lachen wie über manche Karikaturen Daumiers, die uns plötzlich sprachlos machen, als erschrecke uns im Echo unseres Gelächters ein nicht zur Sache gehörender schriller Ton. Der Grad von Dostojewski, der einem westlichen Zeitgenossen möglich war, hat in Daumier Gestalt angenommen.

Die »Dumme Geschichte« ist ein großer Schritt in der Überwindung banaler Untiefen Schillers. Nach der uferlosen Sentimentalität der »Erniedrigten und Beleidigten« sammelt sich Dostojewski zu einer bisher nie erreichten Knappheit und Geschlossenheit. Diesen Fortschritt hat der Journalismus, der den Feuilletonroman ruiniert haben soll, nicht gehindert. Den Lesern wurde ein Exempel aufgetischt, über das sie lachen mußten, aber an dessen Moral sie nicht vorbei konnten. Schon ist das Kunstwerk von aller belastenden Tendenz befreit und behält doch die Lehre. Es war gelungen, die Zwecke der »Wremja« mit der Forderung der Dichtung zu versöhnen.

Aber es war nur mit der Satire gelungen. Nur ihr werden die Geschlossenheit und Präzision, die dem Roman abgingen, verdankt. Man kann bis Mitte der sechziger Jahre einen nahezu methodischen Wechsel von sentimentaler und humoristischer Dichtung nachweisen. Ihm fällt das Entwicklungswerk zu. Den Turnus umschließt ein dichtes Netz von Journalismus. Immer bleibt das Sentimentale der primäre Faktor. Es bringt Ideen hervor, und die Ideen schwemmen neues Material an. Der Dichter reißt Breschen in die dunkle Schatzkammer und schafft eilig die

Funde ins Freie, ohne sich viel um ihre Unterkunft zu kümmern. Die Satire preßt das Material durch enge Kanäle, baut auf, was sie davon brauchen kann, formt es. Abgesehen von dem Erstlingswerk »Arme Leute« verdanken alle gelungenen Dichtungen jenes langen Zeitraums, die Bedeutung beanspruchen, ihre Vollendung der Satire. Sie wird dem Journalisten zum Refugium. Nur wenn er einen Teil seiner Impulse abstellt – denn die engen Kanäle nehmen nicht alles auf –, erreicht er den Ausgleich zwischen Gefühl und Form. Wir bewundern seine Satire, würden sie immer bewundern, aber würden ohne das, was ihr folgte, nie den ganz anders gearteten Anfang des Dichters verwinden und immer glauben, sein Genius sei in seiner Maienblüte geknickt worden. Was wäre uns Daumier, hätten wir nicht neben den Karikaturen des Journalisten die Werke des Malers!

Noch immer, bis 1864, fehlt jeder stoffliche Hinweis auf die Katorga. Der Dichter scheint das Erlebnis mit den Memoiren aus dem Totenhaus endgültig erledigt zu haben. Im Frühling 1862 geht er zum ersten Male ins Ausland, nach Paris, London, Deutschland und die Schweiz. Wir wissen, was ihn nach Paris trieb. Das Liebesabenteuer mit der Polina Suslowa mag ihm eine willkommene Ablenkung nicht nur von der drückenden Ehe gewesen sein. Er hat damals zum ersten Male gespielt und 1863, während eines zweiten Aufenthalts im Ausland, den Plan zum »Spieler«, auch eine Ablenkung, entworfen. Beide Reisen, die seiner Gesundheit sehr guttaten, waren Ausflüchte vor dem Drängen entscheidender Probleme.

Neuntes Kapitel

Im Frühjahr 1864 beginnen in der »Epocha«, der Nachfolgerin der »Wremja«, die »Memoiren aus einem Kellerloch« (»Aus dem Dunkel der Großstadt«). Die Keime der »Erniedrigten und Beleidigten« sind aufgegangen, und der Kampf gegen das »Schillerhafte« steht im erbittertsten Stadium. Die Form des Werkes ist höchst ungewöhnlich und zerfällt in zwei ganz verschiedene Teile. Der erste besteht aus einem einzigen, sehr ausgedehnten Monolog des »Verfassers dieser Aufzeichnungen«; der zweite bringt drei lose zusammenhängende Begebenheiten aus dem Leben des Memoirenmenschen, ebenfalls von ihm selbst erzählt.

– »Ich bin ein kranker Mensch. Ich bin ein schlechter Mensch!« So beginnt der Monolog und hört nicht wieder auf. Wenige Menschen werden unversucht bleiben, ihn nach den ersten zehn Seiten empört in die Ecke zu schleudern. Auf diesen Ton ist man in belletristischen Dingen nicht gefaßt. Der Leser wird angeredet und muß sich tolle Dinge sagen lassen. Schleudert er aber das Ding in die Ecke, tut er nur dem Memoirenmenschen einen Gefallen. Noch in der Ecke kichert die Druckerschwärze, und während wir unsern würdigen Pflichten nachgehen oder uns dem wohlverdienten Feierabend hingeben, kichert es weiter: Alles Unsinn! Tu nur nicht so! Bist nicht besser, bist nicht gesünder, nur hundertmal dümmer, ahnst gar nicht deine Lächerlichkeit, du mit deinen Berufspflichten und deinem Feierabend!

Zehnmal wirft man das Buch weg, zehnmal holt man es wieder, und schließlich kommt man nicht mehr von dem Teufel los.

Die Krankheit des Memoirenmenschen ist eine höchst entwikkelte Erkenntnis, und seine Schlechtigkeit das Unvermögen, Erkenntnisse nicht irgendwo und wie ad acta zu legen: also die Weigerung, es wie der Rest der Menschheit zu machen, der nachher seine Suppe ißt und Karten spielt. Dieser kranke und schlechte Mensch zieht Konsequenzen. Aus der Erkenntnis folgt Überempfindlichkeit; aus der Überempfindlichkeit das Unvermögen, sich Erniedrigungen zu entziehen, sowohl im Verkehr mit anderen als auch im Verkehr mit sich selbst. Er verliert die Harmlosigkeit, die man zur Abwehr der unvermeidlichen Mükkenstiche nötig hat, den Schutz, den der eine Stolz, der andere Klugheit nennt und der für den Memoirenmenschen keins von beiden, sondern etwas ganz Subalternes ist. Auf die Menschheit hat er schon lange verzichtet und sitzt nun in seinem Petersburger Stübchen, einem Kellerloch. Da aller Handel und Wandel doch zu nichts führen kann, denkt er nur noch, denkt an die Erniedrigungen, die er erfahren hat und die er, wenn er die Nase hinaussteckt, erfahren könnte, und zweifellos erfahren müßte, und genießt das. Dieser Dunkelmensch ist ein wahrer Genußbold des Gedankens. Da ihm die anderen nicht mehr nahekommen, rückt er sich selbst auf den Hals, und der Verzicht auf alle Abwehr gegen die anderen gibt seinem Angriff auf sich selbst unerhörte Kräfte. Keine Finesse, die man im Verkehr mit Menschen, die man liebt oder braucht, aufbietet, kommt dem Raffinement gleich, mit dem er den Umgang mit dem eignen Ich gestaltet; ein Katz-und-Maus-Spiel von verwegener Phantastik und von der Subtilität zitternder Nervenspitzen. Nie ist dergleichen vorher von einem Menschen gedacht, wenigstens nicht bis zu diesem Ende gedacht, noch viel weniger je, auch nur in groben Umrissen, geschrieben worden. Wo immer die arme Seele ein Versteck findet, da leuchtet die Blende des Intellekts unbarmherzig hinein und hetzt die Maus weiter, die arme schillerhafte Seele, die immer noch nach dem Schönen und Erhabnen dürstet und am liebsten die ganze Menschheit umarmen möchte und der die Tränen locker sitzen; dieses Seelchen aus dem Blumengarten, das mit der Unabänderlichkeit der Naturgesetze, mit Darwin und seiner Affengeschichte nicht fertig wird und das, während dem benachbarten Intellekt alle diese Geschichten aufs engste vertraut und längst unfehlbar geworden sind, immer noch an

Schönheit und sogar an Schiller denkt und mit allen Kräften gegen die Teilung der Erde und des Himmels kämpfen möchte; jene hundertmal zerrissene und immer noch lebendige Seele, die noch vor dem letzten Atemzug wieder zu hoffen beginnt und die Menschheit bekehren möchte; wirklich, eine unsterbliche Seele. Alles wird auf ihr Grab getürmt, die Doktrin von dem welterhaltenden Egoismus und von der Fiktion des Willens, alle Logarithmentafeln des Mechanismus. Man stampft sie mit Maschinen unter die Erde, versenkt sie kilometertief, und morgen schon sprießt sie wieder hervor, die Metze.

Der Monolog des kranken und schlechten Menschen entrollt sich auf vierundsechzig enggedruckten Seiten. Der Faustmonolog wirkt daneben kurz und bündig, sagt freilich etwas Kürzeres, das ähnlich klingt. Dem Memoirenmenschen liegt nichts an der Kürze. Er ist endlich in die Lage gekommen, sich auszusprechen, und nimmt die Gelegenheit wahr, spricht ohne Pathos wie du und ich, nur klüger, ein zum Genie gesteigerter Allerweltssprecher. Für den Hokuspokus der Form fehlt die Zeit. Er hat trotz der vierundsechzig Seiten kaum Platz für das Nötigste. Es ist das Bekenntnis des neuen Faust, der sich eine besondere Phiole für den Selbstmord zurechtmacht und dem kein Mephisto, keine Hexenküche zu Gebot stehen, um sich, bevor er zum Teufel geht, zu verjüngen. Seine Fähigkeit, die Wahrheit zu sagen, grenzt an Alchimie. Er gibt ein paar Stückchen seines Lebens zum besten. Erst eine kleine Donquichotterie auf der Straße, die Geschichte mit dem Offizier, der ihn, wie er sich einbildet, erniedrigt und beleidigt und gegen den er sich mit allen Kräften wappnet, um ihn auf dem Trottoir ein einziges Mal zum Ausweichen zu zwingen; eine Lächerlichkeit, bei der einem das Lachen stehenbleibt. Dann die Kneiperei mit früheren, jetzt höher gestellten Schulfreunden, denen er sich aufdringt, um ihnen und noch viel mehr sich selbst seine Überlegenheit zu beweisen; ein Auerbachs Keller in moderner Zurichtung. Natürlich beweist er nur seine knirschenden Zähne. Was gäbe dieser entzauberte Faust darum, wenn er statt bissiger Wut Tokayer und Feuer fließen lassen könnte oder wenn es ihm wenigstens gelänge, die Idioten mit den Nasen aneinanderzunähen! – Zum dritten der Besuch bei einem Gretchen im Bordell, der zu einem neuen Roman im dunkelsten Dunkel führt. Die Akteure sind Menschen und Masken, und das Spiel geht zwischen einem Dostojewski von gestern, der sich mit Schiller stritt, und einem phosphoreszierenden Dostojewski von übermorgen, einem neuen Faust.

Man weiß nicht, wie diese Kette von Episoden ohne Anfang und Ende zu nennen wäre, und möchte am liebsten aus der Unbestimmbarkeit der Kategorie auf die Nichtigkeit des Exempels schließen. Der Dachgarten nahm an den »Erniedrigten und Beleidigten« blutige Revanche für das erzwungene Entgegenkommen bei anderen Gelegenheiten und möchte die Form dieses neuen Werkes auf das Schuldkonto des alten setzen. Immer noch Sumpf, sagt der Fachmann. Nie kommt Dostojewski aus dem Sumpf heraus. Der Fachmann weigert sich, näherzutreten, ist nicht für Sümpfe da. Lieber ließe er noch die »Erniedrigten und Beleidigten« gelten, den harmlosen Sumpf. Wird dieses Dunkel der Großstadt durchgelassen, muß man alles Kommende durchlassen. In dem Dunkel steckt die gefährliche Neuheit. Reicht man den kleinen Finger hin, verliert man den Kopf, und plötzlich gibt es keine Literatur mehr.

In der Ecke kichert es: Literatur!

Man möchte einen Wall gegen das Dunkel errichten, selbst auf die Gefahr hin, in pechfinstere Nacht zu geraten. Man schleppt aus dem Bereich des Schönen alle Argumente herbei. Neuheit ist immer verdächtig. War nicht eben noch diese Neuheit im Alten befangen? Versagte sie nicht, weil sie zu schwach war, die auf Vorbilder begründete Form zu erfüllen? Und da sie gesetzlos ist, macht sie sich eine neue Ästhetik.

In der Ecke kichert es: Ästhetik!

So leicht gibt man sich nicht. Die Forderung, die sich hier betrogen fühlt, ist kein toter Buchstabe. Der Monolog des Kellermenschen bedeutet noch etwas anderes als eine ungewöhnliche Form. Die einsilbige Einleitung hört nicht mit den vierundsechzig Seiten auf, sondern setzt sich in den Episoden fort. Der Ton des Vortrags, dieser noch nie gehörte Ton, gegen den sich das Ohr empört, der unser Dachgartenohr mit Skorpionen züchtigt, macht das ganze Werk monologisch. Der Monolog im Kellerloch hat Geist. Ja, es bleibt nichts anderes übrig, als ihm den Geist zuzugeben. Was weiter? Wenn die »Iphigenie«, wie einer aus dem Westen gesagt hat, ein zivilisierendes Werk für die Rechte der Gesellschaft gegen den Hochmut des Geistes ist, hat das Kellerloch als Feind der Gesellschaft zu gelten.

Und wieder kichert es in der Ecke: Gesellschaft!

Wir kommen nicht um das Loch herum. Sobald dieses Kellerloch sich auftat, war es von keiner Macht der Welt mehr zu schließen. Wehrt man sich gegen eine monologische Kunst, kann man unsere ganze Gegenwart aussperren. Gesellschaft, Literatur, Ästhetik müssen in das Kellerloch oder sind uns nicht nütze. Nur in diesem Siedeofen, wo jeder flaue Begriff wie Zunder verbrennt, kann die Widerstandskraft des Ursprungs geprüft werden, und nur der übrigbleibende Rest, schön oder nicht schön, unbedingt brauchbar, kann die neue Dichtung tragen. Kein Vernünftiger wird das Dunkel der Großstadt zum formalen Vorbild der Dichter nehmen. Auch Dostojewski ist nicht darin geblieben. Aber wohl gibt es schwerlich ein Heil für uns, das nicht durch dieses Fegefeuer hindurchging. Hier spricht und handelt kein geistiger Hochmut – auch das ist nur Klischeebegriff –, sondern ein zu Geist zermalmter, geschlagner, gekreuzigter Mensch, vollgesogen von allen Erniedrigungen und Beleidigungen, die jeder von uns täglich austeilt, täglich empfängt; einer, der sich monologisch gebärdet, weil ihm nichts anderes übrigbleibt, und uns mit seinem Gift entgiftet.

Hier entsteht ein neues Schicksal, dessen Art neue Darstellungsmittel erfordert. Ob diese Darstellung den Titel Dichtung verdient oder nicht, tut zunächst wenig zur Sache. Ebensowenig bedeutet, daß diese Darstellung in der Nähe verfehlter Dinge wächst und von manchen dieser Verfehlungen berührt wird. Wir werden von ihr zu neuer Verinnerlichung geführt. Wenn die Memoiren, von Dostojewski als Fragmente bezeichnet, noch viel fragmentarischer wären, wenn es nur die Hälfte, ja, nur den ersten Teil gäbe, wäre es immer genug, uns die Möglichkeiten eines neuen dichterischen Eindringens in die Menschenseele erkennen zu lassen.

In dem Monologartigen des Werkes steckt die fruchtbare Neuerung. Sie ist unantastbar geistiger Art, da sie auf jede Stofflichkeit zu verzichten vermag. Der Dichter des »Doppelgängers« löst sein Versprechen ein. Der Verzicht ist kein Opfer des Artisten, sondern natürliche Folge des Erlebnisses. Es kommt zu einer Dramatik von Gedanken. Gedanken bestürmen uns mit der Leibhaftigkeit der Helden einer Tragödie. Die Handlung der Hintertreppe, die dem Dichter so willig zu Gebote stand, ist vollkommen überwunden. Es schwindelt uns vor der ungeheuren Ausdehnung des befreiten Feldes.

Das Werk bleibt fragmentarisch. Diese Einsicht steht auf einem anderen Blatt. Das Fragmentarische folgt aus der Unerbittlichkeit des Verinnerlichers, der reinen Tisch brauchte, bevor er weiterging. Keine Vollendung könnte die Atmosphäre des Dunkels verdichten. Sie ist vollkommen. Daher haben wir den Fragmenten mit derselben Duldsamkeit zu begegnen, die wir für verhauene Plastiken Michelangelos, die sich der Gotik nähern, oder für die halbzerstörte zweite Anatomie Rembrandts bereit haben. Der Rhythmus wird von der versagenden Begrenzung nicht nur nicht gehemmt, sondern erweitert. Nur im ersten Augenblick beunruhigt der Monolog und der lose Zusammenhang der Episoden, wie uns im ersten Augenblick das fehlende Glied des Torsos stört. Es ist eine Äußerlichkeit. Wir können die Abrundung des Werkes ohne Dostojewski besorgen und tun es, so weit es geboten ist, augenblicklich. Ohne unser Dazutun kommt keine neue Synthese zustande. Dostojewski hat aber mit den Memoiren mehr getan, als uns auf den neuen Weg zu stellen. Er begleitet uns fast bis zum Schluß; freilich mehr springend als schreitend. Man muß Schritt halten und den Weg zwischen den Sprüngen nicht nach unserem Gusto, sondern nach dem Rhythmus Dostojewskis ergänzen, muß sich zumal vor der Versuchung hüten, aus übersprungenen Stücken voreilige Schlüsse zu ziehen. Diese Gefahr bedroht alle Kommentare des Russen, die sich mit seiner Idee beschäftigen und diese mit Hilfe falsch ergänzter Sprünge zu formulieren suchen. Den übereilten Deutern geht es wie Lew Schestow, dem unruhigen russischen Philosophen, der aus den fragmentarisch erfaßten Fragmenten die Verbrüderung Dostojewskis mit Nietzsche folgern zu können glaubt.[32]

Dieser Irrtum hat so großen Anteil an der Gegnerschaft, die dem Dichter in Rußland und neuerdings auch bei uns erwachsen ist, ist so typisch für die Angriffe und bietet überdies so viele Handhaben zur positiven Kritik Dostojewskis, daß es mir erlaubt scheint, näher auf das Werk Schestows einzugehen, als mit der Struktur meiner Studie verträglich erscheinen mag. Die praktischen Vorteile überwiegen.

Schestow hat aus den Memoiren »Aus dem Dunkel der Großstadt« den Typ des »Kellerschlupfmenschen« gewonnen, den er mit der Totalität Dostojewskis identifizieren zu können glaubt. Zweifellos sind die Memoiren eine mehr oder weniger freie Selbstbiographie Dostojewskis für die Zeitspanne, in der sie entstanden, und es bedurfte gewiß nicht der gehässigen Widerlegung der harmlosen, aus einem sehr natürlichen Gefühl entsprungenen Anmerkung zu Beginn des Werkes (in der Dostojewski die Identifizierung leugnet), um uns darüber aufzuklären. Die in der Zeitspanne liegende Einschränkung kann nicht übersehen werden. Handelt es sich um ein Jahr, um zwei Jahre oder nur um ein paar Tage? Schestow unterdrückt diese Schranke. Natürlich hat Dostojewski die Gedanken des Kellerschlupfmenschen gehabt, sonst hätte er sie nicht ausdrücken können. Natürlich hat sich Shakespeare in alle möglichen Halunken hineingedacht. Seine Gedanken über die Menschheit wird man füglich aus dem ganzen Œuvre gewinnen müssen.

Schestow entgeht die Entwicklung Dostojewskis, zumal dieses wichtigste Stück, der unausbleibliche Kampf gegen die Sentimentalität. Er nimmt die sehr weitgehenden Abhärtungsmethoden des Kämpfers für endgültige Entäußerung des Gefühls. Weil sich Dostojewski von dem »Schillerhaften« – wie wir sehen werden, nicht von Schiller – lossagt, soll er aller Ideale entsagen. Geschieht das wirklich, selbst in diesen zeitlich bedingten Fragmenten, die unmittelbar auf das süßlichste und ganz verunglückte Werk folgen? Sie entstehen nicht gleichzeitig mit den »Erniedrigten und Beleidigten« oder gehen ihnen gar, wie Schestow fast vermuten läßt, voraus. Die Reihenfolge ist wichtig. Darf man den Menschen vergessen, der den Limonadengeschmack loswerden und etwas anderes sagen wollte? Spürt man nicht in diesem von Spott und Skepsis triefenden Ausdruck das Bedürfnis, sich von jedem klischeehaften Gefühl zu reinigen? Ist der Kellerschlupfmensch gefühllos, dann war es auch Daumier, auch Rembrandt, auch Grünewald. Schestow exemplifiziert sehr ausführlich mit dem Ausgleichverfahren Tolstojs. Das kann man gern preisgeben. Eben Leute wie Tolstoj und ihre Wirksamkeit beweisen, wie tief die Lauge ätzen muß, um auf gesundes Fleisch zu kommen. Das bringt einen Michailowski auf das »grausame Talent«. Ist eine notwendige Operation grausam? Der Kellerschlupfmensch war hart zu sich und hatte es nötig. Überspannte Sentimentalität führt ihn zur Verzweiflung. Wer verzweifelt? Der »schillerhafte« Kellerschlupfmensch, meinetwegen der schillerhafte Dostojewski, also ein Teil Dostojewskis. Auch die Leute, die der Kellerschlupfmensch anredet und die mit flüchtigen Strichen sehr sicher gezeichnet werden, hatten Grausamkeit nötig. Mordet deshalb Dostojewski die Hoffnung? Schestow glaubt, der finstere Kellerschlupfmensch verhöhne jeden Bau, weil er selbst vor dem unzerstörbaren kristallenen Schloß die Zunge herausstrecke. Aber es ist im zehnten Kapitel des ersten Teils sehr eingehend von dieser Freude am Zungeherausstrecken die Rede, und der Gedanke liegt nicht fern, daß unter dem Kristallschloß ein unzerstörbares Kitschklischee verstanden werden muß. Man braucht nicht in der Katorga gewesen zu sein, um diese Abneigung zu teilen. Im übrigen aber ist der

Skeptiker durchaus gern bereit, einem Hühnerstall, in dem man sich zur Not vor Nässe schützen kann, ein ordentliches Haus vorzuziehen, unter Umständen sogar ein Schloß von Kristall. »Ich würde mir«, sagt er, »gern die Zunge aus purer Dankbarkeit ganz ausschneiden lassen, wenn mir nur die Lust genommen werden könnte, sie herauszustrecken. Was kann ich dafür, daß es unmöglich ist, es so einzurichten, und daß man sich mit Mietwohnungen begnügen muß? Warum bin ich so eingerichtet, solche Wünsche hegen zu müssen? Verfolgt denn meine ganze geistige Einrichtung wirklich nur den Zweck, mich zu der Einsicht in ihren Betrug zu bringen? Ist das die ganze Absicht? Das kann ich nicht glauben.« Er kommt zu dem Lob der Abgeschiedenheit. Da er die Normalmenschen haßt, findet er die Einsamkeit besser, aber wohlverstanden, nur weil er Gesuchtes nicht findet... »Das beste«, sagt er, »ist ganz und gar nicht die Abgeschiedenheit. Hol der Teufel die Abgeschiedenheit!«

Man kann natürlich aus solchen Zuckungen alles mögliche herauslesen. Die Stimmungen zur Basis einer Philosophie zu machen scheint mir bedenklich. Schestow zitiert, um den zur Herrenmoral Nietzsches führenden Egoismus des Kellerschlupfmenschen zu belegen, die kalte Zurückweisung Lisas, der armen Hure, die sich »sittlichen Halt« holen kommt. »Weißt du, was ich eigentlich will?« fragt er sie. »Daß ihr alle zum Teufel geht! Eben das! Ich brauche Ruhe... Für einen Groschen würde ich gleich die ganze Welt hergeben. Soll die Welt untergehen oder soll ich keinen Tee haben? Ich sage, mag die Welt untergehen, wenn ich nur immer meinen Tee habe!«

Dazu Schestow: »Wem ist es je in den Sinn gekommen, seinem Helden Worte von so beispiellosem Zynismus in den Mund zu legen? – Eben demselben Dostojewski, der noch unlängst mit so heißem und aufrichtigem Gefühl die Worte vom letzten Menschen (von der Brüderlichkeit) gesagt hat.«

Und damit will Schestow eine wesentliche Etappe in der Umwandlung der »Humanität« Dostojewskis beweisen und knüpft daran weitgehende Folgerungen.

Man begreift mit Mühe, daß nicht schon der Ton Dostojewskis allein den Interpreten stutzig machen mußte. Dieser Mangel an Gehör liegt vielen Irrtümern zugrunde. Im übrigen brauchte Schestow nur in einem reiferen Werk Dostojewskis, dem diese Memoiren als unmittelbare Vorstufe dienen, die genau parallele Situation, das erste Gespräch Raskolnikows mit Sonja, dem Straßenmädchen, genauer zu betrachten, um sich von der Einseitigkeit und Flüchtigkeit seiner Folgerungen zu überzeugen. Er kommt tatsächlich einmal auf diese Parallele und legt dem Gespräch mit Sonja eine von Dostojewski nicht beabsichtigte, durchaus spezifische Bedeutung bei. Sonja soll Raskolnikow das geben, was ihm die Wissenschaft des »Gelehrten« Rasumichin nicht geben kann. (Wie kommt Schestow dazu, aus dem Kameraden Rasumichin, dem primitiven Gefühlsmenschen, dem »Holzklotz«, wie es im Roman heißt, den Repräsentanten des Wissens zu machen?) Es wird sogar die Höhe des Gesprächs, die von Sonja vorgelesene Bibelstelle zitiert und auf die im Wunder des Lazarus enthaltene Hoffnung Raskolnikows hingewiesen, aber lediglich um den Egoismus Dostojewskis zu erhärten, weil er nicht eine der formulierten Moral zugängliche Bibelstelle, sondern den Lazarus, der auf die Situation Raskolnikows paßt, gewählt hat, weil die von dem Gleichnis verheißene Unsterblichkeit der Seele, so wenigstens glaubt Schestow, mit dem Glauben an den unsterblichen Egoismus vereinbar erscheint. Er behauptet, Dostojewski habe sich davon überzeugt, »daß einzeln Genommenes, aus dem Zusammenhang der Heiligen Schrift Herausgerissenes, nicht etwa Wahrheit sei, sondern sich zur Lüge verwandle«. Wenn sich nur Schestow und seine zahlreichen Nachfolger überzeugen wollten, daß dies Verfahren auch der Dichtung nicht zuträglich sein kann. Dann hätte er nicht ein Meisterwerk wie den »Idioten«, weil der ihm nicht in den Kram paßte, abgelehnt, nicht »die Dämonen«, das Pamphlet, nicht den »Jüngling«, den feurigsten Protest gegen den Übermenschen, totgeschwiegen und nicht Aljoscha, den reinsten aller Bejaher, auf den Kehrricht geworfen. Diese Philosophie zerstört die Dichtung, und es fragt sich, ob die dafür gewonnene »Idee« genügenden Ersatz zu bieten vermag.

Bleiben wir bei dem Kellerloch. Wir wollen dieses eine wichtigste Beispiel Schestows, die oben zitierten Worte zu Lisa »Mag die Welt untergehen...« eingehender betrachten, weil diese Stelle nicht nur für die Dialektik des Angreifers, sondern auch für das Verfahren des Dichters charakteristisch ist. Die zynischen Worte fallen in einem psychologischen Moment der Handlung, den Dostojewski mit größter Vorsicht und Umsicht vorbereitet hat. Der Kellermensch hat tagelang auf Lisa gewartet, hat im geheimen in der Hoffnung geschwelgt, Lisa zu retten und zu heiraten und auf diese Weise sich selbst zu retten. Man erinnere sich, was in dem Bordell vorgegangen ist. Lisa ist vielleicht sein letzter Rettungsanker. Sie kommt nicht. Also, nachdem ihn die ehemaligen Schulkameraden verschmäht haben, bei denen ihn seine hoffnungslose Sehnsucht in unmögliche Situationen gebracht hat, weist ihn jetzt sogar die Hure zurück. Inzwischen streitet er sich wie gewöhnlich mit Apollon, seinem Bediener, herum. Dieser Apollon wurde eigens vom Teufel eingesetzt, um ihn zu quälen. Die Szene mit diesem »Henkersknecht« artet beinahe in Prügelei aus und bringt den Kellermenschen in höchste Wut. Mitten in dieser Szene erscheint plötzlich Lisa. Natürlich fühlt er sich »niedergeschmettert, tödlich blamiert, in schmählicher Verwirrung«, weil er in diesem Elend von Lisa erwischt wird. Da entladet sich die ganze Erbitterung auf die Besucherin. Dostojewski sagt ausdrücklich während der Szene mit Apollon: »Wenn Lisa nicht gewesen wäre, so wäre nichts von alledem geschehen?« Also der Henkersknecht entsteht aus der Sehnsucht nach Lisa. Diese Bemerkung wäre übrigens gar nicht nötig gewesen. Der Beginn der Szene mit Lisa steigert noch seine Erbitterung. Um Lisa bewirten zu können, ist er genötigt, sich mit Apollon zu versöhnen, Apollon zu beschwören, schleunigst Tee und Zwieback zu kaufen, und er verbringt drei tödliche Minuten, ob der Unmensch sich entschließen wird oder nicht. Als der Bediener endlich weg ist und der Kellermensch zu Lisa zurückgeht, kommt ihm der Gedanke, ob er nicht, so wie er ist, im zerlumpten Schlafrock einfach davonlaufen soll. Bei Lisa übermannt ihn die Wut auf Apollon.

»›Ich werde ihn töten!‹ kreischte ich, auf den Tisch schlagend. Ich war ganz rasend und begriff gleichzeitig sehr gut, wie dumm es war, so zu rasen.

›Du weißt nicht, Lisa, was dieser Henkersknecht für mich bedeutet. Er ist mein Folterer...‹

Und auf einmal brach ich in Tränen aus. Das war ein Anfall. Ich schämte mich furchtbar, während ich so schluchzte, aber ich konnte mich nicht beherrschen.«

Schon längst könnten die von Schestow beanstandeten zynischen Worte gegen Lisa fallen, ohne den Unglücklichen zu belasten, aber noch immer bleibt Dostojewski bei der Vorbereitung. Seine Psychologie arbeitet mit zehnfachen Sicherheiten. Nach dem »Anfall« bringt Apollon den Tee. Dieser gewöhnliche prosaische Tee scheint dem anormal Erregten nach allem, was geschehen ist, »elend und unanständig«. Wer verstände ihn nicht?

– »Lisa, du verachtest mich wohl?«

Jetzt erst kommt der erste Angriff auf Lisa, also bei Gott nicht aus heiterem Himmel. – »Ich ärgerte mich über mich, aber selbstverständlich mußte sie es entgelten. Ein plötzlicher Grimm gegen sie wallte plötzlich in meinem Herzen auf... Sie ist an allem schuld, dachte ich.«

Aber es dauert immer noch. Er ringt mit sich selbst, fühlt »die ekelhafte Gemeinheit seiner boshaften Dummheit«, sucht sich zu überwinden. Wäre Lisa in diesem Moment nicht so ungeschickt gewesen, so hätte er sich vielleicht bezwungen. Aber gerade jetzt teilt sie ihm ihren lobenswerten Entschluß mit, das Bordell zu verlassen. Nichts liegt für sie näher, als es in diesem Augenblick zu sagen, da sie ihn damit von seiner Pein zu befreien hofft, und ebenso klar ist, daß die Mitteilung in diesem Augenblick für ihn zu einer unerträglichen Profanation werden muß. Und da reißt er das ganze Gebäude ein und überläßt sich seiner

Raserei, in deren Verlauf die von Schestow zitierten Worte fallen. Die Worte stehen in einem dichten Netz von vielen anderen, die dem Zynismus den Stachel entziehen und ihn immer wieder schärfen.

Es genügt, solche Stellen einmal mit Aufmerksamkeit zu lesen, das Entstehen, die Entladung, die Verebbung der Explosion zu verfolgen, um für alle Zeiten gegen die Irrtümer Schestows und Genossen gefeit zu sein. Die Psychologie Dostojewskis bringt immer ein fast erdrückendes Entlastungsmaterial hervor, und nur seiner Kunst gelingt es, die Spontanität zu behalten und die Absicht zu verbergen. Es gelingt ihm, scheint es, zu gut.

Er bleibt mit dem Vorwurf belastet, nicht Nachtigallentriller und blühende Rosen und den Bernsteinblick der Geliebten, wie es in der Geschichte vom Erdbeben in Lissabon heißt, sondern diesen Kellerschlupf dargestellt zu haben. Wählte er den Gegenstand, war seine Aufgabe nicht legitimer zu erfüllen.

Falsche Deutung, unzulässige Isolierung von Äußerungen des Helden, die nicht aus ihrer Atmosphäre und noch weniger aus dem psychologischen Zusammenhang entfernt werden dürfen, wenn sie ihre ursprüngliche und durchaus gesicherte Bedeutung behalten sollen, verführen Schestow, den Dichter für einen Umwerter aller Werte zu halten. Tatsächlich berührt Dostojewski auf seiner Reise durch die Menschheit die Gegend, wo die Übermenschen hausen. Unbedingt hat ihn die Topographie dieser Fiebergegend zeitlebens besonders gelockt. Er erkannte ihre ungeheure Bedeutung für die europamüden Reisenden und ergründete ihre giftigen Dünste mit unerbittlicher Schärfe. Tatsächlich mag sich Nietzsche an Dostojewski anzulehnen geglaubt haben. Dieser Hinweis kann die Psychologie Nietzsches fördern. Für die Kritik Dostojewskis hat er keinen Belang.

Aus dem angeführten, sehr typischen Beispiel folgt die Bedingtheit der »grausamen« Methode Dostojewskis. Tatsächlich ist die Methode nichts anderes als unbestechliche Hingabe eines nicht der Moral, sondern dem Dachgarten entsprungenen Dichters, der sein Künstlertum mit allen Wesenheiten zeitgenössischer Menschheit verankern will. Anstatt diesen Weg zum Allmenschentum zu erkennen, einen Weg, den Tausende von Kerzen taghell erleuchten, hält Schestow Dostojewski für den Vorgänger und Verwandten des Philosophen, »der als erster die furchtbaren Worte auf sein Banner setzte: Apotheose der Grausamkeit«. – Soweit es möglich ist, eine im Dichterischen liegende Tatsache in ihr Gegenteil umzukehren, ist es hier mit Vollendung geschehen.

Dieses Verfahren liegt heute nahe und wird von allen möglichen Schestows aus allen möglichen Beweggründen mit allen möglichen Mitteln geübt. Eine Denkfaulheit, die beweist, wie tief wir alle in einem Kellerloch sitzen. Nur genießen wir nicht die Vorteile des Gifts, das den Kellermenschen erregte. Man macht es billiger. Die alten Schemas wurden nur gestürzt, um noch leichter zu handhabende Klischees einzuführen. Ein Dichter, zu dessen natürlicher und notwendiger Bewegung kühne Sprünge ins Dunkel gehören und dessen Profil nicht mit dem Zimmermannsbleistift festzuhalten ist, wird gewaltsam stabilisiert. Da er das Dunkel erhellt, soll er schwarz werden. Anstatt sich erleuchten zu lassen, streicht man ihn an. Womöglich bildet man sich sogar ein, ihn auf diese Weise größer zu machen, weil er deutlicher wird.

Man hat nach dem Erlebnis gesucht, das den Dichter zu der fanatischen Erbitterung dieser Memoiren trieb. Schestow und andere machen mit Unrecht Sibirien verantwortlich. Den Kellerschlupf hat nicht die Katorga geboren. Er geht, wie der Leser schon weiß, auf frühste Regungen Dostojewskis zurück, die ihren ersten Ausdruck im »Doppelgänger« geformt haben. Goljadkins Zuhause hat schon den Grundriß des Kellers, nur ist Goljadkin noch einfältig und dumm. Sein Hirn vermag nicht, die persönliche Erfahrung zu verallgemeinern, und verfällt dem Wahn. Der Held hat in den zwanzig Jahren nicht wenig dazugelernt. Die Widerstände sind gewachsen, und das Leidensvermögen hat zugenommen, aber auch die Spannung. Das Empfinden, das dem verfassungstreuen Goljadkin die Anthropomorphisierung nahelegte, ist bescheidene Regung neben der mit allen intellektuellen Mitteln arbeitenden Phantasie des Kellerlochmenschen. Dieser ist durchaus nicht gesinnt, sein doppeltes oder vielfaches Wesen mit dem Scheinprodukt eines harmlosen Wahnsinns zu beschwichtigen und seine Forderung an die Mitwelt mit rührender Selbstenteignung abfinden zu lassen.

Natürlich hat Sibirien an der Bereitung dieser Spannung mitgeholfen, und vielleicht mehr als die Erfahrung in der Katorga das, was nach der Katorga kam. Doch geht es nicht an, aus dem Komplex des Schicksals Einzelheiten herauszunehmen, um diesen Wendepunkt des Dichters zu erklären. Alles Erlebte und alle Eigenschaften des Erlebenden drängen zu der Spannung. Über dem Kellerloch brütet schwefelgelber Himmel. Noch hockt der Kellermensch tatenlos, sinnt und redet. Wie bringe ich sie dazu, nicht über mein Elend zu lachen? Wie zeige ich ihnen, daß ich »kein kleiner Stift« bin? – Dies der Sinn des Monologs. Die Frage schwillt und schwärt in dem Kellerloch, spannt sich immer mehr, drängt nach einem Ausweg. Der Monolog ist kein Ausweg, nur Übergang zu etwas anderem. Wir stehen vor der Geburt der Tragödie. Jede Zeile sagt den Durchbruch voraus.

Zehntes Kapitel

Die Memoiren aus dem Kellerloch haben nach üblicher Auffassung keine Handlung. Die Vorgänge, voll, übervoll an Bewegung, zitternd unter der Last aller möglichen Gewichte, verlassen nicht das verborgene Gehäuse der Reflexion. Eben diese ihre Eigenschaft ist Kulisse der Dichtung. Der Memoirenmensch bringt es zu keiner seinen Vorstellungen gemäßen Tat. Seine Reflexion zersetzt alles Handeln, bevor es Gestalt annimmt; auch die für seine moralische Existenz unbedingt notwendige Tätigkeit. Er fühlt sich Wurm, geringer als der Wurm, und prostituiert sich im Genuß dieses Bewußtseins. Dieser Mensch ist vierzig Jahre alt und war, bevor er im Verlauf eines langsamen Zersetzungsprozesses Wurm wurde, etwas anderes oder glaubte es zu sein, oder hätte es sein können. Irgendwo in seinem Keller liegen die Möglichkeiten einer anderen Existenz, und zuweilen, gleichsam zu Ehren des Feiertags, spielt er mit ihnen und denkt sich Handlungen aus. Es kommt sogar zu Ansätzen solcher Handlungen, die samt und sonders durchaus unsozial sind, unsozial bis zur Kinderei und anormal. Diese Anrempelei mit dem stolzen Offizier, dem er auf dem Trottoir nicht ausweichen will, ist so ein nach vielen vergeblichen Versuchen realisierter Ansatz. Er macht die Augen zu und berennt den Gegner. So berennt er auf seine Art, immer mit geschlossenen Augen, noch andere Menschen, lediglich um sich seiner Wurmhaftigkeit auf einen Augenblick zu entäußern. Dieser Kellerbewohner in einem anderen Stadium, nicht vierzig, sondern zwanzig Jahre alt, nicht Beamter, sondern Student, angekränkelt, aber noch nicht krank, noch im Besitz einer ungebrochenen Vitalität, noch nicht eingewohnt in das Kellerdasein, ist Raskolnikow. Der Zusammenhang liegt auf der Hand. So ein Memoirenmensch braucht sich nicht zu allen Zeiten auf Monologe zu beschränken, kann unter Umständen auch anders. Aus der Anrempelei kann Mord werden, und wenn es dahin kommt, geht alles anders aus. Der Monolog verwandelt sich in blitzende Handlung. Die Szene bevölkert sich mit Menschen aus Fleisch und Blut, die nicht nur zuhören.

Zwölf Jahre nach Entlassung aus dem Zuchthaus vollendet sich endlich die Dichtung der Katorga, das erste der fünf großen Hauptwerke. Es gilt noch heute vielen Freunden Dostojewskis als das bedeutendste, ist von den fünfen das überraschendste, das die einfachste Handlung besitzt, und legte den Grund für den universellen Erfolg des Dichters. Die Geschlossenheit beruht – um eine Kleinigkeit vorwegzunehmen – unter anderem auf dem Verzicht auf eine Unart des Dichters. Er verläßt die Ich-Form der Erzählung, die für ihn oft nur ein Gängelband des Journalisten war und ihn nötigte, dem Ich eine belanglose Rolle umzuhängen. Die Reflexion des Autors tritt beiseite, bezwungen von der Dämonie seiner Erfindung. Die Dinge entrollen sich selbst mit dem ehernen Schritt der antiken Tragödie.

Dies der Schritt der Entwicklung. Bei manchen früheren Geschichten verließ den aufmerksamen Leser nicht immer der Eindruck, eine von mehreren Lösungen vor sich zu haben. Es konnte so sein. Dank dem Scharfsinn, dank der Laune, dank dem Humor, und vor allem dank der Psychologie des Autors konnte es so sein. Er sah dies aus den Menschen heraus. Andere – wer weiß! – hätten etwas anderes heraussehen können, und womöglich wäre er selbst dazu imstande gewesen. Die Handlung lief spitz oder breit, langsam und fliegend, zuweilen mit den Haaren herbeigezogen, und plötzlich blieb sie stehen, gleich einem verwöhnten und launenhaften Schauspieler, dem es an einer Stelle nicht mehr gefällt, weiterzuspielen, und der auf einmal auf höchst talentvolle Art zu improvisieren beginnt. Der Übermut des Erfinders leistete sich, die Puppen auch einmal gegen die Ordnung tanzen zu lassen. Immer jedoch, fast immer, fühlte man innerhalb oder neben der bunten Handlung eine dunkle Kraft, die sich der Willkür entzog. Manchmal förderte diese Kraft das Fortschreiten der Handlung, manchmal widersprach sie. In günstigen Fällen war die Kraft ein Strom, auf dem die Begebenheiten wie Schiffe und Schiffchen trieben. In den Memoiren aus dem Kellerloch trat das Dunkel zum ersten Male deutlich hervor und überwand das greifbare Motiv. Man sah durch die Begebenheiten hindurch, und es tat uns nichts, wenn dieses Hindurchsehen Löcher in das Motiv riß, wenn wir durch Löcher der Darstellung zu dem dunklen Strom gelangten. Wir sahen eine mächtige Regung sich bäumen und zittern, eine ganz elementare Regung, die nur Dostojewski sichtbar zu machen verstand und deren Sichtbarkeit wichtiger war als die eigentliche oder uneigentliche Handlung. Man glaubte jenen zauberhaften Moment der Geburt des Rhythmus zu erleben, der sich in rapiden Entwürfen genialer Künstler zu erkennen gibt, wenn der Schwung die Fläche belebt, ohne seine Geschöpfe deutlich zu machen.

Dies ändert sich mit dem neuen Roman. Raskolnikow kann nicht anders sein, wie er ist. Weder Dostojewski noch ein anderer vermöchte eine andere Lösung zu finden, obwohl allerlei hinzugetan, allerlei abgezogen werden kann. Es ist keine Geschichte, sondern organisches Geschehen. Der dunkle Strom wird zur Handlung.

Die ganz zentrale Komposition baut sich um einen Menschen auf, der für sich allein besteht und die wesentlichen Quellen seiner Handlung aus dem eignen Innern gewinnt. Persky leugnet mit Recht alle Gemeinschaft Raskolnikows mit der Gattung des Turgenjewschen »Nihilisten« Bazarow.[33] Es wird nicht versucht, die Gesellschaft für das Verbrechen verantwortlich zu machen. Im fünften Kapitel des dritten Teils, zu Beginn der Teeunterhaltung in der Wohnung des Untersuchungsrichters, führt Rasumichin, der Freund Raskolnikows, diese Entschuldigung des Mords ad absurdum. Raskolnikow folgt seinem eignen Trieb. Dagegen spielen Einflüsse seines intellektuellen Milieus eine Rolle. Soweit der Trieb von Raskolnikow als Gedanke formuliert wird, haben aktuelle Ideen der Zeit bestimmenden Anteil. Wohlverstanden, nur soweit Raskolnikow seine Beweggründe nennt. Die erste Idee: Ist der Mord eines schädlichen, mindestens unnützen und minderwertigen Geschöpfes, in dessen Besitz sich große materielle Mittel befinden, erlaubt, wenn der Mörder mit den Mitteln die Menschheit beglücken zu können glaubt? Die zweite: Dürfen ungewöhnliche Menschen das für gewöhnliche Sterbliche gültige Gesetz brechen, um neue Werte zu schaffen? – Wenn irgendwo, liegt hier die Möglichkeit einer Verbindung mit Nietzsche.

Die erste Idee, der subjektive Opportunismus, der sich immer als kurzsichtiger Schwindel erweisen muß, hat im Roman nur eine Statistenrolle. Wenn dieses Motiv gebracht wird, in der Kneiptischunterhaltung zwischen dem Offizier und dem Studenten, ist die Tat bereits beschlossen, und dem Zufall, der Raskolnikow zum Zeugen des Gesprächs macht, kann nur die Bedeutung einer geringfügigen Nachhilfe beigemessen werden.[34] Dostojewskis Behauptung, »diese nichtssagende Unterhaltung im Wirtshause hatte einen außergewöhnlichen Einfluß auf die weitere Entwicklung der Sache«, eine der wenigen flauen Stellen des Romans, klingt wie ein verstandesmäßiger Zusatz post festum. Stützte sich der Mörder ernstlich auf diese Überlegung, so würde sie notwendigerweise weiter ausgedehnt worden sein. Tatsächlich dringt der Opportunismus nicht einen Augenblick in das Zentrum der Gedanken und Empfindungen Raskolnikows, widerspricht seiner ganzen Anlage und seinem Verhalten vor und nach der Tat. Viel eher diente der zufällig dargebotene Gemeinplatz seinem Aberglauben.

Die zweite Doktrin, die Idee vom Übermenschen, wurde von der europäischen Kritik längst als Zentralmotiv des Romans erkannt. Man konnte sich dabei auf sehr viel wesentlichere Äußerungen des Helden stützen, auf den ominösen Aufsatz, der in der erwähnten Teeunterhaltung zur Sprache kommt und der Raskolnikow zur ausführlichen Darlegung seines Programms nötigt; auch auf viele andere wichtige Stellen. Die Doktrin steht und fällt mit dem Helden. Er entsagt ihr im Schoß seiner Sonja.

Gewiß, diese Doktrin gibt viel, sehr viel von der Idee des Raskolnikow, und Mereschkowski hat mit seiner bewundernswerten Studie über den modernen Napoleon alles, was darüber zu sagen ist, erschöpft.[35] Nur erschöpft die Doktrin nicht das Werk Dostojewskis. Man könnte sie allenfalls mit den »Actes publics« Napoleons vergleichen, über die allein der Gefangene von St. Helena zu sprechen sich herabließ, als er dem getreuen Las Cases seine Memoiren diktierte, fürchtend, ein Eingehen auf persönliche Dinge könnte als Versuch, seine vermeintlichen Verbrechen zu rechtfertigen, ausgelegt werden. Doch bleibt der Mensch übrig. Selbst wenn man sich auf die »Actes publics« beschränken wollte, vermögen wir nicht zu vergessen, daß ihr bedeutendster der ist, wo Raskolnikow seine ganze Doktrin für »Schwätzerei«, für »Kasuistik« erklärt und nicht die überromantische Narrheit, mit einem Mord zum Wohltäter der Menschheit werden zu wollen, sondern seinen Dämon denunziert. »Unsinn! ich habe einfach erschlagen. Für mich habe ich erschlagen, für mich allein.« Hier sagt der Neurotiker die Wahrheit.

Der entscheidende Beweggrund ist der Wille zur Tat, Tat um jeden Preis. Gewiß drückt den zerlumpten Studenten die Armut, zumal er generös ist und bei jedem fremden Unglück alles hergibt, aber der Armut konnte er mit hundertfach geringerem Aufwand entgehen. Ein Kompromiß, der sich noch vor der Tat anbietet, einer jener Kompromisse, auf denen in allen Ländern des Globus jede zweite bürgerliche Familie beruht, täte es. Dem versagt sich der stolze Aristokrat. Lieber morden, als diesen Luchin zum Schwager haben! – Aber auch darin steckt noch ein Stückchen »Acte public«, von dem man sich mit demselben Zynismus losreißen könnte, mit dem man dem Schutzmann zuruft, das minderjährige Mädchen, das man soeben der Gefräßigkeit eines Trottoirliebhabers entrissen hat, doch ruhig dem Dandy zu überlassen. Der Zynismus ätzt Möglichkeiten weg, die bei normalem Bedarf genügen müßten. Unausweichbar ist die innere Not, die Angst und der Ekel vor dem Kellerloch, die Unfähigkeit, mit dem komplizierten Gedankenapparat fertig zu werden, der einen mit Ideen narrt, mit »Actes publics«, die im Kopfe bleiben und auf dem besten Wege sind, mit allen möglichen Subtilitäten den Willen zu verstopfen. Unstillbar die Ungeduld, die den Kampf nötiger als das tägliche Brot braucht; Kampf für das Gute, wenn das Gute in den Weg kommt; für das Verbrechen, wenn anders keine den elenden Apparat spannende Sammlung gelingt. Springen möchte man, über die ganze Erbärmlichkeit, über alles sogenannte Gute, sogenannte Schlechte hinweg. Das Wohin kümmert ihn wenig, nur weg aus dem Keller! Nachher werden wir sehen. Nachher wird man alles »mit unermeßlichem Nutzen zurückzahlen«. Dabei liegt der Ton mehr auf dem Unermeßlichen als auf dem Nutzen. Vor allem springen, unermeßliche Entfernung zwischen sich und die übrige Menschheit legen und selbstverständlich auf sie spucken. Dies ist der Übermensch wie er leibt und lebt.

Die übrige Menschheit stellt in diesem Fall etwas anderes dar als in dem Dasein des Memoirenmenschen aus dem Keller. Der war wirklich schlimm dran, hatte die Pestilenz in den Knochen, sah schon so aus, daß die Leute davonliefen. Die Mitmenschen Raskolnikows müßten für normalen Bedarf genügen. Da ist eine rührende Mutter, da ist eine anbetende Schwester, beide jeden Augenblick zu jedem Opfer bereit. Da ist Rasumichin, der unentwegte Tolpatsch von Freund, dem man nur zu winken braucht. Und es gibt andere, es gäbe viele andere. Dieser interessante junge Mann hat in seinem Wesen die geheime Fähigkeit, die Menschen anzuziehen, über Menschen zu herrschen. Ja, es steckt wirklich etwas von einem Napoleon in ihm, und die Attraktion ist raffinierter, nicht auf Massenwirkung berechnet, verfügt über feine und feinste Mittel, deren Besitz unbedingt adelt und andere Menschen, auf die sie angewendet werden, selbst wenn es zweifelhaft bleibt, ob sie sich freundlich oder feindlich stellen, emporhebt. Dieser Mensch ist schön, selbst in Lumpen; schön gebaut, schön von Angesicht, ein kostbares Gefäß, dem selbst der Schmutz edle Färbung gibt. Er kann gar nicht schmutzig sein, da nichts seine Bewegung hindert, da sein fliegender Geist jede Häßlichkeit als mürbe Schale abstößt. Und jeder, der ihn hassen möchte, behält nur eine seiner Häute. Nie gibt er sich hin. Nie hält ihn seine Schönheit zurück. Wo es am tiefsten, am gefährlichsten ist, taucht er kopfüber unter, und gleich strecken sich tausend Arme zu seiner Rettung aus. Wir zittern um ihn, als sei es kein Mörder, sondern unser Bruder. Seine Schönheit bezwingt uns, die Schönheit seines Geistes, dieses im Fluge treffenden Intellekts, der längst am Ende des Gedankens ist, wenn die anderen anfangen; die keiner Dialektik zugängliche, diamantene Härte des Instinkts, der den Intellekt nicht für die Bequemlichkeit des Ichs, immer nur zur Erhöhung der Ansprüche an sich selbst verwendet und den der Ekel vor eigner und fremder Schwäche dem Wahnsinn zutreibt. Dies vor allem: die Unbestechlichkeit gegen sich und gegen jeden, die Weigerung, auch nur eine winzige flaue Nuance durchzulassen, die das Verfahren verbilligt. Beinahe könnte man bei diesem Mörder von der Schönheit seiner Seele reden.

Die Schönheit ist der Henker seines Schicksals. An seiner Schönheit scheitert die Ideologie des Übermenschen, scheitert das ungeheuerliche Experiment des Doktrinärs. Die Kräfte spannten sich zum Maximum, als es galt, sich über die »zitternde Kreatur« zu erheben und nachzuweisen, ob er zu dem »Ungeziefer« oder zu den »Menschen« gehöre. Da kämpft er mit dem Beil, er, der schlanke, zarte Jüngling, der Fieberkranke, den jedes Gespräch ermattet, zu schwach, um Nahrung zu sich zu nehmen. Er steht auf, halb in Trance, macht die Schlinge unter den Mantel, um das schwere Mordinstrument zu verbergen, faßt es mit eisernem Griff, jagt durch die Straßen. Die Beine tragen ihn kaum, aber die Augen sehen zehnfach, denn der Geist, ein toller Reiter, preßt die keuchenden Flanken zusammen. Nur Ruhe! Alles sieht er, was er sehen muß, und bezwingt vor der Wucherin die zitternde Stimme, hebt mit beiden Händen das Beil, tötet das Opfer, raubt, weil er doch deshalb herkam, oder tut wenigstens so, um der Form zu genügen. Schon da rächt sich die Schönheit und degradiert den Raub zum Dilettantismus.

Dann aber, wie auf einmal die arme einfältige Lisaweta neben der Leiche steht, hebt er noch einmal das Beil und mordet das zweite Opfer. An dieses dachte er später gar nicht, weil es gewissermaßen aus Versehen dazugekommen war. Teuflische Einrichtung des Denkapparats.

Dann die tollen Minuten, wie die beiden Kunden der Wucherin kommen, die Tür geschlossen finden, schließlich an dem Türhaken merken, daß einer in der Wohnung sein muß, und den Zusammenhang erraten.

Dieses Rütteln an dem schwachen Haken; die Verfolger vor, das Wild hinter der Tür. Die Nerven des Ästheten zittern. Ein toller Filmtrick, den das Unwahrscheinliche glaubhaft macht, rettet ihn. Er stürzt nach Hause, kann sogar noch das Beil des Hausknechts unbemerkt an seinen Platz zurücklegen. Das geschieht schon mechanisch. Wäre der Hausknecht zufällig dagewesen, hätte er ihm einfach »das Beil in die Hand gegeben«. Dann umfängt ihn der Keller, dem er entspringen wollte.

Für einen Outsider im Beruf, für diesen Sensitiven, der gegen jede Häßlichkeit anrennt, ein harter Anfang. Die Tat wirft den Körper hin und schaukelt den Geist zwischen Wahnsinn und Selbstmord. In diesem Zustand macht er Dummheiten, die bekannten Verbrecherdummheiten, fällt dem unverschämten Polizeileutnant auf und wird Samotow, dem Revierbeamten, und Porphyri Petrowitsch, dem Untersuchungsrichter, verdächtig. Der Verdacht erregt nur seinen Ärger, den Ärger des Künstlers. Angst kennt er nur, wenn er seine Rolle verpatzt; Angst vor der Blamage, wenn man über die Dummheit seiner Tat lächelt und das System seiner Verteidigung albern findet. Furcht hat er nur vor dem Zischen. Ein Snob, ein Künstler und ein Werther. Der Künstler, glänzend organisiert, klug, sehr klug, aber faul und verwahrlost, gibt den Ton. Schade, daß er statt des Beils nicht einen Pinsel oder eine Feder in der Hand hatte. Zu diesen leichteren Werkzeugen langen die Nerven nicht. Man spürt ganze Tonnen schwarzen Kaffees, die der junge Mann lange vor dieser Zeit, womöglich noch im Knabenalter, schwatzend, schwelgend, zusammen mit Tausenden von Zigaretten vertilgte. Man könnte auf nikotingelbe Fingerspitzen schwören. Außerdem, heißt es, kaute er an den Nägeln. Die Nerven! Nicht Reue treibt ihn zur Selbstanklage, sondern Ekel über sich und die anderen und vor allem Nervosität. Wäre Samotow, der ihn im Café auf der Durchsicht der Mordberichte in den Zeitungen erwischt, nicht gerade der ihn verdächtigende und daher »ärgernde« Polizeimensch gewesen, hätte er ihm aus Zerstreutheit das Beil in die Hand gegeben. Übrigens kommt er in jener frühen Szene plaudernd zu einem Geständnis in Konditionalform. Man fachsimpelt über dies und jenes Verbrechen des Reviers. Samotow tut sehr sicher. Man wird den Mörder finden, wie man vor kurzem die Falschmünzerbande erwischt hat, ganz einfach, weil einem der Kerle beim Wechseln die Hände zitterten. Oho! meint Raskolnikow, dieser Falschmünzer war ein Dilettant, und er entwikkelt aus dem Stegreif mit dem Scharfsinn eines Verbrechers hors ligne, wie er sich beim Wechseln benehmen würde. Sobald der Mord aufs Tapet kommt, steigert er die Herausforderung noch und wird durch Samotows Hinweis, der Mörder müsse doch ein schwacher Anfänger gewesen sein, gereizt. Auf die Frage des Polizeimenschen, wie er sich die Handlung des Mörders denke, eine Frage, deren Ton keinen Zweifel über die Bedeutung dieses Interesses läßt, gibt Raskolnikow mit toller Draufgängerei tatsächliche Einzelheiten des Falls. Diese Kühnheit zerstört den Verdacht Samotows, dessen Praxis solchen Bluffs nicht gewachsen ist. Aber Raskolnikow rast auf den Gipfel:

»Wie, wenn ich die Alte und Lisaweta ermordet hätte?« Die Frage hat eine Doppelwirkung. Samotow wird zu neuen Zweifeln verlockt, Raskolnikow aber durch den Laut der Realität zur Besinnung gebracht. Er ergreift seine Überlegenheit, tut so, als lasse er eine Maske fallen, überführt den Gegner der Übereilung und zwingt ihn zur Kapitulation. Samotow gibt sein Mißtrauen auf und entschuldigt sich. Der Untersuchungsrichter hat sich geirrt, die Fährte muß falsch sein.

Raskolnikow hat das erste Treffen gewonnen. Freilich, nur ein

Vorpostengefecht, doch hat es ihm seine Kräfte gezeigt. Ja, wenn er wollte, könnte er den Polizeiseelen Nüsse zum Knacken geben. Es könnte ihn beinahe reizen, und es käme vielleicht doch ein Stückchen Napoleon heraus. Wenn er wollte! Das Wollen wird nicht etwa vom Selbsterhaltungstrieb bestimmt, nicht von der Verteidigung des Verbrechers, sondern von dem Gegenteil, der Lust an der Gefahr; ein Rauschmittel, ein Reiz, ein wiederum höchst ästhetischer Reiz. Dem gibt er sich momentweise mit wahrer Wollust, mit dem Enthusiasmus des Künstlers hin und produziert verschwenderisch. Sobald der Reiz aufhört, klappt er zusammen. Und selbst dieses Stimulans kann sich abnutzen, je nach den Menschen, mit denen sich die Friktion ergibt. Lohnt so ein Samotow? Lohnt es sich überhaupt? Was bleibt übrig? Diese ganze Übung berührt kaum das Innere des Menschen, wo die Qual des Ekels vor sich und der ganzen Menschheit weitergeht und ein ganz anderer Trieb, die Freude an der Selbstzerstörung, überhand nimmt. Unmittelbar nach jener Unterredung im Café trifft er Rasumichin, der alles aufbietet, um den kranken Freund zu retten, und Raskolnikow hat nichts Besseres zu tun, als ihm die Wohltat vor die Füße zu werfen. – »Laßt mich in Ruhe! laßt mich alle in Ruhe!«

Weg mit allem Früheren! Das Frühere ist tot, liegt bei der roten Truhe der Wucherin, kann nicht mehr helfen. Das Frühere führt zu naheliegenden Gewissensbissen, nicht etwa über den Mord, sondern über die Vergeblichkeit allen Mordens, führt immer wieder zum Kellerloch. Auch die Mutter und die Schwester, die gerade ankommen, die er jahrelang nicht gesehen hat, gehören dazu, und im Augenblick, wo sie sich selig auf ihn stürzen, froh, ihren Abgott wiederzuhaben, steigt die Einsicht in die Unfähigkeit, eine Kontinuität der Vergangenheit herzustellen, ins Unerträgliche, fast bis zum Haß, und er stürzt bewußtlos zu Boden.

Die Einsicht erreicht in diesem Augenblick das Maximum der Qualen, weil er gerade eine Stunde vorher den Schimmer einer neuen Lebensmöglichkeit zu erkennen geglaubt hat. Er kommt vom Totenbette Marmeladows, des unter die Räder geratenen Trunkenbolds, und hat zum ersten Male Sonja, das gedemütigte Straßenmädchen, seine zukünftige Partnerin, gesehen. Dieser Hoffnungsschimmer bleibt für den Leser, der nicht aus späteren Stadien des Romans zurückschließen kann, kaum verständlich und muß so genommen werden, wie er vom Dichter gemeint, nicht wie er dargestellt ist: eine optimistische Stimmung des Sanguinikers, die das Hauptmotiv des zweiten Bandes andeutet, aber zunächst nur ein flüchtiger Einfall bleibt.[36] Die überraschende, überschwengliche, fast deklamatorische Äußerung Raskolnikows über seine aufkeimende Hoffnung scheint ein Reflex des »Schillerhaften«,[37] dessen Aufglimmen an dieser Stelle, wo das Mittel des Psychologen versagt und der Rhythmus des Dichters schneller, als das Gewebe der Dichtung erlaubt, vorwärts möchte, symptomatisch ist. Der Rückschluß auf zurückgedrängte Wärme des Empfindsamen liegt auf der Hand.

Bei Sonja gewinnt Raskolnikow den Mut, sich mit Porphyri Petrowitsch, dem Untersuchungsrichter, zu messen. Jedes kleinere Kaliber von Dichter hätte hier den moralisierenden Einfluß Sonjas anzudeuten versucht. Dostojewski sieht ganz davon ab. Nur das Kräftigende der ersten Beziehung wird deutlich. Porphyri Petrowitsch ist ein gefährlicherer Gegner, nicht wegen seiner Spezialisten-Begabung für den Beruf, sondern weil er den Outsider als Outsider behandelt, mit den einzigen Mitteln, die bei einem Raskolnikow verfangen, sozusagen mit ästhetischen Mitteln. Mit Samotow wurde man spielend fertig. Samotow ist die normale Intelligenz in einem plumpen guten Kerl, ein Rasumichin, der sich nicht beherrschen kann, ein Holzklotz. Porphyri Petrowitsch ist Künstler. Er weiß, es kommt nicht auf das an, was man sagt, denn auf jede Frage wird der Gefragte drei Antworten haben. Gewiß kann man allerlei fragen, und es fällt dem klugen Porphyri allerlei ein. Er fragt auch, weil es zum Metier gehört und das Unterlassen ein Kunstfehler wäre, und wählt von allen Fragen die gewählteste, aber erreicht damit nur um so gewähltere Antworten. Er kommt ganz spontan auf den vor langer Zeit geschriebenen Aufsatz Raskolnikows, den er pflichtgemäß lesen mußte. In dem Aufsatz wird die Theorie des Rechts auf Verbrechen festgestellt; natürlich eine ungeheure Belastung. Raskolnikow bekennt sich zu dem Aufsatz mit der diskreten Bescheidenheit des Autors. Schlicht und sachlich korrigiert er die zu weit gehenden Folgerungen des Richters, als denke er nicht im Traum an die Gefahren dieses Dokuments. Er erholt sich geradezu bei diesem Geplänkel, und gegen das Lächeln des Schriftstellers kommt Porphyri Petrowitsch nicht auf. Und auch die zweite, echt berufsmäßige Falle des Detektivs, die Frage, ob Raskolnikow zufällig die Maler in dem Mordhause gesehen habe, wird souverän zerschlagen. Dieser mißglückte Versuch sichert dem Kämpfer einen guten Abgang und brächte jeden Samotow in schlechte Position, nur nicht diesen Porphyri. Dieser verachtet im Grunde alle kleinen Tricks, weiß ganz genau, es kommt, wenn man nicht beweisen, sondern sich selbst überzeugen will, nur auf das Drum und Dran an, auf die Imponderabilien zwischen den Fragen, auf die Blicke, auf den ganzen Apparat außerhalb des Apparats. Darauf richtet Porphyri seine weißbewimperten Augen, und nichts entgeht ihm. Wenn er in seinen Reden vorschnell ist und sich nicht immer beherrscht, weil große Leute sich nicht beherrschen, diesen Apparat meistert er genial, und kein Zucken verrät, ob er etwas gesehen hat oder wie er das Gesehene deutet. Ja, da, wo sich Raskolnikow gehenläßt, sieht er geflissentlich weg, ein nobler Spieler, der nicht den Lapsus des Gegners benutzt. Ein Künstler kämpft mit dem Künstler. Was Raskolnikow nicht erträgt, ist die Ästhetik des Gegners. Porphyri zieht seine Wirkungen aus seiner Natur, aus seinem ausdrücklich weibischen, kugeligen, verfetteten Körper, der sehr komisch war, aus seiner weibischen Zappelei, dieser Karikatur auf das Nervengezappel des Delinquenten. Und langsam, langsam treibt er den Delinquenten dahin, wo er ihn haben will, und wie Raskolnikow, der Sieger mit gutem Abgang, den Schauplatz verläßt, weiß sein Gegner alles: Dieser und kein andrer ist der Mörder, und es kommt nun nur noch darauf an, das kleine Zipfelchen Realität zu erwischen, das den mathematischen Beweis für die anderen ergibt.

Der ästhetischen Quälerei ist Raskolnikow nicht gewachsen, und deshalb verbittet er sich mit plumper Offenheit diese Spielart. Das geschieht zu Beginn der zweiten Unterhaltung. Geradesogut könnte er beim Duell den Gegner ersuchen, die Pistole wegzulegen und ihn allein schießen zu lassen. Natürlich erreicht er nur das Gegenteil. Der runde Mensch mit den weißen Lidern kugelt vor Vergnügen in der Bude herum, wird sogar um ein Geringes zu drastisch und würde einem gefaßteren Gegner jetzt viele Blößen zeigen, denn natürlich will er mit dem Gekugele eine eigene Schwäche, den aufgebauten Apparat hinter der Tür, der noch nicht ganz zu klappen scheint (die Überraschung mit dem Kleinbürger), verbergen.

Raskolnikow ist aber zu seinem Schaden wiederum viel zu hellsichtig und bildet aus der Schwäche des Gegners eine Stärke, errät sofort den Apparat hinter der Tür mit dem unbekannten Zeugen, der ihn gestern beim Vorübergehen leise Mörder genannt hat; und anstatt sich gegen die Überraschung zu sichern, übertreibt seine Phantasie den gedachten Eindruck und hemmt den Willen mit der Einsicht in die Unfähigkeit seiner Nerven, den Anblick des furchtbaren Kleinbürgers ertragen zu können. Die Wirklichkeit würde ihn viel weniger schrecken. Alles das, was einen halbwegs talentierten Bösewicht vollkommen gleichgültig lassen würde, gefährdet ihn aufs höchste. Er kompromittiert sich ständig und glaubt sich noch hundertmal mehr zu kompromittieren, wird wild, beginnt zu toben. Entweder richtiges Verhör in gesetzlichen Formen, Tatsachen, Verhaftung oder Schluß! – Porphyri hält sich den Bauch vor Lachen. Gesetzliche Formen! So ein Akademiker! Warum denn verhaften? Der Schmetterling kann ja gar nicht entfliehen, will auch nicht fliehen, ist gar nicht imstande, »psychologisch zu entfliehen«. Er wird zappeln und zappeln, immer enger kreisen und »pardauz dem anderen direkt ins Maul fliegen«. – »Und ich werde ihn verschlucken«, lacht Porphyri, »und das ist sehr angenehm. Glauben Sie nicht?«

Raskolnikow taumelt. Dieser kugelige Mensch liest ihm sein ganzes Verteidigungssystem von der Stirn ab, alles was er denkt, jede seiner intimsten Regungen, zeigt ihm sein Hirn so deutlich wie die schwarzen und weißen Tasten eines Klaviers, und immer noch übertragen, immer noch auf einer Art Bühne, so daß man zur Not selbst jetzt noch an ein Theater glauben könnte. Ja, es liegt dem Menschen geradezu daran, noch weiter zu spielen, obwohl es längst nicht mehr nötig ist. Der Delinquent steht wie ein viel zu junger Stier in der Arena und beugt den Nacken. Stoß zu!

Da kommt noch einmal ein Aufschub. Ein Theatercoup. Statt der Überraschung mit dem Kleinbürger, die sich Porphyri Petrowitsch als letzten Trumpf aufgespart und fast vergessen hatte, stürzt plötzlich der vollkommen unschuldige Untersuchungsgefangene Nikolai herein und bekennt sich zum Morde. Er habe die beiden Frauen mit dem Beil erschlagen. Nun hat Porphyri seine Überraschung. Sie dauert nur eine Sekunde. Der erfahrene Kriminalist durchschaut sofort den zumal in Rußland häufigen Fall hysterischer Autosuggestion und ärgert sich nur über die Störung. Raskolnikow wird entlassen. »Auf Wiedersehen! Auf angenehmes Wiedersehen!«

Die Szene ist reichlich gefüllt, und die von Ökonomie kaum gezügelte Wildheit kommt der Grenze des Erträglichen, wenn nicht der Wahrscheinlichkeit nahe. Dostejewski hat bei der Schilderung des siegreichen Untersuchungsrichters zuletzt einen Monomanen vor Augen gehabt und konnte sich einer bei den freieren Formen Rußlands möglichen Lizenz bedienen. Porphyri Petrowitsch soll offenbar als angesteckt von der Raskolnikowschen Psychologie erscheinen; ein an sich durchaus mögliches und in diesem Fall legitimes Motiv, nur mußte es nach unserem Gefühl mehr im Hintergrund bleiben, durfte nicht die wesentliche Handlung schwächen. Unter den Argumenten, die zu der Vorstellung von dem »grausamen Talent« Dostojewskis geführt haben, dürfte diese Szene in erster Reihe zählen. Wer angesichts dieses Fegefeuers, dem der Verbrecher ausgesetzt wird und das doch nur einen winzigen Teil der »Sühne« darstellt, die Gültigkeit des Titels des Romans bezweifelt,[38] ist grausamer als Dostojewski.

Die dritte und entscheidende Unterredung mit dem Untersuchungsrichter findet im Zimmer Raskolnikows statt, nachdem er Sonja gebeichtet hat, ohne das von ihr angebotene Kreuz anzunehmen. Er will, behauptet er, noch kämpfen, weil er das Recht der anderen zur Strafe nicht anerkennt. Seine Sache steht in rein formalem Sinne nicht verzweifelt, da sich die Angst vor dem Kleinbürger als hinfällig erwiesen hat und die Schergen ein anderes Opfer in den Klauen haben. Sie können ihm nichts nachweisen, und er wird sich auf keine Quälerei mehr einlassen. So denkt er. Aber es kommt ganz anders. Porphyri ändert plötzlich die Technik. Er kugelt nicht mehr herum, sitzt ruhig da, spricht gelassen und vernünftig. Er ist gekommen, um seinem Gegner eine Erklärung zu geben, ja, um ihn um Verzeihung zu bitten. Es ist ihm klargeworden, wie weit er die Befugnisse des Verhörs überschritten hat. Er habe sich von krankhafter Passion verführen lassen, wohl wissend, wie seine Art den Neurotiker peinigen mußte, habe das Unmögliche aufgeboten, um die Pein zu vergrößern. Es wäre ihm lieb, wenn Raskolnikow ihn nicht für einen Unmenschen hielte und an seine Reue zu glauben vermöchte. Um dies zu erreichen, will er in aller Offenheit und ohne Witze darlegen, wie er zu dem Verdacht gekommen ist, wie er dazu kommen mußte.

Raskolnikow schwankt. Ist das Wahrheit? Verstellt er sich? Sollte sich der Mensch wirklich verwandelt haben? – »Der Gedanke, Porphyri Petrowitsch halte ihn für unschuldig, beginnt ihn zu peinigen.« –

Der Richter spricht lange. Vieles früher Gesagte wird wiederholt, aber nicht um zu quälen, sondern um die Karten sauber und ordentlich auf den Tisch zu legen, wie es sich gehört. Es klingt anders, es klingt sehr verlockend; es ist wirklich sachlich, und man kann sich schwer entziehen. Auch der Aufsatz kommt an die Reihe. Keiner hat den Aufsatz so gut verstanden. Nicht nur das Sachliche des Inhalts; darüber kann man verschiedener Ansicht sein; das kann man für phantastisch und unsinnig halten; aber das Ästhetische sozusagen, die Kühnheit des jungen Menschen, so etwas zu schreiben, »die Kühnheit der Verzweiflung«, die Unbestechlichkeit der Hingabe, die nicht fragt, wohin sie geht.

Ein hoher Amateur spricht so zu einem Künstler im Atelier. Porphyri Petrowitsch entwickelt sich in dieser dritten Unterredung. Er gesteht zwischen den Worten seine Achtung vor dem Menschen, gesteht, sich bei ihm »einschmeicheln« zu wollen. Und dieses sehr diskrete Geständnis ist nicht der naheliegende Trick des Bauernfängers, sondern natürliche Regung. Er vermag seine Aufrichtigkeit zu beweisen. Oh, keine Romantik, nichts »Schillerhaftes«. Dazu hat ein Mensch in seiner Lage, mit diesem Beruf, mit diesem kugeligen Bauch kein Recht, sondern Liebhaberei, Verständnis für die Materie. Hätte er diese Liebhaberei nicht, würde er sich dann wohl in so verworrenen Gängen zurechtfinden? – Porphyri packt das letzte aus, verrät sogar, wie man sich des tolpatschigen Rasumichin für die Zwecke der Untersuchung bediente, wie dieser Busenfreund alle Reaktionen des Verdächtigen, die man nicht selbst wahrnahm, gleich einem sicheren Maximum- oder Minimum-Thermometer registrierte. Nun ist alles klar, und es gibt keinen Zweifel mehr. Und Porphyri bittet freundlich: Gestehen Sie!

Raskolnikow fährt auf. Der Delinquent hat den Ausgang nicht erwartet, obwohl sein Scharfsinn dieses und kein anderes Resultat aus der lückenlosen Darlegung folgern mußte. Der Ästhet hat den Verbrecher genarrt. Der geheime Genuß an dem Ton des Redners überflügelte die Angst des Überführten. Nun rüttelt er an der Kette, will lostoben, aber der Richter winkt ab. Wozu? Wir sind doch vernünftige, anständige Menschen. Gewiß, wenn es ihm noch nicht paßt, Schluß zu machen, wartet man gern noch ein paar Tage. Er wird nicht über Gebühr genötigt, kann es sich in Ruhe überlegen, aber Porphyri kann ihm nur raten, die ungemein günstige Situation für ein freiwilliges Geständnis (weil sich ein anderer beschuldigt hat und keine offizielle Anklage gegen den wirklich Schuldigen besteht), wahrzunehmen und es nicht zu der peinlichen Verhaftung kommen zu lassen. Porphyri Petrowitsch kann mit gutem Gewissen die denkbar milderndsten Umstände verantworten und wird alles, selbstverständlich auch seine eigne persönliche Rolle in der Geschichte, »die ganze Psychologie«, unterdrücken, damit die Wirkung des freiwilligen Geständnisses nicht entkräftet wird. – Der Ton dieses Versprechens schließt jeden Zweifel aus.

Porphyri wächst. Er besitzt das rein menschliche Mittel, mit dem man dem Kandidaten nahekommen kann, und es stellt sich heraus, das Mittel ist, wenigstens im vorliegenden Fall, Zweck der Übung. Ein sehr kluger Mensch, dieser Untersuchungsrichter. Er kennt nicht nur den Mörder, der für ihn erledigt ist, sondern auch ein Stück des noch lange nicht erledigten Menschen. Porphyri stellt in nüchternen Worten das ganze Problem des Romans hin, und es gewinnt an Einfachheit. Eine unsinnige Idee hat den jungen Studenten in die faule Lage getrieben. Mit seiner Klugheit und seinem Talent wird er auf eine bessere Idee fallen, und die wird ihn aus der faulen Lage herausbringen. Über die bessere Idee hat sich ein Untersuchungsrichter nicht zu äußern, zumal so ein Skeptiker mit verfettetem Kugelbauch, der eigentlich ein erledigter Mensch ist. Immerhin steht soviel fest: Die sogenannten Strafen der Gesellschaft sind immer nur halb so schlimm und nicht zu vergleichen mit den hübschen Instrumenten, die man sich selbst herrichtet. Man soll die Vorteile der offiziellen Leiden nicht unterschätzen. Dieser Simulant Nikolai ist ein Feinschmecker. Der beste Freund könnte Raskolnikow kein probateres Mittel als Sibirien empfehlen, damit er endlich einmal »Luft« kriegt. Natürlich ein peinlicher Augenblick, wenn man aus der Zurückgezogenheit heraustreten muß, aber schließlich ist er doch mit seinem etwas außergewöhnlichen Verfahren mit der Wucherin auch aus seinem Keller herausgetreten. Wer A sagt, muß B sagen. Nur damit man Luft bekommt, Luft, Luft, Luft! Was kostet es denn schließlich? Doch nicht etwa den lächerlichen Komfort des Kellers, doch nicht etwa die »Schande«. Das sind doch alles nur Dinge in Gänsefüßchen, das wissen wir doch, wir Kellerkenner. Die Hauptsache: Weg mit dem Keller! Man erträgt alles, wenn man etwas hat, wohin man gehen kann, etwas Vernünftiges. Vielleicht steckt es in Sibirien. Übrigens soll man den Wert der christlichen Glaubenslehre nicht unterschätzen.

Es fehlt nicht viel, und Porphyri beneidet den Reisenden. Und es ist nicht einmal sicher, ob er ihn nicht wirklich auf dem Grund seines kugeligen Busens beneidet hat.

Soweit die Detektivgeschichte. Die Neuheit dieser dichterischen Fassung blitzt wie das Messing an einer modernen Maschine. Von dem Sherlock-Holmes-Film bleibt nur gerade genug, um die Spannung zu behalten. Längst ist der Kriminalfall zur reinen Dichtung geworden, und man erkennt den ungeheuren Vorteil eines von allem Artistentum befreiten Künstlertums, das die populäre Schaubühne mit derselben Bereitwilligkeit hinnimmt, mit der Dostojewski zum Journalismus griff. Nichts ist weniger populär als die Vorgänge auf der Schaubühne. Dostojewski vermeidet jede Spur von Romantik, die zu dem Verbrechernimbus und der Sensation großstädtischer Dramen führen könnte. Die Sensation ist auch nur eine Sache in Gänsefüßchen. Erst hinter ihr liegt das Drama, und hinter dem Drama die Moral. Diese ist unverkennbar. In den drei Szenen mit dem Untersuchungsrichter schneidet der Mensch Raskolnikow so schlecht wie möglich ab. Keine heroische Gebärde, die eine oberflächliche Sympathie vergrößern könnte, schmückt ihn. Er ist das, was er nach dem Gebot der Dichtung sein muß: »zitternde Kreatur«. Nur wer den Menschen mit den Augen des Untersuchungsrichters durchschaut, wird ihn nicht verächtlich finden. Dostojewski geht so weit, ihn sogar mit der Duldung der für ihn vorteilhaften Hysterie des unschuldigen Nikolai zu belasten, und verliert darüber kein Wort, weder der Entschuldigung noch der Anklage, weil jedes Eingehen auf dieses Motiv die Diskussion erniedrigen würde. Denn es kommt in Wirklichkeit nicht darauf an. Raskolnikow realisiert den Ausweg gar nicht. Er würde sich selbstverständlich nie mit der Vertretung durch einen anderen abfinden und sieht darin höchstens eine neue Zumutung des Gegners. Der Gedanke, man könnte ihn für unschuldig halten, führt nur zu neuen Qualen.

Inzwischen löst er sich immer mehr von seiner Vergangenheit und nimmt Abschied von denen, die früher die Seinen waren. Diese schwermütigen Szenen ohne Worte, von der Schwermut der Wolgalieder, deren Text uns entgeht, beginnen schon zu einer Zeit, als der Kampf mit dem Untersuchungsrichter noch kaum ausgebrochen war, und erweisen die Belanglosigkeit des Duells für die Entscheidung des Täters. Der Mutter und Schwester spricht er in dem Augenblick von Trennung, wo Rasumichin vor den beiden Frauen den Plan eines neuen Lebens entwickelt. – »Sagt euch von mir los, wenn ihr mich liebt, sonst muß ich euch hassen.« – Dunja, die tapfere, willensstarke Schwester, nimmt die dunklen Worte für Gefühllosigkeit und empört sich gegen den Egoismus des Bruders, und Rasumichin läßt sich von seiner Liebe zu Dunja nicht abhalten, ihr Unverständnis zu rügen. Wenn sie seine »Geistesstörung« nicht sehe, sei sie selbst gefühllos. Er eilt Raskolnikow auf dem dunklen Korridor nach. Einen Augenblick stehen sie sich Auge in Auge gegenüber, nur die Blicke sprechen. – »Da zuckte Rasumichin zusammen. Ein furchtbares Etwas trat zwischen sie, ein Gedanke, spürbar wie ein Hauch, ein schauerlicher, gräßlicher Gedanke, von beiden gedacht, von beiden verstanden. Rasumichin wurde totenbleich.«

– »Verstehst du jetzt?« fragt Raskolnikow, heißt den Freund zu den anderen zurückgehen und verläßt das Haus.

Man kann auch in solchen Szenen noch Beziehungen zu dem Schillerhaften finden, Reflexe der Mimik früherer Zeiten, als das Gefühl keine Handlung trieb. Man hat auch ganz andere Dinge in dieser Szene finden wollen.[39] Eben das Verhältnis zwischen Gefühl und Handlung hat sich gründlich geändert. Die Realität des Ganzen ist so stark, daß ein Nichts solche Dunkelheiten zu tragen vermag. Das Gefühl umwallt die Tragödie, ohne der Worte zu bedürfen, schweigend und stolz, gleich dem wehenden schwarzen Mantel um die Schulter des Helden auf einsamem First, und es ist viel mehr unser Gefühl, das hier durchbricht, als das seine. Warum sollte man es nicht sentimental nennen? Ja, unbedingt sentimental und meinetwegen schillerhaft, und man mag neue Worte zur Geißelung des Gefühls erfinden und taucht trotzdem in bebende Rührung unter, wie unser Mitgefühl mit Werther, dem anderen Untäter, bedenkenlos untertaucht.

Raskolnikow aber widersteht gelassen und erlaubt sich keinerlei Schwächen in diesem Augenblick. Wie Rasumichin, verbittert über die Undurchsichtigkeit des immer weiter zurückweichenden Freundes, schlaff zu werden droht, stärkt ihn Raskolnikow mit neuen Pflichten, und mit der Umsicht des Menschen, der sein Haus bestellt, vertraut er ihm die Schwester an. Ruhig, so ruhig er zu sein vermag, immer wieder beherrscht, auch wenn die Nerven zittern, bereitet er die Seinen auf den Schlag vor, und mit dem Anstand gutgeborener Menschen, mit einer Zartheit, die den zur Schau getragenen Egoismus vollends ausstreicht, vermeidet er alle Zärtlichkeit, die später von den Seinen als gestohlene Liebkosung gedeutet werden könnte. Es gibt viele Punkte, wo sich Ästhetentum und Sittlichkeit berühren.

Raskolnikow aber geht zu Sonja. Sie ist draußen, er wird draußen sein. Es liegt nahe, zu ihr zu gehen. Aber ist sie auch weit genug draußen? Das muß erst einmal festgestellt werden. Er untersucht ihre Lage kühl und praktisch. Wir sind beide draußen und haben etwas anderes zu tun, als uns Redensarten zu sagen. Hier wäre alles Schillerhafte albern.

Bei der Untersuchung braucht Sonja nicht viel zu reden. Er hat Routine in solchen Dingen, kennt überdies die Vorgeschichte aus der Erzählung des Vaters in der Kneipe. Den Rest sieht man, und die Zukunft ergibt sich von selbst. Erst geprügelt von der Stiefmutter. – Nein, nein, macht sie, nicht geschlagen! – Schon gut! Dann auf die Straße, um Papas Gläschen zu füllen. Die

Arbeit auf der Straße. Wenn die Stiefmutter einmal nicht mehr da ist, fällt die ganze Arbeit für die Kleinen auf ihre Schultern. Sehr zarte Schultern, die Finger schon richtige Totenfinger. – So seien die Finger immer gewesen, meint Sonja, und die Leute hier, die stotternde Familie Kapernaumow, sind sehr gut. – Die Stiefmutter aber hat bekanntlich Schwindsucht, spuckt bekanntlich Blut. Katerina Iwanowna wird demnächst sterben. Dann kommt es schwerer. Das älteste von den Kleinen, die hübsche Poletschka, geht natürlich baldmöglichst auch auf die Straße. – Halt! ruft Sonja, das nicht! – Sie wehrt sich. Das sei ganz unmöglich, denn: »Gott wird so etwas Schreckliches nicht zulassen!« –

Gott? So so!

Er quält sie. Das muß so sein, und sie ist ja an manches gewöhnt und freut sich trotzdem über seinen Besuch. Aber warum quält er sie auch mit Gott? Er muß krank sein, womöglich im Kopfe krank, daher auch die wahnsinnigen Augen. Nein, das wird Gott nicht zulassen. –

Auf alles, was er vorbringt, kommt sie mit Gott. Er lacht, und dieses Lachen entsetzt sie. Das Maß ihres Leidens, er fühlt es, ist voll. Da beugt er sich nieder und küßt ihren Fuß. Nun hält sie ihn wirklich für irrsinnig. Er aber hat ihr nur seine Ehrfurcht bezeugen wollen, denn sie leidet mehr als er und beschwert sich nicht einmal, kommt womöglich noch mit Gott. Was hat sie eigentlich davon? Das steht als Rätsel vor ihm. Er hat dies und jenes getan, aber weiß, warum, bildet sich's wenigstens ein. Sie aber trägt die Schweinerei für nichts, rettet niemanden damit, erreicht nichts, kann das Unheil über der Familie unmöglich zurückhalten, opfert sich also umsonst. Warum denn nicht lieber kopfüber ins Wasser?

Oh, diese Gedanken sind ihr nicht neu. Diesen Ausweg hat sie schon oft überlegt, aber ihn immer Gottes wegen zurückgewiesen. – Raskolnikow graut es. Spürt sie denn nicht den maßlosen Schmutz ihrer Straße? Nein, sie scheint ihn nicht zu spüren. Ist sie etwa wahnsinnig?

Auf seine Frage, ob sie oft zu Gott bete, leuchten ihre Augen. Er untersucht weiter und beginnt sie für geisteskrank zu halten: religiöser Wahnsinn. Da liegt auch die Bibel, das Neue Testament, alles klar. Die Bibel hat ihr Lisaweta geschenkt, mit der sie wie alle Armen der Gegend zu tun hatte, diese Lisaweta, die zufällig dazukam, als er bei der Wucherin war, und die er dann auch erschlug. Lisaweta – Sonja. Nächstens wird er auch verrückt, und dann spazieren sie zusammen ins Irrenhaus.

Er läßt sich das Wunder von der Auferweckung des Lazarus vorlesen, und das Motorische der Geschichte, die Veränderung eines Menschen, der tot war und wieder lebendig wurde, arbeitet in ihm. Für den Ästheten, der weiß, was ein Symbol ist, wäre so eine Erweckung auch heute noch möglich. Natürlich hat es nicht das geringste mit Gott zu tun, nur mit dem Motorischen.

Nun teilt er ihr mit, er trenne sich von den Seinen, von allen, und wolle zu ihr. Sie habe ein Leben zugrunde gerichtet, wenn auch nur ihr eignes, einerlei, immerhin ein Leben, und sie könne nicht weiter allein. Und er habe auch so etwas getan, wie sie später erfahren werde, und könne auch nicht allein. Allein käme jeder ins Irrenhaus. Zusammen könnten sie sich retten. Also weggehen, irgendwohin, wo man neues Leben beginnen, neue Kraft gewinnen könne und Macht über sich und die anderen, Macht über die zitternde Kreatur.

Sie weiß nicht, was er will, versteht nur, daß er in einer Verzükkung ist und daß ihn der Wahnsinn bedroht und daß ihr seine Worte durch Mark und Bein gehen. Was wird er ihr später sagen? – Gott wird sie nicht verlassen.

Er verweist ihr die Phantasie. Wehren muß man sich, dies ist Pflicht. Die Einbildung, Gott rette vor Krankheit und Irrenhaus, mache eine Schwindsüchtige, die Blut speit und ihre Tuberkeln nicht pflegen kann, gesund oder nähre hungrige Kinder, ist Faulheit. Kämpfen muß man. Sie werden gemeinsam kämpfen.

Man spürt in diesem ersten großen Gespräch, zumal zu Anfang, die Erinnerung an die Bordellszene in den Memoiren aus dem Kellerloch, wo der Kellermensch der verstörten Dirne die Zukunft voraussagt, um seine Qualen an ihr auszulassen. Auch Raskolnikow quält, zerfressen von Qual, und hat Mühe, den gehässigen Ton des Vorgängers zu überwinden. Das plötzliche Niederknien, um sich vor ihrem Leid zu verneigen, wirkt gewaltsam, obwohl er vorher schon seiner Schwester, indem er sie neben Sonja Platz nehmen ließ, »eine Ehre erwiesen hat«. Das Niederknien ist weniger ein Akt der Demut als eine Art Zeremonie des Verfemten.

Gerade diese mit dem früheren Werk zusammenhängende Szene erweist die Entwicklung. Dostojewski erhöht nicht die in den »Memoiren« angeschlagene Tonart. Jene maskenhafte Dialektik ließe sich nicht überbieten. Der Gedankengang des Mörders, die einfältige Gläubigkeit des Mädchens, alles das ist im Grunde einfach bis zum Primitiven, während die Psychologie der »Memoiren« einem raffinierten Artistentum nahekommt. Die Erhöhung liegt im geänderten Kontrapunkt, im Bau, vor allem in der bildlichen Realität. Dialektik würde den wuchtigen Gang der Handlung hemmen. Das Leben steht vor uns, von einem Rhythmus erzeugt, der keiner spitzfindigen Details bedarf. Das Bild, vorher ein transportables Staffeleigemälde, hat sich in Fresko verwandelt. An keiner Stelle des Werkes liegt die Form des Dramas so offen zutage. Roman und Epos verschwinden. Der Dialog, immer bei Dostojewski, auch wenn er sich scheinbarer Monologe bedient, die geborene Form seiner Aussprache, spricht diesmal doppelt und mit viel weniger Worten als sonst. Die Worte sind gemeißelt,[40] und der Dialog füllt sich mit Symbolen.

Man genießt diese Szene nicht nur als zutreffendes Gefäß des gewaltigen Inhalts, sondern als Form an sich, empfängt sie nicht mit den gleichen gemarterten Organen, die sich von den viel erregenderen Szenen mit dem Untersuchungsrichter spannen ließen. Man steht mit abergläubischer Ehrfurcht vor dem Symbol. Das Symbol beschwichtigt und beschwingt uns, macht uns geeignet, den Berg von Psychologie zu erstürmen und von dem

Gipfel in das neue Gelände Dostojewskis hinüberzuschauen. Die Bibelstelle, seitdem probates Mittel vieler Epigonen, ist verdoppelte Legende. Gerade weil der Takt Dostojewskis Raskolnikow nur ein gymnastisches Stimulans daraus gewinnen läßt – unerträglich, wenn es anders wäre! –, gewinnen wir mehr und ahnen schon jetzt, was alles zu gewinnen ist, werden getragen und tragen mit.

In der zweiten Szene, in der Sonja den Mord erfährt, wächst natürlich die Dramatik der Handlung, nicht so sehr die dramatische Form. Diese wird eher gedämpft. Wieder ein Geschenk künstlerischen Taktes. Im Augenblick, wo das Drama von selbst läuft und dem Dichter die Bühneneffekte schockweise zufliegen, vertieft er die Formen des Romans. Eine großartige Erfindung versetzt Raskolnikow im Moment des Geständnisses in den Zustand des Mörders zurück. Wie er zu dem Wort anhebt, glaubt er wie damals das Beil aus der Schlinge zu heben, und im Gesicht Sonjas, die das Wort nahen sieht, erkennt er den Ausdruck der einfältigen Lisaweta, die sprachlos unter das Beil sank.

Aber Sonja ist keine Lisaweta. Sofort nach dem ersten Entsetzen greift sie den Gedanken auf, der ihn zu ihr führte, und erhöht ihn so sehr, daß er wie ihre spontane Schöpfung erscheint: Zusammen! – Wohin er auch geht, sie folgt ihm. Nach Sibirien, überallhin! Zusammen! Zusammen!

Sofort liebt sie ihn. Dies ist neu. Nach dem Aufwand der Dichter aller Länder seit Jahrtausenden schien keine unverbrauchte Variante mehr möglich. Sie liebt ihn nicht etwa, weil er zu ihr niedersteigt. Dieser ganze soziale Wust existiert für sie nicht. Für keinen anderen, für keinen einzigen ist die Tat des Mörders von so furchtbarer Unbegreiflichkeit wie für sie, die inbrünstig Gläubige. Alle anderen, auch Mutter und Schwester, finden sich irgendwie ab, auch Freund und Gericht. Die Sympathie mit dem Mörder überwindet die Schrecken des Verbrechens. Sonja findet sich nicht ab. Sie empfängt den Mord wie den Beilschlag, aber da sie leben bleibt, wird sie von jetzt an für keinen anderen als für ihn leben, ihn, den unglücklichsten von allen Lebenden. Sonja, die schwache Sonja mit den Totenfingern und dem schmächtigen Körper, geprügelt von der Mutter, betrogen vom Vater, getreten von der Straße, lebt stärker als irgendeiner, ist gesünder und klüger und handelt für alle. Als Christin? Gewiß ist sie das, aber ihrem Christentum geht es wie dem Symbol des Dramas. Es entzieht sich der ganzen elenden, bürgerlichen Dialektik. Glaub nicht, wenn du kannst! Hier gibt es gar nichts zu glauben, nur Augen sind nötig. Leben muß man, die Vernunft zum Leben haben. Nimm die Vernunft, wo du sie findest. Aber wenn du keine Vernunft hast, ja, was dann?

Hier wirkt keinerlei religiöse Verzücktheit mit, und nichts liegt Sonja ferner, als etwa den Unglücklichen zu bekehren. Christus ist viel zu stark in ihr, als daß sie ihn mitteilen könnte. Bekehrung entheiligt den Gott, und man kann doch nicht für einen anderen atmen, selbst wenn man es möchte. Aber wie kam er nur zu dem Mord? Ist so etwas möglich?

Sie muß es wissen, um helfen zu können. Natürlich gibt es in ihrem Verstand nur eine Möglichkeit: Er mordete, um Geld zu bekommen, weil seine Mutter hungerte oder seine Schwester oder er selbst.

Nein, deshalb hatte er es nicht getan, sagt er »ein wenig ärgerlich«. Nicht aus Hunger, und Geld hat er nicht genommen, weiß nicht einmal, ob sich unter den vergrabenen Dingen Geld befindet. Er hat alles weggetan und ist nicht wieder hingegangen. Vielleicht später mal, lacht er.

Er kann ihr's nicht erklären, denn sie würde es doch nicht verstehen. Deshalb war es unsinnig, mit Erklärungen erst anzufangen. – Nein, sagt sie, gar nicht unsinnig! Wenn er nur schon vorher gekommen wäre! – Fühlt man die Stärke? Schon vorher, meint sie, hätte das schwache Geschöpf ihn leiten können. Und er soll nur reden, sie wird es schon verstehen, so in ihrer Art, wenn er es richtig sagt. Er legt los mit Napoleon, Toulon und Montblanc, aber sie möchte es lieber, bittet sie schüchtern, »ohne Beispiele« erfahren.

Ohne Beispiele! Er weiß schon, was das heißt, es ohne Beispiele sagen. Ahnt sie in ihrer schüchternen Einfalt, was sie ihm, dem wankenden Ästheten, mit den Beispielen entzieht? – Mit den zwei winzigen Worten ist alles, was der Frau Überlegenheit über den Mann geben kann, ausgesprochen.

Sonja aber fühlt: Das ist Krankheit. Wer wegen solcher Geschichten mit dem Montblanc, mögen sie sein, wie sie wollen, mordet, muß von Sinnen sein.

Sein Ärger wächst. Er habe gar nicht gemordet, nur eine Laus totgeschlagen. – Wieder kommt er nicht auf die unschuldige Lisaweta. Auch Sonja kommt nicht darauf. Sie willigt ein, alles Persönliche abzuziehen, aber zieht noch mehr ab. Ist denn ein Mensch eine Laus?

Langsam sinkt der Turm. Erst hier ein Knick, dann da. Unaufhörlich sinkt er. Ein Stück nach dem anderen stürzt. Was alle Weisen der Welt nicht gegen seine Theorie vermocht hätten, vollbringt das schmächtige Mädchen. Er sucht zu retten, was zu retten ist, will das Geröll aufhalten, die verlorenen Enden der Begeisterung wiederfinden. Napoleon liegt im Schutt. Er ist kein Napoleon. Schon wenn man sich fragt, ob man einer ist, ob ein Napoleon unter das Bett zu der roten Truhe kriechen würde, ist man keiner, ist höchstens ein Ästhet, eine Laus, eine auf Schönheit erpichte, vor Schönheit platzende Laus. Aber lohnt es sich ebendeshalb nicht, eine dumme Wucherin abzutun, wenn man nun einmal nicht gern Laus bleiben möchte?

Sie sieht ihn vom Teufel behext, und zwar nicht behext nach dem alltäglichen Sprachgebrauch, sondern wie es auf alten Bildern dargestellt ist. Und obwohl sie den Teufel leibhaftig vor sich sieht, faßt sie mit übermenschlicher Kraft seine Hände: Zusammen! Zusammen! – Sonderbar, welche Kraft in den dünnen Fingern steckt! Auch er spricht kleinlaut vom Teufel, sei es auch nur, um einen letzten Ausweg zu finden und Satan den Mord aufzuhängen. Damit stürzt das letzte Stückchen ein. Die Gegend ist leer.

Was nun? fragt er stöhnend.

Sie springt auf. Was nun?

Da geschieht etwas Unerhörtes. Eine überirdische Kraft gibt ihr das Wort ein, das ein anderer zu dem verwesten Leichnam sagte: »Steh auf!« Und er erhebt sich richtig, gepeitscht von dem Wort, und fragt kleinlaut, was er weiter tun soll. Und da sprechen ihre dünnen Lippen das große Geheiß:

»Gehe sofort, stelle dich auf einen Kreuzweg, beuge dich, küsse vorerst die von dir besudelte Erde. Alsdann beuge dich vor allen Menschen in alle vier Richtungen des Himmels und sage laut: Ich habe getötet. – Gott wird dir neues Leben schenken.«

Sie will ihm zum Zeichen des Gelöbnisses ihr kleines Kreuz aus Holz umhängen, aber noch nimmt er es nicht, sondern denkt wieder an seine Geschichten. Es sind die letzten Zuckungen. Noch warten! stammelt er und bringt es zu einem Lächeln wie vorhin. Vielleicht später mal!

Und sie, ganz wie Porphyri Petrowitsch: Ja, ruhig noch warten! Sogar »begeistert« ist sie über seinen Entschluß, noch zu warten, weil es doch langsam kommen muß und weil er vorher, wie ihre Vernunft erkennt, wie Porphyri Petrowitsch und sogar Swidrigailow, der Lüstling, erkennen, Luft haben muß, Luft.

Am nächsten Tag kommt er zurück und erklärt, ins Revier gehen zu wollen, um sich zu stellen, aber nur »weil es vielleicht vorteilhafter ist«, und wie sie ihm das Kreuz umhängt und bittet, er möge doch wenigstens einmal beten, willigt er höflich ein. »Sogar mit aufrichtigem Herzen«, fügt er hinzu, gleich einem eleganten Herrn im Salon, den man zu einem Gesellschaftsspiel bittet.

Auch auf den Heumarkt bummelt er halb im Scherz und mischt sich unter die Menge. Es ist ihm wüst im Kopf, und er hat allen Grund dazu, denn wir sind hier schon ganz in der Nähe des Polizeibureaus. Mitten auf dem Platz fallen ihm die testamentarischen Worte ein. Er kniet nieder und tut nach dem Geheiß zum Ergötzen der Menge. Auch das beweist nichts; eine ästhetische Reaktion. Noch einmal narrt ihn das Schöne, aber die Erleichterung tut den Nerven gut.

Auch die Selbstanzeige auf dem Polizeirevier, wo man ihn mit Sachlichkeit empfängt, beweist nicht viel. Er macht seine Erklärung nicht vor Porphyri Petrowitsch, sondern vor dem unverschämten Polizeileutnant von damals, mit dem er einmal, als noch nichts gegen ihn vorlag, eine Szene gehabt hat. Es gibt Leute, die sich lieber auf dem Holzschemel eines Barbiers den Zahn ziehen lassen als in dem gepolsterten Operationsstuhl des Dentisten.

Hier schließt der Roman. Er muß, da die Romanform Dostojewskis Gleichheit des Orts und der Zeit verlangt, in Petersburg zu Ende gehen. Da alle Einzelheiten des Kriminalfalls vorweggenommen sind und keine Gerichtsverhandlung dem Interesse der hinter uns liegenden Plädoyers gleichkäme, fällt der Vorhang im richtigen Augenblick. Doch hat sich Dostojewski, wie nach den meisten größeren Romanen, zu einem Epilog verstanden und hat dem Deportierten einen Blick nachgeschickt. Auch in Sibirien hat Raskolnikow nicht formell bereut, und daraus haben die Ideologen alle möglichen Schlüsse auf die Denkungsart Dostojewskis, seine Philosophie, seine Religion gezogen, anstatt sich an die Inkarnation des Dichters zu halten und allenfalls an die Katorga, deren Insassen, wie wir von dem berufensten Historiker der Katorga wissen, alle der Reue widerstehen, ohne deshalb bekanntlich gottlos zu sein. Die Erwartung, die hier enttäuscht wird, löst weder das Problem noch die Sprache des Werkes und gehört wiederum zu den wohlfeilen Trieben. Raskolnikow war sogar gottlos vor und wohl noch in der Katorga, so gottlos wie in dem Augenblick seiner Selbstanzeige, denn wenn man die vielartigen Regungen, die ihn zu diesem Schritt bestimmten, unter einen Generalnenner bringen will, wird man vorsichtigerweise diesen nur mit Bedürfnis nach Luft bezeichnen können, und ob das zu einwandfreiem Christentum geführt hat, steht dahin. Immerhin kann es als um vieles wahrscheinlicher gelten als das Verharren bei dem Spiel mit Napoleon, Montblanc und Toulon. Die Beispiele sind endgültig abgelehnt. Schwerlich kann sich die Hypothese der Bekehrung auf die Macht des Christentums berufen. In dem Grübler wirken zu viele Widerstände gegen jede kollektive Glaubenssache, und es steht zu befürchten, daß die Unterdrückung der Widerstände ihn um sein Bestes, seine geistige Regsamkeit, bringen würde. Vermutlich ist ihm der Wert der Disziplin aufgegangen, und eine Disziplinierung seiner zügellosen Instinkte wurde ihm zur Pflicht. Dostojewski schließt die Möglichkeit des Aufstiegs mit Recht aus dem Verzicht auf den Selbstmord. War auch die Kraft, die zur Selbstanzeige führte, keineswegs heroisch, muß sie immerhin stärker gewesen sein als die sicher mächtige Lockung der Fluten der Newa, als er an dem schlimmen Abend auf der Brücke stand. Übrigens endet im ersten Entwurf des Romans Raskolnikow durch Selbstmord. Er erschießt sich. Diesem naheliegenden Ausweg widerstand ein ganz positiver Instinkt, dem der radikale Abschluß keine Ordnung der Rechnung bedeutete. Der Wille zu einer höheren Ordnung gebot, weiterzuleben, vielleicht auch ein ästhetisches Gefühl »ohne Beispiele«, das einen für die gesuchte höhere Ordnung unentbehrlichen Rest zurückgelassen hatte. Auch die Lust des jungen Menschen am Experiment mag noch nicht zu Ende gewesen sein, und es hat noch andere Attachements gegeben. Immer bleibt der Weg zum Christentum sehr weit.

Wenn je dieses Ziel erkannt wurde, kann Raskolnikow nur auf großen Umwegen dahin gekommen sein, ebenso wie er auch nur auf einem Umweg zur Selbstanzeige gelangt ist, und es ist nicht die schwache Religion Dostojewskis, sondern seine Sachlichkeit und sein genialer Takt, was ihn abhält, eine schnellere Bekehrung anzunehmen. Im Entwurf des Romans sagt Dostojewski zum Schluß: »Die letzte Zeile: Unerforschlich sind die Wege, auf denen Gott den Menschen findet.« Der Dichter hat mit Recht in der endgültigen Fassung diese letzte Moral der Geschichte unterdrückt.

Wenn Raskolnikow je den Weg beschritt, auf dem ihm Dostojewski voranging und auf den der Dichter ihn nicht führen durfte, hat er es Sonja verdankt. Nicht die christliche Idee, sondern dieses Mädchen mit den zarten Fingern und dem kleinen

Gehirn hatte Macht über ihn. Sie folgte ihm nach Sibirien. Nachdem er sie dafür gebührend gehaßt, wie er alle und sich selber haßte, lag die Liebe zu seinem »Kindermädchen«, wie er sie einmal in Petersburg genannt hat, im Bereich der neuen Ordnung. Die Katorga sorgte für die notwendige Hygiene in der Ausgestaltung der Beziehung, und Sonja drängte sich so wenig auf wie ihren Glauben.

Wieder kann man den dichterischen Takt in der Behandlung dieser Beziehung bewundern. Das ist Dostojewski nicht angeflogen. In den ersten Entwürfen zu dem Roman spielt die Neigung zwischen Raskolnikow und Sonja eine große Rolle. Im zweiten Entwurf schreibt Sonja einen glühenden Brief: »Ich liebe Sie und werde Ihre Sklavin sein.« Unter den Gründen ihrer Neigung, die sie ihm nennt, fehlt nicht der Hinweis auf den ihm verdankten Wiedergewinn ihres Selbstvertrauens. In einer Parenthese fügt Dostojewski hinzu, der Brief müsse »künstlerisch« wirken. »Raskolnikow kommt nach diesem Briefe zu ihr. Seine Beichte. Sie weicht zurück, und er verläßt sie. Feuersbrunst. Rettung. Hurra! Es gibt Leben! Seine Verzweiflung, sein Umherschlendern. Er erörtert alle Punkte, sorgt für die drei Kinder. Träumt von neuen Verbrechen, rettet vom Tode.«

Nichts von alledem ist in den Roman gedrungen. Solche Gefühlsergüsse würden die Handlung verunzieren. Auch wenn der geplante Brief noch so »künstlerisch« gelänge, bliebe er ein unverzeihlicher Fehler. Jedes Liebesgeständnis müßte Sonja verkleinern und den keuschen Umriß verwischen. In dem Entwurf des Gesprächs nach der Beichte sagt Sonja über die Ermordete: »Wenn sie eine Laus war, warum quälen Sie sich denn so?« – Der Hauch von utilitaristischem Intellekt, der in dieser Entgegnung gefunden werden könnte, wäre Sonja nicht gemäß. Dostojewski hat jede Dialektik aus ihren Reden gestrichen.

Ebenso steht es mit Raskolnikow. Noch im dritten Entwurf hält Dostojewski eine Liebeserklärung für nötig. Hier die Skizze eines Gesprächs: »Warum ich Neigung zu dir gefaßt habe? Weil du allein mein, weil du der einzige Mensch bist, der mir geblieben ist. Du bist mir alles. Meine Mutter, meine Schwester, sie alle sind mir Fremde geworden und werden wohl niemals mehr mit mir übereinstimmen. Sage ich es ihnen nicht, dann kann ich mit ihnen nicht mehr in Einklang kommen, und wenn ich ihnen alles mitteile, so können sie es nicht mehr. Wir beide hingegen, wir sind gleichermaßen verdammt, und unser Weg ist daher gemeinsam, wenn wir auch nach verschiedenen Seiten blicken. Du bist jetzt meine Gebieterin und mein Schicksal, mein Leben, mein Alles...«

Wir ertragen nicht die Vorstellung, Raskolnikow könne dergleichen je gesagt haben, und begreifen nicht, wie dem russischen Forscher P. Gliwenko, der die Entwürfe zum Raskolnikow kommentiert hat, die unentbehrliche Verbesserung entgehen konnte. Der Versuch, aus dieser Differenz zwischen Entwurf und Werk eine Verhärtung des Helden (und womöglich des Dichters) zu folgern, ist belanglos.

Dostojewskis Zurückhaltung in der Behandlung der Neigung zwischen Raskolnikow und Sonja und seine spärliche Ausmalung der Perspektive läßt alle Möglichkeiten offen. Die Liebe zu Sonja kann das Licht des Zuchthäuslers geworden sein und war imstande, aus acht niedrigen Jahren acht hohe Jahre zu machen. Er kann den Kult mit demselben Fanatismus gepflegt haben, mit dem er sich vorher an seinem Napoleon festgebissen hatte. Und schließlich konnte durch Ansteckung auch Christentum daraus werden, nur weil man alles und auch das Denken des anderen teilen möchte, zumal wenn nur das Denken erreichbar ist. Auch war Sonjas Gedanke keinerlei Protestantismus, der den Protest des Intellektuellen herauszufordern vermochte, sondern Mysterium. Für die paradoxe Sinnesart des Partners konnte das Mysterium gar nicht einfältig genug sein.

Nur auf das Christentum durch Ansteckung hat Dostojewski in seinem Epilog hingewiesen. Schließlich liegt ein christliches Zusammen immer noch näher als das heidnische jenes europamüden Malers, der sich auf ferner Insel der Liebe zu einer farbigen Eingeborenen ergab und durch die Liebe so weit kam, mit ihr zu knien und fremde Gebete zu murmeln. Freilich ist dies eine übrigens sehr schöne Dachgartengeschichte, deren Lyrik skeptische Fragen nicht beantwortet.

Es bleibt auch bei einem Raskolnikow zweifelhaft, wie tief das Gebet in ihn eindringen und wie lange es halten kann, wenn er selber hält. Doch steht diese Frage – hier der Unterschied gegen die Dachgartengeschichte – nicht zur Diskussion und ist in letzter Instanz, nicht nur für die Kritik des Romans, ohne Belang. Auch wenn das Christentum für den Sucher nur ein Übergang wäre, braucht er unterdessen nicht dem Tode näher zu kommen, von dem er auferstanden ist.

Raskolnikow ist die Tragödie eines Übermenschen, nicht des, sonder eines. Verlauf und Ausgang lassen über Dostojewskis Stellung zu dem Nietzsche-Kapitel nicht den geringsten Zweifel. Der Umfang des Romans geht über diese bis zum Überdruß erledigte Phrase weit hinaus. Raskolnikows Handeln unter der Zwangsidee, aus der später der deutsche Philosoph sein Bekenntnis gewinnen sollte, ist nicht tragisch, sondern tragikomisch. Die Würze der Tragödie steckt in dem Ästhetentum des Helden, und damit wird ein Problem, das wir gewohnt sind, komisch zu nehmen, mit dem Ernst behandelt, der seiner erdrükkenden Bedeutung zukommt. Die Vertrautheit mit allen möglichen Reizen des Schönen, die wir Kultur zu nennen pflegen, hält uns nicht ab, zu rauben und zu morden. Das ästhetische Gebaren unserer Zeit, das zu einer Verkünstelung aller natürlichen Triebe, zu einer universellen Verkunstung führt, entspringt nicht dem schöpferisch gewordenen Gefühl eines Zusammenseins, sondern geradezu dem Gegensatz zwischen den Menschen. Werden und Vergehen der Kunst in unserer Zeit ist das weit sichtbare Ergebnis dieses unsozialen Kultus.

In dem Odi profanum erkannte Dostojewski mit einem Sehertum von verblüffendem Scharfsinn eins der verführerischsten Gifte des Westens, gegen das sich Rußland zu schützen hatte. Er hat im Raskolnikow die Kehrseite jenes dem Volke entrückten Ideals mit der Faust des Riesen gestaltet und gleich eine Verallgemeinerung gewonnen, die der Würde und dem Umfang des Problems entspricht.

Gewaltig wogt die Fülle von lebendiger Idee in diesem ersten großen Epos. Die Untersuchung, wie weit der Roman gelang, fällt uns ebensowenig ein wie beim Anblick des Ackers die Frage, ob Erde gut oder schlecht ist. Die Einsicht in die Notwendigkeit des Werkes überwiegt. Man kann vieles mit ihm machen, graben, darauf bauen und in die Tiefe gehen. Unbedingt ist der Roman, ob gut oder schlecht, viel besser, als Dostojewski ihn geschrieben hat, und dergleichen gilt immer nur von den ganz großen Werken. Er überläßt uns nicht nur, das Seine zu vollenden, sondern zwingt uns dazu. Diese Wallung aus dem Begrenzten ins Grenzenlose gehört zu der Schöpfung.

Es gibt auch im Raskolnikow einige Längen. Von der Strapaze bei dem kugeligen Porphyri könnten ein paar Grimassen abgezogen werden. Lang ist das verwogene Totenmahl bei der Mutter Sonjas und die Geschichte Luschins, des abgesetzten Bräutigams, und seiner allzu komplizierten Intrige gegen Sonja. Dostojewski brauchte retardierende Episoden zwischen den Hauptakten und ließ sich hinreißen, ihnen zu viel Leben zu geben. Immer freilich tragen diese Episoden, tragen nicht nur sich selbst, sondern irgendwie auch den Hauptstrang der Handlung, sei es auch nur ihre bis in den letzten Winkel zitternde Atmosphäre. So ein Stück Atmosphäre, das man von Rembrandt malen lassen möchte, ist die wenig beachtete Straßenszene mit der wahnsinnigen Mutter Sonjas nach dem Totenmahl, ihr Tanz mit ihren »adeligen« Kindern auf der Straße und ihr Tod auf dem Pflaster. Nur Stellen im Lear haben diese vom Schrei zerrissenen gaukelhaften Nebel.

Die größte Episode bringt Swidrigailow, der gewitzte Selbstmörder. Übrigens stirbt mehr oder weniger gewaltsam eine phantastische Zahl von Menschen, dreimal mehr als in irgendeinem Shakespeare. Dieses Massensterben bleibt unbemerkt. Man sieht eigentlich während der ganzen Zeit immer nur eine Tote, die Wucherin; so prompt schaufeln die Episoden frischen Sand in die Arena.

Swidrigailow ist mehr, möchte ein Pendant zu Raskolnikow sein, nicht nach dem Ästhetischen, sondern nach dem Sensuellen hin, und soll den Ausweg weniger schillerhafter Outsider demonstrieren. Er denkt nicht ans Kellerloch, und deshalb – merkt es euch, Denker! – verpaßt er die Auferstehung. Das Rendezvous mit Dunja, der mutigen Schwester Raskolnikows, führt zu einer Wild-West-Szene. Er will das seit Jahren heißbegehrte Mädchen, für das er schon die Hölle heraufgeholt hat, unbedingt haben und weicht nicht vor ihrem Revolver zurück. Die Waffe ist sogar ein willkommener Kitzel, der das Verfahren, so glaubt er, vereinfacht. Sie schießt, und er läßt sie, nachdem sie nur gestreift hat, zum zweitenmal schießen. Will sie noch immer nicht? Nach allen Erfahrungen siegt nach dem zweiten Schuß das widerstandsfähige Laster. Die tapfere Dunja schwankt wirklich. Sie könnte noch schießen, aber brächte es nicht fertig, den Menschen, der auf zwei Schritte nahe gekommen ist, zu töten, und wirft die Waffe fort. Zitternd fleht sie um Schonung, und Swidrigailow in einem kurzen, sehr kurzen Anfall von Generosität, dessen schleunige Ausnützung er dringend empfiehlt, gewährt freien Abzug. Seinem sinnlichen Lebensüberdruß wäre ein anderes Schußresultat willkommener gewesen. Dies besorgt er sich selbst ein paar Stunden später, nachdem er sein Vermögen nach allen Seiten verschenkt hat. Diese Details[41] und die phantastischen Träume des Lüstlings fallen aus dem Rahmen heraus. Hier eine der wenigen Stellen des Werkes, die unsichere Kritik und Flüchtigkeit verraten und der Reife des Dichters zu tun übriglassen. Übrigens kommen noch viel später solche Stellen vor. Sie enthalten oft die Übergänge zu folgenden Werken. In Swidrigailow bereitet sich die Atmosphäre der »Dämonen« vor.

Raskolnikow ist die reife Frucht der Katorga. Mag über das Ziel der Auferstehung des Helden ein Zweifel bleiben, den der Dichter ohne Hintansetzung seiner Hoheitsrechte und Pflichten nicht entfernen durfte und der nur eine belanglose Neugier beunruhigen kann, kein Zweifel bewölkt die Auferstehung Dostojewskis, des Dichters. Die Last persönlichen Leidens ist niedergerungen, und nur der befruchtende Hauch des Erlebnisses bläst den Schöpfer an.

Trotz alledem sehen heute viele Denker in Rußland und bei uns im Raskolnikow eine Propaganda der Skepsis, und man hat sogar von Satanismus gefabelt. Darüber lohnt sich nicht zu reden. Wer glaubt, Dostojewski habe sich mit seinem nicht bereuenden Helden identifizieren und die Anschauung, die zu dem Mord treibt, verherrlichen wollen, stellt die Tatsachen auf den Kopf. Ein posthumer Neid hat ihm Verbrechen seiner Helden nachgesagt. Den Ästheten aber wird ihm selbst sein dümmster Feind nicht anhängen wollen.

Ich nannte die Wallung vom Begrenzten ins Unbegrenzte die eigentliche Schöpfung, aber dieser Hinweis auf die Wirkung könnte ein falsches Bild geben. Das Beste an dem Werk ist die Darstellung des Begrenzten. Nicht die Fülle von Idee, nicht die tiefe Noblesse der Moral, nicht das Hinter-den-Dingen, sondern das Ding selbst enthält den Wert. Raskolnikow bringt einen neuen Begriff der Realität. Der Raum der Dichtung wird außerordentlich vergrößert, und dabei gewinnt das Räumliche selbst erstaunliche Fülle. Wir sehen diese Menschen, nicht nur den Helden, sondern alle und jeden, jede Nebenfigur mit einer Leibhaftigkeit, die uns frühere Werke Dostojewskis und Werke anderer Dichter versagen. Auf die Szene Flauberts richtet sich ein umgedrehter Operngucker mit schärfsten Gläsern. Die Menschen erscheinen weit entfernt von uns, und infolgedessen verkleinert, aber jedes Detail, jede Bewegung ist genau getroffen. Wir bewundern am meisten diese Entfernung und Verkleinerung, deren einmal gewählter Maßstab immer mit größter Konsequenz beibehalten wird, aber können den Menschen nie nahekommen, empfinden auch nicht einmal das Bedürfnis, uns ihnen zu nähern, weil das Experiment Flauberts uns bezwingt. Alles Experimentelle fällt, so scheint es wenigstens, im Raskolnikow fort.

Dostojewski stellt uns mitten unter seine Menschen. Wir sind ihnen viel näher, als wir je Menschen in der Wirklichkeit kommen, und entdecken infolgedessen Eigenschaften, von denen wir in der Natur kaum die Umrisse bemerken. Diese Entdeckungen werden uns anscheinend durch einen zwanglosen Verkehr mit den handelnden Menschen vermittelt. Wer käme je auf die Idee, sich an einer der vielen Konversationen in der ›Education sentimentale‹ zu beteiligen? Wir diskutieren nicht nur mit Raskolnikow , sondern mit jedem Statisten. Dostojewskis Kunst ist, uns trotz dieser Nähe und trotz der unbegrenzten Fülle von Begebenheit zu führen und vor Verwirrung zu schützen. Das gelingt ihm mit seiner dramatischen Idee. Wenn wir mit seinen Menschen reden wollen, wissen wir gleich über was. Es ist nicht das erste beste. Die Mannigfaltigkeit von Gestalten, von denen jede ihren persönlichen Akzent, eigene Sprache, eigene Gebärde besitzt, wird von der fortschreitenden Idee gezügelt. Eine zentrale Sonne ordnet mit ihrer Belichtung. Um das dramatische Tempo zu fördern, unterwirft sich Dostojewski der dem Drama entnommenen Forderung der Gleichheit der Zeit und des Orts; eine Neuerung, die an die Konzeption große Anforderungen stellt und viele Notbrücken üblicher Romandichtung ausschließt. Die riesige Handlung spielt sich binnen wenigen Tagen ab, und die komplizierte Darstellung der psychologischen Zusammenhänge wird fast ausschließlich vom Dialog getragen. Erklärungen außerhalb des Dialogs nehmen nicht mehr Platz ein als die Regiebemerkungen eines modernen Theaterstücks. Wir haben ein Roman-Drama vor uns.

Man ahnt bei der Lektüre keine der Schwierigkeiten dieser Disziplin. Vermutlich hat sie auch Dostojewski nicht empfunden. Da er sich aber schon in Sibirien mit dem Raskolnikow beschäftigt hat, muß angenommen werden, daß der Stoff viele Jahre wachsen mußte, bis er für das Roman-Drama reif wurde. Das bestätigen bis zum gewissen Grade auch die Entwürfe des Werkes.

Der Technik des Roman-Dramas werden wir im Verlauf unserer Betrachtung auf dem Wege der Praxis näherkommen. Die letzten Anlässe zu der Form Dostojewskis haben nichts mit technischen Fragen zu tun. Ein neuer Aristoteles könnte das Roman-Drama mit einer Erneuerung der »Katharsis« verknüpfen, die der griechischen Tragödie zugrunde liegt.

Elftes Kapitel

Raskolnikow wurde nicht in einem Zuge vollendet. Als bereits der größte Teil des Romans im »Russischen Boten« veröffentlicht war, mußte Dostojewski die Arbeit unterbrechen, um den »Spieler« zu schreiben. Dazu zwang ihn der wucherische Kontrakt mit dem Verleger Stellowsky, dem er sich in einem Moment schlimmster Not verkauft hatte. Die Misere war 1864 durch den Tod des Bruders akut geworden. Michail hinterließ unverhältnismäßig hohe Schulden und die bankrotte »Epocha«. Bei etwas gemäßigterer Auffassung der Familienehre hätte sich Dostojewski der Last mühelos entziehen können. Außerdem schleppte er immer noch seinen Stiefsohn Pawel, Sohn seiner ersten Frau, einen Nichtstuer und Taugenichts, mit durch. Die endgültige Katastrophe der »Epocha« brachte die Wechselschulden auf 25 000 Rubel.[42] Ich nenne die Zahl, um dem Leser einen Begriff von den realen Lasten zu geben. Stellowsky hatte sich eine Gesamtausgabe der bisher erschienenen Werke ausbedungen, und Dostojewski hatte sich verpflichtet, obendrein einen Roman, den »Spieler«, beizusteuern und ihn bis ersten November 1866 zu liefern. Das Gesamthonorar, den neuen Roman eingeschlossen, betrug dreitausend Rubel, und dem Verleger fiel, wenn die Lieferung des »Spielers« auch nur um einen Tag zu spät kam, das Recht zu, auch zukünftige Gesamtausgaben honorarfrei zu übernehmen.

Die Niederschrift des Romans wurde Anfang Oktober begonnen und innerhalb des einen Monats richtig zu Ende geführt. Die Parforcetour gelang nur mit Hilfe einer Stenographin, die bald darauf Dostojewskis zweite Gattin wurde. Er hat in dem Monat auch noch Zeit gehabt, sich zu verlieben. Nach dem Bericht der Gattin hat man sich bei der Arbeit kaum übermäßig angestrengt. Wie Frau Dostojewski erzählt, wurde ein großer Teil der für die

Arbeit bestimmten Zeit durch Gespräche ausgefüllt. Anfangs diktierte Dostojewski aus dem Stegreif. Dann gewöhnte er sich daran, nachts das am nächsten Tag zu erledigende Stück vorzubereiten.

So entstand ein Schmöker. Alles widersetzte sich der Arbeit. Schon allein die Unterbrechung des Raskolnikow scheint uns ein unüberwindliches Hindernis. Wie war es möglich, die Gedanken von dem Drama loszureißen und auf die Episoden in Roulettenburg zu richten? – Vermutlich wäre Dostojewski unter anderen Umständen überhaupt kaum auf die Idee gefallen, das flüchtige Erlebnis zu einem Roman zu gestalten.

Gegenstand ist die Spielwut, mit der Dostojewski bekanntlich vertraut war. Übrigens kamen die heftigsten seiner Attacken nach Vollendung des Buchs. Man könnte aus der Qualität des Werkes folgern, daß Dostojewski den in anderen Romanen dargestellten Lastern nicht unterlag und daß das Spiel zu den unproduktiven Lastern gehört. Das Spielzeug ist zu endlich und verengt den Menschen. Dostojewski selbst versprach sich wenig von dem Roman und schob den Beginn der Arbeit immer weiter hinaus. Immerhin werde es, schreibt er einem Bekannten, ein »recht anständiger kleiner Roman« werden, »sogar mit Schatten wirklicher Charaktere«.[43] Er unterschätzte sich. Es gibt nicht nur Schatten in dem Buch. Die alte Babuschka, an deren Moskauer Krankenlager die notleidenden Erben in Roulettenburg zärtliche Hoffnungen knüpfen und die plötzlich, mit hemmungsloser Gesundheit gerüstet, angesaust kommt und den Spielteufel schnell und restlos erledigt, ist ein prachtvoller Typ. Auch die Schilderung des gewinnenden Spielers zählt; eine Nervenstudie, bei deren Lektüre unsere Nerven vibrieren. Nur der Roman ist Schatten geblieben.

Das schwache und belanglose Werk, ein Lückenbüßer in des Worts verwegenster Bedeutung, wurde neuerdings für die Ergänzung der Biographie benutzt.[44] Man hat wiederholt dem Genius und dem Menschen aus dem Spielteufel, dem er eine Zeitlang mit russischer Hemmungslosigkeit unterlag, einen

Strick drehen wollen und hat die Roulettenburg-Episode, die in dem schicksalsreichen Dasein ein Pünktchen bedeutet, zu einem großen schwarzen Fleck ausgepinselt, der die finstere Tonart, in der man Dostojewski der Mitwelt vorzustellen sucht, unterstützen soll.

Dostojewski hat selbst mit maßlosen Selbstanklagen, von der Maßlosigkeit, die allen seinen Äußerungen, zumal wenn sie sich gegen ihn selbst richteten, eigentümlich war, an der Fälschung mitgeholfen, denn man hat diese Selbstgeißelung, die nur zu seinen Gunsten sprechen sollte, für ein wörtlich zu nehmendes Dokument angesehen. Es kämen sonderbare Bilder unserer großen Menschen heraus, wenn man mit ihren gelegentlichen Selbstkritiken immer so verfahren wollte.

Dostojewskis Generosität, die keine Grenzen kannte, und sein ebenso unbegrenzter Mangel an Wirtschaftlichkeit, ein phantastisches Unvermögen, mit Zahlen fertig zu werden, und vor allem seine fast immer sehr engen und ihn besonders demütigenden materiellen Lebensverhältnisse lockten ihn, die Eroberung des Reichtums zu träumen. Dahinter verbarg sich kein Verlangen nach Üppigkeit, denn er war äußerst anspruchslos, lebte immer ganz mäßig in jeder Hinsicht und hatte für Luxus keine Organe. Er wollte Geld haben, um nicht darben zu müssen. Dieser Traum, der eins der Lieblingsmotive des Dichters wurde, trieb ihn zum Spiel. Er griff also nicht zum Roulette wie der Trinker zur Flasche. Wohl war seine Phantasie der Lockung besonders zugänglich, und der Dämon ging mit ihm durch, sobald er ihm den Finger reichte. Einmal am Tisch, stand er so leicht nicht auf. Hin zum Tisch aber trieb ihn nicht eine besondere Anlage, sondern die natürliche Reaktion auf allzu drükkende gegenwärtige und vergangene Not. Er hatte die beiden ersten Male, als er notwendig seine Börse füllen mußte, unverhältnismäßiges Glück – zu seinem Unglück. Als nachher, nach der zweiten Heirat, auf der Flucht vor den Gläubigern, die Lage wieder sehr eng wurde, gab ihm die Erinnerung an das Glück in Wiesbaden die Hoffnung ein, mit einem Schlag aus der entwürdigenden Situation herauszukommen. Ein tausendmal versuchtes, immer vergebliches Unternehmen, doppelt vergeblich für einen Menschen von so maßlosen Energien. Die Versuchung wird um so stärker gewesen sein, wenn einmal die Produktion stockte und die Energien in der Dichtung nicht ihre natürliche Auslösung zu finden vermochten.

Man kann Dostojewski nicht zu den Berufsspielern rechnen. Er war das, was man einen Gelegenheitsspieler zu nennen pflegt, Dilettant, und zwar Dilettant der blutigsten Art. Spieler spielen, ob sie Geld brauchen oder nicht. Die Karten gehören zu ihnen wie Essen und Trinken. Dostojewski hätte täglich in Rußland Gelegenheit zum Spielen gehabt und hat kaum je eine Karte in die Hand genommen, wenn man ihm nicht Patiencen, in denen er groß war, anrechnen will. Die Behauptung Großmanns, er habe schon in Semipalatinsk gespielt, wird von Baron Wrangel, dem einzigen maßgebenden Zeugen dieser Zeit, ausdrücklich bestritten.[45] Und nachdem er einmal entsagt hatte, wurde ihm auch in Spielorten die Versuchung nicht mehr gefährlich. In Ems, wo er in den siebziger Jahren häufig zur Kur war und wo zu seiner Zeit noch offen gespielt wurde, hat er keinen Spielsaal betreten. Als die materielle Lage halbwegs erträglich wurde, dachte er nicht mehr an solche Hilfen.

Daß sich Dostojewski ein paarmal hinreißen ließ, die für den Haushalt notwendigen Mittel dem Spiel zu opfern und sogar mit Erlaubnis seiner Frau Spitzenmantillen und lila Seidenkleider zu versetzen – traurig! tieftraurig! – Trotzdem geht es nicht an, diese erschütternden Tatsachen mit unsachlichen Phantasien zu kombinieren.

Dostojewski hat in einem späteren Werk noch mal seine Erfahrungen im Spielsaal verwertet. Die deutlich als vorübergehende Schwäche bezeichnete Passion Arkadis im »Jüngling«, die tatsächlich mühelos überwunden wird, malt viel zutreffender die Disposition Dostojewskis. Von der Benutzung dieses autobiographischen Materials haben die Schwarzmaler des Dichters bisher abgesehen.

»Der Spieler« ist ein erzwungenes Resultat des Literaten, kein Dokument des Dichters. Der Dichter entflieht mit seiner jungen Frau dem Petersburger Sorgenloch und schafft draußen im Ausland die zweite Etappe seines Aufstiegs.

Raskolnikow geht aus dem Keller hervor, und der Keller bedroht ihn. Angst vor dem Keller treibt ihn zur Tat, auch Sehnsucht nach der Aureole um seine Schönheit. Er erreicht eine den Dunst zerreißende Gebärde. Man hat sie mit der Kühnheit des Reiters auf dem Granitfels in Petersburg, der Stadt aus dem Sumpf, verglichen. Die Gestalt weckte alle Energien des Dichters. Er verließ den Dunst tatenloser Reflexion, zerriß die bittere Geduld seiner Menschen im Dunkel, schwang sich aufs Roß, stieß einen Schrei aus. Die Nebel zitterten und teilten sich, aber über das, was das Auge da erblickte, entsetzte es sich. Langsam schloß sich der Nebel wieder. Man hatte die Sonne nicht gesehen. Reflexe zukken durch das dürftige Zimmer, in dem Sonja die Auferstehung gebietet, Reflexe um das Haupt des Mörders. Wohin rettet er seine Seele? Aus einem Keller in einen anderen, oder geht es in die Sonne? Dostojewski fühlte das große Fragezeichen nach dem Riesenerfolg. Was nun? Die Unruhe des Ehrgeizigen treibt ihn nicht mehr. Das innere Gebot ist stärker als die Lust am Applaus, und die Frage, was jetzt zu schreiben ist, wird mit allem Verantwortungsgefühl des reifen Menschen erwogen. An diesem Schritt hängt alles. Wäre Dostojewski der Liebhaber der Finsternis, käme jetzt das schwärzeste seiner Werke, ein Exzeß des Dämonischen, der Selbstmord des vergeblich Bekehrten. Schon der Widerstand Raskolnikows gegen den letzten Ausweg, der hellste Reflex des Dramas, klärt uns auf. Aber Widerstand ist zuwenig; Verzicht auf das Nein sagt noch nicht ja; Reflexe geben keine Sonne. Nach Sonne verlangt den Schattenmenschen. Er möchte das Positive zeigen, das unbedingte Ja aussprechen, und zwar nicht hintenherum, nicht gestützt auf eine Fiktion, die erst durch Spiegelung zur Realität wird, sondern unmittelbar: das ganz einfache Gute, die Güte, an der sich nicht deuteln läßt und die nicht aus Überlegung, sondern spontan wie das Verbrechen entsteht: also das ganz einfach Wahre, in sich richtig, die Regung des Kindes, springende Realität, und vor allem das ganz einfach Schöne, das Schöne ohne Ästhetentum, ohne Beispiele. Mit einem Wort, das Gute, Wahre, Schöne des entthronten Schiller, aber nun soll es anders gelesen werden. Es soll lesbar für Menschen von heute sein, dies die Schwierigkeit. Es soll nicht auf einem verwunschenen Schloß in bengalischer Beleuchtung, nicht vor tausend Jahren, auch nicht irgendwo auf einer zurechtgemachten Insel spielen, sondern heute, hier in Petersburg, unter Petersburgern, und das Spiel soll packen wie die Mordgeschichte. Das schwebte ihm bei dem »Idioten« vor. Da die Qualität des Helden nicht versteckt und mittels romanhafter Umstände bemerkbar, da der Idiot nicht »eigentlich ein guter Kerl«, sondern wesentlich ein guter Mensch sein, also mit seiner Gutheit sichtbar wirken sollte, stieg das Ziel sofort in entlegene Höhen. Das war Dostojewski vollkommen klar, bevor er anfing. Er hat sich darüber eingehend ausgesprochen.[46] Die einzige »positiv schöne Gestalt« unserer Welt ist für ihn Christus. Also muß der Idiot auf irgendeine überzeugende Weise Christus nahekommen. Christus ist der »absolut schöne Mensch«. Alles andere folgt erst aus dieser Eigenschaft. Mit seiner Schönheit, so glaubt Dostojewski, und dieser Glaube bezeichnet seine Religion, erlöst Christus die Menschheit.

Von Raskolnikow zu Christus. Dostojewski durfte die Bekehrung des begabten Mörders zum Christentum nicht darstellen. Der Sinn für Realität verbot es, und wenn er die mit Unrecht vermißte Sühne geschrieben hätte, wäre es niemals eine christliche Sühne geworden. Raskolnikow wird vielleicht die Duldung der Menschen über sich bringen, nie die Liebe zu ihnen. Haarscharf wägen wir mit dem Mittel Dostojewskis die Grenze, bis wohin Raskolnikow vordringen kann. Der Gedanke, der Mensch dieses Mittels könne einen Christus darstellen wollen, ist ungereimt. Die Vorstellung weckt hundert unkontrollierbare Widerstände. Der Dachgarten spitzt die Ohren.

Dostojewski konstatiert: In der christlichen Literatur kommt der »positiven Schönheit« Don Quichotte am nächsten, aber Cervantes bediente sich bei seiner Darstellung der Lächerlichkeit. »Der Leser spürt Mitleid und Sympathie mit dem verspotteten Schönen, das sich seines Wertes nicht bewußt wird.« Mit diesem Verfahren habe auch Dickens gearbeitet, aber viel weniger erreicht. Noch weniger Victor Hugo. Wahrscheinlich sei es heute überhaupt unmöglich, das Positive unmittelbar zu geben.

Damit spricht Dostojewski das elementare Bedenken aus, gegen das sich keiner verschließen kann. Er fügt hinzu: Deshalb werde aller Voraussicht nach der Roman zum Sterben langweilig werden.

Fürst Myschkin hat etwas von Christus, und zwar das Wesentliche und das einzig Darstellbare, das uns bis zu diesem Werk nicht darstellbar schien: die Schönheit des Herzens. Sagen wir aus Vorsicht, nicht die Schönheit des Herzens Christi, sondern Möglichkeit und Art dieser Schönheit. Die Gefahr der Rolle, die größte, deren Überwindung man sich am wenigsten vorstellen kann, liegt in der Frage nach der Intelligenz eines solchen Menschen. Kann so ein Mensch intelligent in dem modernen handgreiflichen, für die Langeweile wesentlichen Sinne sein? Das was man für alle Tage unter Intellekt versteht, ist eine besonders verwendbare Form des Verstandes, für den Kampf ums Dasein, für die Exploitation des Nächsten geeignet. Diesen Intellekt darf der Idiot ganz sicher nicht haben, denn damit wäre eine Trübung der Schönheit unweigerlich verbunden. Mindestens aber muß er verkehrsfähigen Intellekt haben. Sein Geist muß irgendwie in die Sphäre der andern hineinreichen können, ohne sich zu beflekken. Dafür bedarf er, wäre es auch nur vorübergehend, einer Bedingtheit des Intellekts. Ganz ohne Lächerlichkeit geht es nicht ab, aber man kann mit einem Bruchteil der Lächerlichkeit des Don Quichotte auskommen und alles vermeiden, was auch nur von weitem nach Karikatur aussieht.

Der Held bedarf eines Schleiers. Dieser Schleier braucht sich durchaus nicht im Handumdrehen in einen Heiligenschein zu verwandeln. Darauf kommt es an. Heiligkeit ist Kirche, Theater, Reflexion, sekundäre Angelegenheit. Eher bedarf er des Heilandhaften, wenn man von aller Heiligkeit absehen und lediglich die erhöhende Wirkung eines Menschen auf andere so bezeichnen will. Nie ginge es an, dem Menschen Frommheit in den Mund zu legen. Gebet ist die Formel des Empfindens, die erst nachher kommt, und das Entstehen der Empfindung soll gezeigt werden. Christus bat, aber betete nicht. Was wir an ihm am meisten lieben, ist seine allwissende Unberührtheit. Diese Gabe kann in gewissen Dosen auch anderen gegeben sein. Kinder haben sie. Männer mit der Unberührtheit der Kinder sind lächerlich. Männer, die gleichzeitig wissen, brauchen nicht lächerlich zu sein. Sie brauchen auch nicht alles zu wissen. Es kann ihnen das entgehen, was unbedingt erlebt werden muß und ihnen aus einem plausiblen Grunde vorenthalten blieb. Sie können ahnen, so gut, wie das Kind, das nichts von Geschlechtsliebe spürt, die Liebe ahnen kann, so gut, wie der »kleine Held« Dostojewskis ahnt. Und dieses Vermögen kann, gerade weil das physische Erlebnis fehlt und weil mit ihm viele Hemmungen wegfallen, außerordentlich produktiv und mit allen möglichen Hilfen des Intellekts ausgerüstet sein.

Der plausible Grund ist die Krankheit des jungen Fürsten. Er war mehrere Jahre, gerade während der Zeit, in der andere Menschen mit grundlegenden Erlebnissen zu tun haben, in einem kleinen Ort in der Schweiz bei einem Nervenarzt, also außerhalb der Zirkulation. Er hat dort nur mit Kindern zu tun gehabt und eine Art Kinder-Bergpredigt erlebt. Die Krankheit scheint überwunden. Sie bestand aus epileptischen Anfällen, die das Gedächtnis zerrütteten. Ganz sicher fühlt er sich immer noch nicht.

In dieser Krankheit steckt natürlich der Rest des Narren der alten Zeit, der unerlaubte Wahrheiten sagen durfte, und der Rest des shakespearehaften und schillerhaften Wahnsinns, der die Welt zu vereinfachen wußte und gar nicht verrückt war. Diesen Kniff riecht unser Instinkt sofort, und er bringt uns sofort auf alle möglichen Widerstände. War Christus krank? Obwohl man es schon nicht mehr genau weiß und mancher Psychopath längst dies und jenes herausgefunden hat und womöglich das ganze Christentum auf einen Fehler im Gehirn Christi zurückführt, obwohl schon zu seinen Lebzeiten mancher Händler im Tempel den Störer für anormal hielt, lächelt der Skeptiker über den Kompromiß und wappnet sich doppelt. Aber es ist kein Kompromiß, und die Krankheit Myschkins ist kein Kniff. Wenigstens kommt man nicht so leicht dahinter. Myschkin geht an seiner Krankheit zugrunde. Muß das so sein? Davon später.

Auch die Leute im Roman lächeln skeptisch. Das Klischee mit dem Idioten ist sofort fix und fertig. Sie geben sich nicht einmal Mühe, es vor ihm zu verbergen, und da er sehr viel Takt hat und zu unterscheiden weiß, überdies Aristokrat ist, findet er es nicht der Mühe wert, besonders zu betonen, daß von einem Idioten doch eigentlich nicht die Rede sein kann, wenigstens nach Ansicht Doktor Schneiders. Ein fauler Idiot, ein nachgemachter, einer aus der Romankiste würde sagen: »Das werde ich euch schon zeigen.« Und würde die ganze Gesellschaft mit einigen geistvollen Sentenzen, von einer Stimme vorgetragen, in der die gesprungene Seele leise zittert, elektrisieren. Fürst Myschkin hat keine gesprungene Seele und sagt gar keine Sentenzen. Trotzdem elektrisiert er.

Dieser Roman steht auf der Höhe. Raskolnikow war ein kühner Griff, aber die Kühnheit isoliert ihn. Wohl verarbeitet die Dichtung den ungeheuren Gegenstand, aber man spürt zuweilen die keuchende Anstrengung, um die von grellen Blitzen dauernd zerrissene Atmosphäre zusammenzuhalten. Es steckt etwas von dem Roulettespieler darin, der immer wieder das Maximum auf den Tisch wirft. Er gewinnt. Wir atmen auf. Wankend erhebt sich der Spieler und steckt mechanisch das Geld in die Tasche. Es war Zeit.

Der Idiot ist kein sauberer Stoff, sondern tiefere Dichtung. Die Erfindung bewegt sich auf höherem Felde. Auch hier geschehen wilde Dinge, und es wimmelt von Anomalien; aber der Kern des

Gegenstandes ist sehr einfach und still. Die Geschichte entsteht, wie unsere Geschichten entstehen. Die Tage gehen wie unsere Tage. Alle möglichen bürgerlichen Details vergrößern die Wahrscheinlichkeit. Inmitten handgreiflicher Alltäglichkeit blüht das Wunder. Ein Christus geht durch den Alltag.

Sobald man abstrahiert, muß die Gestalt des Helden so spröde und undankbar wie möglich erscheinen. Immer ist man, wenn man nicht an die Tatsachen im einzelnen denkt, versucht, sich einen Abstinenten von säuerlicher Atmosphäre vorzustellen, möglichst uneuropäisch, altmodisch, und man sollte meinen, ein Dichter, der sich an dem Dämon eines Raskolnikow ergötzt, könnte einen Christusmenschen nur in den wilden Klüften der Einsiedelei finden. Allenfalls ein Christ in der Wüste, mit dem Teufel ringend und den bunten Versuchungen eines heiligen Antonius ausgesetzt; ein mittelalterlicher Christ mit ausgemergeltem Fleisch auf den Knien einer gebrochenen Pietà. Nichts liegt ferner als die sachte, verständige Milde dieses Fürsten. Und schließlich ist doch Fürst Myschkin eine der vollkommensten Gestalten Dostojewskis geworden. Der Roman hat Schwächen und wird von der Geschichte der Karamasow, dem ungleich reicheren und viel dichteren Komplex, weit übertroffen. Entscheidet die dramatische Spannung, steht Raskolnikow höher. Will man aber mit einer einzelnen Gestalt Dostojewski repräsentieren, wird man immer den Idioten nehmen. Er stand dem Herzen des Dichters am nächsten. In verschwiegenen Nuancen spricht gegen Raskolnikow eine leise und sehr vornehme Parteilichkeit des Menschen Dostojewski. Diesen Myschkin liebt er, und sonderbarerweise vollendet die Liebe seine Sachlichkeit. Er sieht ihn wie ein Kind an, dem man nichts hinzufügen darf, und man könnte fast sagen, er habe sich dadurch abhalten lassen, ihn mit allen gewohnten Mitteln restlos zu erschöpfen. Keine Gestalt wird weniger von Psychologie berührt; kaum eine ist dichterischer geschaffen.

Wie im Raskolnikow beginnt die Handlung mit dem ersten Satz. Sofort tritt der Held auf und mit ihm Rogoschin, der wilde

Partner, der Bojar mit dem Messer im Stiefel, ein Typ, der bisher noch nicht auf der Bühne war, der Russe, ganz frei vom Westen, den man nicht lange zu kratzen braucht, um den Tataren vor sich zu haben. So ein Rogoschin macht sich von selbst, Ton ohne viele Nebentöne, Urkraft, hemmungslos, gar nicht zu verfehlen. Aber eben die Eindeutigkeit und geräuschvolle Wildheit mußten weniger eindeutige Rollen gefährden. Hier bewährt sich die Regie Dostojewskis. Schwierigkeiten dieser Art, unüberwindlich für einen anderen, werden spielend erledigt, ohne auch nur die Spur einer Anstrengung merken zu lassen. Myschkin entsteht ebenso von selbst. Nicht einen Augenblick leidet er unter dem Kontrast, noch zieht er Vorteile aus ihm. Das sind alles längst erledigte Witze. Ein Drittes ist da, das brodelnde, flutende, flimmernde, glühende Gewebe, dunkel genug, um tiefstes Schwarz aufzunehmen, und im Dunkel immer noch farbig und aller Töne teilhaftig, die eine Welle ins Lichte tragen kann. Von Nastasja Philippowna, der dritten Hauptperson, wird zunächst nur geredet, und gleich glauben wir, übermäßig vertraut mit allen Schichten der Exposition, ein Stück westlichen Imports zu erwischen, eine Einführung nach berühmten Mustern. Lebedjew, der im Coupé mitfahrende, ewig quatschende Beamte, ist verdächtig. Zufällig kennt er alle Menschen, von denen zwischen Myschkin und Rogoschin die Rede ist. Zufällig weiß der Mitfahrer sogar von Nastasja. Jeder Dichter des Westens würde solche Hilfen verbergen. Dostojewski stellt sie in den vordersten Vordergrund, und schon schweigt jeder Einwand. Der Fall ist typisch. Lebedjew, den der Verdacht der Literaten als zudringlich zurückweisen möchte, da er eigentlich nicht zu der Sache gehört, wird der Gipfel der Zudringlichkeit, ist nicht nur Mitfahrer in der Eisenbahn beim Anfang, sondern Mitfahrer, Mitesser überall, Schmeißfliege in Reinkultur, unerträglich, und die Unerträglichkeit des Typs überwindet spielend alle Einwände gegen den Helfer der Exposition. Kein Zufall führt Lebedjew hierher, denn Lebedjew wird bis zum Schluß des Romans überall sein, wo er nicht hingehört. Dies ist seine von Gott bestimmte Rolle.

Fürst Myschkin fährt zu Generals. Die Szene im Dienerzimmer gehört immer noch zur Exposition. Auch sie konnte Anfang werden, zumal wenn es sich um ein Drama handelte. Der Fürst plaudert mit dem Diener, und der Diener hält den gesprächigen Gast, der sich für einen weitläufigen Verwandten der Generalin ausgibt, für einen Bettler und wagt ihn nicht anzumelden. Man muß auf den Sekretär Ganja warten. Nun gut, meint Myschkin, er könne sehr gut warten, habe nichts zu tun. Er erzählt dem Diener von der Schweiz und wie es bei einer Hinrichtung zugehe. Die Verwischung der sozialen Grenzen wird kein Motiv. Wir sind in Rußland. Mit solchen Kleinigkeiten hält man sich nicht auf, obwohl sie nicht unter den Tisch fallen, denn natürlich gehört es zu Myschkin, eingehend mit einem Diener zu plaudern. Die Geschichte von der Hinrichtung springt hervor. Merkwürdig! denkt der Diener und fragt: Ist es wirklich so im Ausland? – Myschkin: Sie wollen fragen, ob ich wirklich ein Fürst und ein Verwandter der Generalin bin, nicht wahr? Ja, Sie können mich ruhig anmelden.

Diese Szene, ein Nichts, hat die Bildhaftigkeit eines Zimmers Vermeers.

Nun der General Jepantschin; die Dienerszene auf höherem Niveau. Auch der General hält Myschkin für einen Bettler, und der Fürst konstatiert es lächelnd. Es ist wirklich kein Kunststück, diesen Gedanken zu erraten. Jeder von uns errät ihn. Womöglich hat sich jeder von uns schon in ähnlicher Lage befunden, aber keinem ist eingefallen, das so harmlos zu äußern. Denn den Fürsten, der lange Zeit außerhalb der Gesellschaft gelebt hat, interessieren solche Gedanken, wie ihn überhaupt sehr viel interessiert, und er konstatiert seine Wahrnehmung mit der Sachlichkeit eines Botanikers und fügt als Schlußfolgerung hinzu: Es würden sich schwerlich zwischen ihm und dem General besondere Beziehungen anbahnen. Der General stutzt. Myschkin hat aber mit der Bemerkung nicht im Traum eine Besserung seiner Position versuchen wollen, sondern nur eine harmlose Beobachtung ausgesprochen. Die Bemerkung klärt uns gleichzeitig im Namen des Dichters über die Statistenrolle des Generals auf. Er hat im ganzen Roman nicht viel mehr zu sagen.

Ein Idiot, denkt der General, aber harmlos und nicht unbequem, vielleicht sogar, da er über eine prachtvolle Handschrift verfügt, ganz brauchbar. Jedenfalls hat man sich nicht vor ihm zu genieren. Während Myschkin seine Schriftprobe malt, spinnen der General und Ganja ihre Intrige. Ganja soll die schöne Nastasja heiraten, damit Totzki, ihr reicher Verführer, aus ihren Fesseln gelöst wird und eine der Töchter des Generals heiraten kann.

Der Fürst hört ruhig zu. Warum soll er, da er im gleichen Zimmer sitzt, nicht zuhören? Er hat das gute Gehör von Menschen, die viel im Freien leben, sieht auch sehr scharf und weiß Gehörtes und Gesehenes zu kombinieren. Diese von Ganja mitgebrachte Photographie stellt also die Nastasja dar, von der heute früh in der Eisenbahn die Rede war. Ja, sie ist schön. Und dieser Ganja soll sie heiraten, sieh einmal an. Dieser Ganja liebt sie aber gar nicht, haßt sie vielmehr, weil er Geld für die Heirat bekommen soll und das eigentlich nicht angeht. Ohne das Geld würde er sie vielleicht lieben, aber das dumme Geld glaubt er noch mehr schätzen zu müssen. So eine Dummheit! Im Grunde möchte Ganja lieber Aglaja, die jüngste Tochter des Generals, heiraten.

Myschkin sieht die ganze Intrige, aber interessiert sich nicht sonderlich für sie. Die Menschen nehmen dergleichen offenbar sehr wichtig, und deshalb begehen sie Schlechtigkeiten. Was sie tun, ist weniger schlecht als vergeblich.

Fürst Myschkin wird in die Zimmer der Damen geführt. Bei der Generalin und ihren drei Töchtern ist es angenehm, und Myschkin geht aus sich heraus. Natürlich wollen ihn die Mädchen, jede auf ihre Art, aufziehen, locken ihn zum Reden, um über ihn zu lachen. Er merkt es und tut ihnen den Gefallen, denn mit den Kindern in der Schweiz war es ebenso. Man erfährt, wie er da gelebt hat. Eine Art Garten war es, von Kindern bewacht.

In dem Garten lachte man von Morgen bis Abend. Wenn er aus dem Garten heraustrat, sah er eine Hinrichtung oder traf einen Menschen, der auf dem Schafott gestanden hatte. Diese Dinge nahm er mit der Intensität unverbrauchter Sinne auf. Sie bilden sein höchst begrenztes Repertoire: Lachen und Hinrichten. Er weiß darüber mit verblüffender Sachlichkeit zu berichten, eben weil er noch nicht viel erlebt hat und ihm deshalb der gewohnte Unterschied zwischen den Dingen entgeht. Komisch, daß ihm die Schweizer Geschichten gerade jetzt einfallen! Bei der Generalin und den drei Mädchen ist auch so ein Garten. Alle Frauen sind Kinder.

Der künstlerische Zweck der Szene zielt unmerklich auf die Befreiung des Helden von seinem Schleier, der für die Einführung notwendig war. Dies wird nicht mit einer Auszeichnung Myschkins versucht, die das, was die Menschen bestimmt, ihn für einen Idioten zu halten, in den Hintergrund drängt; im Gegenteil. Wohl gewinnt seine Einfalt im Verlauf dieser Szene weite Perspektive, aber diese setzt keineswegs den ursprünglichen Eindruck außer Kraft, sondern bereichert ihn in gleicher Richtung. Die Norm wird auf indirektem Wege hergestellt mit dem Nachweis der versteckten Beziehungen zwischen Myschkin und den neuen Personen. Sie sind ihm in irgendeiner Weise ähnlich. Zwar ist die Generalin viel robuster, und ihre Töchter haben alles mögliche im Kopf, das dem Fremden entgehen muß, aber die Mentalität der Frauen reagiert ebenso spontan und instinktmäßig wie die des Fürsten. Man kann drei erwachsene Töchter und einen auf Abwegen wandelnden General zum Mann haben und trotzdem die gartenhafte Einfalt behalten, kann ein sehr kluges Mädchen sein, über alles, was die Menschen von einer hübschen Frau wollen, Bescheid wissen und trotzdem alle Handlungen von der natürlichen Unbestechlichkeit des Kindes bestimmen lassen. Also gibt es alle möglichen Menschen von der Art des Fürsten, und sie sind durchaus nicht krank, sondern gesünder als die anderen, die klüger zu sein glauben und vergebliche Intrigen spinnen. Die Generalin hat das Kernhafte der

Babuschka aus dem »Spieler«, nur ist sie geborene Fürstin, durchaus unabhängig von aller frauenzimmerhaften Zimperlichkeit. Verstellung und Lüge langweilen sie. Sie nennt die Dinge bei dem rechten Namen, beherrscht sich nicht und bedarf nicht der Beherrschung. Ein reiner Gefühlsmensch ohne alle Sentimentalität. Die Töchter vergöttern und bemuttern sie, in Freiheit dressierte Geschöpfe von großer Grazie. Dostojewski charakterisiert sie spielend. Über Dostojewskis Darstellung von Familienzügen wäre manches zu sagen. Aglaja, die Jüngste, der Ganja vergeblich nachsteigt, gehört am engsten zur Mutter und steht dem Idioten am nächsten.

Dies das Vorderhaus, in dem der lichtere Teil des Romans spielt. Hier fände Fürst Myschkin die Welt nach seinem Bilde. Sie wird ihm nicht gegönnt, und er gönnt sie sich selbst nicht. Es zieht ihn zu der dunklen Macht, von der die Mädchen bei Betrachtung der Photographie der Nastasja reden, in das Hinterhaus. Die ihm aufgezwungene Intervention zwischen Ganja und Aglaja endet mit dem Korb Ganjas, den der Fürst gelassen abliefert und den ihm der Betroffene nicht verzeiht. Das erste Gift spritzt auf Myschkin. Ganja, der von Ehrgeiz gepeitschte Streber, rast von Ungeduld über die Gelassenheit des Idioten und wird ihm bald die Faust ins Gesicht schlagen. Das Hinterhaus hat viele Winkel. Ein Teil wird von den Eltern Ganjas eingenommen, dem trunksüchtigen General a. D., seiner gequälten Frau und den Kindern nebst Zubehör. Wieder ein halbes Dutzend neuer Menschen, die im Nu plastisch vor uns stehen. Unter dem zahllosen Personal des Romans gibt es keine einzige Niete.

Myschkin wird einquartiert. Die Generalin a. D., Madame Iwolgin, hält Pensionäre. General Iwolgin ist der vollendete Typ des verkommenen Trunkenbolds. Alle vorhergehenden Säufer können nur als Skizzen gelten. Er hat die gottbegnadete Lüge erreicht, die Lüge als Selbstzweck, befreit von allen Belastungen des Nutzens, die arkadische Lüge. Marmeladow und seine Vorgänger logen sentimental, tranken, um lügen zu können, um zu vergessen, hielten sich mit kellerhaften Skrupeln auf, Trinker mit heulendem Elend. General Iwolgin lügt als Dichter. Die Lüge beschwingt sein Dasein und verzaubert ihn. Er lügt der Schönheit wegen, auch er ein Idiot, der auf seine Art nach Erlösung durch Schönheit trachtet. Er lügt im Schlafe. Im ersten Augenblick des Zusammentreffens mit Myschkin hat er sofort eine hochromantische Geschichte vom Vater des Fürsten fertig, der natürlich sein Busenfreund war. Mit der Einfalt des Kindes dichtet er eine soeben in der Zeitung gelesene Geschichte zum eignen Erlebnis um und bleibt auf keinen Einwand die Antwort schuldig. Betrunken geht er mit Myschkin in ein vornehmes Haus zu wildfremden Leuten, nur weil es so gut klingt, dem Diener hinzuwerfen: »General Iwolgin und Fürst Myschkin!« Und läßt der Dame des Hauses, die zum Glück ausgegangen ist, bestellen, er verheiße ihr das, was sie sich Donnerstag abend bei den Klängen des Chopin gewünscht habe. Nachher war die Hausnummer verkehrt.

Dabei durchaus ehrenhaft! meint Kolja, der vierzehnjährige Sprößling des Generals. Es liege nur an einer gewissen Lässigkeit und am Trinken.

Die Episoden hängen enger als sonst mit der Handlung zusammen. Der Idiot und der betrunkene Narr geben ein Bild von der unwahrscheinlichen Echtheit Shakespearescher Episoden: Der Narr führt den Idioten zu Nastasja, seinem Schicksal. Die Realität hängt zuweilen nur ganz lose um die Gestalten und steht doch nie in Frage. Zuweilen möchten wir haltmachen, um das Symbol zu realisieren. Kolja, der sachliche Trabant, treibt uns mit einem spöttischen Witz weiter.

Viele Leute in dem Roman leiden an der Krankheit des Fürsten, und die Idiotie hat alle möglichen Nuancen. Selbst die vermeintlich Gesunden, die sich für gefeit halten und sich über den Idioten lustig machen oder erbosen, können der Ansteckung unterliegen, und es scheint unbewußte Aufgabe des Fürsten, die Ansteckung zu betreiben. Das Kindhafte aus dem Schweizer Garten liegt in der Luft. In der Szene am Nachmittag bei Iwolgins, wo er zum ersten Mal die allmächtige Schönheit erblickt, sich von ihr als Diener behandeln läßt und die Ohrfeige Ganjas hinnimmt, wirkt die Ansteckung. Er durchschaut Nastasja und erreicht mit einem Nichts, daß sie auf einen Augenblick die Maske der Verbitterten lüftet. Und so ein Augenblick kommt auch über Ganja, den Streber, der, überwunden von der phrasenlosen Demut des Beleidigten, um Verzeihung bittet und zum erstenmal Farbe bekennt. Er gesteht dem Fürsten, warum er Nastasja heiraten will. Nicht aus Berechnung, sondern »aus innerem Trieb«, weil er mit den 75000 Rubeln, die er für die Heirat bekommt, den Weg Raskolnikows abkürzen und seine Machtidee realisieren will. Und er ist so benommen von seiner Idee, daß er den nüchternen Zweifel Myschkins, ob Nastasja überhaupt einwilligen werde, geringschätzt.

Es gibt viele mehr oder weniger maskierte Kinder in dieser Geschichte, und die Idiotie des Fürsten steht immer weniger allein. Nur hat sie allein das Leuchten.

Der Nachmittag bei Iwolgins ist der Auftakt zu der großen Nachtszene bei Nastasja, wo die Entscheidung fallen soll, ob sie Ganja nimmt und Totzki freiläßt. Die Szene endet mit dem Sieg des meistbietenden Rogoschin. Er trägt die Beute davon. Eine mit größter Weisheit vorbereitete, sprunghafte und schließlich tollkühne Steigerung führt zu dem Finale des Aktes.

Herausgenommen wäre die Szene unmöglich. Welche Frau ließe im eignen Hause das Aufbieten ihrer Person zu? Welchem Mann darf man die Erniedrigung Ganjas zumuten? – Nastasja wirft das zusammengeschnürte Päckchen mit den 100000 Rubeln Rogoschins in den Kamin. Es soll Ganja gehören, wenn er es ohne Handschuhe aus den Kohlen holt. Dazu die überraschende Erbschaft des Fürsten, der sich plötzlich vom armen Schlucker in einen wohlhabenden Mann verwandelt. Dazu der Antrag des Fürsten an Nastasja, sie zu heiraten. Dazwischen Rogoschin mit seiner Horde. Das passiert alles in wenigen Minuten. Die Hintertreppe blüht, und die Filmkurbel rast.

Und das muß alles so sein, kann gar nicht anders sein, ist psychologisch begründet und mit noch viel stärkeren Gründen gefestigt, steht felsenfest vor uns. Nastasja, dieses von dem bürgerlichen Feinschmecker Totzki mißbrauchte, in jeder Faser adlige Geschöpf, viel zu stark, zu »idiotisch«, um sich auf irgendeinem bürgerlichen Wege abfinden zu lassen, hat den Spieß umgedreht und ist aus einer wahllos Gedemütigten zu der Heroine geworden, fähig, ihre Quäler mit Füßen zu treten, und es versteht sich von selbst, folgt aus ihrer schillerhaften Idiotie, daß sie vor allem sich selbst unter die Füße tritt. Ganja, der halbgegorene Raskolnikow, der es in blinder Wut nur zu billigen Brutalitäten brachte, erlebt das Absurde, das er erleben will, und seine längst unhaltbare Idee bricht zusammen. Er wird sogar beinahe ein anständiger Mensch. Der Idiot aber sieht noch einmal eine Hinrichtung und springt zu. Diese will er hindern. Er ist der einzige, der Nastasja vollkommen begreift und von der bürgerlichen Seite ihrer Handlung gar nicht berührt wird; um so mehr von der menschlichen. Hier wird nackte Schönheit aufs Schafott geschleppt, noch schlimmer, schleppt sich selbst hin, getrieben von Romantik, von einer Unklarheit, die Myschkin wohl versteht und von der er allein ganz frei ist. Er ist der einzige, der Rettung bringen könnte, und wenn er sich für das winzige Etwas, das ihm in der entscheidenden Sekunde fehlt, des Wunders bedienen könnte, sei es auch nur, um den Ton seiner Stimme zu heben, wäre er der Retter.

Das darf nicht sein. Warum? Nicht etwa, wie gern geglaubt wird, weil diese Tat zu positiv für den Denker Dostojewski wäre, sondern weil das Nichts, auf das es ankommt, um Myschkins Gebärde zwingend zu machen, falsch im Ton wäre und das Gefühl fälschen würde, weil jede Romantik im Ton unvereinbar mit dem Wesen des Idioten, ungereimte Idiotie wäre. Denn Myschkin besitzt an Stelle des Schillerhaften Güte, etwas, das es sonst in dem ganzen Kreis nicht gibt und das leise sprechen muß, da es nicht drängt und wühlt, sondern ruhiges Fließen ist. Myschkins Innerlichkeit kann so wenig mit einem der hier aufeinanderplatzenden Idiome konkurrieren, wie sie mit den Beweggründen der anderen übereinstimmt.

Die Steigerung überspringt die Psychologie. Wohl kann der Tag, der minutenreiche Tag, der morgens mit der Einfahrt Myschkins und Rogoschins begann, so enden. Wir haben uns zwischen Gärten und engen Winkeln, zwischen Lachen und Weinen herumgetrieben. Nun ist Nacht, und der Rausch braucht die Flamme. Wohl hebt die Steigerung jeden Figuranten auf sein Maximum, sei es auch nur ein winziger Grad der Dämonie, die alle Hauptspieler emporreißt. Wohl regnen im Lauf dieses Tages der Tage genug Schläge und Stiche, daß die Gedemütigten und Beleidigten nun aufstehen dürften, gleich einem empörten Volk. Wohl wird vom frühen Morgen an genug an den Mauern zwischen den Menschen gebohrt, daß wir uns nicht über den krachenden Einsturz wundern sollten.

Wie wenig wird damit gesagt! Was kommt es auf dem Theater Rembrandts auf eine Handvoll Wahrscheinlichkeiten an! Andere, nur der Intuition gehorsame Mächte gebieten. Die Begebenheit wächst zu der Vision unterirdischer Kämpfe, von denen plötzlich die versteckende Wand weggenommen wird. Elektra schreit, und Hamlet flüstert seine Anklage ins Ohr der Mutter. Ein Erdbeben ist im Gange.

Wie die klingenden Schlitten mit der Herde Rogoschins und seinem Raub abziehen, stehen wir auf einem Trümmerhaufen und haben den Geschmack des Brandes im Munde.

Nach diesem wilden Akt behauptete Dostojewski, der erste Teil werde durchaus wirkungslos bleiben, sei nur ein Vorspiel, kläre nichts auf, stelle keine Probleme, habe nur den Zweck, dem Leser Lust zur Fortsetzung zu machen.[47]

Mit dieser mehr als genügend erreichten Absicht erschöpft sich der Akt nicht. Wir haben eine Katastrophe erlebt und stehen mitten in der Handlung. Nastasja ist mit dem wilden Rogoschin auf und davon. Viel eher könnte man sagen, die dramatische Handlung sei der psychologischen Verkettung vorausgeeilt und bedürfe deshalb dringend der Fortsetzung. Wohl versteht man, Nastasja wurde von wesentlichen Gründen getrieben, mußte so handeln, aber diese Einsicht erwächst uns weniger aus der Vertrautheit mit ihrem Charakter, der bisher nur im Licht flackernder Kerzen gezeigt wurde, als aus der zufälligen Situation an dem Abend, die der Übereilung ungemein günstig war. Fest steht, die Unglückliche hat sich kopfüber ins Verhängnis gestürzt, denn Rogoschin ist in allem und jedem unzureichend, und die Verbindung mit dem zügellosen Burschen ist reiner Wahnsinn. Ebenso verständlich ist die Unfähigkeit Nastasjas, sich von der Gebärde des Fürsten zurückhalten zu lassen. Dafür schien die Werbung zu wenig überlegt und trug zu deutlich das Gepräge des Geschenks, auch wenn Myschkin nicht im entferntesten daran gedacht hat. Jedes Geschenk aber mußte für die Unglückliche nur eine weitere Demütigung bringen.

Also ein gewaltsames Provisorium. Dies meinte Dostojewski mit seiner Kritik des ersten Akts. Die dramatische Zuspitzung hat zu einer unentwirrbaren Verknotung geführt. Wie geht das weiter?

Hier kommt es zu einer merkbaren Zäsur. Das zuletzt rasende Tempo stoppt plötzlich, anscheinend gehemmt von dem gewaltigen Aktschluß. Das Stück geht zunächst nicht weiter. Epilogartig, um den unvermeidlichen Bruch mit der Einheit des Orts und der Zeit noch deutlicher zu machen, und mit der absichtlichen Abkühlung Dostojewskischer Epiloge, beginnt der zweite Akt, und auch nach dem Einsetzen der Handlung behält er etwas von der Erzählung. Die Geschlossenheit des ersten Teils, Aufbau und Steigerung lassen aus.

Dostojewskis Lösungen erfolgen nie auf dem Wege, auf dem die Spannung begonnen wurde. Die aufgespeicherten Kräfte verstecken sich und führen, wenn sie wieder ans Licht treten, zunächst zu ganz unvorhergesehenen Gebilden, die eine neuere Steigerung hervorbringen. Nachher holt plötzlich ein fast zufälliger Griff alles nach und bringt die Synthese aus allen Teilen hervor.

Hintenherum und beiläufig erfahren wir, was aus Nastasja und Rogoschin wurde und wie sich der Fürst zu dem Paar verhielt. Doch bleibt es undeutlich. Der Fürst reiste in den nächsten

Tagen dem Paar nach Moskau nach. Nachher ist er mit Nastasja eine Zeitlang zusammengewesen. Nastasja flieht von Rogoschin zu dem Fürsten und bittet ihn verzweifelt um Rettung vor dem wilden Werber. Der Fürst willigt ein, fügt sich allen ihren Wünschen, bereit, das Leben mit ihr zu teilen. Sie soll von dem Selbstzerstörungswahn befreit werden. Sobald sie aber wieder zur Vernunft kommt, verweigert sie das Opfer und flieht zu Rogoschin zurück. Rogoschin ist ihr nichts, weniger als ein Lakai. Sie haßt Rogoschin, tut alles, um Rogoschins Liebe in Haß zu verwandeln, und erhofft nur von seinem Haß Linderung ihrer Qualen. Nur Myschkin könnte sie retten. Bliebe sie aber bei Myschkin, ginge er zugrunde. Das ist ihre fixe Idee. Sie verspricht Rogoschin die Heirat und läuft ihm im letzten Augenblick davon, tut so, als betrüge sie ihn mit anderen, nur um ihn zu betrügen. Die Selbstzerstörung geht weiter, und der Christusmensch ist verdammt, tatenlos zuzusehen.

Das alles reimen wir uns zusammen. Vieles geht aus dem Gespräch Myschkins mit Rogoschin bei ihrem ersten Wiedersehen in Petersburg hervor. Wir kommen nicht leicht über die Zäsur hinweg, denn erst viel später, nachdem wir den ganzen Roman aufgenommen haben, ergibt sich der Gesichtspunkt, der sie notwendig machte. Gegenwärtig stoßen wir uns an der Weigerung Dostojewskis, die wichtigste Seite der hinter uns liegenden Vorgänge nicht zu erhellen. Darf ein Dichter die Nachlässigkeit begehen, so wesentliche Teile der Handlung in die Kulisse zu rücken? Die Wichtigkeit des Mitgeteilten steht zu der Form der Mitteilung in schreiendem Mißverhältnis. Wir erfahren wenig mehr als die lokalen Bewegungen der Hauptpersonen und erschrecken über die Nacktheit des Tatbestands, wenn Myschkin erklärt, er liebe Nastasja nur aus Mitleid und sei deshalb kein Nebenbuhler Rogoschins. Versteckt sich hinter dieser verschwommenen Stelle nicht eine Gedankenflucht des Dichters, womöglich eine Flucht seiner Moral? Begeht der Idiot nicht etwa eine Blasphemie an dem Mitleid oder an der Liebe oder gar an seinem unsterblichen Vorbild? Was wollte Myschkin eigentlich, als er Nastasja die Hand anbot? Der moderne Skeptiker hat gleich zwei, mindestens zwei, Angriffe bereit; einen auf das Mitleid als solches, auf jegliche Art des Mitleid als unberechtigten und immer unergiebigen Eingriff in die Rechte des Nebenmenschen. Womöglich habe Myschkin erst das Unglück Nastasjas vollendet.

Das tut im Grunde nichts zur Sache, denn wie das Mitleid könnte man ebensogut das Leiden leugnen. Wird doch hier mit dem Mitleid keine Moral, keine Heiligkeit, sondern die tragische Situation zwischen zwei Menschen vertieft. – Der zweite Angriff präzisiert die Unergiebigkeit des Mitleids Myschkins. Man bestreitet dem Idioten die Fähigkeit, einer Frau helfen zu können, wittert schon jetzt in seiner Zurückhaltung, die bald noch viel problematischer werden wird, physiologische Hemmungen und leugnet ihm das Recht auf eine Beeinflussung Nastasjas, da das einzige Mittel, das der Unglücklichen zu helfen vermocht hätte, die Sinnlichkeit des Mannes, ihm versagt scheine. Solche Gedanken sind wiederholt gedruckt worden. Übrigens ist die Banalität des Einwands harmlos neben dem Zynismus, der dasselbe Argument gegen die höchste Instanz des Idioten zu richten gewagt hat.

Im vorliegenden Fall verschiebt diese Psychologie des Mastdarms unbillig das vom Dichter gestellte Exempel. Die Erotik des Fürsten hat mit dem Problem nichts zu tun. Von dieser wird nachher in einem anderen Fall, wo er als Liebhaber engagiert ist, zu reden sein. Hier steht nicht der Mann in Frage, sondern die Frau, und viel wichtiger, das geht aus allem hervor, sind ihre Hemmungen als die seinen. Wenn man schon so weit materialisieren und von Impotenz reden will, muß man diese tiefgründige Psychoanalyse auf Nastasja anwenden. Wir wissen nicht, was mit ihr in Moskau vorging, nicht einmal, ob sie sich Rogoschin hingab und welche Freiheiten sie den anderen Liebhabern par dépit, anderen »Lakaien«, erlaubte, ahnen nur, daß weder Rogoschin noch ein anderer sich eines wesentlichen Erfolgs mit Recht rühmen konnte, und erfahren später, soweit Dostojewski notwendig gefunden hat, dieses Detail zu berühren, daß sie tatsächlich bei aller Zügellosigkeit ihres Daseins körperlich unberührt blieb. Aber auch wenn sie Myschkins, Rogoschins oder selbst Kellers Mätresse gewesen wäre, hätte es ihr nicht geholfen. Der erotische Myschkin – empfindsame Leser mögen entschuldigen – kam nicht in Betracht. Was sie zu ihm hinzog, was sie, wie sich später immer mehr herausstellt, in Myschkin ein Idol erfassen läßt, ist just die »Hemmung« des Idioten, seine Reinheit. Sie war nicht die Frau, der das sexuelle Ventil Linderung verschafft hätte. Was sie erotisch zu geben hatte, war frühzeitig dem betriebsamen Totzki in die schmutzigen Pfoten gefallen. Dostojewski brauchte durchaus keine Ausnahme zu erdichten. Viele Frauen vermögen die mehr oder weniger mechanische Deflorierung in der Jugend nie zu überwinden und sind von da an geschlechtlich tot. Der Ekel erstickt alle Gelüste. Die Märtyrerin läßt sich eher kreuzigen, als sich zur Wiederholung des Spiels zu verstehen.

Nastasja ist das einzige gültige weibliche Exempel der Gedemütigten und Beleidigten, das der Stärke des Mannes aus dem Kellerloch gleichkommt, und nie wird sich die Kette ihrer Katorga lösen. Vielleicht träumt sie ebenso intensiv, wie der Kellerlochmensch dachte, malt sich die Sache schöner aus, als sie je werden könnte, und da sie auf dem Gipfel ihres Traums den Wurm erkennt, wie könnte sie von der Wirklichkeit Besseres erwarten! Der Lendemain beginnt für sie vor der Orgie.

Sie ist wahnsinnig, sagt der Fürst von ihr. Das Bewußtsein ihrer Minderwertigkeit läßt sich nicht heilen. Typisch, wie die Unnahbarkeit des erkalteten Kraters die Touristen anzieht und wie sie Schindluder mit ihren Trabanten treibt. Keine Hetäre von größter Virtuosität reicht ihr das Wasser. Je weniger sie von sich hält, um so geräuschvollere Feste gibt sie. Sie kennt nicht den reinigenden Rausch einer Gruschenka.

Die einzige Rettung läge in den Augen dieses allwissenden und unberührten Idioten. Zuweilen tastet sie nach ihm. Dann packt sie die Angst, die Reinheit seines Blicks, in dem sie sich badet, könne einmal, entzündet von ihrer Schönheit, das trübe Glosen annehmen, das sie in den Augen der Bewunderer kennt.

Bedarf es noch der Dissertation über die verspätete Pubertät des Fürsten? Der Schüler Freuds wüßte zu gern, wie das bei ihm aussah. Ich kann es ihm nicht verraten. Selbst ungemein robuste Menschen kommen manchmal spät zum Fleisch, da sie vorher andere Dinge im Kopf hatten. Sogar Dostojewski soll es so ergangen sein. Die Pubertät des Fürsten mag langsam gereift sein, da vieles in ihm wuchs. Sexuelles Spezialistentum wäre sicher nicht von ihm zu erwarten.

Und weil das alles so und nicht anders ist, weil es hier im Grunde nichts zu vertiefen gab, so wenig einer darauf fallen könnte, den Duft des Honigs über besonnten Blüten zu vertiefen, deshalb mag Dostojewski doch vielleicht mit seiner Zäsur recht gehabt haben, indem er von Moskau, wo sich Myschkin vergeblich mühte, Rogoschin vergeblich dampfte, Nastasja sich vergeblich immer tiefer verwundete, abbog und in Petersburg blieb. Er beging oft in seinen Werken artistische Schnitzer, indem er vorher betonte Dinge fallenließ, aber verbesserte seinen Gedanken. Ohne die augenblickliche Drucklegung des »Idioten« noch während der Arbeit wären die irreführenden Dissonanzen im Ton vermutlich vermieden worden.

In der Moskauer Verworrenheit, inmitten der vergeblichen Qualen des Liebhabers aus Mitleid, dem das Objekt zwischen den Fingern zerrinnt, erscheint dem Idioten plötzlich das Milieu mit den kindhaften Frauen, in das er einen Augenblick an dem Morgen des langen Petersburger Tages hineinsah, und er schreibt Aglaja den stotternden Brief, den Kolja, der gelassene Page, überbringt. Ein Lebenszeichen in Gestalt der Frage, ob Aglaja glücklich sei, unterschrieben: »Ihr Bruder Fürst Myschkin.« Man kann es nicht naiver machen. So beginnt es bei solchen Leuten; nicht in der Gegenwart des Gegenstands, sondern lange hinterher, nachdem die Phantasie die Optik ergänzte. Es bedrückt keineswegs die Moral Myschkins, sich eigentlich einer anderen versagt zu haben, und er mag sich nicht einmal mit dem Unterschied zwischen Mitleid und Liebe, der ihm später zum Bewußtsein kommen wird, entschuldigen. Auch dieser Formfehler entgeht ihm, denn womöglich wäre er fähig, zwei Frauen zu lieben. Myschkin hat seinen Selbsterhaltungstrieb so gut wie jeder Mensch, nur bestimmt ihn der Trieb nicht mit der Ausschließlichkeit gewöhnlicher Individuen. Er hat Sehnsucht, ist kein Schemen, keine Abstraktion, sondern ein Mensch, der zu anderen Menschen will. Dieses Bedürfnis gibt den Ausschlag und hält ihn sogar an, sich mit der Gesellschaft minderwertiger Individuen zu begnügen und jeden zu sich zu lassen, auch dann, wenn es für ihn gut wäre, allein zu sein und nachzudenken. Die Sehnsucht nach Menschen ist von so unteilbarer Gewalt, daß sie allein uns dahin bringen müßte, die Enge erotischer Beziehungen zu erkennen.

Mit dem Brief beginnt die eigentliche Handlung des zweiten Aktes. Das Schreiben kommt an die rechte Adresse, und bald folgt ihm der Absender. Wir müssen uns erst mit ihm durch die Familie des unerträglichen Lebedjew, bei dem sich der Fürst einquartieren wird, durchquälen, und dann kommt es zu dem großen Gespräch mit Rogoschin über die Moskauer Abgründe. Die Szene ist das Zentrum des Aktes, den man Myschkin und Rogoschin nennen könnte. Es handelt sich um die beiden.

Die Unterrichtung des Lesers von den Vorgängen der Zwischenzeit wird zum durchaus überwundenen Nebenzweck der Szene. Das gelingt mit souveräner Meisterschaft. Wie immer in solchen Fällen versteckt Dostojewski das artistische Hilfsmittel nicht, sondern gewinnt daraus ein psychologisches Motiv, indem er ein Drittes mit an den Tisch setzt. Nicht der Bericht, sondern die Art des Rogoschinschen Berichts über die Erlebnisse mit Nastasja wird zum erregenden Faktor der Szene, die sich sehr schnell zu einem verborgenen Kampf zwischen Erzähler und Zuhörer zuspitzt. Wir sind auf einmal wieder mitten im Drama. Man berührt die heikle Stelle des Fürsten, sein Mitleid. Hehe, meint Rogoschin, so ein Mitleid sei vielleicht stärker als die Liebe anderer Leute, und er ahnt nicht die Wahrheit seiner

Worte. Der Fürst spürt das Mißtrauen, und weniger sein eignes Interesse als der Wunsch, Rogoschin zu helfen, treibt ihn zu leiser Abwehr. Er sieht nicht das Dritte, das mit an dem Tisch sitzt und ihn zu verschlingen droht, sondern sucht den verworrenen Tatbestand zu durchschauen. Es wäre wohl gut, von Nastasja zu lassen, gibt er Rogoschin zu bedenken, gut für Nastasja, die man ins Ausland bringen müßte, vielleicht in einen Schweizer Garten, gut für Rogoschin, der mit dieser Frau nie glücklich werden kann. Rogoschin lauert. Will der mitleidige Fürst nicht zufällig auch ins Ausland? Da könnte er dann sein Mitleid in aller Schönheit betätigen. Es ist ja wohl auch nur ein Zufall, der ihn hierher nach Petersburg gebracht hat, fast gleichzeitig mit Nastasja.

Myschkin übersieht den Argwohn und antwortet harmlos. Nein, er wird sie nicht ins Ausland begleiten, und nicht ihretwegen ist er hier, will aber für sie sorgen. Wie ein Bruder möchte er das tun. Auch Rogoschin möchte er Bruder sein, und nur deshalb widerrät er der Heirat. Eine Ehe, der so viel Qual voranging, wird schwerlich gut.

Rogoschin konstatiert, wie oft sich die Ideen der Frau und des Fürsten begegnen. Auch die Revanche-Idee hat Nastasja gehabt. Wirklich, sie passen ausgezeichnet zusammen. Ja, gequält habe sie ihn reichlich; das müsse ihr der Neid lassen, und er hat sie einmal, als sie mit Keller drohte, geschlagen, bis sie blaue Flecke bekam. Darauf hat er sechsunddreißig Stunden nichts gegessen und nichts getrunken, um sie zu versöhnen. Sie fuhr mit den anderen ins Theater, und als sie wiederkam, saß er immer noch da. Es langweilte sie. Hungerkur, sagte sie, stände ihm schlecht, denn ein Lakai hungerte nicht, sondern nähme, was er kriegen könnte. Sie versäumte, ihr Schlafzimmer abzuschließen, alles nur, um ihm ihre Verachtung zu zeigen. Anderentags saß er immer noch da. Aus Langeweile willigte sie endlich ein, sagte ihm die Heirat zu, aber nachher lief sie wieder weg, und jetzt soll doch wieder Hochzeit sein.

Vielleicht wird es noch gut, stottert Myschkin.

Nein, schreit Rogoschin, erbost über die Phrase, gut kann es nie werden. Aus Gift macht man keine Milch. Sie haßt ihn. Sie kann von ihrem Haß so wenig lassen wie er von seiner Liebe. Das ist nun einmal so. Allen Haß auf Totzki und die ganze Sippschaft muß Rogoschin fressen. Sie könnte gar nicht anders, selbst wenn sie wollte. Möglicherweise hat sie gewollt, hat versucht, ihn zu lieben, hat ihn besser machen wollen, hat ihm sogar die Geschichte von dem Kaiser in Canossa erzählt und ihm Geschichtsbücher gegeben. Sie kann nicht, und er kann auch nicht.

Der Fürst redet ihm zu, wie ein Kind einer giftigen Viper zuredet, nicht zu beißen. Er versteht nicht, warum Nastasja immer wieder zu Rogoschin zurückkehrt, wenn sie ihn wirklich haßt. Sie muß einen Anlaß haben, auch wenn man ihn nicht sieht. Wahrscheinlich verstellt sie sich nur und denkt anders über Rogoschin, als sie spricht. Denn, haßte sie ihn wirklich und heiratete ihn doch, wäre es doch nichts anderes als ein Selbstmord. Ebensogut könnte sie ins Wasser gehen oder ein Messer nehmen.

Aber das ist es ja, das und nichts anderes, eine Form des Selbstmords. Der eine macht es so, der andere so. Wenn sie ihn heiratet, geschieht es nur, um sich umzubringen. Vielleicht wird jetzt selbst so ein Idiot die Lage kapieren.

Rogoschin kocht. Das Dritte am Tisch schwillt und bläht sich, wird zur dunklen Wolke, und dem Fürsten dröhnt der Schädel. Mechanisch spielt er mit einem Messer, das in dem Buch liegt. Rogoschins Augen heften sich auf die Klinge. Laß das liegen! sagt er und nimmt ihm das Ding weg. Nun berichtet er Myschkin das letzte. Eigentlich brauchte er es kaum zu sagen, denn das sieht ein Blinder, daß Nastasja nur einen einzigen liebt, so liebt, wie sie von Rogoschin geliebt wird, genau so. Sie hat es ihm laut und deutlich gesagt. Dieser Eine ist alles für sie. Für den Einen ließe sie sich zerreißen, und aus Liebe zu ihm geht sie nicht zu ihm, um ihn nicht zu verderben, läßt sich lieber von Rogoschin massakrieren. Auch das hat sie ihm laut und deutlich gesagt.

Myschkin spielt wieder mit dem Messer. Eine Krankheit! murmelt er. Eine Krankheit! – Und wie komisch, mit so einem großen Messer, fast einem Gartenmesser, Bücher aufzuschneiden. Zum zweiten Male reißt ihm Rogoschin das Messer weg und schleudert es in die Ecke. In der Wolke blitzt es wie Wetterleuchten.

Myschkin ist nicht groß in der Szene; das läßt sich nicht abstreiten. Er redet belangloses Zeug, weiß keinen Ausweg, stottert, spielt mit dem Messer.

Wenn er wirklich ein Christusmensch wäre – so denkt dieser und jener –, müßte er helfen können, sei es auch nur mit ganz tiefen und eindrucksvollen Worten. Auch bricht er nicht in Tränen aus, sondern trägt eine Art Abgewandtheit zur Schau, und mittendrin muß er über das sonderbare Bildnis des Vaters an der Wand lächeln.

Ein Christus ist er nicht. Das Wunder, Nastasja von ihrem Wahn zu befreien und Rogoschin zu heilen, bleibt ihm versagt. Er weiß das und versucht es deshalb gar nicht. Deshalb hat es nicht viel Sinn, große Worte zu machen. Vermutlich hat Christus auch nicht die schönen Worte geredet, die man ihm nachsagt. Er hatte etwas in seinem Wesen, das zu den Menschen sprach, war für sich, wo andere sich ausbreiten, breitete sich aus, wo andere für sich bleiben.

Die Güte Myschkins kann manchem, der mit Realitäten zu rechnen gewohnt ist, zweifelhaft scheinen. Einer hat sich geärgert, daß er manchmal leise sprach, ohne deshalb etwas Besonderes zu sagen. Das Wort war bei diesen Menschen nur ein Teil der Gebärde, und die Gebärde nur ein Teil seiner Schönheit. Das mußte ein Dichter in Worte fassen, zuweilen in nichtssagende Worte. Myschkins Schönheit ist die Arglosigkeit, obwohl er alles versteht. Das ist neben einem Wundertäter wenig; sogar neben einem von den Forderungen der Zeit durchdrungenen Tätigkeitsmenschen ist es nicht viel. Er hätte nicht daran gedacht, Organisationen zur Hilfe der Bedrückten zu schaffen, aber wenn sich eine Sache zum Denken bot, dachte er, ob sie ihn oder andere anging, und wenn er handelte, tat er ebenso. Er war furchtsam, aber das Interesse an den Menschen, vor denen er sich fürchtete, überwog. Er konnte mit dem Messer spielen, konnte sich an der Wolke über seinem Haupt ergötzen, selbst wenn sie den Blitz enthielt, der ihn erschlagen mußte. Es fehlte ihm wohl an Kraft, weshalb man ihn nicht für voll nahm, und er schien tatsächlich in Momenten, wo man Tatkraft von ihm erwartete, ein richtiger Idiot. Vielleicht sprach aber nur der Schein gegen ihn und die Gewohnheit der anderen, aus jedem Menschen den nächstbesten Nutzen zu ziehen. Vielleicht war er klüger als andere, da er die Unzulänglichkeit des nächstbesten Nutzens durchschaute. Vielleicht waren seine Momente nicht die der anderen, und er erlebte ihrer mehr als der Normale und gab dafür seinen Atem her. Er sparte sich nicht. Während andere Kranke eine Ökonomie lernen, die sie wählerisch macht, trieb ihn sein Gebrechen zu einer fließenden Hingabe an alle. Diese unrationelle Hingabe war schön, reizte die Menschen und entwaffnete sie. Rogoschin weiß nicht, was er von ihm halten soll. Nichts von Myschkins Worten überzeugt ihn, nur das Unangreifbare des Wehrlosen geht ihm auf. Den Fürsten drückt die Wolke, er will hinaus. Rogoschin läßt ihn ruhig. Zwischen Tür und Angel spielt Myschkin ahnungslos noch mal mit dem Messer, und Rogoschin fragt ihn, ob er an Gott glaube, wieder eine lauernde Frage. Als Antwort gibt der Fürst seine drei Geschichten zum besten. Erst die von dem gläubigen und höchst ehrenhaften Russen, der keinem Menschen Böses tat, aber sich in die Uhr eines Freundes vernarrte und nicht umhinkonnte, nachdem er sich gehörig bekreuzigt und Gott um Verzeihung gebeten hatte, dem Busenfreund die Kehle durchzuschneiden. Diese Geschichte amüsiert Rogoschin außerordentlich, und er lacht, daß die Wolke zittert. Die zweite Geschichte handelt von dem Soldaten, der dem Fürsten das Kreuz, das von Silber sein sollte, für vierzig Kopeken verkaufte, während man es auf den ersten Blick als von Zinn erkannte. Der Fürst band sich das Kreuz sogleich um den Hals, und der Soldat ging und vertrank das Geld. Und auch diese Geschichte, die viel von Rußland und von Myschkin enthält, muß Rogoschin gefesselt haben, denn nachher bittet er

Myschkin um das Kreuz. Der Fürst gibt den Kommentar. Das religiöse Wesen, muß man wissen, wird von praktischen Dingen nicht berührt, nicht von Vergehen und nicht von Verbrechen, und alle Gottlosen reden an der Sache vorbei. Dieser Kommentar erschüttert Rogoschin. Da tauschen sie die Kreuze und werden Kreuzbrüder, und Rogoschin führt seinen Bruder zu der greisen Mutter und läßt sie den Fürsten segnen, wie einen eignen Sohn. Rogoschin und Myschkin umarmen sich. Die Szene hat etwas von altrussischen Ikonen.

Der Fürst schlendert durch die Stadt. Es ist heiß. Die Wolke, die vorher über ihm war, ist jetzt in ihm drin und bedrängt ihn. Er ist unzufrieden, mit sich, mit Rogoschin, mit Nastasja. Wie soll alles das werden? Er weiß, welcher Gefahr er heute entrann und daß er ihr noch nicht entronnen ist. Es gibt in seiner Nähe einen Menschen, der morden möchte, den er auf den Mordgedanken gebracht hat. Diese Tatsache, nicht die Frage nach dem Gegenstand des Mordes, bedrückt ihn. Da blitzt ein heller Schein vor ihm, derselbe Schein, der ihn in den Moskauer Qualen zu dem Brief trieb. Aglaja ist mit ihren Eltern in dem Landhaus in Pawlowsk. Hin zu Aglaja!

Schon ist er auf dem Bahnhof, kauft das Billett, betritt den Perron. Und auf einmal dreht er um, verläßt den Bahnhof und begibt sich auf den Weg zu dem Hause Nastasjas. Die Stelle ist dunkel. Der drohende epileptische Anfall, den Myschkin fühlt, liefert ihn der Willkür seiner Instinkte aus und raubt ihm die Überlegung. Was will er bei Nastasja? Man darf Dostojewski nicht zutrauen, sich mit der Berufung auf die Epilepsie der Verantwortung entziehen zu wollen. Myschkin ist unverantwortlich, nicht der Autor, und die Krankheit gehört ebenso zu der Dichtung wie etwas anderes. Wenn die Epilepsie den Fürsten willenlos macht, haben wir in diesem Zustand eine gültige Form seiner Art zu sehen, womöglich seine reinste Form, den Idioten im Urzustand.

Es wird von seinem Dämon gesprochen und mindestens der Anschein eines der Sünde nachsteigenden Myschkins hervorgerufen. Doch kann er von dem Gang keine Sättigung primitiver Triebe erwarten, denn er vermutet mit Recht Nastasja ebenfalls in Pawlowsk, geht also nur nach dem Hause Nastasjas, nicht zu ihr. Eins weiß er mindestens ebenso sicher: Rogoschin, der ihn vom Moment seiner Ankunft in Petersburg an belauert hat, dessen glühende Augen ihn schon den ganzen Tag verfolgen, wird ihn auf diesem Wege erst recht nicht allein lassen. Er spürt die Augen auf seinem Rücken bei jedem Schritt, und es mag dieser Schlangenblick gewesen sein, was ihn abhielt, den bereits wartenden Zug nach Pawlowsk zu besteigen. Also ein Spielen mit dem Messer? – Ja, ein Spielen ist es, aber nicht mehr gedankenlos und mechanisch; zum mindesten ein gefährliches Spielen, denn wenn Rogoschin wirklich hinter ihm ist, muß er alle Beteuerungen des Kreuzbruders für Schwindel halten, und der Nebenbuhler wider Willen wird zum Dieb. Das kann Myschkin bei aller Verworrenheit seiner Instinkte, die von dem Gespräch mit Rogoschin furchtbar erregt sind und der krankhaften Explosion zudrängen, nicht entgehen, und es entgeht ihm auch nicht. Er will sündigen, wenigstens zum Schein, den drei Geschichten von russischer Gläubigkeit eine vierte hinzufügen. Er will sündigen, so gut er kann; nicht der Sünde wegen, denn nicht Nastasja lockt ihn. Es ist unvorstellbar, er könnte dem banalen Dualismus erotischer Gelüste unterliegen, sich etwa fleischlich nach Nastasja, geistig nach Aglaja sehnen, nach dem bekannten Schema. Nein, er will sündigen, um sich aus dem Nebel, der ihn von Rogoschin trennt, zu lösen, um auch sein Teil Verderbtheit zu tragen, um die passive Rolle, zu der ihn seine Idiotie verdammt, aufzugeben. Denn wenn wir einsahen, daß selbst ein Heiland ohne Wunder einem Rogoschin und einer Nastasja nicht zu helfen vermochte, braucht diese unsere Einsicht nicht den Fürsten zu hindern, über seine Ohnmacht verzweifelt zu sein. Das Bewußtsein seiner Reinheit, selbst wenn er es hätte, ist kein Ersatz.

Bedrückt von seiner Gedankenschuld, schleicht der Sünder ohne Sünde von dem vergeblichen Gang nach dem Hause Nastasjas in sein Gasthaus zurück. In dem düsteren Gang lauern die glühenden Augen. In dem Augenblick, da das Messer Rogoschins auf ihn gezückt wird, kommt der epileptische Anfall und rettet den Niederstürzenden vor dem Mörder.

Bekanntlich gingen den epileptischen Anfällen Dostojewskis Augenblicke großer Hellsichtigkeit und Verzückung voraus, in denen er der Erfüllung aller Wünsche nahe war und den reinsten Extrakt seiner Idee genoß. In diesen Momenten besaß er das Bewußtsein überirdischer Kräfte.[48] Für die Darstellung der epileptischen Anfälle Myschkins hat er sich des eignen Krankheitsbilds bedient, hat es sublimiert und ins Dramatische übertragen, wobei das krankhaft Willkürliche des rettenden Anfalls zur organischen Steigerung der Diktion führt. Myschkin glaubt mit der überirdischen Kraft seiner Erleuchtung den Mord gebieten, den verblendeten Kreuzbruder retten zu können, und schreitet sehenden Auges dem Messer entgegen.

Der Kranke, der sich schnell erholt, wird nach Pawlowsk zu dem zappelnden Lebedjew gebracht, und jetzt tritt das Vorderhaus des Romans in Erscheinung. Myschkin kommt wieder mit Jepantschins zusammen. Der Garten lacht und verheißt Gesundung. Aglaja blüht.

Wieder dreht sich die Darstellung. Vom Objekt werden Ansichten gezeigt, auf die wir kaum rechnen konnten. Das Dämonische verschwindet ganz oder rückt in den Hintergrund, wo es zu einer kaum merkbaren wolkenhaften Kulisse wird, und vorn spielt ein Gesellschaftsroman großen Stils. Im Mittelpunkt ein Juwel von seltenster Kostbarkeit, der hauchartige Beginn einer Liebesgeschichte: Myschkin und Aglaja.

Die Handlung büßt das Relief ein. Verglichen mit dem vorhergehenden Stück, geschieht wenig auf der Bühne, und es wird immer weniger möglich, sich die Vorgänge dramatisiert zu denken. Wohl trägt auch jetzt der Dialog die Begebenheit, aber differenziert sich auf so mannigfaltige Art und bedient sich so verschwiegener Mittel, daß unser Hirn nichts von dem lesbaren Komplex abzugeben vermag. Was die Handlung an Relief verliert, gewinnt sie an Tiefe. Vergleichsweise geschah vorher wenig in dieser Tiefe, und man begreift jetzt schon besser, wie Dostojewski den ersten Akt eine Ouvertüre nennen konnte. Man kommt dem idealen Thema des Romans immer näher und könnte geradezu von einer Handlung der Abstraktion reden. Wir werden in ganz anderer Weise als vorher gespannt. Der Humor Dostojewskis, der in den gesellschaftlichen Teilen des Romans den Gipfel ersteigt, führt die Regie. Eben noch willenlos dem Dunkel preisgegeben, lassen wir uns wieder ohne Widerstand in die Helle führen und finden das ganz natürlich.

Die Generalin Jepantschin, die Babuschka, erhält eine Hauptrolle. Wie eine geplusterte Henne aus Kotschinchina sitzt sie auf ihrem Liebling Aglaja, die nicht stillhält und die Ballade vom armen Ritter vorträgt. Kolja, Enfant terrible und Postillon d'amour, interpretiert diese und jene Legende. Der Fürst leistet sich das Maximum von Ungeschicklichkeit, enttäuscht Aglaja bei jeder Gelegenheit und erwirbt sich damit immer mehr ihre Neigung. Die erste Probe auf sein Rittertum bringt der plumpe Angriff der wilden Horde, die Burdowski, den angeblichen Sohn des Wohltäters Myschkins, umgibt. Zahllose Menschen tummeln sich auf der Szene. Gerade sind Jepantschins nebst allem Zubehör bei dem Fürsten. Dazu natürlich Lebedjew und Familie.

Die Horde führt eine chantage faustdicken Kalibers auf. Der verstorbene Pawlischtschew hat den Fürsten in der Schweiz unterhalten und ihn zum Erben seines beträchtlichen Vermögens eingesetzt. Burdowski bildet sich ein, illegitimer Sohn des reichen Mannes zu sein, bestreitet Myschkins Anspruch auf die Erbschaft, die vielmehr ihm, dem leiblichen Sohne, zukomme. Juristisch freilich sei das Testament unanfechtbar, aber ein Mensch, der sich auf solche Weise bereichere, verdiene keine Lorbeeren. Wenn aber schon der durchlauchtige Fürst die Erbschaft antrete, müsse er wenigstens die Summen ersetzen, die Pawlischtschew vorher für seine Pflege in der Schweiz ausgegeben und damals seinem eignen Sohn entzogen habe. Die Geschichte ist kompliziert und die turbulente Szene sehr lang.

Zum Besten ihres armen Waisenkindes haben seine sauberen Genossen in einer unterirdischen Zeitschrift einen von Verleumdung und Hohn triefenden Angriff auf den Fürsten losgelassen. Er erscheint als ein zum Trottel degenerierter Sproß einer verwahrlosten Rasse und Klasse, mit dem Stigma der Lächerlichkeit. Die Geschichte hat etwas von Pariser Fin de siècle, und die verlausten Kameraden des Waisenknaben, in deren Art und Gebaren sich die »Dämonen« ankündigen, geben sich höchst aktuell.

Auf Verlangen der Generalin wird der Aufsatz vorgelesen. Alles ist gespannt, wie sich der Fürst des unerhörten Angriffs erwehren wird. Die ganze Familie Jepantschin, Aglaja inbegriffen, erwartet, daß der Ritter sein Visier schließen und die Bande zu Atomen zertreten werde. Nichts dergleichen geschieht. Myschkin ist zuerst höchst verwirrt. Die Erpresserbande bekommt immer mehr Oberwasser und wälzt sich in Schmähungen, und es macht einen jämmerlichen Eindruck, wie Myschkin die Bande immer wieder bittet, sich nicht aufzuregen, er, der Fürst, der unsinnig Beleidigte. Die Generalin zittert vor Entrüstung über ihn. Aglaja ist erstarrt. Den Fürsten verwirrt die Schwierigkeit, die sehr verworrene Geschichte vor so vielen Menschen klarzustellen. Möglich wäre es, denn er weiß, wie das alles zusammenhängt. Wenn man ihm nur Zeit lassen wollte, würde er haarklein alles auseinandersetzen, und keiner dächte mehr an Beleidigung. Natürlich hätten sie recht, ihn lächerlich zu machen und zu verachten, wenn sich die Sache so verhielte, wie sie glauben, allen Ernstes glauben, und deshalb denkt er nicht daran, sich beleidigt zu fühlen. Es sieht nur so aus, als wären sie Gauner, die ihn übertölpeln wollen. In Wirklichkeit sind sie selbst Opfer einer Gaunerei. Wenn man ihm nur Zeit lassen wollte! Natürlich sollte man, ohne ganz genau Bescheid zu wissen, solche Schmähartikel nicht loslassen, sollte vor allem nicht achtbare Verstorbene wie seinen Vater und seinen Pflegevater, diesen herrlichen Wohltäter, beschimpfen, aber man weiß ja, wie so etwas vor sich geht. Der Herr Burdowski hat sich von

Herrn Keller helfen lassen, und Herrn Keller ist sogar dieser Lebedjew beigesprungen, Lebedjew, der immer so tut, als vergehe er vor Liebe zu dem Fürsten. Nun, er hat das Elaborat nur sprachlich vervollkommnet. Auch das ist schließlich nicht so schlimm, denn es mußte ihn reizen, seine literarischen Fähigkeiten glänzen zu lassen.

Auch in Rußland gibt es in der Gesellschaft einen Ehrenkodex mit Hakenkreuz und Schwertern. Der fordert, daß man sich bei solchen infamen Dingen nicht mit Wenn und Aber aufhält, sondern dreinschlägt. Alle Blicke der Familie Jepantschin fordern: Stoß zu, oder du bist ein Feigling! Alle Glieder der Familie Jepantschin leiden Qualen, weil Myschkin noch immer nicht daran denkt, zuzustoßen. Die skizzenhaften Jünglinge aus den »Dämonen« triumphieren. Du kannst uns zwar die Treppe hinunterwerfen lassen, aber auch das würde nicht viel beweisen.

Nein, es würde nichts beweisen, sagt der Idiot. Es wäre sogar sinnlos. Da ist zum Beispiel dieser Ippolyt, der am widerlichsten geifert, so ein halbgarer Jüngling mit Tuberkulose im letzten Stadium, der gleich die Gesellschaft zu seinem Begräbnis einladen wird. Wie käme so ein Kranker dazu, seinen letzten Atem für so einen Schwindel herzugeben? Nur Ruhe, gleich wird man alles einsehen. Verzeihung, setzen wir uns, bitte, setzen wir uns!

Der Fürst erklärt die Geschichte, ohne auf die Zwischenrufe der Familie Jepantschin und der Horde zu achten. In der Schweiz bei Dr. Schneider gab es auch solche Leute, die nie hören wollten, wenn man ihnen etwas vernünftig auseinandersetzte, und man mußte große Geduld haben, aber schließlich, wenn sie nicht allzu krank waren, hörten sie doch zu und nahmen Vernunft an. Herr Burdowski ist offenbar krank, denn man sieht ja, er kann vor lauter Bewegung nicht zwei Worte sagen. Nun, ganz genauso ist es Myschkin selbst ergangen. Die Erregung überwältigt einen, und man ist Idiot.

Unerträglich! murmelt es auf der Seite der Jepantschins. Schließlich kommt es ans Licht. Ein Winkeladvokat hat die ganze Geschichte angezettelt. Dieser Winkeladvokat kam zu dem Fürsten, der soeben geerbt hatte. Der Fürst erkannte den Schwindel, aber beauftragte zur Sicherheit Ganja, den Fall zu untersuchen, und gleichzeitig bestimmte er 10000 Rubel für Herrn Burdowski. Denn höchstens so viel habe der Pflegevater für den Schweizer Garten damals gezahlt. Obwohl nun Herr Burdowski in Wirklichkeit gar nicht der illegitime Sohn des verehrten Wohltäters sei, solle es doch bei den 10000 Rubeln bleiben, denn schließlich stehe Herr Burdowski doch gleichsam für einen Sohn da und habe es sich so gedacht.

Ganja tritt vor und bestätigt alles haarklein. Burdowski hat seine Mutter vergeblich des Fehltritts mit dem verehrten Wohltäter bezichtigt. Hier die Beweise.

Die Horde senkt die Köpfe, denn die Tatsachen erlauben keinen Zweifel. Der schwindsüchtige Ippolyt faßt sich zuerst und gibt auch Herrn Burdowski die Fassung zurück. Wenn dem so ist, wie kommt der Fürst dazu, arme aber anständige Leute mit Almosen beleidigen zu wollen? Man dankt dafür ganz ergebenst, dankt sehr energisch. Noch einmal geifert die Bande.

Der Fürst ist traurig. Er hat es plump gemacht, hat sich hinreißen lassen, zuviel zu sagen, und nun ist es natürlich dem armen Burdowski unmöglich geworden, die 10000 Rubel anzunehmen. Auch hätte er nie und nimmermehr vermuten dürfen, Burdowski leide an seiner Krankheit. Alles macht man verkehrt. Er bittet um Verzeihung.

Da bricht die Babuschka los, und es geht ein Donnerwetter über die Bande, über den Fürsten, über den Gemahl, über die Töchter, über die ganze aus den Angeln geratene Welt. Und dieser Fürst, dieser Idiot, wird natürlich morgen zu der Bande hingehen und versuchen, wieder anzubändeln, um ihnen die Füße zu lecken, um seine 10000 Rubel anzubringen.

»Wirst du hingehen, ja oder nein?«

»Ja, ich werde hingehen«, sagt dieser Mensch.

Sie gerät in solche Wut, daß sie sich fast an Ippolyt, dem Schwindsüchtigen, vergreift, was sie natürlich nicht abhält, ihn gleich darauf in die Arme zu nehmen. Und schließlich faßt Ippolyt das letzte Resultat mit der Erklärung zusammen: »Wir sind sämtlich lächerlich gute Menschen!«

In dieser Szene nähert sich der Idiot dem hohen Symbol. Nicht anders könnte ein moderner Christus handeln, die Dornenkrone blutigsten Spotts ruhig hinnehmen und die Wahrheit suchen und die Spötter zur Sachlichkeit bekehren. Das Schlechte ist immer nur relativ. Jeder hat etwas Schlechtes, und der Christusmensch hat sein vollgemessenes Teil, aber hinter allem Schlechten steckt ein unverlierbares Menschliches, das nur durch ein unvermeidliches Versehen nicht zur Wirkung gelangt. Und man kann das Schlechte wegnehmen. Es läßt sich fast immer ganz leicht entfernen. Gelingt es, so hat auch das Böse sein Gutes gehabt. Unverbesserlich schlechte Menschen, professionelle Gauner sind äußerst selten. Wir sind nicht lächerlich gut, aber lächerlich dumm, lächerlich wenig unterrichtet über die richtige Verwendung unserer Kräfte. Wenn man alle Zusammenhänge hätte, wäre der Menschheit spielend zu helfen.

Die Symbolik dieser Szene ist frei von aller Metaphysik und wirkt deshalb so stark. Sie vertieft unsere Sachlichkeit, belehrt uns nahezu praktisch, als sei wirklich mit dem Idioten etwas Neues gekommen, dessen wir alle teilhaftig werden können, und als bedürfe es nicht des unmöglichen Verzichts auf die sündhafte Anlage unsrer Natur, um besser zu werden, sondern nur des Nachdenkens, das noch dazu ungemein interessant ist. Das bestrickt uns. Nie tritt der Idiot aus seiner Idiotie heraus und schmückt sich mit einem Nimbus, den unsere Sachlichkeit nicht hinnehmen könnte. Nur ein wenig nachdenken, so findest du, daß weder ich noch du, noch er Gauner sind, sondern daß wir alle begaunert werden; von wem oder was, tut nichts zur Sache. Die Skepsis des modernen Menschen empfiehlt den Widerstand gegen die Gaunerei. Auch die Religion empfiehlt nichts anderes. Natürlich entgeht man nicht der Gaunerei. Morgen ist es wieder so, und übermorgen werden wir wieder nachdenken.

So wird das Wort von der Liebe zu den Feinden und dem Segen

für die Fluchenden erneut. Schon ahnen wir die Erneuerung der ganzen Legende. Aglaja hat eine zu kleine Ballade gewählt. Dieser Mensch kann Wunder tun, nicht mit einer überirdischen Fähigkeit, sondern mit seiner Einfalt, mit seiner durchaus nicht primitiven und aller Stilisierung ledigen Einfalt. Kein Heiland in härenem Gewand, sondern ein Mensch wie wir alle, neumodisch angezogen und mit Gedanken von heute. Schon wirbt das Heil Jünger. Die Horde, die ihn blutig geißelte, beugt sich zerknirscht. Wohl erklärt der schwindsüchtige Giftpilz plötzlich, er hasse »den Jesuiten mit der Sirupseele« grenzenlos, aber dieser Giftausbruch ist nur der letzte vergebliche Versuch, den Durchbruch der Liebe zu hindern, die allen Kakophonien der Spötter den Boden entzieht. Morgen wird er ihm die Hände küssen.

Mit Jepantschins steht es nicht anders. Der Idiot hat geheiligte Vorstellungen erschüttert, und der Kodex wackelt. Aglaja, die auf ihn lieber eitel als stolz sein möchte, tut wie Ippolyt und verheißt ihm glühenden Haß. Nach drei Tagen, die er still in seiner Klause zubringt, verbietet sie ihm, je wieder den Fuß über ihre Schwelle zu setzen. Und die drollige Henne von Mutter kommt angeschossen und sagt dasselbe. Nie wird sie so einem Idioten ihre Tochter geben, falls er sich etwa solche Schwachheiten einbilden sollte.

Nein, flüstert der Fürst schüchtern, an dergleichen denke er natürlich nicht.

Nie hat der Humor eines Dichters tiefere Dinge gewürzt. Wir sind weit von den Humoresken vor und in Sibirien. Noch immer ließe sich von einer Situationskomik reden, aber die Situation wird von leichtesten Schwingungen getragen, und die Komik verzerrt nichts, sondern trägt Realitäten in den leichten Bau. Wir sind weit von Don Quichotte, kommen dem »Positiven«, das der Dichter träumte, immer näher, sehen den Idioten immer freier in seiner Schönheit, und der Humor wird zu dem Licht, das die Maske löst. Sogar Keller, der Boxer, wird lächerlich gut. In einem Dialog von unbezahlbarer Komik wird der boxerhafte Zynismus präsentiert. Überwältigt von der eignen Seelengröße, reduziert Keller den geplanten Pump auf ein Minimum. Seine Seele, klagt er, sei immer nur theoretisch großartig und bekomme leider vor der Wirklichkeit lange Finger. Eigentlich wollte er dem Heiland beichten, hatte sich ein ganzes »Ragoût fin aus Tränen« zurechtgemacht, und nach der Beichte dachte er es sich leicht, das Darlehen anzubringen. Nicht wahr, eine Gemeinheit? – Und Myschkin, höchst ernsthaft, antwortet, das Gemeine beruhe nur auf dem mißlichen Zusammentreffen zweier Gedanken, und das passiere auch ihm alle Tage. Dieses Problem von den doppelten Gedanken beschäftige ihn schon lange, und er freue sich ungemein, Herrn Keller auf demselben Wege zu treffen.

Spürt man, wie der Humor immer gerade die schwachen Stellen des Idioten, wo sich unsere Skepsis festhaken könnte, stützt und wie die Gestalt langsam immer realer wird?

Nachdem sich die Generalin den Zorn von der Seele geredet hat, beschließt sie, den Fürsten wieder zuzulassen.

Er dürfe doch nicht, wehrt sich Myschkin; Aglaja habe es verboten.

Das bringt die temperamentvolle Babuschka aus dem Häuschen. Sie kann ihre Freude nicht bändigen und wettert über den Tropf, der gar nicht begreift, daß so ein Verbot nichts anderes als den strikten Befehl bedeutet, sich umgehend zu der mißratenen Tochter hinzuscheren. Da kann er sich auf etwas gefaßt machen, denn dieses mißratene Mädchen, echte Tochter ihrer Mutter, braucht einen Hausnarren, und so einen wie den bekommt sie so leicht nicht wieder. Eigenhändig schleppt sie ihn in ihr Haus.

Diese beiden Akte, denen man anfangs, bestrickt von dem Schwung des ersten, mißtrauisch gegenüberstand, haben sich zu einer ungleich höheren Dichtung entwickelt. Von hier aus erkennt man die Grenzen eines stark dramatischen Gefüges und den Besitz des Romans an eignen Werten, zumal an Lyrik. Im vierten Akt verklingt langsam die Lyrik, und das dämonische Wolkengebirge des Hintergrunds rückt wieder vor. Aber vor dem Verklingen entfaltet die Lyrik noch einmal alle ihre Reize. Myschkin, höchst bedrückt von seinem Ungehorsam gegen den höheren Befehl, bedauert sein höchst unpassendes Benehmen, seinen zurückgebliebenen Verstand, sein ganzes unpassendes Dasein. Da springt Aglaja auf. Warum er das sage, hier sage, zu diesen Menschen sage, zu diesen Menschen? Alle Anwesenden sind nicht seinen kleinen Finger wert, reichen weder an seinen Verstand noch an sein Herz heran. Er ist klüger und edler als sie alle. Nur verzerrt er leider mit seiner verdammten Art alle seine Eigenschaften, hat keinen Stolz.

– »Der arme Ritter! Hurra!« schreit Kolja.

Die Mutter ist entsetzt, alles ist entsetzt, aber Aglaja hat Blut geleckt. Übrigens denke sie nicht etwa daran, Myschkin zu heiraten. So einen lächerlichen Menschen könne man natürlich nicht heiraten. Man sehe nur, wie er dastehe. Er möge gefälligst mal in den Spiegel gucken. Nie wird sie so etwas heiraten!

– »Aber er hat dir ja noch gar keinen Antrag gemacht!« meint eine Schwester. Und Myschkin beschwört, er habe ihr keinen Antrag gemacht.

– »Was?« donnert die entrüstete Babuschka.

Und der Fürst beteuert wieder, hat wiederum die Ehre, feierlichst zu beteuern, dieser Antrag sei ihm nie in den Sinn gekommen. Ein Gauner müsse ihn verleumdet haben. Er habe nie daran gedacht, die Ehre zu haben, zu beabsichtigen. Bei Gott!

Beim Anblick seines Gesichts bricht Aglaja in Lachen aus; mit ihr die Schwestern und die ganze Umgebung, und selbst der Fürst beehrt sich, zu lachen. Aglaja erkundigt sich bei der Mutter, ob man ihr erlaube, mit dem jungen Mann, der ihr soeben einen Korb gegeben habe, spazierenzugehen. Und zwar untergefaßt. – O Gott, dieser Mensch weiß nicht einmal, wie man einer Dame den Arm reicht. – Aller Reiz russischer Mädchenhaftigkeit ist in Aglaja.

Im Hintergrund aber donnert es vernehmlich. Nastasja ist in Pawlowsk und führt, umgeben von allen möglichen, Verehrern, ein von Rogoschin geduldetes, verwogenes Dasein. Zuweilen greift sie in die benachbarte Gartenwelt hinüber. Um zu stören, scheint es; um zu helfen, glaubt sie. Auf der Pawlowsker Promenade kommt es zu einer Straßenszene. Nastasja provoziert wieder einen Freund des Jepantschinschen Hauses, den sie für einen Bewerber Aglajas hält, und gibt ihn für ihren früheren Geliebten aus. Ein Kamerad des Angegriffenen mischt sich ein und wird dafür mit der Reitpeitsche bearbeitet. Der Geschlagene will sich wehren, und nur mit Mühe schützt der Fürst Nastasja vor Mißhandlung. Ein Ehrenhandel droht. Aglaja ist schwer bekümmert, wie sich dieser Mensch bei einem Duell verhalten würde.

– »Hätten Sie Furcht?«

– »Ich glaube schon«, meint Myschkin, »sehr sogar.«

– »Also feige?«

– »Feige eigentlich nicht, denn wer sich fürchtet und nicht davonläuft, ist schließlich nicht feige.«

– »Weglaufen würden Sie also nicht?«

– »Nein, vielleicht nicht.«

Er amüsiert sich. (Ein Mensch, der den Augen Rogoschins entgegenging, darf sich amüsieren.) Es braucht nicht gesagt zu werden, daß es Dostojewski nie einfallen würde, dem Leser mit solchen Parenthesen entgegenzukommen.

Sie befiehlt ihm, sich sofort eine Pistole zu kaufen. So ladet man: Erst Pulver, dann etwas Filz, den man überall, z. B. in jeder Matratze, findet, dann die Kugel. Ja nicht umgekehrt! Verstanden?

Er versteht, das heißt, es beginnt in ihm zu dämmern, obwohl es durchaus ungehörig ist, obwohl man sich eigentlich das Dämmern nicht erlauben dürfte. Schon der Beginn des Dämmerns ist so wunderbar, daß man am liebsten auf einer Insel wäre, um das alles zu überdenken. »Für tausend Jahre hätte er allein mit diesem Gedanken genug.«

Er blickt das Mädchen an, als wäre sie zwei Werst weit von ihm, und er möchte sie am liebsten, um sich zu überzeugen, mit dem Finger anfassen.

Nicht nur der Idiot, auch der Leser erlebt das zum ersten Male. Gibt es in diesen Szenen ein Wort, ein Bild, einen Ton, irgend etwas, das in den tausend und abertausend Geständnisszenen der Weltliteratur schon einmal gebraucht wäre? Hat die Grazie Frankreichs je diese Anmut geträumt? Alles früher Gelesene wird Ornament zum Abnehmen. Wenn irgendwo, wäre diese Keuschheit im Deutschen möglich, aber wer sichert sie auf die Dauer vor Verstiegenheit oder vor dem Schillerhaften oder vor der Fadheit? Wer brächte das schwebende Spiel zu dieser körnigen Dichte? – Nie spürt man die Überlegenheit Dostojewskis deutlicher als da, wo er sich seiner Psychologie, die man für ethnographische Sonderheit nehmen möchte, entäußert und das Allereinfachste gibt. Es ist, als habe ihm die Fülle von Erfahrung unzählige Häute übergezogen, durch die so leicht keiner hindurchkommt. Glaubt man auf dem Kern zu sein, kommt immer noch eine. Zuletzt bleibt das Kind übrig, das größte Wunder.

Nachher sitzt Myschkin allein auf der Veranda der Jepantschins. Da kommt Aglaja, tut sehr erstaunt und drückt ihm den Zettel mit dem Rendezvous für morgen in die Hand. Morgen früh um sieben auf der grünen Bank. – In einem P.S. folgt der Befehl, den Zettel niemandem zu zeigen. Bei einem so lächerlichen Menschen müsse man alles voraussehen, auch wenn man dabei rot werde. In einem zweiten P.S. wird die grüne Bank nochmals genau bezeichnet. Schlimnm genug, daß man alle solche Sicherheiten mit ihm nötig habe. Schämen solle er sich.

Aha! – sagt sich Fürst Myschkin. Und wie erstaunt sie tat, ihn in der Veranda zu treffen, obwohl sie es doch genau wissen mußte, da sie den Zettel doch schon in der Hand hatte. Aha! Aha!

Ein glücklicher Idiot läuft in dem Park herum und ruft Aha! Ein Idiot bekommt es auch fertig, ganz allein in einem dunklen Park laut loszulachen und lachend die Menschen anzurennen. Er stößt auf Herrn Keller. Herr Keller offeriert sich als Sekundant auf Leben und Tod. – O Freund Keller, also wirklich ein Duell? – Nun, man weiß jetzt, wie man ladet, erst Pulver, dann Filz, dann die Kugel, ja nicht umgekehrt! – Freund Keller, wir wollen Champagner trinken. Die ganze Bande soll eingeladen werden, noch heute nacht, schleunigst. Auf Wiedersehen!

Natürlich macht sie sich nur über ihn lustig, sagt sich Myschkin, aber das tut nichts, im Gegenteil, das ist ganz in Ordnung. Sie wird sich noch ganz anders über ihn lustig machen, und das wird noch viel herrlicher sein.

Er stößt auf Rogoschin. Es ist das erste Mal seit dem Mordversuch. Rogoschin ist noch immer nicht versöhnt, und Myschkin versteht recht gut, warum. Es kann sogar gar nicht anders sein. Rogoschin trägt ihm die Geschichte nach. Womöglich bildet sich Rogoschin ein, man denke noch an die Messergeschichte. Myschkin denkt wohl noch daran, aber in ganz anderer Weise, und Rogoschin müsse jetzt unbedingt mitkommen und Champagner trinken, denn um Mitternacht beginnt der Geburtstag. Die Messergeschichte hat so kommen müssen, und es ist ein Glück, daß sie kam, denn wenn sie nicht gekommen wäre, stände jetzt Myschkin wegen Verleumdung schön da. Denn er habe an dem dummen Tag alles vorher gewußt, auch das mit dem Messer. Sogar bei dem Tausch der Kreuze habe er daran gedacht, sogar bei der Mutter, denn Rogoschin habe ihn doch nur von der Mutter segnen lassen, um seine Hand abzulenken und den Kreuzbruder zu schützen. Wenn er sich das alles aber nur eingebildet und Rogoschin nicht zufällig zum Messer gegriffen hätte, wie stände er jetzt vor Rogoschin!

Der Kreuzbruder klärt ihn über Nastasja auf. Sie will durchaus aus Myschkin und Aglaja ein Paar machen. Das ist ihr Ziel. Nur deshalb treibt sie diese Allotria, spinnt Intrigen, schreibt sogar an Aglaja. Und nur wenn diese Heirat wird, willigt sie in die Ehe mit Rogoschin. Am gleichen Tage soll Hochzeit sein, eine Doppelhochzeit.

– »Also«, lacht Rogoschin, »hänge ich von dir ab.« –

Der Zusammenhang bedrückt den Fürsten. Immer wenn das Bild der Unglücklichen vor ihn tritt, fällt es ihm schwer, das Zutrauen zu den andern Gedanken zu finden. Aber die Hoffnung ist stärker als aller Druck aus dem Winkel. Ein neues Leben beginnt, und um Mitternacht ist Geburtstag für alle. Richtig bringt er den düsteren Gesellen dazu, mitzugehen.

Im Hause bei Lebedjew knallen schon die Pfropfen. Die ganze bekehrte Horde ist versammelt, und der Fürst freut sich über die vielen Leute. Am liebsten möchte er die ganze Welt umarmen, auch den komischen General Iwolgin und sogar den unausweichlichen Lebedjew. Aber die Geburtstagsfeier erhält dank der Vorlesung Ippolyts eine eigenartige Wendung.

Die wenig gehaltvolle Beichte des achtzehnjährigen Phthisikers, die mit seinem mißglückten Selbstmordversuch endet, ein Stück aus der Kellerloch-Perspektive, ist reichlich willkürliche Zwischenaktmusik. Eine entbehrliche Nebenrolle wird gewaltsam in den Vordergrund gerückt und kann sich dort nicht behaupten, vermöchte es auch nicht, selbst wenn uns die Mitteilung des allzuleicht Gedemütigten und Beleidigten tiefer ginge. Der Organismus des Romans läßt die anspruchsvolle Episode nicht zu, und sachlich hat Ippolyt unrecht. Einen Kranken adelt nicht seine Krankheit, sondern sein Widerstand, und dieser unreife Giftpilz interessiert uns im Grunde nicht mehr als die anderen. Ihn erbittert die Ungerührtheit der Gesellschaft, und er möchte aus Wut zum Reptil werden, eine Übung im untauglichen Moment. Selbst ein Sterbender muß Takt haben oder seine Taktlosigkeit so gebieterisch äußern, daß uns unter Zähneklappern die Beschwerde vergeht. Es kümmert im Grunde nur ganz jugendliche Romantiker wie Kolja, ob das Zündhütchen, absichtlich oder nicht, wegblieb. Dostojewski mag mit dem schillerhaften Intermezzo beabsichtigt haben, den Horizont zu verfinstern und dem Fürsten ein Memento zuzurufen, das weniger für ihn als für uns bestimmt ist. Der wesentliche Effekt der Kneipnacht ist eine lustige Nuance. Myschkin eilt von der Giftorgie in den Park, und um sieben findet die rosenfingrige Aglaja ihren Liebhaber auf der grünen Bank eingeschlafen. Das paßt zu dem lächerlichen Menschen. Auch das paßt zu ihm, einzugestehen, daß er soeben von Nastasja geträumt habe. Aber Aglaja will mit diesem Menschen auf eine Höhe, will ebenso lächerlich werden, und alle mädchenhaften Empfindlichkeiten sollen schweigen. Sie schlägt ihm auf ihre Art vor, sie zu entführen. Er soll sich aber ja nichts deshalb einbilden. Es handelt sich nur darum, ihr die Welt zu zeigen. Sie habe noch nie dies und jenes gesehen, weder einen gotischen Dom noch Rom oder Paris.

Er sieht das Kind. Sie gehört zu den Kindern aus dem Schweizer Garten und ist ihm heilig, die Lichtgestalt, die ihn damals in Moskau aus der Qual erlöste, an die er nur zu denken brauchte, um freier zu atmen, die man aber nur mit Gedanken berühren darf.

Sieh sie doch nur an, Idiot! möchte man ihm zurufen. Das ist es. Wenn sich einmal in dieser unbeschreiblichen Szene ihr Auge mit dem seinen träfe, ginge alles so, wie wir zitternd hoffen. Aber dieses Mädchen, das entführt werden will, das längst das Ja auf die Frage, die ihm nicht einfällt, bereit hat, ist keusch, gehört zu denen, die mit dem Mund wer weiß was riskieren und sich aus Widerspruchsgeist den Anschein der Verderbtheit geben, im Metier der Liebe aber Kinder sind. Sie weiß nicht, obwohl sie alles zu wissen behauptet, wann der Moment des Augenaufschlags gekommen ist, der alle Worte erledigt und selbst diesen Idioten spielend auf den Weg brächte. Sie vermeidet die ganze Zeit, so heißt es ausdrücklich, ihn anzusehen, blickt nach der Seite, obwohl einmal das Gefühl in ihr so überhandnimmt, daß sie sich halten muß, nicht an seine Schulter zu sinken.

Sie reden von Nastasja und reden aneinander vorbei. Nie fällt ihm ein, zu vermuten, sie könne sein Gefühl zu der Lichtgestalt, die einzige wirkliche Liebe, mit dem Mitleid verwechseln, das ihn zu Nastasja trieb. Sie fragt, und er gibt Antwort. Ja, er ist wegen Nastasja gekommen.

Brächte ihn seine Wahrheitsliebe zu diesem gedankenlosen Geständnis, müßte man seine Ehrlichkeit für Roheit und ihn für einen Idioten des Takts halten, von dem man sich geärgert entfernt. Er glaubt, seiner Lichtgestalt sagen zu dürfen, er sei wegen Nastasja gekommen, weil dieses Kommen nur einen winzigen

Teil des Lebens, das ihr gehört, darstellt, weil er mit Bewußtsein das unendliche Gefühl für Aglaja überhaupt nicht zu fassen vermag, geschweige mit Worten. Mitleid liegt näher. Er spricht zu ihr von Nastasja mit der unüberlegten Vertraulichkeit, wie er zu Gott von der Unglücklichen sprechen würde, als sei es gar nicht möglich, mißverstanden zu werden. Sie aber wäre nicht Frau, wenn ihr Glaube diesen Gedanken ertrüge. Hier sind ein Daphnis und eine Chloe, die nicht wissen, wie es gemacht wird. Nur sind sie nicht nackt, sondern mit allem möglichen verworrenen Zeug bepackt; moderne Daphnis und Chloe, schon vorausgeeilt in eine Zeit, die der Liebe mißtraut und die Liebe absterben läßt; russische Daphnis und Chloe, als Russen nicht zum Spiel, sondern zu Kampf und Leiden bestimmt.

Also kam er wegen Nastasja, also liebt er Nastasja! Und plötzlich taucht in ihrer Erinnerung wieder diese Geschichte des besinnungslosen Fürsten auf, der soundso lange erst in Moskau, dann irgendwo anders mit dem abscheulichen Weibe gelebt hat. Sie lief ihm weg, und er lief ihr nach, und er hat ihr doch tatsächlich die Ehe angetragen, er diesem Weibe! – Und es sprudelt aus ihr heraus, sie liebe ihn durchaus nicht, nicht ein bißchen.

Er antwortet nicht. Antworte doch, Idiot! – Nein, wozu soll er, denn sie hat ja recht. Ist es nicht schon genug, daß die eine ihn liebt? Muß man nicht wahnsinnig sein, um so einen Menschen wie ihn zu lieben?

Ganja sei ihr Erwählter, sagt sie mit Niedertracht, dieser Ganja aus dem ersten Akt. Hier auf derselben Bank hat sie sich ihm versprochen.

Halt, das nicht! Das weiß er besser. Man kann nicht feststellen, wen sie liebt, aber wen sie nicht lieben kann, darüber gibt es keinen Zweifel.

Gerade Ganja! Erst recht Ganja! – Und sie erfindet die Geschichte mit der Feuerprobe, die später ein Vincent van Gogh verwirklichen wird.

Natürlich durchschaut er den Kniff, und das Lachen kommt ihm zurück. Wie kann man denn im Freien die Hand in eine brennende Kerze stecken? Und hatte sich Ganja gleich zu diesem Zweck ein Wachslicht mitgebracht? Auch hatte der gute Ganja gestern noch heile Finger.

Aha! Aha!

Der Kobold ergibt sich. Alles zittert an ihr vor Lachen. Die Blätter der Bäume zittern mit. Höchst ernsthaft erklärt sie ihm die Psychologie der Lüge. Wenn man richtig schwindeln will, muß man ganz unwahrscheinliche Dinge einflechten; dann hält es. Nur habe sie es diesmal nicht richtig gedreht. Und warum sie neulich den »Armen Ritter« Puschkins deklamiert habe, das könne er sich wohl denken.

Nun müßte doch alles klar sein. Weiter kann sie wohl nicht gut gehen, und noch einmal fragt sie: Kam er wirklich wegen dieses Weibes hierher?

Und der Idiot bleibt dabei. Doch, er habe wirklich die beste Absicht gehabt, Nastasja zu helfen, aber – daran könne sie sich ein Bild von seiner Schlechtigkeit machen, er wisse nicht einmal den Weg, um ihr zu helfen, wisse überhaupt nichts.

Sie antwortet tolerant. Er wisse zwar nicht den Zweck seiner Reise, aber liebe das Weib, die andere, im Grunde dennoch? Wie?

Nein, er liebe sie nicht, das sei ja das Schreckliche, er könne sie ganz und gar nicht lieben, habe es nie gekonnt. Die Zeit mit ihr sei eine dauernde Qual gewesen, weil es ihm immer mißlang, die Unglückliche von ihrem Schuldgefühl zu befreien, und das mußte mißlingen, weil sein Herz nicht fähig sei, sie zu lieben. Ein so unglückliches Wesen nicht lieben zu können! – Wenn Aglaja alles über sie wüßte, würde sie sicher Mitleid haben.

Aber da stößt er an die Grenze. Aglaja ist Weib geworden und kann nicht teilen, und jede Wärme für eine andere, mag er sie nennen, wie er will, ist Verrat. Das Mitleid Myschkins gehört zu den undurchsichtigen Geschichten, von denen sie genug hat. Auch die Briefe, die ihr diese Nastasja zu schreiben wagt, hat sie satt. Sie hält das Unglück der Frau für Eifersucht und weiter nichts, und wenn er opferwillig sei, was ihm sehr gut stehe, möge er sich opfern. Mit Gott! – Er erschrickt über ihre Härte. Dieses

Opfer, meint er, wäre durchaus diskutabel, wenn es vernünftigen Sinn hätte und er nicht ganz genau wüßte, daß es umsonst wäre und nur den Untergang beider bringen würde. Unnatürliches liegt ihm nicht im Sinn. Aber ist nicht auch diese Härte unnatürlich? Aglaja kann nicht hart sein.

O doch, sie kann, ist soweit, Ungeheuerlichkeiten zu können, nun gerade! – Und sie redet, was ihr in den Mund kommt, um seine Belastungsprobe zu vergrößern, weil alles, was sie nicht sagen würde, Schonung gegen sich selbst wäre und sie schon genug geschwiegen hat. Und da natürlich die befohlene Antwort ausbleibt, rast sie davon.

Dieser negative Ausgang bringt natürlich keine Entscheidung, sondern deutet nur Möglichkeiten an, mit denen im Notfall gerechnet werden muß. Das Mißverständnis kann, wenn Aglaja nicht das Mißtrauen und die Härte überwindet, zu einer wirklichen Differenz führen. Sie unterliegt in der Szene; sie unterliegen beide; sie der Unfähigkeit, von der Summe ihres auf den einen Menschen gehäuften Gefühls ein Atom zu opfern, da sie die Abgabe als Bestechung empfindet; er dem Mangel an Egoismus. Noch immer bleiben Daphnis und Chloe unbelehrt. Man ahnt, sie könnten vielleicht nie die Belehrung finden, aber noch beschränkt sich die dunkle Ahnung auf ein leicht verwischbares Motiv, dem die Art der Übertreibungen Aglajas das Tragische nimmt. Und die plötzlich auftauchende Babuschka hilft vollends dazu, die Situation zu erleichtern.

Wieder folgt ein willkürliches Intermezzo, um die notwendige Pause zu füllen; die Geschichte von den gestohlenen und wiedergefundenen Rubeln; gesteigerte Variante der früheren Novelle von dem ehrlichen Dieb. Man kann an dem Unterschied wieder ermessen, auf welcher Höhe wir uns bereits befinden. Die Geschichte gibt Lebedjew Gelegenheit, sein Gezappel in ungeahnte Sphären zu steigern, und bringt den vergessenen General Iwolgin in den Vordergrund. Der Säufertyp wird vollendet. Dostojewski hat Gelegenheit, sein Axiom von »unserer Schuld an allen und für alle« auf eine neue und nicht gewöhnliche Art zu demonstrieren. Lachend werden wir zu Gläubigen. Dieser erste Teil des Aktes – wenn wir an dieser Einteilung des Roman-Dramas festhalten wollen – schließt wieder filmhaft. Vielleicht war es gewagt, die Briefe Nastasjas an Aglaja bekanntzugeben und die Verworrenheit der Unglücklichen dokumentarisch festzulegen. Die Äußerungen machen Nastasja nicht größer. Langsam nähern wir uns dem tragischen Ausgang. Im dunklen Park wirft sich Nastasja dem Fürsten zu Füßen.

Das alles schwirrt in eiligen Bildern an uns vorüber, nicht ohne uns zuweilen zu verwirren. Nebensachen verraten Flüchtigkeiten, die jede Nachprüfung verbessert hätte. Mit ein paar Strichen wäre es geschehen. Ist erst der Rhythmus einer Handlung gegeben, glaubt jeder, unter den entstehenden Möglichkeiten die besten wählen zu können. Ist erst *ein* Raffael da, gibt es viele. Im Grunde handelt es sich oft nur um Fehler der Interpunktion. Aus Punkten und Gedankenstrichen macht die unruhige Schöpferlust Dostojewskis Episoden. Die Einteilung in imaginäre Akte, von denen jeder bestimmtes Maß und Gesicht beansprucht, ist mit Schwierigkeiten verbunden.

Sonderbarerweise vertieft manche Flüchtigkeit in Nebendingen unerwartet das Hauptmotiv. Je willkürlicher es um den Fürsten herum zugeht, desto besonnener scheint jeder Zug seiner Physiognomie abgemessen. Nie berührt die Gewaltsamkeit der Reliefbühne seine Handlung. Mit seltener Weisheit widersteht Dostojewski der Versuchung, im Feuer des Gefechts die Haltung Myschkins auch nur um ein Geringes stimmungsmäßig zu verbessern. Der Anblick des Christusmenschen, vor dem die büßende Magdalena kniet, wäre nicht so ergreifend, hätte vorher sein Herz dem Ungestüm der Geliebten nachgegeben.

Der zweite Teil des Aktes hat zunächst die Episoden des ersten zu liquidieren. Lebedjew entschließt sich auf Betreiben Myschkins endlich, die ihm von General Iwolgin gestohlene und von dem Dieb reumütig an den Tatort zurückgelegte Brieftasche »wiederzufinden«. Der General lügt sich in den Tod und wird zwischen

König Lear und Napoleon seine Seele aushauchen; ein grundehrlicher Mensch, behauptet der Fürst. Auch Ippolyt bereitet sich endlich zum Abgang und bedient sich der eignen Gifte.

Jepantschins sind zur Verlobung entschlossen. Zwar quält die von Ungeduld getriebene Aglaja den Fürsten bis aufs Blut und wird ausfallend, wenn sich jemand die geringste Anspielung auf die Verbindung erlaubt, aber im Familiendialekt bedeutet das den Entschluß, sich für Myschkin vierteilen zu lassen. Man beschließt, den Fürsten in die große Welt einzuführen, und gibt zu diesem Zweck eine Soiree.

Aglaja präpariert ihren Fürsten. Die Menschen, die morgen kommen werden, sind zwar vom ersten bis zum letzten infames Pack, und es gehört zu den schmutzigen Neigungen der Eltern, sich von diesen Großwürdenträgern protegieren zu lassen, aber da es einmal so ist, muß man sich einrichten. Sie hofft, er werde für ihr Vergnügen und das der anderen Teilnehmer sorgen und morgen recht lange Reden halten, z.B. über die Todesstrafe. Auch rechnet sie auf sein gewohntes Spiel mit Händen und Füßen und empfiehlt die große chinesische Vase im Salon, die schon lange auf ihn wartet.

Myschkin freut sich über diese verschleierte Solidaritätserklärung und foppt seinen Kobold. Es gelingt ihr aber schließlich wirklich, ihm Angst vor dieser Gesellschaft zu machen. Er wird sich erst recht wie ein Wilder benehmen, größten Unsinn schwatzen und ganz sicher die Chinavase umstoßen. Am besten wäre, er sagte ab. Das gäbe dann eine Verlobung ohne Verlobten. Schließlich einigen sie sich. Er verspricht, nicht den Mund aufzutun und sich in größter Entfernung von der Säule mit der Vase zu halten. Aglaja wird plötzlich warm: Er werde ihr doch später nicht die Ungezogenheiten dieser Zeit vorhalten?

Jetzt wäre der Moment. Sie gibt sich mit diesen Worten ganz offen, sieht sich verheiratet. Alles ist klar. Auch ein so frauenfremder Mensch wie er muß begreifen, und er hat begriffen. Nun will er reden. Ach, was soll ihr das Gerede? Davon hat sie genug. Chloe ruft nach ihrem Daphnis.

Eine heikle Stelle. Diesmal liegt es immerhin näher als im Fall der Nastasja, nach physiologischen Hemmungen zu fragen. Babuschka äußert mütterliche Besorgnisse, und Myschkin ängstigt sich vor seiner Krankheit. Ist es jetzt nicht Zeit, den Psychoanalytiker zu holen?

Nein, es gibt nach meiner Meinung noch immer keinen Grund, dem Fürsten die Fähigkeit, ein Dutzend Kinder zu zeugen, abzusprechen, und seine Hemmung, die niemandem, am wenigsten Dostojewski entgeht, bedarf keiner naturwissenschaftlichen Erklärung. Wenn Dostojewski als zuverlässiger Realist die Bedenken der Generalin streift, geschieht es nicht, um sein Einverständnis mit ihr festzustellen. Das Los Nastasjas genügt vollkommen für die Hemmung Myschkins. Müßte er nicht seine Rolle im ersten Akt, ja, seine ganze Rolle verleugnen, wenn er sich jetzt mit der von Aglaja und von ungeduldigen Lesern gewünschten Geschwindigkeit zu dem Freudenbecher entschlösse? Ganz abgesehen von der Langsamkeit seines Wesens, das schon mit der Aussicht auf das Glück glücklich zu sein versteht, und abgesehen von seinem mangelhaften Selbstvertrauen, das ihn treibt, sich des winkenden Glücks erst einmal würdig zu erweisen. Dies verkappte Pflichtgefühl braucht keinem preußischen Imperativ zu gehorchen und kann doch legitim sein. Vor allem aber ist ihm jetzt dreimal gesagt worden, daß seine Verbindung mit Aglaja den Tod Nastasjas bedeutet, und das drittemal hat es ihm dieselbe Aglaja gesagt, mit der die Verbindung geschlossen werden soll, und zwar in derselben Unterredung, in der sie sich das Mitleid verbittet. Wie oft mag er es sich selbst gesagt haben! Genügt das nicht für einen Idioten?

Und dann noch etwas. Neben Myschkin und Nastasja gibt es immerhin Fäden zwischen Nastasja und Aglaja, eine nicht nur mittelbare, sondern unmittelbare Beziehung. Die ganze Geschichte mit den Briefen ist nur dazu da, um diese Beziehung zwischen den beiden Frauen zu unterstreichen und Myschkins Belastung zu vergrößern. Angenommen, es gelänge dem Fürsten, sich mit diesem Gewissen abzufinden – darf er, nicht als

Idiot, nicht als Christusmensch, sondern als normales Gewissen und als vernünftiger Mensch, die ungeklärte Situation zwischen den beiden Frauen, die jeden Augenblick zu einem Eklat führen kann, dulden? Verlangt nicht eine keineswegs fürstliche Reinlichkeit die Liquidation? Es geht nicht an, in dieser wichtigen Frage getrennt zu sein, am wenigsten bei einer so wesentlich auf seelischem Konnex beruhenden Verbindung, und dabei kann von allen dunklen Geheimnissen des besonderen Falls abgesehen werden. Nastasja wäre auch ohne ihre »dunkle Macht« ein drohendes Gespenst, Stachel der Eifersucht für die eine, Stachel der Reue für den anderen, und keine sehnsüchtige Seele käme darüber ohne weiteres hinweg. Unstimmigkeiten dieser Art genügen vollkommen, um eine Ehe zu zerstören. Das Gespenst ist nur zu bannen, indem man es entschlossen ans Licht zieht. Myschkins Worte über »das Wesen, das zwischen ihnen steht«, lassen an seiner Absicht keinen Zweifel übrig. Man muß mit dem Gespenst fertig werden, und dann erst gelingt die Ehe.

Diese Auffassung folgt zwingend aus Dostojewskis Darstellung, und nichts nötigt uns, andere Hemmungen anzunehmen. Es gibt in der Liebe Myschkins so wenig ein Sexualproblem wie in der Liebe Raskolnikows zu Sonja. Die Wurzel der Beziehungen reicht in beiden Beispielen in dasselbe Gebiet, nur in verschiedene Tiefen. Sonja rettet Raskolnikow mit dem »Zusammen«. Vermutlich hat sie dem Sträfling nach der Entlassung aus der Katorga Kinder geschenkt. Das tut nichts zur Sache. Dagegen bleibt nichts, was das Zusammen fördert und erschwert, ungesagt. Sonja, der Mensch mit dem gekreuzigten Körper und der bloßgelegten Seele, ist fähig, nur von Gott zu leben und jede Hemmung Myschkins sofort zu verstehen und zu überwinden, auch an dem viel weiter reichenden Zusammen des Idioten teilzunehmen. Nie kann eine Aglaja dahin gelangen. Ihr Stolz verbietet es, ihre Edelfräuleingrazie, ihr Kobold, ihre Schönheit. Die Hemmung ist bei ihr, wie sie bei Nastasja ist, nicht bei dem Idioten. Ihrer Armen-Ritter-Romantik fehlt jeder Ton einer Sonja, und man glaube ja nicht, Dostojewski sei dieser Mangel entgangen. Er steht nicht bei Aglaja, so wenig wie bei Raskolnikow, erblickt Aglaja im feindlichen Lager, aber sieht mit dem zärtlichen Auge des Dichters zu ihr hinüber und häuft allen Zauber einer Welt auf sie, die ihm selbst fernsteht. Nicht alle Einwände gegen die unbekümmerte Mädchenhaftigkeit werden unterdrückt. Feine Ohren vernehmen dieselbe Reserve wie im Raskolnikow. Dostojewski übertreibt ein wenig die törichte Jungfrau. Der Backfisch in Aglaja redet zuweilen jugendlicher als nötig, und nicht zufällig läßt der Epilog sie im Stich.

In der Unterredung vor der Gesellschaft unterbricht Aglaja den Fürsten bei dem ersten Wort über Nastasja. Davon will sie nichts hören. Alles Dunkle soll draußen bleiben. Nein, drängt Myschkin, man müsse gerade davon reden. Sie unterbricht ihn wieder, und zwar »angstvoll«, und freut sich, abgerufen zu werden. Das Gespenst bleibt zwischen ihnen. Freilich bleibt der Vorwurf, daß nicht energisch genug dagegen angegangen wird.

Das Liebesproblem im Idioten ist mit sozialen Tendenzen stark durchsetzt. Aglaja hat Anteil an der Auseinandersetzung des Fürsten mit der Gesellschaft, die in der Soiree bei Jepantschins entschieden wird. Alles was in dem Verhältnis noch dunkel bleibt, wird an diesem Abend geklärt. Die Soiree beginnt für alle Teile so angenehm wie möglich und bringt dem Idioten unerwartete Freuden. Am liebsten wäre er wirklich ferngeblieben und hätte den gewohnten Abend zwischen Giftpilz und zappelnden Proleten vorgezogen. Nun kommt es anders. Man nimmt den interessanten jungen Mann mit gutem Namen, der bescheiden auf seinem Stuhl sitzt, einen Frack wie alle trägt und nicht den Mund auftut, gnädig auf und findet die Wahl der Jepantschins angemessen. Selbst die furchtbare alte Hexe Bjelokonskaja hat wenig auszusetzen. Myschkin bewundert. Diese Höflichkeit, diese gewählten Formen, diese Schönheit des Anstands, der Gesittung, der Gesinnung! Er genießt jeden Blick und sieht in allen Redensarten Herzensergüsse. Zum erstenmal spürt er den Erfolg einer urbanen Erziehung. Bei allem Reichtum an umfassender Erfahrung behalten diese Menschen eine natürliche Bescheidenheit, die jedem Ausdruck, jedem Wort, jedem Blick ein schönes Maß verleiht. Tief schämt sich Myschkin seiner beinahe feindseligen Vorstellung, bevor er hierherkam, und würde gern jeden um Verzeihung bitten.

Eine Weile bewundert er schweigend, auf sein Stühlchen geheftet, in respektvoller Entfernung von der chinesischen Vase. Doch geht es nicht an, solches Erlebnis gleich einem Stück Konfekt zu verspeisen. Das Bedeutsame liegt keineswegs in der Originalität dieses oder jenes Gastes, auch nicht gerade in der Tiefe der zu Gehör gebrachten Ideen, obwohl nicht wenige darunter sein mögen, über die sich längeres Nachdenken lohnen würde. Das Beglückende ist eine sonderbare Wiederholung des Schweizer Gartens, auf die man gerade in dieser Großstadt zwischen ewig zerrenden und verzerrten Menschen am wenigsten hoffen durfte, und zwar eine höchst gesteigerte Wiederholung oder vielmehr Übertragung auf ein in der Schweiz bei Dr. Schneider nie geahntes Niveau. Nur die gartenhafte Ordnung des Blumenhaften klingt an die frühere Abgeschiedenheit unter Kindern an. Nun hat das Abgeschiedene aufgehört. Es gibt den Garten nicht nur in der Fremde zwischen steilen Bergen. Er ist hier in der geliebten Heimat noch viel größer und fruchtbarer, und aus den Kindern sind würdige und gereifte, glückliche und beglückende Menschen geworden. Und er gehört dazu.

Einer der Gäste erwähnt den Namen Pawlischtschews, seines Pflegevaters, dem er die Schweiz und alles verdankt. Es ist jemand hier, der den verehrten Wohltäter gekannt hat, ja, es stellt sich heraus, der unendlich gütige und gefällige Herr da ist ein naher Verwandter des verehrten Wohltäters und auch ein Verwandter der Kusinen des Wohltäters, die den Jungen erzogen haben, als er noch ein reiner Idiot war.

Da hält er sich nicht mehr, denn Schweigen wäre Sünde. Ungeheures Glück löst einem Stummen die Zunge. Endlich kann er seine tiefe Erkenntlichkeit für den verehrten Wohltäter, der vor seiner Rückkehr starb, in Worte fassen. Diese würdigen Leute sind Beauftragte Pawlischtschews, und er hat ihnen allen für die unvergeßliche Güte zu danken. Am liebsten würde er vor dem Verwandten des verehrten Wohltäters niederknien. Aber auch den anderen, dieser ganzen ehrwürdigen Versammlung, ist er aufs tiefste verpflichtet, und da sie ihn an ihren Gedanken teilnehmen lassen, will er ihnen sein Inneres öffnen. Es kommen Dinge zum Vorschein, die er schon oft gedacht, aber nie zu äußern gewagt hat. Man spricht von dem Übertritt eines orthodoxen Russen in den römischen Katholizismus. Wie kann das sein? Unsere orthodoxe Kirche und Rom! Glühend verteidigt er das einheimische Heiligtum und schleudert Blitze gegen die Lehre des Anti-Christs. Seine Rede steigert sich. Das westliche Christentum mit seinem Pomp verhöhnt Christum. Da ist überhaupt kein Glaube mehr, sondern nur Wille zur Macht. Die Kirche Roms setzt das weströmische Kaisertum fort, die Herrschaft der Gewalt. Der Papst schwingt das Schwert. Wo das Schwert regiert, regieren Lüge und Betrug. Da wütet Aberglaube, der das Verbrechen gebärt. – Seine Rede wird zum Sturzbach. – Am Ende dieser Verneinung des Heilandgedankens steht der Atheismus, am Ende des Atheismus das Chaos, der Mord um des Mordes willen, das Sinnlose, Zersetzung aller Gebundenheit, aller Form, aller Schönheit, das Nichts.

Dies ist ein anderer Myschkin. So hat ihn Aglaja, so haben ihn Jepantschins nie gesehen. Die Babuschka begreift nicht. Ist dies der stille Idiot, der sich in den Ecken herumdrückte, der Sonderling, stets in Angst vor den Folgen seines Sondertums, der arme Ritter, der nach einem Blick seiner Dame hascht und sich schinden läßt, wenn man ihm nur erlaubt, in der Nähe des Lichts zu bleiben? Mag Gott wissen, wo dieser neue Myschkin plötzlich herkommt. Dieser denkt nicht daran, sich zum Vermittler, Besserer und Berater für krüppelhaftes Gesindel herzugeben, zu Phrasen verdammt, um jedem gerecht zu werden. Dieser ist nichts weniger als die saftlose Impotenz, die grübelt und abstrahiert, wo man handeln müßte. Ein Mann mit männlichen Gedanken, mit Leidenschaft und Wehrkraft packt die Menschen.

Natürlich nicht diese Gesellschaft. Für diesen Eroberer und Verkünder ist die große Welt nicht angezogen. Er übertreibt, sagen die einen. Das wissen wir alles, sagen die anderen. Was geht uns Theologie an? Und vor allem sollte er einmal Atem holen.

Aber er würde an dem Nichtgesprochenen ersticken. Vielleicht war er schon sehr nahe daran, zu ersticken, und wer weiß, ob dies nicht seine ganze Hemmung war? – Nein, gebt acht, nicht Theologie! Das, was an der Zersetzung theologisch scheint, liegt längst beim alten Eisen. Die Versklavung und Mumifizierung der Religion hat alle möglichen Kinder erzeugt. Mit dem Atheismus kam der Sozialismus, nicht der soziale Geist Christi, der bei uns in jedem Bauern steckt, sondern die vertrackte Abstraktion; der Sozialismus ohne Gott, der Wissenschaft für Religion nimmt, auch er ein Produkt der verwahrlosten Kirche; wiederum eine Lehre der Gewalttätigkeit, aus Verzweiflung geboren, um das verlorene Heiligtum durch dinghaftes Treiben zu ersetzen; wiederum roher Kampf, Zerstörung und Auflösung.

Er hat nur Zeit, seine Gedanken halb zu sagen. Die andere Hälfte werden sie sich schon ergänzen, denn jeder, glaubt er, denkt ebenso. Deshalb müssen wir zusammensein und uns vereint der Zersetzung, die längst den Westen vergiftet hat, erwehren. Noch haben wir unseren Glauben. Wehe uns, wehe der Welt, wenn auch wir ihn verlieren! Denn bei uns käme zu der importierten Zersetzung unsere eigne Leidenschaft hinzu, der Drang, immer bis ans äußerste Ende zu gehen und nichts mehr zu schonen. Tritt bei uns einer zum Katholizismus über, wird er gleich Jesuit und einer der schlimmsten. Wird er Atheist, sitzt er nicht still, sondern ruht nicht bis zur gewaltsamen Ausrottung Gottes. Warum das so ist? Weil wir die Sehnsucht des Geistes haben und uns jeder Glaube, selbst der Unglaube, zur Heimat wird.

Nie ist das russische Problem der Gegenwart, ein halbes Jahrhundert bevor es der Welt wahrnehmbar wurde, sinnfälliger gefaßt worden. Ein Seher hat gesprochen.

Die Gäste bei Jepantschins werden unruhig, und die kleine

Aglaja starrt. Wo läuft er hin? Eine neue Bedrohung der Verlobung dämmert. Dieser Idiot ist zu geräumig angelegt, um Daphnis zu spielen, und ahnt dieses Hindernis gar nicht. Nicht zuwenig, sondern zuviel brächte er in die Ehe. Keine Nastasja steht zwischen den beiden, sondern womöglich ein ganzer Kontinent. Dieser Idiot hat eine Aufgabe.

– Man zeige den Russen Rußland, helfe ihnen graben. Man zeige Rußland der Welt! Das alte Europa liegt in den letzten Zügen. Wir sind so dumm, uns von dem Apparat blenden zu lassen, und ein künstliches Bein imponiert uns mehr als ein gesundes. Die ganze Tätigkeit Europas geht auf Ersatzmittel. Ziel seines Denkens ist Teilung und immer wieder Teilung. Selbst Gott soll in seine Bestandteile zerlegt werden. Nie wird diese ausgehöhlte Kultur einen neuen Kult hervorbringen und bedarf dessen nicht, denn schon lernt sie, ohne Gott fertig zu werden. Die Auferstehung der Menschheit liegt bei dem russischen Christus.

Myschkin produziert den russischen Gedanken. Wir brauchen ihn nicht zu kommentieren. Hier kommt es nur auf die Gültigkeit der Idee des Idioten an. Ihre Tragkraft ist mindestens nicht geringer als die Napoleonidee Raskolnikows.

Begeistert hat sich der Redner erhoben und steht seherhaft vor der erstaunten Gesellschaft. Und wie alle Bekenner, die aufstehen, stößt er in diesem Augenblick an die geheiligte Säule, die er schonen zu wollen, schwor. Die große Chinavase, der Stolz der Familie, schwankt und fällt, und das Unglück, das unvermeidliche, ist da.

Mit keinem Wort unterstreicht Dostojewski die Höhe des Schauspiels, das neue tragische, tragikomische Symbol: den Aufstand des Gartenmenschen im Gegensatz zu dem des Kellerlochmenschen, auf den bisher sein Genius horchte. Er tut so, als merke er gar nichts von der unabsehbaren Perspektive, an der sich ein Jahrhundert die Augen ausgucken wird. Myschkin sieht nichts als Scherben, und selbst diese, sagt Dostojewski, sah er kaum noch. So furchtbar schien ihm das, was nun kommen mußte.

Aber es kommt nicht. Die gefürchtete Katastrophe bleibt aus. Man beschimpft ihn nicht einmal, sondern räumt gelassen die Scherben beiseite, lächelt verbindlich, als sei nicht das geringste geschehen. Ja, was denn, hat er denn nicht beleidigt? Es war ihm doch so, als risse ihn die Rede zu Dingen hin, die er nicht, am wenigsten hier, sagen durfte, verbotene Dinge, die verletzen mußten, und die zerbrochene Vase beweist doch den furchtbaren Grad der Verletzung. – Nein, die Vase ist wirklich nur ein irdener Scherben, selbst für die Babuschka, und nicht der Rede wert, und für Aglaja, er liest es in ihren Augen, und auch für alle anderen, in allen freundlichen Augen steht es, ist es ebenso.

Das Glück blendet. Er versteht, glaubt zu verstehen. Jetzt erst ermißt er den ganzen Umfang seiner Erhebung. Es kann ja gar nicht anders sein, und seine Furcht, er könne hier an anderes als an eine Vase stoßen, ist wieder nur Ausgeburt seines erbärmlichen Kleinmuts. Steh auf! ruft eine innere Stimme: Du, der Fürst aus altem Stamm, bist hier unter Fürsten deines Landes. Sie sind wie du, nur reifer und würdiger, und kein Mißverstehen ist möglich.

Da lacht er glücklich; und ebenso herzlich stimmen die anderen ein. Ja, wirklich zum Lachen! Soll man nicht lachen über die Vorsicht der lieben Aglaja? Dies und jenes sollte er tun und lassen. Denkt doch, als wäre er ein Idiot und wüßte nicht aus noch ein! Oh, er weiß alles, was er wissen muß. Was ihm fehlte, war ja nur, nichts von seinesgleichen zu wissen, und nun wird ihn nie wieder etwas erschrecken.

Mit der Sicherheit eines gut geborenen Menschen erfüllt er seine Pflicht. Jedem der Würdenträger sagt er ein Wort von höchster Höflichkeit, so wie sich Fürsten schmeicheln. Geringen Geistes sind die Mißtrauischen, die unsere Art für trügenden Schein nehmen. Wären sie nur alle hier, alle die Gedemütigten und Beleidigten, und sähen, wie es hier zugeht, und hörten, was hier gesprochen wird! Können Menschen, die so sprechen, wie hier gesprochen wird, hart und ohne Mitleid und dem Leben fremd sein? – Du, Fürst, ich weiß es, hast neulich ein edles Werk vollbracht, und du, Fürst, dem man nachsagt, er bedrücke seine Bauern, hast ihnen außer der Freiheit auch noch Länder dazugegeben. Du, Fürst, hast einen unschuldig Verfolgten vor Sibirien bewahrt, und du, ehrwürdige Fürstin, hast in Moskau einen Leidenden wie deinen leiblichen Sohn aufgenommen.

Natürlich stimmt das alles nicht oder nur zu einem Zehntel, aber es könnte so sein, und er stellt das alles so dar, wie es sein müßte. Man mokiert sich über ihn, aber lächelt geschmeichelt. Selbst die Bjelokonskaja, die furchtbare alte Hexe, die ihn unmöglich findet, kann nicht umhin.

Vergeblich müht man sich, ihn zu beruhigen. Hingerissen springt er noch einmal auf. Oh, wir wollen uns des Glücks, Fürsten zu sein, würdig erweisen und uns nicht vor unserer Lächerlichkeit fürchten. Denn freilich, lächerlich sind wir alle. Wer Schönheit will, wird nie dem Lachen entgehen. Wir wollen uns nicht der letzten Komik entziehen, Diener unseres Volkes zu werden, wollen ihm unser Glück bringen, unsere Schönheit, denn wahrlich, seht nur einmal den Himmel an, seht ein Gras, ein Kind, blickt in ein liebendes Auge: Die Welt ist voll.

Da übermannt es ihn. Wieder stürzt etwas. Diesmal ist es er selbst, der Idiot. Der Anfall, der schon den ganzen Abend drohte, kommt über ihn. Aglaja fängt den Stürzenden auf. Er stößt den furchtbaren Schrei aus und liegt in Krämpfen.

So endet Myschkins Einführung in die große Welt. Von allen Lösungen die einfachste und der Urtyp jeder möglichen Lösung. Welcher junge Mensch, Student oder Trikotagenverkäufer, war nicht einmal ebenso Fürst und glaubte, beschwingt von dem Rhythmus, in die Gemeinschaft seiner Pairs einzutreten und mit ihrer Hilfe fähig zu sein, die Welt zu erlösen, und stürzte nicht aus der Sonnennähe, aus dem Sekundenwahn, das Licht selbst zu sein und seine Gedanken in Strahlen zu verwandeln, vom Blitz getroffen in das Nichts?

Nun wendet sich das Stück dem düstern Ausgang zu. Der strömende Optimismus Dostojewskis und sein Humor verleiten immer wieder, die tragischen Untergründe der Handlung leichter zu nehmen. Er hat den Idioten der endgültigen Befreiung von allen Dunkelheiten auf Handbreite nahegebracht, hat das »positive Heldentum«, das ihm von Anfang an vorschwebte, fast restlos realisiert. Es gibt nichts Positiveres unserer Zeit als diese Gestalt in diesem Augenblick, und es wäre vergebliche Mühe, in anderen Zeiten zu suchen, schon weil die Widerstände der unseren unübertragbar sind.

Warum ist Dostojewski nicht dem Positiven bis zum Schluß treu geblieben? Ist die letzte Wendung zur Tragik, die den Idioten der endgültigen Umnachtung ausliefern wird, zwingend? Wird sie unbedingt von der Entwicklung und von der Idee des Romans verlangt, oder wäre ein anderer Ausweg möglich? Nicht nur der Rest des Schillerhaften in jedem Deutschen, wenigstens in jedem, der noch gleichzeitig mit Dostojewski lebte, trägt an einer Enttäuschung; auch der gelassen wägende parteilose Analytiker kann zweifeln. Wohl vermögen wir uns einen anderen Schluß des Romans nicht vorzustellen, so wehrlos fühlen wir uns gegen den Bann der von Dostojewski gefundenen Lösung, die man vorher, nicht nachher, diskutieren kann; so gering ist unsere Erfindungsgabe. Doch bleibt eine Enttäuschung, während der Schluß des Raskolnikow unbedingt überzeugt. Nicht Verliebtheit in den Helden treibt zu dem Widerspruch, sondern die Einsicht in ein Nachlassen der Idee oder wenigstens die Befürchtung, die Idee könne durch den Schluß eine Mißdeutung erfahren, die ihre ideelle Wirksamkeit hemmen muß. Bevor wir in die umschlingende Nacht des Finales eintreten, konstatieren wir, daß der Ausgang nicht unbedingt, nicht ausschließlich von der Disposition, sondern wesentlich von einem Verzicht des Autors bestimmt wurde, der nicht, noch nicht imstande war, die Kurve in die letzte Höhe zu schleudern. Noch hemmt den kühnen Optimisten, der soeben seinen Helden die Sterne vom Himmel holen ließ, ein Hauch des Kellerlochs. Wohl hat er das Lächerliche des

Idioten besiegt, und die vorige Szene – eine Don-Quichotte-Kulisse von großer Komik, vor der ein Inhalt von größerer Erhabenheit spielt – ist eine unsterbliche Trophäe. Doch scheint Myschkin der Komik nur zu entgehen, um um so tiefer in das Tragische zu sinken. Dem lange vorbereiteten Aufstieg folgt ein rapider Absturz. Nicht das Ende an sich, auch nicht die Art des Endes steht in Frage. Das Heldentum van Goghs wird von dem Ausbruch des Wahnsinns, der zum Selbstmord führt, nicht nur nicht geschwächt, sondern gesteigert, und so könnte die Idee des Idioten von seinem Irrsinn vollkommen unberührt bleiben und unter Umständen sogar erhöht werden. Der Irrsinn brauchte nicht gegen die »Idiotie« zu zeugen. Das Verlangen, er solle gesund bleiben oder ganz gesund werden und womöglich ein friedliches Dasein führen, ist ungereimt. Es hätte dem christlichsten aller Dichter wie Überhebung erscheinen können, nachdem das Urbild ans Kreuz geschlagen wurde, und schon allein dieser naheliegende Gedankengang hätte seinem Genius die notwendigen Realitäten für ein weniger tragisches Ende versagt. Der Einwand kann sich mit Recht nur auf die Umstände richten, die zu dem Ende führten, weil daraus ein Knick in der Idee zu folgern ist. Der Idiot unterliegt, wie wir sehen werden, dem Gewölk im Hintergrund, dem neben seiner Idee, die soeben erst die ganze siegreiche Ausdehnung erreichte, doch nur die Bedeutung eines Beiwerks zukommt. Ist dies Willkür, so wäre es imstande, die siegreiche Ausdehnung zu schmälern, sie etwa wie eine krankhafte, mit hellsten Gesichten gesehene Steigerung eines Epileptikers zu nehmen, dem der ebenso krankhafte, mit Verlusten verbundene Niederbruch folgen muß. Jedenfalls hat die Wendung dem »positiven Heldentum« die Schwingen beschnitten, auch wenn sie uns nicht hindert, der Idee des Helden unsere Seele zu weihen und ihn als unsere teuerste Gestalt zu verehren.

Myschkins mondäne Rolle ist ausgespielt. Darüber sind sich Jepantschins klar, zumal die Babuschka. Folglich, sagt sich der von der Frau Generalin eingenommene Teil der Babuschka, auch die Rolle des Verlobten und Schwiegersohns. Und wie es ihre Art ist, unterstreicht sie mit Heftigkeit das, was ihr nicht von Herzen kommt, nur um zu sehen, was das Töchterchen dazu sagt. Und wie Aglaja ihr nicht den Gefallen tut und sich so stellt, als wäre für sie schon längst vorher die Sache erledigt gewesen und als hätte sie nie ernstlich an den Idioten gedacht, fährt die Mutter wütend auf und möchte am liebsten das Töchterchen und die ganze Sippe verstoßen, nur um den Idioten zu behalten.

– »So ein Mensch ist das«, sagt sie und erschrickt sofort über sich selber. Aber Aglaja ist ihre Tochter. Mit dem mondänen Ehrgeiz, der ohnehin nur Puder war, ist sie fertig. Dieser Sprung gelingt ihr. Myschkin hat nicht umsonst gesprochen. Auch seine Krankheit tut nichts. Man wird ihn gesund machen. Aglaja gehört ihm. Nur ein Hindernis bleibt: dieses Weib, Nastasja. Damit muß aufgeräumt werden.

Dies der Knick. Geriete Aglaja nicht auf dieses Hindernis, käme es nicht zu dem blutigen Ausgang. Das Hindernis ist mit Umsicht vorbereitet und die unklare Situation Myschkins, unklar nicht für uns, nur für Aglaja, sorgfältig erhalten worden. Aglaja mag auch manches Wort und manche Handlung Myschkins und womöglich seine Krankheit mit dem dämonischen Weib in Verbindung bringen und wird, angefeuert durch die Manifestation des Geliebten, sich nun ihrerseits manifestieren und reinen Tisch machen wollen. Auch wissen wir über ihre Eifersucht Bescheid. Trotzdem bleibt der Knick. Dostojewski ist nicht der Mann der kleinen Wahrscheinlichkeiten und zieht sonst immer starke Zumutungen vor, um tiefere und eigenere Wahrheiten zu erhärten. Uns fehlt die entscheidende Aussprache zwischen Myschkin und Aglaja, eine der vielen Diskussionen, die zwischen Sonja und Raskolnikow Klarheit schafften. Wir können dem Helden die vorher zugestandene Entlastung nur zubilligen, wenn wir jetzt konsequent bleiben. Der Widerstand des Mädchens bei dem einzigen ganz unzweideutigen Versuch Myschkins vor der Soiree genügt nicht. Es will uns nicht in den Kopf, daß die erlöste Beredsamkeit des Fürsten für das Zusammen mit dem Volke, mit Rußland, mit Europa, da versagt, wo es das Zusammen mit der geliebten Frau gilt, und wenn angedeutet werden soll, daß dieses Band neben den größeren Aufgaben des Christusmenschen zurücktrete, eine durchaus mögliche Hypothese, ja vielleicht eine Notwendigkeit, mußte eben dieses Zurücktreten zu einem Motiv werden, das die Lücke zu schließen vermochte. Aus diesem Motiv war bei gleich tragischem Ausgang eine positivere Haltung des Helden am Ende seiner Bahn zu gewinnen.

So urteilen wir vorher. Ist die Wendung einmal eingeschlagen, so sorgen unwiderstehliche Mittel für die Rechtfertigung des Wegs, und man wird selbst zu einem Don Quichotte von höchster Lächerlichkeit.

An Stelle der Aussprache zwischen Myschkin und Aglaja kommt es zu dem Duell zwischen den beiden Frauen in Gegenwart des Fürsten und Rogoschins. Der Europäer sträubt sich gegen die Zumutung. Logik, Scham, alle möglichen Instinkte schrecken zurück. Kann eine Aglaja so reden und alles, was ihr die Erziehung eingegeben hat, mit einem Schlag von sich werfen? Woher nimmt sie die Kraft? Sie ist es, die anfängt und gleich mit dem schwersten Geschütz. Ihre Wildheit sättigt sich an dem Haß alter Sagen. Wenn sie, das zarte, verwöhnte Mädchen, sich plötzlich die Kleider vom Leibe risse und nackt dastände, wäre die Zumutung nicht größer. Diese Zumutung macht Dostojewski unabweisbar. Hier bewährt er sich, und alle Einwände zerreißt das vom Sturm gefaßte Luftschiff wie mürbe Stricke. Dostojewski stellt die Wahrheit nicht rhetorisch hin. Hier gibt es nur den kühnen Griff, der plötzlich aus dem Grund einer Seele ihren Dämon ans Licht reißt. Da, tanze! – Die Gewalt reißt uns mit. Nichts ist unwahrscheinlich an dieser Wilden, die vorher drollige Naive war und sich jetzt mit unerhörter Leidenschaft auf das fast wehrlose Opfer stürzt. Die Wut entbindet plötzlich ihr unentwickeltes Hirn und treibt zur Halluzination von grellstem Scharfsinn. Es steckt Genie in ihrer Raserei. Sie entdeckt auf dem Grund Nastasjas einen niederen Instinkt, die Eitelkeit der Depravierten, die sich dem Hin und Her zwischen Myschkin und Rogoschin nur überließ, um eine Heldenrolle zu mimen, um den Skandal immer noch größer zu machen, weil sie in ihre Schmach, in ihr Kellerlochdasein verliebt ist. Das kommt nicht von ungefähr auf Aglajas Lippen. Es hat sich, fühlt man, während sie zu Myschkin schwieg und während ihn seine Schüchternheit zurückhielt, in brütenden Nächten zu einem Gespinst verdichtet, und selbst wenn Myschkin gestern oder vorgestern das Netz durchschaut hätte, wäre er nicht imstande gewesen, es zu zerreißen. Nachträglich erfahren wir, warum sie einen Tag vor der Gesellschaft das Gespräch über Nastasja nicht wollte. Schon damals war es viel zu spät. Vielerlei drängt Aglaja zum Aufstand, nicht nur Haß aus Eifersucht, auch der gesunde Instinkt einer Tochter der Babuschka, die zum Hochmut neigende Gesundheit der unverdorbenen Aristokratin, die alles Dunkle in Nastasja für Unsauberkeit einer niederen Klasse nimmt. Mit der maßlosen Ungerechtigkeit des Kindes beißt sie sich ins Detail. Warum gab der gefallene Engel Totzki, dem Verführer, nicht einfach den Laufpaß, anstatt sich jahrelang von ihm unterhalten zu lassen? Wozu die Komödie? Gut, Totzki war ein Hund und machte mit ihr, was er wollte. Mit einer anderen hätte es der alberne Mensch nicht so leicht gehabt. Warum aber machte sie nicht endlich einmal Schluß mit diesem und mit allen? Nur weil sie Geld brauchte, weil der gefallene Engel gern weich liegen wollte. Luxus hatte sie im Kopf und Tollheit, steckte hunderttausend Rubel des einen in den Ofen und nahm dafür das Doppelte von dem nächsten. Warum hat die Heldin nicht wie eine Wäscherin gearbeitet und sich ehrlich gemacht?

Die Fragen sausen auf die Fassungslose wie Keulenschläge. Nastasja findet kaum eine Entgegnung, hat nie diesen Angriff erwartet und wehrt sich gegen die brutale Geradheit mit ungeraden, höchst konventionellen Redensarten, ist in ihrer Qual damenhafter als die erboste Angreiferin. Myschkin sieht ihre Qual und leidet, und natürlich steigert das noch die Erboste. Jawohl, sie liebt Myschkin, sagt es ganz offen, sagt auch warum und wird immer noch rot dabei, und wird von Myschkin wiedergeliebt, das ist ebenso klar und einfach, und das weiß die Komödiantin ganz genau. Er liebt die Komödiantin nicht, kann sie gar nicht lieben. Nie könnte der Fürst so eine lieben. Er liebt sie nicht nur nicht, sondern haßt sie. Das hat er selbst gesagt.

Mit dieser eklatanten Lüge in Gegenwart des Zeugen, der echten Lüge einer Babuschka, die aufs Ganze geht, spielt Aglaja der Gegnerin die Waffe in die Hand. Sie hat es zu weit getrieben. Auch ein weniger weicher Mensch widerstände nicht dem Mitgefühl. Nastasja ist am Ende ihrer Kräfte. Wenn Myschkin das wirklich gesagt hat – –

Ja, hat er es gesagt? Ihre Noblesse verbietet ihr, die beiden zu konfrontieren, aber sie bedarf dessen nicht. Nein, es ist nicht wahr. Myschkin sagt so etwas nicht, kann es nicht gesagt haben, und eher ginge die Welt unter, bevor der Fürst eine Lüge zu bekräftigen vermöchte.

Nastasja kommt zu sich. Der Dämon, den sie auf alle, nur nicht auf den Fürsten, ihr Idol, gehetzt hat, rast los. Sie spielt noch kühner als das Mädchen. Wenn ich will, nehme ich dir den Schatz selbst jetzt noch, brauche nur zu winken, und er bleibt, und du gehst allein zu Mama zurück. Sie glaubt selbst nicht an den Erfolg der Kühnheit, hat sich nur hinreißen lassen, um noch einmal ihren Keller zu durchbrechen, um in Schönheit zu sterben. Nie würde Myschkin dem Befehl gehorchen. Aber nun spielt sie, und das Spiel der erfahrenen Frau ist klüger als das des erbosten Mädchens. Nur dem Mitleid kann der Idiot unterliegen. Duldet er das ungeheuerliche Unrecht? Läßt er sie, für deren Reinheit er sich selbst verbürgt hat, die wohl ihren Ruf, nie seit Totzki ihren Leib hingab, wie eine Dirne behandeln?

Vielleicht würde Nastasja selbst mit diesem virtuosen Spiel nichts erreichen, wenn sich Myschkin seiner Paris-Rolle bei dem phantastischen Spiel bewußt wäre. Immer bekäme Aglaja den Apfel. Aber Myschkin sieht nur den geschlagenen Menschen, der für einen Blick sein Leben aufs Spiel setzt, und es wäre infam, ihm das Almosen nicht zu gönnen. Aglaja erträgt nicht die

Sekunde des Schwankens und stürzt hinaus. Er will ihr nach. Da verliert Nastasja das Bewußtsein.

Das Stück eilt in dem Tempo und in der Art der großen Szene im ersten Akt dem Schluß zu. Ein epilogartiger Teil, dessen nüchterner Bericht nach dem starken Auftritt wohl tut, vermittelt die letzte Szene. Wir erfahren ohne Kommentar, wie dringend Frauen, selbst zarte Mädchen, im gegebenen Moment vom Manne Brutalität zumal gegen andere erwarten und daß selbst in der besten Gesellschaft das Ausbleiben der Brutalität für Beleidigung und unmoralisch gilt. Wir erfahren das echt russische Schicksal des Fürsten, der aus Versehen statt Aglaja die andere heiraten will und dies als ganz »unerheblich« für Aglaja und auch für sich selbst ansieht und es Aglaja, wenn sie ihn nur zu sich ließe, ganz sicher in zwei Worten erklären zu können glaubt. Denn, meint er, wenn er Nastasja, die arme Wahnsinnige, nicht heiratete, würde sie unbedingt sterben. Wir erfahren, daß ein Idiot zwei Frauen zugleich lieben kann, und die Hauptsache: daß er sich selbst und keinem anderen die Schuld an dieser Verworrenheit zuschreibt, und womöglich mit Recht. Der lose Ton, in dem wir dieses Urteil abgeben, ist der Ton des Epilogs.

Dann öffnet sich der Vorhang zum letzten Male über dem Ruhebett mit der weißen Braut unter dem Leinentuch. Neben ihr sitzen die beiden Kreuzbrüder, Rogoschin, der Mörder, und Myschkin, der Idiot. Es ist in dem finsteren Hause Rogoschins, wo damals der Fürst mit dem Messer spielte. Als gestern die Braut auf der Flucht vor dem Bräutigam mit ihrem Mörder hierherkam, gingen sie ganz leise die Treppe hinauf, damit es die Leute nicht merkten, und Nastasja legte den Finger an die Lippen, um ihrem Lakai zu bedeuten, noch leiser zu sein, damit der Fürst nicht dahinterkomme, bevor alles vorüber war. Dieses letzte Bild der Lebenden vergißt man nicht.

Nachher bereiten sich die beiden Kreuzbrüder ihr gemeinsames Lager und liegen zusammen. Myschkins Tränen fließen auf das Gesicht Rogoschins, der nicht mehr bei Sinnen ist, und der Fürst hört nicht auf, ihn zu streicheln. So fand man sie am anderen Tag. Der Fürst wußte längst nicht mehr, ob das, was seine Hand berührte, ein Gesicht oder ein Gras war.

Dostojewski hat sich den letzten Teil lange überlegt und dann fliegend niedergeschrieben. Der Knick entging ihm nicht. Der Roman habe Sprünge, gesteht er am 7. Oktober 1868 in einem Brief vor der Niederschrift des letzten Teils. Am 11. Dezember heißt es in einem Brief an Maikow, der Leser werde durch den unerwarteten Schluß betroffen sein, aber nach einigem Nachdenken in der Lösung den einzig möglichen Ausgang erkennen; den »Schluß als Schluß« finde er gut. Nachdem der letzte Teil dem Druck übergeben ist, kommt der gewohnte Katzenjammer über das Ganze. – »Vieles in die Länge gezogen, in Eile geschrieben, mißlungen«, schreibt er am 26. Februar 1869 an Strachow; aber wenn er auch nicht den Roman zu verteidigen vermöge, die Idee sei gut. – Der Erfolg beim Publikum war mäßig, und Dostojewski, gewohnt ihn nach den Auflagen zu messen, hielt in den ersten Jahren das Werk für einen Fehlschlag. In den Briefen um 1870 ist immer nur von dem mißlungenen Roman die Rede. Später, im Jahre 1877, als das gesamte Œuvre bis zu den Karamasow vorlag, bekennt er sich zu denen, die den Idioten für sein bestes Werk halten.[49]

Uns geht es nicht anders, wohlverstanden bis zu den Karamasow. Wohl gibt es auch vorher geschlossenere Werke, ohne die Schwächen des Idioten, und gleich der unmittelbar folgende Roman, »Der ewige Gatte«, gehört dazu, nur keins mit den Vorzügen des Idioten. Wäre der Roman Fragment, so würde selbst das Fragment des »positiven Helden«, ja, nur ein Schimmer jenes überirdischen Leuchtens unseren nur zu verworrenen und dunklen Vorstellungen mehr bedeuten als alles, was ein Romandichter, selbst ein Dostojewski, aus normalen und anormalen Erlebnissen zu dichten vermag. Mit seiner gebrochenen Sprache, mit seinem Knick, mit allen Mängeln, die an ihm ausgesetzt werden mögen, weist er ins Jenseits. Man hat auch bei diesem Roman das Gefühl, das Dostojewski selbst oft in unzufriedene Worte gefaßt hat, er habe nicht alles Gesehene, nicht annähernd alles, gestaltet. Oft hinkt der Dichter sogar hinter seiner tatsächlich gestalteten Realität drein. Mitten in dem Duell zwischen Aglaja und Nastasja, nachdem das erboste Mädchen die Rivalin nahe an das Ende gebracht hat, unterbricht Dostojewski plötzlich das Gespräch, um uns auf die seelischen Eigenschaften der Geschlagenen hinzuweisen. Nastasja sei bei aller Schamlosigkeit viel schamhafter und zarter, »als man es von ihr hätte denken sollen«, und besitze »auch eine bedeutende seelische Kraft und Tiefe«. Vielleicht habe, meint er, die Lektüre von Romanen ihr den Kopf verdreht usw. Er bringt Argumente, die einer Madame Bovary gut stehen würden, und bringt sie am Schluß des Romans, nachdem uns die Natur Nastasjas, um die sich der halbe Roman dreht, längst vertraut geworden ist und nachdem die Folgen ihrer Natur zu der letzten Steigerung des Dramas zu führen beginnen. Solche Banalitäten wirken inmitten der unerhörten psychologischen Verkettung wie Zutaten einer fremden Hand, nachträgliche Retuschen eines Liebhabers, dem eine Stelle des Bildes zu nackt war. Ein Balzac, der solche Schwächen stehenließe, wäre vernichtet; von Flaubert nicht zu reden. Bei Dostojewski gehen wir darüber hinweg, als wäre von irgendwoher ein welkes Blatt, das ins Zimmer flog, auf die Seite gekommen. Wir blasen es weg und lesen weiter. Die Idee, das, was Dostojewski seine Idee nennt, wird, nachdem er sie in die Welt gesetzt hat, so mächtig, daß wir versucht werden, ihr selbsttätige Kräfte zuzutrauen.

Ist der Idiot schön? Schwerlich in einem mit der Überlieferung vereinbaren Sinne, sowenig wir es selbst in diesem Sinne sind noch sein mögen; aber wohl so schön, wie es ein beteiligter Mensch der Gegenwart dank glücklicher oder unglücklicher Umstände sein kann, so schön wie möglich. Eins wissen wir, daß das, was Schönheit über uns vermag, in seinen besten Augenblikken auch zu den Wirkungen des Idioten gehört, daß er uns nicht zerfurcht und zerreißt, sondern uns rundet und auf die Zehen hebt und uns reinigt. Ganz gewiß kann die Erlösung, die er seinem Nächsten zu bringen sucht, nur im Bereich seiner Schönheit liegen, in seiner von keiner Sonderheit entstellten Harmonie. Sie ist uns so fern, daß wir uns einen harmonischen Menschen nur als Idioten denken können. Auch der Dostojewski vor den Karamasow vermochte nicht, ihn endgültig anders zu denken, und ließ ihn untergehen.

Ist der Idiot wahr? Man kann kaum daran zweifeln, will man nicht sein Gebaren für die einzige Lüge und alles, was sonst auf der Erde gedacht, gesprochen und getan wird, für Wahrheit nehmen. Wohlverstanden gilt dies von der Art, wie er lebte, dachte und handelte, nicht von ihm selbst. Von ihm selbst wissen wir nicht genug, das wir mit gewohnten Äquivalenten ausdrücken könnten, und dafür viel mehr als von anderen. Dostojewski hat manche Teile seines Wesens im dunkeln gelassen und konnte wohl nicht anders. Die Seiten, die er ganz unzweideutig sehen läßt, müssen für andere herhalten. Seine Wahrheit ist nicht sehr wichtig; ich meine, die Wahrheit, die er sagt. Sie erscheint sogar zuweilen wie gelinde Torheit und Schwäche. Was ihn viel wahrer und wahrscheinlicher macht, ist sein Versuch, der Einsicht in das Relative jeder Wahrheit näherzukommen, und sein rücksichtsloser Verzicht auf alle persönlichen Vorteile aus dieser Bedingtheit. Er hat diese Tendenz unmöglich erschöpfen können, aber so viel dafür getan, daß, wenn wir sagen, er sei so wahr wie menschenmöglich, eine Konsistenz gezeichnet wird, die ohne ihn nicht vorstellbar war. Der Held im »Idioten« ist so wahr wie Aglaja, die wir zeichnen könnten, wie die Babuschka, deren Tonfall wir hören, wie der Säufer und Schwindler Iwolgin. Wohl bestätigt ihn uns Dostojewski mit ganz anderen Mitteln, ohne Tonfall und scharfem Umriß. Keine Gestalt wäre, auf die Bühne gebracht, so vielen Masken zugänglich. Diese schwebende Realität scheint mir ein Vorzug der Dichtung. Dostojewski hat erreicht, den Helden nur mit Gedanken zu zeichnen, und hat ihn uns mit Gedanken nähergebracht als irgendeine andere Gestalt des Romans. Mit viel mehr Recht, als er von seinem Schluß sagte, wird man bei einiger Überlegung diese Art von Realität als die in diesem Fall einzig erstrebenswerte erkennen.

Ist der Idiot gut? – Darauf könnte man das antworten, was Dostojewski den russischen Atheisten, die nichts von Christus wissen wollten, entgegenhielt. Zeigt mir einen Besseren, den wir an seine Stelle setzen könnten! – Er war so gut, wie er sein konnte, um schön und wahr zu bleiben: so gut wie möglich. – Das Bedingte dieser Begriffe braucht hier nicht zur Sprache zu kommen. Dostojewski hat uns diese Arbeit mit den Karamasow abgenommen.

Die Genesis des »Idioten« geht aus den zahlreichen Entwürfen des Nachlasses lückenlos hervor und überrascht uns. Erstaunlich ist die sehr langsame, mit ständiger Gedankenarbeit verbundene Vollendung der Idee, bevor der Dichter zu der Niederschrift schreitet. So schnell diese vor sich geht, so minuziös wird vorher das Problem erwogen. Schon die Entwürfe zu dem Raskolnikow erweisen den auffallend langsamen Werdeprozeß. Allein die Frage, ob der Roman in der Ich-Form darzustellen ist, eine Frage, von der man glauben sollte, sie würde von einem Menschen wie Dostojewski ganz spontan erledigt, ist Gegenstand sehr eingehender Überlegung, zu der alle möglichen nächstliegenden und versteckten ästhetischen Gesichtspunkte herangezogen werden. Tatsächlich gibt es einen Entwurf des ganzen zweiten Kapitels des Raskolnikow in der Ich-Form. Beim »Idioten« durchläuft der Werdegang der Idee unabsehbare Strecken. Der Anfang enthält noch keine Spur der eigentlichen Legende. In den von Brodski erläuterten Plänen zu nicht ausgeführten Werken[50] finden sich u.a. Entwürfe zu einem Roman »Mignon« und einer Erzählung »Frühlingsliebe«, mit der sich Dostojewski schon 1859 in Sibirien beschäftigt haben muß und die, wie Brodski richtig erkannt hat, zu den »Erniedrigten und Beleidigten« hinüberleitet. Beide Entwürfe aber, zumal der zu »Mignon«, enthalten auch erste Skizzen zu den Frauenrollen des »Idioten«. Auch eine Ohrfeigenszene kommt bereits vor. Der Entwurf zu »Mignon« fällt in das Jahr 1860 und dürfte von der Mignon in »Wilhelm Meister« angeregt sein. Um diese Gestalt baut sich langsam der ganze Roman auf. In dem ersten Entwurf zu dem »Idioten« spielt die Rivalität zwischen der geschändeten Mignon und der nicht benannten »Heldin« die entscheidende Rolle. Mignon führt zu der Nastasja, und aus der »Heldin« wird Aglaja.

P. Sakulin hat die vielen Entwürfe zu dem »Idioten«, die sich im Nachlaß fanden, eingehend kommentiert. Außer der Rivalität der beiden Frauenrollen stehen anfangs nur verhältnismäßig geringfügige Einzelheiten fest, und der Held des Romans gelangt erst ganz spät zu der tragenden Bedeutung. In den ersten Entwürfen glaubt man eher einen komplizierten Intrigenroman der französischen Schule vor sich zu haben. Der Schwerpunkt liegt lange Zeit bei den Frauen. Unter den Männern hat der Sohn des General Iwolgin, aus dem später Ganja wird, ursprünglich die Führung. Der Idiot tritt schon früh als Epileptiker, Sonderling und »Enfant terrible« auf, aber rückt nur ganz allmählich in den Vordergrund. Erst in dem Entwurf, den Sakulin an achter Stelle nennt, wird die Physiognomie eines Christusmenschen gegeben. Vorher nähert er sich eher dem entgegengesetzten Typ. Wir fassen kaum, wie aus der »starken, stolzen und leidenschaftlichen Natur«, aus diesem Menschen von »unendlicher Selbstsucht« die reine Gestalt des »Idioten« werden konnte. Die Leidenschaft läßt den Idioten im ersten Entwurf Verbrechen begehen. Seine Liebe zu Mignon ist ausschließlich erotischen Ursprungs. »Bei irgendeiner Gelegenheit vergewaltigt er Mignon, zündet das Haus an, brennt sich auf Befehl der Kusine einen Finger ab. Bei dem Idioten ist die Leidenschaft stark, das Liebesbegehren brennend, der Stolz unmäßig. Aus Stolz will er Gewalt über sich gewinnen, sich beherrschen lernen, und Demütigungen bereiten ihm Genuß. Wer ihn nicht kennt, lacht über ihn. Wer ihn kennt, beginnt ihn zu fürchten.« Offenbar gelang es Dostojewski nach dem Raskolnikow nur mit Mühe, sich von diesem Typ loszureißen. Damals schwebte ihm ein zweiter Raskolnikow vor, der, sensueller und naiver als der Mörder, von keiner Grübelei gehemmt, sich seiner unbändigen Natur überließ. »Grenzenloser

Idealismus, gepaart mit grenzenlosem Sensualismus« (an anderer Stelle heißt es »grenzenloser Egoismus«) zeichnet ihn aus. Es ist kein größerer Gegensatz zwischen diesem Entwurf und der Vollendung denkbar.

Zur Befreiung von dieser Vorstellung halfen viele Erinnerungen mit, u. a. ein historisches Faktum aus der Zeit Katharinas II., der vergebliche Putschversuch zugunsten des Prinzen Johann VI., der noch als Kind von der Tochter Peters des Großen bei ihrer Thronbesteigung im Jahre 1741 gefangengesetzt worden war und viele Jahre in einer Kasematte der Festung Schlüsselburg lebte. Ein Offizier namens Mirowitsch suchte 1754 den Prinzen zu befreien und wollte ihn auf den Thron bringen. Der Versuch mißlang, und der Prätendent wurde getötet. – In den Skizzenheften findet sich ein Entwurf, der diese Begebenheit frei verwendet und den Titel »Der Kaiser« trägt. Gegenstand ist die Entwicklung des in Einzelhaft »unter der Erde« gehaltenen Prinzen, der zunächst nur auf die eigne Phantasie angewiesen ist, um sich ein Bild von der Welt zu verschaffen. Mirowitsch, der junge Offizier, der den Prinzen zum Kaiser ausrufen will, ist das erste menschliche Wesen, zu dem sich eine Beziehung anbahnt. Sie führt zu einer tiefgehenden Freundschaft. Der Offizier begegnet dem Prinzen mit Ehrfurcht und sucht ihn auf seinen Beruf vorzubereiten, weist ihn auf seine hohe Geburt und auf den Unterschied zwischen beiden. Der Gefangene sagt: »Wenn du mir nicht gleich bist, will ich nicht Kaiser sein.« Der Mentor vermittelt seinem Zögling den Begriff der Größe. Wer Großes will, darf nicht vor der Gewalt zurückschrecken, auch nicht vor dem Tode. Er tötet eine Katze, um den Jüngling an den Anblick des Blutes zu gewöhnen. Den Prinzen schaudert. Wenn Menschen für ihn sterben müssen, will er nicht Kaiser werden.

Eine Kellerlochexistenz ohne Sünde und Arg. Ein Mädchen erhellt sie, die Tochter des Kommandanten. Sie wird die Braut des Prinzen und in seiner Phantasie zukünftige Kaiserin. Mirowitsch, der sie dem Prinzen zugeführt hat, wird auf sie eifersüchtig. Der Gefangene lernt die Widersprüche des Lebens kennen.

»Schließlich«, heißt es im Entwurf, »der Aufstand. Der Kommandant ersticht den Kaiser. Dieser stirbt erhaben und traurig.«

In dem gleichen Skizzenbuch steht der flüchtige Plan zu einer Erzählung »Der heilige Narr«. Der »Narr« umgibt sich mit Waisenkindern und hat eine sonderbare Vorliebe für alte Kleider, wird deswegen verlacht, gelangt ohne seine Schuld in Zwistigkeiten und wird wegen einer Frau, die er heiratet und die ihn betrügt und schließlich verläßt, in ein Duell verwickelt, bei dem er sein Leben aufs Spiel setzt, ohne den Gegner anzugreifen.

Sowohl der »Kaiser«, zumal das weltentrückte Dasein des Prinzen, die Vorbedingung für einen unberührten Menschen, als auch das Kinderdasein des »heiligen Narren« enthält die Widerstände gegen die Ideenwelt des Raskolnikow. Es dauerte fast acht Jahre, bis aus dieser schillerhaft anmutenden Romantik der Idiot hervorging.

Die ganz einfältige, sinnfällige Art dieses Werdens beglückt uns. Das Werk fällt nicht vom Himmel. Tausend geringfügige Zufälle, Zeitungsepisoden, Historien tragen Teile zusammen, alle verwendbar, sobald der richtige Instinkt die Verwebung unternimmt. Langsam spinnt sich das Netz. Die Idee reinigt sich von der Willkür des Zufalls. Allmählich rückt der Held von Stufe zu Stufe höher hinauf. Die unterste Stufe war voll von Banalität und enthielt kaum ein Atom des Idioten. Der Hauch genügte dem rastlosen Sucher, um den Helden schließlich zu befähigen, »sich der höchsten Synthese des Lebens bewußt zu werden«. Keine metaphysische Gebärde begleitet die Arbeit. Derb redet Dostojewski seinem Dämon zu. Diese Szene muß leichter werden, steht am Rand des Entwurfs, jene komischer, die andere dicker. Mehr Wärme! Mehr Leben! Besser überlegen! Mehr Effekt! Mehr Sphinx! – Solche Befehle finden sich oft in den Manuskripten. Wie ein Puppenschneider bildet dieser Dichter seine Menschen. Seelische Eigenschaften des einen Akteurs werden dem anderen gegeben. Nie wird man glauben wollen, daß der geldgierige Ganja ursprünglich Züge des Fürsten trug. Gestalten werden geteilt und, viel seltener, wird aus zweien eine gemacht. Nachher spürt man keine Naht. Nichts in dem Idioten verrät die ursprüngliche Verwandtschaft mit Raskolnikow. Doch hat der Verwandlungsprozeß Vorteile gehabt, die mit einer spontanen Schöpfung nicht verbunden gewesen wären. Die christushafte Einsicht des Idioten in die Machtgier und Sinnlichkeit und andere egoistische Schwächen der Mitwelt, eine übernatürliche und nie unwahrscheinliche Einsicht hängt wohl mit dieser an Überraschung reichen Entstehungsgeschichte zusammen. Im übrigen ist die Entwicklung des Idioten wie jede bedeutende künstlerische Schöpfung ein ethischer Prozeß.

Zwölftes Kapitel

Was kam nach dem »Idioten«? Ursprünglich wollte Dostojewski sofort an einen Roman über den Atheismus gehen, »einen Riesenroman«. In dem Brief an die Nichte vom 6. Februar 1869 aus Florenz heißt es: »Ich trage mich jetzt mit dem Plan zu einem riesengroßen Roman... Das Thema ist der Atheismus. (Es ist keine Anschuldigung gegen die heute um sich greifenden Überzeugungen, sondern etwas anderes, eine echte Dichtung.) Ich muß unbedingt große Vorstudien machen. Zwei oder drei handelnde Personen habe ich mir schon wunderbar entworfen, u. a. einen katholischen Enthusiasten, einen Priester (in der Art des St. François Fanier).« In einem Brief vom 8. März desselben Jahres an dieselbe Adresse kommt er noch einmal auf den Roman zurück. Er rechnet zwei Jahre auf die Arbeit. In beiden Briefen betont er, er könne den Roman nur in Rußland schreiben und müsse ihn daher bis zur Rückkehr in die Heimat liegenlassen.

Das Bedürfnis nach einem Roman von großer Ausdehnung ist verständlich. Wenn Dostojewski überhaupt nach dem »Idioten« an ein neues Werk zu denken vermochte, brauchte er etwas Riesiges, um die Trennung von der Gestalt, die ihn ohne letzten Abschied verlassen hatte, zu überwinden, vielleicht auch, um sich vor ihr zu verstecken. Wie aus den Notizen im Nachlaß hervorgeht, sollte der Roman einen Menschen schildern, der plötzlich jeden Glauben an Gott verliert. Der Verlust treibt ihn zu theologischen Forschungen. Nachdem er alle möglichen Religionen und Sekten probiert, mit Einsiedlern und Mönchen der verschiedensten Art verkehrt und gestritten hat, findet er endlich »den russischen Christus und den russischen Gott«.

Der Entwurf enthält die rohe Skizze für die religiöse Dialektik der Karamasow. Dostojewski hatte den »Idiot« ohne allen religiösen Apparat geschaffen, und dieser Enthaltsamkeit verdankt der Christusmensch seinen Zauber. Er mochte es wie eine Art Pflicht empfinden, das glücklich Versäumte nachzuholen und der siegreichen Praxis eine rechtfertigende Theorie folgen zu lassen, aber wird sich sehr bald überzeugt haben, daß mit dem abstrakten Vorwurf nichts anzufangen war.

Diesem flüchtigen Abgleiten vom Wege kommt keine Bedeutung zu. Fast gleichzeitig aber tauchen die Umrisse eines anderen Planes auf, für den das Prädikat riesig nicht zuviel scheint. Dostojewski will »das Leben eines großen Sünders« schreiben, und dieses Werk soll sein Credo werden. In den Skizzenbüchern nehmen die Entwürfe und Studien zu diesem Roman großen Raum ein. Ganze Teile sind im Szenarium und im Aufbau bis nahe zur Niederschrift vorgetrieben, und es finden sich so viele zusammenhängende Hinweise auf wesentliche Situationen, daß der russische Forscher Komarowitsch die »Rekonstruktion« eines großen Teils der Begebenheit unternehmen konnte. Der Gedankengang in diesem Teil scheint einwandfrei geklärt. Es ist die Geschichte eines ungewöhnlichen Menschen, der sich zum Helden bestimmt und nach vielen Irrwegen zu einem nach den Begriffen Dostojewskis heldenhaften Dasein durchdringt. Die Selbstbestimmung erfolgt in dem Alter, in dem sie am nächsten liegt. Schon der zehnjährige Junge, der in dem denkbar übelsten Milieu zwischen Laster und Unrat aufwächst, beschließt, sich über die Mitwelt zu erheben. Seine Umgebung flößt ihm unbegrenzte Verachtung ein. Die Menschen folgen willenlos ihren Trieben, zu denen auch das Bedürfnis nach Gesellschaft gehört, und geraten dadurch in Abhängigkeit. Man darf sich nicht mit ihnen einlassen. Nur eine Beziehung zu ihnen entwürdigt nicht, die des Herrschers zu den Knechten. Er will herrschen. Alle Machtmittel, die er erlangen kann, sollen in seiner Hand sein. In dem Hause lebt ein hinkendes Mädchen. Es liebt ihn. Ihm gesteht er seinen Traum, König zu werden. Man denkt an die traumhafte Vorexistenz des »Idioten«. Das Mädchen wird der erste Untertan des kleinen Königs. An ihm probiert er seine Macht, quält sie, beherrscht sie. Katja, die Hinkende, betet zu

Gott. Was ist Gott? Zum ersten Male meldet sich die Frage. Das Denken des Knaben über Gott gleicht dem Gefühl, das er für alles, was nicht zur eignen Traumwelt gehört, empfindet: Ihn ekelt vor dem Fremden, und er nimmt den Glauben der Hinkenden an das Fremde für Empörung. »Ich selbst bin Gott«, sagt er eindringlich zu Katja und zwingt sie, sich vor ihm zu verneigen. »Wenn du mir in allem folgst, will ich dich lieben.«

Der Knabe wird zum Jüngling, kommt in ein Institut und leidet schwer unter der illegitimen Geburt und seiner Armut, zumal unter seiner Armut. Sie zieht ihm viele Demütigungen zu. (Ein Stück Autobiographie Dostojewskis mit unverhüllten Details.) Der junge Mensch bleibt einsam und überläßt sich immer haltloser seinen Machtplänen. Schon den Knaben hat ein Wucherer die Bedeutung des Geldes gelehrt. Er beschließt, Reichtümer zu sammeln. Mit Geld wird man Herrscher der Welt. Er gönnt sich nichts, kasteit seinen Körper, zwingt ihn, Schmerzen zu ertragen, bringt sich Brandwunden bei, überwindet die ihm angeborene Furcht. Die Begrenztheit seines Ideals entgeht ihm nicht, denn er hat die Dichter gelesen, liebt sie, weiß von einem Heldentum jenseits aller materiellen Besitztümer. Dieses Wissen sucht er zu verhöhnen. Er verhöhnt alles, was ihm in den Weg kommt, und wird schließlich Verbrecher. Mit einem »Räuber« namens Kulikow begeht er einen Mord. Dieser bleibt unentdeckt. Im Gegenteil, das Ansehen des jungen Menschen wächst. Wider Erwarten macht er eine glänzende Prüfung und wird mit Ehren vom Gymnasium entlassen. Als Student ergibt er sich mit einem früheren Schulkameraden namens Lambert allen möglichen Ausschweifungen. Zwischendurch spielt eine Episode mit seinem natürlichen Vater, die vielleicht zu einer menschlichen Beziehung und zur Selbstbesinnung führen könnte. Wieder wird gewaltsam die Lockung der Sittlichkeit vom Machthunger unterdrückt. Der Held sinkt von Stufe zu Stufe und vollbringt schließlich mit dem früheren Schulkameraden ein neues Verbrechen, die Schändung und Beraubung eines Heiligenbildes. So sollte der erste der fünf großen Teile des Romans enden. Im zweiten Teil kommt der jugendliche Verbrecher in ein Kloster und trifft hier mit Tichon Sadonski, dem zukünftigen Staretz Sossima in den »Karamasow«, zusammen. Der Heilige überwindet ihn allmählich, und zwar nicht mit frommen Predigten, sondern mit seiner naiven Freude am Dasein. Alles ist gut, was lebt und sich regt, und Gewaltsamkeit taugt nichts. »Als Mönch zu leben ist niedrig. Kinder muß der Mensch haben.« Also muß er auch Sünden und Verbrechen haben. Er quält sich genug mit seinen Sünden und Verbrechen. Die Qual ist gut, denn sie führt zur Wiedererhebung, und deshalb ist auch das Verbrechen gut. Es kann den Menschen zur Demut treiben.

Mit dem Begriff der Demut verläßt der Held das Kloster. Aus Stolz wird er sanft und nachsichtig gegen die andern, aber unter diesen neuen Eigenschaften verbirgt sich immer nur wieder die alte Menschenverachtung, und die Machtsucht beherrscht ihn mehr als je. Offenbar schwebte Dostojewski vor, alle Möglichkeiten der Selbstvergöttlichung, auch der verschwiegensten, zu erschöpfen, bevor der Held zum letzten Bekenntnis schreitet und zu Gott gelangt.

In dem Werk sollte das ganze Leben eines Menschen von der Wiege bis zur Bahre geschildert werden, und dabei wollte Dostojewski seine eigne Stellung zur Welt und zu Gott, zumal seine Gedanken über den Individualismus ausführlich klären und erläutern. Alle seine Hauptwerke sind nichts anderes als experimentelle Darstellungen der Entwicklung seiner eignen Weltanschauung. Vermutlich empfand seine mimosenhafte Gewissenhaftigkeit das Zurückdrängen aller egoistischen Regungen in dem »Idioten«, auch wenn er es prinzipiell billigte, als zu gewaltsam. Die Stabilität dieser Selbstüberwindung, obwohl es gelungen war, ihr alle subjektive Genugtuung fernzuhalten, beunruhigte ihn. Abscheu vor dem Schema war seine fixe Idee.

Diese Darstellung einer fortlaufenden Existenz in einem ausgedehnten Zeitraum, der normale Gegenstand jedes Romans, war für Dostojewski etwas Neues und nötigte ihn zur Änderung seiner Technik. Die Form des Roman-Dramas, seine eigenste

Schöpfung, die er in den vorhergehenden Werken auf erstaunliche Höhe gebracht hatte, schloß sich bei diesem Roman aus. Dieser bedingte epische Breite. Dostojewski hat sich darüber zu sich selbst mit gewohnter Derbheit ausgesprochen. Er notiert in sein Skizzenheft: »Auf effektvolle und szenisch herausgearbeitete Stellen kommt es hier so gut wie gar nicht an.«

Dies der Grund, wenigstens einer der Gründe, warum der Roman ungeschrieben blieb. Die Form der Kontemplation lag Dostojewski nicht. Wir haben Grund, uns dessen zu freuen. Komarowitsch ist anderer Meinung und schließt aus dem Verzicht auf eine Lücke in der Entwicklung des Menschen und des Dichters. Über den Kladden Dostojewskis übersieht der Ideologe die Werke. Dostojewskis letztes Wort steckt in den Karamasow. Glaubensbekenntnisse lassen sich immer formulieren. Nicht darauf kommt es in der Dichtung an, sondern auf Äquivalente des Daseins, deren symbolische Gewalt uns das Bekenntnis miterleben läßt. »Die trockne Sachlichkeit«, zu der sich Dostojewski nach seinen eignen Worten bei dem Sünder-Roman getrieben fühlte, hätte seine wesentlichsten Gaben außer Kraft gesetzt und nie zu einer dem »Idioten« oder »Raskolnikow« ebenbürtigen Dichtung, eher vielleicht zu einem Memoirenwerk von der Art des »Totenhauses« geführt, einem Mischprodukt, das alle möglichen Eigenschaften haben konnte, für den Dichter aber unwesentlich bleiben mußte. Nicht unentwickelte Ethik, wie Komarowitsch glaubt, sondern höchst entwickelte Ökonomie seiner Kräfte trieb zum Verzicht.

Die Idee des Sünder-Romans ist das große Diarium, aus dem Dostojewski alle zukünftigen Werke entnimmt und bereits vorher geschaffene Hauptwerke entnommen hat. Übrigens mag schon die Einsicht, daß große Teile der geplanten Biographie den Raskolnikow verwässernd wiederholt hätten, ihn zum Aufgeben des Plans bestimmt haben. In den Entwürfen zum Raskolnikow wird der Held mit genau denselben Worten – »Stolz, Menschenverachtung, Machthunger« – gezeichnet, die den großen Sünder charakterisieren sollten.

Mächtig arbeitete in Dostojewski der Drang, sein Christentum, das im Idioten zu der stillen Legende geführt hatte, in einer großen, unzweideutigen Aussprache, gleichsam in einem Kampf Mann gegen Mann, zu erhärten. Dieses erschöpfende Werk, gleichviel welchen Titels, war nicht in Dresden zu schreiben. Um das große russische Zusammen, die glühende Verheißung des Idioten, verwirklichen zu können, mußte Dostojewski russische Luft atmen, den Puls des Volkes spüren, mit Menschen von gleicher Denkungsart, die sich gegenwärtig anschickten, ihre Stimmen für dasselbe Ziel, den Austrag zwischen Individualismus und Universalismus, zu erheben, zusammensein.[51] Auch gehörten zu dem theologischen Material umfangreiche Studien an Ort und Stelle.

Da diese Bedingung zunächst nicht erfüllt werden konnte, denn noch bestanden die Hindernisse in der Heimat drohender als je, schob Dostojewski das große Werk auf und griff zu Kleinzeug. Die Geschichte von dem »Ewigen Gatten« und die »Dämonen«, zumal die erste, sind unter diesem Gesichtspunkt zu betrachten. Er sah in dem »Ewigen Gatten« ein billiges Genrebild von der Art des »Spielers« und fand es, wie er der Nichte schrieb, »ekelhaft, sich mit dergleichen abzugeben«.[52] Nichtsdestoweniger ist diese Geschichte in ihrer Art meisterhaft. Freilich, welche Art würde nach dem »Idioten« behagen?

Der Ton zielt auf den komischen Roman. Die Komik enthält auch diesmal, und diesmal mehr als sonst, alle Möglichkeiten der Tragödie und ist im Grunde keineswegs spaßig. Oft deckt nur ein dünnes Lächeln den gähnenden Abgrund, und die beiden ineinander verbissenen Partner rollen ihm auf Haaresbreite zu. Im letzten Moment lassen sie sich los, bringen ihre Gesichter in Ordnung und entschuldigen sich höflich.

Der Titel »Ewiger Gatte« deckt nur den recht harmlosen Rahmen und eine Pointe, die seit Molière nicht mehr neu ist. Ein Cocu kann nie Hörner genug kriegen. Die eigentliche Handlung hat mit dieser Weisheit nicht viel zu tun. Weltschaninow, ein dandyhafter Weltmann außer Diensten, der früher viel bei

Frauen galt und bei Männern gefürchtet war, steht im Begriff, zum Hypochonder zu werden. Er hängt Grübeleien nach und wäre, wenn er ein besseres Gedächtnis hätte, imstande, melancholische Memoiren zu schreiben. Der Herr mit dem Trauerflor tritt auf. Man trifft ihn überall in passenden und unpassenden Momenten. Wer ist der Mann? Man muß ihn schon mal gesehen haben, hat mit ihm irgendwas irgendwo zu tun gehabt, aber kann sich nicht erinnern. Wer soll alle unangenehmen Menschen behalten? Unangenehm war es sicher. In Ermangelung besserer Beschäftigung fängt der müde Dandy an, sein Gedächtnis zu strapazieren, und die Suche nach dem Namen, obwohl er ganz gleichgültig ist, droht zu einer Verkehrsstörung im Hirn zu führen. Immer wieder begegnet man dem Menschen. Langsam stellt es sich heraus, daß der Mann mit dem Trauerflor vielleicht nicht so gleichgültig ist, wie es den Anschein hat, und daß nicht der Zufall allein die häufigen Begegnungen hervorbringt. Dostojewski ist groß in der Kunst, die Entfernung zwischen den beiden Partnern langsam zu vermindern, während die Widerstände des Dandys zunehmen. Der Mann mit dem Trauerflor wird ein Alp, eine Krankheit, und endlich sitzen sich die beiden im Hause Weltschaninows gegenüber, selbstverständlich morgens um drei Uhr. Nun geht es erst recht los. Man erkennt sich. Mit Pawel Pawlowitsch, dem Trauerflor, ist der Dandy vor neun Jahren in einer Provinzstadt recht gut bekannt gewesen, noch bekannter mit der Frau des Tropfs, und der Trauerflor um den Hut hängt eben mit der gewesenen Frau zusammen.

Was will der Kerl von mir? fragt sich Weltschaninow. Madame Bovary ist tot, Gott habe sie selig. Was hat er mit dem Trauerflor zu schaffen?

Nur Freundschaft! sagt Pawel Pawlowitsch mit süßlicher Rührung; Freundschaft und Erkenntlichkeit, denn Weltschaninow war doch damals Hausfreund, und wenn man auch nach seiner Abreise nichts mehr von ihm hörte, sein Bild blieb eingegraben, noch tiefer eingegraben als das Bild des Herrn Bagontow, der nach ihm kam, ein ebenso trauter Hausfreund. Auch der lebt jetzt in Petersburg, und der Trauerflor hat ihn aus Freundschaft und Erkenntlichkeit aufgesucht; leider erfolglos, da Bagontow krank zu Bett liegt. Aber Weltschaninow steht dem Trauerflor näher, weil er sozusagen der erstgeborene Freund des Hauses war. Auch Weltschaninow scheint nicht recht wohl, hat Fieber. Ein Leberleiden? Oh, oh! Da muß man gut aufpassen.

Weltschaninow findet den Besucher gesprächiger als früher. Es gibt sehr anregende Gespräche mit ihm. Außerdem scheint er sich dem Trunk ergeben zu haben.

Am nächsten Tag, schon am Morgen, sucht der Dandy den Trauerflor auf. Es ist ihm inzwischen alles mögliche eingefallen. Das Verhältnis mit der Verblichenen gehörte zu den keineswegs belanglosen Episoden und ging ihm damals, vor neun Jahren, verhältnismäßig nahe. Er mußte dem Bagontow weichen. Als Grund gab sie ihm an, sie sei in der Hoffnung, und daher müsse er sofort, um schmutziger Verleumdung vorzubeugen, verduften. Das war damals sehr unangenehm. An Schwindsucht ist sie gestorben, so, so! Eine in ihrer Art reizvolle Frau, hatte Einfälle und Kapricen. – Dostojewski mag an die erste Gattin gedacht haben.

Weltschaninow findet den Trauerflor in seinem kleinen Hotel gerade damit beschäftigt, ein kleines Mädchen von etwa acht Jahren zu verprügeln. Auf dem Tisch steht eine halbgeleerte Sektflasche. Das Mädchen wird ins Nebenzimmer gebracht, und man begrüßt den Gast mit Wärme. Ja, er müsse zugeben, lispelt der Trauerflor, seit dem Ereignis nehme er zuweilen ein Gläschen, aber nur aus Kummer. Ja, auch gestern, eigentlich alle Tage, aber nur aus Kummer. Das kleine Mädchen ist Lisa, die Tochter der Verblichenen, unsere Tochter. Ja, der Herr segnete die Verblichene gerade acht oder neun Monate nach der Abreise des trauten Hausfreunds.

Weltschaninow traut seinen Ohren nicht. Das ist ihm noch nie passiert. Gleich muß das Kind hereinkommen. Ein bezauberndes Kind, der Mutter aus dem Gesicht geschnitten, aber viel zarter, von einer ganz besonderen Zartheit. Dieselben blauen

Augen, nur noch leuchtender. Man kann sich kaum halten, das kleine Ding in die Arme zu nehmen. Und dieser Säufer vernachlässigt das Geschöpfchen schamlos, das sieht man. Er prügelt das arme Kind. – Kann man so etwas mit ansehen? Sperrt, wenn er weggeht, das zarte Geschöpf einfach ein und läßt es so tagelang. Dabei liebt ihn der Engel, und vor dem Dandy fürchtet sie sich ersichtlich. Sie darf nicht in diesem Morast bleiben, nicht einen Tag mehr, nicht eine Stunde.

Mit einiger Mühe gelingt es, die Einwilligung des Trauerflors zu erhalten und den unbegreiflichen Widerstand der Kleinen zu überwinden. Lisa wird zu Freunden Weltschaninows in einen Vorort gebracht. Sie hat es dort sehr gut. Man tut alles für sie, aber vermag nicht das Heimweh nach dem Vater zu stillen, da dieser nie in das Haus kommt. Die Sorge um Lisa füllt den Dandy aus. Er ist täglich draußen bei der Kleinen, hat keinen anderen Gedanken mehr. Lisa bekommt das gute Leben bei den freundlichen Leuten gar nicht. Bei dem Vater, der sie prügelte, war ihr besser, und schließlich erkrankt sie vor Sehnsucht. Pawel Pawlowitsch läßt sich nicht blicken. Weltschaninoff bietet das Unmögliche auf, um ihn zu der Kleinen zu bringen. Der Elende ist einfach dauernd betrunken. Er verspricht alles, was man will, hat immer diese gottverdammte singende Höflichkeit, aber der Suff schließt jede Bewegungsfreiheit aus.

Lisas Befinden verschlimmert sich. Der Dandy rast vor Angst und Wut, aber es hilft nichts. Pawel Pawlowitsch nimmt alle Schimpfworte ergeben hin und trinkt weiter. Am liebsten möchte der andere ihn wie eine Fliege totschlagen. Er könnte es, hätte die Kraft dazu, ist dem Trauerflor physisch ungleich überlegen und würde sich kein Gewissen daraus machen. Statt dessen sieht er sich genötigt, dem anderen in die Schlupfwinkel seiner verfluchten Hahnreiseele nachzukriechen. Der Trauerflor bekommt zuweilen die Oberhand. Eigentlich hat er schon längst die Oberhand, tut nur so, als merke er es gar nicht, und begnügt sich höchstens mit einem verschmitzten Grinsen. Manchmal aber nimmt er halb aus Versehen einen geradezu gebieterischen

Ton an und wird ein anderer. Es dauert immer nur ein paar Augenblicke, die man auch der Betrunkenheit zuschreiben kann. In diesen Augenblicken tut der Dandy alles, was der andere von ihm verlangt, küßt ihn sogar einmal auf Befehl auf die Alkohollippen.

Alles umsonst. Lisa stirbt. Weltschaninow ist auf den Kopf geschlagen. Zum ersten Male in seinem Leben hat ihn das Unglück erwischt. Mit Mühe bekommt man den Betrunkenen dazu, die nötigen Papiere herauszurücken. Ohne ihn könnte Lisa nicht einmal begraben werden. Die Revanche des Gehörnten läßt nichts zu wünschen übrig.

Mit diabolischer Sachlichkeit wird die Haltung des Trauerflors gezeichnet. Kein Wort des Dichters äußert sich zu der Verbissenheit des Säufers. Auch solche Tröpfe können sich »ganz Sphinx« geben und in ihrer undurchdringlichen Nichtigkeit furchtbar werden. Antike Vergeltung operiert mit modernem Mechanismus.

Der Rache des Gatten folgt die Rache des Liebhabers. Nach ein paar Wochen treffen sich die Partner. Der Trauerflor hat sich reorganisiert, trinkt nicht mehr, trägt ein nagelneues Gewand. Also war die ganze Sauferei nur Mittel zum Zweck. Stolz teilt er dem Dandy seine Verlobung mit. Ja, er will eine neue Ehe eingehen. Warum nicht? Auf Regen folgt Sonnenschein.

Die neue Liebe hat alle Empfindungen des Trauerflors gesäubert. Er steht dem einstigen Hausfreund wieder so gegenüber wie damals vor neun Jahren, als der elegante junge Mann die interessante Note in das Haus brachte, spricht zu ihm mit dem vertrauensvollen Behagen, das man jedem weitgereisten Weltmann entgegenbringt. Und am nächsten Tag trägt der Trauerflor errötend den Wunsch vor, der Freund möchte ihn doch einmal, am liebsten gleich heute, in das Haus des Staatsrats mit den acht Töchtern begleiten. Nur aus Gefälligkeit!

Weltschaninow traut seinen Ohren nicht. Das geht ein bißchen weit. Pawel Pawlowitsch aber legt sich aufs Bitten. Teils treibt ihn Freundschaft, das gute Herz des Cocu, das für alle offensteht und jeden an seinem Glück teilnehmen lassen möchte, teils die abergläubische Einbildung, mit den Fähigkeiten des Dandys die eigne Kapazität vergrößern zu können. Man wird draußen sehen, was für feine Freunde er hat, und das wird ihm in dem Hause nützen.

Dostojewski bemüht sich nicht im mindesten, die Unwahrscheinlichkeit der Reaktion zu mildern, und diese Sorglosigkeit hilft ihm. Die Fixigkeit des Umschlags charakterisiert nicht den unbedenklichen Schreiber, sondern die primitive Psychologie des Ewigen Gatten.

Schließlich willigt der Dandy ein, und Pawel Pawlowitsch überwacht mit Andacht die Toilette des Dandys. Keine Mutter, die das Töchterchen zum Ball schmückt, kann aufmerksamer sein. Sie fahren auf die Datscha. Im Kreise der Jugend erwacht der alte Sportgeist des Dandys. Im Handumdrehen ist er wieder mal Hahn im Korbe, und der Trauerflor hängt auf Halbmast. Die Kleine, die sich Pawel Pawlowitsch ausgesucht hat, ausgerechnet die allerjüngste von den acht Töchtern, noch ein reiner Backfisch, denkt nicht im Traume an den Trauerflor, sondern ist längst mit einem kecken Jüngling à la Kolja Iwolgin verlobt. Wenn das nicht wäre, hätte Weltschaninow Chancen. Mit Entsetzen sieht Pawel Pawlowitsch, was er anrichtet. Als echter Cocu erkennt er nicht den neuen und bedrohlichsten Feind, sondern überschätzt den alten und besteht darauf, sofort mit Weltschaninow die Gesellschaft zu verlassen. Dem Dandy ist es ganz recht, denn er legt im Grunde gar kein Gewicht auf die Spielerei mit den Gänsen und fühlt sich nicht wohl. Das alte Leberleiden zwickt ihn. Pawel Pawlowitsch aber schwitzt immer noch vor Angst. Er muß unbedingt mit dem Erbfeind reden und begleitet ihn nach Hause. Der Dandy hat arges Fieber und gar keine Lust zu langen Debatten, möchte sich niederlegen, aber der Trauerflor muß sich aussprechen. Sein Geschwätz wird von dem heimlichen Verlobten des Staatsratstöchterchens unterbrochen, der mit jugendlicher Verve die Menschenrechte darlegt und den Verzicht des unwillkommnen Bewerbers fordert. Darauf empfiehlt er sich klirrend. Die Szene, ein lustiger Beitrag zu dem Kapitel Jugend, ist kostbar. Sie läßt den Ewigen Gatten die relative Unschuld des Dandys erkennen. Schon Weltschaninow war beauftragt, den Korb zu bestellen, hat es nicht getan, hat ihn also schonen wollen. Darüber große Rührung. Pawel Pawlowitsch hat Weltschaninow immer für das Ideal eines Mannes gehalten; ein Weltmann, der bezaubert und sich bezaubern läßt. Leider kommt er jetzt in die Jahre und leidet an der Leber.

Das trifft nur zu sehr zu. Dieses Leberleiden führt manchmal zu äußerst schmerzhaften Anfällen, die stundenlang dauern können und den Betroffenen der Hölle ausliefern. Zum Glück weiß Pawel Pawlowitsch ein glänzendes Mittel. Heiße Teller auf die Herzgrube tun Wunder. Das sollen Sie mal sehen! – Unermüdlich pflegt man den stöhnenden Weltmann, richtet in der Küche einen Tellerwärmebetrieb ein, rackert sich ab, ist in seinem Element. Nach kurzer Zeit gelingt es wirklich, den Anfall zu brechen. Vor dem Einschlafen dankt Weltschaninow dem Menschenfreund und bittet ihn, die Nacht bei ihm zu bleiben. Er kann nicht ein Wort der Rührung unterdrücken. Pawel Pawlowitsch sei viel besser als er. Die Erlösung von den Bauchschmerzen bringt ihn fast zum Geständnis.

Schon gut! sagt der Tellerwärmer und löscht das Licht.

Weltschaninow schläft unruhig. Nach wirren Träumen erhebt er sich mitten in der Nacht, stößt im Dunkeln auf Pawel Pawlowitsch und greift in ein Rasiermesser. Es kommt zum Kampf, und der Trauerflor unterliegt. Am nächsten Morgen wird er mit schlichtem Abschied entlassen. Die Partner sind quitt. – Hier müßte die Geschichte schließen.

Der Trauerflor verläßt ohne Braut Petersburg. Nach zwei Jahren trifft ihn der Dandy noch einmal auf einer Reise an einem Bahnhofsbüfett, wieder mit einer Frau und richtig verheiratet. Und die temperamentvolle Dame ladet sofort den Dandy auf Logierbesuch ein. Weltschaninow beruhigt den Gatten. – Diese epilogartige Episode, eine Zutat des Journalisten, würde man gern entbehren.

In der Analyse des gehinderten Rasiermesserhelden, mit der sich der nachdenkliche Weltmann beschäftigt, werden Ideen gestreift, die im Zusammenhang mit dem Mord des alten Karamasow wiederkommen. Sonst verrät die Novelle wenig oder nichts von aktuellen Gedanken Dostojewskis, und das ist das einzige, das man ihr vorwerfen kann. Sie hat kein rechtes Datum.

Um so unmittelbarer der Niederschlag aktueller Ideen in den »Dämonen«. Nach Dostojewskis Geständnis hat ihn dieses Werk die größte Anstrengung gekostet, viel größere als der »Idiot«. Er arbeitete mindestens zwei Jahre daran,[53] warf, nachdem er schon ein großes Stück fertig hatte, die Disposition um und tauschte sogar die Hauptgestalt aus. Er setzte eine Zeitlang große Hoffnungen auf den Roman und erkannte zu spät den Fehlgriff.

Beabsichtigt war eine Ergänzung des »Idioten«. Er wollte in dem Stoff bleiben, konnte nicht den großen Wurf, für den er Rußland brauchte, finden und begnügte sich mit einer Fortsetzung ins Dialektische. Mit der Sphäre Myschkins hat dieser Versuch so viel zu tun wie die letzten Worte des Epilogs nach dem »Idioten«, in denen die Babuschka bei einem Besuch im Asyl des Fürsten ihren Zorn über das dumme Ausland ausläßt.

Es entsteht das diametrale Gegenteil, die negative Gegenseite des »Idioten«, die Unterwelt, das ausgewachsne Hinterhaus; alles, was nicht Christusmensch ist, also Teufel. Und während der Christusmensch vom Innern aus dargestellt wurde, werden die Teufel von außen behandelt. Bei aller Kompliziertheit des Apparats ist nichts äußerlicher als die Diktion der »Dämonen«. Man kann eine Bestätigung des positiven Grundtons in der Weltanschauung Dostojewskis in seiner Unfähigkeit vor dieser negativen Aufgabe finden.

Das Manko beruht auf der unverhohlenen Absicht, mit den Nihilisten aufzuräumen, sie entweder zu lächerlichen Figuren oder zu Verbrechern zu stempeln. Dostojewski spricht das wiederholt rücksichtslos aus. »Ich setze auf die Arbeit große Hoffnung; ich meine nicht die künstlerische, sondern die tendenziöse Seite. Ich will gewisse Gedanken äußern, wenn auch dabei alles Künstlerische zugrunde geht... Gedanken, die sich längst in meinem Kopf und in meinem Herzen angesammelt haben, drängen mich dazu. Mag es auch nur ein Pamphlet werden, jedenfalls werde ich einmal alles, was ich zu sagen habe, aussprechen.[54] Er hofft die Arbeit bald zu beenden und sich dann mit Genuß an den »Roman« zu machen, unterscheidet also ganz unzweideutig zwischen den »Dämonen« und einer Dichtung. – Frau Dostojewski erzählt von den Tatsachen, die der Wirklichkeit, und zwar der unmittelbaren Aktualität, entnommen wurden, und von den großen Schwierigkeiten bei der Arbeit. »Ein Tendenz-Roman«, fügt sie hinzu, »war offenbar nicht dem Geiste seines Schaffens gemäß.« – Dem Geist der Dichtung Dostojewskis und jeder Dichtung, hätte sie sagen können, was sich von selbst versteht, nicht seinem schöpferischen Willen. Denn, wie wir wissen, stand dieser Wille keiner abstrakten Ästhetik zu Gebote, sondern drang auf Schicksale und Ideen, deren Darstellung die geistige Wohlfahrt Rußlands zu fördern vermochte. Wohl war das Unterbewußtsein, wo die von keiner Nützlichkeit gehemmte Sachlichkeit saß und nach immer umfassenderer Verallgemeinerung drängte, stärker, aber diese Zentrale mußte sich, scheint es, stets auf Zufuhr von draußen stützen können. Ein ständiger Ausgleich von offenbar primitiver Funktion brachte die Entwicklung vorwärts. Noch während der Arbeit an den »Karamasow« sind Aufsätze von bescheidenster Haltung entstanden.

Mit den »Dämonen« tat er sich pflichtmäßig Zwang an. Es kam auf höherem Feld zu einem Reinemachen, das er früher mit den »Erniedrigten und Beleidigten« versucht hatte. Dem dichterischen Anspruch des »Raskolnikow« und des »Idioten«, der ihn wiederholt entführen wollte, wurde barsch Schweigen geboten. Besonderer Anlaß trieb hin zu einer ganz eindeutigen Gebärde. Er hatte aus nächster Quelle über das Treiben der Revolutionäre in Rußland Dinge erfahren, die ihn mit Entsetzen erfüllten und sein Verantwortungsgefühl steigerten.[55] Hatte er doch selbst, so glaubte er stets, als unreifer Mensch zur Schürung des Feuers beigetragen, und diese Schuld schien ihm mit allem, was er an persönlichen Folgen zu tragen gehabt, nicht abgebüßt. Die Saat der Petraschewski und Genossen war aufgegangen. Der Umsturz, mit dem man damals kindisch gespielt hatte, rückte näher, schien seit der Reise riesige Fortschritte zu machen. Er überschätzte ihn nicht einmal. Wenn Karl Nötzel recht hat, kann Netschajew, der Mörder des Studenten Iwanow, geradezu als geistiger Schöpfer des Bolschewismus gelten.[56] Aus Netschajew ist Werschowenski, aus Iwanow ist Schatow geworden. In den Entwürfen zu den »Dämonen« wird Werschowenski gewöhnlich Netschajew genannt.

Wieder deckt der Prophet die Zukunft auf. Die Fernsicht, die er dem aufstehenden »Idioten« verlieh, zog mit legendenhaftem Strich die Umrisse der dunklen Drohung. Jetzt werden mit verblüffender Greifbarkeit Einzelheiten der russischen Revolution gezeichnet, Szenen, die sich fast wörtlich, wie hier niedergeschrieben, ein halbes Jahrhundert später abspielen sollten. Wenn ein Mensch von solcher Sehergabe kein spiritistisches Medium war, konnte ihm die Sorge keine Zeit für das Spiel der Musen lassen, und nur der entsetzte Schrei war ihm als Warnung genug. Die neue Katorga, die ihn jetzt gefesselt hielt, schärfte seinen Blick und vergrößerte seine Ängste. Der Aufruhr der französischen Kommune kam dazu, und der Brand von Paris mischte sich mit den Brandstiftungen Petersburger Nihilisten. Vor seinem Auge stand Europa im Flammen. Später hat er im »Jüngling« diesen unauslöschlichen Eindruck verallgemeinert.

Das Recht, ihn zum Feind der Entwicklung zu machen, entnehmen die Russen von heute zumal dem »Pamphlet«. Man kann ihnen den Grimm ebensowenig verdenken wie ihm das Grauen. Er hat die Gegenangriffe vorausgesehen, aber nicht so spät datiert. Sie treffen, soweit sie sich an die »Dämonen« halten, einen Pamphletisten, der die Pflicht des Dichters, nicht die kleine, sondern die große Wahrheit zu sehen, nicht den ewigen Wert über den augenblicklichen Nutzen zu vergessen – Pflichten, die Dostojewskis Meisterwerke mustergültig erfüllen –, mit Bewußtsein hintansetzte. Das Exempel vom Erdbeben in Lissabon läßt sich umdrehen. Dostojewski sieht nur eins. Für das übrige ist er blind, will blind sein. Diese Regung, die jede Kontrolle des Dichters wie Schmutz von sich weist, stellt den Angreifer Schulter an Schulter mit dem Bekämpften. Er teilt ihren Fanatismus. Mochte Dostojewski noch so sengend die Flamme der Brandstifter spüren, nie konnte ihm entgehen, daß dieses Stück, das zu seinen »Dämonen« führte, nur Teil einer größeren Geschichte war, die man nicht willkürlich, selbst nicht zum Besten edelster Hilfsbereitschaft übersehen durfte, wollte man nicht mit einem Bruchstück genug haben. Auch das Dämonische, das der Titel verspricht, das am wenigsten, läßt sich mit so gebundenen Händen darstellen.

Dostojewski zeigt viel, und noch mehr kann man, wie Hans Prager mit seinem tiefdurchdachten Werk erwiesen hat,[57] herauslesen, aber es gelingt Dostojewski nicht, das Gezeigte zum Symbol zu erheben. Unheimlich deutlich wird der Mechanismus des revolutionären Apparats, wie er fern von seinem Zentrum, in einer Provinzstadt arbeitet, wo jede Gewaltherrschaft wie ein Zucken von Gliedern ohne Kopf erscheinen muß; furchtbar die Willkür des Experiments mit einem denaturierten Staat. Idee der Revolutionäre ist, wie Nötzel sagt, das sittliche Ziel, jenseits der Sittlichkeit.[58] Die Demoralisierung wird moralische Forderung.

Dies ist nicht der ganze Gegenstand des Werkes, aber sein unveräußerlicher Schatten und soll die Hauptsache sein. Wird sie auch nur gedanklich erschöpft? Man kann natürlich aus den Symptomen auf die unhaltbare Idee schließen und erfahren, wie schrecklich dumm diese Revolutionäre sind. Man hat das Gefühl, und es ist von Forschern bestätigt worden, daß Dostojewski mehr an seine beteiligte Jugend, an die unreifen Ideen im Petraschewski-Kreis der vierziger Jahre dachte als an die Situation um 1870. Darauf käme es bei einer Dichtung nicht an; wohl aber hier. Je mehr Apparat aufgeboten wird, desto zahlreicher die Widersprüche. Materie und Dichtung gehen nicht auf. Die Sinnlosigkeit dieser Morde und Mordbrennereien dringt kaum über die Sphäre der Untaten irgendeiner Räuberbande hinaus, und zwar obwohl verstandesmäßig der Nihilismus in seinem Kern mit größtem Scharfsinn, unterstützt von weittragender Intuition, erfaßt wird. Zwischen dieser Erfassung und der Handlung des Romans fehlt etwas. Mit der Räuberbande wird das geschichtliche Kriterium verletzt, das in diesem Fall als Behälter höheren Interesses zum dichterischen Kriterium wird. Dostojewski hat uns in vielen anderen Werken angehalten, den Mord, dem er stets alle Schrecken des Verbrechens läßt, nicht als isolierte Tat zu betrachten und nicht das Vorher und Nachher zu unterschlagen, auch nicht die sittliche Einsicht, daß alle für alles schuldig sind. Das Nachher würde jedem außer Dostojewski erlassen werden müssen. Der finstere Horizont entschuldigt. Das Vorher aber durfte kein Realist von der Sachlichkeit eines Balzac, dem Dostojewski in hundert Fällen weit überlegen ist, unterdrücken, schon weil er damit sein eignes Werden gefährden mußte; freilich eine Rücksicht, die dem Bewußtsein des Fanatikers keine Beschwerden bereitet.

Es fehlt dabei keineswegs an tiefgehenden Versuchen, die geistige Verfassung der Übeltäter darzustellen. Der im Notenteil zitierte Brief an Katkow hilft uns. Dostojewski erklärt die Tat des Mörders Netschajew als »Beiwerk im Wirkungskreis einer anderen Persönlichkeit«, für die er Stawrogin erfindet. Netschajew-Werschowenski wird für ihn »halb komisch«, so abhängig erscheint ihm der Wicht von den Ideen anderer, die er nicht auszudenken vermag, aber mit bornierter Konsequenz ausführt. Behält Werschowenski in der Dichtung diese Komik, die, wenn sie nicht der Tendenz des Pamphlets, sondern der soeben angedeuteten Abhängigkeit entspränge, wohltätig wäre? Wir spüren sie höchstens in unserer Reflexion, nicht in der Darstellung des Dichters. Es wird sehr viel geredet, und die Ideen strömen, und hinter den aktuellen Axiomen regt sich immer wieder die große Frage: »Kann, muß, darf man an Gott glauben oder nicht?« Die

Frage wird von Schatow und Kirilow mit einer Großartigkeit sondergleichen entrollt. Aber die großen und kleinen Fragen sind eins, und die Menschen sind das andere. Der Fehler, den Dostojewski sonst immer vermeidet, dessen Überwindung zu den selbstverständlichen Attributen seiner Größe gehört, der Dualismus zwischen Wort und Handlung, wird hier zu einem entscheidenden Manko. Wohl können wir verstandesmäßig die Kluft überspringen, aber gerade diese Beihilfe des Lesers darf vom Dichter nicht beansprucht werden, denn sie führt zu einer Realität des Intellekts, die von Dostojewski mit Recht wie die Pest gehaßt wurde. Das Gefühl setzt aus.

Wenn wir die sehr umfangreichen Entwürfe im Nachlaß mit den zahlreichen Dialogen nebst den Regiebemerkungen des Verfassers hinzuziehen, entsteht ein erdrückendes Material für die Psychologie des Dichters und seiner Akteure. Schon die von Dostojewski getroffene Auswahl aus den Entwürfen läßt auf seine Unsicherheit schließen. Sonst ergibt der Vergleich zwischen Entwurf und endgültiger Fassung immer die überragende Weisheit des Dichters. Er benutzt nur das Wesentliche, zieht rücksichtslos zusammen und schärft die Spitze zum funkelnden Diamanten. Diesmal hat er zuweilen glänzende Dinge der Entwürfe, die ganz unentbehrlich waren, in der endgültigen Fassung weggelassen und nicht ersetzt. Brodski hat glaubhaft nachgewiesen, daß ohne die von Dostojewski unterdrückten Stellen die »Dämonen« nicht verstanden werden können. Brodskis mit Fleiß und Sorgfalt unternommene Kompilation ist interessant,[59] aber natürlich vermag keine nachträgliche Synthese den Mangel der Dichtung zu heben.

Bezeichnenderweise sucht Dostojewski die am leichtesten entschuldbare, am schwierigsten zu verbergende Blöße zu bekleiden. Er versagt bei der plastischen Darstellung der Beweggründe der Revolutionäre. Dagegen bringt er ein symbolisches Nachher von ungewöhnlicher Wirkung. Es glänzt wie eine Perle im Schutt und rehabilitiert den Denker mit den Mitteln des Dichters. Am Schluß des Romans wird das Ende des braven Stepan Trofinowitsch von der prophetischen Einsicht verklärt, die schon den »Idioten« erleuchtete: Leidenschaftstolle Revolutionäre wie die Russen sind vom Teufel Besessene und müssen sich bis aufs Letzte austoben, damit der Rest der Menschheit zu gesunden vermag. Diese Lehre gewinnt Stepan Trofinowitsch aus der Vorlesung der Apokalypse. Erboste Bolschewisten pflegen die improvisierte Korrektur des Reaktionärs nicht zu beachten und haben wohl auch keine Muße dazu. Der Geist Dostojewskis dringt leichter durch die Untiefen halber Wahrheiten hindurch als die Besessenheit der Revolutionäre durch das Gestrüpp ihrer Probleme.

Der ganz verfehlten Struktur des Romans sieht man das Zusammengestückelte, zu verschiedenen Zeiten, von verschiedenen Seiten aus Entstandene an.[60] Oft scheint der Dichter dem strafenden Richter zu entgleiten, und dieser wird immer wieder in seine Rechte eingesetzt. Anfang und Schluß des Romans gehören dem »hochachtbaren« Stepan Trofinowitsch, dem gealterten Dichter ohne Gedichte, Professor ohne Professur, mit warmem und schwachem Herzen; ein Denker, der sich einbildet, einmal eine Rolle gespielt zu haben, und den, wie er glaubt, die Stürme der Zeit, in Wirklichkeit seine Unzulänglichkeit und allerlei Hemmungen, in diesen Provinzwinkel getrieben haben. Er hat immer neben seiner Rolle gelebt. Auch er ist Freigeist, mit Maß und zumal mit Form, hat in Paris gelernt, das Revolutionäre mit gepflegten Fingerspitzen anzufassen, ein französierter Russe, dessen Art wir aus vielen russischen Romanen der Zeit kennen, aber mit besonderen Nuancen. Auch als furchtsamer Anbeter seiner Gönnerin, der vornehmen und reichen Warwara Petrowna, einer Babuschka mit einigen Hintergründen, die ihn liebt, pflegt und nach Kräften malträtiert, lebt er neben der Rolle, die er spielen müßte und die man einmal mit weiblicher Ungeduld von ihm erwartet hat, und verschließt die Zärtlichkeit in sein keusches Herz. Er gäbe eine sehr feine Novellen-Gestalt, um die sich ein Idyll, ein lichtes Gegenstück zu dem »Gut Stepantschikowo«, spinnen ließe, nur nicht ein Dämonenroman. Ursprünglich war Stepan Trofinowitsch der Held des Romans, ein Held ohne Heldentum, und hat im Laufe der Überarbeitungen immer mehr abgeben müssen. Der Kontrast zwischen diesem würdigen Repräsentanten des Schillerhaften und den wüsten Revolutionären, die von seinem Sohn – warum ist dieses Monstrum sein Sohn? – geführt werden, gibt keinen brauchbaren Kontrast, auch keine brauchbare Dissonanz, sondern gleitet aus, gleich einem Stück Pastell, das ein schlecht beratener Maler in ein Gemälde von groben Pinselstrichen einfügen würde. Strachow hat auf den groben Fehler hingewiesen, und Dostojewski hat ihn zugegeben.[61] In einem Brief an Maikow nennt er Stepan Trofinowitsch »eine Gestalt von nebensächlicher Bedeutung«, um die es sich in dem Roman gar nicht handele, doch sei Stepans Geschichte so eng mit den Hauptereignissen verknüpft, daß er zum »Grundstein des Ganzen« werden mußte. Der Widerspruch ist flagrant. Dostojewski vertröstet auf das Ende des Helden. Stepan gewinnt in der Tat auf seiner letzten Irrfahrt eine sonderliche Wärme. Warwara Petrowna, seine Herzenskönigin, hat sich von ihm losgesagt. Sein Sohn, der scheußliche Werschowenski, hat ihn geschändet und ungeheuerliche Verbrechen begangen. Und die Gesellschaft, an die der Dilettant glaubte, die er mit seiner westlichen Bildung heben und, als der Sohn die Brandfackel hineinwarf, um jeden Preis retten wollte, ist zerstört. Alles, woran sein Herz hing, liegt in Trümmern. Da macht sich das große Kind mit den Marquisfingerspitzen auf die Wanderung ins Leere. Man denkt an die Eskapade des Foma Fomitsch in dem »Gut Stepantschikowo«, aber diesmal ist die Fiktion frei von aller Berechnung und mit dem Ernst gemeint, dessen ein Kind fähig werden kann. Mit vierzig Rubeln in der Tasche, Lackschuhen an den Füßen und mit einem argen Fieber im Leibe, geht er in die Welt, um die blaue Blume wiederzufinden. Natürlich findet er sie. Erst stößt er auf einen Wagen, an dem eine hochinteressante Kuh angebunden ist. Reizende Menschen sitzen im Wagen, zutunlich und ein wenig aufdringlich – »enfin le peuple«. Auf der ersten Station findet er eine Dame mit Büchern, eine Bibelverkäuferin, charmante Dame. Sie wird sofort seine Freundin. Nie mehr will er sich von ihr trennen, und in der Tat wird die mitleidige Dame, da er kränker wird, genötigt, bei ihm zu bleiben und ihn zu pflegen. Rührendes Rußland! – In einer Dorfschenke richten sie sich ein und reden von der Bibel, einem sehr interessanten Buch, das auch neben Renan einen gewissen Wert behält, und er kommt auf seine Lebensgeschichte, in deren Mitte die Liebe zu der Herzenskönigin Warwara Petrowna steht. Natürlich hätte es auch eine andere sein können, z. B. so eine warmherzige Bücherfreundin. Sofort verliebt er sich bis über die Ohren. Die Bibelfrau muß ihm die Bibel vorlesen, und nun kommt es zu dem verklärenden Schimmer. Erst die Geschichte von den Schweinen, die von Teufeln besessen waren, »darauf einen Raptus kriegten«, sich in den See stürzten und die Welt von ihrer Gegenwart befreiten. Dieses Zitat aus dem Evangelium Lukas hat Dostojewski auch als Motto vor den Roman gesetzt. Dann kommt man auf das nicht weniger treffende Wort im Evangelium Johannes von der Verwerfung der Lauen und dem Lob der Heißen und Kalten; ein Wort, das über dem ganzen Rußland Dostojewskis stehen könnte.

Sonderbar, wie zuversichtlich Dostojewski auf die Wirkung dieser Stelle rechnete. Der ganze Mensch steckt darin. Das Vertrauen auf den mit Begeisterung begonnenen Roman schwand mit der Zeit immer mehr, und schließlich wurde ihm die ganze Arbeit zuwider; aber die Szene zwischen Stepan Trofinowitsch und der Bibelfrau galt ihm für unbedingt sicher. »Für alles andere will ich nicht garantieren«, schreibt er einem Freund, »aber für diese Stelle bürge ich unbedingt.«[62] Dabei kann man sich kaum etwas Anspruchsloseres denken. Stepan unterläßt alle Erklärungen der Bibelstellen. »Vous comprendrez après«, stottert er im Fieber; »jetzt regt mich das zu sehr auf... Nous comprendrons ensemble.« – Dostojewski rechnet ganz einfach auf die Wirkung des Evangelisten. Sein eigner Anteil tut nichts zur Sache.

Während es mit dem Marquis schnell bergab geht, tritt die

Herzenskönigin donnernd auf den Plan und geleitet mit babuschkenhafter Derbheit den alten Idioten in die Gefilde der Seligen.

Die überaus zarte Novelle hängt wie eine flatternde Schärpe aus blasser Seide zwischen den zerklüfteten Felsen der »Dämonen«. Dies der schlimmste Fehler. Man leidet physisch unter dem Unterschied der beiden Stilarten. Der Roman stände tatsächlich höher ohne die Novelle, die das beste daran ist. Übrigens hatte Dostojewski zuerst die Bibelvorlesungen in eine Szene zwischen Stawrogin und dem heiligen Tichon gelegt, zu dem sich Stawrogin begibt, um seine Beichte abzulegen; die bekannte unterdrückte Szene. In der ursprünglichen Form hätten die Bibelstellen vielleicht weniger stark gewirkt, aber Stawrogin geholfen, realer zu werden und uns näherzukommen.

Die im Sinn des Vorwurfs liegenden Begebenheiten übersteigen an Kraßheit alle Katorgageschichten und erreichen zuweilen eine phantastische Größe. Die Szene zwischen Werschowenski und dem doktrinären Selbstmörder Kirilow, der den Mord an Schatow decken soll, hat ungeheuren Stil. Shakespeares finsterste Momente werden von der Kahlheit dieser spirituellen Tobsucht überboten. Kirilows Biß in den Finger seines ungeduldigen Zeugen rührt von einer Meduse her. Unsere Gedanken hetzen blecherne Wände hinauf. Die Entmenschlichung Werschowenskis steigert sich zu dem Mechanismus eines Zählapparats. »Wird er sich erschießen oder nicht?« kalkuliert er neben Kirilow. Gibt man diesem Werschowenski den Hebel einer Maschine, dessen Drehung die Welt auslöschen würde, in die Hand, läßt er selbstverständlich den Hebel funktionieren. Aus Prinzip, weil jede Überlegung prinzipieller Unsinn ist. Und dann wird er mit Appetit zu Abend essen und vier Stück Zucker in seinen Tee tun, nicht mehr und nicht weniger.

Kirilow, der Maniak der Theophobie, der mit seinem Selbstmord gegen die Welt Gottes demonstriert, ist genial getroffen; auch der vornehme Schatow, der den Unsinn der Verschwörer einsieht, sich lossagt und dafür umgebracht wird. Die Szenen Schatows mit seiner heimkehrenden Frau, die ihm das Kind eines anderen mitbringt, gehören zu den Perlen Dostojewskis. Viele Nuancen kommen glänzend heraus, nur nicht die Matadore. Werschowenski wirkt konstruiert. Natürlich ist er denkbar. Dies kann das Gesicht des Maschinen-Manns einer modernen Revolution sein. Er kann unter Umständen höllisch interessant, unter Umständen sogar verehrungswürdig sein. Eben die Umstände müssen dargestellt werden. Daran fehlt es. Die Bühne dieser Provinzstadt ist zu klein für das Gebrüll der Bestien. Die Akustik versagt, oder ein anderes Mißverhältnis hindert. Am empfindlichsten stört der Mangel eines Zentrums oder das Schemenhafte des in Stawrogin gedachten Zentrums. Die Besessenen zerstören nicht nur die Stadt, sondern auch den Bau des Romans. Eigentlich ist Werschowenski Hauptakteur. Nur sein vollkommener Nihilismus, der sich bereits aller Ideologie entzogen hat, entspricht der Tendenz. Nach dem veränderten Plan soll Stawrogin der Held sein. Er ist der paradoxale Aristokrat des Nihilismus, Magnatensohn, Sohn der Herzenskönigin, heimlicher Gatte einer armen Idiotin (der »Hinkenden« aus dem »Leben eines großen Sünders«), Schrecken und Abgott der Stadt und insbesondere der Lisaweta Nikolajewna, des schönsten und vornehmsten Mädchens des Gouvernements. Dieser Held ist eine Niete. Nur in einer russischen Provinzstadt kann man mit so geringen Kosten dämonisch werden. Fast genügen dazu Faktoren, die sonst einer bürgerlichen Karriere zu dienen pflegen, ein vornehmer Name, gewählte Rede und schlechte Behandlung des Plebs. Die Attribute der Dämonie Stawrogins sind verhältnismäßig historischer Art, und auch der geistig anzusprechende Teil der Attribute bleibt materiell. Es wimmelt in und um Stawrogin von ethischen und sozialen Problemen, aber sie gehören zu Dostojewski, nicht zu seinem Helden, treiben als abstrakte Fremdkörper in der Atmosphäre Stawrogins herum, anstatt Moleküle seines Blutes zu sein und uns als konkrete Eigentümlichkeiten des Menschen zu überzeugen. Und wenn sie doch einmal konkret werden, treten sie in solcher Verworrenheit vor uns, daß die Wirkung ausbleibt. Stawrogin heiratet heimlich die Idiotin, anscheinend, um sich zu demütigen und erotische Sünden zu büßen, vielleicht auch aus Mitleid. Die Begriffsteilung verführt Dostojewski, die Idiotin gelegentlich mit seherischen Kräften auszustatten, wodurch das Bild unnötig kompliziert wird. Was tut Stawrogin? Sonderbare Selbstdemütigung, sich auf die Heiratszeremonie hinter den Kulissen zu beschränken! Sonderbares Mitleid, sich im übrigen nicht im geringsten um die Gattin zu bekümmern! Das eben, sagt man vielleicht, ist das Dämonische. Dann muß diese Äußerlichkeit abgelehnt werden. Übrigens wird das Äußere Stawrogins, sein Mienenspiel, viel intensiver gemalt als seine Handlung. Er verleugnet die Gattin bei einem öffentlichen Anlaß, demütigt sie also noch mehr, und seine schön gedrehten Worte bei dieser Gelegenheit streifen die Infamie, die – so scheint es fast – dem Dichter entgeht. Wenn er die Gattin bei anderer Gelegenheit anerkennt, scheint er wiederum nur einer Laune zu folgen, um auf seine Zuhörer Eindruck zu machen. Er steckt von Schatow die Ohrfeige ein, er, der blutige Stawrogin, der schon manchen Gegner kaltgemacht hat und so tollkühn ist, daß man ihm zutrauen könnte, sich mit zehn Bären zugleich einzulassen. Schatow geht ruhig hin und gibt ihm den Schlag ins Gesicht. Einen Augenblick glaubt man, Stawrogin werde den Frechling in Staub verwandeln. Alles hält den Atem an. Auch der Leser fühlt sich genötigt, ihn anzuhalten. Aber das Erwartete tritt nicht ein. Der Geschlagene bezwingt sich und steckt die Hände auf den Rücken. Die Anstrengung, deren er dabei bedarf, ist so ungeheuer, daß sein Blick »auslöscht«.

Stawrogin begeht die Handlungen des »Idioten« aus entgegengesetzten Motiven. Von den vielen Anlässen, die ihn treiben, werden nur Sensationslust und Eitelkeit greifbar. Man könnte glauben, Dostojewski habe aus einer Art Selbstverspottung eine Karikatur des Fürsten Myschkin im Sinne gehabt. Zu der Karikatur haben Brocken Schillers beigetragen. Der Anspruch bürgerlicher Fiktionen wirkt in der Katastrophen-Atmosphäre des zweiten Teils besonders unangenehm. Die Szene zwischen Lisa und Stawrogin im Saal von Skworoschniki am Morgen nach dem Brande ist kahles Pathos.

Dostojewski hat den Helden fraglos verworfen. Der Selbstmord sagt genug. Stawrogin greift mit derselben Müdigkeit zur seidnen Schnur, mit der er sich zu seinen anderen Taten herbeiläßt. Doch soll er tragisch sein. Dostojewski sah nach seinen eignen Worten in ihm den typischen Russen, der große, wertvolle Kräfte besitzt, mit denen er nichts anzufangen vermag. Erst wenn eine große Idee solche Menschen beherrscht, können ihre Kräfte förderlich werden. Ohne die Idee werden sie zu Verbrechern.

Um diese Disposition aus dem Negativen herauszuheben, mnüßte der Held wie weiland Raskolnikow die Idee suchen. An der vergeblichen Anstrengung des Suchers könnte sich unser Mitgefühl erwärmen. Dies geschieht nicht, wenigstens nicht in so plastischer Form, daß wir eine menschliche Regung vor uns zu haben glauben. Stawrogin sucht nicht, und es ist nicht sicher, ob er je gesucht hat. Aber selbst wenn dies glaubhaft sein sollte, genügt die von uns nicht erlebte Vergangenheit nicht für die Tragik der Gegenwart. Stawrogins Konsistenz bleibt höchst zweifelhaft. Dieser Dilettant ist durchaus nicht russisch, sondern hat wohlbekannte westliche Züge. Das Russische daran beruht nur auf einer ziellosen Übertreibung. Die Objekte der Übertreibung bleiben verborgen. Begeisterte Verehrer haben von Hamlet gesprochen. Gewiß könnte man sich in der Maske Stawrogins einen Hamlet denken, aber diese Maske ist nicht die einzige. Es wimmelt im Leben und in der Literatur von Hamlet-Masken, die nichts von Shakespeare besitzen.

Keine Gestalt bedarf so dringend der in den Entwürfen und unterdrückten Kapiteln enthaltenen Ergänzung. Keine wurde so grausam zusammengestrichen. Nicht nur die berühmte Beichte, die auf Veranlassung der Redaktion des »Russischen Boten« unterdrückt wurde, dann aber ungezwungen auch in der Buchausgabe wegfiel und deren Publikation in unseren Tagen nur zu

Mißverständnissen geführt hat, fehlt dem Bilde. Ein aufmerksamer Leser, dem die Summierung aller in den Skizzenbüchern enthaltenen Ergänzungen gelingt, mag wohl die Tragik des Helden, die dem Dichter vorschwebte, ahnen, aber dabei bleibt es. Die erschütternde Beichte und die außerordentlich tiefsinnigen Gespräche mit Schatow kommen alle sozusagen post festum und würden, auch wenn sie in der endgültigen Fassung ständen, der Gestalt nicht zu der notwendigen Räumlichkeit verhelfen. Dostojewski wußte, warum er strich. In dem oben erwähnten Brief an Katkow nimmt er sich vor, »diesen ganzen Charakter nicht durch Erörterungen, sondern mittels Szenen und Handlungen zu schildern«. Um dieses Versprechen zu halten, unterdrückte er Aussprachen, die zwar Erklärungen, aber keine Handlungen gewesen wären. Er mag sich auch für Stawrogin, wie vorher für Myschkin, das »Sphinxhafte« vorgeschrieben haben. Nur die verdächtige Bedeutung des Begriffs kommt hier zur Geltung.

Offenbar hat dem Helden und dem ganzen Roman die Dostojewskische Form des Romandramas geschadet. Der Dichter sah sie nicht geschrieben, sondern gespielt. Es ging ihm wie Ibsen mit der Hedda Gabler, die man im Text geärgert ablehnt und auf der Bühne unter Umständen anbetet. Freilich kommt man bei der normalen Auffassung der Rolle selten dazu. Daß Dostojewski den Stawrogin ganz anders im Kopfe hatte, als er auf das Papier gelangt ist, dürfen wir annehmen, aber es tröstet uns nicht.

Die Tendenz des Romans hat die Realisierung verhindert. Für das Pamphlet, das sich Dostojewski schnell von der Seele schreiben wollte, »auch wenn dabei alles Künstlerische zugrunde ging«, war er nicht Mechaniker genug. Selbst gegen seine Absicht wehrte sich der Dichter gegen die Blasphemie. Während aber der Patriot mit seinen Ängsten, Empörungen und Warnungen kämpfte, hatte der Schöpfer längst das Hindernis übersprungen und träumte schon ein von allem Zweck genesenes neues Werk. Dieses hat die Dämonen verdorben. Je intensiver er an einen höheren Stawrogin, den Iwan Karamasow, und an den höheren Tichon und an alle anderen noch im Halbdunkel befangenen Gestalten des neuen Werkes dachte, um so unfähiger wurde er, das Pamphlet zum Kunstwerk zu erheben. Man kann nicht sagen, die Karamasow seien aus den Dämonen hervorgegangen, denn ihre erste Idee greift auf frühere Dinge zurück, und ihre Handlung wird von einem späteren Werk vorbereitet. Sie haben nichts mit dem Nihilismus der Dämonen zu tun. Nur gerade die am wenigsten gelungene Hauptgestalt wird übernommen und findet in dem neuen Werk die Atmosphäre, die ihrer Gebärde Resonanz verleiht. Man kann das verfehlte Werk für eine Art Versicherung zugunsten der Karamasow nehmen. Dostojewski hat sich mit Stawrogin und seiner Bande von gefährlichen Belastungen befreit. Wir haben Grund, den Durchfall des Pamphletisten nicht zu beklagen.

Dreizehntes Kapitel

Im Juli 1871 kehrte Dostojewski mit Frau und Kind nach Petersburg zurück und beendete zunächst die »Dämonen«. Sie hielten ihn bis tief in das Jahr 1872 hinein fest. In den nächsten Jahren kommt keine Dichtung heraus. »Der Jüngling« beginnt erst 1875 in den »Vaterländischen Annalen« zu erscheinen. Das auffallend umfangreiche Skizzenmaterial des Romans erlaubt die Annahme, daß Dostojewski nicht erst, wie allgemein angenommen wird, im Jahre 1874, sondern womöglich schon vorher mit dem »Jüngling« begann und ihm zwei Jahre oder womöglich noch mehr Zeit widmete. Ist es doch überhaupt bei den Zusammenhängen der Dichtungen untereinander und zumal bei den weitgehenden Beziehungen der späteren Werke zu den nicht ausgeführten, aber skizzierten Dichtungen ungemein schwer, den eigentlichen Anfang eines Werkes zu bestimmen. Immerhin mögen die Biographen recht haben, wenn sie eine Pause in der dichterischen Produktion nach Dostojewskis Rückkehr in die Heimat annehmen. Diese kann mit dem Journalismus, der 1872 mit dem Eintritt in die Redaktion des »Graschdanin« besonders lebhaft wurde und nachher zu dem ersten »Tagebuch eines Schriftstellers« führte, kaum hinreichend erklärt werden. Wohl brauchte Dostojewski die recht gut bezahlte Redakteurstellung, um seine Schulden zu vermindern und die noch immer weitgehenden Ansprüche der verzweigten Familie zu erfüllen, gab aber den Posten nach kaum einem Jahre wieder auf. Von jetzt an besserten sich, dank der ökonomischen Talente der Gattin, die Verhältnisse. Die energische Frau übernahm von 1873 an die private Herausgabe neuer Auflagen. Auch »Das Tagebuch eines Schriftstellers« ist 1873 im Selbstverlag erschienen.

Mancherlei ökonomische Anlässe mögen Dostojewski zu der ausgedehnten journalistischen Tätigkeit in jenen Jahren getrieben haben. Noch mehr das Bedürfnis, sich so unmittelbar wie möglich mit der russischen Mitwelt auseinanderzusetzen. Dieses nicht befriedigte Bedürfnis hatte die »Dämonen« zum Scheitern gebracht, und das wird dem Dichter nicht entgangen sein. Einen Dachgartenpoeten hätte diese Erfahrung bewogen, die Distanz zwischen sich und der Gegenwart zu vergrößern. Wäre Dostojewski damals zu einer Entscheidung auf Ja oder Nein gedrängt worden, hätte er zweifellos den Dichter an den Nagel gehängt und sich endgültig dem Journalismus ergeben, und dies, wohlverstanden, wäre die Entscheidung eines Dichters gewesen. Er konnte nicht hoffen, mit abstraktem Denken allein zu der gesuchten Realität zu gelangen. Mit Gedanken hatte er sich im Ausland genug gequält. Die »Dämonen« waren voll davon. Nur russisches Erleben, ständige Berührung mit russischer Wirklichkeit konnten ihn aus der Sackgasse hinausführen.

Nahe Beziehungen zwischen Teilen des »Tagebuchs« und den »Karamasow« sagen genug. Es gehört zu Dostojewskis ganzem Wesen, daß in seinem Bewußtsein diese Hygiene und Vorbereitung nicht zählten oder nur die Bedeutung von Begleiterscheinungen einnahmen, während er seinen Journalismus in dieser letzten Periode als unentbehrliches Wirkungsmittel seines sittlichen Berufs empfand. Seine Demut beschränkte die erzieherische Rolle und erhöhte sie. Er war selbst sein bester Schüler und empfing immer noch im selben Maße, wie er gab. Er hat mit seinem Journalismus eine werktätige Liebe bezeugt, von deren Umfang wir uns kaum einen Begriff machen können. Das »Tagebuch« ergänzte den rastlosen Briefschreiber, an den sich unzählige Menschen in den verschwiegensten Gewissensfragen mit Bitte um Rat wandten und der keinen ohne Antwort entließ. Es ist Werkzeug und Waffe des Verteidigers hilfloser Menschheit, der bald mächtigen Einfluß auf alle Volkskreise gewinnen sollte.

Die Krisis des Ideologen wurde endgültig erst durch die »Karamasow« gelöst. »Der Jüngling« steht dazwischen. Er wurde als Sonde benutzt. Im »Tagebuch« vom Januar 1876, als der

Roman fertig vorlag, nennt ihn Dostojewski »eine erste Probe«. Es ist das Werk der Wiedergeburt, oder besser, des Wiedergebärens. Unter schmerzhaften Wehen offenbart sich ein neues Dasein. Man erkennt in dieser Autobiographie eines jungen Menschen, die in wesentlichen Teilen mit dem Wesen des jungen Dostojewski übereinstimmt, auf den ersten Blick einen Extrakt aus dem »Leben eines großen Sünders«. Dieser Entwurf gebliebene Roman wird Kulisse eines neuen Geschehens von ungleich höherer Bedeutung. Auch viele andere vorher gesponnene Fäden werden mitverwebt. Über die Kluft zwischen »Raskolnikow« und dem »Idioten« wölbt sich eine schimmernde Brücke. Während wir zuweilen zwischen früheren Werken hin und her zu gehen meinen, trägt uns die Wölbung immer höher.

Zu Beginn berichtet Arkadi Dolgoruki, der zwanzigjährige Held, seine illegitime Herkunft. Er ist Sohn einer leibeignen Magd und ihres Gutsherrn Wersilow. Der alte Makar Dolgoruki, der gesetzmäßige Gatte der Mutter, auch ein früherer Leibeigner Wersilows, bibelkundiger Analphabet, Kenner und Liebhaber aller Geschichten der Heiligen, hatte als Fünfziger Sofja, die junge Magd, geheiratet, weil ihr Vater, bevor er starb, es ihm als eine Art Vermächtnis aufgetragen hatte. Makar tat nur, was er für seine Pflicht hielt. »Natürlich wurde er von allen geachtet, war aber nichtsdestoweniger allen unausstehlich. Das sollte erst später anders werden, als er sein Pilgerleben begann. Dann sah man in ihm nahezu einen Heiligen oder jedenfalls einen großen Dulder.«

Mit diesem Bericht des jungen Arkadi erreicht der Roman sofort die konkrete Sphäre, die den »Dämonen« trotz ungemessener Anstrengung des Dichters entgangen ist. In dieser Realität kann man leben, sich ein Zuhause einrichten, spürt sofort das belebende Wesen des wesentlichsten Problems des Werkes: das Verhältnis des Sohnes zu seinem Vater; ein neues, ganz einfaches und unendliches Problem. Das Mittel, mit dem wir dahin geführt werden, wendet sich nicht an unseren wägenden Verstand, sondern an alle Tiefen unseres Gefühls. Der Hauptbeteiligte,

Arkadi, der Sohn der beiden Väter, redet zu uns, und nicht nur, was er sagt, sondern vor allem der Ton des Gesagten macht uns im Augenblick zu seinen Parteigängern. Diesem Ton verdankt der Roman, wieder ein ungemein kompliziertes Gebilde mit unzähligen Schicksalen, kleinen und großen Episoden, seine tiefgehende Wirkung. Die ausschlaggebende Erfindung ist der Ton.

Schon der Beginn der »Dämonen« stimmt den mit Dostojewski vertrauten Leser bedenklich, weil, wie in den »Gedemütigten und Beleidigten«, die Stellung des Erzählers in der Luft hängt. Der Chronist, der am Rande der Ereignisse mitlebt, als Nebenfigur mithandelt, kommt uns nicht näher. Stawrogin wäre zu ganz anderer Konsistenz gelangt, wenn er uns selbst von seinem Dämon erzählt hätte. Denn nie wäre ihm eingefallen, sich mit einem Pamphlet erschöpfend aussprechen zu wollen. Er hätte vielleicht dergleichen geschrieben, wie er seine Beichte geschrieben hat, aber dies wäre seine Sache gewesen, nicht die Dostojewskis. Die autobiographische Form des Jünglings forderte die wesentlichsten Fähigkeiten Dostojewskis heraus, und zumal der Anfang stellte große Anforderungen an den Takt des Dichters. Der illegitime Sohn spricht von Dingen, über die sonst der Betroffene zu schweigen pflegt. Jede fatale Wirkung scheidet aus, weil die Form des Berichts Arkadis sofort zur Charakterisierung des Helden benutzt wird. Eine Äußerlichkeit gibt den natürlichen Anlaß. Die Dolgoruki sind eine bekannte fürstliche Familie. Natürlich fragt jeder, dem Arkadi seinen Namen nennt: »Fürst Dolgoruki?« Und Arkadi ist jedesmal genötigt, zu sagen: »Nein, einfach Dolgoruki!« – Es machte ihm früher manchmal Spaß, hinzuzufügen: »Sohn des Hofbauern Dolgoruki, natürlicher Sohn meines früheren Gutsherrn Wersilow.« Sofort steht der streitlustige Junge vor uns. Man kann sich denken, wie der Spaß in der Umgebung Arkadis wirkte. Wersilow hatte den Jungen in das vornehmste Pensionat Moskaus gegeben. Bei Monsieur Touchard wurden nur Kinder der besten Familien erzogen.

Der Erwachsene beschließt, »sich von allen loszusagen und

nur noch seiner ›Idee‹ zu leben«. – Da ruft ihn Wersilow nach Petersburg. Arkadi hat seinen vornehmen Vater vorher nur zwei- oder dreimal gesehen. Damals war Wersilow von dem ganzen Glanz seiner bevorzugten Klasse umgeben und Arkadi noch ein kleiner Junge. Jetzt hat Wersilow sein letztes Gut verloren und lebt mit der Mutter Arkadis und Lisa, der Schwester, in engen Verhältnissen. Das heißt, er wohnt nicht eigentlich mit ihnen zusammen, hat immer noch irgendwo sein vornehmes Quartier, aber hält sich tagsüber bei ihnen auf. Nächstens wird er vermutlich wieder verschwinden. So ist seine Art, erscheinen und verschwinden. Oft hat er die Mutter auch mitgenommen oder hat sie irgendwohin ins Ausland nachkommen lassen. Immer kamen sie wieder zusammen. Sofja, die Mutter, ist ein ganz einfaches, harmloses Geschöpf geblieben, der man auf den ersten Blick die frühere Hofbäuerin ansieht, ein sehr guter, unberührter Mensch, sehr verängstigt. Sie kann nie besonders hübsch gewesen sein. Arkadi zerbricht sich den Kopf. Seitdem er denken kann, gibt es für ihn nur das eine Problem: Was ist mit dem Vater? Natürlich, außer seiner »Idee«, aber die Idee hängt auch von diesem Problem ab und kommt erst in zweiter Linie. Für das Problem hat er einen ganzen Forscher-Apparat aufgeboten. Wie kam der vornehme und verwöhnte Herr dazu, sich mit der Magd, die nicht einmal hübsch war, einzulassen? Wersilow hat einmal, als sie davon sprachen, in seiner lässigen Art »mit der ungezwungensten und geistvollsten Miene«, wie Arkadi meint, gestanden, daß es einen Roman zwischen Sofja Andrejewna und ihm nie gegeben habe, sondern alles »einfach nur so gekommen sei«.

Das ist sehr stark, zumal für uns, die nur die Worte, nicht den Ton, in dem sie gesagt wurden, hören und sie von dem Sohn empfangen, dem Produkt des »Einfach nur so«. Und mag der Ton wie immer gewesen sein: Um daraus eine Milderung zu gewinnen, müßte der Ton ganz andere Saiten des Sprechers erklingen lassen. Diese geistvolle Ungezwungenheit gehört zu den Dingen, die jeden und zumal den ohnehin gereizten Jungen wild machen müssen.

Die ersten vier Wochen lebt Arkadi wie ein bissiger Terrier zwischen den Seinen, von Mutter und Schwester gefürchtet, von Wersilow lächelnd geduldet. Arkadi möchte den Vater hassen. Verstandesmäßig, pflichtmäßig haßt er ihn auch. Wersilows Verhalten gegen die Mutter und ihn – die Schwester scheint für ihn überhaupt nicht zu existieren – muß skrupelloser Egoismus sein. Nur pure Willkür kann ihn getrieben haben, die arme Frau immer wieder zu sich kommen zu lassen. »On revient toujours«, wagt er mit seiner geistvollen Ungezwungenheit dem Sohn zu erklären. Daher auch wohl die Idee, Arkadi nach Petersburg zu rufen. Und wenn er jetzt tagsüber bei seiner Familie weilt, der die Misere droht, denkt er kaum daran, seinen gewohnten Train einzuschränken. Unerhörterweise simuliert er nicht einmal die normale Rücksicht.

Ja, der Sohn hätte alles Anrecht auf den Haß, auch Lisa, auch die verschüchterte Mutter, auch Makar Dolgoruki, der noch immer rechtmäßige Gatte, der als Pilgersmann in der Welt umherirrt, auch wir. Ja, der Haß erscheint dem Jungen als Gebot der Rechtschaffenheit. Elementare Regung des Selbstbewußtseins gebietet ihn. Und auch zur Würde des Lesers gehört der Haß. Wo kämen wir hin?

Wersilow bestreitet sein Unrecht nicht, aber tut so, als sei es interessanter, von anderen Dingen zu reden, und findet tatsächlich etwas anderes. Und wenn er das in seiner lässigen Art in zwei, drei Worten hinwirft, stürzt sich alles darauf und denkt nicht mehr an das andere. Selbst Arkadi geht es so. Dabei läßt sich das Hingeworfene nicht richtig fassen. Es ist nicht gerade geistvoll, obwohl es wenig Menschen von der geistigen Kapazität Wersilows geben mag. Geistvolle Redensarten würde der Junge bald durchschauen, denn auch Arkadi ist nicht auf den Kopf gefallen. Gibt es etwa unter besonderen Umständen Dinge, die nicht nur einem Wersilow, sondern auch dem Betroffenen, auch uns interessanter werden können als die hier grob verletzte Pflicht? Zunächst nur rein tonhaft entsteht die Ahnung von der Richtung dieser ungewöhnlichen Dinge. Sie liegen nicht etwa da, wo sie der Anschein, die geistvolle Ungezwungenheit vermuten läßt, nicht im Bereich jenes Übermenschentums, das einen Raskolnikow verführte. Sie müssen seltener sein, weniger dem Intellekt zugänglich noch dem selbstischen Willen erreichbar. Wenn Wersilow Egoist ist, muß sein Egoismus Ziele haben, die allen anderen und womöglich ihm selber entgehen. Oder er ist ein fabelhafter Schauspieler. Selbst dann bliebe das Ziel des Aufwands rätselhaft. Wir möchten uns wie Arkadi ungeduldig wegwenden. Wie kommt der Mensch dazu, uns auch noch Rätsel aufzugeben? Wir spielen nicht mit. Und wenn sich Arkadi dazu bereitfinden läßt, so sind wir keine Arkadis.

Doch, wir sind Arkadis. Das ist es ja: Nicht Wersilow, sondern der Junge hält uns, seine ganz durchsichtige Jugend. Wersilow ist zunächst nur Objekt Arkadis, und Arkadis Sehnsucht steckt uns an und zwingt uns immer wieder, zu suchen. Wir möchten mit unseren Augen die seinen verstärken, damit er schneller mit der Fiktion fertig werde, und gelangen dabei unversehens selbst in den Bann des Objekts.

Arkadi erlebt die Unfähigkeit, über den Haß frei verfügen zu können. Wider seinen eignen Willen, wider alle Erfahrungen eines illegitimen Sohns ahnt er, was der Vater aus Anstand, aus Eleganz, aus Selbstverspottung oder Selbstüberhebung über die Beziehungen zu der Mutter verschweigt, und diese Ahnung rechtfertigt den Vater. Arkadi gibt der Ahnung nicht nach. Wir sehen ihn mit ihr kämpfen. Wenn er den Kampf hinter sich hat, wird er Mann sein.

Dies der Erziehungsroman in dem Werke. Das Werk erschöpft sich nicht mit dieser Seite, zumal nicht während der Lektüre. Nichts, was auch nur von weitem wie Pädagogik aussehen könnte, wird bemerkbar. Aus den letzten Tiefen, die erst nach der strapazenreichen Lektüre geöffnet werden, steigt langsam die erzieherische Moral der Dichtung hervor. Sie hemmt nicht unser Erlebnis, sondern vergrößert es.

Die Eindrücke Arkadis werden mit der Hast eines frühreifen Knaben erzählt, der die Laster der Großen durchschaut und sie allesamt mit dem Stolz des beginnenden Helden des »Sünderromans« verachtet. Es kommt zu einer neuen Kindergeschichte Dostojewskis. Der Analytiker ist gewachsen und umfaßt jetzt den ganzen Horizont des jungen Menschen, in dem die Keime des »Kleinen Helden« wuchern. Arkadi ist zu stolz, um seine verunglückte Kindheit sentimental zu nehmen. Im Grunde war alles Erlittene, sagt er sich heute, nur dumm und gemein. Er spürt seine gewachsnen Widerstände wie der Turner seine Muskeln. Nur Trotz ist geblieben und statt Tränen über den Rabenvater die Fähigkeit, sich wütend zu ärgern. Das wird weidlich besorgt. Der nachträgliche Ingrimm über Monsieur Touchard, der ihn Kleider putzen ließ, weniger über Monsieur Touchard als über den Schafskopf, der sich zum Kleiderputzen hergab, brennt lichterloh bei jeder neuen Kränkung. An Kränkungen fehlt es nicht, und er zieht sich die meisten selbst zu, weil er nicht stillhalten kann noch will, weil er bei jeder Gelegenheit die verdammte »Lakaienhaftigkeit« seiner Kindheit abschütteln muß. Treffend wird die Mischung von niederer und aristokratischer Herkunft gezeichnet. Proletarisch ist die Verachtung der Form und der Drang, sich zur Geltung zu bringen. Gelingt es nicht gleich, wird mit der Faust dreingeschlagen. Das führt später zu den wüsten Szenen im Spielklub. Vom Vater hat er die Geistigkeit und die Generosität, den Rhythmus seines ganzen Daseins. Das sagt der Leser, nicht Dostojewski. Keine Anspielung streift die übliche Vererbung. Der Typ besteht auf sich allein, ein unteilbares Wesen. Die Verwandtschaft wird nicht an bestimmten Merkmalen abgelesen, sondern geht allmählich aus verborgenen Regungen hervor. Psychologie, nicht Physiologie legt die Fäden, und statt Psychologie sagt man besser Seelenkunde, noch besser Seelenbau, um alle verengende, zumal alle schematische Analyse auszuschließen. Die aktuelle Theorie von dem Ödipus-Komplex, für die man sich gerade Dostojewski ausgesucht hat, könnte, wenn es nottäte, nicht schlagender widerlegt werden, gerade weil die gegebene Lage der Bedingungen für sie zu sprechen scheint.

Gegen die Mutter ist Arkadi fast indifferent. Immer noch kämpft er gegen das Unbehagen des Pensionärs, der sich der Mutter mit ihren Mitbringseln und ihrem Benehmen bei Herrn Touchard schämte. Sie tut ihm leid, aber das Mitleid bringt nur leere Worte hervor, führt zu keiner Intimität. Im Zentrum steht der Vater, der Kampf mit dem Vater. Er will immer mit ihm kämpfen, aber wenn er mit ihm spricht, sagen die Augen etwas anderes als der Mund, und wir hören beides.

Landläufige Probleme ringender Jugend scheiden aus. Der obligate Ideen-Gegensatz zwischen den Generationen, seit Turgenjews »Väter und Söhne« das Leitmotiv aller Jünglinge, wird zum Militarismus, für den die Historie der Völker aus Kriegen besteht. Keine Sexualgeschichten. Auch diesen Generalfaktor hält der eigenstolze Junge für verächtlichen Herdentrieb. Andere Gelüste beschwingen ihn. Die Exzesse, über die sich zu reden lohnt, können nur geistiger Art sein.

Romanowitsch, der einzige Forscher, der sich mit dem »Jüngling« beschäftigt hat, ist von dem zeitgenössischen Gemeinplatz nicht unberührt geblieben.[63] Er sieht das Grundmotiv des Romans in der mysteriösen Leidenschaft Wersilows zu Katharina Nikolajewna Achmakow, in der er »das Geheimnis des platonischen Eros« verschlossen findet. So verwegene Mißgriffe bezeichnen die Einstellung unserer Zeit auf ihren größten Dichter. Gerade das Moment, dem in dem Komplex vieler Momente die geringste Bedeutung zukommt, wird zum Schlüssel des Werks genommen, nur weil man mit dem erotischen Klischee die Geheimnisse unserer Zeit aufschließen zu können glaubt. Also wäre Ophelia das Problem des Hamlet? Und das ließe sich eher rechtfertigen. Die Geschichte mit der Achmakow ist nur eine der vielen Episoden des Romans, romanhaft ausgesponnen. Für die Idee des Werkes bedeutet sie eine Applikation, ein Beispiel, nichts weiter, geeignet, dem Kampf des Helden eine Trophäe hinzuzufügen.

In manchen deutschen Ausgaben lautet der Titel »Ein Werdender«. Das schlechte Wort trifft den Inhalt. Man könnte auch sagen »Die Werdenden«, denn nicht nur der Jüngling wird, auch Wersilow, der Vater. Ja, die Entwicklung Wersilows, des undurchsichtigen, menschenscheuen Liebhabers der Menschen, gewinnt nach und nach die Bedeutung der Schulung des Titelhelden. In seiner Gestalt ist das, was Dostojewski in seinen Notizen mit dem Sphinxhaften bezeichnet und das ihn bei Stawrogin auf Abwege führte, vollkommen gelungen. Abstrakte Konstruktion ließ Stawrogin leer, und daher wirkte die Rückhaltung wie billiges Mätzchen. Wersilows Gebärde ist nicht nur abweisende Form des Aristokraten, sondern der Notbehelf eines überreichen Menschen. Nur dieses Sphinxhafte hat Gültigkeit. Er könnte nur stotternd die Vielheit der ihn bewegenden Regungen äußern und liebt das Stottern nicht. Daher schweigt er so lange wie möglich. Wenn er spricht, wird nach und nach alles um ihn herum erwärmt und erleuchtet. Das geschieht sehr oft gegen seine eigene Absicht.

Noch treffender könnte man einfach »Das Werden« sagen, wenn es nicht zu abstrakt klänge, denn alles »wird« in dem Roman. Ein Werden erfüllt ihn vom Anfang bis zum Ende, strömend, überströmend. Natürlich hat Dostojewski eine Entwicklung zeigen wollen. Das Gezeigte erweist viel mehr. Entwicklung ist ein winziger Begriff, schon gebunden, schon literarisch. Dieses Werden wächst wie Natur, wuchert wie tolles Pflanzengeschlingsel. Auch Unkraut gehört dazu. Es geschieht ungeheuer viel in dem Werke. Man könnte glauben, der Dichter habe jahrelang schweigend die Dinge in sich aufgespeichert und Abstinenz getrieben, um einen Tag schrankenloser Fruchtbarkeit zu erleben. Auch uns reißt das Werden in den Strudel. Der Leser, der das Buch beginnt, ist ein anderer als der, der es beendet.

Sohn und Vater haben jeder eine »Idee«. Die des Sohnes läßt sich formulieren, und er trägt sie mit jugendlicher Würde vor. Arkadi will ein Rothschild werden. Aus all den Gründen, die Raskolnikow zu der Wucherin trieben und die den »großen Sünder«, als er noch klein war, beunruhigten. Geld ist der Schlüssel zu allem, auch zu der Rache für erlittene Demütigungen, auch

Ersatz alles dessen, das dem Proletarier nicht in die Wiege gelegt wird, mit einem Wort: Macht. Die Idee eignet sich für einen Schuljungen, der, wie einst der junge Dostojewski, mit jedem Groschen geizen mußte. Arkadi glaubt die notwendige Energie zur Askese, die nach seiner Meinung allein zu einem Rothschild führen kann, zu besitzen, und kasteit sich zuweilen. Bis hierher stimmt ziemlich alles mit dem Entwurf des »Sünder-Romans« überein. Das Denken über seine Idee führt bald über die Suggestion materieller Genüsse hinaus, um so leichter, da man sie noch nicht gekostet hat. Ausnützung des Besitzes führt zur Zersplitterung und Schwächung. Das Bewußtsein des Besitzes allein ist der wahre Kitzel. Man kann alles, wenn man will. Das Höchste, das man wollen kann, ist der Verzicht. Millionen und Milliarden erwerben, nicht um zu schwelgen, nicht um Gutes zu tun, sondern um sie von sich zu werfen. Dies wäre der letzte Trumpf. Mit eigner Kraft Krösus werden, und mit derselben Kraft zum Bettler zurückkehren. Mögen die anderen spotten oder staunen! Sich selbst bewiese man mit dem Verfahren das Unwiderstehliche des Willens. Darauf kommt es an: für sich selbst Rothschild sein, nur für sich selbst. So wie Raskolnikow nur für sich selbst erschlug, um sich nicht mehr als Gewürm fühlen zu müssen.

Eine Idee für die reife Jugend, endlich, übersichtlich, in ein paar Worten zu sagen. Es liegt nahe, sich mit dem Bewußtsein des Literaten zu begnügen und die Idee niederzuschreiben. Für einen normalen Roman reicht sie aus.

Die Idee des Vaters umfaßt unverhältnismäßig mehr und läßt sich deshalb schwerer bestimmen. Wir erfahren sie nach und nach, können sie nur auf diesem von Dostojewski mit größter Behutsamkeit beschrittenen Wege begreifen. Wersilow hütet sie und käme nie auf den Einfall, sich ihrer bewußt zu werden, um sie anderen mitzuteilen. Nur Splitter, die Arkadi zu fassen sucht, werden zunächst sichtbar. Arkadi grübelt. Alles, was man Wersilow nachsagt – und was sagt man ihm nicht nach! – ist unschön. Alles, was Arkadi von Handlungen des Vaters bisher erfahren hat, ist abstoßend unschön. Warum wird man nicht abgestoßen?

Gibt es außer der Rothschild-Idee eine Eigenliebe, die den Menschen nicht erniedrigt? Mehr als Fragen gewinnt er zunächst nicht, auch nicht der Leser. Dunkel ahnt man Beziehungen zwischen beiden Ideen. Vielleicht setzt die eine auf höherem Niveau die andere fort.

Daraus ließe sich schon mehr als ein normaler Roman gewinnen. Die beiden Ideen, ihr Entstehen und Reifen, dann der Kampf der einen gegen die andere usw. gäben eine Struktur. Wir wissen nicht einmal, ob Dostojewski auch nur daran gedacht hat. Viele solcher Strukturen durchziehen das Gewimmel des Werkes. Die größte, für die das Spiel jener beiden Ideen wieder nur eine Applikation bedeutet, bleibt die werdende Beziehung zwischen Vater und Sohn.

Immer neue Ideen bestürmen Arkadi. Er kann mit der Rolle Wersilows im Kreise seiner illegitimen Familie nur unter gewissen Voraussetzungen fertig werden, die auf der instinktiven Empfänglichkeit für eine verwandte Eigenliebe beruhen. Diesen Instinkt weckte die glanzvolle Rolle des Vaters in der Vergangenheit. Jedes der seltnen Zusammentreffen im Knabenalter steht deutlich vor ihm. Er erinnert sich noch nach neun Jahren an jede Linie des Vaters, an sein Lächeln, von dem jedem froh zumute wurde, an seine gewählte Toilette, selbst an die solferinofarbene Krawatte. Wersilow kam damals auf kurze Zeit nach Moskau und wohnte im Palais seiner Verwandten, und Arkadi wurde von Tantchen Tatjana hingebracht. Natürlich ein ungeheurer Eindruck auf den Pensionär, der bei Herrn Touchard die Röcke bürstete, und es verstand sich von selbst, daß der Vater den Knirps kaum ansah. Am nächsten Tag darf der Junge mit Tantchen zu einer Liebhabervorstellung in ein fürstliches Privattheater. Noch nie war Arkadi in einem Theater, und nun trifft sich's, daß er in der berauschenden Hauptrolle den Vater erblickt. Seine Begeisterung mischt sich in den Applaus der erlauchten Gesellschaft. Alles liegt Wersilow zu Füßen.

Glänzender Einfall des Dichters, den Zauber um die Gestalt des Vaters mit dem für jedes Kind ungeheuren Ereignis des ersten

Theatereindrucks zu verbinden. Er beleuchtet die pfeilsichere Berechnung des »Effekts«, Dostojewskis Lieblingswort, nach vielen Seiten. Die Gefahr, Wersilows sphinxhafte Erscheinung könne ins Theatralische geraten, wird durch den kühnen Griff, den Helden auf die Bühne zu bringen, ein für allemal überwunden. Freilich, wie wird diese Theaterszene dargestellt! Der erwachsene Arkadi erzählt sie im Kreise der Familie in Gegenwart Wersilows. Es ist seit vielen Wochen der erste gemütliche Abend. Wersilow hat heute seinen Erbschaftsprozeß gegen den Fürsten Serjasha gewonnen und wieder ein Vermögen in der Hand. Die Not der kleinen Familie soll zu Ende sein. Er hat (wie Dostojewski immer, wenn er ein paar Rubel in der Tasche hatte, zu tun pflegte) aus den teuersten Geschäften alle möglichen Lekkereien ins Haus geschleppt. Die verängstigte Mutter atmet auf, und Lisa, der Schwester, wird geboten, die dumme Stickerei aufzugeben. Wersilow liebt es nicht, junge Mädchen arbeiten zu sehen. Der einzige Störenfried ist Arkadi. Der hat endlich beschlossen, die fiktive Familie zu verlassen, um in Zukunft nur noch seiner Idee zu leben. Vorher aber will er abrechnen mit Wersilow. Am liebsten nähme er die Mutter, deren Ehre er nachträglich retten möchte, mit. Die Erzählung von dem Theaterabend gehört zur Abrechnung. Je glänzender Wersilow damals erschien, desto armseliger wirkt er heute. Aber Arkadi verweilt gern bei seinen Erinnerungen und vergißt fast den Zweck der Erzählung. Auch die bitteren Seiten der Kindheit wurden von der Romantik des Knaben, der sich nach dem stolzen Vater sehnte, versüßt. Arkadi weiß zu erzählen. Die verschüchterte Mutter, die gar nicht ahnt, was dem Jungen die Zunge löst, sonnt sich in der Hoffnung, daß nun zwischen dem störrischen Arkadi und den anderen alles in Ordnung kommen werde. Er erzählt so gut, daß ihr die ganzen schlimmen Jahre, in denen sie ihr Kind nie zu Gesicht bekam, in versöhnlichem Licht erscheinen. Nur Tatjana, das derbe Tantchen, eine altjüngferliche Babuschka, die Wersilow vergöttert, die Mutter zärtlich liebt und so tut, als hasse sie den von ihr erzogenen Jungen, ahnt, was er vorhat, und möchte ihm den Schnabel verbieten. Aber Wersilow, der auch den Ausgang voraussieht, läßt ihn reden. »Man muß ihn reden lassen, damit er es los wird. Für ihn ist die Hauptsache, es loszuwerden.« – Arkardi kommt auf seinen Fluchtversuch, als er es, gezwiebelt von dem Pensionsvater und aus Sehnsucht nach Wersilow, nicht mehr aushalten konnte. Der Knabe hat seinen Kameraden von dem großartigen Vater, der in dem Palast wohnt und so herrlich die Heldenrolle spielt, erzählt. Ein viel herrlicherer Vater als alle ihre Väter zusammen. Wie es kommt, daß der Vater Wersilow heißt und der Junge als Sohn des früheren Leibeignen Dolgoruki eingeschrieben wird, weiß er nicht zu erklären. Auch nicht, warum er eines Tages von Monsieur Touchard, der wohl sein Geld nicht rechtzeitig bekommen hatte, in ein kleines Loch gesperrt und von den anderen Kindern getrennt wird.

Tantchen Tatjana schleudert Blitze. Wersilow wäre es wegen der Mutter immerhin ganz angenehm, wenn dieser Teil der Souvenirs ein wenig gekürzt würde. »In der Tat, ce Touchard –«, meint er lässig, »ich entsinne mich jetzt, so ein kleiner unruhiger Kerl, wurde mir damals von bester Seite empfohlen.« –

– »Ce Touchard«, fährt Arkadi fort, und nun geht es los. Oh, es ist nichts weiter, durchaus nichts Besonderes. Nur keine Angst! Hier wird niemand beschuldigt. Er will nur zum Besten des Herrn Touchard und zur allgemeinen Belustigung ein Geschichtchen erzählen. Das hindert ihn nicht, zum Schluß seine Mutter vor die Alternative zu stellen: er oder ich. Darauf sucht er wutschnaubend seinen »Sarg« unter dem Dach auf.

Dieses sechste Kapitel ist in dem Treiben und Toben des Romans, das bald losgehen wird, der Halter. Dostojewski bereitet sich das Bett für den wirren Strom der Ereignisse. Die Rhythmen dieser Familienszene, ihre Wärme, die alles Qualvolle überwindet, vertragen die ungeheuerliche Aufstapelung von Begebenheiten. Die glühende Unterschicht ist von allem Material, das der tolle Heizer auftürmen wird, nicht mehr zu ersticken.

Zu der Erbitterung Arkadis haben alle möglichen Geschichten

über Wersilow beigetragen. Arkadi geht jedem Gerücht wie ein Detektiv nach. Von Liebschaften ist die Rede, die Wersilow ohne jede Rücksicht auf Sofja unterhalten haben soll. Man behauptet, er habe noch vor nicht langer Zeit ein junges schwindsüchtiges Mädchen (eine Variante der Hinkenden) heiraten wollen, das glühend in ihn verliebt war und daran zugrunde ging. Auch der Leidenschaft zu der Achmakow ist Arkadi auf die Spur gekommen. Die Generalin Achmakow, eine junge, sehr schöne Witwe, ist Tochter des alten Fürsten Sokolski, eines Freundes Wersilows, bei dem Arkadi als besoldeter Sekretär provisorisch untergebracht worden ist. Der gutmütige Fürst liebt alle Menschen und den Jungen zärtlich und erzählt ihm allerlei. Noch mehr berichtet ihm Krafft, eine episodenhafte Gestalt aus dem Studentenkreis Petersburg, mit deren Milieu ein Stückchen »Dämonen«, viel milder gezeichnet, in den Roman hineinspielt. Krafft übergibt Arkadi ein Dokument, von dem niemand etwas weiß und mit dessen Hilfe Wersilows Gegner den soeben zu seinen Gunsten entschiedenen Erbschaftsprozeß wahrscheinlich gewonnen hätte. Mit diesem Dokument soll Arkadi nach Gutdünken verfahren. Außerdem teilt Krafft Einzelheiten über die Beziehungen zu der Achmakow mit, die Wersilow schwer belasten. Bei dieser Gelegenheit erfährt man von dem ominösen Brief der Generalin Achmakow, einem Filmrequisit, das Dostojewski mit größter Harmlosigkeit verwendet. Die Achmakow hat vor einigen Jahren, als der alte Fürst die Familie mit anscheinend krankhaften Dummheiten beunruhigte, einem Verwandten brieflich die Entmündigung des Vaters vorgeschlagen. Käme der Fürst, der seine Tochter liebt, hinter den Brief, gäbe es ein Unglück, und er wäre imstande, Katharina Nikolajewna zu verstoßen. Auch dieser Brief ist im Besitz Arkadis. Arkadi will ihn bei nächster Gelegenheit der Achmakow, die er noch nicht kennt, zurückgeben, verbummelt es aber, und dieses Versäumnis führt zu endlosen Intrigen.

Krafft, ein stiller, sachlicher Denker, kennt Wersilow. Arkadi glaubt Kraffts Urteil über den Vater Bedeutung beilegen zu müssen. Man hält Wersilow für einen besonderen Menschen ohne jede Hemmung. Wo es seine Leidenschaft gilt, ist er imstande, nach niedrigsten Mitteln zu greifen. Andere haben Arkadi von einer Ohrfeigengeschichte berichtet. Im Ausland hat Wersilow vor einigen Jahren ein Rencontre mit dem Fürsten Serjasha gehabt und die öffentliche Züchtigung schweigend eingesteckt. (Das Motiv Stawrogins und des Idioten.) Ein Held sieht anders aus.

Eine Stunde nach der Szene im Familienkreise, in der Arkadi seine Mutter vor die Wahl gestellt hat, steigt Wersilow die steile Stiege zu dem »Sarg« des Jünglings hinauf, und es kommt zur ersten großen Auseinandersetzung zwischen den beiden. Wersilow beurteilt die Szene, die soeben unten bei der Mutter vor sich ging, nicht als Vater, sondern mit der Sachlichkeit des Kenners psychologischer Probleme. Zweierlei hat er auszusetzen. Erstens ein ungenügendes Gefühl für Maß; ein sehr schlimmer Fehler. Im Verhältnis zu dem Aufwand Arkadis kam eigentlich, findet er, wenig heraus, und der Effekt war ein bißchen grob. Zweitens eine bedenkliche Verkennung des Objekts. Arkadi hat den Vater treffen wollen. Schön, durchaus »in der Ordnung der Dinge«! Aber er hat in Wirklichkeit nur die Mutter gepeinigt, und das ist natürlich nicht ganz in der Ordnung. Wie soll sich eine Mutter und zumal eine Sofja zu der effektvollen Alternative verhalten? Nach der Lage der Dinge scheint also eine Entfernung des jungen Herrn für alle Teile ersprießlich, aber man sollte sie so bewerkstelligen, daß Mama möglichst wenig davon getroffen wird. Sie quält sich nämlich wirklich. Deshalb sollte man z. B. jetzt ein paarmal laut lachen, so daß es unten gehört würde. Das könnte sicher zu ihrer Beruhigung beitragen. Solche einfachen Menschen sind nun einmal so.

Wersilow diskutiert nicht Arkadis Gefühle. Jeder hat seine Gefühle und muß so oder so mit ihnen fertig werden. Aber man sollte das solo besorgen. Arkadi krankt an dem Bedürfnis nach Zuhörern. Was trieb ihn auf der Schule, jedem, der es hören und nicht hören wollte, von seiner illegitimen Geburt zu erzählen?

Übrigens, worüber beklagt er sich eigentlich? Nicht den Namen Wersilow zu tragen?

– O bitte! beeilt sich Arkadi. Es wäre durchaus keine Ehre.

– Nun also! antwortet Wersilow gelassen. Übrigens sei es tatsächlich in Rußland unmöglich, eine verheiratete Frau, deren rechtmäßiger Mann noch lebt, zu heiraten. Mit dem Herumtragen der Familiengeschichte habe Arkadi nur seine Mutter verleumdet.

Arkadi würgt. Da Wersilow das Maß über alles stelle, werde er wohl auch den plötzlichen Ausbruch seiner Liebe zur Mutter begrenzen können und endlich zur Tagesordnung übergehen.

Bitte schön! sagt Wersilow, und der Sohn beginnt das Verhör des Vaters mit der Schuld an der Mutter. Eigentlich will er zunächst etwas ganz anderes sagen, aber dafür fehlen ihm die handlichen Worte. Übrigens führt der Umweg über die Mutter zum Ziel. Wie kommt es, daß in den zwanzig Jahren Wersilows rührende Liebe nicht vermocht hat, die Mutter von ihren bäurischen Vorurteilen zu befreien? Sie ist geblieben, was sie war. Natürlich stand sie moralisch immer über ihm, steht auch heute noch – pardon! – hoch über ihm, aber geistig ist sie eine Tote. – »Nur Wersilow lebt. Die anderen dürfen nur dann in seiner Nähe zu vegetieren die Ehre haben, wenn sie ihn mit ihren Kräften und Säften speisen.«

Der Vorwurf trifft wiederum nur die Mutter, deren zurückgebliebene Bildung den Jüngling heute genauso enttäuscht wie den Knaben einst, als sie ihn in der Pension besuchte, ihre ärmliche Kleidung beschämte. Leicht fände väterliche Dialektik in der verletzten Eigenliebe des Sohnes die Waffe, um den Vorwurf auf den Angreifer zurückzuschleudern. Wersilow nimmt die Waffe nicht. Der Gedanke Arkadis steht seinem eignen Denken zu nahe und ist wichtiger als die Genugtuung. Arkadi hat da etwas Dunkles gesehen, das Wersilow für sich selbst gern erhellen möchte. Ja, es gibt etwas Totenhaftes in der Mutter, und nicht nur in der Mutter, womöglich in jeder Frau. Ja, es ist sehr merkwürdig, so merkwürdig, daß man es weder zum Gegenstand eines Angriffs noch der Verteidigung machen kann. Wersilow will mit diesem Dunkel durchaus nicht seine Schuld an Sofja entfernen, aber im Grunde will ja auch Arkadi, nicht wahr? gar nicht anklagen, sondern fragen, wirklich fragen. Und wie Arkadi auf die keinem anderen Vater erträgliche Definition drängt: Auch die Mutter müsse doch einmal lebendig und Weib gewesen sein und etwas zum Verlieben gehabt haben, wirft Wersilow hin: Nein, vielleicht sei sie nie Frau gewesen.

Die Diskussion ist nur zwischen diesem Vater und diesem Sohn möglich, die sich ganz frei gegenüberstehen, zunächst fremd im sozialen Sinne, denn Arkadi schuldet dem Vater nichts. Aber diese soziale Überlegung allein kann nicht den Widerstand des Lesers überwinden, scheint im Gegenteil eher geeignet, ihn zu steigern, da sie die Umkehrung gewohnter Verhältnisse, die als Bürgschaft der menschlichen Gesellschaft gelten, unterstreicht. Doch unterbleibt jeder offne oder versteckte Appell an unseren Zynismus, heute ein beliebtes Motiv, und daher stockt unsere Empörung. Wir empfinden allmählich die Unabhängigkeit des Sohnes von dem Vater, diese ganz unsentimentale Sachlichkeit des Vaters zu dem Sohn nur noch sonderbar, fremdartig, unkonventionell, nicht abstoßend, und hören mit allen Ohren zu. Die Situation erregt uns. Unter irgendwelchen Umständen, die hier zufällig gegeben sind, aber die irgendwie immer, auch in ganz legitimen Verhältnissen vorkommen können, werden sich Vater und Sohn so wie diese beiden gegenüberstehen. In dieser sozialen Nüchternheit steckt etwas Notwendiges. Sie ist möglicherweise ein Anfang, der sonst immer stillschweigend vorausgesetzt wird und daher oft zu einem stillschweigenden Ende führt. Die Möglichkeit des Anfangs erscheint dank der besonderen Umstände sehr gefährdet, aber allein diese Umstände, die sonst wegfallen, erlauben die wohltätige Diskussion. Die Einfalt des Jünglings erleichtert die Aussprache. Nur ein unbefleckter Mensch kann so unverfroren über Erotik reden. Er weiß, sie gehört dazu, aber hat es nicht aus eigner Praxis. Die Erotik ist ein Mittel, um Mann und Frau zusammenzubringen. Sie macht das

Femininum zum Weibe, und der Mann hat die natürliche Aufgabe, das Weib zum Menschen zu machen. Das ist, so schätzt Arkadi, Wersilow nicht gelungen. Die Mutter ist nicht Mensch geworden. Wersilow hat sich nur mit der Leibeignen amüsiert, wie das so die Petersburger Herren, wenn sie auf ihre Güter kommen, zu tun pflegen. Unverständlich allein ist sein Verhalten nachher. Natürlich hat er sie sitzenlassen, denn er dachte nicht daran, sie zu einem Menschen zu machen, hat sich ja auch notorisch nicht viel um sie gekümmert. Warum kam er immer wieder zurück, warum sitzt er jetzt da?

Dostojewski macht sich die Aufgabe nicht leicht. Immer wieder stößt Arkadi auf Wersilows Lässigkeit in der Behandlung dieser Frage. Jedes Wort, jede Gebärde zeigt die von Arkadi gehaßte geistvolle Ungezwungenheit. Die Bereitwilligkeit, mit der sich Wersilow zu Antworten herabläßt, ist womöglich nur Hohn und Spott.

Es kommt nicht viel heraus bei dem Gespräch, obwohl Arkadi und wir angestrengt zuhören. Man muß sich erst in Wersilows Sprechweise hineinfinden, und eigentlich hat Arkadi gar keinen Anlaß zu dieser Bemühung. Schon die Ruhe, mit der er ihm zuhört, ist eigentlich »lakaienhaft«, und er wartet nur auf den passenden Moment, um Wersilow mit einer plumpen Grobheit zu verabschieden. Was kann er gegen ihn anderes als Grobheiten vorbringen?

Im Grunde aber beunruhigt ihn jede Andeutung Wersilows von seiner »schweigenden Ehe«. Was steckt dahinter? Dieser Mensch, der so leichtsinnig mit der Mutter umsprang, wagt von der »Großmut der Männer« zu sprechen und behauptet, »wenn die Ehe nur von den Frauen abhinge, hätte keine einzige Bestand«. Arkadi zittert. Wersilow bemerkt es gar nicht. Er denkt nicht daran, Sofja zu belasten. Sie ist die reinste und beste, die ihm je begegnet ist. »Demut, Nachgiebigkeit, Geduld, Unterwürfigkeit und dabei Stärke, jawohl, wirkliche Stärke.« – Arkadi erträgt das Lob der Mutter noch schwerer. Wersilow meint das Lob durchaus nicht ironisch, aber gerade diese Sachlichkeit muß

Arkadi reizen. So spricht man von irgend etwas, nicht von seiner Frau, am wenigsten vor dem Sohn. Es sei denn, er identifiziere sich mit ihm bis zum Ausschluß aller Möglichkeiten des Mißverstehens, und wer gibt ihm das Recht, sich mit Arkadi zu identifizieren?

Wersilow läßt sich mit einer Art Behagen über »die wirkliche Stärke« aus. »Wenn es sich um Überzeugungen, oder was sie dafür halten – denn zu richtigen Überzeugungen fehlen natürlich die Voraussetzungen – handelt, also um etwas, was ihrer Meinung nach heilig ist, lassen sie sich womöglich foltern.«

Das geht über die Sachlichkeit hinaus. Arkadi fühlt es, und das Entwürdigende, daß er irgendwo in seinem Unterbewußtsein den Vater begreift, ihn womöglich billigt.

– »Und nun sag mal selbst«, fährt Wersilow fort, »sehe ich etwa wie ein Folterknecht aus?«

Arkadi muß sich halten, nicht zustimmend zu nicken. Sein Lakaienblut, das mit Wollust anderer Leute Röcke bürstete, möchte nicken. Krampfhaft sitzt er da.

– »Deshalb«, meint Wersilow, »habe ich denn auch vorgezogen, fast zu allem zu schweigen, und das nicht nur weil es leichter war. Offen gestanden, ich bereue es nicht.« –

Er bereut nicht! Kann man den Hohn noch weiter treiben? Was bereut er nicht?

– »Auf diese Weise hat sich alles ganz von selbst auf einer breiten und humanen Basis abgespielt, an der ich mir übrigens gar kein Verdienst zuschreibe.« – Und als errate er die Gedanken seines Gegenübers: – »Nebenbei bemerkt habe ich sie aus unbestimmten Gründen im Verdacht, nie an meine Humanität geglaubt und deshalb immer gezittert zu haben. Aber trotz des Zitterns hat sie sich doch nicht der Kultur gebeugt.« –

Dies die Antwort auf die Vorwürfe Arkadis. Aus Humanität wurde die Mutter in ihrer Totenhaftigkeit gelassen.

Nach einer Weile meint Wersilow: »Wir verstehen da etwas nicht.«

Wer sind die Wir? – Wir Männer, wir Herren der Schöpfung,

wir Geistigen, wir Herren aus Petersburg, wir Hüter der Humanität.

Aber in Wirklichkeit entwaffnet dieses Wir Arkadi. Er bringt nur stammelnde Dummheiten und Grobheiten hervor, die Wersilow so human ist zu ignorieren.

– »Du, hör mal, mein Junge«, sagt er einmal, »ich lasse mir von dir eine ganze Menge gefallen, wie von einem verwöhnten Sohn, aber dies eine Mal mag es hingehen.« –

Der verwöhnte Sohn sitzt mit offnem Maule da.

Es ist der gewagteste Dialog Dostojewskis, wie alle Dialoge mehr dramenhaft als romanmäßig behandelt, zum Lesen ein wenig zu kompakt, auf mimische und lautliche Interpretation angewiesen. Man liest zu schnell darüber hinweg und versäumt die Hintergründe. Doch schließen die höchst sparsamen Nuancen nicht die Möglichkeit aus, Wersilow nicht nur mit den Augen des mißtrauischen Sohnes zu sehen, der in dieser Szene zur äußersten Verkennung des Vaters getrieben werden soll. Alle wesentlichen Punkte für die komplizierte Anatomie des Gesprächs sind gegeben. Wersilow kann so wenig wie Myschkin die Wahrheit verschweigen, weil er ihren Preis kennt. Man kommt zu selten in die Lage, sich zu ihr durchzulügen. Leichter als Arkadi vermögen wir in der lächelnden Ungezwungenheit, mit der Wersilow von seinem Jugendstreich spricht, eine Beteiligung zu spüren, die das bekannte Schema des appetitreichen Gutsherrn durchbricht. Er kam eben doch nicht »nur so« zu der reizlosen Magd und veranlaßte sie zum Bruch einer mechanisch vererbten Ehe. Dieser Mensch ist in seinen Beziehungen zu den Frauen vielleicht alles mögliche, keineswegs aber immer der Empfänger gewesen. Womöglich wollte er es nicht einmal sein. – Das wagt er auszudrücken. Die Anlässe zu dieser Romantik liegen so fern, daß die Sprache Wersilows jeden Verdacht Arkadis verstärken muß. Das weiß der Vater, und deshalb – so die Logik eines bis zur letzten Demut selbstherrlichen Menschen – spricht er das Wort Humanität gelassen aus und verschlechtert mit dieser Anmaßung wiederum seine Position.

Man kommt auf den alten Makar Dolgoruki. Mit der gleichen Sachlichkeit charakterisiert Wersilow den sonderbaren Heiligen. Makar gehört zu den anderen, über die »wir« nie ganz genau Bescheid wissen. Auch die Mutter gehört dazu; Leute, die ihre Stärke haben, mit denen man dreimal verheiratet sein und fünf Jahre ununterbrochen reden kann, ohne sie um ein Jota zu verändern. Dabei lohne es sich trotz alledem, mit ihnen zu reden.

Er habe wohl an der Schulter Makars geweint, höhnt Arkadi, der sich zur rechten Zeit erinnert, so etwas einmal gehört zu haben.

Ja, das stimme, erklärt Wersilow. Man spiele sich in solchen erhebenden Momenten tatsächlich Komödie vor, sich noch viel mehr als den anderen. Und drolligerweise meine man es trotzdem ganz aufrichtig. Komisch, was? Man glaubt alles, was man sagt und tut, schluchzt aufrichtig und verstellt sich trotzdem irgendwie. Ob das Arkadi noch nicht passiert sei.

Wieder sitzt Arkadi da. Dergleichen ist ihm tatsächlich schon oft passiert. Wenn dieser Mensch schwindelt, ist alles Schwindel.

Wersilow bleibt bei dem alten Dolgoruki. Man kann von solchen Leuten lernen, z. B. wie sie ihre Geschichten erzählen und die Nüchternheit für Dinge, die nüchtern zu betrachten sind, z. B. Geldgeschichten. Auch noch verschiedenes andere. Das Volk hat Kräfte, von denen wir uns nichts träumen lassen. Es gab damals, als die Geschichte passierte, viele Humanitätsideen in der Jugend, und man wollte unbedingt zum Volke. Die Ausführung solcher schönen Ideen ist gar nicht so einfach.

Ja, das ist gar nicht so einfach. Wersilow hat mit den paar hingeworfenen Worten sehr viel gesagt. Arkadi könnte hören, und eine Wallung in seinem Innern drängt ihn zur Empfängnis. Aber wo bliebe der Haß? Dies ist alles zu neu, und das Alte, mit dem er herkam, will sich nicht ergeben. Zu vieles hat man ihm von diesem Menschen erzählt. Sagt Wersilow das alles nicht etwa nur, um sich reinzuwaschen? Wozu die Mühe? Warum will er ihn gewinnen? Steckt nicht etwa eine neue Geschichte dahinter? Aus flüchtigen Symptomen glaubt der Argwöhnische schließen zu müssen, Wersilow wisse etwas von dem Brief der Achmakow und vermute ihn in seinem Besitz, und der ganze raffinierte Apparat des Komödianten werde nur aufgeboten, um den Brief zu ergattern. – Er sagt es ihm ins Gesicht. Vielleicht muß man Sekretär bei dem Fürsten spielen, um nach der Tochter zu spionieren. –

Wersilow erhebt sich, gelangweilt. Komisch, wieviel Haß in so einer Jugend steckt! Drei Leben, sollte man nach ihren Gesichtern glauben, brauchen sie mindestens, um sich auszutoben. Lebenslustige Jünglinge pflegen sonst gutmütig zu sein. Wie man sich irren kann, komisch!

Aber wenn Arkadi nicht zuhört, hören wir. Die Humanität des witzelnden Wersilow wird deutlicher. Steckt etwa wirklich Menschenliebe dahinter, Menschenliebe bis zum Fanatismus? Womöglich gibt man sich selbst zu der Ehe mit einer Magd her, nur um dem Volke näherzukommen. Plötzlich erklingt das Motiv des »Idioten« stärker, auch wenn es bestimmt ist, Begleitung zu bleiben. Dieser Vater, der sich vom Sohn die Tür weisen läßt und darüber nur erstaunt und bekümmert ist, den andere ungestraft beleidigen dürfen, kann Myschkin verwandt sein. Wir wissen noch nicht, in welchem Grade, und wagen noch nicht, an das Unglaubliche zu glauben, das der erbitterte Sohn von sich stößt.

Arkadi beginnt nachträglich zu hören, was er in Gegenwart des Vaters nicht vernehmen wollte, und zweifelt an der Gerechtigkeit seiner rohen Abwehr. Er fühlt sich schon am nächsten Tag mindestens formal so weit einig mit dem Vater, daß er auf den verrückten Einfall gerät, den jungen Fürsten Serjasha, der seinen Vater damals in Ems geschlagen hat, zu fordern. Das Duell, Requisit des bürgerlichen Romans der Zeit, fehlt in kaum einem Hauptwerk Dostojewskis, auch wenn es nie realisiert wird. Natürlich führt die Bemühung Arkadis nur zu einer neuen Demütigung des Draufgängers. Dazu kommt das Auftreten der Achmakow. Er hat sie ein paar Minuten bei dem alten Fürsten, ihrem Vater, gesehen und ist sofort von ihrer Schönheit getroffen worden; vielleicht nicht nur von ihrer Schönheit, auch von der Leibhaftigkeit eines Menschen, mit dem sich seine Phantasie schon lange beschäftigt hat. Dies ist die Frau, die den Vater nicht erhört hat, für die der Vater Verbrechen begangen haben soll. Natürlich liebt der Jüngling augenblicks und stürzt hinaus. Die Szene wirkt blitzartig. Nachher sieht er die schöne Frau ungesehen wieder. Hinter der Portiere bei Tantchen Tatjana wird er gegen seine Absicht zum Belauscher eines Gesprächs, in dem die Achmakow ihre Befürchtung gesteht, Arkadi könne Spion Wersilows sein. Eine unvorhergesehene Wendung läßt Arkadi vorstürzen. Er überschüttet die stolze Frau, die sich vor ihm fürchtet, mit Vorwürfen. Natürlich glaubt sie, er habe mit Absicht gelauscht, und Tatjana möchte ihn am liebsten prügeln. Sein jugendliches Ungestüm schüttelt den Verdacht von sich ab. Man muß über ihn lachen. Oh, warte nur, Stolze, denkt er, und tastet nach dem Brief, den er in seinem Jackenfutter eingenäht trägt, den Brief, den sie fürchtet und für den sie gern die ganze Welt hergäbe. Wenn du wüßtest, was ich hier bei mir habe! –

Natürlich denkt er nicht im Traum an einen Mißbrauch, aber es kitzelt angenehm, sich ihr Gesicht vorzustellen.

Diese Szene modifiziert wesentlich seine Gedanken über den Vater. Er zürnt der stolzen Frau, ihn abgewiesen zu haben, und stellt sich neben ihn. Vielleicht sollte man Wersilow den Brief geben, damit er ihn der Feindin vor die Füße werfen kann.

In den nächsten Tagen hat er Gelegenheit, Handlungen Wersilows zu begutachten, die den Haß vollends erschüttern. Diese Handlungen erlauben Dostojewski, seiner Lust an Episoden zu frönen, und komplizieren das Gewebe. Er hat den Ehrgeiz, jedes äußerliche Beweismittel als zufällige Wellenbewegung seiner Bildfläche entstehen zu lassen und jeder Hilfsfigur ihre eigne Geschichte, Sprache und Gebärde zu geben. Dafür braucht er die unabsehbare Dimension. Eine dieser Episoden dreht sich um die arme Ola Onissimowna und ihre Mutter, eine Witwe, die, wie einst Mutter und Schwester Raskolnikows, nach Petersburg kommen und ins Elend geraten. Sie hoffen auf einen reichen Kaufmann, der dem verstorbenen Mann der Witwe Geld schuldete. Der Kaufmann denkt nicht ans Zahlen, macht aber der hübschen Ola einen schmutzigen Antrag. Um das Leben zu fristen, sucht Ola Stellung als Hauslehrerin. Auf ihre Annonce meldet sich eine freundliche Dame, deren Heim sich als Bordell herausstellt. Ola kann sich nur mit wilder Flucht retten. Den dritten Akt dieses Zwischenspiels bringt Wersilow, der den Armen helfen will. Er versucht es mit lächelndem Zartgefühl und wird mißverstanden. Die letzten Erfahrungen haben Ola erdrückt. Sie fürchtet, der lächelnde Wohltäter gehöre zur Kategorie des Kaufmanns und der freundlichen Dame und wirft ihm in Gegenwart Arkadis das Geld vor die Füße. In einem Anfall von Hysterie erhängt sie sich. Auch Arkadi hat den übel beleumdeten Vater in Verdacht gehabt und erkennt beschämt sein Unrecht. Wersilows Güte übersteigt gewöhnliches Maß. Seine Lässigkeit ist die Maske eines Nachdenklichen, dem viele Dinge in den Weg laufen. Man erlebt täglich, stündlich und wird nie damit fertig. Man kann seine Rolle gar nicht unwichtig genug nehmen. – Der Zweck des Zwischenspiels wird erfüllt, aber aus der Episode ist ein Roman im Roman geworden.

Ebenso schlicht verhält sich Wersilow in eigner Sache. Arkadi hat ihm das Dokument ausgehändigt, nicht den ominösen Brief der Achmakow, sondern das Schriftstück, das den Erbschaftsprozeß möglicherweise anders entschieden hätte. Sofort verzichtet Wersilow auf das reiche Erbe zugunsten desselben Fürsten Serjasha, der ihn vor Jahren geohrfeigt hat. Die Generosität, das ist das Beste daran, vollzieht sich ohne Piedestal. Arkadi konstatiert es strahlend. Er läuft zu dem alten Fürsten, der in seiner beschränkten Gutmütigkeit Wersilow mehr fürchtet als schätzt. So machen es alle. Arkadi möchte alle zu dem Verkannten bekehren. Bei dem alten Fürsten lernt er den Fürsten Serjasha kennen, auf dessen Haupt Wersilow glühende Kohlen gehäuft hat. Serjasha ist die verbesserte Auflage des flatterhaften prinzlichen Schwächlings in den »Erniedrigten und Beleidigten«. Er wird hier eine ähnliche, nur erweiterte und vertiefte Rolle spielen. Arkadi befreundet sich mit ihm. Serjasha wohnt bei einer reichen Verwandten, in deren Haus auch Lisa, Arkadis Schwester verkehrt, und kennt Lisa. Es gibt Beziehungen zwischen Lisa und dem Fürsten Serjasha, die Arkadi entgehen. Lisa ist die verbesserte Braut in den »Erniedrigten und Beleidigten«. Arkadi und Lisa kommen sich näher. Sie steht zur Mutter. Die Frauenhaftigkeit gibt ihr eine gewisse Überlegenheit; ein hauchartiger Reflex der verschwiegenen Mütterlichkeit der Mutter. Arkadi und Lisa sprechen von den Eltern. In diesen sehr kurzen jugendlichen Ergüssen stecken die zartesten Nuancen des Romans. Das Verhältnis Arkadis zu Lisa ist so, wie sich ein junger Mensch ohne Schwester die Geschwisterliebe vorstellt. Lisa ist auch mit der Schwester Raskolnikows verwandt, mit mehr Anmut und Reiz, oder vielmehr, Dostojewski hat die geschmeidige Anmut, mit der solche Gestalten gezeichnet werden müssen, erworben. Um irgend etwas zu sagen, erzählt Lisa von der Besitzerin der Wohnung des Fürsten Serjasha.

– »Weißt du was?« sagt Arkadi. »Hol' sie der Henker, ihre Wohnung und sie selbst!«

– »Nein, ein prächtiger Mensch ist sie!« –

– »Na, meinetwegen, kann ja sein, aber wir sind selbst prächtige Menschen. Sieh, was für ein Tag, wie schön! Und wie hübsch du heute bist, Lisa! ...«

Sie reden über den schrecklichen Tod der Erhängten, wie furchtbar das sein muß, so in der Finsternis zu sterben. Lisa fürchtet den Tod, obwohl Mama sagt, es sei Sünde.

– »Arkadi, sag, kennst du Mama gut?« –

– »Noch wenig, Lisa, nur wenig!« –

– »Wenn du wüßtest, was sie für ein Wesen ist! ... Man muß sie erst ganz besonders und in ihrer Art verstehen lernen.« –

– »Aber auch dich«, sagt Arkadi, »habe ich bisher nicht gekannt und kenne dich jetzt ganz und gar. In einer Minute habe ich dich verstehen gelernt und begriffen. Du, Lisa, fürchtest zwar den Tod, aber bist doch stolz und unerschrocken, bist viel besser als ich, viel besser als ich! Ich liebe dich furchtbar, Lisa. Ach, Lisa, mag, wenn es sein muß, der Tod kommen, aber bis dahin – leben, leben! Laß uns um jene Unglückliche trauern, aber laß uns das Leben dennoch segnen. Nicht? Nicht? Lisa, ich habe eine Idee! Du weißt doch, Lisa, daß Wersilow die Erbschaft abgelehnt hat! Du kennst meine Seele nicht, Lisa, weißt nicht, was dieser Mensch für mich bedeutet hat.« –

– »Wie sollte ich das nicht wissen! Alles weiß ich.« –

– »Alles weißt du? Nun ja, dafür bist du eben du, bist klug, bist klüger als Wassin. Du und Mama, ihr habt durchdringende Augen … das heißt, ich meine den Blick, nicht die Augen. Ich rede dummes Zeug … ich bin in vieler Hinsicht schlecht, Lisa.« –

– »Dich muß man nur an die Hand nehmen, das ist alles.« –

– »Nimm mich, Lisa! Wie schön es heute ist, dich anzusehn! Wo hast du heute deine Augen hergenommen, wo gekauft, wieviel bezahlt? – Lisa, ich habe noch nie einen Freund gehabt, und ich halte die Freundschaft überhaupt für Unsinn, aber Freundschaft mit dir wäre kein Unsinn … Na, Lisa, gesteh mal ehrlich, hast du in diesem Monat über mich gelacht oder nicht?«

– »Oh! Du bist so komisch, du bist furchtbar komisch, Arkadi! Aber weißt du auch, wer noch über dich gelacht hat? Mama hat über dich gelacht. ›So ein drolliger Kauz!‹ flüsterte sie mir zu. ›Sieh nur, was für ein drolliger Kauz!‹ Du aber sitzt dabei und denkst, wir säßen und zitterten vor dir!« …

– »Ach, Lisa, wenn man nur länger auf Erden leben könnte!«

– »Wie? was sagtest du?«

– »Ich habe nichts gesagt.« –

– »Du siehst mich an – –«

– »Ja, und auch du siehst mich an. Ich sehe dich an und liebe dich.« –

So schließt der erste Teil, ein erster Akt großen Umfangs. Drei solcher Teile bilden das Werk. Der zweite bringt die Höhen der Dichtung, die Glanzzeit des Werdens. Arkadi hat damals seinen Entschluß ausgeführt, das Haus verlassen und sich irgendwo bei einem Beamten ein Zimmer gemietet, wohnt aber selten da. Die meiste Zeit verbringt er bei seinem neuen Freund Serjasha. Sein Herz ist bei Wersilow und sehnt sich nach einer neuen Aussprache. Er tut aber bockbeinig, mag nicht zu ihm gehen, treibt allen möglichen Unfug. Der Vater kommt in das gemietete Stübchen. Eines Abends sitzt er an Arkadis Tisch im Gespräch mit dem Zimmervermieter. Dem eintretenden Jungen flimmern die Augen. Gott sei Dank, daß der lächerliche Beamte dabei ist! Nun kommt es.

Nun kommt es. Der lächerliche Beamte erzählt die Geschichte von dem großen Stein, eine höchst lächerliche Geschichte. Er hat sie Wersilow, der schon eine ganze Weile gewartet haben muß, bereits einmal erzählt, und Wersilow ermutigt ihn, sie zu wiederholen. Der Beamte ist so ein Mensch, der fürs Leben gern Geschichten erzählt und immer Angst hat, unterbrochen zu werden, denn im allgemeinen haben die Leute nicht das richtige Verständnis. Die Geschichte von dem Stein ist seine Hauptgeschichte. Seit Unzeiten lag der Stein mitten auf der Straße, und als Majestät einmal die Stelle im Wagen passierten, ärgerten sie sich und befahlen, den Stein wegzuschaffen. Das war leichter gesagt als getan, denn es war kein gewöhnlicher Stein, sondern eigentlich ein richtiger Felsklotz, viele tausend Pud schwer. Nun gab es mehrere Methoden, und es handelte sich darum, die richtige zu finden. Die Engländer verlangten fünfzehntausend Rubel und, wenn man den Stein zersägte, zehntausend, vielleicht auch zwölftausend, mindestens aber zehntausend.

Arkadi platzt vor Ungeduld. Nun sind sie endlich zusammen, und da kommt dieser lächerliche Beamte mit seiner ewigen Geschichte. Aber Wersilow wirft ihm einen heimlichen Blick zu. Er soll doch den armen Teufel gewähren lassen. Und dieser Blick verrät so viel Mitgefühl mit dem lächerlichen Beamten und so viel Zartheit überhaupt, daß Arkadi nun auch und sogar mit Vergnügen dem Menschen zuhört. Der hat seine Geschichte noch nie so gut herausgebracht. Wenn er stockt oder nach einem Wort sucht, das so recht deutlich den Gedanken auszudrücken vermöchte, hilft ihm Wersilow diskret. An den richtigen Punkten, wenn der Erzähler eine Kunstpause macht, um den Zuhörern Zeit zum Staunen zu lassen, wirft Wersilow ein Denkmal-an! oder Aha! dazwischen und tut äußerst interessiert. – Ein einfacher russischer Kleinbürger, ohne Ahnung von Mechanik und Maschinen, behauptet keck, binnen vierundzwanzig Stunden das Steinchen wegbringen zu können, und nicht für fünfzehn-, nicht für zehntausend Rubel, sondern für hundert. Wie? Und macht es wirklich! So ein Kleinbürger, den alle ausgelacht haben, dem man nicht das Allergeringste zugetraut hätte. Nächsten Tag ist der Stein weg. Wissen Sie, wie er es gemacht hat? Nun, raten Sie mal!

Wersilow, der die Geschichte längst kennt, strengt sich an, um zu raten, und der lächerliche Beamte sonnt sich und kommt mit seiner Lösung zu einem wahren Triumph. Seine Frau ruft ihn ab. Nachdem sie endlich allein sind, reden die beiden, die sich aussprechen wollen, über die Anekdote weiter. Der Witz ist, daß der Stein in Wirklichkeit gar nicht verschwand. Er liegt heute noch an derselben Stelle, und der gute Mann hat seine Geschichte mit einer anderen verwechselt. Von der Anekdote des lächerlichen Beamten gleitet das Gespräch auf Anekdoten überhaupt: wie so ein Mensch auf das Geschichtenerzählen kommt, was er dabei denkt und damit bezweckt, sozusagen die Psychologie des Anekdotenerzählers. Man muß sagen, es steckt arge Unsachlichkeit dahinter, aber Wersilow bekennt sich selbst zu dem Laster. Auch Arkadi hat eine Anekdote, die von Tschermischow. Er hat sie schon oft erzählt. Ja, man habe einen Genuß dabei. Auch Wersilow kennt die Anekdote von Tschermischow, und nun folgt eine historische Übersicht über die russische Anekdote. Arkadi berichtet von einem anderen pockennarbigen Beamten, der auch hier bei demselben Wirt wohnt und den lächerlichen Wirt jedesmal, wenn der etwas erzählen will, mit belanglosen Fragen unterbricht. Wo geschah das? warum? wann? Er treibt es so weit, daß der Wirt ihn geradezu sklavisch bedient, nur damit ihn der andere erzählen läßt. – Ja, das ist die andere Sorte, meint Wersilow. Der erste ist der Unsachliche, der gern etwas dichten möchte. Man kann über ihn ungeduldig werden. Der zweite aber ist der Prosaiker, der Mensch ohne Herz. Mit dem kann man schon gar nichts anfangen. »Laß den Menschen immer ein bißchen dichten!« empfiehlt Wersilow. »Es ist ein unschuldiges Vergnügen. Laß ihn sogar viel dichten. Erstens beweist du damit Zartgefühl, und zweitens wird man dich dafür auch dichten lassen. Also zwei Fliegen mit einer Klappe.«

Dies Geplauder ist ihre ganze Aussprache, nach der sich beide gesehnt haben. Und es ist tatsächlich die Aussprache. Alles, was sie sich sagen wollen und können, wird mit diesem Nebenbei gesagt. Wersilow fällt plötzlich die Uhr ein. Er muß gehen, höchste Zeit. – Arkadi bringt ihn hinunter. Wersilow schimpft auf die unbequemen Treppen, und Arkadi merkt, das Geschimpfe soll nur etwas anderes verhindern. Übrigens finde er jetzt schon den Weg, und Arkadi möge sich nicht erkälten. »Merci, adieu!«

– Aber Arkadi geht nicht zurück, und plötzlich, wie von selbst, entringen sich ihm ein paar Worte.

– »Ich wußte bestimmt, daß Sie kommen würden.«

– »Und ich wußte, daß du es wußtest. Danke schön, mein Junge!« –

Sie kommen in den Hausflur. – »Wir waren schon an der Haustür, und ich folgte ihm immer noch. Er wollte die Tür öffnen, da löschte ein Windstoß mein Licht. Plötzlich ergriff ich seine Hand, denn es war stockdunkel. Er zuckte zusammen, sagte aber nichts. Ich beugte mich über seine Hand und küßte sie gierig, küßte sie immer wieder.« –

Man möchte bei solchen Stellen Atem holen, möchte solche Stellen wegnehmen und irgendwohin tragen. Es geht uns wie mit Goethes einfachsten und reinsten Gesängen, deren Musik man einfangen möchte, um sie für sich mit ganz anderen, eigenen, dummen Lauten zitternd nachzuflüstern, als ob man so die träge Leiblichkeit des eignen Seins in Schwingung lösen könnte. Dostojewskis letzter Zauber ist Lyrik. Der wilde Dramatiker, der den Roman zur Reliefbühne macht, der Trunkene ohne Maß, der nie genug blutige Begebenheit häufen kann, dichtet mit dem Nichts seine Gipfel. Nie spüren wir deutlicher den kaum vorstellbaren Ersatz westlicher Klangdichtung durch andere, nähere, viel entlegenere, viel natürlichere und ganz übernatürliche Wellen. Die ganze Idee Dostojewskis, alles, was man von seiner Idee sagen sollte, steckt in dieser Anekdotengeschichte. Wir sitzen da, jede Fiber auf die funkelnde Neuheit gespannt. Nun kommt es! Her mit dem großen Wort! Betäube uns, zerschmettere uns! Wir sind reif. Und während wir auf den großen Vorhang starren, öffnet sich daneben zufällig ein Türchen, viel zu klein für die Masse der Wartenden. Einzeln schleicht ein Teil von uns durch den engen Gang hinter die Kulisse, und während der kompakte Teil von uns immer noch vorn vor dem Apparat sitzt, hat der davongeschlichene Teil ein Jenseits entdeckt. Es ist das Ei des Kolumbus, schlagender als jede Neuheit, denn wir haben es selbst mitgebracht. Es beglückt uns tiefer als alles, was vorn geschehen konnte, weil wir es uns selbst erschlichen zu haben glauben.

Alles steckt in dieser Anekdotengeschichte. Man kann von dem Zweck, den sie berückend erreicht, absehen, auch von dem kostbaren Humor, der letzten Erhöhung einer oft erprobten Gabe. Der höchste Zauber ist die Realität. Greifbar steht diese Szene, in der nichts geschieht, vor uns. Man hört die Reden, sieht die Blicke, fühlt das Schwebende in dem Interieur bis in die Fingerspitzen. Das Irreale wird greifbar. Wie weit zielt die Anekdote der Anekdote! Jedes Herz, ob Vater oder Sohn, schleicht sich mit in diese Heimlichkeit zwischen den beiden, die sich gleich Liebenden im ersten Frühling verstecken. Bis zu dieser Keuschheit kann das Gefühl zwischen Vater und Sohn gehen und sollte es gehen. Wir erschleichen das Pädagogische des Symbols. Dieser lernende, belehrende Vater, dieser empfangende, gebende Sohn sind zusammen. Aus der fruchtbaren Atmosphäre ihres Zusammens wächst die Tiefe des Erziehungsromans, des einzigen für Väter und Söhne unserer Zeit. Hier endlich legitimiert sich der außereheliche Vater, und wir erkennen in seiner Methode die einzige, die zu Recht besteht. Nur weil er es aufbringt, den Sohn ein bißchen dichten zu lassen, auch gegen die Vaterschaft, gegen alle Autorität, und weil er diese Toleranz nicht aus der pflichtmäßigen Vorstellung eines Vaters, der des Sohnes »Freund« ist, sondern aus dem natürlichen Interesse am Dasein, an jedem Dasein aufbringt, weil er nie Vater ist, sondern wird, werden möchte, weil das Werden der Jugend Teil seines eignen Werdens ist, weil er, mit einem Wort, ein liebender Mensch ist, deshalb erwirbt er das Recht auf den Titel Vater. Es ist keine Würde und keine Bürde, sondern ein Mysterium. Vernimm es, vaterlose Menschheit, und staune!

Deshalb ließ Dostojewski seinen Jüngling außerehelich geboren werden. Die anormale Situation erleichterte ihm die Rechtfertigung der hohen Norm. (An sich sind alle Kinder zuerst einmal natürliche Kinder, und die meisten bleiben es trotz aller Redensarten.) Nie wird es Dostojewski einfallen, solche Parenthesen auch nur anzudeuten. Der Schwung seiner Dichtung läßt alle kleinen Axiome zurück. Fast ist es besser, keine Pflichten, und noch weniger geht es an, Rechte geltend zu machen, wenn das Mysterium nicht erlebt wird.

Die Szene an der Haustür ändert nur die inneren Beziehungen. Arkadi macht den naheliegenden Versuch, sie zu veräußern. Da er nun einen Vater hat, möchte er etwas von ihm haben. Was soll ich tun? fragt er Wersilow, und Wersilow, zu tief durchdrungen von der Unergiebigkeit jeder übertragbaren Sittenlehre und von der Achtung vor seiner Liebe und der Arkadis, weigert sich. Was würde es nützen? Wohl antwortet er bereitwillig auf alle Fragen, aber die Gespräche gleiten immer ins Abstrakte und behalten, obwohl sie die tiefsten Probleme der Moral und Religion streifen, etwas von der Situation während der Anekdote des lächerlichen Beamten. Das Wesentliche bleibt geheim. Wenn Arkadi durchaus etwas Festes haben wolle, brauche er sich nur an die Zehn Gebote zu halten. Auch die Liebe zu Gott sei zu empfehlen und der orthodoxe Glaube. – Und wie der Junge, den Ton verkennend, auffährt und sich, um zu reagieren, zum Atheismus bekennen will, winkt der Vater sogleich ab. Auch der Atheismus habe seine Vorzüge. Atheisten können musterhafte Säulen des Vaterlands werden. – Und die Liebe zum Nächsten? Gewiß, auch ein vorzügliches Rezept, obwohl ein wenig summarisch. Eigentlich kann man den Nächsten nur lieben, wenn man sich die Nase zuhält, findest du nicht? Man liebt im Grunde doch nur die Menschheit, die man sich zurechtmacht, also sich selbst. – Arkadi macht große Augen. – Ja, mein Junge, ich weiß es selbst nicht besser, bin bei der Erschaffung der Welt nicht gefragt worden. Ich beschäftige mich seit geraumer Zeit mit diesen Geschichten und komme nicht weiter. Überall stehen Fragezeichen. Vielleicht kannst du mir gelegentlich helfen.

Dieser Vater gibt sich lieber unmoralisch, bevor er die Dummheit begeht, mit Gemeinplätzen die fruchtbare Sehnsucht werdender Menschen zustopfen zu wollen. Wie Arkadi immer wieder auf etwas Positives dringt, gibt ihm Wersilow vorsichtig den Rat, die vorgeschriebene Liebe zu dem Nächsten als den Versuch aufzufassen, zu einem Menschen, mit dem man gerade zu tun hat, möglichst eingehende Beziehungen herzustellen. Der Rat ist keine Propaganda pro domo, sondern erster Hinweis Wersilows auf seine eigne Richtschnur, die im dritten Teil formuliert werden wird. Wersilow ironisiert sofort den Rat. Nach seiner unmaßgeblichen Ansicht könne dergleichen wenigstens nicht schaden. Auch die Beschäftigung mit Häuserbau oder Jurisprudenz oder irgendeine andere Spezialität wirke beruhigend.

Arkadi leidet unter dem Spott des sphinxhaften Papas, der seinen Wunsch, den fürsorgenden Vater auf »prosaischen, wenn auch guten Gefühlen« zu erwischen, durchschaut. Äußerte der Gefragte wirklich die erwarteten Gefühle, wäre es bei diesem echten Sohn Wersilows gar bald aus mit der kindlichen Verehrung. Es hilft nichts, man muß selbst erleben, und ein Vater hat nur zu beherzigen, daß Schweigen dem Gesicht des Menschen besser zu Gesicht steht als jede, selbst die klügste Rede.

Daran hält Wersilow fest, obwohl und gerade weil die gegenwärtige Lebensweise des Jünglings eine väterliche Hand besonders gut brauchen könnte. Arkadi hat seine »Idee« beiseite gelegt und behilft sich vorübergehend mit zugänglicheren Daseinsfreuden. Die Freundschaft mit dem leichtsinnigen Fürsten Serjasha führt ihn auf Abwege. Er wirft das ihm von Serjasha vorgestreckte Geld zum Fenster hinaus, umgibt sich mit Luxus und sucht dem Vater wenigstens im Kostüm nahezukommen. Serjasha hat ihn in die Klubs eingeführt. Arkadi spielt ohne besondere Passion, mit dem entschuldigenden Bewußtsein vorübergehender Laune. Auch auf den ganzen Luxus könnte er jeden Augenblick verzichten. Womöglich treibt er ihn nur, um den Vater herauszufordern. Das hindert Serjasha nicht, allmählich die Belastung zu spüren, und zwar nicht nur die finanzielle Zumutung des naiven Freundes, die im Grunde, da der Fürst, wie recht und billig, einen Teil der Erbschaft Wersilow zurückzahlen will, nicht allzu schwer wiegt; noch mehr die gesellschaftliche Belastung. Der dumme Fant nimmt Arkadi nicht für voll, und Arkadi hat die Schwäche, sich in den aristokratischen Kreis Serjashas, gerade weil er dort Widerstände spürt, eindrängen zu wollen. Serjasha hat aber noch besondere Gründe zur Unfreundlichkeit oder glaubt sie zu haben. Es kommt zu plötzlichen Ausfällen, die Arkadi nicht versteht und als Launen des Menschen, den er liebt, hinnimmt. Serjasha spielt sehr unglücklich. Die Finanzen treiben zu einer Katastrophe.

Wersilow tut so, als bemerke er die veränderte Lebensführung Arkadis gar nicht, und beschränkt sich darauf, auf den Fürsten einzuwirken zu suchen. Dies läßt sich Serjasha nicht gefallen. Seine inferiore Gesinnung nimmt die Erwägungen eines Zeugen seiner Entgleisungen für Redensarten. Er verliert sehr schnell das Gedächtnis für die Großmut Wersilows und sieht in ihm wieder nur den geohrfeigten Deklassierten. Vater und Sohn gehören zusammen. Einen mildernden Umstand gewinnt Serjashas Verhalten aus der plumpen Vermutung, Arkadi kenne sein Verhältnis mit Lisa und lasse sich die Toleranz bezahlen. Ein Unwetter zieht sich über dem ahnungslosen Jüngling zusammen. Seiner Unschuld liegen die Beweggründe des gewissenlosen Fürsten ebenso fern wie einst dem Knaben die Lächerlichkeit seiner Berufung auf den glänzenden Vater. Die Szenen mit dem Wucherer Stepelkow könnten ihn vorbereiten, aber sein Kopf ist zu voll von schöneren Dingen. Arkadi ist glücklich. Er steht in engem Verkehr mit der Achmakow. Ein berückender Blütenzweig, dessen Duft er kaum einzuziehen wagt, ist seine Liebe. Die Werbung um den Vater, der ihm in der Neigung zu der schönen Frau vorangegangen ist, hat verborgenen Anteil. Vielleicht entscheidet dieser Anteil, die geheime Freude an einer neuen und kostbaren »Anekdote«, in deren Schatten sich das Zusammen mit dem Vater vertieft. Es ist die erste Liebe eines Jünglings, frei von allen Gelüsten des Fleisches, und ihre Zartheit entfernt alles, was die Schönheit des Doppelmotivs belasten könnte. Wie ein Student mit dem anderen, so glaubt er mit der Angebeteten zu sprechen und öffnet ihr sein Herz. Die Achmakow duldet es lächelnd und läßt ihn ein wenig in das ihrige blicken, und was er da zu bemerken glaubt, erfüllt ihn mit Wonne. Sie wird zum Gipfel der Vollkommenheit und verdrängt seine Idee. Viel herrlicher, als Ideen nachzuhängen, ist der Gewinn von Menschen. Die versteckte Empfehlung Wersilows ist auf fruchtbaren Boden gefallen. Es kommt zu dem Geständnis. In den vielen Romanen mit den hundert und aberhundert Menschen, die in zahllosen Beziehungen zueinander stehen, gibt es kein zweites Liebesgeständnis, und auch dieses bleibt Stammeln knappenhafter Worte eines zukünftigen Ritters. Zur Flamme treibt ihn die Beichte der stolzen Frau, daß sie ursprünglich aus niederen Beweggründen mit ihm gespielt habe, um hinter seine vermeintliche Spionage zu kommen, immer in Angst vor dem ominösen Brief. Sie rechnete auf sein »heißes Temperament« und auf ihre Macht über Männer, um ihm das Geheimnis zu entlocken. Er aber hat in den langen Gesprächen mit ihr, während sie sich über Rußland begeisterten, diese ihre Doppelrolle geahnt, und so tief ihn die Berührung mit der »unermeßlichen Schönheit« – solche Worte liebt er – beglückte, so peinvoll war es für ihn, in dem Ideal gleichzeitig »die aushorchende Schlange« zu spüren. Die Worte stürzen über seine Lippen und rühren die Zuhörerin. Sie überläßt sich ihrer Selbstanklage, zufrieden, die Rolle der horchenden Schlange von sich abschütteln zu können. Dies Vertrauen übertrifft seine stolzesten Träume. Er hat immer nur auf seelische Vertrautheit gehofft, und selbst die Mitteilung von ihrer Verlobung mit einem anderen, dem Baron Bjoring, weckt nicht seinen Egoismus. Nur bekümmert ihn die Frage, ob dieser Baron ihrer Unermeßlichkeit würdig sei, was er natürlich bezweifelt. Um die Angebetete endgültig zu beruhigen und da er sich schämt, den Brief nicht längst abgeliefert zu haben, begeht er die Notlüge, Krafft habe den ominösen Brief besessen und vor seinen Augen verbrannt. Er nimmt sich vor, den Wisch noch am gleichen Abend aus dem Futter herauszutrennen und zu vernichten. Sie ist so benommen von der Erregung des Gesprächs, daß der Gegenstand ihrer endlich überstandenen Intrige die Bedeutung einbüßt.

Die Szene ist lebendig, aber erreicht nicht annähernd den Anekdoten-Dialog. Sie stand trotz ihrer Wichtigkeit in dem Roman dem Dichter offenbar nicht annähernd so nahe wie die Gespräche zwischen Vater und Sohn, die nicht mit ihrer Bedeutung als Kettenglieder des Romans erschöpft werden. Wohl spricht sich Arkadi auch hier aus, aber das Fluidum jenseits der Worte versagt. Zumal die Achmakow kommt zu kurz. Wir sehen in ihr mehr den Gegenstand der Schätzung Arkadis als eine Realität an sich. Dies Subjektive – sowohl von Arkadi als von Wersilow aus – soll natürlich im Vordergrund stehen, und deshalb muß hier wie überall der Held die Diskussion führen, aber Dostojewski pflegt sonst selbst viel geringeren Rollen mehr Würze zu geben. Zu dem Stolz der Achmakow paßt schlecht ihre Angst vor den Intrigen und dann vor der Angriffslust des Jungen. Erinnert sie sich der Gefahren, denen sie der vielleicht weniger platonische Vater aussetzte? Der Ton wirkt flau, und die Bedenken, die sie anhalten, in Zukunft auf den Nahverkehr mit Arkadi zu verzichten, scheinen leere Konvention. Auch fällt es auf, wie leicht sich Arkadi damit abfindet. Die Erklärung, die wir dafür zu finden vermögen, müßte von sicheren Symptomen abgelesen werden können. Diese hat die Flüchtigkeit Dostojewskis ausgelassen. Auch in dem darauffolgenden Gespräch Arkadis und Wersilows über die Achmakow, in der der Junge von seinem Erlebnis berichtet, überwiegt das Romanhafte, und man spürt viel zuwenig von der Doppelbeziehung der Frau zu Vater und Sohn. Freilich, wer wäre imstande, diesen Dualismus gefahrlos zu erschöpfen? Keiner außer Dostojewski. Er hat sich hier eine Aufgabe entgehen lassen, offenbar weil die Achmakow nicht plastisch genug vor ihm stand, vielleicht auch weil die Vertiefung der Situation ohne jedes Eingehen auf die Erotik nicht gelingen konnte und weil ihm im Zusammenhang mit Arkadi jedes erotische Problem fatal war. Aber wenn er sich mit der Nachahmung, die den Sohn zu der Achmakow treibt, ein glänzendes Motiv ohne alle Erotik, begnügen wollte, durfte die Achmakow keine weitere Rolle spielen. Statt dessen wird sie zum Nebenzentrum der Handlung. Der Dichter läßt sich vom Romanschreiber verleiten, und das hat diesen Teilen des Werkes beträchtlich geschadet.

Nun zuckt aus dem Himmel voller Geigen ein vielzackiger Blitz auf den Jüngling. Er muß seine Gastrolle bei den Aristokraten teuer bezahlen. Es kommt zu einem glänzenden Nachtrag des »Spieler«. Der Goldregen bringt keinen Gewinn. Die Gesellschaft straft den Eindringling, der die natürliche Regung über kalte Form stellt und das Glück des Zufalls mitteilen möchte. Serjasha schmäht den Vater und schreit dem ahnungslosen Jüngling die Schmach der Schwester ins Gesicht. Ob er vielleicht nicht wisse, daß sie von ihm schwanger sei!

Was tut Arkadi? Stürzt er sich auf die Kanaille? Reißt er den Schänder in Stücke? Nichts dergleichen. Große Kinderaugen glotzen verständnislos. Der Schmerz bringt den Werdenden in seine Kindheit zurück und läßt einen kleinen Jungen bitterlich weinen. – Der Fürst sieht seinen Irrtum und bittet um Verzeihung. Arkadi antwortet nicht, eilt zu Lisa.

Nun ein revidiertes Kapitel aus den »Gedemütigten und Beleidigten«. Bruder und Schwester hocken zusammen. Lisa glaubt an den Fürsten. Schwach freilich, aber nicht schlecht, denkt sie und täuscht sich, aber kann nicht enttäuscht werden. Serjasha bringt es zur Einsicht in sich und beichtet Gemeinheit über Gemeinheit. Zum neuen Aufbau langen die Kräfte nicht. Sie duldet mit dem Fanatismus der Mutter. Sie ist keine Sonja, er noch weniger ein Raskolnikow. Der Bruder will dem Ertrinkenden helfen und wird mit in den Strudel gezogen.

Das Kapitel spielt in einer von hundert anderen Geschichten zerrissenen Atmosphäre. Anna Andrejewna, eine Halbschwester Arkadis, eins der beiden legitimen Kinder Wersilows aus einer längst vergangenen Ehe, will den alten Fürsten heiraten, ein recht phantastisches Unternehmen. Zwischen ihr und der Achmakow, der Tochter des Fürsten, besteht wilde Feindschaft. Arkadi wird in die Intrigen hineingezerrt. Wersilow teilt der Achmakow schriftlich mit, der ominöse Brief, den sie fürchtet, sei nicht, wie Arkadi gesagt hat, verbrannt und auch nie in den Händen Kraffts gewesen, sondern werde zum Instrument ihrer Strafe werden, wenn sie sich weiter an einem unmündigen Jungen vergreife. Um die Beleidigung vollzumachen, schreibt er dasselbe dem Baron Bjoring, ihrem Verlobten. Wir erfahren nicht die Beweggründe Wersilows. Trieb ihn Eifersucht? Auf wen? Auf Bjoring, etwa auf Arkadi? Es bestürzt uns, in so wesentlichen Fragen raten zu müssen. Am nächsten liegt die Sorge des Vaters um den ins Netz geratenen Jungen. Wersilows Verkennung der Achmakow wird wiederholt angedeutet, aber seine Erfahrungen mit ihr bleiben viel zu schemenhaft, um als plastische Impulse erscheinen zu können. Wenn er den Sohn schützen will, wie kann er ihn gleichzeitig zum Lügner und Betrüger stempeln? Man spürt den Dämon in Wersilow zu flüchtig, um ergriffen zu werden. Das Schlimmste: daß wir nicht einmal Zeit haben, die Sphinx zu befragen. Die Motive überstürzen sich. Wir werden von einem zum anderen gehetzt wie der arme Arkadi.

Auf den hageln die Folgen der väterlichen Manie, und er empfängt Schläge von allen Seiten. Das »Ideal« verachtet ihn, und von Bjoring wird er fast geprügelt. Immer noch will er Serjasha helfen. Der Fürst hat Fälschungen begangen und kann nur mit viel Geld aus der Schlinge der Erpresser heraus. In Wirklichkeit gibt es für ihn keinen Ausweg mehr, und Arkadi weiß das ebensogut. Arkadi wählt den Ausweg in die Spielhölle nur, um sich selbst zu betäuben. Eine zweite Variante des »Spieler«. In Roulettenburg setzt der Outsider mit Glück, um der vergeblich angebeteten Frau in der Not beizuspringen, und sie lohnt ihn, indem sie ihm die Banknoten an den Kopf wirft. Im »Jüngling« soll der treulose Freund beschenkt werden. Er belohnt die fanatische Anhänglichkeit mit einem tollen Affront. Die Szene zeichnet meisterhaft den entwurzelten Fürsten, in dem eine letzte Reaktion sozialer Eitelkeit, nur noch ein Zucken des sterbenden, theoretisch schon gestorbenen Klassenbewußtseins den anders geborenen Menschen abschüttelt. Dieses Mal wird Arkadi in der denkbar rohesten Form gedemütigt. Man durchsucht den Unschuldigen nach gestohlenem Geld und wirft ihn auf die Straße. Diese Wiederholung des Motivs vergrößert die Unruhe des Kapitels. Dostojewski hat schon bei der ersten Spielerszene auf die zweite hingedeutet, aber die vorbereitende Absicht zerflattert in dem Tumult, und die an sich durchaus merkbare Differenzierung der ersten Szene schießt über das Ziel. Der Leser ist am Rande seines Aufnahmevermögens und teilt am Schluß des Kapitels die Betäubung des geschundenen Helden.

Unmittelbar nach dieser gefährlichsten Stelle, die, wenn das Werk ein Drama wäre, das Stück umbringen würde, dringt der Dichter wieder in die Tiefen seiner Erfindung. Arkadi rennt nach der Szene im Klub wie ein wildes Tier durch die Straßen Petersburgs. Was fange ich an, um mich zu rächen? Jedesmal, wenn die Glieder einen Augenblick rasten wollen, hetzt ihn neue, unerträgliche Bitterkeit weiter. Dieb! heult es ihm in die Ohren. Und ist er nicht wirklich Dieb, wenn nicht vor den anderen Schuften, die ihn bestohlen haben, so vor sich selbst? Hat er nicht sein Leben, seine Seele, bestohlen? Seine »Idee« fällt ihm ein, diese abgestandene, längst überwundene Rothschild-Idee, die er trotz all ihrer Kleinheit wie ein Heldentum vor sich sieht, und peinigt ihn mit neuen Stacheln. Schöne Askese, dieses Dasein zwischen Friseur und Schneider, schöne Macht, die man am Spieltisch errafft! Ein Knirps ersann die Idee, aber ein Wicht wurde ihr untreu. Alles geschändet, was er je gedacht hat! Vergangenheit, Gegenwart, Zukunft in einem vernichtet. Umbringen möchte er sich. Und das Tolle, daß man über die widerfahrene Entehrung noch eine Art Befriedigung empfindet. Sie haben sein Lakaienblut erkannt, sowie es Monsieur Touchard in der verfluchten Pension erkannte, und der Lakai möchte sich nun noch viel gemeiner erniedrigen, sich in Schande wälzen, alles Erreichbare mit sich ziehen. Die Disposition zum Verbrechen zwischen Kellerloch und Raskolnikow. Was zerreiße ich? Was sprenge ich in die Luft?

Auf seinem nächtlichen Irrlauf durch die verlassenen Straßen stößt er auf ein großes Holzlager. Das wäre etwas. Wenn es gelänge, über die Mauer zu klettern, könnte man das ganze Lager in Brand stecken. Bei der Kälte brennt es sofort. Er ist guter Turner, und das Klettern unter solchen Umständen macht Spaß. Aber fast oben angelangt, stürzt er, schlägt mit dem Hinterkopf auf und hat nur noch die Kraft, in einen Torwinkel zu kriechen. Tiefer Glockenklang schläfert ihn ein. Es ist die Glocke der roten Nikolaikirche in Moskau, gegenüber der Pension Touchard. Im Traum erlebt er jenen Besuch der Mutter, als sie ihm die schrecklichen Bauernbrote brachte und zuletzt das Bauerntüchelchen mit den eingeknüpften Kopeken gab; dieses Tüchelchen, das er später zufällig wiederfand und dann immer mit ins Bett nahm. Er träumt die Zärtlichkeit, mit der er damals im Bett der ärmlichen Mutter und ihrer bebenden Lippen gedachte, und wie er, wenn ihm das Weinen kam und er sich nicht halten konnte, nach ihr zu rufen, von Lambert, dem größeren Schüler, Prügel bekam. – Hier wird mit großer Zartheit eine Nuance im Gefühlsleben des Helden nachgeholt. Der wache Jüngling gehört dem Vater, der träumende Knabe der Mutter.

Er wacht auf, weil ihn jemand wirklich prügelt. Vor ihm steht ein Herr, der sich alle Mühe gibt, den Halberfrorenen ins Leben zurückzurufen. Der Herr ist unglaublicherweise der Prügelfreund aus der Pension.

– »Lambert!« schreit Arkadi.

– »Wer bist du?« – fragt der angetrunkene Lambert höchst verwundert.

– »Dolgoruki!« –

– »Was für ein Dolgoruki?« –

Und prompt kommt von dem halb Besinnungslosen die damals hundertmal gegebene Antwort: »Einfach Dolgoruki.« – Der Refrain hilft über den Zufall hinweg.

Mit Lambert tritt eine neue episodenhafte Gestalt auf und mit ihr eine neue Kette von Intrigen. Der Schulfreund schleppt den Kranken zu sich, wo er ihn seiner Alphonsine übergibt, einer Französin, die Dostojewski sein furchtbares Französisch sprechen läßt. Diese Alphonsine mit ihrem Bologneser Hündchen ist eine Humoreskenfigur früheren Stils. Arkadi reißt ihr aus und schleppt sich nach Haus zur Mutter. Er erfährt noch, daß man im Klub seine Unschuld erkannt und Serjasha sich dem Gericht gestellt hat. Dann übermannt ihn das Fieber. Er fällt in schwere Krankheit. So schließt der zweite Teil.

Im Mittelpunkt des dritten, soweit das Interesse am Menschlichen in Frage kommt, steht Makar Dolgoruki, der Pilger, gesetzlicher Vater Arkadis. Nach seiner Rückkehr ins Leben findet der Kranke den uralten Mann mit dem furchtbar weißen Bart. – Die Einführung Makars in die Autobiographie Arkadis sichert der Gestalt sofort die ihr zukommende Atmosphäre. Arkadi liegt noch im Halbdusel und hat die Vorstellung einer Wiedergeburt. Natürlich wird diese Vorstellung sofort zum Gegenstand von Spott und Ärger. Aha, Wiedergeburt, etwas Neues! Wiedergeburt gehört zu jeder anständigen Gesundung. Also her mit der Wiedergeburt!

Wieder wird jede mögliche Skepsis des Lesers von der des Helden vorweggenommen. Arkadi beginnt seine Wiedergeburt mit weidlichem Ärger über alles, was da kreucht und fleucht, über die Mutter, die ihn mit Hingabe pflegt, über Lisa, weil sie ihren eignen Angelegenheiten nachgeht, über Tantchen Tatjana, weil sie ihn nicht mehr ausschimpft, über den verfluchten Sonnenfleck an der Wand, weil er immer zu derselben Zeit kommt. Er haßt alle und alles, wie es sich gehört, und drückte sich am liebsten heimlich. Sobald er wieder kriechen kann – schwört er sich – geht er auf und davon.

Da sitzt im Nebenzimmer dieser alte, kranke Mann mit dem furchtbar großen weißen Bart. Er sitzt schon lange da auf Mamas Fußbank vor dem Bett und hält sich ganz gerade. Nachdem sie sich eine Weile angesehen haben, fängt der alte Mann an, leise zu lachen. Arkadi beschreibt das Lachen, und wieder kommt Dostojewski dem Einwand, der diese Anknüpfung der Beziehung beanstanden zu müssen glaubt, zuvor, indem er Arkadi seine Betrachtungen über das Lachen im allgemeinen zum besten geben läßt. Eine ganze Graphologie des Lachens. Unversehens wird uns der alte Makar, der gar nichts damit zu tun hat, vertraut.

Sie unterhalten sich, der Greis, der aus dem Leben geht, mit dem Jüngling, der ins Leben hineingeht. Natürlich erkennt Arkadi sofort den Gast, und die Harmlosigkeit des Alten, dem seine Würde mit dem silbernen Haar gewachsen ist und der sich nichts darauf einbildet, gefällt ihm. Er entspricht nicht der Vorstellung Arkadis. Die Wirklichkeit ist immer anders und sehr oft, wenn man genauer zusieht, interessanter. Arkadi hat sich den Pilgervater zurückgeblieben und unlebendig wie die Mutter gedacht, unfähig, mitzukommen, und mit der Frömmigkeit als Ersatz für das Denken. Der Pilger hat aber allerlei gesehen. Man sieht viel, wenn man tagaus, tagein wandert. Wandern ist schön.

Jeder Tag in der Natur bringt ein neues Geheimnis. Man glaubt gar nicht, wieviel Geheimnisse es in der Natur gibt.

Arkadi tut seines Amtes und verhört auch diesen Vater nach allen Regeln der Kunst. Das mit der Natur ist höchst sonderbar. Das Ersatzmittel verhindert also nicht eine gewisse lebendige Anteilnahme. Vermutlich stecken Phrasen dahinter. Das wird sich herausstellen. Wie denken Sie über die Wissenschaft, Makar Dolgoruki? – Der Inspizient erwartet die bekannte klerikale Giftmischerei. Aber der Alte denkt nicht daran. Wenn er sich richtig mit der Wissenschaft einließe, würde er sich überheben, womit niemandem und nichts gedient wäre, denn wenn die Wissenschaft etwas Hohes ist, darf man sich nicht mit ihr überheben. (Friß es, Jüngling!) Aber so ein bißchen naschen daran ist wohl keine Sünde. Und er erzählt die Geschichte von dem Mikroskop. Seine Geschichten haben alle eine drollige Pointe, die ihm selbst zu entgehen scheint. Das gerade gefällt an dem alten Mann, das Jenseits von der Pointe, die trotzdem vorhanden ist. Überhaupt hat er so eine Art Jenseits. Es hängt mit seinem hohen Alter zusammen. Er hat Fieber vor Altersschwäche, und Arkadi hat Fieber vor Jugend. Beide treibt das Fieber zum Reden, und so kommen sie zusammen. Es kann sehr viel Bindendes zwischen einem alten Mann und einem Jüngling – Makar sagt immer Jüngling – geben. Nicht Arkadi, sondern der Leser konstatiert es. Schon die zwei Generationen, Arkadi und Wersilow, haben vieles gemein. Und nun kommt sogar noch die dritte Generation hinzu. Dieses Motiv ist der latente Grundzug des dritten Teils, eigentlich Grundzug des ganzen Werkes; eine sehr hohe Pointe. Auch Dostojewski ist so ein Pilger, von dem wir glauben, daß ihm die letzten Pointen seiner Geschichten entgehen.

Natürlich soll mit Makar der Anwalt des lieben Gottes zu Wort kommen, so denkt Arkadi und zumal der Leser. Arkadi weniger als der Leser, da der Junge den sehr realen Menschen vor sich hat; der Leser, weil ihm die Tricks des Dachgartens jede Realität verdächtig machen. Daher würde ein origineller Dichter alle Erwartungen nasführen und Makar zum Gegenteil eines landläufig frommen oder gar frömmelnden Menschen machen, eher zu einer Art Tolstoi mit dem Bart und einem Haufen Weisheit, im Grunde Feind der Religion oder wenigstens der Kirche, und trotzdem fromm usw. – Nein, Makar ist ein strenggläubiger Pilger wie hundert andere, einer, der früher leibeigner Bauer war. Er hat keinen doppelten Boden, sondern die ganz gemeine landläufige Frommheit. – Gemeinplätze! sagt Arkadi, der auch vor Makar kein Blatt vor den Mund nimmt. Der Alte hat sich sogar das Idiom der Frommen für den eignen Bedarf zurechtgemacht, bedient sich »schwülstiger« Klischees und versagt sich nicht den Refrain mit dem lieben Gott, der auch die Wissenschaft leitet. Er betreibt sogar wie alle Leute seines Zeichens eine Art Propaganda für den rechtmäßigen Glauben. Wenn er trotzdem anderen und uns nicht unausstehlich wird, liegt es an dem einfachen tatsächlichen Umstand, daß die Frommheit einen russischen Bauern, der sich viele Jahre im Lande herumtrieb, nicht um seine natürliche Schlauheit, um seine natürliche Gutmütigkeit, um seine natürliche Unterwürfigkeit zu bringen braucht. Die kirchliche Floskel verleiht der Würde des Greises ein Ornament, das er nie ablegen würde. Wir aber können es, wenn uns daran liegt, entfernen. Dann bleibt immer noch ein Mensch, das heißt ein Pilger übrig. Das Pilgertum ist das Zeichen dieses und, so meint der Dichter und der rechtgläubige Dostojewski, jedes richtigen Menschen. Mit dieser Wahrheit kommt wieder das Werden zur Geltung.

In den Gesprächen mit dem Arzt wird das Pilgertum jedes klerikalen Beigeschmacks entkleidet. Nicht die Religion trieb Makar auf seine Wanderung, meint der Doktor, sondern Freude am Vagabundenleben, und seine Krankheit ist nur der Ärger über das Stillesitzen. – Sofort springt der heißblütige Arkadi, der in dieser Diagnose eine Beleidigung des Gastes zu sehen glaubt, dem Doktor an die Gurgel. Eher sind wir alle Vagabunden als dieser alte Mann. Der hat mehr Festes in sich als wir alle zusammen, und sämtliche Mediziner können sich vor ihm verstecken. – »Wie findest du ihn?« fragt Tantchen Tatjana, die sich immer über den vorlauten Bengel ärgert, den Alten.

– »Gott segne ihn!« sagt Makar. »Er ist gewitzt.« –

Das Vagabundentum reduziert die Schuld Wersilows, der den beraubten Gatten von der Scholle trieb, denn das Unrecht hat den Betroffenen bereichert. Und durch diese Hintertür kommt die Frage nach Gott nun wirklich auf die Tagesordnung. Nicht die Meistbeteiligten bringen die Aussprache, sondern eine Nebenperson, der Arzt, und die Zuhörer werden wie immer die wirklichen Akteure. Der Arzt repräsentiert den Atheisten. Die Übertragung des Fremdworts ins Russische Makars gibt nicht den Gottlosen, sondern den Ruhelosen, auch einen Vagabunden. Makar hat auf seinen vielen Fahrten alle möglichen Leute gefunden, große und kleine, dumme und gelehrte, nur keine gottlosen. Und der Doktor kann nicht zu den Gottlosen gehören, weil er ein Heiterer ist. »Wer heiter ist, der ist schon nicht gottlos.« –

Der Alte drückt auf seine einfältige Art den letzten Gedanken des »Idioten« aus und spinnt ihn weiter. Leute, die sich für gottlos halten, langweilen sich nur, und je mehr sie von draußen nehmen, Lustbarkeit jeglicher, auch der bitteren Art, desto mehr langweilen sie sich. Sie sättigen sich an der »Süße der Bücher« und hungern dennoch weiter. »Je mehr Verstand dazukommt, desto größer ihre Langeweile. Alle geraten ins Verderben, und jeder lobt sein Verderben.« Aber jeder fängt immer wieder an, etwas, vor dem er sich beugen kann, zu suchen. »Denn ein solcher, der sich vor nichts beugt, würde sich selbst nimmer ertragen können.«

Diesen Grundsatz illustriert die schöne Pilgergeschichte Makars von dem reichen Kaufmann in der Stadt Afimjewsk. Das war ein Säufer und Gewalttätiger, verbrach viel Übles in seinem Hochmut, nahm aber hernach das Kind des von ihm geschädigten Schuldners zu sich und heiratete schließlich dessen Witwe. (Wieder eine Heirat jenseits der Liebe aus Demut.) Den Knaben, den er mit Umstand erziehen läßt, liebt er wie einen eignen Sohn. Das zarte Jungchen kränkelt aber und wird die Angst vor dem früheren Wüterich nicht los. Und einmal, als er aus Ungeschick eine Lampe zerschlagen hat, reißt er aus durch den Garten. Draußen wird er von einem Kind, das einen Igel im Weidenkörbchen trägt, aufgehalten. Er hat noch nie so etwas gesehen. Wenn man das Igelchen anrührt, faucht es und sträubt die Stacheln. »Ach, schenke mir doch das Igelchen!« – Da aber hört er die Stimme des Wüterichs, der hinter dem Knaben her ist. Das Jungchen preßt die kleinen Fäuste vor die Brust, läuft in den Fluß und ertrinkt. Der Kaufmann läßt den Lehrer kommen, der malen kann. So wie er in der Schenke die Bilder gemalt hat, aber womöglich noch schöner, soll er die Geschichte des Jungchens malen und ganz groß. Auch das Körbchen mit dem Igel muß darauf, und oben sollen dem Jungchen alle himmlischen Heerscharen entgegenkommen. – Das mit den Heerscharen findet der Lehrer nicht passend. Statt dessen wäre es besser, sich mit so einem Lichtstrahl zu begnügen, dem sozusagen der Knabe entgegenkommt. Auch feiner wäre das. Er malt den Lichtstrahl und auch den Igel in dem Weidenkörbchen. Das Bild gelingt sehr gut, aber hilft dem Besteller nicht, obwohl er darauf stolz ist. Auch das Heiraten hilft ihm nichts noch der Bau der Sühnekirche und mannigfache Stiftungen und Wohltaten. Auch nicht die Geburt eines Kindes, das er mit der Mutter des Jungchens zeugt, denn das Kind erkrankt alsobald und, obwohl man für achthundert Rubel den größten aller Ärzte aus Moskau kommen läßt, stirbt es. Da läßt der Kaufmann alles, verschreibt sein Gut seiner Frau, die nun sehr reich wird, und geht auf die Wanderschaft. Noch heute soll er pilgern.

Ein russisches Gegenstück zu dem »Julian« Flauberts. Nur übertrifft den Reiz des Feinschmeckers die Einsicht in die tiefe Verwobenheit der Geschichte mit dem größeren Komplex des Werkes und mit einer noch größeren Gedankenwelt. Man schämt sich zuweilen, dergleichen nur zu genießen.

Einen solchen, der sich vor nichts beugt, hat Makar auf seinen vielen Fahrten noch nicht gefunden. Denn jeder sucht immer weiter. »Wenn ein solcher Gott abgeschworen hat, so beugt er sich vor einem Götzen, einem hölzernen oder einem goldenen, oder einem gedanklichen Götzen. Götzendiener sind das alles, aber keine Gottlosen.« – Makar hat aber von richtigen Gottlosen gehört und meint, es müsse solche wohl irgendwo geben. – »Es gibt solche«, sagt Wersilow plötzlich, »und es muß sie auch geben.« – Und Arkadi stimmt mit Lebhaftigkeit ein: »Ja, es muß sie auch geben.« –

Wir horchen auf. Der alte Makar hat da an eine geheime Stelle Wersilows gerührt. Ist der so ein Gottloser? Das Motiv der »Dämonen« zuckt über die Szene. Ist das die »Idee« Wersilows, der sich Arkadi stürmisch anschließt? – Nimmermehr! Diese Idee kann keine Zerstörung enthalten. Später werden wir die Fortsetzung der beiden Ausrufe erfahren.

Die Stube, in der Makar gelassen seiner letzten Fahrt harrt, wirkt wie eine Oase in dem wildbewegten Meer von Begebenheiten. Hier herrscht Friede. Sogar Tantchens bärbeißige Härte verklärt sich. Hier erzählt man die kostbare Gerichtsszene mit ihrer gebackpfeiften Köchin, und Arkadi findet hier Schönheit und das, was er das Vornehme nennt und vergeblich bei den Aristokraten gesucht hat. Hierher kann man immer fliehen, wenn draußen die Wogen zu hoch gehen. So machen es alle Hausgenossen, selbst Wersilow, der Pilger einer anderen Art, der den Ersatz für den Talisman Makars sucht und nicht findet. Jeder macht es auf seine Weise. Vater und Sohn finden sich wieder im Rhythmus dieser ehrwürdigen Anekdote. Die gemeinsame Verehrung der Schönheit des Alten bindet sie noch enger zusammen. Nur Lisa, die Schwester, möchte sich entziehen. Es ist ein ungemein feiner Gedanke, daß gerade sie, die unerbittlich Heimgesuchte, zu widersprechen trachtet. Makar muß für Serjasha büßen. Die maßlose Ausdauer ihrer Liebe für den verlorenen Geliebten verzehrt zu gründlich alles Empfinden der Frau, um ihr die Geduld für irgend etwas Neues zu lassen, und der Engel des gefallenen Missetäters ist der einzige Mensch, der Makar die Dornen zeigt und einen Augenblick den Frieden des Retiro stört.

Auch der Leser flüchtet hierher vor den Stürmen der romanhaften Handlung. Man könnte glauben, hier gehe die Dichtung vor sich, draußen der Roman der Zeitungsleser. Lambert entwickelt seine Hintertreppe, die Spekulation mit dem immer noch ominösen Brief in Arkadis Jackenfutter. Man überwindet nicht immer den Argwohn, die ganze Lambertgeschichte sei nur erfunden, um den Roman in die Länge zu ziehen. Ihr einziges Interesse beruht auf dem von ihr gebotenen Anlaß, den Jüngling seine platonische Anbetung durchbrechen zu lassen. Dostojewski läßt ihn in der Betrunkenheit mannbar werden. Im Rausch spielt Arkadi mit der Idee, Lambert könne ihm mit dem Brief zu der Achmakow verhelfen. Das Spiel wird berückend geschildert. Lambert will ihm vorreden, die Achmakow liebe ihn überdies und werde ihn sehr gern nehmen. Arkadis Verstand sträubt sich, aber die Sinne klammern sich an den brutalen Unsinn. Je brutaler, um so besser.

– »Bist du denn schlechter als ein anderer?« fragt Lambert. »Du bist hübsch, gut erzogen.« –

– »Ja«, flüstert der Betrunkene, »hübsch und erzogen.«

– »Bist immer gut gekleidet.« –

– »Ja, immer gut gekleidet.« –

– »Und bist ein guter Kerl.« –

– »Ja, ein guter Kerl.« –

Der Mechanismus dieses Dialogs trägt den fleischlichen Traum des Jünglings. Arkadi badet sich im Dunst seiner Benommenheit und entzieht mit Hilfe Lamberts dem Ideal das Unerreichbare: die Weiber sind alle infam.

Sofort folgt die Strafe. Wie er zurückkommt in das Retiro, stirbt der alte Makar. Nicht der junge Sünder wird am tiefsten erschüttert, sondern Wersilow. Das Ereignis löst ihm die Zunge. In einem Augenblick, da es Arkadi am wenigsten erwartet, erfährt er die »Idee« des Vaters.

Wie es nicht anders sein kann, enttäuscht der lange erwartete Ausbruch ein wenig; nicht den Zuhörer, sondern den Leser, der ja nicht zuhört, sondern seine Augen überall haben kann. Einen Teil der Enttäuschung zieht sich unsere Ungeduld selbst zu. Die einfache Formel für alle Rätsel dieses Menschen gibt es nicht, kann es nicht geben. Auch auf Dostojewski fällt ein Teil der Schuld. Wenigstens glauben wir ihn damit belasten zu müssen, obwohl der Fehler die lichtesten Seiten des Menschen offenbart. Nie hat sich der unbändige Idealist bisher so unverhüllt auszusprechen gewagt.

Wersilow bekennt sein Vagabundentum. Sein ganzes Leben ist Fragen und Wandern gewesen, und über der Sehnsucht nach dem Fernsten ging ihm das Nächste davon. Als er damals Arkadi vergaß und sich von der Mutter trennte – es sollte für länger sein, als es wurde, womöglich für immer –, bildete er sich ein, etwas anderes habe mehr Anspruch auf sein Interesse als die Frau und der Junge. Es war nämlich damals ein besonderer Moment in Europa. Das trug ihn fort.

Revolutionär, Nihilist, denkt Arkadi. Nach Europa, um zu konspirieren, klar! Darauf hätte man schon längst kommen müssen.

Nein, das nicht! Kein Spektakel, kein Nihilismus. Es soll durchaus nichts gegen diese Dinge und gegen die Herren, die dergleichen wollen, gesagt werden, aber Wersilow gehört nicht dazu. Im Gegenteil, er gehört eher zu den Erzreaktionären, weil er an einem Alten hängt, das damals in dem besonderen Moment Europas zu sterben begann. Es war 1870, in dem Jahr, als der Krieg in Europa ausbrach. Zwei große Völker, die beiden großen Völker Europas, fielen übereinander her. Für uns, Arkadi, ist das kein Witz, kein interessantes Gesprächsthema. Für uns bedeutet das keine Zeitungs- oder Diplomatengeschichte. Es gab damals in Europa keinen Europäer. Das war es. Nur in Rußland dachte eine Clique von Aristokraten, geistigen Aristokraten, europäisch. Wersilow hält übrigens nicht Europa, sondern Rußland für die Heimat des Europäers. Der Franzose, der Engländer, der Deutsche können der Menschheit nur dienen, wenn sie möglichst ausschließlich französisch, englisch, deutsch bleiben. Das ist ihr Unglück. Nur der Russe hat etwas, das ihn befähigt, »dann am meisten Russe zu sein, wenn er am meisten Europäer ist«. Was das ist? Nun, der Name tut nichts zur Sache. Nennen wir es z. B. »die russische Schwermut«. Man kann sich auch etwas anderes darunter denken, immer aber etwas, das mit dem Gefühl zu tun hat. Jedenfalls etwas ganz Einzigartiges, das dem Russen erlaubt, mit dem Deutschen deutsch, mit dem Franzosen französisch, mit dem Engländer englisch zu sein. Man kann es auch Freiheit nennen, denn der Angehörige dieser russischen Elite ist freier als irgendein Europäer. Noch etwas hat er voraus: Er ahnt den zukünftigen Menschen.

Arkadi lauscht. Ihm dämmert ein neuer Begriff des Aristokraten, höher als alles, was er je unter dieser Rubrik vor sich sah, und er ärgert sich, an Nihilismus gedacht zu haben. Das war Unsinn. Dieser Krieg bedrückte Leute wie Wersilow, mußte sie stärker als alles andere bedrücken. Dieser Krieg war »das Sterbegeläute Europas«, und man fuhr zu dem Begräbnis. Man fuhr mit dem Gefühl, zu einem unabsehbaren Begräbnis zu kommen. Nicht das Blutvergießen schreckte noch der Brand der Tuilerien, nicht der Krieg an sich noch der dumme Brand an sich, sondern der Gedanke an das Folgende. Mit diesem Krieg begann ein nie endender Krieg. Der eine Palastbrand war der Anfang des Brandes aller Paläste. Der Untergang aller uns teuren Werte, Europas Untergang begann.

Der russische Europäer aber – »Mein Lieber, ich sage dir das in der unbegründeten Hoffnung auf dein Verständnis für diese ganze Phantasterei« –, der russische Europäer träumte ein Goldenes Zeitalter.

In diesem Augenblick hat Wersilow den ängstlichen Blick des lächerlichen Beamten bei seiner Erzählung von dem großen Stein. Wird man ihm nicht ins Wort fallen und nach dem Wo und Wieso fragen? Läßt man ihn weiterdichten?

Natürlich ist Goldenes Zeitalter nur ein Name wie russische Schwermut und Freiheit. Man braucht nicht unbedingt an das Bild von Claude Lorrain in Dresden zu denken, obwohl dieser merkwürdige Franzose »die allrufende Sonne« sehr gut dargestellt habe. Immer bleibt das Zusammentreffen solcher Claude-

Gedanken mit Ereignissen, die dem Reich Gottes recht fern liegen, arge Zumutung, und Wersilow könnte nichts gegen das Lachen Arkadis einwenden.

Aber Arkadi lacht nicht. Jeder andere würde lachen, nicht Arkadi. Warum nicht Arkadi? Weil Arkadi ein Jüngling ist. Arkadi versteht, daß man dann besonders an die Sonne denkt, wenn es zu dunkeln beginnt. Arkadi, der Sohn Wersilows, versteht alles im Bereich einer untergehenden Sonne. Das darf phantastisch, kühn bis zum Halsbrechen sein, man wird mitgehen. Die Gefahr ist nur, daß es an der letzten Kühnheit mangelt. Die geringste Trübung der Dichtung würde den Bau zu Fall bringen. – Arkadi lauert auf das Wort, das nicht Abkürzung, sondern Phrase wäre. Man konnte Makar seine Klischees verzeihen, weil er sie auf dem Rücken, in seinem Habersack trug. Wersilow, dem Denker, ließe man keinen Gemeinplatz des Dachgartens durch. Was meint z. B. Wersilow mit dem Reich Gottes? Man hat Arkadi erzählt, er habe sich damals im Ausland auf den Apostel ausgespielt und habe große Reden über den rechten Glauben gehalten. Das ist dem Jungen immer wie das Schlimmste des Schlimmen erschienen. Böse Zungen behaupten, er habe unter dem Frack Büßerketten getragen und Gott verkündet. – Das Verhör kommt an die entscheidende Stelle.

Wersilow drückt sich nicht. Solche Menschen drücken sich nicht, auch wenn es nicht um ein Gespräch, sondern um das ganze Dasein ginge. – Nun, es waren gerade keine Ketten, und es kam nicht zu großen Reden, denn dafür fehlten draußen die Zuhörer; sonst, freilich, wer weiß! Wahr ist, er wäre damals aller möglichen Reden fähig gewesen und hat wirklich Dinge getan, die diesem oder jenem wie Büßerketten erscheinen mögen. Ja, er hätte sich die Seele aus dem Leibe geredet und wer weiß was für riesige Ketten auf sich genommen. Weil doch die Menschen nicht sahen, was er sah, dies Begräbnis, dieses unabsehbare Begräbnis, weil ihnen die Ohren nicht voll von dem Geläut waren, von dem sein Trommelfell zitterte. Hätten sie es gesehen, hätte ihr verstocktes Gehör die furchtbaren Glocken vernommen, glaubst du nicht, daß jeder wie die Juden vor der Mauer Jerusalems geschrien hätte? Jener Krieg und der Brand von Paris waren doch auch nur Abkürzungen und Zeichen. Nicht er verkündete. Was konnte er verkünden? Die anderen verkündeten. Und nicht Gott wurde verkündet, sondern die Absetzung Gottes. Du bist nicht dabei gewesen. Für dich sind das erledigte Dinge. Ich habe es miterlebt.

Die Absetzung Gottes – etwa weil da irgendein Kaiser davongejagt wurde? Unsinn! Etwa weil sich da ein paar hunderttausend Menschen massakrierten? Das hat sich schon hundertmal in der Weltgeschichte zugetragen, und Gott blieb Gott. Aber wie dies geschah: die blutige Abwicklung der äußerlichen Dinge und zu gleicher Zeit die sogenannte wissenschaftliche, das heißt mechanische Abwicklung aller innerlichen Dinge – war dieses ungeheuerliche Zusammentreffen nicht Zeichen genug? Die Absetzung reizte anständige Zuschauer, und zwar nicht der Sache, sondern der Form wegen. Nur die Form kam in Frage. Warum sollte man nicht auf die Idee fallen, Gott abzusetzen? Das war auch in Rußland möglich. Atheisten gab es bei uns wie überall. An der Absetzung in Europa empörte »die Schusterhaftigkeit« des Vorgangs.

Dies ist eine neue Übersetzung. Makar, der russische Pilger, spricht von Ruhelosen. Der russische Europäer, der Aristokrat, spricht von Schustern. Ihn verblüfft der Mechanismus der Entgottung. Eines Tages wacht der Spießer in Europa auf und hat keinen Gott mehr. Er geht in sein Bureau wie alle Tage und denkt an seine Verdauung. Manche pfeifen Gott aus wie einen schlechten Schauspieler. Da ist noch alles möglich. Die meisten pfeifen nicht einmal, denn es wäre Zeitverlust und Kraftverschwendung. Die Leute im Westen nennen das Logik. Auch ihre Logik hat etwas Schusterhaftes, auch ihre Realität.

Arkadi fragt mißtrauisch: »Haben Sie denn so stark an Gott geglaubt?« –

Und jetzt die Erklärung jener Antwort an den alten Makar, es müsse Gottlose geben. Man fühlt sich mit dieser letzten Erhöhung der kühnen Komposition in die Lüfte gehoben. Ob man glaube oder nicht glaube, meint Wersilow, das sei vielleicht nicht so wichtig, denn wer könne das mit Bestimmtheit sagen, wenn man nach einem bestimmten Ja oder Nein auf jeden Artikel der Kirche gefragt werde? Der Glaube, den die Europäer, will sagen, die schusterhaften Spießer in Europa verloren, war alles, war Gott, und wenn man das verliert, wenn Gott auf einmal ganz und gar verschwindet, muß der Verlust doch wenigstens empfunden werden. Das ist keine Gefühlsfrage, sondern eine höchst praktische Frage. Denn wird der Verlust wirklich empfunden, wird man auf Ersatz bedacht sein. Dem europäischen Vagabunden aus Rußland wird es immer schwerfallen, an die endgültige Gottverlassenheit zu glauben, aber er kann sie sich vorstellen. Gut, die Menschheit verliert Gott und den Glauben an die Unsterblichkeit. Die Liebe zu dem Höchsten hört auf. Die große allrufende Sonne verschwindet, und die Menschen sind allein. Nun, was dann? Werden dann die Menschen nicht eben ihr Alleinsein, ihre Verwaistheit benutzen? Liegt es, wenn der Gott, der sie seit Jahrtausenden beschützte, endgültig verschwindet, nicht nahe, sich um so enger aneinanderzuschließen, um sich selbst mit der eignen Wärme zu bestrahlen? Wohin geht denn die frühere Liebe der Millionen zu dem Höchsten? Ein ungeheurer Strom wird frei. Wersilow hat sich die Menschen nie borniert und schusterhaft vorstellen können und hat daher angenommen, sie würden den frei werdenden Strom, der vorher in den Äther ging, nun zu ihrem eignen Besten verwenden und den Nächsten und die Erde und jeden Halm so lieben wie vorher Gott. Die Einsicht in das auf die Erde beschränkte Dasein würde sie das Leben mit um so größerer Zärtlichkeit umfassen lassen. »Sie würden die Natur wie ein Liebender die Geliebte mit neuen Augen sehen.« Da es keinen Vater im Himmel mehr gibt, wird jedes Kind jeden Erwachsenen Vater nennen. So wird die Trauer um das Sterben Gottes überwunden. Aus der Liebe zu Gott wird Liebe zum All.

Eine neue Melodie, nicht neu als Gedanke. Der Gedanke mag

so alt sein wie Gott, und Tausende mögen ihn in irgendeiner Form schon gedacht haben. Das kümmert uns nicht. Neu ist der Aufbau, auf den alles ankommt, dieser dramatische Vorgang des Gedankens. Neu ist der Rhythmus. Er klingt anders als der Refrain der »Dämonen«. Dort gibt es nach dem Sturz des Glaubens nur Zerstörung. Stawrogin kennt lediglich die Alternative, Glauben oder Untergehn, und wenn die moderne Zivilisation den Glauben unmöglich macht, ist es gleich besser, alles zu verbrennen, und deshalb sagt Stawrogin, Werschowenski habe recht. Nach Christus kommt die »tote Maschine«. Wenn diese nicht mehr genug Existenzmittel für die Hungrigen aufbringt, »wird man die Säuglinge ins Feuer werfen oder sie auffressen«.[64]

Schon in der Art, wie Stawrogin Werschowenski behandelte, wird das erste und letzte Argument gegen jede Fresserlogik angedeutet. Nicht umsonst ist im Entwurf der »Dämonen«, der das Problem klarer als die endgültige Fassung ausdrückt, Stawrogin Fürst. Der gutgeborene Mensch kann mit dem schusterhaften Zerstörer nicht fertig werden, selbst wenn er seine Logik billigt. Wersilow, ein naher Verwandter Stawrogins, ist stolz auf seinen Adel, dem er die Bedeutung des Abzeichens einer gegen alles Schusterhafte verschworenen Sekte zu geben sucht; ein Ausweg für den absterbenden guten Europäer. Dieser gute Europäer kann Renan und Darwin und Malthus nicht ausstreichen und denkt nicht daran. Sein Adel erheischt nicht den stiermäßigen Widerstand gegen den Denker noch die Einfalt Makars, des Bauern, dem das Wissen zu hoch ist; sondern die Schwingung des Helden durch das Wissen hindurch. Das Christentum erleichterte uns die Ethik. Fällt es, werden wir erst recht keine Säuglinge verbrennen. Im Gegenteil, werden mehr tun, als man vorher tat, werden kraft unseres Adels ein Goldenes Zeitalter dichten, car tel est notre plaisir. So kann der Fall Gottes eine Wohltat werden. Es gibt solche Gottlose und muß sie geben.

Natürlich Einbildungen, Phantasien, entschuldigt sich Wersilow sogleich und schickt ein spöttisches Lachen hinterdrein, aber schließlich, war etwa die Vorstellung Gottes weniger phantastisch, und ist die Vorstellung einer Menschheit ohne Gott nicht phantastisch bis zum Absurden?

Der Gedanke ist eines »Idioten« würdig. Wersilow setzt die Idee des Adels da fort, wo Myschkins Aufstand die Säule stürzt. Wieder ist Arkadi bereit, dem Vater zu Füßen zu fallen. Arkadi ist kein Schuster. Wieder möchte der Schüler fragen: Was also soll ich tun?

Gleich schwankt der romantische Bau. Man kann aus der Schönheit keine Sittenlehre gewinnen; das ist ja das Elend. Daran scheitern alle Raskolnikows und Stawrogins. Man muß Idiot sein, um nicht zu scheitern. Geradesogut könnte der Vater den Sohn fragen: Was soll ich tun? – Wir wissen es nicht, niemand weiß es. Du kannst das Begräbnis nicht aufhalten. Steh dabei, zieh den Hut, und wenn es dir Spaß macht, weine!

Der Vater erzählt, was er getan hat. Man muß sich mit der Vereinzelung bescheiden, die er neulich empfahl. Damals nahm er sich vor, wenigstens einen Menschen glücklich zu machen.

– »Ein Buchgedanke!« meint Arkadi.

Vielleicht ja, vielleicht auch nicht. Buchgedanke wäre es nur, handelte es sich um einen abstrakten Menschen. Jeder aber hat einen, mindestens einen Nächsten, der ihm nicht abstrakt ist, und es wäre wirklich ganz vernünftig, könnte man für jeden Menschen die Pflicht, mindestens einen einzigen Nächsten glücklich zu machen, zum Gebot erheben. Ganz wie es wegen der Entwaldung Rußlands gut wäre, jeden Bauern zu zwingen, in seinem Leben wenigstens einen Baum zu pflanzen. »Übrigens wäre ein Baum ein bißchen wenig. Eigentlich könnte man für jedes Jahr einen Baum verlangen.« –

Das könnte sich der alte Makar ausgedacht haben, und er hätte es ohne alle Ironie als praktischer Bauer gesagt.

Wersilow kann es nicht so sagen, denn dieser eine konkrete Mensch war für ihn die Mutter Arkadis, die Frau, die ihn einst ein unklarer, wenn nicht unreiner Instinkt, ein Buchgedanke, verführen ließ, die an ihm mit sklavischer Liebe hängt und die er bisher vergeblich zu befreien versucht hat. Die Eine, nur eine einzige glücklich machen, ihr die vererbte Angst vor dem immer noch gutsherrlichen Fremdling, die Scham über ihre roten Bauernfinger nehmen, sich mit dieser einzigen ganz zu vereinen: Winzige Aufgabe! riesige, übermenschliche Aufgabe, geeignet – er weiß es nur zu gut – die ganze Baumidee zum Nonsens zu stempeln.

Damals ließ er Sofja ins Ausland kommen und wollte Arkadi zu sich nehmen, und gerade damals trat die Leidenschaft zu der Achmakow dazwischen; die Kehrseite der goldnen Freiheit. Die Liebe des Vagabunden läßt sich nicht disziplinieren. Nur leidenschaftliche Menschen widerstehen der versklavenden Logik, aber ihr Traum kostet. Er bekämpft die Leidenschaft und gerät auf den Einfall, die Ehe mit der lungenkranken Idiotin auf sich zu nehmen, bittet Sofja um Erlaubnis zur Heirat. Der Tod der Kranken verhindert die Ausführung. Statt Arkadis nimmt er das uneheliche Kind der Idiotin, das sie von einem anderen geboren hat, zu sich, erzieht es mit Liebe und duldet, daß man ihn mit der geheimen Vaterschaft bei Sofja verdächtigt. Vagabunden lassen sich nicht disziplinieren.

Genügt dieser Grundsatz, um den phantastischen Einfall zu motivieren? Wersilow überwand damals die Leidenschaft zu der Achmakow, die sich vor ihm fürchtete. Es heißt, er habe sich mit mönchischer Selbstzucht bekämpft und die Achmakow nicht nur nicht mehr begehrt, sondern gehaßt. Warum, fragt Arkadi, und wir können es ihm nachfühlen, ging er nicht zur Mutter seines Kindes zurück und nahm jenes fremde Kind zu sich? War wirklich die Liebe zu Sofja damals echt? Das Verständnisvermögen des Zöglings wird auf eine harte Probe gestellt. Arkadi kommt über diese dunkle Stelle nur mit einem Wort der Achmakow hinweg, die Wersilow einen »abstrakten Menschen« und »ein wenig lächerlich« nannte. Das Wort leuchtet in viele Winkel Wersilows und des Dichters hinein, auch in die Zurückhaltung des »Idioten«, und entkräftet fast vollständig jede Kritik. Vielleicht liebte Wersilow tatsächlich nur Sofja und glaubte an seine Liebe. Daher fand sein Verlangen nach Sühne die Rückkehr zu

Sofja zu billig, zu persönlich, zu egoistisch, und die Heirat der Idiotin sollte zur Kette des Büßers werden. Vielleicht riß ihn das Mitleid mit der Idiotin, die ihn (wie die Hinkende ihren Stawrogin) schwärmerisch geliebt hat, hin. Wir dringen nicht auf den letzten Grund dieses abstrakten Menschentums und tragen an dem unlösbaren Rest. Vielleicht muß man darin die notwendige Abgabe an die Sublimierung eines Wertes erblicken, von dem hier eine Weile nicht mehr die Rede war und der in der Idee Wersilows die höchste Staffel erreicht. Dostojewski hat diesen Begriff in erster Jugend leidenschaftlich geliebt und dann jahrelang ebenso gehaßt, mit allen Mitteln seines Witzes verspottet und ganze Armeen seiner Psychologie gegen ihn ins Feld geschickt; und hat ihn zu seinem Glück nie aus sich ausrotten können. Ich meine das »Schillerhafte«. Es hilft uns nichts, wir müssen in der Unfähigkeit Dostojewskis, sich von Schiller zu lösen, eine der tiefsten Bürgschaften seines Optimismus erkennen. Das wird in den Karamasow noch viel deutlicher, ja, handgreiflich werden.

Die Wendung der romanhaften Handlung zum Schluß des Werkes soll die Unhaltbarkeit der Abstraktion Wersilows erweisen. Das gelingt nur zu gut. Noch einmal wird der Vagabund an den Scheideweg gestellt. Makar ist tot. Nichts hindert Wersilow, nun endlich seine Verbindung mit Sofja zu legitimieren und sein Leben als rechtmäßiger Familienvater zu beschließen. Noch einmal versagt er, und zum letztenmal schlimmer als je. Die Feierlichkeit des Begräbnistages des alten Makar lockt ihn, der Trauerversammlung die Zunge zu zeigen. Er »spaltet sich« in den klugen und gefaßten Wersilow und einen sinnlosen »Doppelgänger«, und es gehört zu seinem abstrakten Menschentum, die Spaltung selbst wahrzunehmen und die anderen zu warnen. Der Schatten des Kellerlochmenschen fällt auf die Szene. Ein kleines hölzernes Heiligenbild liegt vor ihm, eine Reliquie, die Makar immer bei sich trug und dem Vagabunden von der anderen Fakultät vermacht hat. Das Symbol ist deutlich. – »Nun, denke dir, Sonja!« sagt er zu der erschrocknen Sofja (er nennt sie jetzt mit dem Kosenamen der Geliebten Raskolnikows, jenes anderen Bußfertigen, dessen Buße im Nebel bleibt), »ich habe jetzt, gerade in diesem Augenblick, in dieser Sekunde die größte Lust, das Ding an den Ofen zu schleudern, da an die Kante. Es würde sich sicher auf einmal in zwei Teile spalten, gerade in zwei, nicht mehr und nicht weniger.«

Das Stübchen, aus dem Makar entwich, hat den Frieden verloren. Wersilow will wieder auf die Wanderschaft ins Ausland. Den Vagabunden duldet es nicht am warmen Ofen. Nicht, weil sie nicht sein Engel ist, will er von ihr, nicht, weil er sie für seinen Feind hält. Wie könnte sie ihm Feind sein? Sein Engel ist sie, und er wird auch wieder zurückkommen wie das letztemal, wie immer. Und im plötzlichen Jähzorn packt er das Bildchen und schleudert es an den Ofen. Richtig, wie er gesagt hat, zerspringt das Holz in zwei Teile.

– »Faß es nicht als Sinnbild auf, Sonja. Ich habe nicht Makars Vermächtnis zerschlagen, sondern nur so – um zu erschlagen. Zu dir werde ich ja doch zurückkehren als zu meinem letzten Engel. Oder, übrigens, faß es meinetwegen doch als Sinnbild auf, denn das war es nun einmal, unbedingt!«

Er verläßt die Bestürzten. Der Hauch des Abstrakten, der die Szene trübt, widersteht nicht der Realität des dämonischen Impulses, und wir sind wie befreit, daß sich Dostojewski auch in diesem letzten Moment von keiner Dachgarten-Stilistik verführen ließ und dem Menschen sein Recht gab. Wer hat nicht bei ähnlichem Anlaß auch ohne die verborgnen Anlässe Wersilows den sinnlosen Widerspruch des Doppelgängers in sich gespürt und ist nicht lediglich aus Angst vor dem Hafen, der das Gefühl zu verankern bestimmt war, versucht gewesen, das Schiffchen noch einmal auf die hohe See zu treiben, auch wenn dabei heilige Hinterlassenschaften und das Schiffchen dazu zerschellen!

Das bedroht den Vagabunden. Arkadi belauscht sein Gespräch mit der Achmakow. Diese Belauschungsszenen sind mißliche Begleiterscheinungen der autobiographischen Form. Ihre Motivierungen bringen neue Komplikationen mit sich und vermögen doch nicht die unbeabsichtigte Belastung des Horchers an der Tür ganz aufzuheben.

Das Gespräch ist ein Pendant zu der Aussprache zwischen derselben Frau und Arkadi und bringt sie uns wieder nicht näher. Auch die Leidenschaft Wersilows, für den Dichter wesentliches Motiv, bleibt im Abstrakten befangen. Wir sollen uns von dem Grad seiner Hörigkeit überzeugen und stellen der Absicht den Widerstand unseres Instinkts entgegen. Hier stimmt etwas nicht. Die Beinahe-Liebe der Achmakow zu Wersilow ist ein böses Omen. Die ganze Szene kommt nicht über das Beinahe hinaus, und deshalb bezweifeln wir, daß Arkadi aus der belauschten Szene den Grad von Erbitterung auf die unschuldige Verführerin gewinnen kann, der ihn zu seiner phantastischen Handlung treibt. Diesmal will der Sohn den Vater aus den Schlingen der Achmakow befreien, eine letzte Arabeske der Komposition, aber leider nur Arabeske. Die Liebe zum Vater besiegt alle Gefühle Arkadis; das glauben wir ihm, würden es ohne die Szene noch leichter glauben. Die romanhafte Verstrikkung banalisiert die Tiefen der Handlung.

Die Rettungsaktion liefert Arkadi in die Hände Lamberts. Es kommt noch einmal zu einer Narkotisierung des Jünglings durch den von Alphonsine kredenzten Champagner, und diesmal löst der Rausch nur den Haß Arkadis aus. Er gesteht uns, nicht nur die Liebe zu dem Vater habe ihn getrieben, auch die Eifersucht. Um diese Verwirrung der Gefühle glaubhaft und ersprießlich zu machen, müßte die Psychologie viel weiter geführt werden, und Dostojewski hat keine Zeit mehr, drängt zum Finale. Im Rausch heckt Arkadi mit Lambert den schmutzigen Plan aus, der Achmakow eine Falle zu stellen. Man wird von ihr gegen Auslieferung des ominösen Briefes, den Arkadi noch immer – wie lange schon! – im Rockfutter trägt, Geld und noch etwas anderes verlangen. Und sie wird auch auf das andere eingehen, verheißt Lambert, der nur an das Geld denkt. Wersilow aber wird als lauschender Othello hinter dem Vorhang stehen, und wenn er sieht, daß die Achmakow für den Brief zu jeder

Infamie, auch zu dem »anderen« bereit ist, wird ihn wohl endlich der Ekel von seiner Leidenschaft heilen. Der Betrunkene schläft bei Lambert ein. Am nächsten Morgen bereut er heftig und sagt sich von allen Intrigen los, aber nun ist es zu spät. Während des Schlafs hat ihm Lambert den ominösen Brief gestohlen. Arkadi ahnt es nicht. Heute soll endlich der Brief zurückgegeben werden, und natürlich bedingungslos.

Ein paar Filmszenen führen zum Schluß. Die erste dreht sich um den alten Fürsten. Anna Andrejewna, Arkadis Halbschwester, hält unverständlicherweise an dem törichten Projekt fest, den Alten zu heiraten, und glaubt die Verbindung nur durchsetzen zu können, wenn sie den Fürsten und ihre Erzfeindin, seine Tochter, auseinanderbringt. Das glaubt sie mit Hilfe des ominösen Briefes erreichen zu können, den Lambert der Gegenpartei verkaufen will. Sie bittet vergeblich um Arkadis Hilfe. Der alte Fürst gibt sich zu allem her. Er nähert sich immer mehr dem Helden der sibirischen Humoreske »Onkelchens Traum«, ohne unsere Sympathie einzubüßen; die rührendste Gestalt des Werkes. Er möchte nichts von der Intrige, die um ihn spielt, wissen und verzeiht alles pränumerando. Nur Friede, vor allem Friede! Übrigens mißtraut er jedem, der ihm naht, weil er jeden mit jedem verwechselt, liebt aber alle. Nur der lächerliche Beamte, Arkadis Wirt, den er für den verkappten Direktor einer drohenden Irrenanstalt hält, ist ihm ein Greuel.

Der Jüngling tut, was er kann, für seinen alten Fürsten, für Wersilow, für die Achmakow und für ihre Feindin. Er möchte alle versöhnen und die ganze Welt umarmen. Es gelingt ihm in der geräuschvollen Schlußszene, die ganz der Hintertreppe gehört, den Vater abzuhalten, zum Mörder und Selbstmörder zu werden. Wersilow bringt sich nur eine Wunde bei, die den Vagabunden an den Hafen fesselt. Es geht ausnahmsweise ohne Leichen ab.

Alles Romanhafte des Werkes, dieses Netz von Ränken jeder nur erdenklichen Art, fordert die Kritik heraus. Während man es hinnimmt, fühlt man zermürbende Stöße eines schlecht gefederten Wagens auf endloser Fahrt. Man könnte glauben, Dostojewski habe sich des eigentlichen Motivs seines Werkes, dieses schönsten aller Motive, geschämt und es deshalb mit ominösen Briefen, Vorhängen, Spionagen vermummt. Zum Schluß trägt er die Intrigen faustdick auf, damit wir uns nur ja nicht einbilden, es sei hier etwas geworden. Denkt man an die Episoden-Wirtschaft, zieht sich unser Inneres schmerzlich zusammen. Die Willkür kommt der Selbstverstümmelung nahe. Wozu das alles? Soll die Kluft zwischen diesem Werk und dem Dachgarten physisch fühlbar gemacht werden? – Der Schmerz über die Schwächen des Werkes ist kein Dachgarten-Gefühl.

Das Werden überwindet den Schmerz. An der Macht des Symbols scheitern alle Verkleinerungen und Verstümmelungen. Diese Macht bringt es fertig, daß wir hinterher selbst die Schwächen des Werkes für Funktionen einer Symbolik nehmen und uns mit der Einsicht abfinden, daß jedes wesentliche Werden immer in Begleitung von lärmenden Geschichten, die sich in belangloser Verkettung fortsetzen, vor sich geht. Jene glühende Unterschicht, von der wir zu Anfang sprachen, glüht durch das ganze Werk hindurch. Alle Püffe und Stöße während der Fahrt, so ernst Dostojewski sie gemeint haben mag und so weh sie uns taten, nimmt die Erinnerung fort. Mag der ganze Roman nur eine Anekdote sein, so erleben wir dasselbe, was Wersilow und Arkadi während der Anekdote erleben. Das Geschwätz macht nur das Schweigen lebendig, und wir sitzen mit Dostojewski an dem Tisch, blicken uns an, und wenn der Wind das Licht löscht, tasten wir nach seiner Hand, um sie gierig zu küssen. Das Mysterium Vater-Sohn, Sohn-Vater durchdringt das ominöse Chaos gleich dem Gottgedanken, der immer wieder die Logik der schusterhaften Rechner besiegt. Der ränkereiche Wust versagt den Blick in die Zukunft des Werdens, soll ihn versagen, muß ihn versagen. Wo wäre das Ziel? Wo sind die Ideen Arkadis und Wersilows geblieben? Selbst sie gehören zur Anekdote. Leben, leben, strömen, strömen heißt es, und alle Ideen sind bestimmt, eines Tages von ihrem Schöpfer an die Kante des Ofens geschleudert zu werden. Nicht, weil sie nichts taugen, sondern weil auch Zerstören zum Werden gehört.

Der Jüngling ist »eine erste Probe«. In dem obligaten Epilog wird dieser Autobiographie eines Helden aus »zufälliger Familie« nur als »Material für ein späteres Kunstwerk« begrenzte Bedeutung zugesprochen. Heute bleibe dem Schriftsteller, der nicht nur Historien treiben wolle und um das Gegenwärtige besorgt sei, nichts anderes zu tun, als zwischen chaotischen und zufälligen Dingen hin und her zu raten und sich zu irren. »Wenn aber die Zeit dieser trennenden Tagesfragen vergangen sein wird und die Zukunft anbricht, dann wird ein künftiger Künstler auch für die Darstellung der vergangenen Unordnung und des Chaos schöne Formen zu finden wissen.« –

Das werden wir sehen. Gesehen haben wir die Frucht jenes jahrelangen Schwärmens um ein Epos, das dem Genius des Dichters ungeeignet war. Die Kontinuität, die er mit dem »Leben eines großen Sünders« plante und die seinem Temperament entging, zerlegt er in drei Gestalten von gleicher Unruhe: Arkadi, Wersilow, Makar; Jüngling, Mann und Greis. Ein phantastisches Beginnen, gleich einfältig wie der Einfall primitiver Maler, Handlungen, die aufeinanderfolgen, auf einem und demselben Bilde darzustellen. Denn Arkadi, Wersilow, Makar, drei scharf umrissene Typen, so klar gesondert wie nachher die drei Hauptgestalten in den Karamasow, die Brüder sind, haben eine geheime Identität: das große Werden, ruheloses Pilgertum. Ist Dostojewski diese Identität bewußt gewesen? Man könnte es annehmen, da er sie mit allem Reichtum seiner Individualisierung verhüllt und den Bombast verwirrender Begebenheit um sie gehäuft hat. Welchem anderen Zweck könnte das täuschende Gerüst vor der schimmernden Fassade dienen? Die Idee kann aber auch, denn so unergründlich war der Vorwurf des großen Sünders in dem Dichter und Menschen verankert, ohne sein Zutun aus tiefem Unterbewußtsein an die Oberfläche gelangt sein, und dann wäre das romanhafte Beiwerk das unentwirrbare

Algengeschlingsel, das den gehobenen Schatz den Blicken des Tauchers entzieht. Die Wahrheit wird in der Mitte liegen. Dostojewski sah alles, aber ließ sich Zwischenzustände der Erkenntnis, die der naiven Erzählung zugute kamen, dienen.

Das Werden hat noch ein weiteres Objekt: das gesamte Œuvre des Dichters. Wohl läßt der Roman sehr oft ökonomische Umsicht vermissen. In keinem anderen Werk wuchert die Episode so willkürlich, mindestens relativ gesprochen, denn die unter den früheren Werken, denen man ähnliches nachsagen kann, z. B. die »Dämonen«, haben nicht den Halt der zentralen Idee und sind daher schon aus diesem Mangel der Willkür preisgegeben. Ebenso zentral angelegte Werke wie »Raskolnikow« und »Idiot« sind viel weniger verworren. Und eine Schwäche ist nur dem »Jüngling« eigen, die Fahrlässigkeit in der Wiederholung von Motiven des einen Teils im anderen Teil. Trotzdem ist gerade der »Jüngling« Symptom einer weitgehenden, ja unvergleichlichen Ökonomie. Nur das Bedürfnis nach Ordnung hat ihn entstehen lassen. Die von Dostojewski gesuchte Ordnung ließ sich nicht mit dem vorliegenden Roman erschöpfen und setzte sich ohne Rücksicht auf die Gegebenheiten des Werkes durch. Es kam in dieser »ersten Probe« zu einer Sammlung des Dichters, einer großen Revision. Alle Werke mit entwicklungsfähigen Elementen vom »Doppelgänger« an werden mit Strenge durchgegangen, auf Haltbarkeit geprüft und, wo nötig, mit neuen Lagern versehen. Und während die lässige Wiederholung der Motive im »Jüngling« zuweilen stört, löst die Rekapitulation der Teile des Œuvre nur staunende Bewunderung aus, festigt in uns den Glauben an die Gültigkeit jener Teile, sammelt unseren Genuß. Denn, es handelt sich nicht nur um ein Anspielen auf Motive oder ihr Echo, sondern um eine im Flug vorgenommene Korrektur oder Ergänzung, oft ein Zubereiten für eine noch vorzunehmende Fortsetzung, die bestimmt ist, jedes einzelne Werk einem größeren Komplex zuzuführen. Dieses Verfahren ist einzig. Dem »Jüngling« verdanken wir die Aufklärung über Vorgänge und Vorstellungen im »Idioten«, die uns damals zweifelhaft blieben. Wersilow steht neben Myschkin und antwortet statt seiner auf unsere Fragen. Und er steht auch neben Stawrogin. Züge, die im Entwurf der »Dämonen« dem »Fürsten« gegeben waren und deren Unterdrückung in der endgültigen Fassung die Gestalt empfindlich benachteiligte, kommen Wersilow zugute. Arkadi und Wersilow, beide helfen Raskolnikow, und Raskolnikow wiederum bietet uns stützende Äquivalente, wo die Schnelligkeit der Handlung die Züge des »Jünglings« verwischt. Jetzt wissen wir noch sicherer, was wir von dem Ästhetentum Raskolnikows und von dem Adel Myschkins zu halten haben und warum uns der Memoirenschreiber aus dem »Kellerloch« die Aussicht auf das Stückchen Himmel ließ. Um das dürre Gerippe der »Gedemütigten und Beleidigten« wächst blühendes Fleisch, und die Gedemütigten stöhnen nicht sentimental, sondern preisen erst recht das Leben.

Rätselhafte Wirkung eines Werkes: Es bleibt sich selbst manches schuldig und kräftigt alle früheren. Selbst eine so entlegene Nichtigkeit wie der Witz von dem Traum des zu verheiratenden Fürsten wird in diesem Jungbad erhöht. Onkelchen ulkt nicht mehr als ausgestopfte Puppe auf der Provinzbühne herum, sondern hat reales Dasein.

Diese Wirkung gehört nicht dem Roman vom Jüngling allein, springt hier nur besonders deutlich in die Augen. Sie unterstreicht die längst bemerkbare Eigenschaft aller Werke Dostojewskis, einander organisch zu durchdringen und zu ergänzen; Resultat des einzigartigen Menschen in diesem Dichter. Seitdem und schon vorher haben viele Romanciers ihre Werke zyklenhaft kombiniert, getrieben von dem Wunsch, die Wirkung zu vergrößern und zu verallgemeinern. Der eine hat soziale Kategorien betitelt, der andere seine Einfälle zur Geschichte einer Familie zusammengefaßt; Spielereien mit Namen ohne Belang. Das meiste, was in unserer Zeit entsteht, ist Nennung. Während der Zettelkasten Länder und Völker erobert und sich der Stammbaum in zahllose Äste verzweigt, bleibt der Schreiber stehen und rührt sich nicht. Dostojewski kreiste in ungeheurem Bogen um dasselbe Objekt. Er glich dem Maler, der mit dem Berg vor den Toren seiner Vaterstadt genug Motiv für das ganze Leben hatte. Zur Not wäre er auch mit einem Teller mit Äpfeln ausgekommen, und die Äpfel hätten sogar aus Seife oder Wachs sein können. Er lief durch die Welt, tummelte sich in allen Zonen, ließ sich von tausend Menschen und tausend Schicksalen beuteln, um den Berg vor den Toren der Stadt, nichts wie den Berg, immer wieder den Berg zu malen. Wenn der Sünder um seinen Gott rang, wuchs der Berg und gewann an Rundung. Wenn man den Revolutionär aufs Schafott schleppte, schnitt der Berg Gesichter. Wenn die Ketten der Katorga klirrten, begann der Berg zu flüstern. Beim Brand der Tuilerien donnerte der Berg und predigte zu den Wolken.

Dostojewskis Mont St. Victoire war der Mensch, der große Sünder. Im Grunde schon damals, als er Romane wie andere machte oder machen wollte, sich vom Ehrgeiz verlocken ließ und noch nicht zwischen Gutsbesitzer-Literatur und dem neuen Wort unterschied, suchte er den Menschen. Dichten war kein Sonderberuf, sondern beruhte auf allgemeinster menschlicher Funktion: Dichten hieß Werden. In einem späten Notizbuch findet sich der Satz: »Der Mensch lebt sein ganzes Dasein hindurch nicht eigentlich, sondern dichtet sich nur.« Man kann annehmen, daß dieses Werde-Bewußtsein Dostojewski zu durchdringen begann, als er in der Katorga seine Rolle als Lehrer und Schüler spürte, und daß in der Dresdner Zeit, deren Wehen und Wonnen in Wersilows Idee widerklingen, die Erkenntnis einen entscheidenden Schritt vorwärts tat. Der Entwurf des Sünderromans und die »Dämonen« waren erste zweifelhafte Niederschläge dieses Fortschritts. Bei ihrer Konzeption wurde der Spieltrieb des Künstlers gewaltsam außer Kraft gesetzt. Den Schönheitsdurstigen löste der Ethiker ab, und das Werden wurde begrifflich; die gefährlichste Stelle der Laufbahn. Dostojewski sieht die Gefahr und hemmt nach der Heimkehr für eine Weile die Dichtung. Wieder strömt Leben durch die verstopften Kanäle, und befreite Augen richten sich auf den Berg. Die Schwächen des »Jünglings« sind Vorsichtsmaßregeln des Befreiten. Auf dem Rand der Entwürfe mahnt sich Dostojewski oft, recht viele Episoden zu erfinden. Sie sollen den Darsteller abhalten, dem Berg zu nahe zu kommen und den Umriß zu verhärten. Der vorher gelähmte Spieltrieb wird jetzt ohne Hemmung losgelassen, damit die Idee nicht versande. Bewußtsein und Unterbewußtsein jagen und fangen sich um den Berg herum. Noch eine Aufgabe könnte man den Episoden nachsagen. Sie sollen die Tiefe des Problems verhüllen und die begnadete Ausnahmeerscheinung des Dichters ausgleichen, sollen Halter und Griffe für die Zuschauer sein, die mit auf die Fahrt möchten und sich vor der Entfernung fürchten. Schließlich ist das ganze Werk, so tief uns das dreifaltige Vagabundentum erschüttert, so froh wir des Kindhaften in Arkadis Träumen werden, so willig wir das Mysterium der Verwandtschaft zwischen Sohn und Vater empfangen, doch nur eine erste Probe, ein Halter und Griff für Dostojewski und uns, um zur letzten Höhe zu steigen.

Vierzehntes Kapitel

Zwischen dem »Jüngling« und den »Karamasow« steht außer journalistischen Dingen nur die Novelle »Die Sanfte« (Die Scheue), die Geschichte der verunglückten Ehe eines Wucherers mit einer in die Enge getriebenen jungen Kundin, die in dem Augenblick zum Selbstmord greift, wo in ihrem Mann die Liebe durchdringt; ein letzter ergreifender Beitrag zu dem großen Kapitel der Gedemütigten und Beleidigten. »Der Jüngling« bleibt die umittelbare Vorstufe zu dem Werk des Gipfels. Sein Hauptmotiv, die Beziehung zwischen Sohn und Vater, wird ein Problem der Karamasow. Nur geht die Beziehung ins Negative. Diesmal handelt es sich um den Haß der Erzeugten gegen den Erzeuger. In seinem Plädoyer am Schluß des Romans erhebt der kluge Verteidiger die im »Jüngling« dargestellte Legitimität des Vaters zur moralischen Forderung, die, wenn sie nicht erfüllt wird, Vergeltung heischt. Das sagt der Anwalt. Dostojewski hat mehr zu sagen.

Außer Dmitri, der mit dem Vatermord droht, außer Iwan, dem zweiten Bruder, der mit der Idee des Vatermordes spielt und daran zugrunde geht, gibt es Aljoscha. Das drohende Dunkel zerreißt bei dem Klang des Namens, und wir blicken in blauen Himmel. Den Vatermord vollbringt der vierte Sohn, der illegitime; kein »natürlicher« Sohn wie Arkadi, sondern infamer Bastard, kein eingebildeter, sondern geborener Lakai.

Parallel mit der Geschichte von dem Vater und den Söhnen läuft ein mittelbares Motiv, das Grundmotiv des reifen Dostojewski: die Legitimität des Vaters im Himmel.

Auch in dieser letzten Etappe bestätigt sich die Regel: die Aktion des einen Werkes wird die Kulisse des nächsten. Das führt in diesem Fall zu einer unvorhergesehenen Erweiterung des Feldes. Eine Riesenbühne tut sich auf. Aus dem Stübchen des alten

Makar, in das sich Arkadi und die Seinen vor den Stürmen der Welt retten, wird das weiße Kloster draußen vor der Stadt, der Wallfahrtsort für zahllose Heilsbedürftige aus allen Teilen Rußlands, die tagaus, tagein zu der Einsiedelei des großen Staretz pilgern. Makar mag einer von den vielen gewesen sein, die um den Segen des Heiligen kamen. Jetzt treten wir selbst in das Sanktuarium und lernen die höchste Form des stillen Makar kennen.

Wie Makar zu Sossima, wie das Petersburger Hinterstübchen zu dem leuchtenden Kloster, so verhält sich der ganze Roman zu dem vorhergehenden »ersten Versuche«. Ein ganzer Kosmos für sich ist das Kloster, und die Stadt in der Nähe ist ein anderer, der uns nicht weniger vertraut wird. Wir sehen jeden Winkel im Kloster und in der Einsiedelei, sehen die abgelegene Klause des wilden Hungermönches Ferapont und sehen die Stadt mit ihren Straßen und Gassen, ihren umzäunten Gärten, ihrem Markt mit den Bauern vom Lande, ihren Läden, haben eine genaue Vorstellung von dem Haus der Karamasow und seiner Umgebung. Zwischen Stadt und Kloster führt ein leicht ansteigender Weg.

Man sieht viel mehr in diesem Roman. Gleich einem Bild, an dem wir täglich vorbeikommen, steht die dunkle, lärmende Stadt mit dem weißen Kloster vor den Toren vor uns. Das Bild umfängt die erschütternden Begebenheiten. Seine Symbolik wirkt nicht etwa tendenziös. Wir wissen am Ende nur zu gut: der Weg führt nicht nur von der Welt zum Kloster, sondern auch vom Kloster in die Welt, und zumal diese Richtung, so will es auch der heilige Staretz, sollen wir uns einprägen. Das Sichtbare erleichtert uns die ungeheuren Bürden des Gefühls und des Intellekts, die diese Geschichte einer russischen Familie, eine Geschichte von unbegrenzter Perspektive, uns auferlegt. Es ist mehr Raum und Luft als im »Jüngling«, von den »Dämonen« zu schweigen. Daher stehen alle Menschen und Dinge ungleich wirksamer vor uns. Ist das Motiv größer? Kaum läßt sich die Tiefe der den »Jüngling« beschwingenden Vorstellungen überbieten. Wenn wir nicht zögern, die Karamasow ganz unverhältnismäßig höher zu werten, höher als alle anderen Werke zusammengenommen, liegt es an dieser Realität. Wunderbare Dinge stecken in jedem Werk. Noch viel schönere lassen sich deuten. Was läßt sich nicht alles selbst aus einer Dichtung des Anfangs herauslesen. Gern tun wir es, wollen nie dieses edlen Spieles müde werden und dürfen nie vergessen, daß es ein Spiel ist, dessen Dehnbarkeit allein zu keinem eines großen Gestalters würdigen Kriterium werden darf. Die Idee Dostojewskis ist eins, und seine Realität ein anderes. Oft laufen beide ungezügelt nebeneinander her und ziehen den Wagen im Zickzack, so daß die Insassen für ihr Gleichgewicht fürchten. Der unersättliche Lebenshunger treibt in viele Nebengeschichten, die oft kaum noch eine Beziehung zu dem Zentrum unterhalten. Das hat Dostojewski in den Karamasow so weit überwunden, als es ihm, ohne sich in verengende Fesseln zu schlagen, möglich war. Nicht die Episode, auch durchaus nicht gewisse Längen, aber das Heterogene dieser Zutaten. Die Episoden sind hier mehr als je Äste und Zweige des Baumes, und die Längen bewirken die räumliche Ausdehnung, die man zuletzt als wohltätige Entspannung, wenn nicht notwendige Gliederung empfindet.

Im Mittelpunkt steht die Laokoon-Gruppe des Vaters mit den Söhnen, von den Dämonen umwunden. Alle wollen das, was Arkadi im »Jüngling« als prima und ultima ratio erkannt hat: leben, vor allem leben! Dostojewski wollte Aljoscha, den von den Schlangen kaum berührten jüngsten Sohn, zum Helden machen und hat diesen Jüngling mit seiner Liebe zur Jugend gemalt. Der Verkettung des Romans zufolge ist Dmitri der wesentliche Träger der Handlung; der tragischen Potenz nach Iwan. Aber in Wirklichkeit sind es die Karamasow im ganzen, diese russische Familie, hinter der ganz Rußland steht.

Den alten Karamasow beherrscht der niedrigste und gewaltigste der Dämonen. Er ist die Sammlung aller brutalen Instinkte des genus hominis von einer im Œuvre alleinstehenden Art. Narrenzüge betrunkener Lügner früherer Romane spielen mit, und er hat wie jede Hauptfigur des Spätwerks seine Vorreiter; aber alles, was man in früheren Romanen an Vorbereitungen des Typs finden kann, gibt kaum ein paar Falten in der ungeheuren Physiognomie. Innerhalb der Karamasow wurde das Meistmaß von Realität auf den Vater gehäuft, diesen Unhold, der unter allen je von Dostojewski geschaffenen Gestalten ihm selbst am fernsten steht. Für ihn wurde die Technik besonders verstärkt. Der schnell improvisierende Strich, mit dem andere Gestalten umrissen werden und der zumal geistigen Typen gerecht wird, hätte vor dieser materiellen Masse versagt. Dostojewski hat zum breitesten Pinsel gegriffen und ein monumentales Gebilde erreicht. Die Eindeutigkeit des Typs erleichterte das Resultat. Der Alte ist fast frei von allem Doppelgängertum und insofern, könnte man sagen, eine den gewohnten Mitteln der zeitgenössischen Romanciers zugänglichere Schöpfung. Um so überraschender die Überlegenheit. Der Alte steht in der an sexuellen Unholden reichen Weltliteratur vollkommen allein. Ein Autokrat des Lasters, ein König. Die Exempel westlicher Dichter wirken auch nur wie Vorreiter. Balzac, Zola begnügten sich, Exzesse zu zeigen, Gebilde partiellen Wahnsinns, der schließlich nur ein bißchen weitergeht als die Gelüste von hundert anderen. Ihr Werk ist im wesentlichen Situations-Erotik. Die »Nana« und was sich Zola sonst unter seiner bête humaine vorgestellt hat, Mirabeaus erotische »Supplices«, ob sie im Orient oder Okzident spielen, Wedekinds Burlesken malen die lasterhafte Sache und interessieren literarische Voyageurs. Bei dieser Absonderung des Objekts kann der Darsteller auch vom Subjekt nur Teile hinzutun, die zuweilen, wie im Theater Wedekinds, zu einem komisch wirkenden Gemenge führen. Sentimentalität und Zynismus liegen da immer nahe beisammen. Bei Strindberg entspringt die Lage des Gesichtspunkts einer unfreiwilligen Absonderung des Sexuellen, und deshalb dringt die tragikomische Wirkung tiefer. Nicht das Drama Strindbergs, aber er selbst, dieser Sohn einer Magd, den nicht die im »Jüngling« wirkende Kraft des Werdens erhellte, ist tragisch, und da er sich spontan seiner Vision hingibt, wirft sein Schicksal auf das ganze Werk einen überzeugenden Schatten.

Zudem war er Kind einer Zeit, die bereits Dostojewski erlebte, und konnte seine psychologischen Mittel mit dem Vorbild erziehen.

Der alte Karamasow hätte alle diese Literaten Dilettanten genannt. Seine ungebrochene Natur kennt kein Vorurteil und ist tief durchdrungen von der Nützlichkeit seiner Unmoral. Er nimmt das Leben wie den Kognak zu sich. Das Geschlecht ist Zentrum und Peripherie, Summe allen Lebens und Treibens. Man kann nie genug davon haben. Alles Geistige, sobald es wesentlich wird, schmälert die Genußfähigkeit und hat höchstens der Ausbildung sexueller Gewitztheit zu dienen. Darin hat er es weit gebracht. Er braucht nicht nach Paris und Neapel, bedarf keiner Apparate. Die Natur ist unerschöpflich. In jeder Stadt und in jedem Dörfchen wimmelt es von Gelegenheit, und aus jeder Frau in jedem Alter, in jeder Klasse, auch aus den »Barfüßigen«, die nichts von Samt und Seide wissen, holt man bei zweckmäßiger Behandlung den Himmel – und was für einen! – heraus. – »Häßliche«, sagt er stolz, »hat es für mich überhaupt nicht gegeben.« – Sogar die schmutzige Stadtverrückte, die im Graben zwischen Nesseln nächtigt und die man Smerdjatschaja, die Stinkende, nennt, ist, wenn man ihr die rechte Begeisterung beibringt, zu brauchen.

So spricht ein Künstler, dem das Handwerk über alles geht. Das Objekt zählt nicht. Ich male Helenen aus jedem Weibe. Das maniakalische Gelüst verschlingt jede menschliche Regung und ist sein eigener Sinn. L'art pour l'art. »Er steht auf seiner Wollust, als ob sie von Stein wäre«, sagt Iwan von ihm, und man weiß nicht, ob sich in die maßlose Verachtung, die der Unhold dem von Geist zerfetzten Denker einflößt, nicht ein Tropfen Neides mischt.

Denn der Alte ist stark, stärker als seine ganzen Söhne zusammen, ein Monument des Unrats. Macht nur zu, denkt nur, betet, giftet euch, geht ins Kloster, seid doch nur Knirpse, »mit Kindermilch statt Blut in den Adern«. Nicht zu brechende Gewalt tobt in dem Blut des Alten, hält den alten Körper und das alte Gehirn geschmeidig, treibt ihn vorwärts, macht ihn schlau, gibt ihm bei allen Geschäftchen die Vorhand. Man muß reich sein, damit man die Mädchen, wenn die natürliche Fähigkeit, sie in Begeisterung zu bringen, einmal aufhört, mit Geld und »Küchelchen« heizen kann. Die Idee des Großen Sünders tritt in ein praktisches Stadium. Der Alte betrügt alle und jeden und zumal die eigenen Söhne, hat zwei Frauen unter die Erde betrogen. Mit der Smerdjatschaja zeugt er Smerdjakow, seinen epileptischen Koch. Kann man nicht auch den Himmel betrügen? Wahrscheinlich gibt es ihn gar nicht. Gott ist auch nur eine Erfindung blasser Milchbärte, und die Pfaffen begaunern mit ihrem Hokuspokus die Dummen. Man sollte Aljoscha, den armen Jungen, nicht in ihren Klauen lassen. Was nach dem Leben kommt, kann uns gleich sein, und die Herren Söhne brauchen sich keine Ausgaben für Totenmessen zu machen. Wer das Leben in jeder Zubereitung verzehrt, bemüht sich nicht anderweitig. Immerhin bleibt sonderbar, wie viele Leute anderer Ansicht zu sein scheinen, nicht nur Idioten. Glauben sie wirklich oder tun sie nur so? Gelegentlich sollte man dahinterzukommen suchen. Manchmal fällt es ihm beim Kognak ein. Du, Iwan, gibt es Gott? – Nein, sagt Iwan. – Du, Aljoscha? – Aljoscha sagt ja. – Natürlich, was soll er anders sagen, der Kloster-Novize! Sogar Smerdjakow muß seinen Senf dazutun und erklärt nach subtiler Beweisführung, nein, es gebe keinen. Der Alte ärgert sich über die Stoffvergeudung der mit einem Nichts beschäftigten Menschheit. – Allein das viele Gold und Silber in den Klöstern! – Iwan, der zuweilen den trockenen Humor Shaws aufbringt, gibt zu bedenken, daß bei Beseitigung der beanstandeten Angelegenheit auch die Existenz des Vaters nebst seinen Neigungen in Frage gezogen würde. Ohne Gott hätten die Menschen nicht die notwendige Toleranz. Ohne Gott keine Kultur und keinen Kognak. – Richtig! sagt der Alte und nennt sich einen Esel. Dunkel geschwant hat ihm so etwas schon lange. Also muß man die Mönche gewähren lassen. Aber von Rechts wegen und im Ernst noch einmal: Gibt es hinter alledem Gott, ja oder nein? Gibt es die

Unsterblichkeit? »Meinetwegen auch nur eine ganz kleine, klitzekleine?«

Iwan verneint wieder, Aljoscha bejaht wieder. – Wahrscheinlich seufzt der Alte, habe Iwan recht. Er kalkuliert mit Sympathie und Antipathie. Daß Iwan nicht glaubt, steht fest. Der Alte nimmt das für Mißgunst. Eigentlich sollten alle glauben, zumal aber Iwan, vor allem Iwan. Was ihn selbst betrifft, entschuldigt ihn der Mangel an Zeit. Man wird ohnehin kaum mit dem Notwendigsten fertig. So ein Iwan aber, der nichts zu tun hat, glaubt nicht einmal an die Mädchen. Niemanden und nichts liebt er, ein unheimlicher Kerl! Wo kommt so einer her? Vor Dmitri muß man sich in acht nehmen. Dmitri kennt sich nicht in der Wut, und am besten wäre es, schon der Gruschenka wegen, ihn auf ein paar Jährchen nach Amerika abzuschieben, natürlich ohne Gruschenka. Mit Dmitri prügelt man sich, schlimm genug! Man kann wochenlang zum Gespött der Mädchen mit blauen Flecken im Gesicht herumlaufen. Dmitri ist ein Lump. Der andere aber ist unheimlich. Im Grunde hat der Alte trotz allem mehr mit dem gläubigen Aljoscha als mit dem unheimlichen Iwan gemein. Aljoscha versteht man, vor Aljoscha braucht man sich nicht zu fürchten. Iwan traut er alles zu. Ungern schläft man mit so einem unter einem Dach. Aber wahrscheinlich irrt sich Aljoscha mit seinem Ja, und Iwan mit seinem Nein trifft das Richtige. Diese Art Menschen hat immer recht.

Die Psychologie des Alten ist unkompliziert, und er sucht sie erst recht unkompliziert hinzustellen. Je einfacher man mit den Dingen, die den anderen wichtig sind, umgeht, desto wütender ärgern sich die anderen. Vielleicht empfindet er nicht ganz so einfach, wie er sich gibt, hat unter der Kruste alle möglichen Verworrenheiten, die das Alter großzieht, aber steckt sie unter sein Narrentum. Wenn die dunklen Dinge kommen möchten, lacht er oder sucht sie mit seinem schmutzigen Kichern zu entkräften. Das Kichern gehört zu ihm. Wenn er zur Nacht Grigori, den alten Diener, und Smerdjakow, den Koch, weggeschickt hat, denn sie müssen im Hinterhause schlafen, trägt er sein Kichern durch das dunkle Haus und wartet auf Gruschenka. Kommt sie, kommt sie nicht, die schönste der Schönen? Das Kuvert mit den 3000 Rubeln liegt bereit. Und Küchelchen dazu, kichert er. Die Frage, ob sie kommt, ist wichtiger als die Existenz Gottes und fast ebenso negativ; fast, nicht ganz. Zwei Menschen, meint der subtile Smerdjakow, möge es vielleicht irgendwo in der Wüste geben, so an Gott glauben und dem Berge befehlen können, ins Meer zu rutschen, woraufhin selbiger Berg nicht unterlassen werde, alsogleich solches zu bewerkstelligen. Zwei Menschen sind nicht viel, und wo stecken sie? Gruschenka sieht man doch wenigstens. Die Chancen sind größer.

Der Alte ist ein Spekulant und hat außer anderen Gelüsten allen Söhnen, selbst dem Smerdjakow, das Spekulieren mitgegeben. Er betreibt es derber als sie, sogar mit seinem verunstalteten Gesicht, das die Spuren der Mißhandlung trägt. Hundertmal steht er vor dem Spiegel, rückt die rotseidene Binde zurecht, kalkuliert. Möglich, daß mit diesem Gesicht Gruschenka ein für allemal verloren ist und zu dem Konkurrenten, dem Jungen, hinläuft. Aber so groß war seine Schönheit auch vorher nicht, um eine Gruschenka zu reizen. Möglich, daß jetzt gerade das Gegenteil eintrifft, nur aus Widerspruch, wenn sie erfährt, wem er die Beulen und blauen Flecke verdankt. Mitleid, kichert er. Wer kennt sich aus mit den Weibern!

Immer fällt mir bei diesem Stammhalter der alte holländische Trunkenbold ein, zumal das grinsende Gesicht, dessen Furchen, Falten, Brauen und Augensäcke in den Spiegel lachen. Man stellt sich die Widerstandskräfte Rembrandts, mögen sie andere Objekte haben, bildlich so vor und denkt sich den Stammhalter der Karamasow als eins seiner Lieblingsmodelle. In der Mordnacht hat er sich zu Ehren der immer vergeblich erwarteten Gruschenka feingemacht, »in Gala geworfen«, wie Dmitri sagt. Ein bunter seidener Schlafrock hüllt den Leib, von seidener Schnur umwunden. Goldene Knöpfe blitzen in dem holländischen Linnen. So steht er in dem hellerleuchteten, offenen Fenster, breit und gleißend, und lauscht in die Nacht. Dem Erstgeborenen, der dasselbe Weib drinnen sucht, das der Alte draußen zu vernehmen glaubt, muß der geputzte Popanz in der Nacht wie ein Phantom aus anderer Welt erscheinen.

Die drei Söhne leiden unter der Depravation des Vaters. Dieser hat sich nie um sie gekümmert. Wie Arkadi im »Jüngling« wurden sie irgendwo in der Ferne, getrennt voneinander, erzogen. Verwandte nahmen sich zufällig ihrer an. Erst jetzt sind alle drei heimgekehrt. Aljoscha wohnt als Novize im Kloster, in das er sich, wenn es sein geliebter Staretz erlaubte, am liebsten ganz aufnehmen ließe. Er trägt die Kutte ohne Gelübde. Was ihn herrief, war der Wunsch, das Grab seiner Mutter zu sehen. Der Älteste, Dmitri, bis vor kurzem Offizier, Sohn aus erster Ehe, ist aus Not gekommen, um mit dem betrügerischen Vater die Erbschaft abzurechnen, und hat sich in der Stadt eingemietet. Im Hause wohnt nur Iwan zu Besuch.

Die Depravation des Alten wirkt auf die Söhne um so furchtbarer, als sie ihn bis vor kurzem so gut wie nicht gekannt haben. Es kann für Dmitri und Iwan keine größere Erniedrigung geben als das Bewußtsein, von diesem Menschen abzustammen. Zumal für Iwan. Sie sprechen nicht darüber. Jeder sagt sich zähneknirschend: Dieses Scheusal, das sich bei jeder Gelegenheit öffentlich prostituiert und darin seine Wollust findet, ist dein Vater. Iwan gewinnt aus dieser Einsicht die letzte Bestätigung seiner menschen- und gottscheuen Doktrin. Dmitris Jähzorn, dem der Alte mit der unsinnigen Leidenschaft für Gruschenka besondere Nahrung gibt, äußert sich ohne Hemmung. Man sollte das Scheusal erschlagen. Aljoscha ist der einzige, der den Vater nicht haßt, weil ihm für Haß die Organe fehlen. Er leidet deshalb nicht weniger. Vielleicht hat seine Seele an dem Vater, der ihn allein zu lieben vorgibt, am schwersten zu tragen.

Der breit angelegte erste Akt setzt diese ungeheuerliche Situation auseinander. Die Handlung beginnt im Kloster. Dmitri ist mit dem Alten übereingekommen, den Streit um das mütterliche Erbe vor den Staretz zu tragen. Außer den Söhnen sind verschiedene Verwandte und Freunde der Familie da. Fjodor Pawlowitsch macht aus dem Vermittlungsversuch eine Farce. In dem ehrwürdigen Milieu, das von allen, auch von dem ungläubigen Iwan mit größter Ehrfurcht respektiert wird, wirkt die narrenhafte Schamlosigkeit des Vaters doppelt infam. Er verhöhnt mit billigen Witzen alles, was ihm in den Weg kommt, selbst den Staretz, und mimt die Sentimentalität eines Betrunkenen, an die er selbst nicht im mindesten glaubt: alles nur, um Dmitri nichts zahlen zu müssen. Anstatt die Rechtslage zu diskutieren, enthüllt er in brutalster Form des Sohnes Geheimnis, seine Verlobung mit Katharina Iwanowna, die von Dmitri für Gruschenka im Stich gelassen wird. Dmitri ist am Rande der Fassung. Nur die Würde des Ortes hält ihn zurück.

Die Szene im Haus zwischen dem betrunkenen Vater und den beiden Söhnen Iwan und Aljoscha bringt eine weitere Steigerung. Der Alte erzählt, wie er einmal, um der Mutter Aljoschas die Mystik auszutreiben, ihr wundertätiges Heiligenbild von der Wand genommen und vor ihren Augen angespuckt habe. Die Mutter, außer sich, wollte sich auf ihn stürzen, brachte es aber nur zu gekrampften Händen und sei plötzlich wie vom Blitz getroffen zu Boden gesunken. Kaum hat der Trunkenbold geendet, zittert Aljoscha am ganzen Leibe, krampft die Hände und fällt ohnmächtig hin. Der Alte ruft nach Wasser. Iwan soll dem Jungen schnell Wasser ins Gesicht spritzen. So habe man auch damals die Mutter wieder zu sich gebracht, genau so. Wegen seiner Mutter sei Aljoscha hingefallen, wegen der Klikuscha, seiner lieben Mutter.

– »Ich glaube, seine Mutter war auch meine Mutter, verstehen Sie!« sagt Iwan verzerrt.

Nein, der Betrunkene versteht nicht.

– »Wieso auch deine Mutter?« murmelt er stumpfsinnig. »Wie meinst du das? Von welcher Mutter sprichst du?« –

Er nimmt sein zerrüttetes Hirn zusammen und kommt langsam darauf. Teufel ja, die Klikuscha ist auch Iwans Mutter. Das war ihm ganz entfallen.

In diesem Augenblick stürzt Dmitri herein, der die Gruschenka hier vermutet, und es kommt zu der wüsten Mißhandlung des Alten. Sie muß kommen. Iwan und Aljoscha werfen sich dazwischen, und der Alte kommt mit blauem Auge davon. Nachher meint Iwan zu Aljoscha, beinahe wäre es um den Alten geschehen gewesen.

– »Gott behüte!« –

– »Wieso behüte?« murmelt Iwan. »Das eine Geschmeiß erschlägt das andere, und damit geschieht beiden Recht.« Und wie Aljoscha zusammenfährt, meint Iwan gleichmütig, selbstverständlich werde er dergleichen auch in Zukunft verhindern. Jetzt habe er Kopfschmerzen.

Aljoscha sitzt am Bett des Vaters. Das erste Wort der Alten, nachdem er zu sich gekommnen ist, fragt nach Iwan. Was sagt, was tut Iwan? Wo ist er? – Als hätte ihn nicht Dmitri, sondern Iwan geprügelt. Wieder der Hinweis auf den schlimmeren Feind.

Aljoscha findet den Bruder draußen auf der Bank und redet sich die Angst um Dmitri und den Vater vom Herzen. Womöglich findet man eines Tages den Vater erschlagen. Auch Iwans Wort von dem Geschmeiß bekümmert ihn. Hat einer das Recht, zu bestimmen, ob ein anderer leben darf oder nicht? –

Solche Fragen, meint Iwan, würden nicht nach Recht und Würdigkeit, sondern nach natürlicheren Gesichtspunkten entschieden. Im übrigen habe jeder das Recht, zu wünschen, was ihm beliebe.

– »Doch nicht den Tod des anderen!« –

– »Warum schließlich nicht auch den Tod? Warum sich bemühen, wenn alle Menschen so leben und im Grunde gar nicht anders leben können?

Damit enthüllt sich Iwan. Es geschieht mit solcher Gelassenheit, daß man seine Worte nicht ernst nimmt. Nachher fragt er Aljoscha lächelnd, ob er ihm nun zutraue, den Alten erschlagen zu können.

– »Was fällt dir ein, Iwan? Nicht mit einem einzigen Gedanken habe ich daran gedacht. Und auch Dmitri traue ich es nicht zu.« –

Iwan quittiert mit kühlem Lächeln. Er werde den Alten immer beschützen. – »Doch meinen Wünschen lasse ich im gegebenen Fall vollste Freiheit.« –

Ein Hauptstrang der Handlung ist vorbereitet. Es trifft sich für die dramatische Verkettung ungemein günstig, daß die Brüder früher getrennt waren und erst hier, im Dunstkreis des Vaters, zusammenkommen. Der Vater treibt sie zu Aussprachen, die der Exposition dienen und gleichzeitig die Beziehungen zueinander darstellen. Aljoscha ist insofern der Held, als in ihm alle oder fast alle Beziehungen zusammenfließen. Er allein steht dem Vater nahe. Er allein vermittelt zwischen Dmitri und Iwan, den feindlichen Elementen, vermittelt zwischen den feindlichen Frauen, Katharina und Gruschenka, die den Abgrund zwischen den beiden Brüdern erweitern, vermittelt in der Stadt, wo immer sein Zugreifen nottut, und schließlich, sein weitester Weg, der auf alle anderen symbolisches Licht wirft, zwischen Stadt und Kloster.

Das komplizierte Gebilde des Romans wirkt deshalb viel einfacher und geschlossener als die meisten anderen Werke, weil die wesentliche Handlung von den Gliedern derselben Familie vorgetragen wird, die entweder direkt oder durch Aljoscha in dauerndem Kontakt miteinander stehen und durch eine reich variierte, aber immer noch fühlbare Rassenbeziehung verbunden sind. Die zwei wesentlichen Frauenrollen, Gegenstücke zu den beiden feindlichen Brüdern, unterhalten jede eine Doppelbeziehung zu verschiedenen Gliedern der Familie; Gruschenka zu dem Vater und Dmitri; Katharina zu Dmitri und Iwan. Bis zum gewissen Grade auch die dritte Frauenrolle, Lisa Chochlakow, deren Doppelbeziehung zu Aljoscha und Iwan angedeutet wird. Dieses dichte Netz wird von der Haupthandlung gespannt, die mit allen Anlässen und Folgen innerhalb der Familie bleibt und schließlich auch den illegitimen Sohn mit hineinzieht. Aljoscha, der einzige Unschuldige, bleibt zum Schluß allein auf der Szene.

Es treten außerdem etwa dreißig Nebenpersonen auf; wie immer großes Orchester mit allen nur denkbaren Instrumenten. Aber das gewaltige Schema schließt die Verworrenheit im Nebenpersonal, die noch im »Jüngling« den Leser bis zum Schluß peinigte, vollkommen aus. Mag die Improvisation noch so weit in die Ferne schweifen, immer bleibt das große Gefüge unberührt. In der Erinnerung wird auch die außerordentlich ausgedehnte Staretz-Geschichte zu einer Kurve um das Hauptthema. Dostojewski bedient sich einer Art Drehbühne. Sie kommt gerade diesem Roman-Drama mit den vielen gleichzeitig verlaufenden Handlungen gut zustatten. Außerdem könnte man sich zwei Stockwerke denken: unten die große Drehbühne, wo die Szenen wechseln und die Handlung in immer schnelleres Tempo gerät; oben das weiße Kloster mit Einsiedelei und Klause. Darum herum der Wald. Dieses Dekor sorgt für die Einheit des Orts. Während der größeren Hälfte des Stücks fällt immer wieder der Blick auf die friedlichen weißen Mauern. Dann, nachdem Aljoscha dem stillen Ort entsagt hat, wird das Kloster von Schleiern umhüllt, und während unten die Handlung das Maximum erreicht, verschwindet es ganz unter den tobenden Wogen der Wolken. Wenn wieder Ruhe herrscht, ist aus dem weißen sonnigen Gemäuer ein großes graues Gebäude geworden, das anderen Zwecken dient. Dieses bleibt bis zum Schluß. Die Einheit der Zeit wird bis auf den unentbehrlichen Zwischenakt zwischen der Mordnacht und dem großen Gerichtstag strikt durchgeführt.

Innerhalb der Familie thront der Alte in der Mitte auf dem ein wenig erhöhten zweiten Plan. Vor ihm, rechts und links, Iwan und Dmitri, die beiden einander und dem Vater feindlichen Nepoten; ein glühender Triangel. Vor beiden, ganz vorn, Aljoscha. Vor der Kulisse, auf seiten Iwans, steht Smerdjakow, und hinter ihm Rakitin; vor der Kulisse, auf seiten Dmitris, Gruschenka.

In Iwan, dem Westler, hat sich der Dämon der Karamasow auf das Geistige geworfen. Die in dem Alten kichernde materielle Spekulation führt in dem Sohn zu dem bleichen Gebäude seiner »euklidischen Vernunft«, in das er Aljoscha hineinziehen möchte. Merkwürdiges Naturspiel in den beiden Brüdern. Sie haben in ihrer Anschauung nichts gemein, aber müssen sich im

Klang der Sprache, auch im Gesicht ähnlich gewesen sein, hatten dieselbe Mutter. Beide vermeiden unkeusches Handeln; Aljoscha aus Reinheit, Iwan aus Voreingenommenheit des Denkers, der seine Säfte für den Bau des bleichen Gebäudes braucht, im Grunde aus Schwäche. Zuweilen wirkt Iwans Zurückhaltung wie gefällte Unkeuschheit eines Eunuchen. – »Solche Menschen sind nicht Menschen, sondern aufgewirbelter Sand«, sagt der Alte, der seine Leute kennt.

Iwans bleiches Gebäude muß zur menschenfeindlichen Residenz der Abstraktion werden, einem Kellerloch mit elfenbeinernen Wänden. Noch baut er daran, und nie wird er ganz darin wohnen. Für die Einsamkeit fehlt ihm die Kraft. Er sucht Mitbewohner, möchte Aljoscha bei sich haben, redet sich ein, Aljoscha sei in dem Klostergarten gefährdet und gehöre zu ihm. Wenn es Aljoscha nicht ist, wird er sich mit bescheideneren Mietern begnügen. Er stellt sich fertiger, als er ist. Aljoscha glaubt ihn zu durchschauen und hält das Unfertige für Jugend. Er verkennt die Schwäche des Bruders. Iwan pendelt zwischen Stawrogin und Wersilow. Wersilows Ideen von der Menschenliebe, die man nur mit zugehaltener Nase fertigbringt, und von dem teuersten, allerteuersten Friedhof in Europa kommen wörtlich wieder, aber der Grund, auf dem sie bei Wersilow ruhen, trägt einen Iwan nicht. Sein Verhalten zu Katharina wird nur zum Teil von der Humanität Wersilows bestimmt. Die Selbstvergewaltigung Katjas in ihrer Liebe zu Dmitri ist für ihn eine der unkontrollierbaren Überzeugungen, für die sich, wie Wersilow meinte, die Frauen kreuzigen lassen, aber der Intellekt, der das richtig erkennt, wird nicht von dem heißen Herzen des Vaters Arkadis gespeist, und dieser Mangel löst den Hang zum Irrealen und den Unglauben aus, zwei Schwächen, die für Dostojewski durchaus zusammengehören. Sie bilden nach seiner Ansicht den Mutterboden des russischen Anarchismus.[65] Der weise Staretz sagt zu Iwan: »Vorläufig spielen Sie aus Verzweiflung, wenn sie Zeitungsartikel schreiben und in Gesellschaften diskutieren, ohne selbst an Ihre Dialektik zu glauben.« Iwan quält sich in der Tat, aber die Zeitungsartikel und die Gesellschaften nehmen ihn auch in Anspruch. Die Verzweiflung wird ihn zu keiner Entscheidung treiben. Sein gedachter Rationalismus überbietet den von ihm verachteten Vater, der aus seiner Klikuscha die Mystik austreiben wollte. Da nach seiner Ansicht die Moral nur auf dem Glauben an die Unsterblichkeit beruht und da er nicht an die Unsterblichkeit glaubt, kommt er zu dem Axiom: »Alles ist erlaubt«, ein Satz, der Anhänger findet. Doch würde er sich nicht mit einer aktiven Konsequenz dieser Theorie die Finger beschmutzen. Er begnügt sich, seinen Wünschen im gegebenen Fall die vollste Freiheit zu lassen. – Iwan ist der vollendete Hamlet-Typ einer neuen Zeit, den Dostojewski mit Stawrogin vergeblich versuchte. Die sphinxhafte Heldenpose fällt. Iwans Philosophie steht lückenlos vor uns. Wir sehen ihn um sie und für sie kämpfen und ihr Opfer werden. Er ist die tragische Gestalt des Werkes. Es gelingt Dostojewski, die Tragik ausschließlich mit den wenig greifbaren Momenten des Denkers, nicht mit einem zufällig verketteten Schicksal des der Handlung beraubten Menschen zu gestalten. Seine Passivität macht ihn zum unterirdischen Motor der Handlung.

Die große Unterhaltung Iwans mit Aljoscha, mit der Iwan in den Vordergrund rückt, beginnt harmlos, unterstrichen harmlos und echt russisch. Sie leben jetzt drei Monate hier zusammen und haben noch kaum miteinander geredet. Früher haben sie sich auch nur ein paarmal flüchtig in Moskau gesehen. Nächstens will Iwan abreisen, und da ist ihm gerade eingefallen, es wäre vielleicht ganz nett, vorher den Bruder kennenzulernen und sich zu verabschieden. Von was reden wir? Etwa von dem Alten und Dmitri, oder von der Liebe zu dem romantischen Pensionsfräulein Katharina? Anständige junge Leute reden nicht von persönlichen Dingen. Also von Gott! Oder sollen wir mit dem Teufel anfangen? – Wir kennen Dostojewskis Methode, das Ernste ernster zu machen, indem man es komisch nimmt.

Iwans Unglaube ist von naiven Regungen durchsetzt. Das

Fundament seines bleichen Gebäudes scheint dem Mitleid entnommen, und diese vom Denken überbaute Herkunft bewahrt dem Bau einen warmen Schimmer. Warum steckt in dieser Welt Gottes so viel Qual? Die Menschheit leidet und ist so sinnlos organisiert, daß sie ihr Leiden immer noch vergrößert. Eigentlich will Iwan das ganze Leiden der Menschheit vor Aljoscha entrollen, was für einen russischen jungen Mann eine Kleinigkeit ist; aber um nicht zu weitschweifend zu werden, kürzt man besser das Material und redet nur von einem zehnten Teil der Menschen, nur von dem Leiden der Kinder. Warum müssen Kinder leiden? Die Qualen der Großen mögen gerechtfertigt sein, denn sie haben bekanntlich von dem Apfel gegessen, sind wissend und also »wie Gott« geworden. Die Kleinen aber haben noch nicht gegessen. – »Liebst du kleine Kinder, Aljoscha?«

Der Versucher braucht nicht zu fragen, hat oft genug Aljoscha mit Kindern gesehen. Er selbst liebt die Kinder. Selbst ein vielfacher Mörder liebt sie. Gäbe es nur Kinder, wäre das Gebot Christi eine Kleinigkeit. Auch wenn sie häßlich sind und übel riechen.

Iwan hat eine hübsche Kollektion von Kinderquälereien zusammen. Man spürt, er hat sich von einem anderen helfen lassen. Dostojewski selbst, der Kindernarr, ist beteiligt. Iwan packt erst die gewöhnliche Kategorie aus, dann immer salzigere Dinge. – Wozu das? stöhnt Aljoscha mit rotem Gesicht, wie ein armer Junge im Traum. – Wozu? Damit die sinnvolle Einrichtung der Welt und die Harmonie, der wir entgegengehen, erkannt werde. – Man kommt zu den besseren Geschichten. Iwan spricht schneller wie im Fieber. Aber es sind keine Erfindungen, hier Brief und Siegel. Das hat alles mit Ort und Datum in der Zeitung gestanden.[66] Auch die Geschichte von dem dummen Albert in der Schweiz, dem Schweinehirten, der nicht einmal von den Trebern mitessen durfte, schließlich zum Mörder werden mußte und kurz vor der Hinrichtung zur Erhebung aller Genfer und Genferinnen sein Unrecht einsah, Gott und die allgemeine Harmonie zu preisen begann und mit einem letzten Preis auf den

Lippen geköpft wurde. Auch von dem fünfjährigen Mädchen, das die Eltern, ehrenwerte Leute, mit ganz ausgefallenen Mitteln totquälten; auch von dem Jungchen, das zum Spaß des Herrn Generals von Hunden zerrissen wurde.

Er greift immer tiefer in seinen höllischen Korb. Soll ich aufhören, Aljoscha? – Nein, zittern Aljoschas Lippen. Und schließlich hat Iwan den sanften Novizen in der Mönchskutte soweit, daß auch er den Unhold, der die Kinder frißt, umbringen möchte.

Iwan lacht. Sieh mal an, so ein Mönchlein!

Aljoscha faßt sich. Er hat eine Dummheit gesagt. –

Iwan: Sinnlos ist alles auf der Welt, und wer sich Sinn hineinzubringen bemüht, entstellt die Tatsachen. – »Höre mich: Wenn alle leiden müssen, um die ewige Harmonie zu erkaufen, so sag mir doch, bitte, was das mit kleinen Kindern zu tun hat!... Warum sind auch sie nur Material, um für irgend jemand die zukünftige Harmonie zu düngen?« –

Iwan wächst. Er läßt ab von den Kindern, umfaßt »alle übrigen Tränen der Menschen, mit denen die Erde von ihrer Kruste bis zum Mittelpunkt der Achse durchtränkt ist«. Seine Empörung brennt die gewohnte Dialektik auf, stürzt die Abstraktion des Denkers, wird flammende Frage. Wozu das alles? Wenn am Ende dieses Entsetzens doch die ewige Harmonie kommen sollte, so danke ich dafür, denn nie kann sie die Millionen und Milliarden unsinniger Opfer vergelten. Ich will nicht sehen, daß die Mutter in christlicher Vergebung den Peiniger ihres Sohnes umarmt, denn der Anblick würde mich ekeln. »Die Harmonie ist keine einzige Träne jenes gequälten Kindes wert, das sich mit der kleinen Faust an die Brust schlägt und zu seinem lieben Gottchen betet... Was tue ich mit der Rache, was nützen mir die Höllenqualen der Peiniger, was kann die Hölle wieder gutmachen?... Und wo bleibt die Harmonie, wenn es noch eine Hölle gibt?« – Er will nicht mitsingen: »Gerecht bist du, o Herr, denn offenbar sind nun deine Wege!« Weder jetzt will er mitsingen noch am Jüngsten Tage. Und deshalb gibt er seine »Eintrittskarte« zurück. Nicht Gott lehnt er ab. Gott ist die größte Erfindung des Menschen. Aber die Welt Gottes lehnt er ab. Er kann sie als ehrlicher Mann nicht billigen. – »Das ist Empörung!« stottert Aljoscha.

Da stellt Iwan die ungemein einfache Frage. »Angenommen, du solltest das Gebäude des Menschenschicksals errichten mit dem Ziel, zum Schluß alle Menschen zu beglücken und ihnen endlich Ruhe und Frieden zu geben. Doch zu dem Zweck stände dir unvermeidlich bevor, auch nur ein einziges kleines Wesen zu Tode zu quälen – würdest du es übernehmen? Sage es mir und lüge nicht!« –

Und Aljoscha sagt, was seine Reinheit sagen muß: »Nein, ich würde es nicht übernehmen.« –

– »Und kannst du glauben«, fragt Iwan weiter, »daß die Menschen, für die du baust, einwilligen werden, ihr Glück um den Preis jenes unrecht vergossenen Blutes zu empfangen?« –

Und wieder sagt Aljoscha: »Nein, das kann ich nicht glauben.« –

Die große Frage ist von Dostojewski in den »Dämonen« ungleich schärfer gefaßt worden, nicht wie sie russische Jünglinge, die noch die klebrigen Blätter des Frühlings lieben, sondern wie sie Denker, die bis ans Ende denken, behandeln. Aber nie hat Dostojewski der vergeblichen Frage diese Kraft sinnfälliger Einfalt verliehen. Der Abtrünnige besitzt hier die Mittel des Bejahers. Nicht nur der Verstand verneint und klagt an. Wersilow könnte diesem flammenden Empörer keine schusterhafte Polemik vorwerfen, noch Schatow von Dienstbotengedanken reden.

Es ist schön, daß der unklerikale Novize nicht der Flamme widersteht, sowenig er sich irgendeiner Flamme entziehen möchte, aber natürlich kommt er bald auf die einzige Erwiderung eines Staretz-Jüngers und nennt den Gekreuzigten. Auf ihm hat sich das Gebäude errichtet. Es ist keine Antwort auf die Anklage Iwans. Nicht an Christus hat er gezweifelt. Das Schicksal des Gekreuzigten und seines Werkes ist nur eine weitere

Bestätigung, und Iwan erzählt dem Bruder seine Geschichte vom Großinquisitor. Im 16. Jahrhundert, als die spanische Inquisition Hekatomben von Opfern verbrannte, ist Christus noch einmal auf die Welt gekommen, dieses Mal schweigend, und das Volk hat ihn sofort erkannt. Auch das Oberhaupt der heiligen Wache hat ihn erkannt und ihn vor dem Portal der Kathedrale von Sevilla verhaften lassen. Christus wird in den Kerker geführt. Nachts besucht ihn der Großinquisitor, und die Kirche rechnet mit ihrem Idol ab. Christus habe es falsch gemacht. Nicht seine Allmenschlichkeit und die Freiheit, die er brachte oder zu bringen gedachte, vermochte dem als Empörer geborenen Menschen zu helfen. Indem er ihnen überließ, aus eigenem Gewissen zu handeln, hat er ihre Qual noch vergrößert. Damals in der Wüste, als der große Geist zu Christus trat, um, wie die Bücher behaupten, ihn zu versuchen, und ihm die drei Fragen vorlegte, da hat Christus versagt. Damals geschah das größte aller Wunder. Es lag in der Fähigkeit des gewaltigen Versuchers, diese Fragen zur Erscheinung zu bringen. Christus hat die drei Fragen wohl ermessen, denn er war ein Gott und dem furchtbaren Geist überlegen und hat die Steine nicht in Brot verwandelt. Der Mensch lebt nicht von Brot allein. So wollte er. Erster, furchtbarster Fehler, denn nur wenn die Menschen zu essen haben, können sie Gebote erfüllen und Tugend üben. Christus hat wie ein Gott mit Göttern gehandelt, nicht mit der Güte, deren die Menschheit bedarf. Er hat nur an die Auserwählten gedacht, nicht an die Millionen und Abermillionen Schwachen. Der Kirche aber sind auch die Unzähligen teuer. Er hat das Wunder verschmäht, das bedingungslose Ansehen verschmäht, das sicherste Mittel, das Geheimnis, verschmäht. Zumn Glück ging er, und die Kirche konnte nachholen. Aus Liebe zur Menschheit nahm sie nachträglich das Gebot des großen Geistes in der Wüste an. Christus hat den Dienern der Kirche die Qual aufgelegt. in seinem Namen zu lügen. Sie haben das Wunder, das Ansehen, das Geheimnis erfunden und damit verbessert, was verbessert werden konnte. Nun ist er wiedergekommen. Was will er? Zerstören, was in anderthalb Jahrtausenden mühselig geschaffen wurde? Man wird es nicht zulassen. Wenn einer den Scheiterhaufen verdient hat, ist es er, der Revenant. Morgen wird er verbrannt werden.

Das »Poem«, das der Spötter Iwan ein unsinniges Ding nennt, erschöpft alles, was ein russischer Orthodoxer, und nicht nur ein Orthodoxer, gegen die katholische Kirche, und nicht nur gegen sie, vorbringen kann. Die Behauptung, Rom diene nicht Christo, sondern dem Teufel, hat Dostojewski oft ausgesprochen. Nie in dieser ebenso bildreichen wie würdigen Form, die für die beanstandete Materialisierung eine in tragische Größe hineinragende Auslegung zuläßt.

Den Umriß des Großinquisitors nahm Dostojewski aus dem Vater-und-Sohn-Drama Schillers, dessen Problemstellung ihn in der Jugend so besessen gemacht hatte, daß ihm die leeren Stellen der pathetischen Darstellung entgingen. Die Beziehung zwischen den beiden Szenen, auf die neuerdings Bodisco hingewiesen hat,[67] bleibt nicht auf das Stoffliche beschränkt. Die wenigen Worte des Inquisitors im »Don Carlos« enthalten den Fanatismus der Gestalt Dostojewskis. Der Russe behält die versteinerte Gebärde, die auch im Drama Schillers nicht der Größe entbehrt, aber umhüllt die stilisierte Form mit dämonischer Tragik. Die starre Macht des Würdenträgers zerbricht an der höheren Würde des Partners. An die Stelle des schwachen Königs, der in der Schlußszene des »Don Carlos« ganz versagt, tritt der Heiland. Dieser Personenwechsel erlaubt, die von Schiller versäumte innere Handlung mit einer Großartigkeit nachzuholen, für die uns im Bereich Philipps und seines Infanten die Begriffe fehlen. Nie würde man dem Schöpfer der Karamasow die Majestät solcher Szenen zutrauen. Nur der Großinquisitor spricht. Allen seinen Anklagen setzt Christus sein Schweigen entgegen. Er hat dem Wort, mit dem er ans Kreuz ging, nichts hinzuzufügen. Nachdem der Greis geendet hat, nähert sich Christus ihm schweigend und küßt ihn. »Und siehe, da zuckt etwas in den Mundwinkeln des großen greisen Inquisitors. Er geht zur Tür des gewölbten Kerkers, öffnet sie und spricht: Geh und komme nie wieder!« –

Also blieb auch der reife Dostojewski im engen Verkehr mit dem Gott seiner Jugend. Es gibt dafür noch andere Zeugnisse.[68] Bedürften wir noch der Beweise, würde die Art dieser Beziehung zu dem Dichter, der »die Herstellung der Totalität« für den Zweck höchster Kultur der Persönlichkeit erklärte – ein Wort, dem Dostojewski eine neue Auslegung gab – seine bedingungslose Bejahung bezeugen.

Dostojewski hat Schiller nicht die Art von Reinigung zuteil werden lassen, die Vincent van Gogh mit seinem Millet vornahm. Man wird nie sagen können, er habe sein Vorbild vereinfacht und ihm das Sentimentale entzogen. Seine Rettung greift tiefer und bereichert in jedem Sinne. Nicht eine kategorisch andere Anschauung erhöht den gleichen Stoff mit aktuelleren Mitteln. Das Motiv, die von Vincent unberührt gelsssene Legende, wird in die Richtung des Vorbildes erweitert, und aus dem schwachen König wird der strahlende Gott.

Die Genialität dieser Tat ist im ersten Augenblick kaum im ganzen Umfang zu würdigen. Schiller wird klaftertief unterbaut und zu einer Pyramide erhöht. Das geläufige Bild einer uns mehr als geläufigen Dichtung gewinnt die Fähigkeit, das größte Problem unseres Zeitalters zu deuten. Neue Mächte, von denen der Don Carlos-Dichter nichts ahnte, sammeln sich in dem Großinquisitor. Mit dem Gleichnis von den Steinen und dem Brot erweitert sich der starre Katholizismus zum Träger der Massenreligion unserer Tage, die mit dem Schlagwort von der allgemeinen Gleichheit den Menschen den Rest des Irrationalen nimmt und ihnen eine noch viel furchtbarere Knebelung aufzuzwingen sucht. In das verlassene Bett der weltlichen Kirche setzt sich der Sozialismus, und wieder flammen hundert Scheiterhaufen auf. Der alte Würdenträger von Sevilla wiederholt mit anderen Worten das Glaubensbekenntnis der »Dämonen«.

Vor dieser ehrwürdigen Berührung mit Schiller schweigt die geläufige Geringschätzung des deutschen Dichters. Sie bestand nicht vor Dostojewski. In der Puschkin-Rede, seinem öffentlichen Schwanengesang, rückt Schiller in das Dreigestirn am europäischen Dichterhimmel zwischen Cervantes und Shakespeare. Das wird keiner von uns mitmachen, und es kommt nicht darauf an, nicht auf die literarhistorische Stellung. Wir erkennen plötzlich, daß das, was wir mit Achselzucken Schillers Mentalität zu nennen und als längst erledigt anzusehen pflegen, in diesem Russen noch lebendig war, daher heute noch lebt, sofern man einwilligt, Dostojewski für einen Bestandteil unseres Lebens zu halten. Denn nicht nur in der Dankbarkeit Dostojewskis, sondern in seinem ganzen Werk lebt er. Es ergreift uns sonderbar, dem Russen diesen Aufschluß danken zu müssen und uns der Einsicht bewußt zu werden, daß in unserer Entwicklungsgeschichte, nicht unserer Literatur, sondern in der Entwicklung verborgenerer und viel wesentlicherer deutscher Regungen ein Anschluß versäumt wurde, den keine aktuelle Form nachzuholen vermag.

Schiller war keine Form, kein Inhalt für Dostojewski, sondern Trieb. Er hat Don Carlos fortgesetzt, und dies bedeutet für die Analyse seines Werkes mehr als alle anderen Verbindungen mit überlieferten Werten. Von den Hilfen aus Frankreich, selbst von denen aus der Heimat, hat man nie viel gespürt, und sie verschwinden vollends nach der ersten Etappe. Den deutschen Dichter hat er in dieser und jener Form durch alle Etappen getragen, um ihm zuletzt ein erhabenes Denkmal zu setzen.

Die Inquisitor-Szene ist nicht die einzige Verbindung der Karamasow mit Schiller. Hier greift die Wahlverwandtschaft wie einst in den »Gedemütigten und Beleidigten« nur unmittelbar in das Stoffliche über. Dem Schillerhaften aber begegnet man in dem Roman so oft, daß man annehmen muß, es habe als Lokalkolorit dienen sollen. Auch der alte Karamasow entzieht sich ihm nicht. Er vergleicht sich pathetisch mit dem alten Moor. Iwan hat eigentlich am wenigsten von dem Familienzug und benutzt ihn mehr als artistische Zugabe; nicht immer so glücklich wie in seinem Poem. In der vorhergehenden Szene bei Frau

Chochlakow, wo die Gefühle Iwans zu Katharina berührt werden, einer ohnehin schwächlichen Szene, trägt das deutsche Zitat im Munde Iwans dazu bei, die Stimmung noch mehr zu verflauen. Aljoscha wundert sich ausdrücklich, den Bruder auf den Spuren Schillers zu finden. Wahrscheinlich soll die viel auffallendere Begegnung mit dem Inquisitor vorbereitet werden.

Nach der Erzählung Iwans kommt es zu einer echten Dostojewski-Pointe. Iwan sieht seinen mißlungenen Versuch, Aljoscha in seinen Bau zu locken. Alle Überredung war umsonst, er bleibt allein. Aljoscha trauert um den Bruder, dem als letztes nur die Einsicht in die Sinnlosigkeit allmenschlichen Gebarens und der Satz bleibt: Alles ist erlaubt. – Wohin wird Iwan treiben?

– »Du sagst dich von mir los?« fragt Iwan den Bruder. Aljoscha naht sich ihm und küßt ihn stumm und leise auf den Mund.

– »Das ist literarischer Diebstahl!« lacht Iwan.

Der geborene Schiller-Typ ist Dmitri. Iwan hat die Rolle des Franz Moor, von dem Schiller in seiner Vorrede sagt: »Das Laster wird hier mitsamt seinem ganzen innern Räderwerk entfaltet. Es löst in Franzen all die verworrenen Schauer des Gewissens in unmächtige Abstraktionen auf, skelettisiert die richtende Empfindung und scherzt die ernsthafte Stimme der Religion hinweg. Wer es einmal so weit gebracht hat (ein Ruhm, den wir ihm nicht beneiden), seinen Verstand auf Unkosten seines Herzens zu verfeinern, dem ist das Heiligste nicht heilig mehr – dem ist die Menschheit, die Gottheit nichts – beide Welten sind nichts in seinen Augen.«

Und Dmitri ist Karl Moor, von dem es heißt: »Ein Geist, den das äußerste Laster nur reizet, um der Größe willen, die ihm anhänget; um der Kraft willen, die es erheischet: um der Gefahren willen, die es begleiten. Ein merkwürdiger, wichtiger Mensch, ausgestattet mit aller Kraft, nach der Richtung, die diese bekommt, notwendig entweder ein Brutus oder ein Catilina zu werden. Unglückliche Konjunkturen entscheiden für das Zweite, und erst am Ende einer ungeheuren Verwirrung gelangt er zu dem Ersten. Falsche Begriffe von Tätigkeit und Einfluß, Fülle von Kraft, die alle Gesetze übersprudelt, mußten sich natürlicherweise an bürgerlichen Verhältnissen zerschlagen, und zu diesen enthusiastischen Träumen von Größe und Wirksamkeit durfte sich nur eine Bitterkeit gegen die unidealische Welt gesellen. So war der seltsame Don Quijote fertig, den wir im Räuber Moor verabscheuen und lieben, bewundern und bedauern.«

Zwischen Iwan und Dmitri zögert unsere Sympathie keinen Augenblick. Er erhielte von jedem von uns Absolution, auch wenn er in der wilden Szene zu Anfang den Vater erschlagen hätte. Nie könnte er das Verbrechen Smerdjakows begehen. Der Unterschied zwischen Totschlag und Mord verliert, wenn man sich Dmitri als Täter denkt, alles Fragliche juristischer Dialektik und steht wie Schwarz und Weiß vor uns. Dmitri kann keine erniedrigende Heimlichkeit begehen. Er lügt wie viele Lügner Dostojewskis, um sich zu schmücken, aus Faulheit, Kaprice, Scham und Hochmut, als Trunkener, als Dichter, wie jeder anständige und lebendige Mensch lügen muß, nicht aus feiler Gewinnsucht. Platte Gemeinheit, die gerade zur Hand liegt, ist denkbar, nur keine organisierte Niedrigkeit. Diese Seite des Stammhalters ist ganz ausgeschieden. Nicht der Schmutz des Vaters. In seinem Blut tobt dieselbe Gier nach Debauche, nur ist sie nicht ein und alles wie bei dem Alten, sondern Mittel zum Zweck, Ausflucht der Sehnsucht nach Sturm, schwankender Steg, über die seine Persönlichkeit hinwegrast, um weiter, irgendwohin weiter zu kommen. Als Offizier hat er nur gelernt, für die Ehre zu sterben, will aber leben. Sein Lebensdurst hat, nicht die Zeit gefunden, sich ein Gefäß zu bilden. Alles schäumt über in ihm, zumal seine Generosität. Seine Ausschweifungen sind verirrte Generositäten. Das Laster bildet er sich ein. Dafür fehlt der Maulwurfinstinkt des Alten. Sein Dämon stürmt himmelan. Die Hölle könnte ihn nur als schwindelnder Abgrund reizen, um sich kopfüber hinabzustürzen, wenn ihn gerade ein Versäumnis, das ihn ehrenrührig dünkt, drückt. Ein robuster

Soldat, allen Strapazen gewachsen – kämen sie nur, die Strapazen! – von knabenhafter Empfindsamkeit. Er ist den Jahren nach der älteste der Brüder, dem Wesen nach von allen der jüngste.

Seine räuberhafte Unordnung übertrifft womöglich noch die Verwahrlosung des Vaters, den der Geiz reguliert. Der Alte schmückt mit seiner Kruste ein zynisches Narrentum. Dmitri leidet unter seiner Kruste, möchte sie verstecken, und um ihr zu entgehen, stürzt er von einer Unordnung in die andere. Doch fühlt er sein schimpfliches Dasein und billigt die Verachtung Iwans, der ihn und den Vater Geschmeiß nennt. Iwan hält sich am Zügel, hat Ordnung, hat Bildung. Trotzdem, selbst wenn Dmitri könnte, möchte er nicht Iwan sein, und das eben verzeiht er sich nicht. Anderes möchte man. Auf wildem Hengst durch die Menge sprengen. Kommt mit, Brüder! Auf zum Kampf gegen den Drachen! Gegen alle Drachen der Welt! – Dann verhaftet man ihn und zwingt den Ritter, vor allen Leuten sein schmutziges Hemd auszuziehen. In diesem Augenblick wären ihm drei Vatermorde recht.

Trotz aller Unordnung spürt man in diesem Menschen eine ganz bestimmte, ihn auszeichnende Struktur, die, wenn sie nicht sein Äußeres im Zaum hält, ja sogar eine gewisse Zügellosigkeit seines höchst unbürgerlichen Daseins bedingt, um so bestimmter sein Innenleben gliedert. Diese Struktur wirkt so organisch, daß wir vor gewissen Eindrücken, denen sein Inneres ausgesetzt wird, genau mindestens die Richtung seiner Reaktionen voraussagen können. Die Richtung wird eingeschlagen werden, ob es ihm zum Vorteil gereicht oder nicht, ob es den anderen, die gerade mit ihm zu tun haben, gefällt oder im höchsten Grade mißfällt, ob es zu der gerade unternommenen Handlung paßt oder sie ins Gegenteil umkehrt. Das eben ist seine Ordnung oder seine Unordnung. Menschen von Sinn für Struktur gelangen leicht dahin, sein Gefühlsleben bis in die letzten Tiefen durchschauen zu können. Keiner von den Karamasow, nicht einmal Aljoscha, ist so durchsichtiges, so unbestechliches Gefühl. Diese Anlage weist auf den Dichter. Er ist es, obwohl es lächerlich wäre, sich ein Gedicht von ihm vorzustellen. Ein Analphabet als Dichter. Dostojewski führt ihn mit vielen poetischen Zitaten ein. Die Verse Schillers klingen sonderbar im seinem Munde. Ein leiser Spott klingt mit, aber gilt nicht den Versen, sondern dem Mund, und soll die Anmaßung entschuldigen. Er ahnt nichts von Form, weiß nicht einmal, wie man den Staretz anzureden hat, hofft immer, alles mit dem Gefühl machen zu können. Schiller soll für ihn sprechen. Schiller ist für ihn der öffentliche Schreiber, dem die Eingeborenen ihre Briefe auftragen.

Iwan hat die formalen Möglichkeiten des Dichters und greift zum dichterischen Ausdruck, um die werbende Kraft seiner Philosophie zu vergrößern. Wie Raskolnikow schreibt er geistvolle Essays für die Zeitung, wohl auch zu eigener Klärung, aber möchte um keinen Preis als Dichter gelten. Er hat den Hochmut und die Menschenverachtung des Helden des Sünderromans, der sogar zur Demut griff, um seinen Hochmut zu kitzeln. Er weiß sehr wohl, wie man den Staretz anredet. In Wirklichkeit erweist er sich selbst die tiefe Reverenz. Ebensowenig wie als Dichter möchte er als Mitleidiger gelten. Mitleid ist nur Mittel zum Zweck.

Dmitri gibt sich. Seid umschlungen, Millionen! Seine Unordnung ist tendenzlose Liebe. – Aljoscha, laß uns lieben! Katja, Gruschenka mag es sein, ganz gleich, nur lieben, so heiß, daß unser erbärmliches Ich samt seiner Kruste dahinschmilzt. – Dmitri dichtet keine Poeme, aber sein Leben, kann nur leben, wenn er sein Dasein dichtet, und gibt alles daran, um dieses Glück wenigstens sekundenlang zu erreichen. Kein Rationalismus hemmt seine Ekstasen. Eine Feuersäule, der jeder Löschungsversuch fernbleibt, rauchloses, reines Element. Durch alle Schlacken bricht der Adel des Menschen, der selbst für den Preis seiner Existenz nicht ein Atom seines Glaubens, nennen wir es seinen Rhythmus, opfern will. – Ich bin gemein, bin schmutzig, lasterhaft und allen möglichen Versuchungen unterworfen, aber alles das ist nur eine dumme und ärgerliche Kleinigkeit. Im Grunde bin ich gut, glaubt es mir, nicht aus Verdienst gut, sondern so geschaffen, kann gar nicht anders sein. Ich liebe das Schöne. Ja, wie soll ich das glaubhaft machen, ich, der in Unrat lebende Mensch? Doch ist es nur das, immer nur das. Es steht so deutlich vor mir, daß ich ein Elender und ein Narr wäre, wollte ich etwas anderes. Auch in Gruschenka sehe ich es. Auch in ihr ist etwas Schönes, eine Bewegung, eine Linie, was weiß ich, etwas im Gesicht und in der kleinen Zehe. Nein, es hat nichts mit Körperlichem zu tun. Das sage ich, der auf ihren Körper brennt und für eine Nacht mit ihr mein Seelenheil hergeben würde. Ja, das sage ich. Es hat so wenig Körperliches, daß, wenn sie sich mir schenkte und bäte: ›Rühr mich nicht an‹, ich ihr nicht nur nichts täte, sondern nicht einmal tun könnte. Ich setzte mich neben sie hin und redete mit ihr. Mein ganzes Leben könnte ich mit ihr reden. – Ich hasse das Häßliche. Das sage ich, der häßlichste von allen, aber kann nicht anders. Ein Mensch ist imstande, mir so widerlich zu werden, daß ich ihn umbringen könnte. Sehe ich, wie so einer mit Absicht häßlich ist und mutwillig Schönes verhöhnt, könnte ich ihn totschlagen, auch wenn es mein Vater wäre, weil man die Pest ausrotten muß. Übrigens sollte man niemanden totschlagen. Zu guter Letzt täte ich es wohl doch nicht. Soll meinetwegen auch die Pest leben. Wer weiß, wofür sie gut ist!

Mit Dmitri hat Dostojewski sein Meisterbild geschaffen, und zwar fast aus dem Stegreif. Stücke Iwans stecken in vielen Gestalten. Die Entwicklung fängt mit dem »Doppelgänger« an. Aljoscha wird vom »Idioten« vorbereitet, und der Vorgänger hilft uns zum Verständnis und hat Dostojewski geholfen. Dmitri überrascht wie der alte Karamasow. Auch er steht nicht ganz ohne Trabanten da. Rogoschin, der Kreuzbruder Myschkins, hat einige vorbereitende Züge, zumal die furiose Triebhaftigkeit; nichts von dem latenten Dichter. Rogoschin erweist das Maß früher erreichter Realität. Dieser Bojar mit dem Messer im Stiefel war kein Phantom. Wir fanden damals, er mache sich von selbst. Vergleicht man ihn – nicht seinen Inhalt, sondern seine Zeichnung – mit Dmitri, wird er zu einer im Fluge erhaschten

Bewegungsskizze, einer Impression, wirksam im Umriß, flächig, reliefartig, ein Profil. Dmitri wird mit derselben Kühnheit profiliert und zugleich in die dritte Dimension gestellt. Er hat wie der alte Karamasow die vollendete Rundheit, dieselbe raumverdrängende Fülle. Selbst den zentralen Helden des »Idioten« und des »Raskolnikow« fehlt diese Leibhaftigkeit. Erst wenn man den Grad von Realität in der Zeichnung Dmitris erfaßt hat, kann man die Realisierung der Zeichnung Iwans schätzen. Sonderbar, wie der eine den andern trägt, obwohl sie nie allein zusammentreffen. Es kommt zu keinem einzigen Zwiegespräch – was hätten sie sich zu sagen? –, aber man blickt trotzdem immer von einem zum andern. Der Weg der Darstellung Iwans ist viel länger und erreicht erst am Schluß des Romans sein Ziel, während wir in der ersten halben Stunde den Rhythmus Dmitris erfassen. Vom Schluß aus sehen wir keinen Unterschied in der Dichtigkeit der Gestaltung. Es entgeht uns nicht, um wie vieles dankbarer der aktive Typ eines Dmitri ist als die beherrschte Physiognomie Iwans. In dem vollendeten Gemälde kommen solche Unterschiede zu keiner kritisch wertbaren Geltung. Dmitris Menschentum, nicht die Künstlerschaft in seiner Zeichnung, steht höher. Den einen wie den andern umwallt die licht- und schattenreiche Atmosphäre.

Die beiden Frauen, die Dmitris Schicksal bestimmen, bilden ein Gegenpaar zu Aglaja und Nastasja im »Idioten«, aber sind beide andersgeartete Menschen mit anderen Gesichtern. Katharina stammt aus der Sphäre der Aglaja, handelt ähnlich, aber hat nichts von dem jungenhaften Reiz der ungeduldigen Braut Myschkins. Der Typ kommt der Achmakow im »Jüngling« näher. Gruschenka hat das Schicksal der Nastasja erlebt, aber wird damit fertig, gehört nicht in das dunkle Reich der Gedemütigten und Beleidigten, sondern auf einen Thron, und der wird ihr auf dem Gipfel des Werkes bereitet. Sie ist unter den Frauen Dostojewskis eine Überraschung wie Dmitri, ihr geborener Partner, unter den Männern. Ebenso deutlich wie die männlichen Gestalten erweisen alle Frauen des Romans, auch Lisa und ihre geschwätzige Mama, die episodenhafte Madame Chochlakow, die gereifte Gestaltungskraft. Neben der Nachfolgerin verliert die Achmakow nahezu alle Realität. Dabei gibt es kaum eine weniger prekäre, um nicht zu sagen: undefinierbare Rolle. Mit der leisesten Parteilichkeit des Autors vorgetragen, geriete Katja sofort in die Untiefe, wohin sie eigentlich gehört, und würde den echt frauenhaften Timbre einbüßen, jenes Gemisch von zitternden Möglichkeiten nach vielen Seiten hin, das bis zuletzt in der Schwebe bleibt. Eine vor kurzem geschehene wesentliche Handlung des stolzen Mädchens, ihr mutiger Gang in die Wohnung des leichtsinnigen Leutnants, um das Geld für die Rettung des Vaters, der die Regimentskasse bestohlen hat und sich erschießen will, zu erbitten, legt Dostojewski in die Vorgeschichte und läßt sie von Dmitri erzählen. Dmitri »beichtet« sie in dem ersten intimen Gespräch mit Aljoscha, das die Beziehungen zwischen den beiden Brüdern sichert. Die Beichte ist notwendig, denn nur in der Darstellung des Beteiligten, in der Ich-Form erzählt, konnte die Szene mit Katja die für den Verlauf des Romans wichtige Bedeutung erlangen. Die Aufgabe, den Helden, von dem wir bisher noch wenig wissen, eine so heikle Angelegenheit selbst berichten zu lassen und ihn und Katharina mit der Art des Berichts unzweideutig zu zeichnen, gehört zu den hundert am Wege liegenden Form-Problemen Dostojewskis, die man hinnimmt, ohne die für jeden anderen unüberwindlichen Schwierigkeiten zu ahnen. Stimmt der Ton, geht alles, sagt man sich mit Recht, aber eben die Lagerung des Tons, so daß in der Geldgeschichte jede Überhebung und doch jede Undeutlichkeit der Gebärde Dmitris vermieden wird, die richtige Beeinflussung unseres Gehörs und Gesichts, zumal jenes zwischen Auge und Ohr liegenden Tastgefühls, das sich am gelesenen Wort entzündet, ist das Kunststück. Kommt es nicht ganz ungezwungen heraus, kommt es überhaupt nicht.

Dmitri hat damals eine schlechte Minute gehabt. Es ging schließlich alles gut, aber es gab die Minute. Als das stolze Mädchen, die unnahbare Schöne, die ihn immer wie Luft behandelt hatte, plötzlich vor ihm in seinem Zimmer stand, immer noch unnahbar, denn sie tat ja den kühnen Schritt nur ihres Vaters wegen, zögerte er einen Augenblick. Nebenbei handelte es sich um den Rest seines Erbes, aber nicht das war der Grund. Der Rest des Erbes, in Gestalt einer 5000-Rubel-Note, lag in einem Buch, einem Lexikon, und wartete nur darauf, den anderen Noten nachzufliegen. Etwas anderes hielt ihn in der Minute zurück. Es lockte ihn, der unnahbaren Schönen einen Streich zu spielen. Er beichtet Aljoscha alles, nennt sich ein gemeines Insekt. Katharina sei nie schöner als damals gewesen, ganz unnahbar schön, und selbstverständlich hätte er sofort nach dem Lexikon greifen müssen. Aber eben weil sie so unnahbar und er ein gemeines Insekt war, von ihr natürlich trotz aller Angst verachtet, packte ihn plötzlich eine Art Wut, juckte ihn die Lust, nun gerade etwas ganz Unerwartetes zu tun und nicht wie Dmitri Karamasow, sondern wie ein Heringskrämer zu handeln und in so einem hübschen Kaufmannston, zutraulich, gemütlich statt der unbedingt nötigen vier- oder fünftausend Rubel zum Beispiel zweihundert Rubelchen anzubieten, weil doch ein ordentlicher Mann sein Geld nicht zum Fenster hinauswirft. Es dauerte nicht lange. Dann hat er dem Lexikon die Note entnommen, sie schön in ein Kuvert getan und ihr das Kuvert mit feiner Verbeugung überreicht.

– »Sie fuhr zusammen, blickte mich starr eine Sekunde lang an, wurde dann furchtbar bleich, ein Handtuch, und plötzlich – gleichfalls ohne ein Wort zu sagen, doch nicht mit einem Ruck, sondern so – weich kniete sie gerade vor mir nieder, verbeugte sich tief, tief, und berührte mit der Stirn den Boden. Nicht etwa schulmädchenhaft, nein, russisch! Als sie hinausgelaufen war – weißt du, ich hatte den Säbel schon umgeschnallt, riß ich ihn aus der Scheide und wollte mich erstechen. Warum, weiß ich nicht, und es wäre natürlich eine furchtbare Dummheit gewesen, wahrscheinlich vor Begeisterung. Begreifst du, daß man sich vor Begeisterung, einer gewissen Art von Begeisterung, töten kann? Doch ich erstach mich nicht, küßte nur die Klinge und schob sie in die Scheide zurück – was ich übrigens jetzt auch nicht zu erwähnen brauchte.«

Dieser Begeisterte, der sein Schwert küßt, ist es ein Russe, der noch vor fünfzig Jahren gelebt haben soll, nicht etwa ein Theodor Körner?

Die Schöne geht nach Moskau, erbt plötzlich, wird steinreich. Eines Tages läuft bei Dmitri ein Brief ein, der ihn »bis in alle Ewigkeit durchdrang«. Katja, die Stolze, bietet sich ihm als Frau an. Sie will sich begnügen, sein Möbel, der Teppich für seine Füße zu sein usw. Er verlobt sich mit ihr, mußte aber damals in seiner Garnison bleiben und schickte Iwan zu ihr, der gerade in Moskau war. Iwan verliebt sich in Katharina. Sie aber hält an Dmitri fest. Natürlich, behauptet Dmitri, liebe sie nur ihre eigene Hochherzigkeit. Übrigens hat er ihr versprechen müssen, sein wüstes Leben aufzugeben, denn sie will ihn natürlich retten. Er aber kann nicht aus seiner Kruste heraus und läuft in die Winkelgasse zur Gruschenka. Es nützt alles nichts. Man gehört nun einmal nicht zu der stolzen Schönen, und sie nicht zu ihm. Was soll sie mit so einem? Iwan, der ihn wegen ihrer sinnlosen Absicht haßt, wäre hundertmal würdiger. Nun ist sie hier in der Stadt, und Aljoscha soll hingehen und ihr seinen Abschiedsgruß bringen. Einer, der zur Gruschenka geht, kann nicht ihr Bräutigam sein. Das ist wohl klar.

Aljoscha versucht, es ihm auszureden. Für ihn handelt Katja nicht sinnlos. Er versteht sehr gut, daß sie einen wie Dmitri lieben kann. Aljoscha irrt und verrät damit, daß er mit seiner Sympathie auf unserer Seite steht. Er kennt ja nicht die letzten Tiefen oder Untiefen Katharinas, die sich der wilden Generosität des Bräutigams widersetzen und eher für einen Iwan empfänglich sind, ahnt vor allem nicht, daß die damals gewährte Schonung ein zu großes, zu unerwartetes Geschenk für sie war und ihre Stirn zu tief in den Staub drückte.

Da gesteht Dmitri seine Leidenschaft zu Gruschenka. Alles, was man Aljoscha darüber gesagt hat, trifft zu. Wenn Gruschenka will, geht er morgen mit ihr zum Popen. Aber sie will noch nicht. ›Später vielleicht‹, lacht sie. Drei Nächte lang hat er um sie geworben, die drei Nächte in Mokroje. Die Zigeuner fiedelten, alles tanzte, Mokroje schwamm in Champagner. Er machte die drei Nächte mit fremdem Geld, brachte Tausende durch und erreichte nur, daß sie noch mehr über ihn lachte. Gerade den Fuß durfte er einmal küssen, die kleine Zehe mit der Linie. Sie soll schon vielen gehört haben, zuletzt einem alten Kaufmann, der ihr vorteilhafte Geldgeschäfte beigebracht hat. So erzählt man. Sie lacht. Jetzt ist der Vater hinter ihr her. Alle sind hinter ihr her. Da der Vater Geld hat, kriegt er sie vielleicht. Fragt man sie, sagt sie nicht ja, nicht nein, lacht nur. Er wird ihr Knecht sein, wird den Samowar für die Liebhaber anblasen, wird die Galoschen der Liebhaber putzen.

Es ist die Verfallenheit Rogoschins. Bei den drei Nächten in Mokroje hört man wieder das silberne Schellengeklingel der Schlitten, wenn der Bojar mit seiner Beute und der ganzen Bande davonfährt. Gruschenka wird nur als Winkelgasse eingeführt, Gegensatz zu der reinen und edlen Katharina, eine katzenhafte, grausame Dirne, ein Begriff aus dem Infernum. Dem armen Aljoscha brennen die Augen, wenn er von ihr hört.

Etwas aber lastet schwerer als alles das auf Dmitri. Die drei Nächte damals wurden auf Kosten Katharinas gefeiert. Sie gab ihm dreitausend Rubel, die er für sie in die Kreisstadt bringen sollte. Er brachte sie nicht in die Kreisstadt, sondern nach Mokroje. Mag er kopfüber in den Abgrund gehen, diese Schuld möchte er nicht mitnehmen. Gerade weil einmal zwischen ihr und ihm von Geld die Rede war, muß er die dreitausend zurückgeben.

Das beichtet er. Den Punkt, der ihn am schlimmsten quält, verschweigt er. In Mokroje wurden nicht die ganzen dreitausend verjubelt. Die Hälfte hob er sich als eiserne Reserve auf. Die braucht er, wenn Gruschenka endlich ja sagt. Mit Gruschenka muß man Geld haben, sonst lacht sie einen aus. Und er will sofort, sobald sie einwilligt, mit ihr wegfahren. Deshalb trägt er diesen geheimen Fonds auf der Brust bei sich und rührt ihn nicht an. Darin erblickt er seine größte Belastung, denn diese Spekulation, die am wenigsten zu ihm paßt, verwandelt den Leichtsinn in Infamie, macht ihn zum Taschendieb. Darunter leidet er. Natürlich hätte er mit offenem Geständnis von Katharina Verzeihung erlangen können, selbst wenn sie die Verwendung des Geldes gewußt hätte. – Die Hälfte habe ich verpraßt, da, nimm den Rest! – Es wäre gar nicht schlimm, zumal wenn man es gleich am nächsten Tag nach Mokroje gemacht hätte. Sie weiß ja, mit wem sie es zu tun hat. Nun verschlimmert es sich mit jedem Tag. Das Säckchen mit dem Geld auf der Brust wird Brandwunde. Er bringt es nicht fertig, Aljoscha diese Schuld zu gestehen, und das wird später zu seinem Verderben führen.

Das Säckchen spielt die Rolle des eingenähten Briefes in Arkadis Jackenfutter. Nur werden solche Mittel jetzt psychologisch vertieft und organisch verankert. Das ominöse Detail ist nicht mehr der gefällige Zufall, der uns im »Jüngling« ermüdet, sondern tritt sehr sparsam und erst im letzten Augenblick, unmittelbar vor seiner größtmöglichen Verwertbarkeit, auf und wird alsdann auch die innere Handlung beleben. Hindernde Bedenken entfernt die primitive Einfalt Dmitris.

Die Pflicht, das Geld zurückzugeben, wird in dem Augenblick, wo er die Verlobung aufhebt, aufheben muß, absolut zwingend. Woher es nehmen? Der betrügerische Vater schuldet ihm viel mehr. Ausgerechnet 3000 – Smerdjakow hat es ihm gesagt – liegen für dieselbe Gruschenka bereit.

Die sehr komplizierte Finanzfrage barg eine Gefahr, die der an solche Fragen gewöhnte Dichter unterschätzen konnte. In Geldsachen hört die Gemütlichkeit auf, und die schillerhafte Romantik des Helden, der begeistert sein Schwert küßt, aber gestohlenes Geld auf die Seite bringt, war einem bedenklichen Beigeschmack ausgesetzt. Dmitri, der das Geld verachtet, wird durch das »Accessoire« in eine Enge getrieben, die nicht jedem Ritter seinen Stil läßt. In der Enge muß neben der ungefesselten Leidenschaft für Gruschenka auch ein Gefühl für Katharina

Platz haben und noch ein Moment, das allein schwere Zumutung bedeutet: die Eifersucht auf den Vater.

Wir spüren weder vor noch nach dem Mord den geringsten Widerspruch in der Mentalität Dmitris. Die Gefahr ist nach dem Mord, selbst wenn man ihn für den Täter hält, viel geringer. In dieser Unterhaltung dagegen lauerte hinter jedem Wort eine Klippe. Dostojewski umschifft sie im Sturm. Die atemlose Hast Dmitris zögert nicht eine Sekunde. Eher wirkt Aljoscha in dieser Szene matt und farblos. Seine Antworten sind lediglich Stichworte für den Bruder. Der Träger der Szene absorbiert das ganze Interesse.

Dmitri klammert sich an Aljoscha. Nur noch ein Wunder, das berühmte Wunder aller Spieler, kann ihn retten, und das Angebot Aljoschas, mit Hilfe der brüderlichen Ersparnisse einen Teil zusammenzubringen, wird überhört. Das Nächstliegende gilt solchen Naturen für viel zu umständlich. Lieber macht man morgen eine aussichtslose Reise nach dem Geld. Aljoscha soll sofort zum Vater. In einem Atem hofft er auf den Alten und fürchtet, dort Gruschenka zu finden.

Und wenn es so wäre? Wenn Gruschenka dahin ginge? fragt Aljoscha.

Damit wird das große Problem der Spannung, nicht der Dichtung, angeschnitten.

Dann erschlage ich ihn! entfährt es Dmitri.

Es geht aus der Antwort Aljoschas nicht mit Bestimmtheit hervor, wie weit er den Bruder ernst nimmt, aber Dmitri ergänzt seine Drohung. Nicht das Geld, auch nicht die Eifersucht würden ihn so weit treiben, sondern der Ekel. Beim Anblick der beiden zusammen könnte ihm das Gesicht des Alten, sein Doppelkinn, sein schamloses Lachen, zu widerlich werden. Ja, dann könnte es geschehen. Wir sehen das Motiv. Geld und Eifersucht, so arg sie ihn quälen, dringen doch nicht in die letzten Tiefen seines Wesens. Die Abnormität des Häßlichen neben der Schönheit wäre ihm unertragbar. Nie täte er Gruschenka ein Leid an. Dergleichen käme ihm selbst bei größter Erbitterung nicht in den

Sinn. Sie ist schön. Der Alte aber geht gegen die Natur. Der Abscheu verdrängt alle anderen Gefühle. Selbst wenn Dmitri kein Verlangen nach Gruschenka hätte, müßte man das Scheusal neben ihr zertreten. Kein Wort über den Vatermord. Die Begriffe Sohn, Vater existieren nicht neben dem Ekel.

Nach dem vergeblichen Versuch bei dem Alten begibt sich Aljoscha schweren Herzens zu Katja, um ihr den Abschiedsgruß des Verlobten zu bringen, und findet Gruschenka bei ihr. Das Drama spannt sich von der anderen Seite. An dem Duell zwischen den beiden Frauen frappiert wieder einmal die vollkommen bühnenmäßige Behandlung. Die Zeichnung der Gestalten steckt ausschließlich im Dialog, und die ganze Szene nimmt fünf oder sechs Seiten ein, ist bei ungleich reicherem Inhalt noch einfacher und kürzer gehalten als die Parallel-Szene im »Idioten« zwischen Nastasja, Aglaja und Myschkin, von deren Form dasselbe gilt. Die beiden Frauen handeln mit einer Einseitigkeit, die von Männern nur in Geschäften aufgebracht wird. Katharina glaubt nicht an die Unvereinbarkeit der Interessen. Sie hat schon vor Aljoschas Eintreffen mit Gruschenka geplaudert; ein sehr zärtliches Geplauder mit Streicheln, Küssen, Schokolade; und das Kätzchen hat Samtpfoten gezeigt. Die Geschichte mit Dmitri war nur so eine Spielerei, ein Zeitvertreib, um einen anderen, den polnischen Offizier, zu vergessen. Der hat vor Jahren das dumme Mädel verführt. Katja versteht. Der Abschiedsgruß ist nicht so schlimm, wie ihn Aljoscha macht. Diese Wildkatze, über die alle möglichen Greuel umlaufen, muß nur richtig genommen werden, und wir verstehen, sie zu nehmen. – Katja begeht den echt frauenhaften Irrtum, Dmitris Untreue lediglich für eine Machenschaft Gruschenkas zu nehmen, und deshalb scheint ihr jetzt Aljoschas Mission unwesentlich. Sie begeht den zweiten Fehler, das soeben unterbrochene Spiel mit dem Kätzchen zu schnell zu diskontieren. Nicht nur ein taktischer Fehler, auch ein Manko des Takts. Ihre Toleranz für die bewegte Vergangenheit der Besucherin und ihre übertriebenen Zärtlichkeiten sind nicht ganz echt. Mit unterstrichener Dankbarkeit sucht sie ein Versprechen zu befestigen, das noch nicht gewährt war, unter anderen Umständen vielleicht gewährt worden wäre. Sie überschätzt sich und unterschätzt das Kätzchen. Ihre Grenzen werden deutlich. Die summarische Erledigung der Geschichte Gruschenkas hat das abgegriffene Virtuosentum siegreicher Weltdamen und entbehrt der schuldigen Rücksicht auf den Gast. Nie durfte sie ohne weiteres Aljoscha über die geheime Hoffnung Gruschenkas auf die Rückkehr ihres Polen und auf Wiedervereinigung mit ihm aufklären, eine Indiskretion, mit der sie doppelt verletzt; sie gibt ein offenbar aufrichtiges Geständnis preis, sucht für den Verzicht der Konkurrentin eine plausible Erklärung und verbilligt die ihr dargebrachte Generosität.

Vielleicht etwas zuviel Begeisterung! denkt Aljoscha.

Plötzlich krallt die Katze. Die Rolle, die man ihr in Gegenwart Aljoschas aufdrängt, mißfällt ihr. Sie habe nämlich einen sehr häßlichen Charakter, ein wetterwendisches Herz und noch dazu schlechtes Gedächtnis. Morgen werde sie vielleicht doch den armen Dmitri erhören, und was dann?

Katja stottert eine konventionelle Phrase, um die Sache einzurenken. Die Katze macht den Buckel und schiebt zur Seite. Plötzlich bittet sie um das Händchen des lieben Fräuleins. Dreimal hat das Fräulein ihre Hand geküßt. Dafür muß eine Gruschenka mindestens dreihundertmal die Hand des Fräuleins küssen, nicht wahr? – Sie nimmt die vornehme Hand, bringt sie nahe an ihre Lippen und läßt plötzlich los. Nein, sie habe sich's anders überlegt. Und lacht ihr kleines kindliches Lachen.

Katja ist wie von der Tarantel gestochen. Wie? Was? – Und Gruschenka bittet sie mit der süßesten Stimme, dies zum Andenken und als Dank für die Schokolade zu behalten, daß sie der Gruschenka die Hand geküßt habe. Darüber werde sich Dmitri königlich amüsieren. – Dabei sieht sie »aufmerksam« Katja an. Die Zuckung interessiert sie. – Katja hält sich nicht. Die üblichen Schimpfworte fallen. Da wird auch Gruschenka böse, und Aljoscha hat Mühe, die Duellanten zu trennen. Die Winkelgasse geht lachend ab.

Immer wieder fragt man sich bei solchen Gelegenheiten, wie es kommt, daß der Dichter solcher Szenen keine Bühnenwerke hinterlassen hat. Eine dumme Frage.

Noch in der gleichen Nacht berichtet Aljoscha alles haarklein dem Bruder, der im Freien gewartet hat. Dmitri erstarrt zuerst, und dann bricht der schillerhafte Held in dröhnendes Lachen aus. Gruschenka, die infernale Göttin der Unverschämtheit, entzückt ihn. Ja, Katja hat recht, man soll sie peitschen lassen, erdrosseln, aufs Schafott bringen, aber vorher muß er schnell mal hin, um sie zu umarmen.

Es fällt schon jetzt nicht schwer, zu erkennen, um wieviel näher Dmitri und Gruschenka zusammengehören und daß die Art der Gründe, die der Katze nahelegten, ihre Krallen zu zeigen, auch bis zum gewissen Grade in dem Verhalten Dmitris gegen die stolze Schöne mitgesprochen hat. Die Nuance ist wichtig. In dem männlichen Romantiker reagiert der unentbehrliche Fond von gesundem Realismus gegen Äußerungen einer nicht ebenso gesicherten weiblichen Romantik.

Das hindert Dmitri nicht, jeden Zweifel an der Ehrlichkeit Katjas auszuschließen. Sie ist auf ihre Art genauso ehrlich in ihren Deklamationen wie er. Wir deklamieren alle.– »Laß sie dichten!« hieß es im »Jüngling«. – Aber von dem Ton der Deklamation hängt die auf Rhythmen horchende Sympathie ab. Dmitri könnte sich für Katja ins Schwert stürzen, nicht mit ihr leben. Aljoscha hat vorhergesagt, Mitja würde sie immer lieben, aber nicht immer mit ihr glücklich sein. In der Szene bei Chochlakows erkennt er mit Scharfsinn, sie gehöre zu Iwan. Das wird sie selbst erst am Schluß des Romans zugeben, nachdem ein anderer für ihre Selbstvergewaltigung gebüßt hat. Sie hat etwas von der Verkünstelung Iwans bei viel kräftigerer Konstitution. Der Intellekt wird mit den Aufgaben, die der Stolz ihr zumutet, nicht annähernd fertig, und das malträtierte Gefühl treibt zur Affektation. Sie möchte ihre Schönheit hingeben, wie Iwan gar bald dahinkommen wird, seinen Intellekt hingeben zu wollen, und ahnt nicht, daß dann nichts übrigbliebe. Wäre sie nicht schön, würde man schwerlich auf sie achten. Ihre Vorurteile sitzen loser als ihre Schönheit, viel loser als die Mauer um Iwan, von deren Zinnen er Gruschenka Tier und den Bruder Geschmeiß nennt. Genauso müßte sie eigentlich denken. Was sie abhält, ist derselbe Umweg, der Iwan zum Hochmut führt, Literatur, nur in billigerer Ausgabe. Ihre Generosität ist auf künstliche Spannungen angewiesen. Man weiß nicht, ob nicht im Alter eine Art Madame Chochlakow aus ihr werden könnte.

Dmitris Bruch mit ihr ist nun endgültig. Der Bericht Aljoschas hat die Sehnsucht nach der Winkelgasse noch gesteigert. Es entgeht ihm durchaus, welche legitimen Gründe für die Steigerung gefunden werden könnten. Katja ist die Reine, Gruschenka die Unreine, und jetzt geht es kopfüber, mit den Absätzen nach oben, in den Abgrund. Der elementare Trieb seiner Begierde kommt vom Tier, nur vom Tier her, zerstört, so glaubt der primitive Ritter, alle Höhen seines früheren Daseins und macht ihn zuletzt noch zum gemeinen Strauchdieb. Das letzte ist das schlimmste. Er springt nicht nackt in den Abgrund, sondern mit einem Beutelchen voll gestohlener Rubelscheine um den Hals. Sieh hier, sagt er zu Aljoscha, und schlägt sich auf die Brust, wo das Säckchen sitzt, hier steckt die hündische Gemeinheit, gegen die alle meine anderen Geschichten Kinderspiel sind! – Er ist sehr nahe daran, die Beichte zu vervollständigen. Wäre es nicht Nacht, käme vielleicht das letztere heraus. Er kann es nicht aussprechen. Der Unterschied zwischen diesem elendigen »Accessoire« und dem Toben in der Brust ist zu groß. Auch wir könnten es schwer ertragen. Käme das Detail jetzt ans Licht, wäre die Übertreibung Dmitris, obwohl nach allen Regeln der Kunst begründet, zu greifbar und zu systematisch. Diese Erwägung, die bei dem ominösen Detail im »Jüngling« nicht mitspricht, ist in diesem Fall zwingend, und daher erscheinen alle Folgen aus der Unterlassung Dmitris nicht als konstruierte Verkettung des Detektiv-Romans sondern gliedern und erweitern die menschliche Tragödie.

Die Brüder trennen sich. Der eine eilt in die Stadt. Der andere steigt bedrückt den nächtlichen Weg zum Kloster hinan.

Der große Kegel dreht sich, und das Licht fällt auf den jüngsten Karamasow. Sogleich kommt viel Volk auf die Bühne. Dies unterscheidet ihn von den anderen. Aljoscha ist nie allein. Entweder hat er das Kloster mit den Mönchen um sich oder Kinder. Er geht auch oft zu dem Vater oder sitzt als schweigsamer Mittelsmann bei den Brüdern. Kommt es dem Dichter auf ihn selbst an, lärmen Kinder um ihn, oder fromme Mönche streifen ihn mit ihren Kutten. Auch dann bleibt er in einem anderen Sinne Mittelsfigur, ein Geschöpf zwischen Erde und Himmel, das von der Vertiefung der Realität, die den anderen Gestalten des Romans zugute kommt, nicht getroffen wird, sondern einer ganz anderen Welt anzugehören scheint. Die Bildnisstärke des alten Rembrandt, die den anderen Karamasow Gestalt gibt, hat ihn nicht berührt. Seinem schwebenden Gang käme nordische Robustheit nicht nahe. Er ist von anderer Materie, vergleichsweise überhaupt nicht aus Materie. Gibt es nur Rembrandt, vermag nur der Sturm, der den Stil linderer Gestaltung beiseite stößt und uns ins Drama hineinreißt, unsere Augen zu öffnen, so entgeht uns Aljoscha, und damit würde uns im Kampf der Erde gegen den Himmel der Engel entgehen, dem Dostojewski das letzte Wort gewährt. Das bedroht jeden von uns bei der ersten Lektüre. Sowenig Aljoscha vermochte, den einen Bruder von seiner Winkelgasse, den anderen von seiner Hölle zurückzuhalten, sowenig gibt der auf Austrag der Tragödie gespannte Sinn dem ganz untragischen Menschen nach, der zwischen Dämonen wie unter Blumen wandelt. Sein leises Wort verhallt in dem Orkan, seine zögernde Gebärde entgleitet. Womöglich ist er unwahr. Dann wären wir soweit, die Möglichkeiten jeder anderen Kunst für Dachgarten-Zierat zu erklären. Diese Einseitigkeit bedroht den Bewunderer Rembrandts, der plötzlich vor Raffael steht. Ungefähr entspricht diese Situation dem Eindruck bei der ersten Lektüre. In seiner glänzenden Studie vergleicht Wolynski Aljoscha einer Gestalt Fra Angelicos.[69] Vielleicht ist dieses verlokkende Bild ein wenig zu diminutiv für die seelischen und intellektuellen Möglichkeiten Aljoschas, aber es bezeichnet die seraphische Vorherbestimmung des Novizen, der wie der Mönch von S. Marco nicht nach einem Kampf mit der Welt, aus Reue oder Buße in den Garten Gottes flieht, nicht erst bekehrt werden muß, sondern die Eignung gleich einer höheren Begabung mitbringt. Er ist für ein Kloster (nicht gerade für dieses Kloster bei der Stadt, aus dem ihn sein Staretz hinausgehen heißt, vielleicht überhaupt für kein bestimmbares Kloster) geboren, nicht um dort zu fasten und wie der finstere Mönch Ferapont die Geißel zu schwingen, sondern um Gott und sein himmlisches Gefolge zu preisen. Wenn es erlaubt ist, ihn mit der Bilderwelt zu zeichnen, möchte man zu der Süßigkeit Fra Angelicos den freieren Raum hinzunehmen, den ein Piero della Francesca mit größeren Gestalten belebte. Immer wird man in der Nähe toskanischer Gebärden bleiben.

Toskana in diesem russischsten Werke Rußlands! – Darauf antwortet jeder Russe: Warum nicht? – Nur der Europäer, dem immer die Ausdehnung der Heimat Dostojewskis entgeht, wundert sich. Rußland reicht von Byzanz bis in arktische Grade des Nordens und verbindet diese beiden Pole mit einer Kurve über Asien hinweg. Dieser Kontinent trägt im Westen die kleine Halbinsel Europa, vergleichsweise der Kopf des Riesenkörpers, ein Gesicht mit beweglichen Zügen. Das Herz steckt in Rußland, ein langer Weg. Dieses Herz ist vieler Regungen fähig. Man könnte es sich als Urquell aller Regungen denken, von denen bisher nur ein verschwindender Teil zu Gesicht wurde. Rußland hat nie eine Plastik hervorgebracht und ist in der Malerei bei primitiven Ikonen stehengeblieben, durfte, mußte dort stehenbleiben, weil es das Bild nicht ästhetisch, sondern religiös betrachtet, weil sein Glaube nicht des prunkvollen Ausbaues durch eine weltliche Kirche bedurfte. Die Gedanken Dostojewskis über Kirche und Gott lassen sich fast geologisch begründen.

Dieses von keiner Zivilisation unterjochte, der Seele zugänglichste aller Länder, das, wie Dostojewski sagte, allein den Europäer der Zukunft hervorbringen kann, dieses Volk, das wie kein anderes leidet, weint und betet, wie kein anderes singt, spielt und tanzt, das Namen wie Aljoscha führt, dessen Sprache romanischen Wohlklang und geeignete Werkzeuge für letzte Psychologie besitzt, über Nacht eine Literatur, die einzig bedeutsame unserer Tage, wenigstens als kollektive Schöpfung, hervorgebracht hat, muß wohl in seinem Innern auch die Regungen bergen, die das individualistische Europa zu den Werken seiner großen Meister geführt hat. Die Fähigkeit eines so kunstfremden Dichters und Denkers, sich sofort in einen Claude Lorrain einfühlen, einen den meisten Europäern längst abhanden gekommenen, höchst wesentlichen Wert lebendig erfassen zu können, ist keine Sonderheit Dostojewskis, sondern russische Eigenschaft.

Für dieses Rußland ist Aljoscha ebenso legitimer Repräsentant wie Dmitri, wie Iwan, wie der alte Karamasow. Gleich neben der infernalen Wollust lebt im Russen eine Keuschheit von berückender Gewalt. Berückende Keuschheit – zumal dem Protestanten eine kaum vorstellbare Erweiterung des gewohnten Begriffs. Unser lauer Pastorenglaube vermag mit der Tugend keine Wallungen zu verbinden, ohne sogleich fanatische Askese, nicht Fra Angelico, sondern einen Berserker vor sich zu haben. Aljoschas Keuschheit ist anmutige Natur und kennt nichts Negatives. Er wächst zufällig in andere Richtung als die von Lüsten heimgesuchten Nebenmenschen, aber hält sich auch für einen Karamasow, den nächstens der Teufel packen wird. Darin irrt er. Der Teufel kann ihm auf die Schulter springen, sich als Gewand, eine andere Mönchskutte, ihm umhängen, nie käme er in sein Inneres hinein. Er kann ihn umbringen, obwohl der Junge zähe und behende ist, nichts weniger als ein ausgemergelter Abstinent, mit dem man schnell fertig wird; eher ein Tobias auf der Reise, blond, mit frischen Wangen, in der einen Hand als Wegzehrung den Fisch, die andere in der Hand des Engels, rüstig fürbaß schreitend. Gelingt es, ihn umzubringen, hat er einen Unfall erlitten und ist ohne Sünde gefallen.

Man erkennt einen jüngeren Bruder des »Idioten«, ohne die begrenzenden Hilfsmittel, Krankheit und Lächerlichkeit, deren der Realist bei der Darstellung des »positiven Helden« noch zu bedürfen glaubte. Er ist auch kein Held. Nichts von dem Absonderlichen, das den Fürsten Myschkin aus seiner Umgebung heraushob, zumal nichts Tragisches, zeichnet ihn aus. Auch keine Romantik. Er besitzt einen zuweilen fast nüchternen Realismus und sieht allen Dingen gelassen auf den Kern. Kein Christus-Mensch. Nie fände sich einer, um ihn ans Kreuz zu schlagen. Alle lieben ihn, und nicht wie man Myschkin liebte, auf einem Umweg nach diesem und jenem Groll, sondern ohne weiteres mit Haut und Haar. Nie wurde eine liebenswertere, mehr geliebte Gestalt geschaffen. Dostojewski hat mit Aljoscha viel weniger gewollt als mit Myschkin, und nie wäre der Kreuzbruder Rogoschins durch den Bruder Dmitris zu ersetzen. Myschkin ist unvergleichlich größer im Dunst einer kleineren Welt. Aljoscha hat trotz seines Realismus mehr von einer höheren Welt an sich. Unter seiner komischen Mönchskutte, die Lisa zum Lachen bringt und ihn nicht hindert, über Zäune zu klettern, stecken Flügel. Er könnte in dem Drama auf Golgatha nur eine Nebenfigur spielen, zum Beispiel einen der um das Kreuz schwebenden Engel, die das heilige Blut in Schalen auffangen. Er würde dabei nicht seraphisch lächeln, sondern ernst und sachlich dreinschauen.

Aljoscha ist ein lebend herumlaufendes Stück Legende. Alles, was uns bei ihm immer an Italiens erzählende Maler denken läßt, ist die Legende. »Ein früher Menschenfreund«, meint Dostojewski. Ja, er ist sehr früh und wird immer früh bleiben. Wolynski hält ihn für den idealen Typ des russischen Jünglings, weil es der russischen Jugend nicht auf Metaphysik, »sondern auf warmblütige, andächtige, allem Realen aufmerksam zugeneigte frühe Menschenliebe« ankomme. Mag sein! Dostojewski hat uns auch von anderen russischen Jünglingen erzählt, und wir glauben es dennoch. Ja, das Urwüchsige und Spontane in Aljoschas zartem Novizentum der Menschenliebe ist auch den Arkadis, selbst den Raskolnikows und allen kleinen und großen Sündern beigemischt, nur erscheint es in Aljoscha einmal ganz rein. Es verblüfft uns, einen Dichter unserer Zeit einen Engel schaffen zu sehen, noch dazu einen repräsentativen Engel, nicht abstrakt, sondern höchst russisch. Dem Dichter der Karamasow ist der Umgang mit überirdischen Wesen dieser Art so natürlich, daß er den leichten Verkehrston, sogar seinen Humor, beizubehalten vermag. Aljoschas Verhältnis zu Lisa ist ein tänzelndes, silbern umsäumtes Wolkengebilde. Lisa lacht sich tot über den Engel. Als verwöhntes Kind, dem man nichts abschlagen kann, kommt diese lustige Kranke, eine Verwandte Aglajas, auf den frechen Einfall, Aljoscha zum Mann haben zu wollen, und der Begehrte hat durchaus nichts einzuwenden, da ihm sein Staretz die Heirat empfohlen hat, und küßt sie mitten auf den Mund. So gehört es sich. Der Mutter, die mit Aljoscha über Iwan redet, ruft Lisa von ihrem Zimmer aus zu: »Mama, verderben Sie ihn nicht!« – Wolynski meint, Aljoscha ständen mit dieser Braut Enttäuschungen bevor. Das ist unwahrscheinlich. Natürlich wird diese spaßige Heirat nie zustande kommen. Was tut es? Lisa steckt den Finger in die Tür und klemmt sich die Fingerspitze, um mal etwas anderes als Aljoscha zu spüren. Der schwarze Nagel wird abgehen, und nachher lacht man wieder. Der Engel kann keine Frau hinreißen, keine enttäuschen. Nie wird sich um ihn ein Drama Aglaja–Nastasja entspinnen, und es wäre banal, ihn vor dem Materialismus zu schützen, der Myschkins Ehefähigkeit in Zweifel zog. Wenn Lisa einmal irgendeinen Iwan heiratet, der ihrem kindischen Bedürfnis nach Schmerz mehr als zuträglich entspricht, wird ein Hauch Aljoschas neben ihr sein und die Tränen trocknen. Doch ist auch Aljoscha Enttäuschungen zugänglich. Wenn mit dem Tod seines geliebten Staretz der nie vermutete Leichengeruch kommt und die beiden Parteien im Kloster in Aufruhr geraten, zuckt in dem Novizen der Schmerz über die Häßlichkeit, und er bricht in Tränen aus. Mit nichts konnte Dostojewski besser unsere Träume über Aljoscha aus den Wolken auf die Erde zurückführen, ohne sie zu zerstören.

Hier nähert sich Rembrandt dem Fra Angelico, und das himmlische Lächeln wird von dem irdischen gekrönt. Ein Humor, den wir uns kaum zu gestehen wagen, umspielt die Einzelheiten dieser Geruch-Geschichte, die vielen Mönchsnasen, die sich so und so rümpfen, heimlich und offen schnüffeln, sich aufblasen oder noch dünner werden, und Aljoscha hat seine Versuchung. Man verzeiht dem Dichter die lange, viel zu lange Staretz-Epistel, die ihm Gelegenheit gab, seine Klosterstudien zu verwenden, verzeiht sie ihm gern für diese Nachgeschichte des Heiligen, der nicht ungerochen blieb. Ein einziges Mal ist Aljoscha verbittert, weil das Wunder ausblieb. Iwans Predigten gehen zum einen Ohr herein, zum anderen hinaus und interessieren Aljoscha nur als Belege für den Zustand des Bruders. Von Gott kann ihn keine Rede abkehren, und jeder Kampf gegen seinen Staretz wäre vergeblich. Wie aber der Leichengeruch den Jüngling aus dem Kloster in den Wald treibt und der Versucher Rakitin, ein kleiner, schieberhafter Iwan, vor ihn tritt und ihm die »Rangerhöhung« des Staretz am Gesicht absieht, da spricht der wehleidige Novize fast mechanisch die Worte Iwans nach und will, nun auch er, die Gotteswelt nicht annehmen. Die Variante öffnet alle Perspektiven eines von allen Karamasow, von allen – auch den urchristlichen – Helden Dostojewskis betriebenen, heidnischen Kults der Schönheit. Man möchte fast beklagen, daß Dostojewski die Gelegenheit, die tiefste und an Wundern reichste Quelle seiner Religion aufzudecken, nicht gründlicher benutzt hat. Das Häßliche erschüttert Aljoscha. Nun ist er bereit, in die Winkelgasse zu gehen. Gruschenka skizziert eine Orgie und hüpft dem Novizen auf den Schoß. Sie hat ihn schon lange mal »fressen« wollen, und Rakitin sollte, wenn er ihr den Fang brächte, königlich belohnt werden. Aber Engel und Kinder haben Glück. Natürlich hat sich Gruschenka verstellt. Aljoscha findet sie gar nicht so schrecklich. Sie ist heute nicht anders wie tags zuvor bei Katja, und wenn man sie richtig versteht, braucht man sie nicht zu fürchten; eine Frau wie jede andere, eine Schwester. Nicht Katja, sondern Aljoscha weiß sie zu nehmen. Satan hat das Nachsehen.

Mit dieser Szene wird gleichzeitig die Disposition Gruschenkas für den großen Akt in Mokroje gewonnen. Aljoscha hat ihr Herz gerührt, und sie erzählt nun auch ihm die Geschichte von ihrem Polen, die das Fräulein gestern nicht begriffen hat. Nur aus Sehnsucht, Wut und Scham hat sie sich verstellt; das Motiv der Nastasja. Nur des Polen wegen gibt es eine Winkelgasse. Nun ruft sie der Frühere. Gleich wird sein Wagen kommen, um sie nach Mokroje zu holen. Er ist Witwer geworden und will sie nun heiraten. Der wird Augen machen. Aus dem kleinen dürren Mädchen ist eine blühende Schönheit geworden, die etwas mit sich anzufangen weiß. Man wird ihm eine Gruschenka vorsetzen, daß ihm die Augen übergehen. Und dann, wenn er lichterloh brennt, bekommt er seinen Tritt. Oder, sag Aljoscha, soll ich ihm vergeben? –

»Du hast ihm doch schon vergeben!« lächelt Aljoscha.

Während Gruschenka zu ihrem Polen nach Mokroje fährt, eilt Aljoscha nach dem Kloster. Nicht nur weil er heil der Winkelgasse entkam, treibt ihn die Sehnsucht zu der Bahre des Toten. Er könnte nicht sagen, was ihn treibt, immer schneller zu laufen. Es hängt wohl mit der Weisung des Staretz, in die Welt zu gehen, anstatt endgültig Mönch zu werden, zusammen; eine Weisung, die ihm bis heute unbegreiflich geblieben ist. Erst jetzt beginnt er sie zu verstehen.

Mit einer Symbolik, die dem Kirchenbild des Südens entgeht, deutet Dostojewski die Wandlung in Aljoscha an, die Ahnung seiner Mission und mit ihr die Vertiefung des Menschentums in dem Engel. Man hat alle Fenster des Leichenzimmers geöffnet. Folglich, sagt sich Aljoscha, muß der Geruch stärker geworden sein. Schon scheint er sich nur noch durch Reflexion auf das Ärgernis zu besinnen. Pater Paissij liest mit eintöniger Stimme die Evangelien und ist gerade bei der Hochzeit zu Kana. Der Jüngling fällt in Halbschlaf und träumt eine Hochzeit zu Kana, an der er zusammen mit seinem Staretz teilnimmt. Sie erleben das erste Wunder, das große, beseligende Wunder der Freude. Nachher tritt Aljoscha hinaus in die Nacht, unter freien Himmel. »Es war, als flösse die irdische Stille mit der des Himmels zusammen, und das Geheimnis der Erde mit dem der Gestirne wurde eins.« Aljoscha steht und lauscht. »Plötzlich, wie von einem wuchtigen Schlag getroffen, wirft er sich auf die Erde, umfängt sie, küßt sie weinend und schluchzend, tränkt sie mit seinen Tränen und schwört sich verzückt, sie bis in alle Ewigkeit zu lieben.«

So hat das Ärgernis, das Ausbleiben des Wunders, ihn erst recht zum Wunder geführt, zu einem Wunder, von dem kein Groß-Inquisitor etwas ahnt. Er gehört der Erde. Nun besitzt er die Stärke, seinem Staretz zu gehorchen und das Kloster mit der Welt zu vertauschen.

Die Legende ist vollendet. Ohne es deutlich machen zu können, spürt man eine entfernt ähnliche Erhöhung wie die mit dem Groß-Inquisitor. Nur wird nicht Schiller fortgesetzt, und kein »Poem« formt die Erhöhung. Das mag der Grund sein, warum man den überlieferten Wert, der erhöht wurde, nicht zu nennen vermag. Oder liegt es an der Ehrwürdigkeit der Überlieferung? Nur ein einziger Mensch besaß die Ehrfurcht und das Genie, sich ihr einzuordnen und auf das Geheimnis der Erde und des Himmels einen Psalm bebender Worte zu dichten.

Berdjajew hat in seinem tiefen Buch über Weltanschauung und Religion Dostojewskis[70] auf die fehlende Renaissance und den fehlenden Humanismus (als historischen Begriff) in der Geschichte Rußlands hingewiesen und in diesem Mangel eine notwendige Folge nicht nur der geographischen und sozialen Bedingungen seiner Heimat, sondern vor allem Ausdruck der russischen Geistesart erkannt. Mit Recht betrachtet er den Mangel als einen Vorzug, da mit seiner Hilfe Leute wie Dostojewski leichter den ungeschwächten Anlauf zu einem neuen christlichen Bekenntnis und zugleich die Kraft finden konnten, sich allen Kämpfen des Gewissens für und gegen den Zweifel bedingungslos hinzugeben. Vielleicht hat auch Europa einmal die Frage nach Gott mit russischer Intensität begriffen. Das ist sehr lange her. Heute fehlt jede Möglichkeit des Vergleichs. Es gehört, wenn wir ehrlich sein wollen, zu unseren größten Rätseln Rußlands, daß dort der Kampf ums Christentum die Geister bis in alle Tiefen erregt, dieselben Geister, denen wir letzte Aufschlüsse über den modernen Menschen, womöglich über den Menschen von morgen verdanken.

Aljoscha hat so gut wie jeder Karamasow, jeder Russe, seinen Anteil an der großen Frage. Dieser ist im russischen Sinne bescheiden. Dafür bekommt er ein Besonderes hinzu, das mir wie ein traumhafter und köstlicher Ersatz jener versagten Renaissance erscheint.

Die einzige Hauptfigur ohne alle Vorgänger oder auch nur vorbereitende Züge ist Smerdjakow, der Bastard. Er gehört zu den nicht seltenen Menschen Dostojewskis, die an Fallsucht, seiner eigenen Krankheit, leiden. Diese Äußerlichkeit ist alles, was sich an Beziehungen zu anderen Gestalten ergibt. Die Verwandtschaft mit der Familie wird nur gerüchtweise in der Vorgeschichte gestreift. Keiner der Brüder, ebensowenig der Alte, spricht je davon. Smerdjakow dient, gehört ins Hinterhaus zu dem anderen Diener, dem alten Grigori. Er dient mit Würde und subtil. Keiner käme darauf, in ihm den Sohn der schmutzigen Idiotin zu vermuten. Er ist bei aller Dürftigkeit peinlich sauber, geschniegelt und gebügelt, mit blanken Stiefeln und kunstvoll frisierter Tolle. So sein Verstand und das Satzgebilde seiner altmodischen Sprache, Urbild bürgerlichen Anstands. Eine Larve. Man könnte ihn sich vermummt in die Kapuze venezianischer Sargträger mit den geschlitzten Augen in der Maske denken. Auch Iwans überlegener Intellekt kommt nicht hinter die Larve. Dabei tut er so, als existiere er nur als Schatten Iwans, gibt sich als Untertan des freigeistigen Philosophen. Wenn es ihm einfällt, spielt er mit seinem Herrn und peinigt ihn bis zum Wahnsinn. Auch dieser spukhafte Menschen-Automat steht mit der Wirklichkeit eines Schalterbeamten, auf dessen Skripturen wir warten müssen, vor uns.

Zum erstenmal fällt volles Licht auf ihn nach der Szene mit dem Groß-Inquisitor. Diese Szenenfolge ist bedeutsam. Nach dem Fehlversuch Iwans mit Aljoscha trifft er Smerdjakow, der um so bereitwilliger zur Verfügung steht. Mit mir kannst du alles machen, sagt das versteckte Lächeln, bin dein Lakai, dein Gefäß, das jeden Tropfen, den du hineinfallen zu lassen geruhst, behutsam aufhebt. Jedes Atom deines Giftes wird registriert, und täglich putze ich deinen Satz blank: Alles ist erlaubt.

Iwan haßt die Fratze. Was hat ihn je getrieben, an diese Spottgeburt ein Wort zu verschwenden? Nicht nur ein Wort. Heimlich ertappte er sich auf dem Gefühl niedrigen Vergnügens, wenn er mit dem Menschen sprach und sah, wie der Pedant seine Worte fraß. Als hätte er mit ihm ein lichtscheues Laster gemein. Heute, nach der Trennung von Aljoscha, ist ihm der Wiederkäuer widerlicher als je. Er will ihn abschütteln, mit einem Schimpfwort weitergehen und bleibt wie gewöhnlich stehen. Das verkniffene Auge der devoten Fratze nickt unmerklich: Hab' gleich gewußt, würdest doch stehenbleiben, hast mir sicher etwas Hochinteressantes zu sagen. – Iwan will ihn anschreien, aber wider Erwarten kommen ganz andere Worte freundlich und leise über seine Lippen. Ob der Vater schon schlafen gegangen sei? – Er weiß nicht, wie er zu der albernen Frage kommt. In der Sekunde vorher war sie noch nicht in seinem Sinn. Und wie kommt er dazu, sie leise zu sagen?

– »Geruhen zu schlafen«, antwortet Smerdjakow langsam, und das Auge zwinkert: Wußte doch, du würdest anfangen. Merk es dir, du warst der erste! – Und er tritt befriedigt von einem Fuß auf den andern.

Nun entspinnt sich diese Unterhaltung, bei der wie bei allen Unterhaltungen zwischen den beiden jeder eine doppelte Rede führt, die eine mit dem Munde, die andere mit den Augen. Smerdjakow benutzt zuweilen auch seine blankgeputzten Stiefel, um seine pedantische Selbstzufriedenheit zu spiegeln. Er setzt seufzend seine üble Situation zwischen dem alten Herrn und dessen ältestem Herrn Sohn auseinander. Der alte Herr fragen erbost nach ihrer Dame, und Herr Dmitri fragen selbentlich nach ihrer Dame. Der eine wollen durchaus besagte Dame im

Hause haben und gehaben sich, als könne man etwas dafür tun. Und von dem Herrn Sohn hinwiederum wird man bedroht, gleich einer Laus totgeschlagen zu werden, falls selbige Dame das Haus betrete. – Er entwickelt langsam und ausführlich sein Vorgefühl einer Untat. Kommen Dmitri und der alte Herr in der Nacht zusammen, geschieht etwas. Deshalb rate er Iwan, morgen in ein Nest in der Nähe zu fahren, wo etwas für den Vater zu tun ist. Er stellt sich, als sähe er nicht den Widerspruch in seinen Worten. Das heißt, mit Worten tut er so; das eine, halbzugekniffene Auge tut anders. Iwan will abbrechen und die Angst des widerlichen Menschen – denn Angst ist es ja wohl – für Blödsinn halten, aber bleibt wieder stehen, hört weiter zu, von der geheimen Neugierde getrieben, wie der Mensch seine Vermutung wohl weiterentwickelt. Bedauerlicherweise nämlich kennen Herr Dmitri das Zeichen, das Tuck-tuck ans Fenster, mit dem man in der Nacht den alten Herrn sofort zum Öffnen bewegen kann. Woher Dmitri das Zeichen kennt? Ja, das hat man sich doch bewogen gefühlt, Herrn Dmitri mitzuteilen. Aus Angst natürlich, Angst vor der entsetzlichen Wut des Herrn Dmitri. Aus welchem Grunde sollte man es sonst wohl mitteilen? Doch nur, um Herrn Dmitri die Treue und Unterwürfigkeit seines Dieners zu bezeugen, da sie sonst in Argwohn geraten könnten. Nun wird man Herrn Dmitri trotzdem nicht einlassen, soweit dies von draußen zu verhindern ist und man auf ihn aufpassen kann. Aber wenn man zum Beispiel einen Anfall bekäme, wie? Das trifft sich so. Morgen, gerade morgen, wird ein Anfall kommen und dazu einer, der sehr lange dauern wird, womöglich drei Tage.

Selbstverständlich kann kein Epileptiker einen Anfall und gar die Dauer eines Anfalls vorhersagen, und selbstverständlich fällt es ihm auch gar nicht ein, das behaupten zu wollen. Daher ist es eigentlich albern, sich auch nur fünf Minuten mit dem Menschen einzulassen. Trotzdem fragt Iwan: »Also kannst du einen Anfall simulieren?« – Er fragt nur, um den ameisenhaften Betrieb dieser Dummheit kennenzulernen.

Ja, das könne man auch, meint der Gefragte, und selbiges wäre, falls man es aus Angst unternähme, kein Unrecht, abgesehen von der Erlaubnis für alles. Käme nun also der Anfall, so könne man alsomit nicht aufpassen.

Dann sei doch noch Grigori da, meint Iwan ungeduldig. Gewiß, sagt der andere, theoretisch lasse sich die Existenz Grigoris nicht leugnen. Praktisch aber ergebe sich hinwiederum die Nichtexistenz Grigoris, sintemalen er sein Podagra habe und gerade morgen die Alkoholeinreibung bekomme, alsdann aber bekanntlich immer in Trunkenheit gerate, weil er, um zu transpirieren, den Rest des Alkohols innerlich zu sich nehme, weshalb auf Grigori nicht zu rechnen sei.

Ist es nicht, als habe der Mensch das alles für morgen eigens ausgeheckt? Und was bezweckt er mit dem Gerede? – Nun, lächelt der Mensch harmlos, warum sollte er es verschweigen? – Das zwinkernde Auge ist plötzlich ganz nahe wie unter einem Vergrößerungsglas. Iwan packt die Wut. Aber wozu? Unsinn, alles Unsinn! Nie wird Dmitri dem Alten ernstlich etwas tun. Erstens kommt Gruschenka gar nicht und gibt also Dmitri gar keinen Anlaß.

Aber auf jeden Einwand schleppt die ameisenhafte Betriebsamkeit Smerdjakows mindestens drei Entgegnungen herbei. Man kann mit manchen Menschen nie richtig rechnen, weder mit so einer Dame noch mit so einem Herrn. Und Iwan, der neulich der Prügelszene beigewohnt hat, müßte das eigentlich auch wissen. Außerdem gibt es da die Geldgeschichte. Herr Dmitri brauchen Geld.

Iwan fährt dazwischen. Was erlaubt sich der Lakai? Nie täte Dmitri etwas wegen Geld. – Ja, aber Herr Dmitri brauchen wirklich sehr viel Geld, und es besteht die Gefahr, daß, wenn selbige Dame wollten und nur geruhten, mit dem kleinen Finger zu winken, der alte Herr sofort nicht nur die dreitausend Rubel, sondern sämtliche Kapitalien ihr überschreiben würden. Dann würden alsomit weder Herr Dmitri noch Herr Iwan, noch das jüngste Brüderchen auch nur einen runden Rubel erben. Gingen aber der alte Herr mit dem Tode ab, so fielen auf jeden der Herren Söhne mindestens vierzigtausend. Das aber wissen Herr Dmitri alles, und selbiges muß als gefährlich angesehen werden.

Iwan wird es schwer, stillzuhalten. Darum also rät der Mensch ihm, morgen in das Nest zu fahren, trotz allem, was dann geschehen kann. – Smerdjakow nickt wohlüberlegt und sieht zufällig Iwan unverwandt mit dreister Vertraulichkeit in die Augen. Ja, das sei vollkommen richtig. – Gerade zur rechten Zeit fügt er hinzu, natürlich nur aus Mitleid mit Herrn Iwan rate er das. Es sei doch besser, wegzufahren, als so eine Geschichte mit anzusehen.

Ein Riesenidiot oder ein Riesenschurke! denkt Iwan und steht auf. Einen Augenblick steckt Smerdjakow erschrocken den Kopf weg. Iwan lacht. Unsinn! Das Ungeheuerliche, der Kerl spiele mit ihm, treibe hier eine finstere Machination, ist undenkbar. Es ist nur ein Idiot, der vor lauter eingebildeter Angst Unsinn redet. Man soll ihm die Angst gönnen.

– »Ich werde morgen nach Moskau fahren!« sagt er plötzlich. Nicht nach dem Nest in der Nähe, sondern auf einmal nach Moskau.

Sofort beeilt sich Smerdjakow zu versichern, das sei das Allerbeste, denn man könne ihn ja auch in Moskau telegraphisch »beunruhigen«.

Wieder stutzt Iwan. Eigentlich müßte doch die Angst des Menschen, wenn der Beschützer wirklich wegfährt, größer werden. Auf einmal ist der Mensch nur noch Lakai, ein Hund, der auf den Befehl des Herrn lauert. Was der Herr tut, ist wohlgetan.

Iwan geht lachend und kommt lachend ins Haus. Wer aber sein Gesicht sähe, würde das Lachen sonderbar finden. Übrigens hätte er selbst nicht sagen können, was in dieser Minute mit ihm geschah.

Ippolyt, der Schwindsüchtige im »Idioten«, berichtet in seiner Erzählung am Geburtstag des Fürsten von einem reptilhaften Käfer, der in seiner Krankenstube herumlief und ihn vor Ekel und Entsetzen lähmte. Am schlimmsten war es, wenn das Tier sich in sehr langsamen regelmäßigen Windungen vorwärts bewegte. – Nur dieses Reptil könnte Vorgänger Smerdjakows sein.

Am nächsten Morgen reist Iwan tatsächlich ab. Der Alte freut sich, ihn loszuwerden, denn nun hindert Gruschenka nichts, tuck-tuck zu ihm zu kommen. Er bildet sich ein, diese Abreise müsse sie herbeiführen. Wahrscheinlich hat sie nur auf Iwans Verschwinden gewartet. Sein Behagen wird durch die Nachricht von dem epileptischen Anfall seines Kochs gestört. Man hat den Unglücklichen besinnungslos mit Schaum vor dem Munde im Keller gefunden, und der Doktor erklärt den Fall für ernst. Der Alte muß sich ohne die gewohnte Fischsuppe behelfen. Am Abend wird ihm noch ein zweites Unglück gemeldet. Der erkältete Grigori hat sich kreuzlahm zu Bett legen müssen.

An dieser Stelle hat Dostojewski die Handlung unterbrochen und den dem Staretz Sossima gewidmeten Teil eingefügt. Die Zäsur war unbedingt notwendig, um dem Leser Zeit zu geben, Atem zu holen und die Spannungsmomente aus der Disposition der Hauptakteure zu sammeln. Auch bedarf es dieses Teils zur Darstellung Aljoschas, und schließlich hat der unüberwindliche Tendenzdichter die Einschiebung für die Konsolidierung seines zweiten Stockwerkes gebraucht. Das weiße Kloster sollte nicht nur Dekoration sein, sondern, ähnlich wie die Glorie auf dem Begräbnis des Grafen Orgaz von Greco, die irdische Handlung mit einer überirdischen überdachen. Der Maler hatte es leichter, da der irdische Teil seiner Handlung, eine Zeremonie legendenhaften Inhalts, den Zusammenhang mit dem Himmel als gegeben voraussetzt, während der Dichter den Zusammenhang einer Handlung abgewinnen mußte, die dafür so ungeeignet wie möglich war. Sagen wir es gleich: Ein so sinnfälliger Ausgleich zwischen unten und oben wie auf dem Gemälde Grecos mußte sich dem Dichter der Karamasow versagen. Er hat um ihn mit einer Anstrengung gerungen, die der auf Fortsetzung der Handlung erpichte Leser kaum zu würdigen vermag, und es liegt nahe, mit einer freundlichen Anerkennung – in magnis voluisse sat est – weiterzugehen. Da wir hier keine Detektivgelüste zu pflegen haben, lohnt es sich, einen Augenblick zu halten, um so mehr, als es sich um einen großen Teil des Romans, das sechste und siebente Buch von den zwölf, handelt, den wir nicht ohne weiteres überspringen können. Wenn uns bei der gegebenen Situation, diesem Mordroman, und bevor wir die Wege des Dichters kennen eine Symbolik, wie sie Dostojewski hier mehr oder weniger sinnfällig erreicht hat, angekündigt würde, wäre es uns kaum möglich, in der Absicht etwas anderes als seichten Dilettantismus zu sehen, und keinem fiele ein, eine weder das Unten noch das Oben travestierende Lösung für möglich zu halten. Es ist zuweilen gut, sich solche Fragen mit verdeckter Lösung vorzulegen. Dostojewski war auf Umwege angewiesen und bediente sich der Episoden. Ich nenne hier nur eine. In der Lebensgeschichte des Staretz wird von einem Mörder berichtet, der (gleich dem Helden des großen Sünder-Romans) unentdeckt bleibt. Er gesteht dem jungen Sossima seine Untat und wird von diesem langsam unter eigener Lebensgefahr dahin gebracht, seine Schuld öffentlich zu bekennen. Da er sich mit einem im übrigen exemplarischen Dasein allgemeine Achtung und Verehrung erworben hat, glaubt man ihm nicht, und er stirbt, ohne andere Strafe als die Qualen seines Gewissens erlitten zu haben. Diese Geschichte, ein Pendant zu der Erzählung Makars von dem Wüterich, der als Pilger endet, kehrt den Justizirrtum, der sich unten vorbereitet, um, aber erhärtet dieselbe Wahrheit: das Gewissen straft stärker als jedes Gericht. Dies das Grundthema des Staretz. Seine Lehren erschließen die letzten Tiefen der Theophilie und Theologie Dostojewskis. Der Staretz ist stets von großer persönlicher Würde, außerordentlich klug und dem starren Intellektualismus des Groß-Inquisitors, seines idealen Gegenparts, weit überlegen. Fast immer überwindet er mit reicher Menschlichkeit die klerikale Phrase. In seinen hinterlassenen Lehren begegnen wir derselben Einfalt, mit der er zu Lebzeiten mit jedem Besucher über die ewigen Fragen diskutierte, nie als aufdringlicher Geber, immer zum Empfangen bereit. Das gibt der von der Weihe des Todes erhöhten Gestalt den lebendigen Schimmer. Liebe zu Gott ist Liebe zum Leben. Aljoscha ahmt seinen Lehrer wörtlich nach, wenn er in der sternenreichen Nacht schluchzend die Erde umarmt. In dieser Umarmung erreicht die Beziehung zwischen Unten und Oben, unmittelbar bevor das weiße Kloster verschwindet, eine überwältigende, dramatische Gebärde.

Die lange Unterbrechung erlaubt Dostojewski, die Handlung ungezwungen in die Hände der Gestalt zurückzulegen, die im Zentrum der Begebenheiten steht. Ohne diese Pause, zumal unmittelbar nach der Szene zwischen Iwan und Smerdjakow, wäre der wesentliche Motor der Handlungen Dmitris, seine Geldnot, nicht stark genug, und man hätte nicht die Aufnahmefähigkeit für den minuziösen Aufbau der Kulissen des Dramas. Jetzt kann Dostojewski die Anlässe mühelos auffrischen und die Jagd beginnen lassen. In drei Etappen wird Dmitris Spannung gesteigert. Jedesmal steht nach der Drehung des Kegels ein neues Milieu mit allen Einzelheiten da, in das Dmitri mit wachsendem Tempo eindringt. Erst der alte Kaufmann in dem großen Haus mit den kalten Paradezimmern, der den fanatischen Erguß des Bittstellers mit der normalen Antwort abweist: »Mit solchen Sachen befassen wir uns nicht.« – Um ihn loszuwerden, empfiehlt er, sich an den Waldpächter Ljagawi zu wenden, der sich für den Waldbesitz des alten Karamasow interessiert und gerade da und da, ein paar Meilen von hier, bei einem Popen aufhält. Dmitri dankt überströmend für den Rat, borgt sich mühselig das Geld für Postpferde zusammen und fährt los. Natürlich ist der Pope nicht zu Hause. Dmitri fährt ihm nach, trifft ihn, aber der Waldpächter ist nicht bei ihm. Er war da, aber ist nicht mehr da, sondern ganz in der Nähe, im Walde, bei dem Buschwächter. Väterchen bringt Dmitri zu Fuß hin. Man findet den Buschwächter und bei dem Buschwächter den Gesuchten. Aber Ljagawi ist nicht verhandlungsfähig, schläft seinen Rausch aus. Dmitri tut, was er kann, um den Sack lebendig zu machen. Schließlich überwältigt ihn die Müdigkeit, und er verschläft den Moment, denn am nächsten Tag hat sich der Pächter bereits einen neuen Rausch angetrunken und läßt sich nicht davon abbringen, in Dmitri einen Gauner zu sehen, der ihn einmal gegen Recht und Sitte betrogen hat. Dmitri begreift endlich die ganze Unsinnigkeit des Versuchs. Nie wird er die Dreitausend auftreiben, und unterdessen geht vielleicht Gruschenka zu dem Alten. Ein zufällig daherkommender Fuhrmann nimmt ihn bis zur nächsten Poststation mit. Dort schüttelt er die Ohnmacht ab, faßt eine neue Idee und jagt zu der Stadt zurück zu Frau Chochlakow, der dritten Etappe. Die Mutter Lisas empfängt ihn sehr bereitwillig, ohne sich über die frühe Stunde des Besuchs aufzuhalten. Wir sind Menschen und stehen über solchen Dingen. Sie hat ihn sogar erwartet. Er mußte zu ihr kommen, und zwar heute, unbedingt heute, sie wußte es. Vorsichtig versucht er den Schwall ihrer Worte zu dämmen. – Bitte, wir wissen schon. Er ist nicht der erste, dem wir geholfen haben. Ob er ihren angeheirateten Cousin kenne? Der hatte auch alles verloren, und die Wogen schlugen über ihm zusammen. Sie brachte ihn dazu, sich ein Gestüt anzulegen. Verstehen Sie etwas von Pferdezucht? –

Dmitri platzt mit seiner Bitte heraus, und wider Erwarten weist sie ihn nicht ab. Ja, sie wird ihm geben. Nicht nur dreitausend soll er haben, sondern noch viel mehr. Retten wird sie ihn. Dmitri ist selig. Gern will er sie anhören, rettet sie ihn doch vor Schande und Verzweiflung, vor dem Selbstmord. Mehr als die verhängnisvollen Dreitausend sind aber gar nicht nötig. Dreitausend gegen unermeßliche Dankbarkeit und todsichere Garantien.

»Wie denken Sie über Goldgruben?« fragt die Gönnerin.

Goldgruben? – Natürlich hat er nicht daran gedacht, aber sie hat daran gedacht, für ihn. Jedesmal, wenn sie ihn sah, stand es für sie fest: Der muß in die Goldgruben. Schon aus seinem Gang hat sie das geschlossen. Zweifelt er vielleicht an der Möglichkeit, einen Menschen nach seinem Gang zu beurteilen? Das ist

Realität. Nach dieser Leichengeschichte im Kloster mit dem ausgebliebenen Wunder sind wir für das Reale, und die Dreitausend, nach denen er stöhnt, hat er so gut wie in der Tasche. Nur hin in die Goldgruben, schleunigst!

Diese drei Etappen hat ein Kenner erfunden, der die Not zur Geliebten hatte und sich ihren Kapricen nicht entzog. Die funkelnde Phantasie des Bedrängten ist jahre-, jahrzehntelang seine Speise gewesen. Er hat viele verwogene Fahrten ins Blaue gemacht und ist immer wieder von der Höhe des Traums in die elende Tiefe gesunken. So einer weiß die Steigerung aufzubauen und vergißt nicht die unfreiwillige Komik des Tänzers.

Nach der dritten Station gibt es Dmitri auf. Katja mag ihn für den Hochstapler halten. Es gibt für ihn nur noch eins: Gruschenka nehmen und weg, so weit weg wie möglich. Die Sucht nach Gruschenka wird zur einzigen Regung.

Nun beginnt eine neue Jagd. Gruschenka soll bei dem Kaufmann sein, mit dessen Geldgeschäften sie zu tun hat. Dort ist sie aber nur einen Augenblick gewesen. Zurück in ihr Haus! Da ist sie auch nicht. Er wirft sich in der Küche der Dienerin zu Füßen. Um Christi willen, wo ist sie? Die Dienerin sagt, sie wisse es nicht. Natürlich Lug und Trug! Wo soll sie sein? Natürlich bei dem Alten!

Dmitri besteht nur noch aus Bewegungsorganen. Beim Verlassen der Küche fällt ihm die kleine blinkende Messingkeule eines Mörsers ins Auge. Mechanisch reißt er das Ding an sich und stürzt fort. Angstrufe tönen hinter ihm her. Er rast zum Haus des Alten, springt über den Zaun. Wenn ich sie bei ihm finde! Nein, nicht sie soll büßen! Aber diese Fratze, diese Teufelsfratze!

Der Abend ist dunkel. Dmitri schleicht sich an das Fenster und erblickt den Alten. Nach dem Gesicht zu schließen, ist sie nicht da. Scharfsinnig hat Dostojewski in dieser Vermutung ein Mittel, die Wut des Rasenden noch zu steigern, erkannt. Wären die beiden zusammen, käme es zum Abschluß. Die Nerven sind so gespannt, daß jeder gewaltsame Schluß dem Totgehetzten zur Wohltat würde. Womöglich kommt es nicht dazu, und man wird genötigt, sich zu ernüchtern und das verfluchte Dasein weiterzuschleppen. Ein neues Gefühl – »ein unsinniger Ärger« – befällt ihn. Unfähig, das Schwanken zu ertragen, gibt er das Zeichen – tuck – tuck – tuck!

Der Alte drinnen fährt zusammen und öffnet das Fenster.

– »Gruschenka, bist du's?«

Sie ist nicht bei ihm. Darüber gibt es jetzt keinen Zweifel mehr. Das neue Gefühl zerrt und zerrt.

– »Wo bist du?« wispert es oben im Fenster, »mein Herzblatt, mein Engelchen!« –

Der Alte erscheint in ganzer Größe in seinem Galagewande, beugt sich weit vor aus dem Fenster, dreht sich nach der Seite, zeigt sein Profil, das schlappende Doppelkinn, die Höckernase, die schwammigen Lippen, die lüsternen Schweinsaugen. – O die Fratze!

– »Warte!« wispert der Alte. »Ich mache die Tür auf.« – Dmitri, seiner Sinne nicht mächtig, reißt die Keule heraus.

– – –

Diese Gedankenstriche sind von Dostojewski, dem Romanschreiber. Ihre Verwendung ist diskutabel. Er wollte nicht auf das Spannungsmoment verzichten. Unmittelbar darauf heißt es: »›Gott jedoch beschützte mich‹, sagte Dmitri später.« – Wer diesen Worten glaubt, weiß also Bescheid. Dmitri hat von den beiden Möglichkeiten, die nicht absichtslos zu Anfang in dem Gespräch mit Aljoscha über den Vater dargelegt wurden, die ihm näher liegende gewählt und ist, während der Alte zur Haustür ging, weggelaufen. Er hat kaum gewählt. Die Tat hing an einem Haar. Irgendeine räumliche Äußerlichkeit, ein Zufall hat sie verhindert. Vielleicht hat das Entsetzen über ihre Nähe ihn weggerissen. Gott schützte ihn.

Diese Nähe entschuldigt Dostojewski, die Frage nicht sofort ganz eindeutig erledigt zu haben. Es kommt nur für die Justiz, nicht für die Moral des Romans auf den Inhalt der Gedankenstriche an, und da auf dem Gegensatz zwischen Justiz und Moral die weitere, auch die innere Handlung beruht, konnte ein Volksdichter nicht auf jene äußere Dynamik verzichten. Der Leser soll sie erleben und überwinden.

Dmitri stürzt fort, und im Dienergarten ereilt ihn das Unheil. Der alte Grigori hat ihn gehört. Das offene und erleuchtete Fenster bei dem Herrn, der dunkle Schatten auf der Flucht – also ist das längst Gefürchtete geschehen. – »Vatermörder!« schreit er gellend und hängt sich an den Flüchtigen, der gerade über den Zaun klettern will. In blinder Wut schlägt Dmitri mit der Messingkeule zu. Es hat zu einem Schlag kommen müssen, ganz gleich auf wen. Er springt zurück in den Garten, um zu sehen, was er angerichtet hat. Der Alte liegt leblos in seinem Blute. Mechanisch zieht Dmitri das Taschentuch, wischt mechanisch. Das Blut läßt sich nicht stillen. Hier ist nichts mehr zu machen.

– »Bist mir in den Weg gekommen, Alter! So liege denn!«

Er rennt zum Haus Gruschenkas und erfährt von der entsetzten Köchin, die Herrin sei nach Mokroje gefahren zu ihrem Offizier.

»Was für ein Offizier?« fragt er, brüllt er. Das Haus zittert. – »Der polnische Offizier! der Frühere, der Pole!« –

Die blutigen Hände sinken herab. Der Frühere!

Hier hilft keine Wut. Dies ist etwas ganz anderes. Der alte Kaufmann war nichts, auch der betrunkene Sack in der Waldhütte und die Dame mit den Goldgruben war nichts. Der Vater im Fenster, ja, sogar der arme Grigori war nichts. Der Frühere ist es. »Er schaute es an, dieses Ungeheuer, und der Schreck rief in ihm ein Kältegefühl hervor.« Nun weiß er alles. Gruschenka hat ihm ja von dem Polen erzählt, und nur seine unbegreifliche Blindheit sah nicht die Gefahr. Und plötzlich ist Dmitri nicht mehr der mordlustige Wüterich, sondern ein kleiner Junge, »ein ruhiger und lieber Knabe« (wie einst »der Jüngling« nach seinem großen Schlag) und Fenja, die alte Dienerin, fürchtet sich nicht mehr, sondern bestellt ihm alles. Auch den letzten Gruß Gruschenkas an ihn und ihr Wort, sie habe ihn ein Stündchen lang geliebt.

Langsam kommt er zu sich. Dostojewski läßt ohne ein Wort der Erklärung das dunkle Ziel des Zusichgekommenen auftauchen. Wir fühlen es, wie Dmitri es fühlt. Die Raserei hat ausgetobt und kommt nie mehr wieder. Der Tod ist in seiner Seele. Er verläßt Fenja und geht gelassen zu dem Bekannten, dem er gestern seinen Pistolenkasten als letztes Versatzstück gebracht hat. Der bemerkt die Blutflecke. Wohl eine Prügelei? Es wäre nicht die erste. Wie der Mensch aussieht!

So so, Blut! meint Dmitri vor dem Spiegel. Das muß man wegmachen. Er nimmt dankbar das Angebot des freundlichen Herrn Perchotin, sich ein bißchen bei ihm zu waschen, an und legt inzwischen ein Pack Banknoten, das er in der offenen Hand hielt, auf den Tisch. Seine Gleichgültigkeit hält für den Augenblick den pedantischen Perchotin ab, an Schlimmes zu denken. Wir aber stutzen. Woher auf einmal das viele Geld? Die Frage fügt sich den Gedankenstrichen hinzu und zwingt uns, das Wort Mitjas von dem gnädigen Gott in Zweifel zu ziehen, denn wir wissen noch nichts von dem Päckchen auf der Brust. Niemand weiß davon. Der Detektiv-Roman beginnt. Dmitri hat auf dem Weg zu Perchotin das Säckchen aufgemacht, denn wozu sollte er es jetzt noch aufheben? Er brauchte Geld, um dem Bekannten das Versatzgeld für die Pistolen zurückzuzahlen.

Herr Perchotin schickt seinen Diener in den Laden nebenan, um das Geld zu wechseln. Bei dem Namen des Delikatessengeschäfts fällt Dmitri die Nacht mit Gruschenka in Mokroje ein. Damals kaufte er in dem Laden den Proviant für die Orgie. »Hallo, Junge! Der Delikatessenmann soll einpacken. Dieselbe Fuhre wie das letztemal, soundso viel Champagner und alles übrige wie damals! Wir fahren nach Mokroje. Perchotin, kommt mit!«

Schon packt ihn der Rausch. In jener Nacht in Mokroje – oh, man durfte ihr nur das Füßchen küssen – hat sie ihm das Stündchen Liebe geschenkt. Warum nicht noch so eine Stunde? Und wäre es nur ein sekundenlanger Blick, bevor die Seele mit den Absätzen nach oben zum Hades fährt!

Perchotin hat keine Lust, »der Königin zu huldigen«, und macht sich nichts aus dem »goldgelockten Phöbus« und allen diesen Geschichten, zieht seine Partie Billard vor. Auch kümmert ihn nicht, was der Verrückte mit der Pistole will. Eine tolle Nacht, und dann Schluß, das Ende aller dieser Kerle. Perchotin ist keine Kindermagd, dagegen sieht er dem Delikatessenmann auf die Finger und prüft die Rechnung auf Heller und Pfennig.

Wie Dmitri in die Troika steigt, kommt die alte Fenja gelaufen. Er werde doch ihrer Herrin nichts antun und auch nicht dem Früheren! – Nein, Mitja wird keinem Menschen mehr etwas antun.

Unterwegs spricht er mit dem Kutscher. »Jage, Andrei, jage! Andrei bist doch Kutscher, wie?«

Nun ja, meint Andrei, eigentlich sei er ein Fuhrmann.

Also kann er fahren, weiß also, daß man ausbiegen und anderen den Weg freigeben muß... »Andrei, keinen überfahren!... Hast du aber überfahren, so weg mit dir!«

Ja, meint Andrei, mancher jage blind drauflos, denke weder an Mensch noch Vieh, immer schnurstracks –

– »In die Hölle!« fällt Dmitri ein. »Andrei, du goldene Volksseele, sag, fährt Dmitri Karamasow schnurstracks in die Hölle oder nicht, was meinst du? Zieh dem Linken eins über!« –

Andrei zieht dem Linken eins über und erzählt, wie die Hölle geächzt hat, als Christus vom Kreuz stracks in sie hineinging und alle Sünder befreite. Da ächzte sie nicht schlecht, weil sie nun nichts mehr zu braten hatte. Aber der Herr tröstete die Hölle, es würden schon noch welche kommen und sie würde noch genug zu tun haben. Was aber Herrn Dmitri angehe, so sei er doch nur ein kleines Kindchen, so komme er ihm immer vor.

– »Und du vergibst mir, Andrei? ... Nein, für alle, für alle du allein, jetzt gleich, hier im Fahren, vergibst du mir für alle? Sprich, du Volksseele!« –

Andrei brummt etwas, höchst verwundert über die wirre Rede, und Dmitri betet, während die Troika rast, betet wie ein

Rasender. Er beschwört Gott, Gnade zu üben, denn er liebe ihn. Wenn er ihn in die Hölle schicke, werde er ihn auch in der Hölle lieben. Nur eins: Gruschenka lieben zu dürfen, bis zu Ende lieben, nur noch bis zum Morgen. – Je näher sie kommen, desto heißer betet Mitja. »Jage, Andrei, jage!« Nicht um den Früheren ist es ihm zu tun. Er hat keine Eifersucht auf irgendwen auf der Welt. Blut floß, und alles Eitle ging mit dem Blut dahin. – Je näher sie kommen, desto weiter entfernt sich Dmitri von der Qual um das Besitzrecht. Mag sie mit dem Früheren gehen. Er wird ihn segnen, will ihm Bruder sein. Nur Liebe geben will er, geben, geben. »Jage, Andrei, jage!«

Schon liegt das Dorf da, schon das Gasthaus mit Licht in den Fenstern. Also sind sie noch auf. Die Troika fliegt. Dmitri fühlt seinen Körper nicht. Alles Gewicht hat die Geschwindigkeit aufgehoben. Sofort nach der Ankunft ist er wieder in der Realität und fragt den Wirt, wie es stehe. Ist sie lustig, wie ist der andere? Läßt er was springen? Sprich! – Aha! – Hör zu, Trifon! –

Er gibt seine Befehle, Zigeuner her, Musik! Alle Mädchen zusammentrommeln, das ganze Dorf auf die Beine! Zweihundert Rubel für den Chor!

Gruschenka erschrickt bei seinem Eintritt. Sie sitzt neben einem kleinen beleibten Männchen, dem Früheren. Aus dem Totzki Nastasjas ist ein kleiner Popolski geworden. Er hat noch einen Freund bei sich, einen langen Popolski. Am gleichen Tisch sitzen zwei Bekannte Dmitris aus der Stadt, Maximow, ein unscheinbarer Schmarotzer-Typ, Variante des Lebadkin im »Idioten«, aber harmlos, und der blonde Kalganow, ein Jüngling. Mitja blickt auf Gruschenka. Er darf sie anschauen, darf neben ihr sitzen, darf sogar mit ihr reden. Er sie erschrecken? Wenn sie nur wüßte! Nicht erschrecken, niemanden erschrecken, den Weg freigeben. Nur die paar Stunden bis zum Morgen dabeisein!

Er bringt mit Mühe die Worte hervor und kommt sofort in fließende Rührung. Die Nerven halten nicht mehr. Gruschenka versteht, er will nichts Böses. Nun aber auch lustig sein, nicht weinen, sondern lustig! Ein Glück, daß er gekommen ist, denn bis dahin war es nicht lustig. Zum Weinen hat er gar keinen Grund, nicht den geringsten. –

Das betont sie, aber er versteht nicht. Nur das versteht er, sie zürnt ihm nicht. Es gibt noch Wärme, und die Welt ist noch nicht versunken, ist noch gut und schön, ist nie so gut und schön gewesen. Auch der kleine Pan, der Frühere, ist gut und schön, raucht zwar Hängepfeife und hat einen Bauch. Warum soll er nicht? Kann er deshalb nicht ein hochedler Pole sein, nicht gut, nicht schön? Ärgerlich, daß er so dumm tut, aber wer weiß, was für Gründe er haben mag. Und der andere Pan scheint ein bißchen hochnäsig, und wenn er aufstände, stieße er mit dem Kopf an die Decke. Was tut das? Was geht es uns an? – Sie hat verziehen, sie zürnt nicht. Champagner her! Trifon, mach fix!

Der erste Teil des Abends, solange die beiden Pans dabei sind, ist reichlich fade, mit Absicht banal, aber auch banal in der Mache. Die beiden Pans kommen schlecht weg. Dostojewski ist weniger duldsam als Mitja. Gruschenkas Enttäuschung über ihren Verführer von einst, der sie damals mit seinem melancholischen Singsang hinriß, soll maßlos sein, aber bleibt ungeformt. Der Wunsch, die Aufmerksamkeit nicht abzulenken, hat Dostojewski diese Einzelheit vernachlässigen lassen. Um die Langweile zu töten, macht man ein Spielchen, und dabei werden die Pans auf falschen Karten erwischt. Dmitri setzt sie an die Luft, und nun beginnt die Orgie.

Seit der russischen Invasion ins große und kleine Theater Europas ist uns solche Lustbarkeit vertraut. Dostojewski hat sie mit dem Wort so festgehalten wie der Maler der flämischen Kirmes die Bacchanalien seines Landes, wie Watteau und Lancret die französische Spielart. Man kann von der Differenz der Epochen absehen. Die Rassen überleben Dekor und Kostüm ihrer Sinnlichkeit. Das typische russische Fest wird von einer Kindlichkeit nicht nur gewürzt, sondern getragen, die unserem Begriff der Orgie entgeht. Wohl regen sich alle Sinne, denn so ein Fest geht »über die ganze Erde hinweg«, aber eben dieses allirdische Umfangen schließt den Separatismus der Wollust aus. Trunkenheit gehört dazu. Rausch nennt Dostojewski das Kapitel. »Betrunken will ich sein!« ruft Gruschenka. »Geh, sei lustig, sag ihnen, daß sie tanzen sollen, damit sich alle freuen, auch Hund und Katze.« – Und wenn es soweit ist, die Zunge schwer wird, die Glieder torkeln, kommt erst recht das Kind heraus, an dem nichts Häßliches sein kann, und einer und eine klettern trotz des Taumels jeder von einer Seite die freistehende Leiter in die Höhe, er in roter Rubaschka, sie im bunten Pluderrock, und oben auf der letzten Sprosse der durch nichts gehaltenen Leiter umarmen sie sich und lachen über die ganze Erde hinweg.

Nicht ohne Absicht läßt Dostojewski einen der Teilnehmer die andere Nuance bringen. Maximow, der auf keinem Feste fehlende alte Schlecker, möchte gern ein besonderes Pralinéchen und will Mitja anpumpen, um die Marjuschka gefügig machen zu können. – »Sieh mal einer an!« lacht Dmitri. »Übrigens hol's der Teufel, wart nur! Vorläufig trink!« – Nur ein so lächerlicher Maximow kann an dergleichen denken. Ebensowenig absichtslos hat Dostojewski den blonden Kalganow dazu genommen, den hübschen Jungen, der lacht, trinkt und schläft, dem Gruschenka über das Flachshaar streicht und der, wenn sie ihm einen Kuß gibt, sich so wenig dabei denkt wie sie. Ein leiser Hauch von Aljoscha mischt sich mit dem Jungen in das bunte Gewoge.

Mitja aber trinkt alle Freuden, alle Qualen. Schneller als vorher die Troika fliegt die Zeit. Tausendmal schöner als die Hoffnung während der Fahrt wurde die Wirklichkeit. Gott hat sein Gebet erhört, denn er darf bis zu Ende lieben. Mit jedem Blick in das Auge Gruschenkas dringt er tiefer in die Seligkeit ein. Gruschenka gehört ihm, ihrem Falken, hat nie einem anderen gehört, wird immer nur ihrem Falken gehören. In Dmitri zuckt es: Jetzt leben, jetzt lohnte es sich, jetzt wäre man fähig, die Kruste abzuwerfen und Ordnung zu schaffen. Er hat alles das in der Geliebten schon vorher gesehen, wußte, daß man ihr nur den dummen Zwang wegzunehmen brauchte. Sie ist das Licht, das er in seiner Dunkelheit gesucht hat. – Jetzt weggehen, das geladene Ding nehmen?

Mitja, was starrst du? Mitja, mein lichter Falke, trink! – Er lacht, hebt das Glas mit dem tanzenden Gold und muß mit Gewalt die Augen schließen und lächeln, um nicht das verfluchte Blut des Alten am Zaun zu sehn. Einen Augenblick schleicht er sich hinaus ins Dunkle, um zu atmen. – Was ist? Also was? Sterben ist doch wohl Unsinn! Kann ein Mensch verdammt sein, der das hier erlebt? Ist der Alte vielleicht doch nicht tot? Und wenn er tot ist, kann Gott, der Allmächtige, ihn nicht zum Leben erwekken? Gott, der Allmächtige, hat doch das eine Gespenst, das viel schrecklicher schien, den Früheren, weggebracht. Das Ungeheuer wurde lächerlich, kommt nie wieder. Kann das andere nicht auch weggehen? Wenn es möglich wäre, wenn Gott, der Allmächtige, auch das zweite Gespenst, dieses Blut, wegschaffen könnte!

Und wieder wie ein Rasender betet Dmitri: »Gott, erwecke den Toten am Zaun! Gott, mein Gott, laß diesen furchtbaren Kelch an mir vorübergehen!« –

Das Gebet sagt deutlich, welche Last den Gequälten drückt und welche ihn nicht drückt. Schon verschwinden für den Leser, der in diesen einfachen Menschen hineinsieht, die irreführenden Gedankenstriche. Nie wäre in diesem Augenblick das Verschweigen des Vatermordes denkbar. Selbst wenn er die Tötung eines hassenswerten Schädlings gering achtete – ein ungeheuerlicher Gedanke für einen Menschen, der nichts von Raskolnikow hat –, könnte sein Gebet nie und nimmermehr neben einem vermeintlichen, fahrlässigen Totschlag den gewollten und realisierten Mord übersehen. Neben der Stärke dieses Gefühlsmoments behält die Frage, woher das Geld kommt, keine Bedeutung. Man darf, wenn auf dieser Höhe der Dichtung der Mut zu einem Einwand bleibt, das Stehenlassen jener Frage beklagen und dem Dichter vorwerfen, uns – und wenn nicht uns, so andere zähere Leser – vor ein unzulässiges Rätsel gestellt zu haben, und wird damit um nichts den Strom der Beglückung, der hier aus allen Schleusen über uns stürzt, aufhalten können.

Denn wirklich geht dieses Fest über die ganze Erde hinweg.

Die Dichtung vollbringt Wunder. Gruschenka, das infernale Weib, die Winkelgasse, das Tier, wächst zur legendenhaften Größe. Nicht nur für Dmitri, den sein Glück fast zaghaft macht und aus nur zu zureichendem Grunde zaghaft machen muß, nicht nur für den berauschten Chor, der morgen sein Gewand auszieht, sondern für uns alle, die aus weiter Ferne in das Treiben hineinsehen. Gruschenka wird Königin über die ganze Erde hinweg. Etwas Unbeschreibliches geht vor sich. Die wogende frohe Lust der Tänzer und Sänger und Trinker trägt die Liebe der beiden auf den Gipfel. Jedes geleerte Glas wird zum Trankopfer für ihren Altar. Champagner ist auf allen Lippen, in allen Blicken, schäumt in der Luft, und der Rausch aller steigert den Rausch der Königin. Gruschenka ist betrunken. Man hat sich nie eine Frau in diesem Zustand vorstellen können, ohne vor Ekel in die äußerste Ferne getrieben zu werden oder, wenn man selbst betrunken ist, Tier mit dem Tier zu sein. Gruschenka verliert alles Animalische und wird von der Trunkenheit gereinigt. Das Kindliche der russischen Orgie sammelt sich in ihr zum Symbol. Sie bezaubert, aber zaubert sich keineswegs die mit der Trunkenheit verbundenen Erscheinungen hinweg, lacht und taumelt und verliert immer mehr den Zusammenhang der Worte. Und je höher die Ekstase steigt, desto reiner enthüllt sich das von allem Unrat unberührte Kind, dessen Zeichen wir schon in dem Gespräch mit Aljoscha ahnten. Ein Kind – auch das ist kein zurechtgemachter Begriff, sondern vollkommene Realität; Kind, soweit ein Erwachsener, eine erwachsene Frau unter höchst günstigen Umständen Kind sein kann. Diese seltenen Umstände sind mit dem Falken, der den einst geträumten Geliebten realisiert und sie die erlittene Enttäuschung segnen läßt, gegeben. Sie wundert sich selbst über ihre Veränderung. Wie geht das nur zu? »Denk doch, Mitja, mein lichter Falke, gut bin ich geworden. Nein, sagt mir doch alle, kommt alle her, ich frage euch, sagt mir nur das eine: Warum bin ich so gut? Ich bin gut, sehr gut. Nun also, warum bin ich so gut?« –

Die Schönheit dieser Stelle klärt uns über Wirkungen Dostojewskis auf. Wir erleben etwas Ähnliches, nur unvergleichlich stärker wie in der Anekdoten-Szene im »Jüngling«. Wie können gestammelte Worte übersetzt, vielleicht plump übersetzt, so rhythmisch wirken? Wir begreifen es nicht, weil wir hypnotisiert auf die zwei, drei Zeilen starren, die uns auf den Gipfel tragen, trauen ihnen die Wirkung zu, während diese Zeilen bereits Resultat der Wirkung sind, und wundern uns, wenn wir die Worte bei Licht betrachten. Erstaunlich, wie ungesucht die Einzelheit in solchen Momenten gebracht wird. Da würde einer das eine Wort unter hunderten suchen, jeden Ton modellieren – modulieren, wie Cézanne sagte. Dostojewski wägt mit äußerster Vorsicht nur die Struktur, nie, wenn man so sagen darf, den Auftrag, läßt sich deshalb so leicht übersetzen. Wer weiß, was im Russischen hinzukommt. Russische Literaturhistoriker haben ihm schlechtes Russisch vorgeworfen, mögen recht haben, mögen nicht recht haben, aber beurteilen nicht das wesentliche Objekt. Dostojewski vergewaltigt nicht etwa die Sprache, wie es im Zeitalter des Naturalismus bei uns geschah und im Zeitalter des Telegraphenstils wieder geschieht, bedient sich weder überhaspelter Interjektionen noch eines ausgesprochenen Dialekts, nimmt den naheliegenden, ganz natürlichen Ausdruck. Das Roman-Drama bringt uns soweit, im entscheidenden Moment kaum noch der Worte zu bedürfen. Gebannt von dem Traum, der uns einen Lappen an der Wand unseres Zimmers für die erwartete Geliebte oder für den gefürchteten Gottseibeiuns nehmen läßt, der uns im Bilde des gemalten Roman-Dramas Rembrandts treibt, einen dummen Pinselstrich als Gold, als sagenhafte Gebärde zu deuten, saugen wir aus dem Laut alle nur erdenkliche Verbindung, weil zehn Seiten vorher, als wir womöglich noch schliefen, die Angel der Wirkung gelegt wurde. Gruschenka kann jetzt alles mit uns machen. »Ich will tanzen!« ruft sie. »Alle sollen herkommen, zusehen, wie ich tanze, wie schön und gut ich tanze!« –

Sie zieht das weiße Batisttüchelchen heraus, das sie beim Kasatschok schwenken will, »hält es in zwei Fingern der rechten

Hand am Zipfelchen«. So ein genaues Detail, im richtigen Moment, genügt für alles. Schon ordnet sich der Chor, schon kommt Maximow, das begeisterte Ringelschweinchen, heran und krümmt das alte Gebein. Halt doch, dummer Kerl! Aufgepaßt! Sie, die Königin, tanzt allein. – Schon sehen wir sie schweben, die Lippen halb offen, den Kopf im Nacken, eine Bajadere, Geliebte des Bacchus. – Da hält sie an. Schwankend widersteht sie der bereits begonnenen Drehung, hebt mit der Bedachtsamkeit der Trunkenen den Finger.

– »Bin schwach, verzeiht – zu schwach – kann nicht – meine Schuld!« haucht sie und verbeugt sich nach allen Seiten.

Der Chor kichert. »Hat sich ein bißchen übernommen, die schöne Herrin.« Und Maximow nickt den Mädchen zu und zeigt auf die Königin: »Haben sich etwas angeheitert!«

Ein Volksspiel für Amadeus Mozart. Auch der dürfte wagen, eine betrunkene Königin zum Tanz zu führen.

Das Fest geht weiter, der Chor singt, die Mädchen tanzen wilder. Gruschenka ist müde geworden und läßt sich von Mitja hinter den Vorhang tragen. Nun überwältigt den Falken die Lust. Sie bittet um Schonung; sein Eigentum für alle Ewigkeit, aber nicht jetzt, nicht hier. Und gleich ist in Mitja jeder Sinn stille Anbetung. – Gruschenka flüstert: »Fort von hier, weit fort, neu anfangen, schön – irgendwohin, wo man Erde graben, säen, bauen kann, immer zusammen.«

Mitja stöhnt, schon dämmert der Morgen. Das Geständnis von dem Blut ist auf seinen Lippen, aber er bringt es nicht heraus. Nur den Diebstahl beichtet er, das verfluchte Geld. Sie lacht. Das Geld von dem Fräulein? Nun, das wird man dem Fräulein einfach zurückzahlen. Gruschenka hat genug, mehr als genug, und alles ist sein. Nur schnell fort.

Ja, fort! murmeln seine Lippen. Sibirien!

Warum Sibirien? Aber warum nicht Sibirien? Wenn er Sibirien will, soll ihr Sibirien recht sein. Dort ist Schnee, und Schnee ist schön. Man fährt darüberhin. Pferdchen trabt, Glöckchen klingelt.

Wirklich haben irgendwo Glocken geklungen, oder war es das Klingen der Gläser oder der immer lauter tobende Chor? – Gruschenka schläft ein und träumt eine weite schimmernde Schneefahrt im Arm ihres Mitja. Eine plötzliche Stille weckt sie auf. Auf einmal schweigt der Chor, schweigt alles. Kein Laut mehr in dem Haus, das eben noch tobte. Mitja beugt sich über die Geliebte und bemerkt, wie sie unbeweglich über seinen Kopf weg auf den Vorhang starrt. Dort schaut ein Fremdes herein. Man kommt, den Leutnant Karamasow zu verhaften. Mitja schreit auf.

Mit der Deutlichkeit, die Dmitri erstarren macht, steht die Veränderung ohne Übergang, die alle Menschen im ersten Augenblick zu Puppen mit Glasaugen macht, vor uns. Vatermörder! schreit einer. Dmitri zieht die Stirn zusammen. Den Laut hörte er schon einmal. Auch der Vater, wieso der? Aber warum nicht der Vater? Hätte ja auch sein können. Er fühlt noch den krampfhaften Griff seiner Hand um das Messing, als das Profil im Fenster erschien. Übrigens, nein, der Vater nicht, das stimmt nicht, aber Grigori, der Alte am Zaun. Um Gottes willen, was ist mit Grigori?

Nein, Grigori lebt. Die Nachricht zerreißt das dunkle Gewölk. Also kein Mörder, also ging der Kelch an ihm vorüber. Der Allmächtige ließ das Wunder geschehen. Mein Gott, ich danke dir! – Nein, meine Herren, mit dem Vater habe ich nichts zu tun. Ich wollte, aber Gott schützte mich. Unschuldig bin ich nicht, aber das habe ich nicht getan. Gruschenka, Gott hat mich bewahrt, ich bin kein Mörder.

Gruschenka verwandelt sich in das restlos hingegebene Weib und wirft sich den Häschern zu Füßen. Sie allein hat schuld. Nur ihretwegen beging er den Mord. Sie habe ihn mit ihren Quälereien so weit gebracht.

Hier ist die leidenschaftliche Tonart, die ursprünglich für die Gefährtin Raskolnikows geplant war, am Platz, und jede Nuance der christlichen Sonja würde stören. Kein Gedanke an die Untat, von der sie fest überzeugt ist und nach allem Vorhergegangenen überzeugt sein muß, schreckt sie. Eher liebt sie den Falken, der für sie auf einen Menschen hinabstieß, noch heißer.

Wenn ein Rest von Zögern vor der Fremdheit des Mannes übrig war, wenn der Ausbruch der Liebe zu Mitja mit ihrer schmerzlichen Enttäuschung über den Früheren zusammenhing und als Teil der Orgie, als eins der Geschenke der Königin, gelten konnte, jetzt sind alle Zutaten und Reste hinweggeschwemmt. Ein erstes und letztes Gefühl: Zusammen! Das Zusammen, das Sonja dem Mörder zutrug und das Gegenstand einer langwierigen Entwicklung werden mußte, wird hier von elementaren Regungen der Artverwandtschaft sofort erreicht und umhüllt Dmitri mit schützenden Flammen. Richtet uns zusammen! – Die Flamme läßt keine kleine Nützlichkeit zu und verachtet jeden Versuch der Lüge. Eher trägt sie dazu bei, den Geliebten zu belasten. Macht mit ihm, was ihr wollt, ich bleibe bei ihm! –

Dieser Besitz gibt Dmitri den leichten Schritt, mit dem er in das Purgatorium des Verhörs hineingeht. Grigori lebt, und Gruschenka ist sein. Alles andere sind Kleinigkeiten. Erlauben Sie, meine Herren, wir werden das dumme Mißverständnis gleich in Ordnung bringen. Nehme es Ihnen weiter nicht übel, weil in der Tat sonderbare Umstände zusammentreffen. Sie müssen mich für den Schuldigen halten. Ja, es gibt komische Sachen auf der Welt. Und nun passen Sie mal auf! In zehn Minuten erledigen wir den Fall, und Sie wissen Bescheid, werden sich amüsieren. Lassen Sie mich nur machen!

Er kennt den Polizeichef, den Untersuchungsrichter, den Staatsanwalt, ist hier und da mit den Herren zusammengewesen, alles harmlose, höchst anständige Leute. Meine Herren, wir lachen heute noch. Totlachen werden wir uns.

Es stellt sich heraus, die Aufklärung geht doch nicht ganz so schnell. Für Dmitri ist natürlich alles ganz einfach, denn er war es eben nicht, basta. Für die anderen ergeben sich Hemmungen. Schließlich ist der Alte erschlagen, das steht fest, und einer muß ihn erschlagen haben. Der einzige Mensch, der zur Zeit des Mordes bei dem Hause gesehen wurde, sitzt hier auf der Truhe. Er benahm sich hinterher recht auffallend, genau wie einer, der so etwas getan hat, und vorher hat er sich wie einer mit solchen

Absichten benommen. Das weiß die ganze Stadt. Außerdem brauchte er, scheint es, gerade dreitausend Rubel, und just dreitausend Rubel wurden von dem Mörder geraubt. Gestern abend hatte er nicht eine Kopeke in der Tasche, und eine Stunde darauf ein Pack Banknoten. Mit dieser Messingkeule wurde der Mord vermutlich begangen, und dieses Ding hat er sich vorher da und da geholt. Das heißt, ohne sich etwas dabei zu denken, wie er in seiner Einfalt behauptet.

Das ergibt sich alles ganz langsam und ordentlich, während Dmitri von seinem Gefühl zu Gruschenka redet, nach dem ihn niemand gefragt hat, oder seine Freude über den nicht begangenen Mord an dem alten Grigori beteuert, auf den es gar nicht ankommt und von dem er lieber schweigen sollte, denn zufällig ist gerade der alte Diener der einzige Zeuge, an dessen Existenz dem Mörder nicht viel liegen konnte. Sie müssen zugeben, Dmitri Fjodorowitsch, daß sich das alles ganz sonderbar zusammenfindet.

Ja, das muß er zugeben. Sauber und ordentlich und immer hübsch aufgeschrieben. Man fragt ihn, ob er vielleicht einen Verdacht habe, zum Beispiel auf Smerdjakow, den epileptischen Koch, der während dieser Zeit in seinem Bett lag, so krank, daß der Arzt jetzt noch für sein Leben fürchtet. – Smerdjakow? An den üblen Kerl hat Mitja gedacht; eine Möglichkeit, abgesehen von dem Anfall. Aber selbst abgesehen von dem Anfall, nein, der Wicht wäre nicht imstande, viel zu feige und schwach wie ein Huhn. Smerdjakow kommt nicht in Frage. – Sonst einer? – Nein, aber was geht ihn denn das an? Das haben doch die Herren zu besorgen. Auch für ihn ist es rätselhaft, nur eins steht fest, er war es nicht, und man kann nicht von ihm verlangen, in Ermangelung eines anderen seinen Kopf hinzuhalten. So einfach, wie es sich die Herren vorstellen, liegt die Sache offenbar nicht, und mit dem dummen Gefrage nach Kleinigkeiten wird gar nichts erreicht. Mit diesem Berg von Kleinigkeiten und juristischen Kniffen wird es bekanntlich immer gemacht, und daher die zahlreichen Verurteilungen unschuldiger Lämmer. Was hat der Mann gestern abend gegessen und getrunken? Alles säuberlich aufgeschrieben. Zumal das Aufschreiben kann einen nervös machen. Und dann auf einmal heißt es: Du und kein anderer! – Meine Herren, ich nehme es Ihnen ja weiter nicht übel, denn Sie tun, was Sie können, sind Opfer Ihres dummen Systems. Wollen Sie das vielleicht auch aufschreiben?

Die Obrigkeit kann sich nicht enthalten, zu lächeln. Ist das und das und das wirklich so ganz unwesentlich? –

Ja, sagt Dmitri geärgert, durchaus unwesentlich. Es kommt nicht auf die spitzfindigen Fußangeln an, sondern nur auf die Gefühle.

Man hat noch nie einen gesehen, der sich mit so bescheidenen Mittelchen behalf. Typischer Dilettant. Auch das paßt, denn wo soll so ein Leutnant, und zumal einer von so bodenlosem Leichtsinn, das Verbrecherspielen gelernt haben?

Dmitri fängt an zu zappeln. Man fragt, zu welchem Zweck er die dreitausend Rubel, nach denen er so eifrig ein paar Tage lang suchte, gebraucht habe. Was geht das die Herren an? Das sind doch Privatsachen. Nun also, meinetwegen, um eine Schuld zu bezahlen, eine Ehrenschuld. Nein, nicht aufschreiben! Bitte schreiben, Antwort verweigert! – Auch auf die große entscheidende Frage nach der Herkunft des Geldes verweigert er die Antwort. Mögen sie mit ihm machen, was sie wollen, er mag die Schmach dieser Veruntreuung nicht vor allen Leuten aufdekken. – Darauf muß der Staatsanwalt ihn pflichtgemäß auf die Folgen dieser Enthaltsamkeit hinweisen. Es wäre so einfach, die Frage zu beantworten und alles mit einem Wort aufzuklären, und er habe doch selbst die Aufklärung zugesagt. Muß nicht der nächste Freund auf peinliche Vermutungen kommen, wenn dieser Punkt im Dunkel bleibt. Das müsse er einsehen. Die Gefahr sei sehr groß.

Er sieht es ein, sieht alles ein, was sie wollen, aber bleibt dabei. – Auch nicht eine Andeutung der Beweggründe, die ihm Schweigen gebieten? – Doch, die will er ihnen, wenn es sein muß, geben. In der Antwort liege für ihn eine Schande, mit der man selbst die Ermordung und Beraubung des Vaters nicht vergleichen könne.

Man zeigt ihm das Papier, das auf dem Fußboden bei dem Gemordeten lag, ein großes Kuvert mit der Aufschrift von der Hand des Vaters, und jetzt geht ihm ein Licht auf. Von diesem Kuvert hat nur ein Mensch gewußt, und der muß der Mörder sein. Smerdjakow ist es dennoch. Er allein kannte das Tucktuck, er allein wußte, was unter dem Kopfkissen lag. Sofort hin zu Smerdjakow und den Kerl verhaften! Kein anderer ist der Mörder.

Immerhin, meint der Untersuchungsrichter vorsichtig, gäbe es doch noch einen, der die Zeichen kannte und von dem Kuvert wußte. Den dürfe man nicht vergessen.

Mitja starrt. Die Gefahr wächst ins Ungeheure. Dies sind keine Ehrenleute, sie halten ihn nicht für einen Ehrenmann, sind Feinde, noch dazu schofele Feinde. Sie nötigen ihn, sich nackt auszuziehen. Man nimmt ihm die Kleider fort, befühlt das Futter, um den Rest des geraubten Geldes zu finden, denn es läßt sich nur die Hälfte in seinem Besitz nachweisen. Die Strümpfe muß er ausziehen und seine krummgewachsene große Zehe zeigen. Und man gibt ihm nicht die Kleider zurück, denn sie sind Beweisstücke und müssen aufs Gericht. Ohne Kalganow könnte er nackt bleiben. Übrigens dankt er Kalganow nicht für den Anzug. Die Hosen zu lang, und den Rock kann man kaum zuknöpfen. Sie verunstalten ihn, das Gesindel! (Würde ein Mörder daran zu denken wagen?)

Also heißt es zur letzten Prostitution greifen, denn man muß aus der furchtbaren Schlinge heraus. Staatsanwalt und Untersuchungsrichter spitzen die Ohren.

Und nun kommt das phantastischste aller seiner Märchen, die Geschichte von dem Säckchen. Dies sein ganzes Geheimnis? Staatsanwalt und Richter blicken sich an. Der Kerl treibt es zu dumm. Und warum waren denn die fünfzehnhundert so eine Schmach neben dem, was hier auf dem Spiel stand? Wenn etwas tadelnswert war, konnte doch nur die Aneignung der dreitausend dafür gelten, nicht die Verteilung. Wenn er das Geld von seiner Braut nahm, blieb es doch in der Familie.

Dmitri ist entgeistert. Diese Ehrenmänner unterscheiden nicht zwischen Leichtsinn und Taschendieberei. Vielleicht finden die Herren auch nichts dabei, wenn sie den Zweck der Spekulation erfahren, den Betrug der Braut, um mit der Geliebten durchzugehen. Aber die Herren haben für moralische Finessen nichts mehr übrig, und Mitja hat umsonst sein Geheimnis preisgegeben. Geradesogut könnte er es der Truhe erzählen. Stumpf hört er dem Zeugenverhör zu. Nur bei Gruschenka wacht er auf. Sie wirft ihm einen Blick zu: Ruhig, mein Falke! – Mitja springt auf: »Glaube Gott und mir, an dem Blut meines gestern erschlagenen Vaters bin ich unschuldig.«

Sie geht in die Ecke vor das Heiligenbild, bekreuzigt sich und dankt dem Himmel mit Inbrunst. Dann wendet sie sich zu dem Richter und fordert ihn auf, der Aussage zu glauben. Der Mann da lüge nicht gegen sein Gewissen. – Ihr kurzes Auftreten hat königliche Würde und gibt Mitja neue Kräfte. Sie ist der einzige Mensch aus seiner Welt. Bevor er in die Stadt abgeführt wird, sagt er den beiden Vertretern der Obrigkeit, Menschen wie er brauchten solche Schläge, um von einer äußern Kraft zur Vernunft gezwungen zu werden. – »Ich nehme die Qual und die Schmach auf mich, denn ich will leiden und dadurch besser werden... Ich nehme die Strafe auf mich, nicht weil ich ihn erschlagen habe, sondern weil ich ihn erschlagen wollte... Immerhin will ich mit Ihnen um mein Leben kämpfen, und das kündige ich Ihnen jetzt im voraus an.« – Er bittet sie für seine unziemenden Worte während des Verhörs um Verzeihung. Vorher sei ihm vieles noch unklar gewesen. Nun werde er gleich verhaftet. Daher wolle er ihnen zu guter Letzt die freie Hand zum Abschied reichen.

Natürlich nehmen sie die ritterliche Hand nicht, und der junge Untersuchungsrichter mit den schönen Ringen sagt, was man in solchen Situationen sagen kann, und wünscht besten Erfolg.

Die Obrigkeit ist nicht stark in diesem Justizverfahren, sondern gutbürgerlicher Durchschnitt. Wir sind nicht in Petersburg, wo Raskolnikow einem genialen Spürhund gegenüberstand, sondern in der Provinz. Porphyri Petrowitsch hätte mit seinem Flair den Unschuldigen durchschaut und Dmitris naive Behauptung, es komme nicht auf »Kleinigkeiten«, auch wenn sie sich berghoch türmten, sondern auf »die Gefühle« an, gebilligt und den Rat befolgt, Smerdjakow aus der Ohnmacht zu wecken.

Wichtiger als die Einzelheiten des Verhörs, die sich der Liebhaber der Kriminologie nicht nehmen ließ, ist der hinter dem Verhör vernehmbare Protest des ritterlichen Menschen. Die Wallungen des Gewissens werden von dem Anwalt der Norm für phantastisches Geschwätz genommen. Hinter Dmitri steht Dostojewski, dem man heute noch die Gültigkeit seiner Gefühle bestreiten möchte. Auch der latente Protest aber ist ritterlich, gerecht und versöhnlich. Staatsanwalt und Richter handeln nicht lächerlich, sondern sachgemäß. Ihr Irrtum liegt im Wesen ihrer Sachlichkeit begründet. Über Richter und Angeklagtem steht die höhere Instanz.

Das Roman-Drama zwingt den Dichter, die Zeit zwischen der langen Nacht in Mokroje und der Schwurgerichtsverhandlung in der Stadt zu überspringen. Deshalb legt er wie nach dem fünften Buch, das mit der Abreise Iwans schloß, ein Zwischenspiel ein. Er braucht es auch für den Übergang vom Ton des Verhörs Dmitris zu dem ganz anders gearteten Ton der drei Verhöre, die Iwan mit Smerdjakow anstellen wird. Vermittler des Zwischenspiels ist wieder Aljoscha, aber diesmal führt er uns nicht in das weiße Kloster. An Stelle der Glorie steht das Gerichtsgebäude mit dem Gefängnis, und es bleibt bis zum Schlußakt, wo es die ganze Bühne einnehmen wird. Aljoscha aber hat sein zweites Dekor um sich. Eine Schar von Schuljungen mit blanken Augen besetzt die Szene. Kolja führt sie. Kolja Krassotkin hat die Eigenschaften des Führers. Man hat ihm nicht ohne weiteres die Stellung eingeräumt. Solange seine Taten noch im dunkeln lagen, war er als Jüngster und Kleinster benachteiligt, und man lachte in der Clique über ihn, bis er eines Tages beiläufig fallenließ, er sei für eine bessere Wette bereit, sich zwischen die Schienen zu legen und in dieser Stellung den Schnellzug über sich wegfahren zu lassen. Um ihm ein für allemal das Maul zu stopfen, ging man darauf ein, und Kolja gewann mit der Wette seine Position. Im übrigen ein gütiger Mensch, leutselig zu den Kleinen, duldsam für die Schwächen der Mitmenschen, aber allen Sentimentalitäten abgeneigt. Die Kälberzärtlichkeiten der Mutter, der Witwe Krassotkin, die aus Angst um ihn umkommt, gehen ihm auf die Nerven. Er hat die Sachlichkeit des Kolja Iwolgin aus dem »Idioten«, frei von allen Vorurteilen; ein Revolutionär, durchdrungen von der Aufgabe, das Niveau der Clique zu heben, die Magister in den Schranken zu halten und keine Gemeinheit zu dulden. Seine Fähigkeit, anderen Lebewesen Respekt einzuflößen, bewährt sich auch Tieren gegenüber. Auf seinen Wink legt sich Pereswonn, sein Köter, auf den Rücken und macht tot.

Der einzige, der kurze Zeit gegen Kolja anging, war Iljuscha, Sohn des Bastwisch. Iljuscha hat ihm einmal mit dem Federmesser ins Bein gestochen. Dafür liegt er jetzt auf der Nase.

Kolja interessiert sich für den Herrn Karamasow. Dieser junge Mann ist immer mit den Schuljungen zusammen, obwohl er wahrhaftig etwas anderes zu tun hätte, denn demnächst kommt der langweilige Prozeß seines Bruders zum Klappen. Der junge Mann scheint sich darum wenig zu kümmern, hält Reden, geht mit den Jungens zu dem kranken Iljuscha, scheint einer von der flauen Sorte. Aljoscha hat ihm sagen lassen, er würde sich freuen, Herrn Krassotkin kennenzulernen. Kolja hat nicht die Gewohnheit, sich zu öffentlichen Empfängen befehlen zu lassen, und wird selbst den Augenblick bestimmen, wann er Herrn Karamasow näherzutreten wünscht. Und pfeift seinem Köter. »Ici, Pereswonn!«

Wir kennen flüchtig diese Jungen aus einem früheren Kapitel. Damals geriet Aljoscha bei einem Gang durch die Stadt in das Steingefecht, bei dem sich der junge Smurow als Linker hervortat. Smurow und die anderen feuerten alle gegen den kleinen, frechen Iljuscha, der sie tödlich beleidigt hatte. Aljoscha fand die Überzahl gegen den einen übertrieben und wurde für seine Vermittlung schlecht belohnt. Iljuscha brachte ihm ein paar saftige Steintreffer bei, und als sich Aljoscha ihm trotzdem näherte, bekam er einen Biß in den Finger. Daran schloß sich der Besuch bei dem Vater, dem sogenannten Bastwisch, einem heruntergekommenen Hauptmann aus der Familie der Erniedrigten und Beleidigten, weitläufig mit dem alten General Iwolgin aus dem »Idioten« verwandt. Dmitri hat mit ihm einen öffentlichen Skandal gehabt, der zu dem Spottnamen Bastwisch führte, und Iljuscha hat den Vater an dem Bruder Dmitris rächen wollen.

Die damals flüchtig gelesenen Szenen hat man vergessen, und daher wirkt das Auftreten der Jungen zunächst ganz unvermittelt. Es hat das Gefundene eines szenarischen Einfalls, der unser Auge so hinreißend überzeugt, daß der Verstand gar nicht an Kontrollen denkt. Untersuchen wir nachträglich die Zusammenhänge, wächst die Überraschung.

Dies die Überlegenheit über das erste große Zwischenspiel, in dessen Mittelpunkt der Staretz Sossima stand. In den Staretz-Kapiteln häufte sich Weisheit, Mystik, Symbolik, aber sie leiden an einem Mangel, den der Tastsinn, zumal unser ungeduldiger Tastsinn von heute, nicht gegen die höchsten Besitztümer eintauschen will. Sie haben zuweilen kein Tempo. Nicht weil sie still sind und in einer den vorhergehenden Begebenheiten entgegengesetzten Stimmungswelt spielen, durchaus nicht. Diese Differenz war damals so notwendig und willkommen wie jetzt. Der Tastsinn beanstandet die Form der Differenz, die ohne klingenden Kontrast bleibt. Die Klosterstille war nicht still genug, um dem vorhergehenden Sturm zu gebieten, und die Rolle Aljoschas in diesem Dekor, so schön sie sich entwickelte, so vollendet sie das Symhol bereitete, half uns nicht immer über das Heterogene der Darstellungsarten hinweg. Große Teile des früheren Intermezzo schienen geschrieben, nicht gemalt. Dagegen ist das Zwischenspiel mit Kolja und Genossen ein Geschenk von der Art der

Trunkenheit Gruschenkas, das uns in diesem Augenblick erquickt wie nach wüster Nacht ein Morgen im Walde. Zwei wesentliche Erhöhungen: der Zusammenhang mit Aljoscha, obwohl viel loser als Aljoschas Beziehungen zu dem Kloster, überzeugt spontan, weil er die natürlichste Eigenschaft des Novizen, seine im Schatten des Klosters gedämpfte Jugend aufdeckt. Noch tiefer dringt eine unvermutete Beziehung des Zwischenspiels zu der Nacht in Mokroje.

Als Iljuscha noch gesund war, hatte er mit seiner ganzen Klasse gebrochen, weil sich alle seit der Skandalgeschichte des Vaters über den Bade-Bastwisch mit dem gezottelten roten Haar lustig machten. Das Verhältnis des bissigen Jungen zu seinem Vater ist ein kleines Gegenstück zu Arkadi und Wersilow im »Jüngling«. Auch der Hauptmann ist öffentlich beleidigt worden, hat die Beleidigung eingesteckt und auf das Duell verzichtet. Damals hat sich Iljuscha vorgenommen, wenn er einmal groß wäre, den Beleidiger zum Kampf herauszufordern. Dann würde er den Elenden niederwerfen, den Säbel über ihm schwingen und ihm dann im letzten Augenblick das Leben schenken. Da hast du's! – So hatte er gedacht, als er noch am Graben Steinwürfe mit den anderen tauschte. Seitdem er immer im Bett liegen mußte, dachte er nur noch an seinen Hund Shutschka, der ihm an einem unglücklichen Tag abhanden gekommen war. Aljoscha hatte die Jungen versöhnt und nach und nach jeden an das kleine Bett gebracht. Sie kamen alle Tage und waren gut zu dem Kranken. Nur Kolja enthielt sich. Kollektive Äußerungen waren immer bedenklich. Kolja ging seine eigenen Wege, liebte es, sich und Pereswonn auf dem Wochenmarkt populär zu machen, studierte das Volk, brachte die Hökerweiber zur Raserei und schädigte die Besitzer von Gänsen. »Man soll das Volk nicht unterschätzen«, sagte er zu Smurow, dem die Eltern den Verkehr untersagt hatten. »Aus dem Volk nehmen wir unsere Kraft, aber wenn so ein Bauernlümmel einmal von Herzen dumm ist, kann man ihn getrost auf den Kopf stellen.« Kolja sorgt für manchen latenten Ausgleich in den Ideen des Dichters.

Mit Iljuscha, dem früheren Intimus, war Kolja wegen der Hundegeschichte auseinandergekommen. Ein übler Mensch hatte Iljuscha geraten, Shutschka einmal zur Abwechslung eine mit Nadeln gespickte Brotkugel zum Fressen zu geben, und Iljuscha hatte es getan. Man kann eine Gans unter einen fahrenden Wagen jagen, aber einen Hund mit Nadeln zu füttern ist eine Gemeinheit. Der Hund hatte gewinselt und sich dann nicht mehr blicken lassen. Natürlich bereute Iljuscha seinen Frevel und dachte Tag und Nacht daran. Nichtsdestoweniger hielt Kolja ernste Bestrafung für angemessen und kündigte den Verkehr. Das ging dem Jungen nahe, erstens der Verlust Shutschkas, den er natürlich für tot hielt, zweitens der Verlust Koljas, seines besten Freundes, denn es war nicht alltäglich, daß einer aus der höheren Klasse mit einem Grünling umging. Dies hinderte den Grünling natürlich nicht, bei nächster Gelegenheit Kolja sagen zu lassen, von nun an werde er alle Hunde mit gespickten Brotkugeln füttern.

Dies und vieles andere kommt bei der ersten Zusammenkunft Aljoschas mit Kolja zur Sprache. Kolja setzt seine Anschauung über Pädagogik auseinander, zumal über den vermeintlichen Wert der alten Sprachen. Auch seine Ansichten über Rußland, Voltaire und den Atheismus, zu dem er sich restlos bekennt; kurz alles, was ein Dreizehnjähriger im Kasten hat. Dabei verläßt ihn nicht die Sorge, Aljoscha könne ihn für einen Renommisten halten, während es ihm in Wirklichkeit nur um die ernsthafte Anbahnung einer Beziehung zu tun ist, die vielleicht auch Herrn Karamasow von wegen gemeinsamer Interessen an der Volkserziehung vorteilhaft werden könnte. Sie gehen zusammen zu Iljuscha, und es kommt zur Versöhnung. Im richtigen Augenblick ruft Kolja seinen Köter herein: »Ici, Pereswonn!« – Und Iljuscha erkennt entzückt seinen totgeglaubten Shutschka. Er ist also kein Mörder. Kolja läßt den Köter sämtliche inzwischen beigebrachten Kunststücke produzieren. Um das Maß vollzumachen, schenkt er dem Kranken noch die richtiggehende Kanone aus Messing.

Die Kinder bilden einen beweglichen Chor um die Tragödie, der die Eigentümlichkeit hat, sich nicht um das Drama zu kümmern. Er gibt die an sich abgeschlossene, auf eigenen Gesetzen beruhende Welt, die ruhig weiterläuft, weint und lacht. Unbewußt aber tut der Chor mit, und gerade das Unbewußte vergrößert die Wirkung. Die unbefangene Hingabe der Schuljungen mit ihrem Chorführer in der Mitte rechtfertigt den Falken hinter Schloß und Riegel und verspottet die behördlichen Menschen, die nicht für Gefühle zu haben sind.

Gefühle schwirren in der schicksalsschweren Luft, kleine, große, lächerliche, kranke, starke, giftige, heilige Gefühle, und Aljoscha, die emsige Biene, saugt sich voll von einem zum andern. Der Schuljungen-Chor ist der äußerste Kreis um das Drama. Frau Chochlakow, das große kindische Kind, bringt uns mit ihrem Gefasel über den Affekt und ähnliche moderne Erfindungen der neuen Gerichte unmerklich dem Drama näher. In Lisa, dem Töchterchen, zappelt ein Kind, das Teufelchen werden möchte, und ihr Zappeln verrät das Zucken eines anderen. Sie behauptet, angesichts der wüstesten Qualen eines Menschen in Ruhe ihr Ananas-Kompott verzehren zu können.

Der Anreger dieser Theorie hat auch seine Gefühle. Er sitzt bei Smerdjakow und erkundigt sich nach diesem und jenem an dem bewußten Abend und wieso man den epileptischen Anfall und alles andere voraussehen konnte. Smerdjakow frisiert sich nicht mehr so sorgfältig, denn er ist inzwischen im Krankenhaus heruntergekommen; um so sorgfältiger putzt er seine Gefühle und genießt die seines Besuchers, schlürft sie wie Ananas-Kompott. Mit den Fragen Iwans hält er sich nicht lange auf, denn über den Anfall wissen die Herren Doktoren Bescheid, so ihn beständig untersucht haben, und selbst ein ungebildeter Mann könnte wohl seine Gesundheit beurteilen. Dagegen setzt er mit der ihm eigenen Subtilität dem Besucher die eigentliche Schuldfrage in der Mordgeschichte auseinander. Wenn man einem Herrn Sohn sagt, dies und das geschieht, wenn du das Haus deines Herrn Vaters verläßt und wegfährst, und der Herr Sohn fahren auf einmal, akkurat wie empfohlen, so erscheint es nicht gar so wichtig, wer den Schlag getan hat, zumal wenn selbiger Herr Sohn mit seinen Lehren von der Freiheit der Gefühle aufklärend gewirkt haben, und der Wegfahrer, der es verhindern konnte, ist der Mörder, denn er hat den Arm eines anderen benutzt.

Das muß sich Iwan anhören. Warum hört er es an? Warum springt er nicht auf? Warum stellt er im Gegenteil die Frage, welches Interesse er wohl an dem Tod des Alten gehabt haben könnte?

Diese Frage hat der andere erwartet. Für einen so klugen Mann, mit dem das Reden immer ein Vergnügen war, eine komische Frage. Und die Erbschaft? Sind vierzigtausend nichts?

– Du bist es gewesen! schreit Iwan. Er schreit es aus Wut, mehr um den Hund zu züchtigen, als weil er ihn wirklich für den Mörder hält.

Der Hund lächelt: Hast noch lange nicht genug! – Das wäre doch, wenn es zuträfe, für Herrn Iwan wenig praktisch. Erstens fiele dann auf Herrn Iwan eine noch größere Mitschuld, und auch die hohe Obrigkeit würde es anmerken müssen, weil jene genußreichen Unterhaltungen vorhergingen, und wenn auch Herr Iwan daraufhin nicht nach Sibirien käme, würden doch die Leute der feinen Gesellschaft gleichfalls anmerken, was für Herrn Iwan nicht angenehm wäre. Zweitens aber – und dieses Zweitens kommt ganz langsam heraus, und wenn Smerdjakow nicht Krankenschuhe, sondern blanke Stiefel anhätte und nicht vor Schwäche sitzen müßte, würde er jetzt von einem Fuß auf den anderen treten und sich in den Stiefeln spiegeln – zweitens wäre es in finanzieller Hinsicht höchst unvorteilhaft, denn wenn Herr Dmitri ihren Herrn Erzeuger erschlagen haben, alsomit mutmaßlich verurteilt werden, gehen sie des Adels und Vermögens verlustig, und ihr Teil fällt auf die beiden anderen Herren Söhne. Aus vierzig werden alsomit sechzig.

Smerdjakow lächelt. Warum schlägst du mich nicht? Sonderbar, daß der stolze Herr nicht einmal mehr so tut, als sei er empört, und gar nicht daran denkt zu schlagen. Freilich ist das Auspeitschen seit Abschaffung der Leibeigenschaft verboten, aber vornehme Herren dürfen in Wahrung berechtigter Interessen überall eine Ausnahme machen, sogar in der aufgeklärten französischen Republik. Nur ein ganz fortgeschrittener und ganz kluger Herr verzichtet auf mittelalterlichen Brauch und macht keinen unnützen Lärm. So ein kluger Herr sagt auch dem Untersuchungsrichter nichts von der Möglichkeit eines simulierten Anfalls und tut recht daran, denn der Richter hätte es doch nicht ernst genommen. Wie sollte einer, der simulieren will, selbiges extra dem leiblichen Sohne vorher vermelden? Da der Herr nichts davon gesagt haben, hat auch der Lakai nichts von den genußreichen Unterhaltungen vor dem Ereignis gesagt.

Er werde ihn noch heute anzeigen, sagt Iwan beim Weggehen. Seine Gedanken tanzen betrunken. Habe ich den Mord gewollt? Ja, das Geschmeiß sollte von der Erde vertilgt werden. Rechnete ich damit, als ich wegfuhr? Nahm ich ihn damals ernst? Nein, ich lachte doch über ihn, lachte ganz laut. – Iwan denkt an das Lachen, hat noch den Krampf von damals in den Kinnbacken. Nein, das war alles ganz anders. Nur ein Gedanke kam nicht, dieser Mensch könne selbständig handeln. Das nicht, nie hätte man ihm die Tat zugetraut. Dies der alles überholende Irrtum. Und wenn es Smerdjakow wirklich getan hat, was dann? Hat er es nicht getan, kann man es immerhin noch Zufall oder Leichtsinn oder Fahrlässigkeit nennen. Ist er aber wirklich der Täter – Ist er es? Ist er es nicht? – Nein, er tut nur so, um mich zu quälen, er würde sich doch nicht selbst ausliefern. Das Vergnügen kann nicht bis zur eigenen Selbstvernichtung gehen.

Er kommt zu Katja, gesteht der Geliebten alles. Da zeigt sie ihm einen Brief, den ihr Mitja in der Kneipe am Abend vor der Tat geschrieben hat. Darin steht, er werde morgen das Unmögliche aufbieten, um das Geld zu finden. Gelinge es ihm aber nicht, die drückende Schuld zu tilgen, so werde er dem Vater den Schädel einschlagen. Lieber Vatermörder als ihre Verachtung.

Offenbar war der Mensch, der das schrieb, zu allem fähig,

stand schon auf dem Sprunge. Zugefügt zu allen anderen Indizien, wird dieser Brief mit seinen mathematisch zutreffenden Details zum schlagenden Beweis schwarz auf weiß. Iwan atmet auf. Smerdjakow kann es nicht sein. Für den Augenblick beruhigt sich der Tatsachenmensch.

Die Kreise haben sich immer mehr verengt, und nun dringen wir mit Aljoscha in das Gefängnis. In dunkler Zelle entflammt noch einmal das Gefühl. Den Falken hat die Qual nicht gebrochen, und er steigt höher als je. Iwan ist gefangen, die kleine Lisa ist gefangen, Katja, die ganze Welt sitzt im Loch, Dmitri aber ist frei. Der Kerker hat das Gefühl nur noch stärker gemacht. Endlich konnte er einmal, nicht gehetzt von dummen Augenblicksregungen, über sich nachdenken. Man glaubt gar nicht, was das für eine Wohltat ist.

Aljoscha wundert sich. Bleibt denn nichts mehr zu tun? Morgen ist doch der große Tag. Hat er sich seine Verteidigung zurechtgelegt, alle diese Antworten auf die vielen Fragen? Ist alles mit dem Verteidiger besprochen?

Höre, Aljoscha, das hat natürlich alles seine Wichtigkeit, die Hauptsache aber: ich bin. Verstehst du das? Trotzdem und trotz alledem: ich bin. Das können sie mir nicht nehmen. »Wenn sie mich anschmieden, so lebe ich doch, sehe die Sonne. Und wenn ich sie nicht sehe, weiß ich doch, sie ist da.« –

Aber morgen? drängt Aljoscha. – Nun, morgen wird ein Tag wie andere sein, kleiner Tag, dunkler Tag. Natürlich werden die Juristen und Doktoren alles aufs beste besorgen. Was wissen sie von Schuld? Jeder ist für alle und für alles schuldig. Was ein anderer getan hat, hätte ich beinahe getan. Es kommt auf das gleiche heraus.

Dmitri ist in den paar Wochen gewachsen; dabei immer noch derselbe primitive Mensch mit der ungehobelten Sprache und den ungestümen Gebärden. Der große Advokat aus Petersburg ist doch auch nur ein geriebener Schurke. Nicht für eine halbe Kopeke glaubt er an die Unschuld seines Patienten, aber wird sie morgen wie zwei mal zwei beweisen. Und Rakitin wird ein Artikelchen über das Ganze schreiben, vom Standpunkt des Milieus aus und mit einem Schuß Sozialismus, und daraus wird hervorgehen, daß es die verfluchte Pflicht und Schuldigkeit Iwans und gewissermaßen Naturgesetz war, den Alten umzubringen. – Nur eins: Gruschenka! Können sich Sträflinge trauen lassen?

Keinen Augenblick zweifelt er an seiner Verurteilung. Das geht, wie es geht. Aber Gruschenka kann doch nicht mit in die Bergwerke. Ohne Gruschenka wird es schwer.

Sie reden über alles mögliche, über das der Eingesperrte nachgedacht hat. Der liebe Gott wird von der Chemie verdrängt. Ehrwürden müssen abtreten. Diese Niederlage des lieben Gottes, über die Rakitin Bescheid weiß, wiegt schwerer, als was da morgen die Bürger und Bäuerlein des Schwurgerichts fertigbringen werden, denn von nun an, so wenigstens behaupten Rakitin und Genossen, sind alle schönen Gefühle der Seele nur noch zappelnde Nervenschwänzchen. Wenn einem etwas Hohes in den Sinn kommt, zippelt und zappelt so ein Schwänzchen im Hirn, das ist das Ganze, und wenn einer eine hundsföttische Gemeinheit begeht, zippelt ein anderes Schwänzchen. Ach, Aljoscha, das ist natürlich alles Blödsinn, aber wie wird es mit Gruschenka?

Nie hämmert Dostojewskis Dialektik kräftiger, als wenn sie sich wie hier nur des Tons bedient. Die Absicht hinter diesem Gespräch ist deutlich, überdeutlich. Der Anlaß, auf das alte Thema zu kommen, wird fast mit Gewalt herbeigeholt. Der Ton besiegt jeden Einwand. Auch wenn an Stelle Rakitins die ganze Wissenschaft Europas mit ihrer Chemie stände, müßte sie sich sagen lassen: Natürlich alles Blödsinn!

Mitja hat Aljoscha etwas zu fragen, eine Frage, die mit Iwan zusammenhängt. Iwan stehe zwar viel höher als beide, könne aber, da er auch an die Theorie mit den Nervenschwänzchen glaube, in dieser Sache nicht mitsprechen. Aljoscha soll entscheiden. Es ist eine sehr wichtige Frage, und Aljoscha soll seine Augen in acht nehmen, denn Dmitri wird sich nach den Augen richten. Wie denkt Aljoscha über Amerika? Bruder Iwan hat die

Auswanderung mit Gruschenka nach drüben ausgeheckt. Halt deine Augen im Zaum, Aljoscha! Sage noch nichts, hör erst zu! Die Flucht ist gut vorbereitet. Alles klappt tadellos. Es kostet viel Geld, aber Iwan gibt es her. Iwan tut, was er kann, obwohl er Mitja für schuldig hält. Amerika ist nicht schön, aber Sibirien ohne Gruschenka – wie soll man das aushalten? Iwan meint, Sträflinge würden nicht getraut. Ohne Gruschenka kann man sich in den Bergwerken den Schädel einschlagen. Aljoscha, womöglich zwanzig Jahre ohne Gruschenka!

Mit Angst schaut er auf den Bruder, und Aljoscha hält die Augen im Zaum. Iwan meint, man könne in Amerika mehr Vernünftiges tun als in Sibirien unter der Erde, und hat natürlich recht. Es gibt aber etwas anderes, das die Herren Gelehrten mit den Nervenschwänzchen für Unsinn halten. Aljoscha versteht es. Es gibt eine Hymne, die plötzlich mit einem dummen Ton abbricht. Nein, Aljoscha, sage noch nichts, warte erst morgen ab! Die Hymne ist gut, überirdisch gut, Mitja aber nur ein Mensch. Wohl müßte man den Weg bis zu Ende gehen können, und in Amerika gibt es viele Schurken. Ja, man müßte. Gott zeigte einen Weg, und kurz vor dem Kreuz machte man linksum kehrt. Sage noch nichts, Aljoscha, warte bis morgen!

Aljoscha sinnt. Die Hymne klingt ihm ins Ohr, braust durch die enge Zelle, weitet die Wände, hebt die Decke. Wieder fragt Mitja: Werden Sträflinge getraut?

Die Zeit drängt, sie müssen scheiden. Aljoscha fragt, ob Iwan wirklich den Bruder für den Schuldigen halte. Mitja lacht bitter. Er hat ihn fragen wollen, aber ließ es bleiben, da es schließlich unnütz war, konnte man es doch an den Augen sehen. – Aljoscha ist schon an der Tür. Da hält ihn Mitja fest. Einen Augenblick hören sie ihre Herzen klopfen.

– »Aljoscha, sage du mir die volle Wahrheit: Glaubst du, daß ich der Mörder bin, oder glaubst du es nicht?« – Aljoscha zittert unter der Last des Bruders, der sein ganzes Leben in die Frage legt. Atemlos stößt er hervor, keine Sekunde habe er an die Schuld geglaubt. Und hebt die Hand zum Schwur.

Von den Lippen Dmitris kommt ein geflüsterter Dank. Eine Ohnmacht scheint von ihm zu weichen. Er entläßt ihn mit den Worten: »Geh und liebe Iwan!« –

Hier wird der Traum realisiert, der im »Idioten« begann und abbrach. Es ist gleich, ob Dmitri flieht oder nicht. Er wird sich dazu entschließen und hat recht. Wie Aljoscha später auf eine neue Frage wahrheitsgemäß antworten wird, würde es nicht zu Mitja passen, sich unschuldig kreuzigen zu lassen. Das Kehrtmachen vor dem Kreuz ist nicht der Knick des »Idioten«, sondern mehr eine praktische Angelegenheit und überdies eine Geschmacksfrage. Die Fortsetzung der Hymne wäre Literatur. Mit großer Sicherheit differenziert Dostojewski die beiden Fragen. Nur an dem Abend im Gefängnis, bevor Aljoscha seinen Glauben an die Unschuld des Bruders bekannt hat, legt Mitja tatsächlich die Entscheidung, ob er fliehen soll oder nicht, in Aljoschas Hände, verlangt aber schon jetzt Aufschub der Antwort. Nachher im sogenannten Epilog, nachdem Aljoscha sein Einverständnis mit dem Fluchtplan erklärt hat, sagt Dmitri, die Flucht sei auch ohne Aljoscha beschlossene Sache gewesen. Mitjas »Gefühle« werden mit dieser Wendung nicht in Frage gestellt. Käme es darauf an – wie es nach unserer Ansicht im »Idioten« auf den Widerstand gegen den blutigen Ausgang ankam, weil immer noch ein Rest Myschkins, der die Möglichkeiten seiner Aktivität klargestellt hätte, verhüllt blieb – ließe er sich tatsächlich kreuzigen, mit verzücktem Lachen und einem derben Fluch auf den Lippen. Das Wesentliche haben wir vernommen. Nicht ein kranker Outsider von besonderer Vergangenheit, sondern ein Vollblutmensch kann fähig werden, die Hymne zu singen und die Schuld aller auf sich zu nehmen.

Dies die Steigerung des Sohnes zur Rechten. Er befreit sich aus der Umschlingung der Laokoon-Gruppe. Aljoscha geht zu dem anderen Bruder. Auch der fragt ihn, und Aljoscha durchbricht mit einem Wort die schwache Schutzwand Iwans. Längst hat das Dokument, mit dem Katja den nach Lüge Dürstenden zu beschwichtigen suchte, die Wirkung eingebüßt, und aus den paar

Worten, die noch im Beisein Katjas fallen, geht hervor, daß auch sie den Brief nicht als unbedingten Beweis ansieht, sondern sich auf Iwans Meinung in der Schuldfrage stützt. Für ihren Haß hat die Frage, ob Dmitri der Mörder ist, so wenig zu bedeuten wie für die Liebe Gruschenkas. Wenn sie morgen als Zeugin Dmitri vernichtet, wird sie nur ihre Rache kühlen. Wenn sie ihn rettet, wird sie es auch nur, um ihn zu strafen, tun. Ein schmales Licht fällt auf Iwans Beziehung zu ihr. Auch seine Liebe hat der Wurm schon vergiftet, und morgen nach dem Urteil will er mit Katja brechen.

Aljoscha erklärt ruhig und bestimmt Dmitri für unschuldig, und auf die ungeduldige Frage Iwans, wer denn sonst der Mörder sein könne, antwortet Aljoscha: »Du weißt es selbst, wer!« –

– »Meinst du etwa die Fabel von dem irrsinnigen Idioten, dem Epileptiker? Meinst du Smerdjakow?«

– »Du weißt es selbst, wer.« –

»Aber wer denn, wer?« Iwan schreit die Frage.

Aljoscha zittert, aber der Hymnus ist noch in ihm und gibt ihm Kraft.

– »Ich weiß nur das eine: Nicht du hast den Vater erschlagen!« –

Iwan braucht Zeit, bis er sein Gesicht wieder zum Lächeln bringt. Aljoscha durchschaut ihn. Alle die furchtbaren Gewissensqualen durchschaut er, als habe eine fremde Macht ihn sehend gemacht. – »Nicht du hast ihn erschlagen da irrst du dich, nicht du bist der Mörder, höre mich, nicht du! Mich hat Gott gesandt, dir's zu sagen.«

Aljoschas Kraft in diesem Augenblick ist außerordentlich. Die fremde Macht hat ihm das Recht zur Lossprechung von der Sünde gegeben. Seine Verkündigung läßt Iwan erstarren. Nicht das Tröstende der Worte dringt zu ihm, nur der Reflex drohender Mitwisserschaft. Einen Augenblick hält er Aljoscha für einen Zeugen seiner nächtlichen Halluzinationen und läßt sich zu der Frage hinreißen, ob er »ihn« gesehen habe. Aljoscha weiß nicht, von wem er redet, und es gelingt Iwan, seiner Erregung Herr zu werden. Er habe für Propheten und himmlische Abgesandte nichts übrig. – Noch einmal zieht er sich in seine Fassade zurück. Die kurze Szene ist eine mit Kühnheit geschlagene Brücke in das Dunkel Iwans. – »Denke an mich und meine Worte!« ruft ihm der Sendbote vergeblich nach.

Iwan geht noch einmal zu Smerdjakow, zum letzten Verhör. Meister und Schüler sitzen sich mit vertauschten Rollen gegenüber, und ein Drittes ist dabei, auch ein Gefühl. Nie ist die Liebe flammender dargestellt worden als in den Karamasow: Liebe zu Gott, zum Leben, zur Menschheit, Liebe zum Weibe. Nie ist der Haß furchtbarer gemalt worden als in dieser Szene; Haß zwischen Männern, also Verstandeshaß, der den Körper zermürbt und das Gehirn höhlt. Strindberg hat den Geschlechtshaß gedichtet, und keiner wird es ihm nachmachen. Es gehörte sein Schicksal und sein Genius dazu, zumal sein Sonderfall. Aus der Geschlechtsverschiedenheit der Partner muß normalerweise eine Milderung erfolgen. Wir verstehen, die Natur ist einmal so. Dostojewski hat in seinen Schilderungen des Geschlechtshasses diese Bedingtheit nicht unterdrückt. Im Grunde alles Kinderspiel neben dem Gefühl zwischen Iwan und Smerdjakow. Haß zwischen Mann und Frau vergrößert die Ungleichheit. Diese beiden aber werden sich ähnlicher, büßen die sozialen Unterschiede ein, hassen sich mit ähnlichen Mitteln. Zwei gleichgeartete Maschinen rasen aufeinander los. Sie sind beide schon nahe am Ende. Die Körper hängen wie Lappen an den arbeitenden Schädeln. Zuletzt gleichen sie Hähnen im letzten Gang, die nur noch aus Schnäbeln bestehen und, da sie den Gegner nicht mehr sehen können, die Luft zerhacken. Am meisten ist Smerdjakow mitgenommen, der stärkere Hasser, dem keine andere Regung das Gift verdünnt. Die Lehren Iwans, die den Lehrer zersetzen, sind für den Schüler nur Schaum, ein Etikett, ein bißchen Literatur, die angeklatschte Haarlocke. Alle Frisur wird abgelegt. Diesen Menschen hat der Haß geboren, und er hat schon im Mutterleibe der Smerdjatschaja auf alles, was mit seinem Erzeuger zusammenhängt, gewütet; Haß des Bastards, des getretenen Lakaien, Haß von Generationen von Bastarden und Lakaien, aber nicht legendarisch, sondern höchstpersönlich, in einem einzigen Menschen zur Pfeilspitze gesammelt. Während Iwan, der Intellektuelle, zusammenschrumpft, wächst der andere über sich hinaus. Der Haß gibt ihm vergeistigende Würde und scheint das Verbrechen zu objektivieren. Der Mord, im Kampf der Geschlechter endgültiges Verfahren, wird hier zu einer Nebensache, einer schließlich nur noch dekorativen Voraussetzung, auf die sich erst die eigentliche Handlung des Hasses aufbaut. Noch der Staub Smerdjakows wird die Karamasow zu zerfleischen suchen.

Er läßt die Karten fallen. Natürlich habe er den Alten erschlagen, sagt er beiläufig, und Iwan hofft noch, an den müden, gleichmäßigen Klang gebunden. Smerdjakow wundert sich. Hat denn der Herr je daran gezweifelt? Das ist doch alles längst erledigt, und man soll nicht so tun. Mein Gott, wie langweilig! Wollen wir nicht endlich einmal von etwas anderem reden?

Da Iwan Beweise fordert, krempelt Smerdjakow langsam seine Hosen auf. Ein langer weißer Strumpf kommt zum Vorschein. Nun muß man die Bänder um den Strumpf lösen und dann mit den Fingern von oben hineinfassen. Schließlich hat er das Pack und zieht es heraus. Auf dem Tisch liegen die dreitausend Rubel. – Die Realität dieser Gebärden brennt sich ins Auge.

Iwan lächelt – dieser Strumpf und das Papierpack aus dem langen Strumpf, höchst komisch! Also war es doch nicht Dmitri? – Und gleich kommt die letzte Hoffnung. Vielleicht waren die beiden wenigstens bei der Tat zusammen. – Mit dieser letzten Hoffnung des schachernden Intellektuellen taucht Iwan auf den Grund. –

– »Nein, nur mit Euch zusammen!« antwortet Smerdjakow trocken.

Iwan läßt sich den Hergang erzählen. Sonderbar, wie klug der Mensch, den man für dumm hielt, alles gemacht hat. Iwan läßt sich keine Kleinigkeit entgehen. Die Kleinigkeiten sind die Lekkerbissen. Er hat eine Art Genuß an dem Bericht, Genuß des Fachmanns. Sähe einer die beiden so zusammen an dem Tisch, käme er nie darauf, sie für Feinde zu halten. Smerdjakow erzählt klar und einfach. Im Grunde war es kein Kunststück, nur mußten wir ein bißchen Glück haben, aber das gehört ja immer dazu. Unsere Sache war gut kombiniert. – Bei der Flucht Dmitris durch den Garten zuckt in Iwan noch einmal ein Hoffnungsschimmer auf. Der andere nickt: Ja, das glaubt jeder, und das ist eben unsere Chance, und deshalb wird das Brüderchen morgen verurteilt werden. Das wissen Sie so gut wie ich. Gut war es, sich so zu verstellen, ganz vorzüglich. Klipp und klar: er der Handlanger, Iwan der Kopf.

Der Intellektuelle wimmert, wird immer kleiner. Smerdjakow wundert sich, wie schnell so einer klein beigibt.

Und jetzt?

Smerdjakow schiebt ihm das Geld hin – bitte schön! Gibt also das Geld zurück? – Ja, denn das habe nichts damit zu tun. Wir haben doch nicht des Geldes wegen gemordet, sondern um das Geschmeiß zu vertilgen. Und dann muß Iwan etwas Festes in den Händen haben. Übrigens ist es schade darum.

Iwan rafft sich auf und nimmt das Geld. Das wird morgen aufs Gericht gebracht. Morgen wird er sich und den anderen anzeigen. Smerdjakow bleibt sehr ruhig. Auch das ist alles vorgesehen. Man wird nicht anzeigen, hängt zu sehr an den Kleinigkeiten, man ist Sohn des Seligen. Von allen Kindern steht man dem Seligen am nächsten.

Diese Identifizierung mit dem Geschmeiß hat sich der Virtuose Smerdjakow für zuletzt aufgehoben. Und noch ein Leckerbissen: Selbst wenn man aus Laune den berühmten Weg der Läuterung wählen wollte, würden sich die Umstände widersetzen, denn die dreitausend Rubel sind ja gar kein Beweis. Hat man die Nummern der Scheine des Alten? Rechnet man etwa auf die Vernehmung des Strumpfes? Man denkt wohl, Smerdjakow könne sich nicht dem Verhör entziehen? Da wird man sich noch einmal verrechnen.

Nachher sitzt Iwan in seinem Studierzimmer, und er ist wieder da, der nächtliche Besuch, der Gentleman. Die vorhergehende Unterhaltung wird in der Sprache Iwans fortgesetzt und auf unabweisbare Konsequenzen geprüft. Dem Bankrott des Gewissens folgt der Zusammenbruch des Denkers. Die ganze Frage nach Gott, mit der sich Iwan, seit er denken kann, gequält – nein, nicht gequält, das ist ja seine Misere – nur beschäftigt hat, als Kenner und Liebhaber, der Gott wie ein interessantes Objekt ansieht: diesen ganzen vergeblichen Dilettantismus läßt der Gentleman in krausen Anekdoten vorbeispazieren, ein Schmarotzer, der in der Intimität Iwans gelebt haben muß. Iwan hat zur Kühlung des Hirns ein nasses Handtuch um den Kopf und macht Jagd auf das Vexierbild. Ist der Gast oder ist er nicht? Natürlich ist er nicht, denn die Wissenschaft duldet Gentlemen, die nachts hereinkommen, ohne die Tür zu öffnen, genauso wenig wie Sendboten und Propheten. Nur kann man sich trotz alledem nicht vor der außerordentlichen Leibhaftigkeit des Gentleman in seiner etwas abgegriffenen Eleganz verschließen. Für ein Spiegelbild spricht er laut und deutlich genug, ist überdies viel älter als Iwan, ein angehender Fünfziger, der allerlei hinter sich haben muß. Nur eins verrät ihn: Er sagt die Gedanken Iwans. Daran klammert sich der Verstandesmensch. Also muß der Gentleman trotz der gestreiften Nankings eine Halluzination sein. Diese Einsicht ist mit Bitterkeit gewürzt, denn der Gentleman gibt nicht die allerklügsten noch die alleredelsten Gedanken Iwans von sich. Es sind zwar auch gute darunter, meist aber die gewissen banalen Anfänge von Gedankenreihen, die man mit Mühe aufpäppelt und deren man sich nachher, wenn die Reihe fertig ist, schämt. Erinnern wir uns an das Urteil des Staretz über das gesellschaftliche Rednertalent des Denkers. Iwan ist kein Kirilow, kein Fanatiker bis ans Ende, mehr ein begabter Literat, dem einmal ein glücklicher dichterischer Wurf gelingen kann und der aus Ehrgeiz denkt. Ein arrivierter Bankier wird nicht gern an seine Lehrlingszeit erinnert. Iwan leidet unter den Mitteilungen mehr als unter der Gespenstererscheinung des Gastes, leidet

Qualen. Alles kaut der Gentleman wieder, längst überholte Dinge, genau das in diesem Augenblick Unerträgliche. Der Teufel in Person könnte die Dialektik nicht raffinierter drehen. Alle Schliche spitzfindiger Routine hat der Schmarotzer erwischt, Banalitäten, die man im Kreis empfänglicher Damen mit hübscher Betonung geistvoll zurichten konnte.

Nein, stöhnt Iwan, so ein Lakai war er doch nicht. Nie hat seine Seele so ein Geschöpf hervorbringen können. Ist aber der Gentleman nicht Iwans Gespinst, Produkt seines Hirns – seiner Magenverstimmung, wie Dickens gesagt hätte – was ist er dann? Also doch Satanas?

Der Gentleman weiß seinen Mann zu behandeln, scheint es von Smerdjakow gelernt zu haben. Jedesmal, wenn Iwan nahe daran ist, an die objektive Existenz seines Besuchers zu glauben, fällt ein Wort, das die Identität bestätigt. Der Gentleman ist Satan und gespiegelter Iwan zugleich.

Dieses Purgatorium ist die letzte und ungeheuerlichste Variante des »Doppelgängers«, jenes zu seiner Zeit unverstandenen, nicht einmal vom Autor ganz verstandenen Frühwerks, das über alle Literatur hinausgriff und den Möglichkeiten Dostojewskis ein Ziel in nebelhafter Ferne wies. Die Entwicklung hat das Ziel erreicht und den tollkühnen Griff des jugendlichen Stürmers bestätigt. Wohl ist diese Anwendung der Doppelgänger-Idee nur das letzte Wort eines bilderreichen, ungemein kunstvoll gegliederten Gefüges und darf nicht unbillig isoliert werden. Doch kommt es hier geradezu zu einer Apotheose jener Idee. Den Goljadkin redivivus trifft der Schatten einer erhabenen Gestalt. In das Zwiegespräch Iwans mit seinem zweiten Ich ragt die größte Szene deutscher Dichtung hinein. Das Faustische, lange schon stiller Begleiter des wachsenden Werkes, viel verborgener als das Schillerhafte, der Form Dostojewskis entrückt, seinen schöpferischen Gedanken, ja, seinem ganzen Bekenntnisdrang mindestens ebenso vertraut, veredelt die Tragik seines zusammenbrechenden Helden. Die alte Faust-Szene aber empfängt neues Gerät und neue Perspektiven.

Schließlich fällt der Gentleman auf die empfindlichste Stelle Iwans. Diese Wendung erfahren wir hinterher, aus dem folgenden Gespräch mit Aljoscha, der die Nachricht von dem Ende Smerdjakows bringt. Mit gewohntem Takt, der sich hier mit dem kühnsten Flug der Intuition paart, hat Dostojewski die entscheidende Steigerung der Mephisto-Szene in die Kulisse fallenlassen und dadurch die Möglichkeit gewonnen, die letzte Berührung mit Aljoscha zu gestalten. Was wird morgen sein? lächelt der Gentleman. Große Läuterung des Herrn Übermenschen, wie? Wer lacht da? Große Gebärde vor versammeltem Publikum, und die Damen, die dankbaren Zuhörer des Salon-Philosophen, werden ganz außer sich vor Entzücken sein. Zu guter Letzt gönnt man sich einen hübschen Abgang. Raskolnikow kniet auf offenem Markt und bekennt. Aber, wir sehen uns dabei vor, wir behalten auch in diesem kitzligen Augenblick immer noch gesunden Verstand genug und legen fix vor dem Niederknien das Taschentuch auf die Steine, um nicht die Hosen zu wetzen. Im letzten Seelenfältchen des Übermenschen bleibt die tröstliche Gewißheit des guten Ausgangs der Vorstellung, denn wir riskieren ja nichts.

Iwan verliert endlich die Haltung und schleudert, ein neuer Luther, das Teeglas an die Wand.

Aljoscha wird eingelassen. Kaum erfährt Iwan den Selbstmord des einzigen Zeugen, der das Theater in die Wirklichkeit überführen könnte, so bildet er sich auch schon ein, mit diesem Ausweg gerechnet zu haben. Smerdjakows Haß geht über die eigene Leiche. Unmöglich, eine ausgiebigere Rache auszudenken. Der Strick, mit dem er sich aufhängt, zieht Iwan in das Retiro Goljadkins. Die Sippe hat ihr Teil. Mit dreien und sich selbst ist der Bastard fertig geworden.

Der Gerichtstag. Noch einmal der große Kriminalapparat. Die Bühne bis auf die letzte Ausdehnung gefüllt. Man geht mit Mißtrauen an die Liquidation. Was kann sie noch bringen? Der Fall ist in allen Einzelheiten aufgeklärt, und keine öffentliche Diskussion, zu welchem Resultat sie auch kommen mag, wäre imstande, die Erschütterungen, die wir in nächster Nähe der Beteiligten erfahren haben, zu steigern. In der Tat verläuft das zwölfte und letzte Buch auf einem bescheideneren Niveau. Der Abstand zwischen Öffentlichkeit und Intimität bestimmt es, und wir empfinden diesen Unterschied zumal zu Beginn des Gerichts. Offenbar wollte Dostojewski mit dem Menschengewimmel am Schluß des Werkes ein architektonisches Gegenstück zu der volkreichen Ouvertüre im Kloster schaffen. Das Interesse an den neuorganisierten russischen Schwurgerichten mag mitgesprochen haben.

Ist aber die Einstellung auf die Bedingungen einer öffentlichen Handlung einmal erfolgt, ergeben sich neue Anlässe zur Bewunderung des Dichters. Die Materie zwingt ihn, seine Eigenschaften streng zu zügeln, und er paßt sich einer Aufgabe, deren äußere Umrisse Bedingungen des französischen Romans näherstehen, mit erstaunlicher Geschmeidigkeit an. Erst wenn der komplizierte Mechanismus in vollem Gange ist, gibt der Regisseur sein Eigenes her, vervielfacht die Geschwindigkeit der hundert Räder, und ein neues Drama geht über die Szene.

Zunächst das Verhör der kleinen Zeugen; trockener Humor, malerisches Arabeskenspiel, ganz lose, ganz sachlich. Der Humor karikiert nicht, hebt nicht das eine Männchen vor dem anderen hervor, sondern spielt im leuchtenden Staub der grauen Saalluft. Der Leser steckt mit in der gedrängten Masse der Zuschauer des Hintergrunds und sieht nach vorn, wo die Figuranten kommen und gehen. Auch Dostojewski sitzt in dem Knäuel und diskutiert mit den Nachbarn. Der eingefleischte Realist kann nicht umhin, plötzlich ein berichterstattendes Ich einzuführen. Es wäre durchaus entbehrlich und weist auf die Absicht des Dichters, den Ton möglichst leicht zu nehmen. Nicht dieses Gericht steht in Frage, obwohl es mit allen Details da ist und dasein muß. Was die Menschen da vorn machen oder nicht machen, muß immer unwesentlich bleiben. Das fühlt sogar der Angeklagte in seinem Verschlag, und wir fühlen: Das wird immer so bleiben, liegt an dem Eigengewicht der Öffentlichkeit, einer plumpen Größe. Fast gegen den Willen des Dichters erhitzt sich die Materie. Es steht gut für das Männchen im Verschlag. Katja und Gruschenka haben günstig ausgesagt, Katja sogar ihren Bittgang für den Vater. Im Knäuel hinten stößt man sich in die Rippen. Es blieb wohl nicht bei der tiefen Verbeugung des Leutnants, denkt man, und der Angeklagte windet sich unter der Gunst. Gruschenka läßt kein gutes Haar an dem Fräulein – Schokolade! Da kommt Iwan. Im Knäuel wird es still. Vorn die Männchen an dem langen Tisch quer vor haben auf einmal schräge Gesichter. Im Verschlag sitzt ein gerader Strich. Man weiß doch alles, was kommt und kommen kann. Dieses Reis vom Stamme Karamasow, alles in allem die faulste Frucht, ist erledigt. Genug von ihm! Und kaum tritt er auf, haben wir nur noch Augen für ihn, nur noch Ohr für seine wahnsinnigen Worte. Dieses schwächste Reis vom Stamme Karamasow hat sich die schwerste Last aufgebürdet. Nur das sehen wir mit den Augen des Dichters: den überirdisch leidenden Menschen. Er habe etwas Interessantes mitzuteilen, murmelt er. Alles lauscht, alles scheint zu wissen, was er zu sagen hat, und nur darum handelt es sich: Wird er es sagen – und wie?

Er senkt den Kopf, wartet ein paar Sekunden. Nein, er habe nichts Besonderes. – Geschäftig fangen die Räder wieder an. Nur weiter, fix, fix. Mit dem muß man schnell machen. Der Präsident stellt die obligaten Fragen. Iwans Mund antwortet obligat. Er fühle sich schlecht, bitte um Entlassung. Und wendet sich, geht langsam. Plötzlich kehrt er um und auf den Platz zurück, lächelt und redet etwas von Sarafan und Bauernmädchen. »Will ich, so spring' ich; will ich nicht, so spring' ich nicht.« Das sei nämlich so was Nationales –

Die Räder halten. Der Vorsitzende macht ein strenges Gesicht. Der Staub steht in der Sonne.

Und plötzlich zieht Iwan das Geldpaket hervor. So und so. Smerdjakow und er. »Wer wünschte nicht den Tod seines Vaters?« –

Über dieses Wort hat sich mancher aufgeregt. Man muß es mit dem Gehör zwischen den Rädern hören. Es ist das letzte diesseitige Wort eines Menschen aus dem Jenseits. Tut nur nicht so… im Grunde möchten wir es alle so machen.

Am langen Tisch schieben Köpfe auf belatzten Talaren hin und her. Im Verschlag rotiert eine Spirale.

– »Haben Sie Zeugen?«

Da ist die Frage, die den Rest des Verstandes verschlingen muß. Zeugen hat er, zwei sogar. Einer baumelt am Strick, der andere, ein Gentleman, sitzt da unter dem Tisch in engen Nankinghosen.

Die Tollwut bricht aus. Er fängt an zu brüllen. Katja schreit und zeigt Dmitris Brief. Gruschenka schreit, Dmitri schreit. Das Räderwerk fällt auseinander. Pause.

Man repariert den Apparat. Es geht weiter. Ein paar Menschen sind weniger im Saal. Die Vernunft ist wieder da und wägt mit staatserhaltender Logik. Der Staatsanwalt rechnet mit Sicherheit die Schuld des Angeklagten aus, und der große Verteidiger aus Petersburg die Unschuld. Während die Geschworenen beraten, geht es im Knäuel auf und ab. Dann siegt die Vernunft, und das Gefühl wird zur Zwangsarbeit in Sibirien verurteilt.

Nachher aber im Epilog geht eine andere Verhandlung vor sich. Ich meine nicht den Versuch der beiden Frauen, mit ihrem Haß fertig zu werden, noch die Auseinandersetzung Katjas mit Dmitri, sondern das Begräbnis des kleinen Iljuscha. Die Schuljungen, geführt von Alschoja, tragen den Sarg hinaus, und der Hauptmann, der Bastwisch, trottelt geschäftig und dumm hinterdrein. Am Grab müssen sich die Jungen an seinen Rock hängen, damit er nicht in das Loch stürzt. Auch Smurow, der Linke, weint, und sogar Kolja. Viele Tränen fließen auf den Schnee. Auch auf dem Heimweg vom Kirchhof weinen die Augen weiter, und wenn Smurow einen Augenblick hält, um schnell einen Stein nach einem Spatzen zu werfen, ist es nur, um nachher um so stärker anzufangen, zumal der Spatz gefehlt wurde. Tränen, die anderswo vergessen wurden, fließen über die ganze Erde hin. Die Jungen bringen den Hauptmann nach Hause, den Kolja zur Fassung ermahnt, denn einem Mann stehe es übel an, sich unsachlicher Verzweiflung hinzugeben. Im Hause des Bastwisch aber geht das Elend von neuem los. Der Hauptmann erwischt die verwaisten Stiefelchen des bissigen Kleinen.

Bei dem großen Stein, unter dem Iljuscha eigentlich begraben sein wollte, hält Aljoscha die Rede an die Jungen. Wenn wir schlecht werden sollten, was man natürlich nicht wissen kann, wollen wir uns an diesen Tag erinnern. Übrigens, warum sollten wir schlecht werden? Iljuscha war doch auch gut, und das Leben trotz aller Tränen ist gut. Trotzdem und trotz alledem, es lebe das Leben! – Und Kolja ruft: Hurra, Karamasow!

Aljoschas Rede auf den Toten ist die schlecht und recht improvisierte Predigt eines Staretz-Schülers, nicht ohne die Banalitäten eines ungeübten Redners bei solchen Gelegenheiten. Staatsanwalt und Rechtsanwalt haben besser gesprochen. Die Jungen aber sind begeistert, und keinem fallen die Witze ein, die im Zuschauerraum des Schwurgerichts gerissen wurden. Der Staatsanwalt und der große Petersburger Verteidiger wogen ihre Worte, denn es kam bei diesem Prozeß darauf an; Dmitri wurde auf Worte verurteilt. Die Kameraden Iljuschas aber fanden, es komme nur auf das Gefühl an, und machten das Schlechte der Großen wieder gut.

Dieses Nachwort nach dem zwölften Buch entspricht nicht den üblichen Epilogen Dostojewskis, denn die paar Szenen schließen sich zeitlich unmittelbar an die letzten Vorgänge an, können also zum Roman-Drama gerechnet werden. Die Andeutung der Zukunft beschränkt sich auf das Hurra Aljoschas und der Jungen. Diese Knabenstimmen, die den Reparationsakt Iljuschas gegen den Dämon des Vaterhasses feiern, stellen dem Wort des Wahnsinnigen das Wort der Gesunden entgegen: Wer kämpft nicht für seinen Vater? – Die Jugend hat das letzte Wort.

Mit der Begräbnis-Szene wendet sich Dostojewski noch einmal seiner Vergangenheit zu und rekapituliert ein Stück seiner

Jugend. Der Hauptmann gehört zu den »Armen Leuten«, dem Erstlingswerk. So geschäftig und sinnlos lief damals ein anderer Vater einem Sarge nach, während ihm die Bücher des geliebten Sohnes, mit denen er sich bepackt hatte, in den Schmutz fielen. Der Bastwisch ist direkter Nachkomme des alten Pokrowski. Dieser Griff enthüllt die ganze lange Bahn bis zu dem Debüt vor einem Menschenalter. Alle Flüsse münden in das Reich der Karamasow.

Dostojewski soll sich mit einer Fortsetzung des Romans getragen und in Gesprächen mit Frau und Freunden sogar die Idee skizziert haben, in der Aljoscha die Hauptrolle zugedacht war. N. Hoffmann hat diese Skizze mitgeteilt.[70] Die Mitteilung verdient alle Skepsis. Wohl kann Dostojewski dergleichen einmal gesagt haben; fragt sich, wann, ob während der Arbeit oder nachher. In keinem Fall braucht man es ernst zu nehmen. Wir wissen, was von solchen ersten Entwürfen Dostojewskis zu halten ist. Nachher kommt immer alles ganz anders. Eine Fortsetzung der Karamasow verbietet sich ebenso wie die Aufstockung eines Tempels. Dostojewski hätte bei längerem Leben vermutlich noch geschrieben. Ein so vollendet abgeschlossenes Lebenswerk läßt solche Überlegungen zum müßigen Spiel werden, und der ungereimte Gedanke an eine Wiederkehr Aljoschas, der in der Folge zum Fahnenträger der Karamasow würde, käme fast einem Eingriff gleich, da er die Gliederung des Werkes und eine Gliederung der ganzen Entwicklung Dostojewskis verändert. Die Plätze der Personen in dem Drama sind unverrückbar, zumal die Stellung Aljoschas. Er ist nicht der Held, sondern Mittelsmann. Muß ein Held genannt werden, so kommt nur Dmitri in Frage, nicht der Nachfolger des »Idioten«, aus dem der »positive« Held gewonnen werden sollte, sondern der älteste Karamasow, in jeder Faser Mensch, im Guten und im Bösen und in des Worts verwegenster Bedeutung Mensch. Wir deuteten in unserer Betrachtung des »Idioten« die Stelle an, von wo aus diese ideale Gestalt bedingt erscheinen kann. Ihre Unfehlbarkeit gilt nur bis zu den Karamasow. Wohl bleibt sie Träger eines der schönsten Träume Dostojewskis[71], und das was an ihr diskutabel scheint, treibt zur Diskussion über die Grenzen christlicher Menschheit. Der Knick, den ihr der Dichter nicht ersparen konnte – und darunter darf man jetzt außer der Wendung ins Tragische zum Schluß auch bis zum gewissen Grade die mit der Krankheit Myschkins verdeckten Bedingtheiten verstehen – dieser Knick der Realisierung wird von den Karamasow aus deutlich, und seine Korrektur gehört zu den vielen Gewinnen Dostojewskis auf seiner letzten Höhe. Der Versuch, den Christus-Menschen zum Helden einer Dichtung zu machen, kann immer nur ein Voluisse-in-magnis sein. Aljoscha, der himmlische Bote, muß Bote bleiben, ein leuchtender Nebensatz neben der irdischen Handlung, von der ihn seine verborgenen Flügel zurückhalten; ein Gedicht, ein wunderbares Gedicht. Zu seinen Bedingungen gehört der Verzicht auf die gewaltige Realität der Karamasow. Es ist hier oft von dem Takt Dostojewskis die Rede gewesen. Die Korrektur des »Idioten« durch Aljoscha macht die Ausdehnungen dieser Gabe deutlich. Sicher hätte Dostojewski bei längerem Leben den Versuch, einen positiven Helden zu gewinnen, fortgesetzt. Hätte er hundert Jahre gelebt, wäre ihm kein höheres Ziel erschienen. Der Roman Aljoscha aber wäre ein neuer Roman geworden gleich dem »Idioten«, der aus »Raskolnikow« hervorging. Freilich fällt es in diesem Falle schwer, sich die Wandlung der Handlung des alten Werkes in die Kulissen des neuen auszumalen. Eher könnte man sich als Folge ein Christus-Werk denken, das er sich, wie aus einer Tagebuchnotiz hervorgeht, zu schreiben vorgenommen hatte.

Doch gibt es eine Fortsetzung Aljoschas im Geiste des Idioten, und wir besitzen sie. Der Dichter brauchte sie nicht zu schreiben, denn ihr wohnt die Wirklichkeit historischer Tatsachen inne. Ihr Name ist Dostojewski. Es bleibt uns übrig, sie zu erleben.

Fünfzehntes Kapitel

Aus der Entwicklung Dostojewskis geht hervor, was der Künstler für seine Form getan hat. Es geht auch noch manches andere daraus hervor, aber was uns zu der Entwicklungsgeschichte trieb, war vor allem die Frage nach der von Fremdkörpern möglichst befreiten Ästhetik des Werkes. Schon die treibende Kraft in den »Armen Leuten« wurde als rein dichterische Schwingung erkannt. Diese Briefe sind Variationen eines Lyrikers, die das Thema gleich dem Kirchlein im Tal in immer höher ziehenden Spiralen umkreisen. Die Lyrik überwindet das Stoffliche der Begebenheit und destilliert alles Gefühlsmäßige. Die Dinge sind so, wie sie in der Übertragung auf die einfache Mentalität der beiden Personen des Romans erscheinen, nur so, nicht anders, und die zurückgehaltene Mentalität hindert nicht die Realität der Dinge.

An Variationen hat Dostojewski festgehalten. Die Stoffe werden reicher, und die Mentalität, das Objektiv der Dinge, kompliziert sich immer mehr. Um so differenzierter die Variationen, um so weiter dehnen sich die Spiralen, und immer wieder wird das Motiv zum Kirchlein im Tal. Der lyrische Duktus der »Armen Leute« und anderer späterer Novellen vermöchte nicht, die Erregungen der Hauptwerke aufzunehmen. Diese Zwecke modifizieren die Mittel. Aus dem Monolog des Kellerloch-Menschen, der verwegensten Spirale des Suchers, entwickelt sich das Roman-Drama. Es gelangt im letzten Werk zur letzten Vollendung.

Die Geschichte der Form überzeugt deshalb so unwiderstehlich, weil sie die Geschichte des Gedankens Dostojewskis trägt. Nicht der Artist fällt auf das Roman-Drama, um der Literatur etwas Neues zu bieten, sondern der Visionär wird von der Gewalt seiner Gestalten zu der dramenhaften Struktur gezwungen, um seine Variationen durchführen zu können. Der Stoff überhängt in den meisten Werken bis zu der letzten Höhe die Form und drängt auf Fortsetzung. Erst in den Karamasow wird der Ausgleich gewonnen.

Das Schema des einzelnen Werkes wiederholt sich großzügig im Aufbau des ganzen Œuvre. Das zwiefache Debüt »Arme Leute« und »Doppelgänger« bildet das Grundthema, das in gewaltigen Variationen erschöpft wird und zuletzt als Kirchlein im Tal erscheint. Wohl überwältigt die Fülle den ersten Blick. Die Begebenheit strömt in bunter Willkür. Kaum haben wir ein Erlebnis halbwegs überwunden, umschlingen uns zwei, drei neue Schicksale. Wir brächten keine Ordnung in das Chaos, wenn Dostojewski sie nicht geschaffen hätte, wenn es nicht den von ihm getroffenen Anfang, die von ihm gesetzte Mitte, das von ihm gefundene Ende gäbe. Diese Ordnung aber widersteht allem Wogenprall des Chaos und ergibt einen letzten symbolträchtigen Bestandteil der Schöpfung. Fünfzig Personen treten in jedem Hauptwerk auf. Das gäbe viele Hunderte, müßte man addieren. Aber mit fünfzig Personen wird überreichlich das Personal des ganzen Œuvre bestritten. Ganz so steht es mit den Motiven. Dostojewski hat immer neue Menschen und neue Motive gebracht, aber wie in der wirklichen Welt sind es meistens irgenwie dieselben Menschen und irgenwie dieselben Motive. Dabei erleben wir in jeder Minute Neues und kommen nicht aus der Erregung heraus. Nicht die Neuheit des Gegebenen, sondern die Variation, die multiplizierende Spirale, trägt die Erfindung.

Wir haben vier oder fünf Absätze der Entwicklung gefunden, die sich keineswegs etagenweise gruppierten. Das erstaunlich hoch gelegene Debüt wird bis zum Kellerloch kaum überboten und in der sehr langen Zwischenzeit – und zwar vor und nach der Katorga – oft empfindlich unterboten. Und wenn die Kellerloch-Memoiren als Neuheit, als kühne Zielsetzung eines genialen Menschen ungleich stärker als das Debüt fesseln, fallen sie formal auseinander und könnten oberflächlicher Betrachtung die weitverbreitete Ansicht bestätigen, sie seien das Werk eines Psychologen von besonderer Intuition, keine Dichtung. Hat man doch mit Dostojewski eine neue Kunstgattung etablieren wollen, den »Dichter-Psychologen«, wohl in der Vorstellung, es sei der Literatur billig, was anderen Künsten recht sei, und ein von psychologischen Erkenntnissen hingerissener Russe dürfe ebensogut die unentbehrlichen Bedingungen des Romans verwischen wie ein in mittelalterlicher Mystik entbrannter Deutscher die Grenzen der Oper. Man kann nicht nachdrücklich genug auf der Tatsache bestehen, daß Dostojewski zwar viele unzureichende Begriffe, aber keine Kunstgrenzen demoliert hat. Sein Roman-Drama, dies der wesentliche Unterschied gegen die Schöpfung Wagners, bleibt innerhalb der Literatur.

Erst »Raskolnikow« sichert zwanzig Jahre nach dem Debüt ein neues Niveau, und dieses liegt freilich in jeder Beziehung so hoch über dem Anfang, daß wir bereits die letzte Reife erreicht glauben. Der »Idiot« führt sofort die Kurve viel höher und stellt eine neue Etappe dar. Die mit »Raskolnikow« gefundene Form bewältigt jetzt Verzweigungen des Gedankens von größter Differenzierung. Die dunkle Farbenskala ist überwunden, und die Kontraste stehen in hellstem Licht. Mit den »Dämonen« ein plötzlicher Niedergang, freilich gewollt, Sturzflug eines Luftschiffers, der seiner Maschine eine äußerste Kraftprobe zutraut. Unmittelbar vor dem tödlichen Anprall wird der Sturz zum Gleiten. Der Pilot lacht uns zu und verschwindet in eine neue Richtung. Die Aufstiege gehen immer nach verschiedenen Richtungen. Der »Idiot« erhob sich nicht senkrecht über »Raskolnikow«. Die Senkrechte steckt nur in den Entwürfen und wäre unausführbar gewesen. Liegt »Raskolnikow« nördlich, mag man den »Idioten« südlich nennen. Der »Jüngling« steigt vergleichsweise von Westen auf. Den »Karamasow« bleibt der östliche Teil des Kegels. Von dieser Seite überflutet die Wölbung alle anderen sphärischen Segmente und hebt sich am höchsten.

Wir möchten die vielen Zwischenstücke nicht entbehren, auch die kleinen nicht, denn immer wurden wir beschenkt. Selbst wenn das Werk mißglückte, gab es. Und wir möchten sie nicht missen, wäre es auch nur um der Steigerung willen, die uns die phänomenalste Eigenschaft Dostojewskis erschließt: ein Wachsen der Kunst ohne bewußtes Dazutun des Künstlers; Wachstum der Idee, das zur Stählung der Materie führt; Wachstum der Tendenz, das nur noch reicheres Leben freimacht. Fehlten aber die Zwischenstücke, hätten wir trotzdem in dem letzten Werk den ganzen Dostojewski. Die »Karamasow« erschöpfen ihn so vollständig, daß man alles Vorhergehende als Versuche und Skizzen, um sich das Material zurechtzulegen, ansehen könnte. Als das erste Werk entstand, scheint er bereits an das letzte gedacht zu haben, er, der die Sorge der Gewissenhaften um die Gesammelten Werke verlachte, der Vielschreiber und Lohndichter, der gab, was ihm einfiel, einfallen mußte. Wir wissen, die Feder ist ihm immer nur Mittel gewesen, und wenn ihn einer rief, legte er sie weg. Erlebnisse von einziger Furchtbarkeit hetzten ihn. Derselbe Mensch hat sein Werk wie kein zweiter Dichter seine Dichtung vollendet.

Die Gangarten der Dichter lassen sich im allgemeinen nach zwei Schemas teilen. In der Regel überwuchert der Spieltrieb den Zug in die Höhe und verbreitert die Fläche. Die Zahl der Werke nimmt zu, nicht der Dichter. Dies der französische Normalfall, den Gesittung und Geschmack erträglich machen. Überwiegt das Entwicklungsbewußtsein, frißt es den Spielbetrieb, und übrig bleiben Sentenzen. Dies der deutsche Fall. Beide haben Dostojewski bedroht. Der Deutsche lag einem so rücksichtslosen Denker am nächsten. Offenbar hat ihn sein Tempo bewahrt, dieselbe Beweglichkeit, die ihm zum Artisten keine Zeit ließ. Er dachte und dichtete springend und sprang oft kreuz und quer. Schematisch aber sieht der Fall anders aus. Projiziert man das wesentliche Resultat auf die bildende Kunst, so entsteht die Entwicklung eines Malers, der viele Jahre an einem und demselben Bilde sitzt und doch nicht verkümmert. Es gibt solche paradoxen Typen. Das Bild hat zahllose Stadien durchlaufen, und der Maler hat es hundertmal von neuem begonnen. Ziel ist, die Gestalten immer statischer zu halten, ohne sie zu verhärten. Daher geht der Maler, wenn die Zeichnung fortschreitet, immer wieder mit dünnen Schichten aus frischen Tönen der Luft, des Laubs, der Erde sehr schnell über die ganze Fläche und lockert auf diese Weise das Fleisch. Wenn das Monumentale erreicht ist, bleibt immer noch in der Epidermis des Gemäldes der Eindruck spontaner Improvisation, und um die gebietende Realität der Gestalten spielt und flutet farbenfroher Raum. Die Episoden Dostojewskis dienen dem Zweck der dünnen Farbenschichten. Man kann sicher sein, daß vorher die Struktur deutlicher hervortrat, der Gedanke klarer, das Leben geringer war. Das Verfahren narrte uns, und zuweilen gab es des Guten zuviel. Zumal die geräuschvolle Episode störte gepflegte Nerven. Wir wissen, was davon zu halten ist. Inmitten geräuschvoller Straßen erhebt sich die Kathedrale, und schon umfängt uns jenseits von der Straße und von ihr bereitet die schweigende Schwingung hoher Gewölbe. Bis zuletzt wogt und tobt die Straße, zuletzt stärker als je. Dostojewski ist in den »Karamasow« nicht reiner, edler als in früheren Werken, sondern hat das Höchstmaß gedichteten Daseins erreicht. Dafür sind Reinheit und Adel unzulängliche Begriffe.

Wir projizierten nicht umsonst das Schema auf die bildende Kunst. Das Zusammentreffen des Lebensendes mit dem Maximum der Gestaltung ist, wenigstens in dieser überwältigenden Fülle, in der Weltliteratur einzig und wiederholt sich annähernd nur in seltenen Beispielen der Geschichte der Malerei. Rembrandt beschreibt von ungleich bescheideneren Anfängen aus eine ähnliche Kurve, und der Gleichlauf der Bahnen bestätigt noch einmal die mysteriöse Verwandtschaft. Im neunzehnten Jahrhundert kann nur die Entwicklung Delacroix', an dessen Debüt wir beim ersten Auftreten Dostojewskis dachten, als Äquivalent der Erscheinung gelten. Die Hintertreppe des Russen entspricht dem populären Rahmen Louis-Philippe, mit dem sich der Maler der Dantebarke umgab, um seiner Mitwelt nahezubleiben, und das Schillerhafte heißt bei ihm Raffael. Im Alter erreicht Delacroix die letzte Vergeistigung seines Genius und findet die edelste Materie. Mit der Steigerung des Malers sind Opfer verbunden, die in der französischen Kunst als natürliche Begleiter der Entwicklung des Bildes zu gelten haben. Wer denkt auf der Höhe an das Nachlassen jener dantehaften Gebärde, mit der Delacroix Kunst und Volk zugleich umfaßte? Welches gebildete Auge entzöge sich dieser Verfeinerung des Mittels? Welches gebildete Auge freute sich nicht insgeheim, an dem Ersatz der Volksgemeinschaft durch die solchen Reizen zugängliche Gemeinde der Auserwählten beteiligt zu sein, und nähme nicht den Tausch für gerechte und gottgewollte Schickung? So lange, bis uns ein Dostojewski aufklärt, daß man mit der letzten Etappe der Laufbahn das Mittel erhöhen und trotzdem die Gemeinde über die ganze Erde hinweg ausdehnen kann, daß es wohl möglich ist, so hochgemut wie Delacroix zu beginnen und trotzdem am Ende der Bahn seine Dantebarke zu finden. In dieser Erhaltung der Kraft bewährt sich eine Ökonomie, deren Vorbildlichkeit über die Prädikate der Kunsturteile hinausgeht. Mit der letzten und gewaltigsten Umarmung seines Volkes vollendet Dostojewski seine Dichtung.

Seine Dichtung. Darunter darf nicht eine Idee verstanden werden, auch nicht die Summe der Ideen, denn die Idee einer Dichtung ist Teil des Werkes, und der Ideen-Komplex eines Œuvre immer nur Teil des Œuvre. Dieser Teil hat bei jedem großen Menschen und zumal bei Dostojewski sein vollzumessendes Interesse, aber darf nie für das Ganze gesetzt werden. Das Herauslösen der Idee aus einem Werke ist immer überaus delikat und geht nie ganz ohne Blutverlust ab, denn nicht zufällig hat der Dichter seines Werkes bedurft, um sich zu gestalten. Begnügt man sich aber gar nur mit Teilen der Idee, die dem Operateur für diese oder jene Demonstration besonders geeignet erscheinen und die man deshalb nach naivem Trugschluß als wesentlich für Dostojewski ansieht, so kann sehr leicht ein Unglück geschehen. Die Demonstration gelingt, aber von dem Objekt ist nichts mehr übrig. Dies der Erfolg der allermeisten Betrachtungen, die in Dostojewski nicht den Dichter, sondern den Denker sehen. Man verkleinert ihn keineswegs immer in übler Absicht, sondern aus Not, getrieben von dem Wunsch Arkadis, der, nachdem er den Wert seines Vaters erkannt und erobert hat, etwas von ihm haben wollte und dem der Vater trotz seiner Liebe und gerade aus Liebe die Belehrung verweigerte. Nichts liegt näher, als daß ein Mensch von der Wirkung Dostojewskis, der größten Wirkung seit Luther, wie ein Philosoph gesagt hat,[72] ein Dichter, der mit dem Gepränge des Dachgartens brach und in werktätiger Gemeinschaft mit allen Sündern und Gedemütigten und Beleidigten seinen Beruf erblickte, heute als ein weiser Staretz betrachtet wird, dem man seine Lasten bringt und von dem man Antworten erwartet. Prinzipiell steht fest: Käme man zu dem Weisen vergebens, wäre auch der Dichter nichts wert. Die Unhaltbarkeit eines theoretischen Dualismus von Denker und Dichter hat Otto Kaus überzeugend dargelegt. »In dem Augenblick, da wir Dostojewskis Weltanschauung in wesentlichen und wichtigen Teilen ablehnen, als falsch, überlebt, unzweckmäßig erkennen, müssen wir auch seine künstlerischen Leistungen als unzweckmäßig und unecht empfinden. Sonst gerät unsere Gewissenhaftigkeit in eine Zwickmühle, aus der es keine legitime Rettung gibt, wenigstens ohne arge Verluste unserer gesunden Empfindung. Gegen Dostojewski als Dichter müssen wir genausoviel Vorurteile haben wie gegen den Politiker, wenn uns dieser durch seinen Tonfall oder durch seine Formeln abstößt, wenn wir irgend etwas Grobkörniges und Stumpfes an ihm entdecken, das nicht dem Niveau unserer Instinkte entspricht, und in der Vorgeschichte keinen Punkt angeben können, der den Ballast übernimmt. Trotz der Metamorphose zum Kunstwerk müßte sonst der Gefühls- und Ideengehalt derselbe bleiben, dieselben Spitzen beibehalten, die wir als eine gefährliche und unsympathische Aggression empfinden, dieselben Hintergründe und Tavernen, aus denen uns dieselben Miasmen entgegenhauchen. Was hier als Rückschritt und tot in die Erscheinung tritt, kann dort nicht belebend wirken; was uns hier belästigt, kann uns dort nicht erziehen.«[73] – Das trifft unbedingt zu. Nur darf das winzige Pünktchen, das den

Ballast aufnehmen kann, nie vergessen werden. Die Gefahren einer Kontrolle des Dichters mit den nicht aus der Dichtung selbst gewonnenen Argumenten sind immer sehr groß. Wenn Kaus z. B. folgert, wir könnten von Dostojewskis Kunst »keine Befruchtung für die Zukunft erhoffen, wenn wir seine Gedanken als falsche Deutung des historischen Geschehens entlarven«, hat er den Grenzpunkt bereits übersprungen. Zum Glück entlarvt er Dostojewski nicht, sondern findet auf großen Umwegen die zutreffende Entlastung des Dichters. Ein anderer könnte leicht auf den Umwegen steckenbleiben. Wenn wir bei Ablehnung der »Dämonen« mit Überlegungen geschichtlicher Art, die sich gegen das Pamphlet wenden, stützen, bedienen wir uns eines Vorspannes, der nicht bedingungslos zieht.

Wir sind nicht in der Lage, den Staretz um mündliche Belehrung zu bitten, sondern auf eine Unzahl gedruckter Blätter angewiesen, die, sobald man mit ihnen mitgebrachte Axiome belegen will, zu Hieroglyphen werden. Die Schwierigkeit wächst, wenn außer dem Werk des Dichters auch die Arbeit des Zeitungsschreibers als gleichwertige Quelle, womöglich eine für den täglichen Gebrauch hergerichtete Dichtung, zugelassen wird und Ausflüsse von Stimmungen des Politikers, die einmal zwischen zwei Wellen ihr gutes Recht gehabt haben mögen, als Erlasse des Weisen gelten.

Der Politiker könnte ein langes Kapitel geben, das wir uns ersparen, nicht weil es nicht zu unserem Thema gehört, sondern weil alles Wesentliche darüber im Gegenstand unserer Darstellung enthalten ist. Wenn Dostojewski alle Instinkte dem Leben zukehrte und sein ganzes Wirken als höchste Politik gewertet werden kann, müßte doch die Absonderung einer den Begriffen des Politikers zugänglichen Seite zu einer Episode ohne Basis führen. Lohnt sich's, die Maske zu lüften? Die scheinbaren und wirklichen Widersprüche in seinem Verhalten zu Ost und West, in seinem Panslawismus, seinem Kommunismus, seinem Zarismus sind natürliche Aktionen und Reaktionen und bezeichnen im übrigen sehr oft nur die für einen genialen Menschen gegebenen Ausdehnungen dieser Begriffe. Nie kommt es zu einem inneren Widerspruch. Der Verzicht auf eine kleine Wahrheit bringt eine größere ans Licht. Wenn Verehrer solche notwendigen Ausgleiche für mit Milde zu verhüllende Entgleisungen eines verantwortungslosen Poeten nehmen, muten sie ihm mehr zu als die Angreifer des anderen Lagers. Eher hat übertriebenes Verantwortungsgefühl des Denkers den Dichter zuweilen gehindert.

Die meisten Irrtümer über den Denker liegen an dem unzureichenden Metronom der Ausleger, die das Hintereinander der Begebenheiten übersehen. Das Hintereinander kann eine Entfernung von Kilometern bedeuten, ohne über eine Minute hinauszugehen. Die Interpreten machen halbe, viertel, sechzehntel Noten zu ganzen oder umgekehrt. Sie dichten alle mit, die einen wie die anderen. Das ist im Prinzip ganz gut so. Er wäre der erste, zuzureden, hat sich sein Zusammen mit uns nie anders gedacht. Nur gehört eine wesentliche Bedingung dazu. Nicht so sehr Intellekt. Es gibt keine einfachere und leichtere Lektüre. Jeder gesunde Menschenverstand muß sich zurechtfinden, und wenn ihm dies oder jenes entgeht, bleibt immer genug. Jedenfalls bedarf es vor dem Intellekt viel dringender jenes Sinns für Noten, Tastgefühls, Gehörs, der Gabe, die jeder Dichter und Dostojewski mehr als alle benutzt. Handelt es sich aber darum, über ihn zu Gericht zu sitzen, geht es schon nicht gut anders, als ihn allein dichten zu lassen und die Axiome von ihm zu empfangen. Sonst wird sich immer das Fehlurteil Dmitris wiederholen. Man hat nicht umhingekonnt, in seinen vermeintlichen Widersprüchen nicht nur Fehlschlüsse des Denkers, sondern womöglich sogar Schwächen der Gesinnung aufzuspüren. Selbst ein überzeugter Verehrer wie Nötzel hat sich dieser Auslegung nicht ganz entzogen. Mir scheint, man unterschätzt in solchen Fällen die Tiefe der Probleme Dostojewskis und vor allem seine fanatische Beteiligung. Nur wenn man sich die pastose Einfalt Tolstois zu eigen macht, der das gegebene Objekt für »viel einfacher« ansah,[74] werden in Dostojewski Reste von Willkür bleiben. Kaus hat in viele scheinbare Verworrenheiten hineingeleuchtet und mit dem Kapitalismus, den der Russe seinem Lande ersparen wollte, einen Gesichtspunkt moderner Kritik aufgedeckt.[75] Mag auch hierbei und in manchen Kausschen Folgerungen Dichtung mitspielen, Dichtung eines Menschen, der sich mit Händen und Füßen gegen das Dichten sträubt (wer haßt nicht seinen Dichter!), immer gewährt das Beispiel eine Hilfe, um die grenzenlose Hingabe Dostojewskis an seine Aufgabe zu ermessen. Nicht er, sondern die Welt, in die er gestellt wurde, ist verworren. Erwägt man, was sein fliegender Geist aus dieser Welt gemacht hat, könnte man den schwarzen Windfang segnen. Erst als uns der Rationalismus ganz in den Klauen hatte und die Beschaulichkeiten aus der guten alten Zeit steckbrieflich verfolgt wurden, schlug Dostojewskis Stunde.

Wird die Mär von dem trostlosen Dichter noch lange halten? Wird man Dostojewski und Tolstoi, den hellsten und den unklarsten Geist, immer zusammen lassen? Die Ausländer belächeln zuweilen unser Weimarer Doppelstandbild, das immerhin ein Parallelogramm repräsentativer, wenn auch ungleicher Kräfte darstellt und einer biographischen Tatsache Rechnung trägt. Die russischen Zwillinge läßt nur ein Schlendrian, den man am wenigsten den heutigen Russen zutraut, zusammen. Selbst Berdjajew entschließt sich nicht, das Paar, das niemals im Leben zusammenstand, zu trennen. Wohl zerstört er mit mehr als zureichenden Mitteln den Religionsqualm Tolstois und stellt die unvergleichliche Überlegenheit des Christen Dostojewski fest, glaubt aber immer noch, den Dichter Tolstoi auf gleichem Postament dulden zu müssen, vielleicht nur, weil es ihm auf diesen Titel weniger ankommt. Uns scheint diese Unterscheidung des größeren Komplexes wegen wichtiger, und dieselben Gründe, die jede Verbindung zwischen den religiösen Empfindungen der beiden Apostel ausschließen, verbieten in letzter Instanz die Verquickung ihrer Dichtungen. Der Versuch, den Begriff Nietzsches »apollinisch–dionysisch« auf den Fall anzuwenden, verdunkelt die problematische Situation Tolstois. Wir müssen dahin kommen, in Dostojewski den einzigen unproblematischen Repräsentanten unserer Epoche zu erkennen.

Am 8. November 1880 sandte der Dichter den Schluß der Karamasow an die Redaktion des »Russischen Boten«. Er hoffe noch zwei Jahre zu leben und bis dahin noch etwas zu schaffen, schrieb er Ljubinow, dem Redakteur. Die Hoffnung erfüllte sich nicht. Ein paar Wochen später, am 28. Januar 81, war er tot. Die letzten Tage gehörten dem »Tagebuch«. Er sorgte sich, ob die Zensur seinen Satz von den grauen Kitteln durchlassen würde. Das Volk im Kittel besitze allein die Wahrheit, wisse selbst am besten, was ihm fromme, und habe Anspruch auf Vertrauen. – Die Zensur benahm sich artig.

Der Journalist hatte das letzte Wort, und so gehörte es sich für einen Dostojewski. Er schickte dem beispiellosen Aufwand des Künstlers ein Lächeln nach und rückte noch einmal zu uns auf die Bank. Die Tirade der Bewunderung wird unterbrochen. Alles kein Kunststück! sagt er. Nun genug und von was anderem! Diskutieren wir, was meint ihr?

In die Arbeit an dem letzten Teil der Karamasow fiel die Puschkin-Feier, auf der er im Dienst eines anderen seinen Ehrentag erlebte. Kühle Zeugen, denen man keine Romantik nachsagen kann, reden noch heute von dem Ereignis. Wir an keine kollektiven Spannungen erbaulicher Art Gewöhnte sind versucht, wieder einmal zur Ethnographie zu greifen. Schließlich handelte es sich nicht um Krieg und Frieden, sondern um Einweihung eines Denkmals, noch dazu für einen Dichter, der uns fernsteht und damals schon manchem Russen nicht mehr nahe war. Eben das kam zur Sprache. Turgenjew hatte die Reihe der Festredner begonnen. Noch immer gab ihm die Öffentlichkeit die erste Stelle. Er hatte mit Gefühl für die Feierlichkeit des Anlasses gesprochen, würdig und gebildet, aus einem Lager heraus, in dem Form und Sachlichkeit geschätzt wurden. Puschkins Originalität stand außer Zweifel, zumal seine russische Originalität. Er gehörte seiner Heimat und bedeutete für sie eine unangreifbare

Höhe. Das wurde mit der gewinnenden Verbindlichkeit Turgenjews dargelegt, ohne die Reserven des Westlertums zu verschweigen. Die Rede klang in die Frage aus: Gehört Puschkin zu Europa? Ist dieser große Russe universell? – Turgenjew war so vornehm, rhetorischen Rücksichten nicht den sehr wesentlichen Einwand zu opfern oder ihn nur nebenbei anzubringen. Er legte die Frage an den Schluß, wo sie jeden populären Erfolg der Rede gefährden mußte. Wir sind alle seiner Meinung. Die Frage ist längst entschieden.

Nun kam Dostojewski dran. Er hatte schwerlich bei dem Entwurf der Rede, die im Manuskript vorlag und verlesen wurde, an den literarischen Standpunkt Turgenjews gedacht. Puschkin und Rußland war sein Motiv. Die Zugehörigkeit des Dichters zu seinem Lande, die der Vorredner als bekannt vorausgesetzt hatte, ließ Dostojewski vor den Augen der Zuhörer wirksam werden und brachte damit ein wesentliches Moment zur Klärung, denn den eingefleischten Slawophilen war der Dichter des »Onegin« viel zu westlich, weshalb sich die radikalsten unter ihnen dem Fest fernhielten. Dostojewski deckte den Ursprung in Puschkin auf. Mit seiner scharfsinnigen Psychologie, die zur Abwechslung einmal auf eine allbekannte und bereits legendarische Gestalt gerichtet wurde, zeigte er an typischen Schöpfungen Keim, Wachstum und Vollendung des Russentums in dem Gefeierten und erwies damit gleichzeitig die relative Steigerung der dichterischen Möglichkeiten. Das Schicksal seiner Helden wurde als typisch russisches Schicksal erkannt, und Puschkin selbst, sein meteorhaftes Auftauchen und Auslöschen schien von der gleichen Welle getragen. Dostojewski überschätzte ihn nur scheinbar, denn in Wirklichkeit liebte er ihn. Es war eins der vielen Resultate der Rede, diese einfache Tatsache zu sichern. Liebe und Kritik hatten nichts miteinander zu tun. Die Liebe Dostojewskis trug das Objekt nicht in einen Parnaß, wo es sich den Blicken entzog und eine Ehrung erfahren hätte, die niemandem nütze gewesen wäre, sondern tat das Natürliche, ließ das Subjektive der Regung sehen. Man liebte nicht die Literatur in Puschkin, sondern einen Menschen, einen russischen Menschen. Der Redner enthüllte auch solche Eigenschaften des Dichters, die einer Kritik als mangelhafte Selbständigkeit erscheinen konnten. Einflüsse Byrons und anderer westlicher und orientalischer Dichtung erwiesen Bedürfnis und Fähigkeit Puschkins, sich in den Geist anderer Völker hineinzudenken; wieder eine echt russische Eigenschaft. Sie stand am höchsten.

Das wäre für einen Professor der Literatur bedenklich gewesen. Im Munde eines urschöpferischen Menschen war es durchaus sachlich und wurde zur frohen Botschaft. Dichter hatten Besseres zu tun, als ihrer Persönlichkeit Piedestale zu bauen, und jede auf solchen Aufwand gerichtete Kritik griff ins Leere. Keiner, welchen Beruf er auch haben mochte, wurde ohne die anderen fertig, und wenn er in seinem Hochmut glaubte, es doch einrichten zu können, betrog er sich mehr als die anderen. Ein Dichter, der es so machte, war ohne Sinn und Verstand. Wenn er nicht im Volk stand, wo konnte er stehen? Puschkin hatte den Weg zum Ursprung gezeigt. »Beuge dich, hochmütiger Mensch, und brich deinen Stolz! Beuge dich, müßiger Mensch, und schaffe auf deinem Felde!« Das stand in den »Zigeunern« Puschkins. Den Worten wuchsen Flügel. Eine ehrwürdige Stimme aus der Vergangenheit stellte sich neben die Gegenwart und beschwor die Zukunft. Die Zuhörer vernahmen sie. Es kam zu merkwürdigen Szenen. Seit Unzeiten verfeindete Menschen versöhnten sich vor dem Podium und gelobten, von jetzt an als Brüder zu leben. Hundert Hände brachten den schmalen, gebrechlichen Redner in Gefahr, von der Begeisterung erdrückt zu werden.

Die Wirkung lag hier wie in den Romanen Dostojewskis im seinem unabweisbaren Objekt. Er sprach, wie er dichtete, ohne ans Sprechen und Dichten zu denken, getrieben von dem, was er sah. Auch er fand den Anlaß feierlich, aber die ganz unmittelbare Wichtigkeit der Sache ließ sich auf feierliche Weise nicht erschöpfen. Die Worte aus dem Gedicht, die jeder oft genug gehört hatte, nahmen unerhörte Dringlichkeit an, und der ganze

Puschkin wurde dringend. Dostojewski nahm ihn aus dem Bücherschrank heraus, wandelte das Werk in den Wirkenden zurück, stellte den Menschen unter die Menschen. Man hing nicht mehr als Genießer dem Rhythmus der Verse nach, überließ sich nicht träumend verwegenen Phantasien, sondern empfing aus der Ferne eine das Bewußtsein steigernde Realität. Es gab eine höchst aktuelle Puschkin-Frage, und man war deshalb zusammengekommen. Doch gehörte sie nicht vor eine Kaste von Berufsleuten. Was die dazu sagen konnten, blieb Theorie und ging immer nur ihren kleinen Kreis an. Die Frage konnte nur lauten: Bestand die in den Worten Puschkins enthaltene Forderung zu Recht und war man willens, nicht in einem besonderen Falle, nicht in einem besonderen Beruf und auf abstrakte Art, sondern ganz allgemein und konkret sich zu beugen und auf seinem Felde zu schaffen?

Das war die Lösung der Puschkin-Frage, und der slawophile Dichter Aksakow, der noch auf der Rednerliste stand, verzichtete auf die Ehre, da er jedes weitere Wort zu dem Thema unnütz fand. So wurde Puschkin zum Tendenzdichter und schwang das Banner, und merkwürdigerweise sah jeder Zuhörer in dieser Auffassung nur eine Erhöhung des Gefeierten, und niemand warf dem Redner Überschreitungen vor. Wenn in den nächsten Tagen vereinzelter Widerspruch laut wurde, wehrte sich der Rationalismus gegen die Volksstimme in Puschkin. Die lange Auseinandersetzung im »Tagebuch« mit Gradowski dreht sich um die alte Frage Gefühl oder Verstand, und Dostojewski kämpft gegen die »euklidische Vernunft«, aber er hatte sich nicht gegen den Vorwurf zu verteidigen, Partei-Dialektik zu treiben. Auch der Gegner fühlte, hier gab es kein Sonderinteresse, und hinter den leidenschaftlichen Worten des Redners stand seine ganze Welt. Er widersprach nicht den Slawophilen, aber entzog ihnen das enge Schlagwort, deckte die Heimat auf, nicht nur die russische, sondern Heimat überhaupt, das Recht auf Gemeinsamkeit und die Pflichten aus der Gemeinsamkeit. Das Aufdecken gehörte dazu, die sinnfällige Methode des Denkers, die auch die

Gemeinsamkeit bestätigte, und der Ton gehörte dazu, der noch andere Rechte, mit denen der Mensch geboren wird, auch das Recht auf gemeinsame Träume, erwies. Das Auditorium hatte Gehör, und aus banalem Anlaß wurde ein Fest.

In diesem Akt der Pietät leuchtet Dostojewskis demütiges Menschentum. Er machte es mit Puschkin wie der Dichter und Analphabet in den Karamasow mit Schiller, ließ ihn seine Gefühle sagen. So hat er es immer gemacht, ging zu kleinen Leuten, sah sie an, deckte sie auf und flüsterte ihnen Gedanken und Gefühle zu. Dann stellte er sich, als hätten die Vagabunden, Säufer, Mörder seine Gedanken gehabt. Er trieb es mit solchem Geschick, daß wir die aufgedeckten Menschen für wirklich nehmen und glauben, alle Vagabunden, Säufer, Mörder seien so. Die Gedanken hatten alle mögliche Couleur und ließen sich nicht in schöne und häßliche unterscheiden, denn alle taugten für die Menschen, denen er sie gab, und waren daher gut, und wenn die Menschen infolgedessen nicht besser wurden, genossen sie doch die Gedanken wie notwendige Nahrung, erlösten sich und waren froh daran. Man kann sein ganzes Werk als einen Akt der Pietät bezeichnen.

Damit wird ein wesentlicher Wert genannt. Dostojewski steht nicht so hoch, weil seine Werke so bedeutend, sondern weil er so vollkommen Dichter ist. Er hat, wir wissen es, noch anderes gedichtet, auch sein Dasein, und die Zuhörer der Puschkin-Rede mögen es gespürt haben. Es gab nichts außer dem Dichter in seiner Haut. Der Umfang dieses Begriffs ist uns abhanden gekommen. Auch wir haben früher solche Dichter – Talent beiseite – gehabt. Warum wir sie nicht mehr haben und sie uns auch nicht einmal mehr vorstellen können, das hängt zumal mit der verlorengegangenen Pietät zusammen. Rationalisten möchten lieber greifbarere Gründe und berufen sich auf das anormale Talent, eine in diesem Fall verlockende Ausrede, denn es hat selten begnadetere Begabungen gegeben. Dostojewski entsprach allen Forderungen. Wenn Delacroix vom Maler verlangte, einen Menschen, der sich aus dem Fenster stürzt, in der Zeit, bis er auf dem

Pflaster ankommt, zu malen, hätte Dostojewski in der gleichen Spanne die Geschichte des Selbstmörders und seiner Familie nebst hundert Variationen seines Schicksals dazugegeben. Er erfand spielend und ad hoc. Genau an der Stelle, wo er die Episode brauchte, wuchs sie ihm zu und gleich zur Auswahl. Er brauchte sie nur hinzuschreiben. Sehr angenehm für ihn und für uns, aber im Grunde das geringste, das von ihm zu sagen wäre. Ein großer Dichter ist Fanatiker der Pietät.

Für manchen von uns gilt heute sein Werk kaum noch als Dichtung. Man nimmt es, wie einst der Deportierte von einer guten sibirischen Frau das Buch nahm, bevor man ihn in Ketten legte. Er behielt es bei sich und hatte die Gewohnheit, sich des zerlesenen Begleitstücks bei allen besonderen Gelegenheiten zu bedienen, schlug es irgendwo auf, las, was sich gerade traf, oder ließ es sich wie der komische Dämonenvater von anderen lesen. Im Bett hatte er es immer unter dem Kopfkissen, und so lag es auch am letzten Ehrentag zur Hand. Also ließ er Anna Grigorjewna das Buch aufschlagen und die oberste Zeile der getroffenen Seite sagen. »Halte mich nicht zurück!« hieß sie; die Stelle, wo Johannes und Christus Höflichkeiten tauschen, bevor der Täufer sein Amt versieht. – »Du hörst es!« sagte Dostojewski zu seiner Frau und Stenographin. Langsam mit dem Blut aus seinem Munde floß sein Leben weg. Ganz Rußland trug ihn zu Grabe. Kein Zar ist jemals so bestattet worden.

Auch wir haben kaum Besseres zu tun, als ihn nicht zurückzuhalten, wenn er sich einem Bereich, das heute keinen Kredit mehr genießt, entziehen sollte, um zum Begleiter unserer Katorga zu werden. Zumal das Volk der Dichter und Denker. Deutschland war draußen der erste Entdecker. Kurz nach dem Debüt kamen bei uns Teile des Erstlingswerkes heraus,[76] in vormärzlicher Zeit, lange vor dem großen deutschen Umschwung und Aufschwung. Mittlerweile haben sich seine Ausgaben und die Bücher über ihn ins Unabsehbare vermehrt, und doch hat ihn die Literatur noch nicht einzufangen vermocht. Noch immer tröstet und belehrt er uns, hilft uns, lacht mit uns, sieht uns an, ein

Bruder, und jedes unverschüttete Herz spannt sich nach ihm. Und sonderbar, was uns heute bei ihm als nächstes einfällt. Nicht all das Bedeutungsvolle der Persönlichkeit, die enger als eine mit ihrer Zeit, mit der unseren verknüpft, sich höher als je ein Held über sie erhob. Wir denken nicht an den Helden. Auch nicht an den Seher, der im Augenblick, als die ersten Erschütterungen, für uns Sieg und Taumel, Europa trafen, ihre letzten unerbittlichen Folgen voraussah und mit dem ganzen Ungestüm seiner Beredsamkeit in die Bresche sprang. Wir stehen auf dem teuersten, allerteuersten Friedhof, und obwohl das Geläut aller Türme uns erschüttert, denken wir nicht an den Seher. Auch nicht an den Russen, dem wir Reinigung und Erhaltung von Werten deutscher Kultur, die wir verkommen ließen, danken. An das hat man bei uns überhaupt noch nicht gedacht. Alles das sagt man zu anderen, um ihn so groß wie möglich zu machen. Zu sich selbst aber redet man nicht so klangvoll und hat einen viel einfacheren Begriff zur Hand, den allgemeinsten aller Begriffe: das Leben. Nur an das denkt man für sich allein, und dabei kann es geschehen, daß die Freude über dieses Geschenk unsere Hand sich heben läßt, als käme es darauf an, nicht mit fortgerissen zu werden. Wir sind, wir leben. Im Hellen und im Dunkel, zumal im Dunkel, mit allen unseren Widersprüchen, denen kein Metronom nachkommt, und grade in den Widersprüchen: leben, leben, leben. Dichter ist Fanatiker des Lebens.

Wir stehen auf dem teuersten, allerteuersten Friedhof. Das Geläut von allen Türmen erschüttert uns. Die Nerven halten nicht, die Tränen fließen. Was wir auch dagegen tun mögen, sie fließen, fließen, als wäre Eis in uns gelöst. Es tut sehr wohl, sich fließen zu lassen. Nie hat man dieses Wohlsein gekannt. Einer führt uns weg. Unter Schuljungen trollen wir unseres Weges. Man weiß nicht, wohin. Nur zu, geradeaus! Am großen Stein erklingt das Vivat. –

Abb. 1: *Moskau, rechtes Seitengebäude des Mariinkski-Krankenhauses. Hier wurde Dostojewski am 11. Oktober 1821 geboren.*

Abb. 2: *Dostojewskis Vater*

Abb. 3: *Dostojewskis Mutter*

Abb. 4: *Dostojewski im Alter von 19 Jahren*

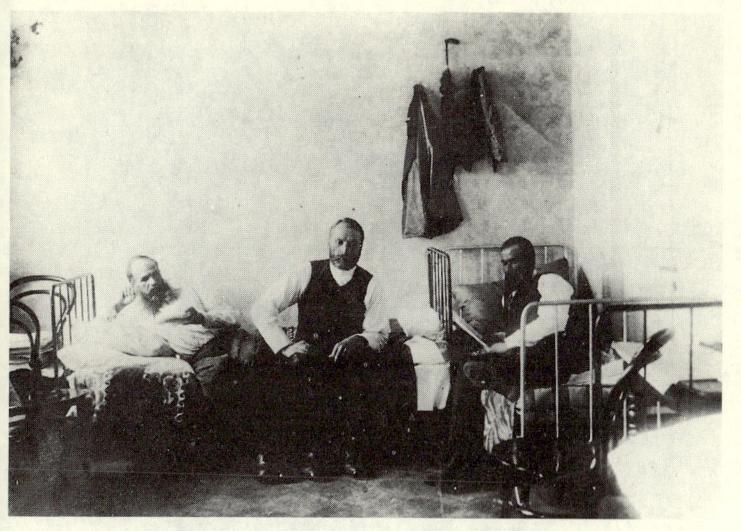

Abb. 5: *Dostojewski während seiner Verbannung in Sibirien, 1853*

Abb. 6: *Dostojewskis zweite Frau, Anna Grigorjewna Snitkina*

Abb. 7: *Anna Grigorjewna mit den Kindern Ljuba und Fjodor*

Abb. 8: *Dostojewski im Jahre 1879*

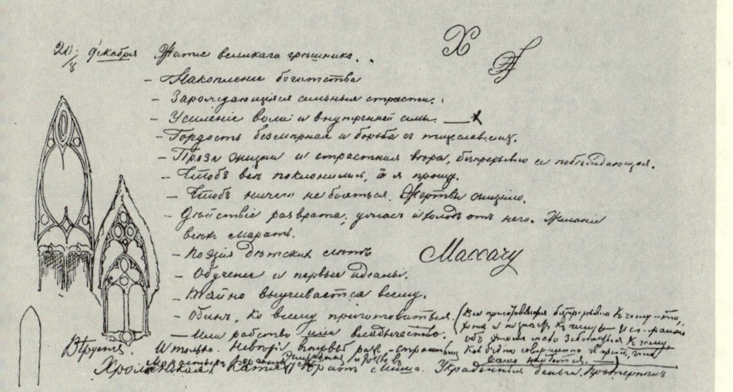
20/8 декабря Житие великого грешника.
— Накопление богатства.
— Зарождающиеся сильные страсти.
— Усиление воли и внутренней силы. — ×
— Гордость безмерная и борьба с тщеславием.
— Проза жизни и страстная вера, беспрерывно ее побеждающая.
— Чтоб все поклонились, а я прощу.
— Чтоб ничего не бояться. Жертвы жизнию.
— Действие разврата; учится и холод от него. Желание всех марать.
— Поэзия детских лет
— Обучение и первые идеалы.
— Тайно выучивается всему.
— Один, ко всему приготовиться.
— Или рабство или владычество.

Abb. 9: *Dostojewskis Handschrift*

Abb. 10: *Arbeitszimmer in Petersburg*

Abb. 11: *Manuskriptseite aus den »Dämonen«*

Abb. 12: *Arbeitszimmer mit dem Sofa, auf dem Dostojewski starb*

Abb. 13: *Persönliche Gegenstände Dostojewskis*

Abb. 14: *Das letzte Porträt Dostojewskis, sechs Monate vor seinem Tod im Jahre 1880*

Abb. 15: *Trauerzug mit Dostojewskis Sarg auf dem Weg zur Heilig-Geist-Kirche des Alexander-Newskij-Klosters in Petersburg*

Anmerkungen

1 Bei unserer Unfähigkeit, den Urtext zu kontrollieren, bleibt unberechenbar, wie viele Hindernisse die Übersetzung hinzufügt. Angesichts der Verunstaltungen englischer und französischer Texte durch moderne Übertragung hat man Grund zur Skepsis. Bei einer Kontrolle, die auf meinen Wunsch Marik Kallin gelegentlich vornahm, stellten sich selbst in einer allgemein geschätzten Übersetzung arge Irrtümer heraus. Was bleibt von Flaubert im Deutschen übrig? Von Dostojewski bleibt unter allen Umständen mehr. Sein Reichtum ist so groß und so robust, daß eine Handvoll Nuancen keine Rolle zu spielen scheint. Dagegen hilft auch die beste Übersetzung nicht über gewisse ethnographische Eigentümlichkeiten hinweg, die dem Europäer die Lektüre erschweren. Besonders flüchtig scheinen die Übersetzer oft mit den Briefen umzugehen, und manche unsympathische Nuance in der Korrespondenz muß vielleicht darauf zurückgeführt werden.

2 Dazu berichtet seine zweite Gattin, der er vom »Spieler« an alle Werke diktierte: »Es kam vor, daß die ersten drei Kapitel des Romans gedruckt waren, das vierte im Satz stand und das fünfte gerade zur Post gelangte, das sechste aber erst geschrieben wurde, während die späteren nicht einmal durchdacht waren.« (Lebenserinnerungen der Gattin Dostojewskis.« R. Piper & Co., München 1925. S. 83.) Das zuletzt Gesagte trifft nicht zu, wenigstens nicht in dem Umfang, den man nach diesen Worten annehmen könnte. Das beweisen die weit zurückgehenden Entwürfe zu den Hauptwerken. Durchdacht waren die Werke, lange bevor Dostojewski an die Niederschrift ging.

3 Vergleiche den bekannten Brief Strachows, der diese Einwände in der denkbar mildesten Form ausgedrückt und gleich die Folgerungen hinzugefügt hat (zitiert von N. Hoffmann): »Wäre das Gewebe Ihrer Romane ein einfacheres, so würden sie stärker wirken. Der ›Spieler‹ z. B. und der ›Hahnrei‹ (der ewige Gatte) haben die klarsten Eindrücke hervorgerufen, während alles, was Sie in den ›Idioten‹ gelegt haben, verlorenging.« (!) »Dieser Mangel steht natürlich mit Ihren Vorzügen in enger Verbindung...«

4 In einem Briefe Turgenjews an Saltykow vom 24. September 1882, also nach dem Tode Dostojewskis.

5 »Goethe und Tolstoi«, Vortrag von Thomas Mann (Deutsche Rundschau vom 22. März 1922). In einem Aufsatz über die Wahlverwandtschaften im Aprilheft 1925 der Neuen Rundschau kommt Thomas Mann auf das Thema zurück.

6 Mereschkowski, »Tolstoi und Dostojewski« (Karl Vögels Verlag, Berlin. III. Aufl. 1924).

7 Brief Tolstojs von 1881, zitiert in den »Briefen« (R. Piper & Co., München 1914), S. 300.

8 Der zweite Brief an Strachow ist die Antwort auf den infamierenden Angriff Strachows auf Dostojewski, von dem später die Rede sein wird.

9 In den Bruchstücken aus Dostojewskis Notizbüchern heißt es über den Oblomow: »Ein Faulenzer und noch dazu ein Egoist: Das gibt es nicht im russischen Menschen. Er ist nur ein Junker und nicht mal ein russischer Junker, sondern nur ein Petersburger!« Damit wird das Mißverhältnis des Aufwands zu der Nuance richtiger bezeichnet, als die Beschwerde über den Gegenstand des Romans auf den ersten Blick vermuten läßt. Auch der Oblomow gehört zur »Gutsbesitzer-Literatur«, wenn auch zu ihrer allerbesten Klasse.

10 Dagegen übertreibt Kaßner mit der Behauptung, in den Karamasow habe »das, was im Mantel begonnen wurde, sein Ende und sein größtes Maß erreicht«. In den Karamasow kommt denn doch gar zuviel, was Gogol nicht geträumt hat, hinzu. Hier der zutreffende Schlußsatz des winzigen Nachworts: »Der Mensch im ›Mantel‹ erst ist die völlige Überwindung des Menschen des 18. Jahrhunderts. Er ist es und nicht die Romantiker oder Edgar Poe oder der Mensch Balzacs.« (Nachwort zur Übersetzung »Der Mantel«, Insel Verlag, Leipzig.)

11 Vergleiche den großen Brief Dostojewskis aus Genf vom 16. August 1867 an Maikow, in dem er über sein Zusammentreffen mit Gontscharow und den Zwist mit Turgenjew in Baden-Baden berichtet. Turgenjew sagte ihm, sein Roman »Rauch« gipfele in dem Satze: »Wenn Rußland heute vom Erdboden verschwinden sollte, würde das keinen Verlust für die Menschheit bedeuten, und sie würde es sogar nicht einmal spüren.« Dies sei, erklärte ihm Turgenjew, »seine grundlegende Ansicht über Rußland«. In dem Ton geht es weiter.

12 In demselben Brief findet sich dafür ein überzeugender Beleg. Nachdem sich Turgenjew über Rußland ausgeschimpft, seinen Atheismus

erklärt hat und die Stunde des Abschieds gekommen ist, packt Dostojewski beim »Weggehen so ganz zufällig« über die Eingeborenen von Baden-Baden aus: »Wissen Sie, was es hier für Schwindler und Schurken gibt? Wirklich, das einfache Volk hier ist viel schlimmer und unehrlicher als bei uns. Daß es auch dümmer ist, unterliegt keinem Zweifel. Sie sprechen immer von der Zivilisation. Was hat diese Zivilisation den Deutschen gegeben, und worin übertreffen sie uns?« – Turgenjew erbleicht und antwortet: »Wenn Sie so sprechen, beleidigen Sie mich persönlich. Sie wissen ja, daß ich mich hier endgültig niedergelassen habe, daß ich mich für einen Deutschen und nicht für einen Russen halte und darauf stolz bin.«
Über die Unterhaltung vergleiche auch das »Tagebuch« der Frau Dostojewski (E. Laubsche Verlagsbuchhandlung, Berlin 1925), S. 119 ff. Auch Turgenjew selbst hat über sein Zusammentreffen mit Dostojewski in einem Briefe an Polonski berichtet. Er behauptet, Dostojewski habe ihn wegen seines Romans »Rauch« fürchterlich beschimpft. Das Buch hätte verdient, vom Scharfrichter verbrannt zu werden. Turgenjew fügt hinzu: »Ich zweifle keinen Augenblick, daß Dostojewski wahnsinnig ist.«

13 Dostojewski, geschildert von seiner Tochter A. Dostojewski. (Verlag Ernst Reinhardt, München 1920.)

14 Verantwortlich für die Pariser Legende ist ein in Paris lebender russischer Dichter aus der Zeit Dostojewskis und Turgenjews, der den Gegenstand der Beichte Stawrogins, eines von Dostojewski gestrichenen Stücks aus den »Dämonen«, das erst in unseren Tagen der Öffentlichkeit zugänglich geworden ist, mit persönlichen Vergehungen des Dichters zusammenzubringen sucht und behauptet, Dostojewski habe, um sich zu demütigen, Turgenjew, seinem wildesten Feinde, die Untat Stawrogins als eigene Tat gebeichtet. (André Gide: Dostojewski. Nourrit & Cie, Paris, 13. Ed. 1923. S. 130 ff.) Wennschon dies phantastische Beichte stattgefunden hätte, könnte man noch weiter gehen und annehmen, Dostojewski habe der Selbstdemütigung wegen sich an die Stelle Stawrogins gesetzt, ohne die Tat begangen zu haben. – Karl Nötzel hat die Unwahrscheinlichkeit der Legende aufgedeckt und mit Recht die Fahrlässigkeit solcher »Forschungen« gerichtet. Er behauptet, allen Gerüchten dieser und ähnlicher Art nachgegangen zu sein und immer nur »unhaltbaren Klatsch« gefunden zu haben. (Frankfurter Zeitung, 6. Sept. 1924,

Nr. 666, vergleiche auch dieselbe Zeitung vom 11. Juni 1924, Abendblatt, und vom 25. Mai 1924, Nr. 389.)

Das Gerücht, Dostojewski habe einmal ein junges Mädchen vergewaltigt, geht auf einen Brief Strachows an Lew Tolstoj vom 28. November 1883 zurück, den die Witwe Dostojewskis dankenswerterweise in den oben erwähnten »Lebenserinnerungen« abgedruckt hat. Strachow behauptet, die Geschichte von Professor Wiskowatow gehört zu haben, der Dostojewski nie nahegestanden hat. Der ganze von Verleumdung und Dummheit strotzende Brief ist so offensichtlich von dem Wunsch diktiert, selbst mit plumpsten Argumenten Tolstoj auf Kosten Dostojewskis zu schmeicheln, daß sich die Nachrede von selbst richtet. Frau Dostojewski hat sich die Mühe nicht verdrießen lassen, die unbegreifliche Felonie des Jugendfreundes, der nur allen Anlaß hatte, Dostojewski dankbar zu sein, tiefer zu hängen und den Mangel an jeder Wahrscheinlichkeit für seine Angabe nachzuweisen.

Übrigens kommt das Verbrechen Stawrogins schon im Raskolnikow vor. In der Unterhaltung bei der Mutter Raskolnikows berichtet Luchin von dem Gerücht, das Swidrigailow verdächtigt, ein taubstummes Mädchen von vierzehn bis fünfzehn Jahren in derselben Weise mißhandelt und zum Selbstmord getrieben zu haben (4. Teil, Kap. 2).

15 In dem Essay-Band über Dostojewski von Bahr, Mereschkowski und Bierbaum (R. Piper & Co., München 1914, S. 31).

16 Dostojewski hat in seiner ausführlichen Verteidigungsschrift, abgedruckt in der Biographie N. Hoffmanns, jede verbrecherische Schuld bestritten, aber die ihm gebotene Möglichkeit, sich auf Kosten anderer zu befreien, mit größter Energie abgelehnt. Später soll er, wie seine Tochter in der Biographie berichtet, erklärt haben, es hätte sich tatsächlich um ein Komplott zum Sturz des Zaren und Errichtung einer Republik der Intellektuellen gehandelt (?).

Karl Nötzel hat in seiner Dostojewski-Biographie (H. Haessel, Leipzig 1925) diese ganze Geschichte sehr eingehend behandelt. Er hält Petraschewski für eine Persönlichkeit sehr bescheidenen Umfangs, immerhin aber für den Schöpfer der revolutionären russischen Organisation, der auch vor keinem Terrorismus zurückgeschreckt wäre. Auch Nötzel hat keine Äußerung Dostojewskis über den Umfang seiner Beteiligung gefunden, hält es aber mit anderen, auch mit der

Tochter für möglich, daß Dostojewski eine hervorragende Rolle in dem Komplott zugedacht war. Nachweisbar ist nur eine Äußerung Dostojewskis, daß er unter Umständen auch für gewaltsame Abschaffung der Leibeigenschaft war. Dostojewskis Beziehung zu der russischen Revolution führt Nötzel auf die Bekanntschaft mit Bjelinski zurück, der das Erstlingswerk des Dichters begeistert beurteilte. Bjelinski machte Dostojewski mit dem Sozialismus vertraut und suchte ihn zu dem Atheismus zu bekehren, was ihm mißlang. Dostojewski hat sich bald von Bjelinski befreit und ist später sein erbittertster Gegner geworden.

Die Beteiligung Dostojewskis an der Petraschewski-Verschwörung wird – um ein Kuriosum zu erwähnen – von den Anhängern der Psychoanalyse als Folge seines Ödipus-Komplexes erklärt (Johann Neufeld: Dostojewskis Skizze zu seiner Psycho-Analyse. Internationaler Psycho-analytischer Verlag, Leipzig, Wien, Zürich, 1925). Der Versuch wirft erheiterndes Licht auf die Methoden dieser Forschung. Um einen krankhaften Widerspruch zwischen Dostojewskis Verschwörertum und seiner Liebe zur rechtmäßigen Verfassung zu konstruieren, werden Begebenheiten, die im Leben des Dichters hintereinander stattfanden und deren Folge Resultat seiner Entwicklung war, nebeneinander hingestellt. Daß Dostojewski mit dem Zaren, den er, wie Neuland behauptet, aus dem Weg räumen wollte, seinen Vater meinte, wird mit der volkstümlichen Bezeichnung des Zaren als Väterchen bewiesen usw.

17 Die Erinnerungen der Polina Suslowa sind bei Piper & Co., München 1931 erschienen.

18 Die Vorrede von Kurt Kersten, die dem »Tagebuch« der Frau Dostojewski (E. Laubsche Verlagsbuchhandlung, Berlin 1925) vorangeht, greift mit der heute üblichen Einstellung dem Eindruck des Lesers vor und sucht nach bekannten Mustern, Dostojewski auf gewisse selbstanklagende Äußerungen festzunageln. Vorübergehende Mißstimmungen, die von der Schreiberin selbst verwischt werden, sollen zu stabilen Argumenten werden. Kersten möchte gegen die »Dostojewski-Byzantiner« vorgehen. Es ist die Frage, ob diese dunkle Absicht einen Herausgeber berechtigt, den Dichter, der Gegenstand seiner Pietät, mindestens skrupulöser Sachlichkeit sein müßte, mit unbilligen Mitteln herabzusetzen. Otto Kaus hat mit seiner psychoanalytischen These von der »Flucht« Dostojewskis verheerend ge-

wirkt. Auch Kersten wie andere Herausgeber des Nachlasses wenden sich gegen die Spielwut Dostojewskis. Darauf wird später eingegangen werden. Über diesem Detail, das die unter großen Schwierigkeiten erfolgende Lösung von Dostojewski und vom Karamasowismus legitimieren soll, wird alles, unter anderem auch das Werk des Dichters, vergessen. Ich glaube, man hat bisher in Deutschland noch wenig Mühe daran gesetzt, Dostojewski zunächst einmal näherzukommen.

Um den Dämon so schwarz wie möglich zu malen, wird Anna Grigorjewna zur »Retterin« Dostojewskis erhoben. Diese Verkennung ist ebensowenig angebracht wie die üblichere, mit derselben Gedankenlosigkeit betriebene Unterschätzung der tapferen Frau. Anna Grigorjewna hat Dostojewski glücklich gemacht, aber hat sich deshalb nicht, wie Kersten sagt, geopfert. Das Opfer wäre nutzlos gewesen. Man könnte dasselbe mit mehr Recht von Hendrikje Stoffels sagen als Retterin Rembrandts. Dostojewskis Gattin hat in vorbildlicher Weise die Pflichten ihrer Verbindung mit dem großen Mann erfüllt und ist dafür eine der glücklichsten und beneidenswertesten Frauen geworden. Man kann Karl Nötzel in seiner Darstellung des Verhältnisses nicht ganz folgen. Er betont immer wieder, die erste Gattin sei die einzige Liebe Dostojewskis gewesen. Zugegeben, daß der flammende Anlaß, der den aus dem Zuchthaus Entlassenen der Maria Dmitrijewna zuführte, nicht wiederkam, aber es bleibt die Frage offen, ob dafür die Person der Geliebten oder die Umstände, unter denen er sie kennenlernte, entscheidend waren. Die zweite Ehe mag geringfügigeren, praktischeren Ursprungs, vielleicht sogar improvisiert gewesen sein. Was daraus wurde, stellt jede andere Dichterehe, von der wir wissen, in den Schatten. Die Arbeit war die Kupplerin der Verbindung. Dostojewski lernte seine Frau als Stenographin schätzen, und die Frau setzte den Dienst in der Ehe fort und erweiterte ihn, wurde die ideale Helferin für alle praktischen Bedürfnisse des Dichters, und diese Verknüpfung hat offenbar dem inneren Ausbau der Beziehung geholfen. Dostojewski aber sah keineswegs, weder anfangs noch später, nur den Mitarbeiter in der Gattin. Diese Seite trat für sein subjektives Empfinden sogar eher in den Hintergrund.

Die »Lebenserinnerungen«, die einen größeren Zeitraum umspannen und von der reifen, wenn auch immer noch ganz einfachen Frau geschrieben wurden, sind die unentbehrliche Ergänzung des »Tagebuchs«. Auch dieser Bericht unterliegt durchaus nicht dem Nimbus des großen Mannes. – »Er war mir nicht nur ein Gott, war auch ein Mensch, der wie der gewöhnlichste seine alltäglichen Züge und Mängel hatte, und nicht immer war er groß. Oft, sehr oft war er ein großes, krankes, anspruchsvolles, eigensinniges, dem Leben verständnislos gegenüberstehendes Kind.« – Wiederholt betont sie seinen heiteren harmlosen Charakter, und die zahllosen winzigen Begebenheiten bestätigen unabsichtlich ihre Darstellung. Seine drastische und jungenhafte Eifersucht, die ihn auch später nicht verließ, seine Einfalt, die auf jeden Witz hereinfiel, seine überlaufende Zärtlichkeit für Frau und Kinder, seine Freude an dem harmlosesten Scherz, alles das deutet auf einen bis ins Alter hinein kindlichen Menschen. Nie fehlte es an Sorge und Ärger, aber die Art seiner Verstimmungen, die er später immer leichter überwand, schließt den düsteren Menschen, den oberflächliche Betrachtung in ihm sehen möchte, unbedingt aus. Frau Dostojewski rügt den stereotypen Ton der meisten Nachrufe, die Dostojewskis persönliches Dasein schwarz in schwarz schildern, und versucht diesen Irrtum mit persönlichen Mißverständnissen zu erklären. Der wesentlichste Grund dürfte in der Wirkung der Werke stecken. Die Schwarzseher haben schon zu Lebzeiten die Dichtung nicht zu lesen verstanden.

19 Dostojewski hat das Motiv immer nur flüchtig benutzt, am vollständigsten im ersten Teile des »Idioten«, wo der Fürst gleich nach seiner Ankunft erst dem Diener bei dem General, nachher den Damen die Gedanken eines zur Hinrichtung Geführten schildert. Selbst hier steht der Aufwand zu dem Zweck der Episode in keinem überzeugenden Verhältnis. – Dostojewski soll selten von der Szene gesprochen haben, und wenn es geschah, ohne besondere Betonung.

20 Vergleiche die Vorrede zu der populären Ausgabe meines »Vincent«, in der ein Vergleich versucht wurde. (Insel Verlag Frankfurt am Main 1987, insel taschenbuch 1015.)

21 So schreibt er dem Bruder Michael über seine analytische Darstellung am 1. Februar 1846.

22 Nötzel, S. 107.

23 Nötzel, S. 109.

24 Brief an den Bruder Michail vom 16. November 1845.

25 Stephan Zweig, »Drei Meister, Balzac, Dickens, Dostojewski.« (Insel Verlag, Leipzig 1923.)

26 Brief an den Bruder Michail o. D. 1847. (In der Briefausgabe bei R. Piper & Co., München 1914, S. 39.)

27 »Dostojewskis Kindergeschichten«, übersetzt und eingeleitet von Karl Nötzel. (Ernst Bircher, A. G., Bern, und Leipzig, o. J. [1922].) Die Episoden sind dem »Idioten«, den »Karamasow«, den »Erniedrigten und Beleidigten« und dem »Jüngling« entnommen. Nötzel hat sich auf Episoden beschränkt, die sich ohne Zwang ausscheiden ließen.

28 Brief an Maikow aus Semipalatinsk vom 18. Januar 1856.

29 In einem Brief an den Bruder Michail vom 31. Mai 1858 ist von einem Roman die Rede, den er nach der Rückkehr aus Sibirien schreiben will. »Die Grundidee ist ziemlich glücklich. Auch kommt ein neuer Gedanke darin vor, der mir noch nirgends begegnet ist. Da aber dieser Charakter aller Wahrscheinlichkeit nach im wirklichen Leben in Rußland, besonders jetzt sehr verbreitet ist, wenigstens soweit man nach den Erregungen und Ideen, die jetzt alle erfüllen, schließen darf, bin ich überzeugt, daß ich nach meiner Heimkehr nach Rußland meinen Roman mit neuen Beobachtungen bereichern werde.« – Dieser Roman, auf den er wiederholt, auch noch im Oktober 1859 in einem Briefe aus Twer zurückkommt, wird allgemein und wohl mit Recht als Raskolnikow gedeutet, kann aber damals, obwohl ihn Dostojewski, wie er sagt, umfangreich plante, unmöglich schon den Gehalt des späteren Werkes gehabt haben. Sonst hätte er in dem Brief an den Bruder vom 9. Mai 1859 »Das Gut Stepantschikowo« nicht so überschwenglich hervorgehoben.

30 Über den politischen Augenblick vgl. Nötzels eingehende Darstellung in dem Kapitel »Die Zeitschrift Die Zeit« und in dem Kapitel »Die Zeit und die Zeitereignisse«.

31 Näheres u. a. in dem Vorwort Strachows zu den »Literarischen Werken Dostojewskis« (R. Piper & Co., München).

32 Dostojewski und Nietzsche, Philosophie der Tragödie (Margan-Verlag, Köln 1924).

33 Serge Persky, La vie et l'œuvre de Dostojewski (Payot & Cie., Paris 1918), S. 209.

34 (1. Teil, Kap. 6) Dostojewski unterläßt nicht hinzuzufügen, Raskolnikow habe des öfteren solche Gedankengänge im Kreise der jungen Leute wahrgenommen.

35 Vorrede zur Piperschen Ausgabe des Raskolnikow.

36 Auf der Treppe bei Marmeladows nach der Szene am Totenbett des

Säufers ergreift Raskolnikow »ein einziges neues, unermeßliches Gefühl«, und es ist ihm »wie einem zum Tode Verurteilten, dem man unerwartet die Begnadigung mitgeteilt hat«. Das Gefühl gibt ihm neue Kraft und drängt ihn zu einer geradezu feierlichen Proklamation an sich selbst gegen »die eingebildeten Schrecken und Gespenster« für »das Reich der Vernunft und des Lichts«, das jetzt kommen werde. »›Und nun wollen wir sehen! wir wollen unsere Kräfte messen!‹ fügt er herausfordernd hinzu, als wende er sich an eine dunkle Macht und rufe sie zum Kampf auf.«
Diese Proklamation steht zu der Episode bei Marmeladows in keinem Verhältnis. Was ist geschehen? Sonja wurde zu dem sterbenden Vater geholt. Sie erscheint in ihrem Dirnen-Aufzug mit der roten Feder an dem lächerlich modischen Hut. Marmeladow, wie er zu Beginn des Romans Raskolnikow selbst erzählt hat, trägt Schuld an dem Fall Sonjas. Um sein Schnapsleben fortsetzen zu können, hat er sich seiner Frau, der Stiefmutter Sonjas, nicht widersetzt, die das Mädchen auf die Straße gedrängt hat. Er bittet Sonja um Verzeihung und stirbt in ihren Armen. Zwischen Raskolnikow und Sonja erfolgt nichts, nicht die geringste Berührung, und Raskolnikows rhetorische Behauptung, er habe soeben »gelebt«, wirkt um so fataler, als sich sein ganzer Aufwand bisher auf sein Geldopfer für das Begräbnis beschränkt. Wohl findet Dostojewski selbst die Schlußfolgerung seines Helden zu »eilig«, will also die Überschätzung der Episode andeuten, und es lag ihm offenbar daran, die zweite Hauptgestalt des Romans, von der bisher nur indirekt die Rede gewesen ist, auf diese Weise einzuführen. Doch vermeidet er nicht den Eindruck, hier mit einer wesentlichen Nuance zu flüchtig umgegangen zu sein. Die Stelle gehört zu denen, die den Leser besonders bedauern lassen, das Russische nicht zu beherrschen, weil ein paar nicht genau übertragene Worte den Vorwurf entkräften können. Mit welcher Präzision Dostojewski solche unausgesprochenen Dinge zu sagen wußte, hat er gerade im Raskolnikow zahllose Male bewiesen.

37 Übrigens wird Raskolnikow von Swidrigailow in der Unterredung wegen der Schwester im dritten Kapitel des sechsten Teils wiederholt Schiller genannt. Die Unterredung erinnert an das Gespräch des Fürsten mit dem Erzähler in den »Erniedrigten und Beleidigten«.

38 Moeller van den Bruck, der Übersetzer der Piperschen Ausgabe, hält

den Titel des Romans »Verbrechen und Strafe« für einen Nottitel und meint, die Lösung des Problems, die der Titel andeute, bringe das Werk nicht. Diese sei einem zweiten Teil vorbehalten geblieben, den Dostojewski nicht geschrieben habe.

39 In der Ausgabe bei Piper, Band II, S. 58. Schwestow (in dem zitierten Werk, S. 179/180) glaubt diese Frage als Beweis für die Identität Raskolnikows mit Iwan Karamasow benutzen und mit ihr seine Nietzsche-Parallele belegen zu können. »Diese Frage«, schreibt er, »ist so, daß einem die Haare zu Berge stehen. Ja, es gibt Schrecken auf der Welt, von denen sich unsere Schulweisheit nie hat träumen lassen. Vor diesen Schrecknissen verblassen (Iwan) Karamasows Geschichten von der Bestialität der Türken, von den Mißhandlungen der Kinder durch ihre Eltern usw.« Diese Auslegung ist ganz unverständlich, wenn man nicht die Einfalt begehen will, Raskolnikow zuzumuten, seinen Mord wie ein kleines Versehen aufzufassen. Gibt es eine andere Möglichkeit für den Menschen, der die Wirkung seiner Tat auf die anderen, zumal auf die willensstarke Schwester voraussieht, als sich von den Seinen zu trennen, ganz abgesehen von der eignen Unfähigkeit, das frühere Leben fortsetzen zu können? Immer dieselbe Vorstellung, als schreibe der Dichter nur, um ein von seinen nachgeborenen Kommentatoren herausgezogenes Programm zu erhärten. Die Gefühlsroheit ist auf der Seite des Interpreten.

40 Die außerordentlich knappe Form dieser Stelle kann zum Teil der komplizierten Überarbeitung verdankt werden, zu der Dostojewski von der Redaktion des »Russischen Boten« genötigt wurde, da man für diese Szene mit dem Evangelium Schwierigkeiten mit der Zensur voraussah. Dostojewski betont die Mühe der Umarbeitung. Wahrscheinlich wurde bei dieser Gelegenheit stark gekürzt. (Vergleiche den Brief Dostojewskis an Miljukow, Juni 1866.)

41 Die Wichtigkeit finanzieller Details fällt auf. Obwohl es gar nicht darauf ankommt und obwohl die Visionen dieser Nacht zwischen zwei furchtbaren Tagen alle Schrecken häufen, wird genau berichtet, welche Legate Swidrigailow diesem und jenem aussetzte. Da er sich umbringen will, fehlt vollends die Möglichkeit, ihm aus dieser Freigebigkeit – noch dazu mit dem Vermögen der von ihm zu Tode gepeinigten Gattin – irgendeine Entlastung zuzubilligen.
Auch Raskolnikows Generosität wird oft in einer Weise detailliert, die sich mit dem bewundernswerten Takt Dostojewskis schlecht ver-

trägt. Diese Details sind nicht bedeutungslos. Man kann in ihnen Reflexe von Erlebnissen erkennen, die sich später in legitimerer Form verdichten sollten.

42 An den Schulden des Bruders und der »Epocha« hat Dostojewski bis ein Jahr vor seinem Tode gezahlt. Näheres über die Situation zu jener Zeit in der Biographie von Hoffmann, Kapitel 6 und 7, und vor allem in den »Lebenserinnerungen« der Gattin (Seite 236 ff.). Daraus geht hervor, daß ein großer Teil dieser Schulden nur durch die Gutmütigkeit und Leichtgläubigkeit Dostojewskis zustande kam. Er gab Wechsel ohne jede Prüfung der Rechnung, und oft stellte sich später heraus, daß sie bereits vom Bruder bezahlt waren. Worauf Dostojewski erklärte: »Da sieht man, wohin die Not den Menschen treiben kann.« Er machte es wie sein »Idiot«. – »Er befriedigte sie alle, obwohl ihm seine Freunde vorstellten, daß alle diese sauberen Patrone von Gläubigern jedes Rechtsanspruchs ermangelten. Er befriedigte sie einzig deshalb, weil sich herausgestellt hatte, daß einige von ihnen sonst tatsächlich einigen Schaden erlitten hätten.« (Idiot, Teil II, Kapitel 1.)

43 Brief an Miljukow, Juni 1866.

44 Das Buch »Dostojewski am Roulette«, herausgegeben von René Fülöp-Miller und Friedrich Eckstein (R. Piper & Co., München 1925), enthält die Dokumente zu diesem Kapitel. Es beginnt mit dem Abdruck der Stellen aus dem »Spieler«, die dem Herausgeber autobiographisch erscheinen. Diese Methode ist mehr als bedenklich. Selbst wenn, wie es hier der Fall ist, Einzelheiten auf tatsächliche Erlebnisse zurückgehen, hat niemand, am wenigsten ein Herausgeber Dostojewskis, das Recht, sich an der Dichtung zu vergreifen. Wenn man die Stellen aus dem Spieler abzieht, bleibt nur Langeweile übrig. Den Spieler soll man in der Form Dostojewskis lesen, nicht in dieser Zurichtung. – Die Dokumente bestehen aus Briefen Dostojewskis und dem Tagebuch seiner Gattin. Die Form der Publikation übertreibt die Bedeutung der Dokumente. Vorübergehende Stimmungen werden unbillig stabilisiert. Im übrigen begreift man nicht, welchen Vorteil der Leser aus seitenlangen Aufzählungen der verlorenen Taler gewinnen soll. Es ist schwer, aus dem lebendigsten Menschen unserer Zeit ein öderes Buch zu gewinnen.
In der sehr eingehenden Vorrede behandelt einer der Herausgeber die Spielleidenschaft wie einen der wesentlichsten Inhalte Dostojewskis

und erweckt fast den Anschein, als habe der Dichter, bis er sich schließlich frei machte, seine Zeit ausschließlich am Roulettetisch verbracht und als sei er erst Dichter geworden, nachdem er sich im Spiel ruiniert habe. Dostojewski hat nur im Ausland gespielt. Von der im Ausland verbrachten Zeit (den Reisen 1862, 1863, 1865, dem dauernden Aufenthalt 1867-71) stellen die in Spielorten verbrachten Tage und Wochen einen Bruchteil dar, im ganzen vier Monate. 1862 ist er vier Tage in Wiesbaden, 1863 etwa sechs Tage am gleichen Ort, 1865 einige Wochen in Baden-Baden. Das Hauptspieljahr ist 1867, gleichzeitig das Jahr der reichsten Produktion, was allerlei zu denken geben sollte. Zuerst Homburg, Ende April bis Ende Mai, dann mit der Gattin in Baden-Baden, vom 5. Juli bis 30. August. Im Herbst des gleichen Jahres und im April des folgenden ist er drei- oder viermal von Genf nach Saxon-les-Bains gefahren, jedesmal auf ein paar Tage. Im September 1869 ist er einen Tag in Homburg, im April 1871 wenige Tage in Wiesbaden. Verloren wurden tausend bis zweitausend Rubel. Geborgt hat er, abgesehen von den Vorschüssen der Verleger, fünfzig Taler von Turgenjew, eine ähnliche Summe von Baron Wrangel und drei Dukaten von Gontscharow. Die Not verdankte er nicht seinen Spielverlusten, sondern der oben geschilderten, ihm aufgezwungenen Situation. Ohne die freiwillig übernommenen Pflichten wäre die Not nie so ernstlich gewesen. –
Dostojewski spielte, um aus dem Loch herauszukommen. Aus diesem einfältigen und recht verbreiteten Leichtsinn können nicht Symptome einer krankhaften und lasterhaften Anlage gewonnen werden, und der dämonische Nihilismus des Keller-Menschen führt durchaus nicht nach Roulettenburg. Die Harmlosigkeit Schestows dürfte auf diese Art von Deduktion nicht ohne Einfluß geblieben sein. – Vgl. auch das Spieler-Kapitel im »Jüngling«, das unverständlicherweise von den Herausgebern nicht beachtet worden ist.

45 »In Sibirien, wo das Kartenspiel so sehr verbreitet ist, hatte er nie eine Karte angerührt.« (Nachtrag zu den Briefen, R. Piper & Co., München 1914, Seite 282.)

46 Brief an Sofia Alexandrowna Iwanowa-Chymyrowa vom 1. Januar 1868.

47 Im gleichen Brief vom 1. Januar 1868.

48 Strachows Bericht über die Mitteilung Dostojewskis, die den Zustand vor dem epileptischen Anfall schildert: »Für einige Augen-

blicke empfinde ich solches Glück, wie es in einem gewöhnlichen Zustand nicht möglich ist und von dem andere keine Vorstellung haben können. Ich fühle in mir und in der Welt eine vollständige Harmonie, und dieses Gefühl ist so süß und so stark, daß man für einige Sekunden dieser Seligkeit zehn Jahre seines Lebens, ja, meinetwegen das ganze Leben hingeben könnte.« Zitiert von N. Hoffmann in ihrer Biographie S. 226. Hier wird auch auf die ausgezeichnete Studie des Psychiaters Tschiz, »Dostojewski als Psychopathologe« (Moskau 1885), hingewiesen und aus ihr ein interessantes Stück übersetzt. Diese Studie weist an der Hand der Schöpfungen Dostojewskis die Torheit des Satzes von den schwimmenden Grenzen zwischen Genie und Wahnsinn nach und scheint für unsere Tage geschrieben. Dem Kommentar der Frau Hoffmann ist nichts hinzuzufügen.

49 Der Brief an Kowner aus Petersburg vom 14. Februar 1877.

50 Sowohl diese wie die oben erwähnten Pläne zum Raskolnikow und die in der Folge erwähnten Entwürfe zum Idioten finden sich in dem Nachlaßband »Der unbekannte Dostojewski« bei R. Piper & Co., München 1926.

51 Zum Beispiel mit Danilewski, dem Autor des großen Aufsatzes »Europa und Rußland« in der Zeitschrift »Sarja«, der, wie Dostojewski am 18. März 1869 Strachow schreibt, mit seinen eignen Ansichten und Überzeugungen so übereinstimmt, daß man stellenweise über die Identität der Schlüsse staunen muß. – »Ich erwarte«, schreibt er aus Florenz, »mit solcher Spannung die Fortsetzung dieses Aufsatzes, daß ich täglich zur Post laufe und immerfort Berechnungen über die Wahrscheinlichkeit des Eintreffens des nächsten Heftes der ›Sarja‹ anstelle.«

52 Brief an die Nichte vom 7. Mai 1870.

53 Nach dem Brief an Maikow aus Dresden vom 12. Februar 1870 hat er »jetzt eine großartige Idee in Angriff genommen«. Die Vermutung des Herausgebers, daß es sich um die »Dämonen« handle, dürfte zu Recht bestehen, denn in dem Brief an Strachow vom 9. Oktober 1870 wird als Datum für den Beginn der Arbeit »Ende vorigen Jahres« genannt. Am 8. Juli 1871 kehrte Dostojewski nach Petersburg zurück. Damals war der Roman noch lange nicht fertig. Das Ende erschien erst in der elften und zwölften Nummer des »Russischen Boten« von 1872. Daher dürfte die Angabe der Gattin, Dostojewski

habe drei Jahre auf die Arbeit verwendet, annähernd zutreffen. (Lebenserinnerungen, S. 298.)

54 Brief an Strachow vom 24. März 1870.

55 Nach Frau Dostojewski haben Erzählungen ihres Bruders, damals Student und mit den revolutionären Umtrieben vertraut, der das Paar in Dresden besuchte, starken Einfluß auf Stoff und Tendenz des Romans ausgeübt. Für die Gestalt Schatows benutzte Dostojewski den Studenten Iwanow, der am 21. November 1869 unter ähnlichen Umständen im Park der Akademie für Bodenkultur von Netschajew ermordet wurde. (Lebenserinnerungen, S. 208.) Die Bedeutung dieser Begebenheit wird auch durch den Brief an Katkow vom 8. Dezember 1870 bestätigt. Hier wird die von Frau Dostojewski behauptete Anregung des Schwagers in Frage gestellt. Es heißt in dem Brief: »Zu den hervorragendsten Ereignissen meiner Erzählung wird die in Moskau viel erörterte Ermordung Iwanows durch Netschajew gehören. Ich will gleich von vornherein feststellen, daß ich weder Netschajew noch Iwanow, noch die Umstände des ganzen Mordes anders, aus anderen Quellen kenne als aus Zeitungsnachrichten. Hätte ich sie übrigens auch gekannt, wäre es mir doch nie eingefallen, sie abzukonterfeien. Ich nehme nur die vollbrachte Tatsache als solche. Meine Phantasie vermag es im höchsten Maße, sich von dem in der Wirklichkeit stattgehabten Vorgang loszulösen, und mein Pjotr Werchowenski wird nicht im mindesten dem Netschajew gleichen. Ich glaube jedoch, daß in meinem, von dem Geschehnis ergriffenen Geist durch die Einbildungskraft eine Person und ein Typus geschaffen wird, der jener Übeltat entspricht. Es ist zweifellos nicht ohne Nutzen, einen solchen Typus darzustellen; doch war nicht er es allein, was mich anzog. Meiner Ansicht nach sind Exemplare dieser kläglichen Menschenspezies einer literarischen Behandlung nicht würdig. Zu meinem eignen Erstaunen gestaltet sich mir diese Person halb komisch, weshalb sie auch, obwohl das Ereignis ganz im Vordergrund des Romans steht, nur als Beiwerk im Wirkungskreis einer anderen Persönlichkeit Geltung hat, die tatsächlich als Hauptperson des Romans gelten kann. Diese andere Person des Romans (Nikolai Stawrogin) ist gleichfalls eine düstere Erscheinung, ein Übeltäter. Ich halte sie jedoch für eine tragische Figur, obwohl viele, wenn sie von ihr lesen, ausrufen werden: »Was soll denn das eigentlich heißen?« Ich habe mich jedoch darum an die künstlerische Bearbeitung dieser

Person gemacht, weil ich eine solche schon lange hatte schildern wollen...« – Ich bin leider nicht imstande, die Übersetzung zu verbessern.

An dem Mord waren außer Netschajew vier andere Mitglieder der »Gesellschaft des Volksgerichts« beteiligt. Die Persönlichkeiten dieser Mitbeteiligten stehen fest. Ob Dostojewski sie ebenfalls benutzt hat, kann ich nicht nachprüfen. Iwanow hatte sich den Wünschen Netschajews, des Begründers der genannten revolutionären Gesellschaft, widersetzt. Der Haupt-Übeltäter entkam ins Ausland. Alle anderen 87 Mitglieder der Gesellschaft wurden verurteilt.

Auch über die Brandstiftungen, von denen nachher die Rede ist, dürfte Dostojewski, abgesehen von Zeitungsberichten, durch den Schwager informiert worden sein. Solche Dinge hat er früher harmloser beurteilt. Im Juni 1862 schrieb er für die »Wremja« einen Aufsatz »Brände und Brandstifter«, in dem er der Ansicht, die Petersburger Brandstiftungs-Epidemie im Frühling dieses Jahres sei eine Folge der kurz vorher erschienenen terroristischen Flugschrift »Das Junge Rußland«, entgegentrat und dokumentarisch nachwies, daß es solche Epidemien zu allen Zeiten in Rußland gegeben habe. Früher habe man sie irrtümlich den Polen oder Juden zugeschrieben wie jetzt den Nihilisten. Die Flugschrift sei ein empörendes Pamphlet, habe aber auf die Petersburger Brände keinerlei Einfluß gehabt. Diese führt er mit dem Scharfsinn des Kriminologen und Psychopathen auf Nachahmungstrieb und krankhafte und verbrecherische Neigungen zurück und empfiehlt den Bürgern, besser auf ihre Häuser zu achten. –

Der Aufsatz wurde von der Zensur unterdrückt. Professor M. Lemke hat ihn vor kurzem im Moskauer Staatsarchiv wiedergefunden.

56 Karl Nötzel, Die soziale Bewegung in Rußland. (Deutsche Verlagsanstalt, Berlin-Leipzig 1923.)

57 Hans Prager, Die Weltanschauung Dostojewskis. (Verlag Franz Bormeyer, Hildesheim o. J.)

58 Karl Nötzel: Vergleiche Anmerkung 56.

59 Nachlaßband der Piperschen Ausgabe.

60 In dem Brief an Strachow vom 9. Oktober 1870 heißt es: ... »Ich bin erst am Anfang. Allerdings sind auch schon manche Stücke aus der Mitte des Romans fertiggeschrieben, und einzelne Stellen aus dem, was ich gestrichen habe, werde ich wohl noch verwerten können.

Doch arbeite ich noch immer an den ersten Kapiteln. Das ist ein schlimmes Zeichen... Am Anfang der Arbeit hielt ich den Roman für sehr gemacht und gekünstelt und betrachtete ihn von oben herab. Später aber überkam mich echte Begeisterung. Ich gewann plötzlich meine Arbeit lieb und griff mit beiden Händen zu, um das Geschriebene ordentlich zusammenzustreichen. Im Sommer kam aber eine Veränderung: im Roman tauchte eine neue handelnde Person auf, die den Anspruch erhob, als rechter Held des Romans zu gelten. Der bisherige Held (eine recht interessante Gestalt, doch nicht wert, Held genannt zu werden) trat in den Hintergrund. Der neue Held hat mich so begeistert, daß ich wieder anfing, alles umzuarbeiten. Und jetzt, wo ich den Anfang an die Redaktion des ›Russischen Boten‹ geschickt habe, überfällt mich plötzlich ein Schreck: ich fürchte, dem gewählten Thema gar nicht gewachsen zu sein. Diese Angst quält mich entsetzlich, und doch habe ich meinen Helden durchaus nicht unvermittelt eingeführt...«

61 Brief an Apollon Maikow vom 2. März 1871.

62 Derselbe Brief.

63 In dem Nachlaßband der Piperschen Ausgabe.

64 Entwurf zu den »Dämonen«. Im Nachlaßband.

65 Vergleiche den Brief an Ljubinow vom 10. März 1879, in dem er über die Repräsentantenrolle Iwans spricht.

66 Das bestätigt Dostojewski in dem gleichen Brief.

67 Theophile von Bodisco: Dostojewski als religiöse Erscheinung. (Verlag von Gebrüder Paetel, Berlin 1921.)

68 Wie die Tochter Dostojewskis in ihrer Biographie berichtet, pflegte er damals seinen Kindern »Die Räuber« vorzulesen.

69 A.L. Wolynski: Das Reich der Karamasow (R. Piper & Co., München 1920).

70 In dem zitierten Werk von N. Hoffmann heißt es auf S. 427: »Aljoscha sollte, so war des Dichters Plan, nach des alten Sossima Gebot in die Welt zurückgehen, ihr Leid und ihre Schuld auf sich nehmen. Er heiratet Lisa, verläßt sie dann, um der schönen Sünderin Gruschenka willen, die sein Teil ›Karamasowschtschina‹ zu Falle bringt, und tritt nach einer bewegten Periode irrenden und verneinenden Lebens, da er kinderlos geblieben ist, geläutert wieder ins Kloster ein. Er umgibt sich da mit einer Schar von Kindern, die er bis an seinen Tod liebt und lehrt und leitet.« – Schon die Form dieser wohl einer übersetzten

Mitteilung entnommenen Angabe stimmt bedenklich. Die Beziehung zum »Idioten« brauchte nicht erst unterstrichen zu werden. Sie ist vom ersten Auftreten Aljoschas an gegeben.

71 N. Berdjajew, Die Weltanschauung Dostojewskis (C.H. Becksche Vlgbh., München 1925). Übrigens trifft seine Ansicht, Dostojewski habe seinen Jünglingsglauben an Schiller, »den humanitären Idealismus«, verloren, Schiller habe die Prüfung nicht, Christus habe sie bestanden, nicht zu. Natürlich hat Berdjajew recht, wenn er meint, wir könnten nicht mehr Schillers »Idealismus im alten Sinne« teilen. Aber Dostojewski hat es, wie hier gezeigt wurde, gekonnt, und dies scheint mir, recht verstanden, einer seiner Ruhmestitel.

72 Hermann Graf Keyserling in der Vorrede zu: Nikolaus Berdjajew, »Der Sinn der Geschichte« (Otto Reichl Verlag, Darmstadt 1925).

73 Otto Kaus, »Dostojewski, Zur Kritik der Persönlichkeit« (R. Piper & Co., München 1916).

74 Wie oben erwähnt. Vgl. Maxim Gorki, Erinnerungen an Tolstoj.

75 Außer dem zitierten Buch auch: Otto Kaus, Dostojewski und sein Schicksal (Laubsche Verlagsbuchhandlung, Berlin 1923). Vom gleichen Autor: Flaubert und Dostojewski (Die Weißen Blätter 1914-1915 Märzheft). – Auch Spengler hat den Kausschen Gedanken über das Verhältnis Dostojewskis zum Kapitalismus angedeutet. (»Untergang des Abendlandes«, Bd. II., S. 623, Fußnote.)

Bibliographie

Die Übersetzungen sind numeriert. Die Liste kann nicht als vollständig gelten. Von Kritiken wurden nur die frühesten bis 1890 berücksichtigt, soweit sie mir vorlagen. *(Die Bibliographie wurde für die vorliegende Ausgabe von Wolfgang Kasack überarbeitet und auf den derzeitigen Stand gebracht.)*

Um 1846 oder 1847

1. *Arme Leute.* Bruchstück des Romans, in einer kleinen Zeitschrift, die bisher nicht namhaft gemacht werden konnte, übersetzt von Wilhelm Wolfsohn.

1850

Über *Arme Leute* in »Blätter für Literarische Unterhaltung« Nr. 148, S. 592, in dem Aufsatz: Die russische Literatur des Jahres 1848. Der Dichter wird Oostojewski geschrieben: »Wie groß das Interesse sein muß, welches dieses Buch hervorgerufen hat, beweist, daß selbst die ›Warschauer Bibliothek‹ es der Mühe wert fand, Auszüge daraus zu liefern.«

1863

2. Wilhelm Wolfsohn: Aus Dostojewskis »Sibirischen Memoiren« in »Russische Revue« I. Bd. 1863, S. 136 ff., über *Arme Leute* mit Übersetzungsproben S. 141–166. Über *Aus dem Totenhause* S. 167 ff. Übersetzungen S. 168–187, 227–243.

1864

Victor Hehn über *Aufzeichnungen aus einem Totenhause* in »Baltische Monatsschrift« 1864, S. 177. (»Ein anderes belletristisches Erzeugnis, das vor nicht langer Zeit in Rußland und hier und da auch in deutschen Blättern recht viel Aufsehen machte.«)

3. *Aus dem Todten Hause.* Nach dem Tagebuch eines nach Sibirien Verbannten. Herausgegeben von *Th.* (sic!) M. Dostojewski. Nach dem

Russischen bearbeitet. 2 Bände. Wolfgang Gerhard, Leipzig. Diese Ausgabe wurde, nachdem sie so gut wie unverkäuflich geblieben war, eingestampft. Ein Exemplar auf der Berliner Staatsbibliothek. (II. Aufl. Dresden 1886.)

1867

Über *Verbrechen und Strafe,* im »Magazin für die Literatur des Auslands«, Bd. 71 (36. Jahrgang) Nr. 23 vom 8. Juni. In dem Aufsatz: Neue Erscheinungen der russischen Literatur. I. Ein neuer Roman von Dostojewsky. (»... das ganze weit ausgesponnene Werk von 6 Theilen mit seinen langen, endlosen Sittenschilderungen entbehrt jedoch so sehr gesunder, lebensfrischer Gedanken wie überhaupt eines kräftigen, stärkenden Geistes, daß dieses neueste Erzeugnis der russischen Literatur wohl kaum zu den bleibenden Werken der neuen Periode gerechnet werden kann...«)

Merkwürdigerweise scheint von jetzt an bis 1880 der Name in Deutschland verschollen.

1880

E. W. Pallander über Dostojewski *(Aus einem toten Hause)* in »Übersicht der neueren russischen Literatur von der Zeit Peters des Großen bis auf unsere Tage«. Tavastehus.

J. J. Honegger in »Russische Literatur und Kultur. Ein Beitrag zur Geschichte und Kritik derselben«. (J. J. Weger 1880.) Erwähnt Dostojewski S. 156, 157, 700.

1881

Dr. Paul v. Wiskowatow in »Geschichte der russischen Literatur in gedrängter Übersicht«. (Dorpat und Fellin.) Erwähnt Dostojewski S. 40.

1882

M. Lingen in »Magazin für die Literatur des In- und Auslandes«, Bd. 102, S. 415/416.

(»... Auf Bekanntsein in Deutschland kann dagegen der jüngst verstorbene, viel gefeierte und viel geschmähte Romanschriftsteller Dostojewski wenig Anspruch machen. Schwerlich werden auch seine zahlreichen Werke, namentlich die aus der letzten Zeit, z. B. der eigentümliche, immerwährend in der Schilderung pathologischer Zustände sich ergehende, im ›Russkij Wjestnik‹ erschienen Roman ›Die Brüder Karamasow‹ Verständnis und günstige Aufnahme in Deutschland finden ...«)

I. Haller in »Geschichte der russischen Literatur« (Riga und Dorpat) über Dostojewski S. 185/186.

A. v. Reinholdt in »Baltische Monatsschrift«, Bd. 29, S. 253–276, über Dostojewski.

4. *Raskolnikow.* Nach der 4. Auflage des russischen Originals übersetzt von Wilhelm Henckel. 3 Bände. (Friedrich, Leipzig.) Das war die erste gewissenhafte Übersetzung, und sie hatte Erfolg.

G. Rollard über *Raskolnikow* in »Magazin für die Literatur des In- und Auslandes«, Bd 101, S. 291, 292. Zustimmende, zum Teil enthusiastische Besprechung.

Wilhelm Henckel in »Magazin für die Literatur des Auslands«, 51. Jahrgang, Nr. 6 (4. Februar 1882), S. 76–80, über Dostojewski.

1883

In »Literarische Literatur« soll sich eine sehr lobende Erwähnung des *Raskolnikow* finden.

Georg Brandes in »Neue Freie Presse«, Nr. 6819, 6820, über Dostojewski.

Paul Heyse in einem Brief an Wilhelm Henckel, zitiert in einem Inserat der »Münchener Allg. Ztg.« Nr. 69, vom 10. 3. 83, Beilage, über *Raskolnikow.*

»... Nun erst kann ich Ihnen danken, daß Sie mir dazu verholfen haben, dies höchst merkwürdige Buch kennenzulernen, das in seiner Art vielleicht unerreicht dasteht, von einer psychologischen Kraft und Tiefe, wie sie selbst unter den Landsleuten des Verfassers sich selten finden wird.« Er bedauert, keine Kritik schreiben zu können, »so großen Reiz die Aufgabe hätte, die hohe Bedeutung dieses Werkes eingehend zu analysieren. Desto eifriger mache ich mündlich und brieflich Propaganda, nur bei solchen Freunden allerdings, die sich starker Nerven erfreuen. Die meinigen waren manchen Partien dieses erschütternden, atembeklemmenden Seelengemäldes kaum gewachsen.«

1884

V. R. Schweichel in »Die neue Zeit« (Wochenschrift der deutschen Sozialdemokratie) II., S. 1, über *Raskolnikow.*

Eugen Zabel in »Die Gegenwart«, Bd. 25, S. 307, über Dostojewski.

(»... Aber ein Buch wie Raskolnikow ist von einer Lebenskraft und Originalität, die seinen Verfasser zu einem tiefergreifenden Herzensverkündiger stempeln und ihm die Unsterblichkeit nicht nur innerhalb der russischen Literatur sichern...«)

5. *Die Wirtin* in »Die Gegenwart«, Bd 26.

6. *Die Brüder Karamasoff,* 4 Bände (Grunow, Leipzig).

1885

M. Necker in »Die Grenzboten«, 44. Jahrgang, S. 342–353, über *Die Brüder Karamasoff.*

Eugen Zabel in »Literarische Streifzüge durch Rußland« (Berlin), S. 59–108, eingehende Kritik Dostojewskis.

7. *Erniedrigte und Beleidigte,* übersetzt und mit einer Einleitung versehen von Konstantin Jürgens (Collection Spemann Bd. 84, Stuttgart).

1886

8. *Junger Nachwuchs* (Der Jüngling). Übersetzt von W. Stein, 3 Bde. (Friedrich, Leipzig).

9. *Raskolnikoff.* Zweite verbesserte Auflage der Henckelschen Übersetzung, kontrolliert nach der fünften russischen Auflage (Friedrich, Leipzig).

10. *Aus dem todten Hause.* Denkwürdigkeiten eines nach Sibirien Verbannten. Frei nach dem Russischen (Minden, Dresden).

A. v. Reinholdt in »Geschichte der russischen Literatur von ihren Anfängen bis auf die neueste Zeit«. Eingehende Kritik Dostojewskis.

Nah. Remy in »Vossische Zeitung« vom 27. 6. 1866 Sonntagsbeilage, über *Aus dem Totenhause.*

1887

11. *Krotkaja* (Die Sanfte). Deutsch von Bröndstedt. (Minden, Dresden.) (Spätere Auflagen bei Marbes, Bremen.)

12. *Arme Leute.* Übersetzt von A. L. Hauff. (Minden, Dresden.)

Karl Bleibtreu in »Magazin für Literatur des In- und Auslandes«, Bd. 112. Ablehnende Äußerung über Dostojewski in dem Aufsatz über Realismus.

Edgar Steiger an derselben Stelle im gleichen Bande Seite 561: Zustimmende Äußerung.

Karl Bleibtreu in »Revolution der Literatur«. (Leipzig, 3. Aufl.) Zum Vorwort.

Karl Woermann in »Der Kunstwart«, I, 18, S. 252, über *Raskolnikow.*

1888

13. *Die Besessenen* (Die Dämonen). Deutsch von Hubert Putze. 3 Bände (Minden, Dresden).

14. *Der Hahnrei* (Der Ewige Gatte). Deutsch von August Scholz (S. Fischer, Berlin).

15. *Weiße Nächte.* Deutsch von A. Hauff (Janke, Berlin).

16. *Erzählungen.* Frei nach dem Russischen von Wilhelm Goldschmidt (Reclam Nr. 2126).

17. *Schuld und Sühne.* Übersetzt nach der 7. Auflage von Hans Moser (Reclam Nr. 2481–2485).

18. *Ein schwaches Herz.* Übersetzt von H. Roskoschny (Russische Taschenbibliothek, Band 4, Greßner & Schramm, Leipzig).

19. *Herr Prochartschin.* Übersetzt von F. O. Maksimow (Ebenda Bd. 17).

20. *Die Puschkinrede* in »Rußland am Scheidewege, Beiträge zur Kenntnis des Slavophilentums und zur Beurteilung seiner Politik« (Berlin). Übersetzung und ablehnende Kritik.

G. Malkowsky in »Die Gegenwart«, Band 33, Seite 42 und 407, über *Die Besessenen* und *Der Hahnrei.*

1889

A. Scholz in »Westermanns Monatshefte«, 65. Bd., S. 755–770, über Dostojewski.

Paul Ernst in »Vossische Zeitung«, Sonntagsbeilage 21, 22, 23 vom 26. V., 2. VI., über Dostojewski.

21. *Der Doppelgänger.* Übersetzt von L. A. Hauff (Janke, Berlin).

22. *Der Idiot.* Deutsch von August Scholz. 3 Bände (S. Fischer, Berlin).

23. *Eine heikle Geschichte.* Deutsch von August Scholz (Eckstein, Nachf., von 1903 an Globus-Verlag, Berlin).

24. *Memoiren aus einem Totenhaus.* Übersetzt von Hans Moser (Reclam Nr. 2647–49).

25. *Nettchen Neswanow.* Übersetzt von L. A. Hauff (Greßner & Schramm, Leipzig).

26. *Des Onkels Traum.* Übersetzt von L. A. Hauff (Ebenda).

27. *Helle Nächte* (ohne Übersetzer) (Ebenda).

1890

F. Dukmeyer in »Düna-Zeitung« (Riga) Nr. 20, über *Raskolnikow.*

Paul Ernst in »Magazin für Literatur«, Jahrg. 59, S. 644: »Zur Technik Dostojewskis«.

28. *Der Spieler.* Übersetzt von L. A. Hauff (Janke, Berlin).

29. *Tollhaus oder Herrenhaus* (Stepantschikowo). Übersetzt von L. A. Hauff (Janke, Berlin).

30. *Die Unbekannte* (Die Sanfte). Übersetzt von L. A. Hauff (Janke, Berlin).

31. *Aus dem todten Hause.* Übersetzt von L. A. Hauff (Janke, Berlin).

32. *Erniedrigte und Beleidigte.* Übersetzt von L. A. Hauff (Janke, Berlin).

33. *Ein schwaches Herz.* (Norddeutsches Verlagsinstitut Berlin).

1891

34. *Raskolnikows Schuld und Sühne.* Deutsch von Paul Styczynski (Janke, Berlin).

35. *Aufzeichnungen eines Schwindsüchtigen* (vermutlich die Vorlesung Ippolyts aus dem »Idioten«). (K. Steinitz, Berlin.)

1894

36. *Ein schwaches Herz.* Übersetzt von Hubert Putze. (Ecksteins 50-Pfennig-Bibliothek Nr. 14.) (Eckstein, Nachfolger, Berlin.)

1895

37. *Aus dem dunkelsten Winkel der Großstadt.* Deutsch von Alexis Markow (Steinitz, Berlin).

1896

38. *Ein Roman in neun Briefen.* Drei Novellen (S. Fischer, Berlin).

1901

39. *Der Idiot.* Deutsch von August Scholz. 2 Bände (B. u. P Cassirer, Berlin).

1902

40. *Der Gatte.* Deutsch von August Scholz (B. Cassirer, Berlin).

1904

41. *Raskolnikoff.* Übersetzt von Wilhelm Thal (Kürschners Bücherschatz Nr. 397/398, H. Hilger, Berlin).

1905

42. *Ein Werdender.* Deutsch von Korfiz Holm (A. Langen, München).

1906

In diesem Jahr begann die erste Gesamtausgabe bei R. Piper & Co., München, übersetzt von K.H. Rahsin, unter Mitarbeiterschaft von Dmitri Merschkowski, [später] Dmitri Philossophoff und anderen, herausgegeben von Moeller van den Bruck, abgeschlossen mit 22 Bänden 1921.

Überarbeitete Fassung in 10 Bänden, ebd. 1956–1960, Neudruck 1981.

Ergänzt durch:

Der unbekannte Dostojewski. Übersetzt von Vera Mitrofanoff-Demelič. München: R. Piper 1926.

In Frankreich soll *Une douce* (Die Sanfte) 1877 die erste Übersetzung gewesen sein. 1881 Humiliés et Offensés. 1885 L'Arbre de Noël (?). 1886 Les Souvenirs de la Maison des Morts und im gleichen Jahre L'Esprit Souterrain. 1889 Le Crime et le Châtiment. Das Buch von de Vogué »Le roman russe« erschien 1886. Boehme meint, Zola habe sich zuerst für Dostojewski in Frankreich eingesetzt, und Zola sei von Henckel auf den Dichter verwiesen worden. In England erschien die erste Übersetzung 1881: Buried alive or ten years of penal servitude in Siberia. Translated by Marie von Philo. 1884 Crime and Punishment. In Italien 1887 Dal sepolcro dei vivi. 1889 Il delitto e il castigo. In Holland 1885 Schold en boete. In Schweden 1883 Det döda Huset; 1884 Raskolnikow (nach dem Deutschen). Vgl. auch »Dostojewskij in de westersche Kritiek«, Door J.M. Romein (Harlem 1924).

1921

Die zweite große Dostojewski-Ausgabe »Sämtliche Romane und Novellen« erschien mit 25 Bänden 1921 im Insel Verlag in Leipzig, im wesentlichen übersetzt von K. Röhl, »Die Brüder Karamasow« in der Übersetzung von K. Nötzel. Eine Neuauflage »Sämtliche Romane und Erzählungen« erfolgte in 16 Bänden im Insel Verlag Frankfurt am Main 1986, (mit ergänzender Übersetzung von »Die Sanfte« und »Bei Tichon« von Wolfgang Kasack) in der Reihe der insel taschenbücher (it 961–it 976): Fjodor Dostojewski, Sämtliche Romane und Erzählungen. Aus dem Russischen von Hermann Röhl. 16 Bände in Kassette. Jeder Band ist als Einzelausgabe erhältlich.

Band 1: Arme Leute. Roman. it 961
Band 2: Der Doppelgänger. Netotschka Neswanowa. it 962
Band 3: Onkelchens Traum. Roman. it 963
Band 4: Das Gut Stepantschikowo und seine Bewohner. Roman. it 964
Band 5: Erniedrigte und Beleidigte. Roman. it 965
Band 6: Aufzeichnungen aus einem Totenhause. it 966
Band 7: Aus dem Dunkel der Großstadt. it 967
Band 8: Der Spieler. Roman. it 968
Band 9: Schuld und Sühne. Roman. it 969
Band 10: Der Idiot. Roman. it 970
Band 11: Der lebenslängliche Ehemann. Erzählung. it 971
Band 12: Der Teufel. Roman. it 972
Band 13: Werdejahre. it 973
Band 14: Die Brüder Karamasow. Roman in 2 Teilbänden. Aus dem Russischen von Karl Nötzel. it 974
Band 15: Der ehrliche Dieb und andere Erzählungen. it 975
Band 16: Der Traum eines lächerlichen Menschen und andere Erzählungen. it 976

Der Winkler Verlag München brachte ab 1958 »Sämtliche Werke« in 8 Einzelbänden, von zahlreichen Übersetzern verdeutscht heraus.

Einzelausgaben und Nachdrucke liegen in Taschenbuchreihen vor.

Die Übersetzungen von Einzeltiteln ins Deutsche sind kaum übersehbar. Beispielsweise liegt der Roman »Verbrechen und Strafe« (»Schuld und Sühne«, »Raskolnikow«) in mindestens zwanzig deutschen Fassungen vor, »Die Dämonen« (Die Teufel, Die Besessenen) in neun, »Die Brüder Karamasow« in elf.

Die belletristischen Werke werden durch Übersetzungen anderer Texte ergänzt:

Tagebuch eines Schriftstellers, 4 Bände, übersetzt von A. Eliasberg, München: Musarionverlag 1921–1923.

Als schwanke der Boden unter mir. Briefe 1837–1881. Übersetzt von N. Nötzel, herausgegeben von W. Lettenbauer. Wiesbaden 1954 (1. Auflage wohl 1945).

Gesammelte Briefe 1833–1881. Übertragen, herausgegeben und kommentiert von F. Hitzer unter Benutzung der Übertragung von A. Eliasberg. München: Piper 1966.

Die Briefe an Anna 1866–1880. Übersetzt von B. Schröder. Königstein; Athenäum 1986.

Eine wichtige Ergänzung zu den Selbstzeugnissen bilden Aufzeichnungen von Dostojewskis zweiter Frau:

Anna Grigorjewna Dostojewski. Erinnerungen. Das Leben Dostojewskis in den Aufzeichnungen seiner Frau. Hg. v. René Fülöp-Miller und Friedrich Eckstein. Übersetzt von D. Umanski. München 1925, ^{3}1980.

Anna Grigorjewna Dostojewskaja. Tagebücher. Die Reise in den Westen. Aus dem Russischen von B. Conrad. Königstein: Athenäum 1985.

Literatur über Dostojewski in deutscher Sprache

Bachtin, M.: Probleme der Poetik Dostoevskijs. München 1971.

Berdjajew, N.: Die Weltanschauung Dostojewskijs. München 1925.

Braun, Maximilian: Dostojewskij. Das Gesamtwerk als Vielfalt und Einheit. Göttingen 1976.

Doerne, Martin: Gott und Mensch in Dostojewskijs Werk. Göttigen 1957, ^{2}1962.

Doerne, Martin: Tolstoj und Dostojewskij. Zwei christliche Utopien. Göttingen 1969 (dort S. 184 über das Buch von J. Meier-Graefe: »bis heute bei weitem das beste Buch, das in Deutschland über D. geschrieben wurde«).

Gerhardt, Dietrich: Gogol' und Dostoevskij in ihrem künstlerischen Verhältnis. Versuch einer zusammenfassenden Darstellung. Leipzig 1941; Neudruck: München 1970.

Gerigk, Horst-Jürgen: Versuch über Dostoevskijs »Jüngling«. München 1965.

Guardini, Romano: Religiöse Gestalten in Dostojewskijs Werk. Leipzig 1939, München ^{3}1947.

Ingold, Felix Philipp: Dostojewskij und das Judentum. (Frankfurt a. M. 1981.)

Lauth, Reinhard: »Ich habe die Wahrheit gesehen.« Die Philosophie Dostojewskis in systematischer Darstellung. München 1950.

Lavrin, Janko: Fjodor M. Dostojewski in Selbstzeugnissen und Bilddokumenten. Reinbek bei Hamburg 1963.

Maurina, Zenta: Dostojewski. Menschengestalter und Gottsucher. Memmingen 1952, ^{3}1972.

Mereschkowski, Dmitry: Tolstoi und Dostojewski als Menschen und als Künstler. Leipzig 1903, Berlin ^{3}1924.
Müller, Ludolf: Dostojewskij. Sein Leben, sein Werk, sein Vermächtnis. München 1982.
Neuhäuser, Rudolf: Das Frühwerk Dostoevskijs. Literarische Tradition und gesellschaftlicher Anspruch. Heidelberg 1979.
Nötzel, Karl: Das Leben Dostojewskijs. Leipzig 1925, Reprint Osnabrück 1967.
Onasch, K.: Dostojewski-Biographie. Materialsammlung zur Beschäftigung mit religiösen und theologischen Fragen in der Dichtung F. M. Dostojewskis. Zürich 1960.
Rehm, Walter: Jean Paul – Dostojewski. Eine Studie zur dichterischen Gestaltung des Unglaubens. Göttingen 1962.
Stepun, Fedor: Dostojewskij. Heidelberg 1950.
Stepun, Fedor: Dostojewskij und Tolstoj. Christentum und soziale Revolution. München 1961.
Zander, L. A.: Vom Geheimnis des Guten. Eine Dostojewskij-Interpretation. Stuttgart 1965.

Zu den Abbildungen

1 Moskau, rechtes Seitengebäude des Mariinski-Krankenhauses. Hier wurde Dostojewski am 11. November 1821 geboren.
Foto: Ende des 19. Jahrhunderts

2 Dostojewskis Vater
Foto: bildarchiv preussischer kulturbesitz

3 Dostojewskis Mutter
Foto: bildarchiv preussischer kulturbesitz

4 Dostojewski im Alter von 19 Jahren
Foto: bildarchiv preussischer kulturbesitz

5 Dostojewski während seiner Verbannung in Sibirien, 1853
Foto: bildarchiv preussischer kulturbesitz

6 Dostojewskis zweite Frau Anna Grigorjewna Snitkina
Foto: bildarchiv preussischer kulturbesitz

7 Anna Grigorjewna mit den Kindern Ljuba und Fjodor
Foto: ca. 1870

8 Dostojewski im Jahre 1879
Foto: R. Piper & Co. Verlag

9 Dostojewskis Handschrift
Foto: bildarchiv preussischer kulturbesitz

10 Arbeitszimmer in Petersburg
Foto: bildarchiv preussischer kulturbesitz

11 Manuskriptseite aus den »Dämonen«
Foto: bildarchiv preussischer kulturbesitz

12 Arbeitszimmer mit dem Sofa, auf dem Dostojewski starb
Foto: bildarchiv preussischer kulturbesitz

13 Persönliche Gegenstände Dostojewskis
Foto: bildarchiv preussischer kulturbesitz

14 Das letzte Porträt Dostojewskis sechs Monate vor seinem Tod im Jahre 1880.
Foto: R. Piper & Co. Verlag

15 Trauerzug mit Dostojewskis Sarg auf dem Weg zur Heilig-Geist-Kirche des Alexander-Newskij-Klosters in Petersburg
Foto: bildarchiv preussischer kulturbesitz

F. M. Dostojewski
Lebensdaten

1821 11. Oktober: Fjodor Michailowitsch Dostojewski wird im Marienhospital in Moskau geboren, in dem sein Vater als Armenarzt arbeitet.

1834 Die Familie kauft das Landgut Darowoje im Gouvernement Tula.

1837 Tod der Mutter.

1838–41 Besuch der Ingenieurschule in St. Petersburg.
Erste Schreibversuche unter dem Einfluß Schillers und Puschkins: Maria Stuart, Boris Godunow.

1839 Ermordnung des Vaters auf seinem Gut durch leibeigene Bauern.

1843–44 Technischer Zeichner im Kriegsministerium in St. Petersburg. Übersetzung von Balzacs »Eugénie Grandet« und George Sands »La dernière Albini«.

1844–49 Dostojewski wird freier Schriftsteller in St. Petersburg. Bekanntschaft mit den Autoren Nekrassow, Turgenjew und dem Kritiker Belinski.

1846 Mit dem Roman »Arme Leute« erlangt Dostojewski Erfolg bei Lesern und Kritikern. Es folgen: »Der Doppelgänger«, »Herr Prochartschin«.
Erster Kontakt zum revolutionären Kreis um Petrarschewski.

1847 »Roman in neun Briefen«, »Die Zimmerwirtin«.
Bruch mit dem Kritiker Belinski.

1848 »Weiße Nächte«, »Erzählungen eines erfahrenen Menschen«, »Das schwarze Herz«, »Weihnachten und Hochzeit«, »Der eifersüchtige Gatte«.

1849 23. April: Dostojewski und 20 weitere Mitglieder des Petrarschewski-Kreises werden verhaftet.
Im Dezember: Todesurteil. Wenige Minuten vor der Hinrichtung wird Dostojewski begnadigt. Vier Jahre Zwangsarbeit und vier Jahre Militärdienst in Sibirien.
»Netotschka Neswanowa«.

1850–54 Strafkolonie Omsk. Schwere epileptische Anfälle.

1854–57 Soldat in Semipalatinsk.

1857 Ehe mit Marja Dimitrjewna Isajewa.

1859 Aufenthalt in Twer. Der Zar erlaubt Dostojewski, nach Petersburg zurückzugehen.
»Onkelchens Traum«, »Das Dorf Stepantschikowo«.

1860 Gründung der Zeitschrift »Wremja« (Die Zeit) mit seinem Bruder Michail. Zusammen mit Strachow und Grigorjew.

1861 Abschaffung der Leibeigenschaft durch Zar Alexander II.
Dostojewski hat Kontakt zu Gontscharow und Ostrowski. Bekanntschaft mit Polina Suslowa.
»Erniedrigte und Beleidigte«, »Aufzeichnungen aus einem Totenhaus«.

1862 Erste Auslandsreise (Dresden, Baden-Baden, Paris, London, Genf, Italien). Treffen mit Alexander Herzen in London. »Eine lächerliche Geschichte«.

1863 Zweite Reise (Wiesbaden, Hamburg, Paris, Italien; zeitweise mit Polina Suslowa). Hohe Spielschulden. Verbot der »Wremja«.
»Winterliche Aufzeichnungen über sommerliche Eindrücke«.

1864 Tod Marja Dimitrjewnas, seiner ersten Frau.
Herausgabe der Zeitschrift »Epocha«. – Tod seines Bruders Michail. Tod des Freundes und Mitarbeiters Grigorjew.
»Aufzeichnungen aus dem Kellerloch«.

1865 Dritte Reise (Wiesbaden: Spielleidenschaft und verheerende Verluste beim Roulette, Besuch bei Turgenjew; Kopenhagen). Die »Epocha« wird eingestellt.
»Das Krokodil«.

1866 »Schuld und Sühne«.

1867 Ehe mit Anna Grigorjewna. Vierte Reise (Berlin, Dresden, Bad Homburg, Baden-Baden, längerer Aufenthalt in Genf).
»Der Spieler«.

1868 Geburt und kurz darauf Tod der Tochter Sonja.
Aufenthalt in Florenz.
»Der Idiot«.

1869 Aufenthalt in Dresden.
Geburt der Tochter Ljubow (Aimée).
Tolstojs »Krieg und Frieden« erscheint.

1870 »Der ewige Ehemann«.

1871 Geburt des Sohnes Fjodor.
Dostojewski gibt seine Spielleidenschaft auf.

Rückkehr nach Petersburg.
»Die Dämonen«.

1873–74 Dostojewski übernimmt die Redaktion der konservativen Zeitschrift »Grazdanin« (Der Bürger).
Er mietet ein Haus in Staraja Russa.
Im Selbstverlag erscheint bis 1881 das »Tagebuch eines Schriftstellers«, in dem er seine Romane und Erzählungen veröffentlicht.

1875 Kuraufenthalt in Bad Ems.
»Der Jüngling«.
Tolstojs »Anna Karenina« erscheint.

1876 »Die Sanfte«.

1877 Aufenthalt in Darowoje.
»Der Traum eines lächerlichen Menschen«.
Dostojewski wird Mitglied der Akademie der Wissenschaften. Tod Nekrassows.

1878–80 Arbeit an dem Roman »Die Brüder Karamasow«.

1879 Der internationale Literatur-Kongreß in London wählt Victor Hugo zum Ehrenpräsidenten und Dostojewski zum Ehrenmitglied. Kuraufenthalt in Bad Ems.

1880 Puschkin-Feiern und Denkmalenthüllung in Moskau, bei der Dostojewski eine umjubelte Rede hält.
Tolstoj über die »Aufzeichnungen aus einem Totenhaus«: »Das beste Buch der neuen Literatur, einschließlich Puschkin.«

1881 9. Februar: Tod Dostojewskis.
12. Februar: Beerdigung auf dem Friedhof des Alexander-Newskij-Klosters in St. Petersburg.

Julius Meier-Graefe
Lebensdaten

1867 Am 10. Juni wird Julius Meier-Graefe in Resitza als Sohn des Ingenieurs Eduard Meier und Marie Graefe geboren.
Kindheit im Rheinland und in Westfalen.

1886 Abitur in Gleiwitz.

1887 Volontär in einer Maschinenfabrik in Wetter an der Ruhr.

1888 Studienjahr in München.

1889 Ein Semester in Zürich und Lüttich. Erste dichterische Arbeiten und Abkehr vom ursprünglichen Berufsbild des Ingenieurs.

1890 Übersiedlung nach Berlin. Vorlesungsbesuche bei Hermann Grimm, Treitschke und Simmel. Seine erste Novelle »Ein Abend bei Laura« erscheint.

1893 Erscheinen seines ersten Romans »Nach Norden«. Freundschaft mit Bierbaum, Strindberg und Munch.

1894 Gründung des »PAN«. Reisen nach Paris und London.

1895 Erscheinen des Romans »Fürst Lichtenarm« und »Der Prinz«. Ausscheiden aus der Redaktion des »PAN« und Übersiedlung nach Paris.

1899 Gründung der »Maison Moderne« in Paris. Reisen nach Italien und England.

1900 Beginn der Arbeit an der »Entwicklungsgeschichte der modernen Kunst«.

1903 Erscheint die »Entwicklungsgeschichte ...« in Stuttgart.

1904 Reisen in Skandinavien und Deutschland.

1905 Der »Fall Böcklin«. Freundschaft mit Rudolf Alexander Schröder, mit dem er gemeinsam die Berliner Wohnung teilt.

1906 Deutsche Jahrhundert-Ausstellung in der National-Galerie in Berlin. Erscheinen der Studie »Der junge Menzel«.
Reisen nach Rom und Neapel und Arbeit am Marées-Werk.

1907 Erscheint sein Drama »Adam und Eva«.

1908 Reise in Spanien. »Die Großen Engländer«. Marées-Ausstellung in München.

1911 Reisen in Italien und Frankreich.

1914 Im Krieg im Verwundetentransport tätig.

1915 In Gefangenschaft in Rußland.

1917 Übersiedlung nach Dresden.
1921 Rückkehr nach Berlin.
1923 Reisen in Spanien und Italien.
1925 Beginn seiner Mitarbeit bei der »Frankfurter Zeitung«. Reisen nach Ägypten, Griechenland und Palästina.
1926 »Dostojewski«.
1935 Am 5. Juni stirbt Meier-Graefe in Vevey.

Inhalt

Zu dieser Ausgabe:

insel taschenbuch 1099
Dostojewski
Der Dichter
Von Julius Meier-Graefe

Der Text folgt der Ausgabe: Julius Meier-Graefe, Dostojewski. Der Dichter. Ernst Rowohlt Verlag, Berlin 1926. Für die vorliegende insel taschenbuch-Ausgabe wurde die Bibliographie von Wolfgang Kasack aktualisiert sowie eine Auswahlbibliographie mit Literatur über Dostojewski beigefügt. Umschlagabbildung: Wassili Grigorjewitsch Perow, *Dostojewski, 1872*. Tretjakow-Galerie, Moskau.